ACCOUNTING EXECUTION METHOD FOR
CHINA COMMUNICATION CONSTRUCTION COMPANY LTD.

中国交通建设股份有限公司
会计核算办法

中国交通建设股份有限公司财务资金部 主编

人民交通出版社

内 容 提 要

按照我公司财务制度标准化的要求,结合《中华人民共和国会计法》、《企业会计准则》、国家其他有关法律和公司经营业务情况,我公司组织所属企业、会计师事务所研究制订了《中国交通建设股份有限公司会计核算办法》(以下简称《办法》),规范了公司会计要素确认和计量方法,完善了财务会计报告编制制度。

《办法》全面地梳理了建筑业、房地产业和装备制造业的会计核算办法和报表编制规则,系统地总结了行业特殊事项的处理原则和方法,最终形成具有指导性、操作性和实用性的行业会计核算体系。《办法》可作为我公司及所属子公司、中交集团及所属子公司相关人员案头必备工具书使用。

图书在版编目(CIP)数据

中国交通建设股份有限公司会计核算办法 / 中国交通建设股份有限公司财务资金部主编. —北京 : 人民交通出版社,2014.3
ISBN 978-7-114-11185-3

Ⅰ. ①中… Ⅱ. ①中… Ⅲ. ①交通运输业－会计方法－中国 Ⅳ. ①F512.6

中国版本图书馆CIP数据核字(2014)第 027239 号

书　　名	中国交通建设股份有限公司会计核算办法
著 作 者	中国交通建设股份有限公司财务资金部
责任编辑	吴有铭　刘　涛　丁　遥　李　农　李　洁
出版发行	人民交通出版社
地　　址	(100011)北京市朝阳区安定门外外馆斜街3号
网　　址	http://www.ccpress.com.cn
销售电话	(010)59757973
总 经 销	人民交通出版社发行部
经　　销	各地新华书店
印　　刷	北京市密东印刷有限公司
开　　本	880×1230　1/16
印　　张	28.25
字　　数	797 千
版　　次	2014年3月　第1版
印　　次	2014年3月　第1次印刷
书　　号	ISBN 978-7-114-11185-3
定　　价	60.00 元

(有印刷、装订质量问题的图书,由本社负责调换)

目　录

第一章　总则	1
第二章　会计核算基础	2
第一节　会计主体	2
第二节　会计核算的基本前提	2
第三节　会计信息质量要求	3
第四节　会计要素	4
第三章　会计政策与会计科目体系	6
第一节　公司的会计政策	6
第二节　公司的会计科目体系	29
第四章　资产	69
第一节　货币资金	69
第二节　交易性金融资产、可供出售金融资产与持有至到期投资	74
第三节　应收款项	86
第四节　存货	101
第五节　投资性房地产	124
第六节　长期股权投资	126
第七节　固定资产	138
第八节　工程物资与在建工程	149
第九节　无形资产、商誉与长期待摊费用	159
第十节　临时设施、临时设施摊销与临时设施清理	169
第五章　负债	172
第一节　短期借款与交易性金融负债	172
第二节　应付款项	175
第三节　预计负债与递延收益	218
第四节　长期借款与应付债券	225
第六章　衍生工具、套期工具与被套期项目	231
第一节　衍生工具	231
第二节　套期工具	233
第三节　被套期项目	236
第七章　股东权益(所有者权益)	242
第一节　实收资本(股本)	242
第二节　资本公积与留存收益	247

第三节	专项储备	251
第八章	**收入**	**254**
第一节	主营业务收入	254
第二节	其他业务收入	274
第九章	**结算**	**276**
第十章	**成本和费用**	**277**
第一节	成本	277
第二节	营业税金及附加	296
第三节	销售费用、管理费用与财务费用	297
第四节	借款费用	302
第五节	资产减值	310
第六节	所得税	324
第十一章	**利润**	**342**
第一节	投资收益	342
第二节	营业外收入与营业外支出	342
第三节	本年利润	345
第四节	利润分配	345
第五节	以前年度损益调整	347
第十二章	**外币折算**	**349**
第十三章	**债务重组**	**358**
第十四章	**会计调整**	**363**
第一节	会计政策变更、会计估计变更与前期差错更正	363
第二节	资产负债表日后事项	369
第十五章	**财务报告**	**372**
第一节	财务报表编制的基本要求	372
第二节	财务报表	374
第三节	合并财务报表	392
第四节	财务报表附注	410

经济业务索引

- 库存现金收支 …………………………………………………………………………… 69
- 银行存款的增加 ………………………………………………………………………… 71
- 银行存款的减少 ………………………………………………………………………… 71
- 银行存款余额调节表 …………………………………………………………………… 72
- 其他货币资金的增加 …………………………………………………………………… 73
- 其他货币资金的减少 …………………………………………………………………… 74
- 交易性金融资产的取得 ………………………………………………………………… 75
- 交易性金融资产持有期间的核算 ……………………………………………………… 76
- 资产负债表日交易性金融资产的公允价值变动 ……………………………………… 76
- 交易性金融资产的出售 ………………………………………………………………… 76
- 交易性金融资产的跨期持有 …………………………………………………………… 77
- 可供出售金融资产的取得 ……………………………………………………………… 79
- 资产负债表日可供出售金融资产公允价值变动 ……………………………………… 79
- 可供出售金融资产的减值 ……………………………………………………………… 80
- 可供出售金融资产的出售 ……………………………………………………………… 80
- 持有至到期投资的初始计量 …………………………………………………………… 82
- 持有至到期投资的后续计量 …………………………………………………………… 82
- 持有至到期投资的减值 ………………………………………………………………… 85
- 持有至到期投资的出售 ………………………………………………………………… 86
- 持有至到期投资转换 …………………………………………………………………… 86
- 收到商业票据 …………………………………………………………………………… 87
- 应收票据到期 …………………………………………………………………………… 88
- 应收票据贴现 …………………………………………………………………………… 88
- 应收票据背书转让 ……………………………………………………………………… 88
- 应收账款的发生与收回 ………………………………………………………………… 89
- 计提坏账准备 …………………………………………………………………………… 89
- 坏账核销与已核销坏账损失的重新收回 ……………………………………………… 90
- 债务人以现金清偿公司债务 …………………………………………………………… 90
- 债务人以债权转为资本方式清偿公司债务 …………………………………………… 90
- 预付货款 ………………………………………………………………………………… 91
- 预付工程款 ……………………………………………………………………………… 91
- 取得交易性金融资产所支付价款含有已宣告但未发放的股利 ……………………… 92

- 交易性金融资产持有期间被投资单位宣告发放现金股利 ……………………………… 92
- 取得长期股权投资所支付的价款含有已宣告但未发放股利 ……………………………… 92
- 持有股权投资期间被投资单位宣告发放现金股利或利润 ……………………………… 92
- 取得可供出售金融资产所支付价款含有已宣告但未发放股利 ……………………………… 92
- 可供出售金融资产持有期间被投资单位宣告发放现金股利 ……………………………… 92
- 债券持有期间的应收利息 ……………………………… 93
- 实际收到的利息 ……………………………… 93
- 其他应收款的发生与收回 ……………………………… 94
- 计提坏账准备 ……………………………… 95
- 坏账核销与已核销坏账损失的重新收回 ……………………………… 95
- BT 合同产生的长期应收款 ……………………………… 96
- 融资租赁活动产生的长期应收款 ……………………………… 96
- 融资性质的经营活动产生的长期应收款 ……………………………… 100
- 外购材料等物资 ……………………………… 102
- 验收入库的材料物资 ……………………………… 103
- 外购原材料 ……………………………… 106
- 投资者投入的原材料 ……………………………… 106
- 自制原材料 ……………………………… 106
- 与债务人进行债务重组时取得的原材料 ……………………………… 106
- 进行非货币性资产交换换入的原材料 ……………………………… 106
- 领用原材料 ……………………………… 107
- 出售原材料 ……………………………… 107
- 工程完工后剩余物资转为原材料 ……………………………… 108
- 制造公司产成品的收入与发出 ……………………………… 109
- 商品流通企业库存商品的收入与发出 ……………………………… 109
- 房地产公司开发产品的转入与转出 ……………………………… 109
- 通过债务重组、非货币性资产交换取得的库存商品或产成品 ……………………………… 110
- 库存商品的自用 ……………………………… 110
- 不满足收入确认条件的发出商品 ……………………………… 110
- 发出商品成本的结转 ……………………………… 111
- 委托代销商品 ……………………………… 111
- 发出委托加工物资与支付加工费用 ……………………………… 112
- 收回委托加工物资 ……………………………… 112
- 包装物的增加 ……………………………… 113
- 领用包装物 ……………………………… 113
- 出租包装物 ……………………………… 113

- 出借包装物 ······ 114
- 低值易耗品的增加 ······ 114
- 领用低值易耗品 ······ 114
- 毁损、报废的低值易耗品 ······ 115
- 外购的周转材料 ······ 115
- 领用周转材料 ······ 116
- 周转材料的摊销 ······ 116
- 周转材料的退库 ······ 116
- 周转材料的报废 ······ 116
- 开发产品增加 ······ 117
- 开发产品减少 ······ 117
- 应计提的存货跌价准备 ······ 119
- 存货价值回升 ······ 119
- 施工合同开工前预计损失 ······ 120
- 施工合同施工期间预计损失 ······ 120
- 材料的盘盈与盘亏 ······ 123
- 包装物的盘盈与盘亏 ······ 124
- 库存商品或产成品的盘盈与盘亏 ······ 124
- 初始计量及后续支出 ······ 125
- 成本模式后续计量 ······ 125
- 成本模式转换（投资性房地产转为自用） ······ 125
- 成本模式转换（自用转为投资性房地产） ······ 125
- 成本模式处置 ······ 125
- 长期股权投资的初始投资成本 ······ 132
- 长期股权投资的后续计量 ······ 132
- 长期股权投资的权益法转为成本法 ······ 136
- 长期股权投资的成本法转为权益法 ······ 136
- 可供出售金融资产转为长期股权投资的核算 ······ 136
- 长期股权投资的处置 ······ 137
- 长期股权投资的减值 ······ 138
- 购建的固定资产 ······ 140
- 无偿调入固定资产 ······ 142
- 债务重组取得固定资产 ······ 142
- 以分期付款方式购入资产 ······ 142
- 融资租入固定资产 ······ 142
- 以长期股权投资换入固定资产 ······ 142

- 以原材料等存货换入固定资产 143
- 以固定资产换入固定资产 143
- 计提固定资产折旧 144
- 固定资产的费用化后续支出 144
- 固定资产资本化的后续支出 145
- 提取固定资产减值准备 147
- 出售、报废和毁损的固定资产转入清理 148
- 结转固定资产清理的净损益 149
- 固定资产的盘亏 149
- 购置工程物资 150
- 委托加工工程物资 150
- 发出工程物资 151
- 工程完工后剩余的工程物资退库及出售 151
- 工程物资盘盈、盘亏及毁损 152
- 发包的建筑工程 154
- 发包的安装工程 155
- 自营工程 155
- 固定资产改良工程 156
- 应计入在建工程的待摊支出 156
- 不应计入在建工程的其他支出 157
- 工程竣工 157
- 在建工程减值准备 158
- 外购取得无形资产 161
- 投资者投入的无形资产 162
- 债务重组取得无形资产 162
- 以原材料换入的无形资产 162
- 以固定资产换入的无形资产 162
- 自行开发取得无形资产 163
- BOT 合同项目形成的特许经营权 163
- BOT 合同项目的移交 164
- 无形资产摊销 165
- 不能为公司带来经济利益的无形资产 165
- 无形资产减值 165
- 无形资产处置 166
- 商誉的取得 168
- 商誉的减值 168

➢ 公司发生的长期待摊费用	169
➢ 按规定摊销的长期待摊费用	169
➢ 临时设施的购建	169
➢ 临时设施的摊销	170
➢ 临时设施的清理	170
➢ 短期借款的取得与归还	172
➢ 采取质押方式取得的短期借款	173
➢ 承担交易性金融负债	174
➢ 期末交易性金融负债公允价值变动	175
➢ 处置交易性金融负债	175
➢ 开出商业汇票	176
➢ 应付票据到期	176
➢ 发生的应付账款	177
➢ 应付债务的债务重组	177
➢ 预收购货单位款项	177
➢ 收到购货单位货款	178
➢ 货币性职工薪酬的提取与发放	180
➢ 非货币性职工薪酬的发放与分配	181
➢ 解除劳动关系的补偿	181
➢ 其他形式的职工薪酬	181
➢ 股份支付	184
➢ 职工福利费支付	187
➢ 支付工会经费和职工教育经费	187
➢ 应交增值税（购销业务）	200
➢ 应交增值税（视同销售业务）	202
➢ 应交增值税（不予抵扣项目）	202
➢ 应交增值税（转出多交增值税和未交增值税）	202
➢ 应交增值税（本月上交）	203
➢ 应交土地增值税	203
➢ 应交消费税（销售产品物资）	203
➢ 应交消费税（委托加工应税消费品）	204
➢ 应交营业税（科目处理）	204
➢ 应交营业税（自建楼房出售）	204
➢ 应交营业税（应税服务）	204
➢ 应交营业税（销售不动产或转让土地使用权）	204
➢ 应交营业税（应纳税额的计算）	205

- 应交营业税（建筑业营业税与增值税征税范围划分） ………………………………… 205
- 应交营业税（同时提供增值税和建筑业应税劳务） ………………………………… 205
- 应交营业税 ………………………………………………………………………………… 206
- 应交营业税（BT 合同） …………………………………………………………………… 207
- 应交营业税（其他业务） ………………………………………………………………… 207
- 应交资源税 ………………………………………………………………………………… 207
- 应交土地增值税 …………………………………………………………………………… 207
- 应交城市维护建设税 ……………………………………………………………………… 207
- 应交教育费附加 …………………………………………………………………………… 208
- 其他应交税费 ……………………………………………………………………………… 208
- 应交企业所得税 …………………………………………………………………………… 208
- 应交个人所得税 …………………………………………………………………………… 208
- 分派股利 …………………………………………………………………………………… 209
- 支付股利 …………………………………………………………………………………… 209
- 利息费用的确定 …………………………………………………………………………… 210
- 利息的支付 ………………………………………………………………………………… 210
- 发生的应付或暂收款项 …………………………………………………………………… 211
- 支付的应付或暂收款项 …………………………………………………………………… 211
- 分包工程形成的长期应付款 ……………………………………………………………… 211
- 分期付款购入资产形成的长期应付款 …………………………………………………… 213
- 融资租入固定资产形成的长期应付款 …………………………………………………… 214
- 未决诉讼或未决仲裁产生的预计负债 …………………………………………………… 220
- 债务担保产生的预计负债 ………………………………………………………………… 220
- 产品质量保证产生的预计负债 …………………………………………………………… 221
- 亏损合同产生的预计负债 ………………………………………………………………… 221
- 重组义务产生的预计负债 ………………………………………………………………… 222
- 实际偿付的预计负债 ……………………………………………………………………… 222
- 与资产相关的政府补助 …………………………………………………………………… 223
- 与收益相关的政府补助 …………………………………………………………………… 224
- 返还政府补助 ……………………………………………………………………………… 225
- 长期借款的借入与使用 …………………………………………………………………… 226
- 长期借款的归还 …………………………………………………………………………… 227
- 债券的发行 ………………………………………………………………………………… 227
- 债券应计利息与利息费用的调整 ………………………………………………………… 228
- 应付债券利息的资本化 …………………………………………………………………… 228
- 应付债券到期 ……………………………………………………………………………… 229

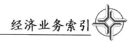

- 可转换公司债券 229
- 衍生工具的取得 231
- 衍生工具的期末计量 232
- 衍生工具的终止确认 232
- 套期工具的指定 234
- 套期工具的利得或损失 235
- 套期工具的终止确认 235
- 被套期项目的指定 237
- 被套期项目的利得或损失 237
- 被套期项目的终止确认 237
- 公允价值套期的确认与计量 238
- 现金流量套期的确认和计量 239
- 境外经营净投资套期的确认和计量 241
- 股票发行 243
- 股本增加 243
- 按法定程序报经批准减少股本 245
- 实收资本确认 246
- 实收资本增加 246
- 按法定程序报经批准减少实收资本 247
- 股本(或资本)溢价 248
- 其他资本公积 249
- 资本公积转增资本 249
- 按规定提取的盈余公积 250
- 用盈余公积弥补亏损 250
- 用盈余公积转增资本 251
- 安全生产费的计提、使用、冲回 252
- 建造合同结果能可靠估计 260
- 建造合同结果不能可靠估计 261
- 建造合同的分包工程 261
- BT合同建造阶段(B阶段) 262
- BT合同移交阶段(T阶段) 262
- BOT合同建造阶段(B阶段) 265
- BOT合同运营阶段(O阶段) 265
- BOT合同移交阶段(T阶段) 265
- 劳务交易结果能否可靠估计 265
- 同时销售商品和提供劳务交易 266

- 正常销售 267
- 售后回购 267
- 分期收款销售 267
- 销售退回及附有退回条件 269
- 商业折扣、销售折让与现金折扣 270
- 银行按揭方式销售开发产品 271
- 全额收款方式销售开发产品 272
- 物业服务收入的核算 272
- 物业经营收入的核算 273
- 让渡资产使用权 273
- 确认的其他业务收入 274
- 期末结转其他业务收入 275
- 材料费的归集与分配 278
- 人工费的归集与分配 279
- 船机使用费的归集与分配 279
- 其他直接费的核算 279
- 间接费用的归集与分配 280
- 主营业务成本的确认 280
- 勘察设计单位承接项目发生的劳务成本 281
- 发生各项劳务成本 281
- 期末结转劳务成本 282
- 材料费用的归集与分配 282
- 燃料和动力费用的归集与分配 283
- 人工费用的归集与分配 283
- 制造费用的归集和分配 284
- 土地费用的归集与分配 286
- 前期工程费、基础设施费的归集与分配 286
- 公共配套设施费的归集与分配 287
- 建筑安装工程费的归集与分配 287
- 开发间接费的归集与分配 287
- 资本化融资费用的归集与分配 287
- 开发成本的预估及调整方法 288
- 房屋开发具体案例 289
- 公司自行开发无形资产 295
- 公司以其他方式取得正在进行中研究开发项目 296
- 研究开发项目达到预定用途形成无形资产 296

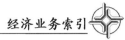

- 营业税金日常核算 ······ 297
- 营业税金期末结转 ······ 297
- 日常发生的销售费用 ······ 297
- 期末结转销售费用 ······ 298
- 筹建期间发生的开办费 ······ 299
- 公司经费 ······ 299
- 计提的各种保险、住房公积金、工会经费、职工教育经费 ······ 299
- 董事会费 ······ 300
- 应计入管理费用的税金 ······ 300
- 经批准处理的存货盘盈与盘亏 ······ 300
- 管理费用中的其他支出 ······ 300
- 期末结转管理费用 ······ 301
- 利息支出与利息收入 ······ 301
- 支付银行的手续费 ······ 301
- 期末结转财务费用 ······ 301
- 借款费用开始资本化的时点 ······ 304
- 借款费用暂停资本化的时间 ······ 304
- 借款费用停止资本化的时点 ······ 305
- 借款利息资本化金额的确定 ······ 305
- 外币专门借款汇兑差额资本化金额的确定 ······ 309
- 采用传统法对资产未来现金流量的预计 ······ 316
- 采用期望现金流量法对资产未来现金流量的预计 ······ 316
- 预计资产未来现金流量因素剔除 ······ 317
- 资产组的认定 ······ 318
- 资产组的减值测试 ······ 318
- 总部资产的减值测试 ······ 320
- 商誉的减值测试 ······ 322
- 资产的账面价值与计税基础之间的暂时性差异 ······ 336
- 负债的账面价值与计税基础之间的暂时性差异 ······ 338
- 营业亏损 ······ 339
- 所得税 ······ 339
- 处置固定资产的净收益 ······ 343
- 教育费附加返回与罚款净收入 ······ 343
- 出售无形资产净收益 ······ 343
- 处置固定资产与盘亏固定资产的净损失 ······ 344
- 出售无形资产净损失 ······ 344

- 捐赠支出与罚款支出 ··· 344
- 本年各项收入、收益的结转 ··· 345
- 本年各项成本、费用与支出的结转 ··· 345
- 年末结转本年利润 ··· 345
- 利润分配及利润结转 ··· 346
- 调整增加的以前年度利润或调整减少的以前年度亏损 ················· 347
- 调整减少的以前年度利润或调整增加的以前年度亏损 ················· 348
- 统账制记账方法的外币折算 ··· 351
- 分账制记账方法的外币折算 ··· 354
- 外币财务报表的折算 ··· 356
- 以资产清偿债务 ··· 358
- 以债务转为资本 ··· 361
- 以修改其他债务条件清偿债务 ··· 361
- 以组合方式清偿债务 ··· 362
- 会计政策变更的处理 ··· 364
- 会计估计变更的处理 ··· 367
- 重大的前期差错更正 ··· 367
- 资产负债表日后调整事项 ··· 370
- 资产负债表日后非调整事项 ··· 371
- 经营活动产生的现金流量 ··· 385
- 投资活动产生的现金流量 ··· 386
- 筹资活动产生的现金流量 ··· 387
- "汇率变动对现金及现金等价物的影响"项目,反映下列项目的差额 ·········· 388

第一章 总 则

第一条 为规范中国交通建设股份有限公司(以下简称"公司")的会计确认、计量和报告行为,保证会计信息质量,根据《中华人民共和国会计法》、《企业会计准则》及国家其他有关法律和法规,制定本核算办法。

第二条 本办法适用于公司本部、全资子公司和控股子公司、公司的母公司——中国交通建设集团有限公司(以下简称"中交集团")所属其他全资子公司和控股子公司。

第三条 公司应当按本办法规定,对其发生的交易或者事项进行会计确认、计量、记录和报告。

第四条 本办法统一规定会计科目的编号及其使用说明。如需要增设会计科目,应按照管理权限,报经股份公司批准或备案。

第五条 本办法实施后如国家又出台新的准则或对准则进行变动调整的,相关业务的处理以国家的新规定为准。

第六条 本办法由公司财务资金部负责解释。

第二章 会计核算基础

第一节 会计主体

会计主体指公司会计确认、计量和报告的空间范围。在会计主体假设下,公司应当对其本身发生的交易或者事项进行会计确认、计量和报告,反映企业本身所从事的各项生产经营活动。

公司、公司的子公司、独立核算的分公司及项目部等均为会计主体,其核算均应按照本核算办法的规定办理。

第二节 会计核算的基本前提

第一条 公司会计确认、计量、记录和报告应当以持续经营为前提。

第二条 公司应当划分会计期间,分期结算账目和编制财务会计报告。

会计期间分为年度和中期。中期是指短于一个完整的会计年度的报告期间,包括:月度、季度、半年度等。

第三条 公司会计核算应当以货币计量。公司选择人民币作为记账本位币。境外经营机构应选择所处经济环境中的货币作为记账本位币。但是,编报的财务报表应当折算为人民币。

第四条 公司应当以权责发生制为基础进行会计确认、计量、记录和报告。资产在取得时按实际成本入账;如果以后发生减值,则计提相应的减值准备。

第五条 公司应当按照交易或者事项的经济特征确定会计要素。会计要素包括资产、负债、所有者权益、收入、费用和利润。

第六条 公司在将符合确认条件的会计要素登记入账并列报于会计报表及其附注时,应当按照规定的会计计量属性进行计量,确定其金额。

第七条 公司在对会计要素进行计量时,一般应当采用历史成本,采用重置成本、可变现净值、现值、公允价值计量的,应当保证所确定的会计要素金额能够取得并可靠计量。

第八条 公司应当采用借贷记账法记账。

本节释义:

历史成本 在历史成本计量下,资产按照购置时支付的现金或者现金等价物的金额,或者按照购置资产时所付出对价的公允价值计量。负债按照因承担现时义务而实际收到的款项或者资产的金额,或者承担现时义务的合同金额,或者按照日常活动中为偿还负债预期需要支付的现金或者现金等价物的金额计量。

重置成本 在重置成本计量下,资产按照现在购买相同或者相似资产所需支付的现金或者现金等价物的金额计量。负债按照现在偿付该项债务所需支付的现金或者现金等价物的金额计量。

可变现净值　在可变现净值计量下,资产按照其正常对外销售所能收到现金或者现金等价物的金额扣减该资产至完工时估计将要发生的成本、估计的销售费用以及相关税费后的金额计量。

现值　在现值计量下,资产按照预计从其持续使用和最终处置中所产生的未来净现金流入量的折现金额计量。负债按照预计期限内需要偿还的未来净现金流出量的折现金额计量。

公允价值　在公允价值计量下,资产和负债按照在公平交易中,熟悉情况的交易双方自愿进行资产交换或者债务清偿的金额计量。

记账本位币　是指公司经营所处的主要经济环境中的货币。

第三节　会计信息质量要求

会计信息质量要求是对企业财务报告中所提供会计信息质量的基本要求,是使财务报告中所提供会计信息对投资者等使用者决策有用应具备的基本特征,根据基本准则规定,它包括可靠性、相关性、可理解性、可比性、实质重于形式、重要性、谨慎性和及时性等。其中,可靠性、相关性、可理解性和可比性是会计信息的首要质量要求,是企业财务报告中所提供会计信息应具备的基本质量特征;实质重于形式、重要性、谨慎性和及时性是会计信息的次级质量要求,是对可靠性、相关性、可理解性和可比性等首要质量要求的补充和完善,尤其是在对某些特殊交易或者事项进行处理时,需要根据这些质量要求来把握其会计处理原则。

第一条　可靠性

公司应当以实际发生的交易或者事项为依据进行会计确认、计量、记录和报告,如实反映符合确认和计量要求的各项会计要素及其他相关信息,保证会计信息真实可靠、内容完整。

第二条　相关性

公司提供的会计信息应当与财务会计报告使用者的经济决策需要相关,有助于财务会计报告使用者对公司过去、现在或者未来的情况做出评价或者预测。

第三条　可理解性

公司提供的会计信息应当清晰明了,便于财务会计报告使用者理解和使用。

第四条　可比性

公司提供的会计信息应当具有可比性。不同时期发生的相同或者相似的交易或者事项,应当采用一致的会计政策,不得随意变更。确需变更的,应当按授权审批程序审批,并在会计报告附注中说明。

第五条　实质重于形式

公司应当按照交易或者事项的经济实质进行会计确认、计量、记录和报告,不应仅以交易或者事项的法律形式为依据。

第六条　重要性

公司提供的会计信息应当反映与公司财务状况、经营成果和现金流量等有关的所有重要交易或者事项。

第七条　谨慎性

公司对交易或者事项进行会计确认、计量、记录和报告应当保持应有的谨慎,不应高估资产或者收益、低估负债或者费用。

第八条　及时性

公司对于已经发生的交易或者事项,应当及时进行会计确认、计量、记录和报告,不得提前或者延后。

第四节 会计要素

资　产

第一条　资产是指公司过去的交易或者事项形成的、由公司拥有或者控制的、预期会给公司带来经济利益的资源。

公司过去的交易或者事项包括购买、生产、建造行为或其他交易或者事项。

由公司拥有或者控制，是指公司享有某项资源的所有权，或者虽然不享有某项资源的所有权，但该资源能被公司所控制。

预期会给公司带来经济利益，是指直接或者间接导致现金和现金等价物流入公司的潜力。

第二条　符合上述第一条规定的资产定义的资源，在同时满足以下条件时，确认为资产：

（一）与该资源有关的经济利益很可能流入公司；

（二）该资源的成本或者价值能够可靠地计量。

负　债

第三条　负债是指公司过去的交易或者事项形成的、预期会导致经济利益流出的现时义务。

现时义务是指在现行条件下已承担的义务。未来发生的交易或者事项形成的义务，不属于现时义务，不应当确认为负债。

第四条　符合上述第一条规定的负债定义的义务，在同时满足以下条件时，确认为负债：

（一）与该义务有关的经济利益很可能流出公司；

（二）未来流出的经济利益的金额能够可靠地计量。

所有者权益

第五条　所有者权益是指公司资产扣除负债后由所有者享有的剩余权益。

第六条　所有者权益的来源包括所有者投入的资本、直接计入所有者权益的利得和损失、留存收益等。

直接计入所有者权益的利得和损失，是指不应计入当期损益、会导致所有者权益发生增减变动的、与所有者投入资本或者向所有者分配利润无关的利得或者损失。

利得是指由公司非日常活动所形成的、会导致所有者权益增加的、与所有者投入资本无关的经济利益的流入。

损失是指由公司非日常活动所发生的、会导致所有者权益减少的、与向所有者分配利润无关的经济利益的流出。

收　入

第七条　收入是指公司在日常活动中形成的、会导致所有者权益增加的、与所有者投入资本无关的经济利益的总流入。

第八条　收入只有在经济利益很可能流入从而导致公司资产增加或者负债减少、且经济利益的流入额能够可靠计量时才能予以确认。

费 用

第九条 费用是指公司在日常活动中发生的、会导致所有者权益减少的、与向所有者分配利润无关的经济利益的总流出。

第十条 费用只有在经济利益很可能流出从而导致公司资产减少或者负债增加、且经济利益的流出额能够可靠计量时才能予以确认。

第十一条 公司为生产产品、提供劳务等发生的可归属于产品成本、劳务成本等的费用,应当在确认产品销售收入、劳务收入等时,将已销售产品、已提供劳务的成本等计入当期损益。

公司发生的支出不产生经济利益的,或者即使能够产生经济利益但不符合或者不再符合资产确认条件的,应当在发生时确认为费用,计入当期损益。

公司发生的交易或者事项导致其承担了一项负债而又不确认为一项资产的,应当在发生时确认为费用,计入当期损益。

利 润

第十二条 利润是指公司在一定会计期间的经营成果,利润包括收入减去费用后的净额、直接计入当期利润的利得和损失等。

第十三条 直接计入当期利润的利得和损失,是指应当计入当期损益、会导致所有者权益发生增减变动的、与所有者投入资本或者向所有者分配利润无关的利得或者损失。

第十四条 利润金额取决于收入和费用、直接计入当期利润的利得和损失金额的计量。

第三章 会计政策与会计科目体系

第一节 公司的会计政策

一、会计处理和财务报告编制基础

公司按国家财政部颁发的《企业会计准则》、《企业会计准则应用指南》、《企业会计准则讲解》和《企业会计准则解释公告》等进行经济业务的会计处理和财务会计报告编制。

二、会计年度

公司会计年度采用公历制，即自公历1月1日至12月31日为一个会计年度。

三、记账本位币

公司选择人民币作为记账本位币。境外经营机构应选择所处主要经济环境中的货币作为记账本位币。

四、记账基础和计量属性

记账基础为权责发生制。

公司采用历史成本作为计量属性，当所确定的会计要素金额符合企业会计准则的要求、能够取得并可靠计量时，可采用重置成本、可变现净值、现值、公允价值计量。

五、外币业务核算

(1)外币交易按交易发生日的即期汇率将外币金额折算为人民币金额。

(2)于资产负债表日，外币货币性项目采用资产负债表日的即期汇率折算为人民币，所产生的折算差额除了为购建或生产符合资本化条件的资产而借入的外币借款产生的汇兑差额按资本化的原则处理外，直接计入当期损益。以公允价值计量的外币非货币性项目，采用公允价值确定日的即期汇率折算为人民币，所产生的折算差额，作为公允价值变动直接计入当期损益。

(3)于资产负债表日，以历史成本计量的外币非货币性项目，除涉及计提资产减值外，仍采用交易发生日的即期汇率折算，不改变其记账本位币金额。

六、现金及现金等价物

列示于现金流量表中的现金是指库存现金及可随时用于支付的存款，现金等价物是指持有的期限短(从购买日3个月以内到期)、流动性强、易于转换为已知金额现金及价值变动风险很小的投资。

七、金融资产

1. 初始确认时分类

以公允价值计量且其变动计入当期损益的金融资产、应收款项、可供出售金融资产及持有至到期投资。

2. 具体内容

(1)以公允价值计量且其变动计入当期损益的金融资产,包括持有的主要目的为短期内出售的金融资产以及不作为有效套期工具的金融衍生工具,以公允价值计量且其变动计入当期损益的金融资产在资产负债表中以交易性金融资产和负债列示。

(2)应收款项,指在活跃市场中没有报价,回收金额固定或可确定的非衍生金融资产,包括应收票据、应收账款、应收利息、应收股利及其他应收款等。

(3)可供出售金融资产,包括初始确认时即被指定为可供出售的非衍生金融资产及未被划分为其他类的金融资产。

(4)持有至到期投资,指到期日固定、回收金额固定或可确定,且管理层有明确意图和能力持有至到期的非衍生金融资产。自资产负债表日起12个月内到期的持有至到期投资在资产负债表中列示为一年内到期的非流动资产。

3. 确认和计量

(1)金融资产于公司成为金融工具合同的一方时,以公允价值进行初始确认。以公允价值计量且其变动计入当期损益的金融资产,取得时发生的相关交易费用直接计入当期损益。其他金融资产的相关交易费用计入初始确认金额。

(2)以公允价值计量且其变动计入当期损益的金融资产和可供出售金融资产应按照公允价值进行后续计量;应收款项以及持有至到期投资采用实际利率法,以摊余成本计量。

(3)以公允价值计量且其变动计入当期损益的金融资产的公允价值变动计入公允价值变动损益;在资产持有期间所取得的利息或现金股利,确认为投资收益;处置时,其公允价值与初始入账金额之间的差额确认为投资损益,同时调整公允价值变动损益。

(4)除减值损失和外币货币性金融资产形成的汇兑损益外,可供出售金融资产的公允价值变动计入股东权益;可供出售债务工具投资在持有期间按实际利率法计算的利息,计入投资收益;可供出售权益工具投资的现金股利,于被投资单位宣告发放股利时计入投资收益;处置时,取得的价款与账面价值扣除原直接计入股东权益的公允价值变动累计额之后的差额,计入投资损益。

4. 金融资产转移的确认条件

公司已将金融资产所有权上几乎所有的风险和报酬转移给转入方的、既没有转移也没有保留金融资产所有权上几乎所有的风险和报酬,但放弃对该金融资产控制的,终止确认该金融资产。

公司对采用附追索权方式出售的金融资产,或将持有的金融资产背书转让,应当根据《企业会计准则——金融资产转移》的规定,确定该金融资产所有权上几乎所有的风险和报酬是否已经转移。公司已将该金融资产所有权上几乎所有的风险和报酬转移给转让方的,应当终止确认该金融资产;保留了金融资产所有权上几乎所有的风险和报酬的,不应当终止确认该金融资产;既没有转移也没有保留金融资产所有权上几乎所有的风险和报酬的,应当继续判断公司是否对该资产保留了控制,并根据《企业会计准则——金融资产转移》的规定进行会计处理。

5. 金融资产减值

除以公允价值计量且其变动计入当期损益的金融资产外,公司于资产负债表日对金融资产的账面价值进行检查,如果有客观证据表明某项金融资产发生减值的,计提减值准备。

以摊余成本计量的金融资产发生减值时，按预计未来现金流量（不包括尚未发生的未来信用损失）现值低于账面价值的差额，计提减值准备。如果有客观证据表明该金融资产价值已恢复，且客观上与确认该损失后发生的事项有关，原确认的减值损失予以转回，计入当期损益。

当可供出售金融资产的公允价值发生严重或非暂时性下降，原直接计入股东权益的因公允价值下降形成的累计损失予以转出并计入减值损失。该转出的累计损失，等于可供出售金融资产的初始取得成本扣除已收回本金和已摊余金额、当前公允价值和原已计入损益的减值损失后的余额。对已确认减值损失的可供出售债务工具投资，在期后公允价值上升且客观上与确认原减值损失后发生的事项有关的，原确认的减值损失予以转回并计入当期损益。但可供出售金融资产为股票等权益工具投资的（不含在活跃市场上没有报价、公允价值不能可靠计量的权益工具投资），其发生的减值损失，在该权益工具价值回升时，应通过权益转回，不得通过损益转回。

在活跃市场中没有报价且其公允价值不能可靠计量的权益工具投资发生减值时，按其账面价值超过按类似金融资产当时市场收益率对未来现金流量折现确定的现值之间的差额，确认减值损失。减值损失一经确认，以后期间不予转回价值得以恢复的部分。

八、应收款项

应收款项包括应收账款、其他应收款及长期应收款等。当有客观证据证明公司将无法按应收款项的原有条款收回所有款项时，公司对可能发生的坏账损失计提坏账准备，采用备抵法核算。

应收款项采用实际利率法（市场利率），以摊余成本计量。

1. 应收账款

公司对外销售商品或提供劳务形成应收账款，按从购货方应收的合同或协议价款的公允价值作为初始确认金额。包括应收关联方账款及应收非关联方账款。

2. 其他应收款

其他应收款是指除应收票据、应收账款、预付账款以外的其他各种应收、暂付款项，主要包括：应收履约保证金、应收投标保证金、应收的其他保证金、应收的各种赔款、应收的各种罚款、押金、备用金、应向职工收取的垫付款项等。

3. 长期应收款

公司融资租赁产生的应收款项、采用递延方式具有融资性质的商品销售和提供劳务等产生的应收款项，包括初始确认时回收期超过一年的应收工程款、应收质量保证金、应收履约保证金等。报表日长期应收款的到期日在一年以内的，列报在"一年以内到期的非流动资产"，长期应收款到期后应转入"应收账款"或"其他应收款"。

公司将融资租赁开始日的最低租赁收款额与初始直接费用之和确认长期应收款金额；递延方式分期收款的按合同或协议确定的应收价款确认长期应收款金额。

4. 应收款项减值损失的计量

（1）应收款项减值损失的计量

流动性应收款项包括应收账款、其他应收款。应收款项的减值测试应分为以下三个类别：单项金额重大并单独进行减值测试；单项金额不重大但单独进行减值测试；单独测试未发现减值的应收款项按具有类似信用风险特征的金融资产组合进行减值测试。

①应收款项按单项金额重大并单独进行减值测试

对于单项金额重大的应收款项，应当单独进行减值测试。有客观证据表明其发生减值的，应当根据其未来现金流量现值低于其账面价值的差额，确认减值损失，计提坏账准备。

各级法人单位关于单项金额重大并单独进行减值测试的认定标准为应收中交集团下属各级法人公司在中交集团系统外客户款项的前五位。单独测试未发现减值的应收款项，应当包括在具有类似信用风险特征的组合中再进行减值测试。

单项金额重大并单独进行减值测试应从审慎的角度出发,一般单独测试并发现减值时应比按照组合多计提减值,而不是少提。特殊情况少提的,应提供确凿证据。

②应收款项按单项金额不重大但单独进行减值测试

对于单项金额虽不重大但具备以下特征的应收款项,单独进行减值测试,有客观证据表明其发生了减值的,根据其未来现金流量现值低于其账面价值的差额,确认减值损失,计提坏账准备。如:与对方存在争议或涉及诉讼、仲裁的应收款项;已有明显迹象表明债务人很可能无法履行还款义务的应收款项等等。

单项金额不重大但单独进行减值测试应从审慎的角度出发计,一般单独测试并发现减值时应比按照组合多计提减值,而不是少提。特殊情况少提的,应提供确凿证据。

③按照具有类似信用风险特征的金融资产组合进行减值测试

单独测试未发现减值的应收款项(包括单项金额重大和不重大的应收款项),应当包括在具有类似信用风险特征的金融资产组合中再进行减值测试。已单项确认减值损失的应收款项,不应包括在具有类似信用风险特征的金融资产组合中进行减值测试。中交集团应收款项的风险组合包括:

A. 中交集团内部应收款项

中交集团内部单位应收款项通常认为发生坏账损失的可能性较小,一般不需计提减值准备。但有客观证据表明存在减值迹象的,应当单独进行减值测试,根据其未来现金流量现值低于其账面价值的差额,确认减值损失,计提坏账准备。

B. 保证金(不含质量保证金)

应收具有押金性质的各种形式的保证金,如履约保证金、投标保证金、安全保证金、低价保证金等,通常认为发生坏账损失的可能性较小,一般不需计提减值准备。但有客观证据表明存在减值迹象的,应当单独进行减值测试,根据其未来现金流量现值低于其账面价值的差额,确认减值损失,计提坏账准备。质量保证金不具有押金性质,不在该组合内核算。

C. 员工个人借款、备用金

应收单位员工个人借款、备用金,通常认为发生坏账损失的可能性较小,一般不需计提减值准备。但有客观证据表明存在减值迹象的,应当单独进行减值测试,根据其未来现金流量现值低于其账面价值的差额,确认减值损失,计提坏账准备。

D. 长期应收款项

长期应收款项因尚未到达收款期,通常认为发生坏账损失的可能性较小,一般不需计提减值准备。但有客观证据表明存在减值迹象的,应当单独进行减值测试,根据其未来现金流量现值低于其账面价值的差额,确认减值损失,计提坏账准备。

E. 账龄

未纳入前四个风险组合的应收款项,应按照账面账龄组合计提减值损失。计提比例如下表所示。

账面账龄	计提比例(%)	账面账龄	计提比例(%)
0~6个月(含6个月)	0	3~4年(含4年)	50
6~12个月(含12个月)	1	4~5年(含5年)	75
1~2年(含2年)	15	5年以上	100
2~3年(含3年)	30		

(2)发生减值的客观证据

发生减值的客观证据通常包括下列各项:

①债务人发生严重财务困难;

②债务人违反了合同条款,如偿付利息或本金发生违约或逾期等;

③债权人出于经济或法律等方面因素的考虑,对发生财务困难的债务人做出让步;
④债务人很可能倒闭或进行其他财务重组等。

5.坏账损失确认标准

因债务人破产或死亡,以其破产财产或遗产清偿后,仍然不能收回的应收账款;因债务人逾期未履行偿债义务,且具有明显特征表明无法收回的应收账款确认为坏账。

九、存货

(1)存货包括原材料、在产品、产成品、库存商品、低值易耗品、包装物、周转材料和工程施工等,按成本与可变现净值孰低列示。

房地产开发企业的存货还包括开发产品、开发成本,按成本与可变现净值孰低列示。开发产品系指已建成、待出售的产成品,开发成本系指归集尚未建成、以出售为目的在产品的成本。

(2)存货同时满足下列条件的,才能予以确认:
①该存货包含的经济利益很可能流入企业;
②该存货的成本能够可靠计量。

(3)存货采用实际成本进行核算,存货发出时的成本采用加权平均法核算;产成品和在产品成本包括原材料、直接人工以及在正常生产能力下按照一定方法分配的制造费用;产成品和在产品发出时的成本采用加权平均法核算;低值易耗品和包装物在领用时采用一次转销法核算;施工中领用的易腐、易糟的周转材料,领用时采用一次转销法计入成本、费用;铁路专用模板、船舶的排泥管线等属于周转材料,用于专项工程的,在项目周期内摊销;用于非专项工程的,按照预计使用次数或在预计使用期限内直线法摊销,摊销期限一般情况下不超过3年,特殊情况下不超过5年。

已完工未结算的工程施工反映期末尚未完工工程施工的合同成本和合同毛利。

房地产开发产品存货在取得时按实际成本计价,房地产开发产品发出时按个别计价。

(4)存货跌价准备按存货成本高于其可变现净值的差额计提。可变现净值按日常活动中存货的估计售价减去至完工时估计将要发生的成本、估计的销售费用以及相关税费后的金额确定。

房地产开发企业按照单个存货项目计提存货跌价准备,并计入当期损益。如果以前减计存货价值的影响因素已经消失的,减计的金额予以恢复,并在原已计提的存货跌价准备金额内转回,转回的金额计入当期损益。

未完合同预计损失准备应按合同预计总成本超过合同预计总收入差额的未实现部分确认。

(5)存货盘存制度为永续盘存制。

十、长期股权投资

(1)长期股权投资范围:

①对子公司投资,即能够对被投资单位实施控制的权益性投资,控制是指有权决定一个企业的财务和经营政策,并能据以从该企业的经营活动中获取利益;

②对合营公司投资,即其他合营方一同对被投资单位实施共同控制的权益性投资,共同控制是指按照合同约定对某项经济活动所共有的控制;

③对联营企业投资,即对被投资单位具有重大影响的权益性投资,重大影响是指对一个企业的财务和经营政策有参与决策的权利,但并不能够控制或者与其他方一起共同控制这些政策的制定;

④对其他投资,即对被投资单位不具有控制、共同控制或重大影响,并且在活跃市场中没有报价、公允价值不能可靠计量的长期股权投资。

(2)公司对被投资单位具有共同控制或重大影响的长期股权投资,采用权益法核算。

(3)公司对被投资单位实施控制或对被投资单位不具有共同控制及无重大影响的,并且在活跃市场中没有报价、公允价值不能可靠计量的长期股权投资采用成本法核算。

(4)公司转让股权收益的确认,应以被转让股权的所有权上的风险和报酬实质上已经转移给购买方,并且相关的经济利益很可能流入公司为标志。只有当保护相关各方权益的所有条件均能满足时,才能确认股权转让收益,股权转让价格与股权账面价值的差额确认为投资收益。条件包括:出售协议已获股东大会批准通过;与购买方已办理必要的财产交接手续;已取得购买价款的大部分(一般应超过50%);公司已不能再从所持的股权中获得利益和承担风险等。如果有关股权转让需要经过国家有关部门批准,则股权转让收益只有在满足上述条件并且取得国家有关部门的批准文件时才能确认。

(5)长期股权投资减值,当长期股权投资的可收回金额低于其账面价值时,账面价值减记至可收回金额(见公司资产减值政策)。

十一、投资性房地产

1. 初始计量及后续支出

投资性房地产包括已出租的土地使用权、已出租的建筑物、持有并准备增值后转让的土地使用权及建筑物,以实际成本进行初始计量。与投资性房地产有关的后续支出,在相关的经济利益很可能流入公司且其成本能够可靠计量时,计入投资性房地产成本;否则,在发生时计入当期损益。

2. 后续计量

采用成本模式核算。按其预计使用寿命及净残值率对建筑物和土地使用权计提折旧或摊销。投资性房地产的预计使用寿命、净残值率及年折旧(摊销)率列示如下表:

资 产 类 别	预计使用寿命	预计净残值率	年折旧(摊销)率
建筑物	20～40年	0	2.5%～5%
土地	土地证规定年限	0	在使用年限内平均摊销

3. 投资性房地产的转换

(1)转换的条件
①投资性房地产开始自用;
②作为存货的房地产开始出租;
③自用土地使用权停止自用改为赚取租金或资本增值;
④自用建筑物停止自用改为出租。

(2)转换日的确定
①投资性房地产开始自用,转换日为房地产达到自用状态,公司开始将房地产用于生产商品、提供劳务或经营管理的日期;
②作为存货的房地产开始出租,转换日为租赁期开始日;
③自用土地使用权停止自用,转换日为赚取租金或资本增值的日期。

(3)转换后入账价值的确定
成本模式核算,相互转换时以转换前的账面价值作为转换后的入账价值。

4. 投资性房地产的后续计量

公司于每年年度终了,对投资性房地产的预计使用寿命、预计净残值和折旧(摊销)方法进行复核并作适当调整。

5. 投资性房地产的处置

当投资性房地产被处置,或者永久退出使用且预计不能从其处置中取得经济利益时,终止确认该项投资性房地产。投资性房地产出售、转让、报废或毁损的处置收入扣除其账面价值和相关税费后的金额计入当期损益。

6. 投资性房地产的减值

当投资性房地产的可收回金额低于其账面价值时,账面价值减记至可收回金额(见公司资产减值政策)。

十二、固定资产

(1)固定资产是指为生产商品、提供劳务、出租或经营管理而持有的,使用期限在一年以上且单位价值较高的有形资产(具体标准参见公司的固定资产管理办法)。

(2)购置或新建的固定资产按取得时的实际成本进行初始计量。国有股投入的固定资产,应按国有资产管理部门确认的价值作为入账价值;同一法人内部的固定资产调拨,应按固定资产的账面原值、累计折旧、减值准备同时作为入账价值。

(3)固定资产的后续支出是指固定资产使用过程中发生的更新改造支出、修理费用等。

与固定资产有关的更新改造等后续支出,符合固定资产确认条件的,应当计入固定资产成本,同时将被替换部分的账面价值扣除。与固定资产有关的修理费用等后续支出,符合固定资产确认条件的应当资本化。一般情况下,增加固定资产的产能或性能,延长使用寿命2年以上的修理费用支出应资本化。

固定资产的各组成部分具有不同使用寿命或者以不同方式为企业提供经济利益,适用不同折旧率或折旧方法的,应当分别将各组成部分确认为单项固定资产。由于装修和附属设施与房屋本身的使用年限存在较大差异(房屋自身的使用年限一般长达数十年,在房屋的整个使用寿命内可能需要进行多次装修或者更换附属设施),自有或融资租入房产的装修和改良支出应确认为一项单独的固定资产,即"固定资产装修",视同办公设备在3~5年内摊销。

(4)除已提足折旧仍继续使用的固定资产外,公司对所有固定资产计提折旧。

(5)公司固定资产采用直线法分类计提折旧。固定资产的分类、折旧年限、年折旧率见下表:

资产类别	具体分类	预计使用年限	预计净残值
房屋及建筑物	钢结构房屋	30年	0
	钢筋混凝土结构房屋	30年	0
	码头及附属建筑	40年	0
	其他房屋及建筑物	20年	0
机械设备	施工机械	10年	0
	生产设备	10年	0
	运输设备	5年	0
	大型起重设备	20年	0
	试验及仪器设备	5年	0
	其他机器设备	5年	0
船舶	远洋运输船	25年	10%
	工程船	25年	
	拖轮及驳船	20年	5%
	其他船舶	10年	
运输工具		5年	0
办公及电子设备		3~5年	0

(6)公司于每年年度终了,对固定资产的预计使用寿命、预计净残值和折旧方法进行复核并作适当调整。

境外固定资产如果由于条件的限制达不到统一的固定资产折旧年限,可以采用缩短固定资产折旧使用期限的方法，但相关部门须出具有关资料以说明缩短固定资产折旧使用期限的原因。

（7）当固定资产被处置或预期通过使用或处置不能产生经济利益时，终止确认该固定资产。固定资产出售、转让、报废或毁损的处置收入扣除其账面价值和相关税费后的金额计入当期损益。

（8）在建工程按照成本进行初始计量，并单独核算，在建工程已达到预定可使用状态时转入固定资产。当在建工程的可收回金额低于其账面价值时，账面价值减记至可收回金额。

（9）当固定资产的可收回金额低于其账面价值时，账面价值减记至可收回金额（见公司资产减值政策）。

十三、无形资产

（1）无形资产包括土地使用权、软件、专利权及专有技术、特许经营权等。

公司取得的土地使用权用于建造对外出售的房屋建筑物的土地使用权计入所建造的房屋建筑物开发成本。

（2）有使用寿命的无形资产采用直线法按预计使用年限摊销，使用寿命无法估计的无形资产不进行摊销。

（3）土地使用权采用直线法按预计使用年限摊销。国家以土地使用权作价入股后应办理未办理土地出让手续的土地，也应按预计使用年限摊销。

（4）软件和专利权按预计使用年限、合同规定的使用年限、法律规定有效年限平均摊销。

（5）特许权也称专营权，指在某一地区经营或销售某种特定商品的权利或是一家公司接受另一家公司使用其商标、商号、技术秘密等的权利，包括BOT合同(Build/Operate/Transfer，即建设/运营/移交)按照无形资产模式在建设期确认的无形资产。BOT项目公司的核算规定如下：

在建造期间，项目公司对于所提供的建造服务应当按照《企业会计准则第15号——建造合同》确认相关的收入和费用。建造合同收入应当按照收取或应收对价的公允价值计量，同时按照BOT合同所规定的基础设施建成后收取经营收入的方式分别确认为金融资产或无形资产；未提供实际建造服务，将基础设施建造发包给其他方的，不应确认建造服务收入。

在运营阶段，基础设施建成后，项目公司应当按照《企业会计准则第14号——收入》确认与后续经营服务相关的收入。同时根据情况分别对无形资产（特许经营权）采用工作量法、直线法摊销。特许经营权中属于设备的资产，摊销年限方法参照固定资产执行，该设备资产更新时，应重新调整特许经营权的账面价值。

（6）非同一控制下的企业合并中，购买方在对企业合并中取得的被购买方资产进行初始确认时，应当对被购买方拥有的但在其财务报表中未确认的无形资产进行充分辨认和合理判断，满足以下条件之一的，应确认为无形资产：

①源于合同性权利或其他法定权利；

②能够从被购买方中分离或者划分出来，并能单独或与相关合同、资产和负债一起，用于出售、转移、授予许可、租赁或交换。

（7）公司于每年年度终了，对使用寿命有限的无形资产的预计使用寿命及摊销方法进行复核并作适当调整。于每个会计期间，对使用寿命不确定的无形资产的预计使用寿命进行复核，对有证据表明无形资产的使用寿命是有限的，则估计其使用寿命并在预计使用寿命内摊销。

（8）当无形资产的可收回金额低于其账面价值时，账面价值减记至可收回金额（见公司资产减值政策）。

十四、长期待摊费用

长期待摊费用包括经营租入固定资产改良支出及其他已经发生但应由本期和以后各期负担的分摊期限在一年以上的各项费用。

按预计受益期间分期平均摊销,并以实际支出减去累计摊销后的净额列示。

十五、资产减值

(1)在财务报表中单独列示的商誉和使用寿命不确定的无形资产,无论是否存在减值迹象,至少每年进行减值测试。

(2)固定资产、在建工程、使用寿命有限的无形资产、以成本模式计量的投资性房地产及长期股权投资等,于资产负债表日存在减值迹象的,进行减值测试。

(3)减值测试结果表明资产的可收回金额低于其账面价值的,按其差额计提减值准备并计入减值损失。可收回金额为资产的公允价值减去处置费用后的净额与资产预计未来现金流量的现值两者之间的较高者。资产减值准备按单项资产为基础计算并确认,如果难以对单项资产的可收回金额进行估计的,以该资产所属的资产组确定资产组的可收回金额。资产组是能够独立产生现金流入的最小资产组合。

(4)上述资产减值损失一经确认,在以后期间不予转回。

十六、借款

借款分为短期借款和长期借款。短期借款是指公司向银行或其他金融机构、结算中心等借入的期限在1年以下(含1年)的各种借款;长期借款是指公司向银行或其他金融机构、结算中心等借入的期限在1年以上(不含1年)的各项借款。

(1)短期借款按实际发生额入账,即按取得短期借款的本金核算;如果短期借款属于公司为购建固定资产、无形资产等资产而借入的款项,其利息按照借款费用的规定进行处理。

(2)资产负债表日,短期借款应按实际利率计算确定利息费用。实际利率与合同约定的名义利率差异不大的,也可以采用合同约定的名义利率计算确定利息费用。

(3)资产负债表日,长期借款应按摊余成本和实际利率计算确定利息费用,实际利率与合同约定的名义利率差异不大的,也可以采用合同约定的名义利率计算确定利息费用。

(4)公司与债权人进行债务重组,比照应付账款核算的规定进行处理。

(5)企业发生的借款费用,可直接归属于符合资本化条件的资产购建或者生产的,应当予以资本化,计入相关资产成本;其他借款费用,应当在发生时根据其发生额确认为费用,计入当期损益。

(6)借款利息的资本化按借款费用的规定执行。

十七、职工薪酬

1. 概念

职工薪酬指企业为获得职工提供的服务而给予各种形式的报酬以及其他相关支出,包括:工资、奖金、津贴和补贴、职工福利费、社会保险费及住房公积金、工会经费和职工教育经费等与获得职工提供的服务相关的支出。

2. 确认

根据职工提供服务的受益对象分别计入存货成本或劳务成本、固定资产或无形资产成本,或确认为当期费用。

3. 计量

公司在职工提供服务的会计期间,将应付的职工薪酬确认为负债,并根据职工提供服务的受益对象计入相关资产成本和费用。因解除与职工的劳动关系而给予的补偿,于发生时计入当期损益。

(1)货币性职工薪酬

具有明确计提标准的,根据受益对象按标准分别计入成本或费用;没有具有明确计提标准的,依据历史经验数据和自身情况,分别计入成本或费用。

(2)非货币性职工薪酬

以自身产品提供给职工,按照产品的公允价值视同销售并确认为应付职工薪酬;将拥有或租赁的资产无偿提供给职工使用,根据受益对象将资产折旧或租金确认为应付职工薪酬;向职工提供企业支付补贴后的商品或服务,以服务年限内平均摊销额确认为应付职工薪酬。

4. 解除劳动关系补偿(或称辞退福利)

公司在职工劳动合同到期之前解除与职工的劳动关系,或者为鼓励职工自愿接受裁减而提出给予补偿的建议,同时满足下列条件的,应当确认因解除与职工的劳动关系给予补偿而产生的预计负债,同时计入当期管理费用。

(1)公司已经制订正式的解除劳动关系计划或提出自愿裁减建议,并即将实施。该计划或建议应当包括拟解除劳动关系或裁减的职工所在部门、职位及数量;根据有关规定按工作类别或职位确定的解除劳动关系或裁减补偿金额;拟解除劳动关系或裁减的时间。

(2)公司不能单方面撤回解除劳动关系计划或裁减建议。

5. 其他形式的职工薪酬

(1)带薪缺勤,包括累积带薪缺勤和非累积带薪缺勤。

(2)利润分享和奖金计划。

6. 企业年金基金

企业年金基金指依法制订的企业年金计划筹集的资金及其投资运营收益形成的企业补充养老保险基金,包括企业和职工个人缴纳的年金本金和因本金用于运营后产生的年金收益。

(1)企业年金基金作为独立的会计主体进行确认、计量和列报。支付范围是企业的退休职工。

(2)企业年金基金的确认和计量范围为资产、负债、收入、费用和净资产。

(3)企业年金基金的财务报表包括资产负债表、净资产变动表和附注。

7. 股份支付

(1)股份支付是指企业为获取职工和其他方提供服务或商品而授予权益工具或者承担以权益工具为基础确定的负债的交易。

(2)股份支付分为以权益结算的股份支付和以现金结算的股份支付。

①以权益结算的股份支付是指企业为获取服务以股份或其他权益工具作为对价进行结算的交易。

②以现金结算的股份支付是指企业为获取服务承担以股份或其他权益工具为基础计算确定的交付现金或其他资产义务的交易。

(3)以权益结算的股份支付以授予职工权益工具的公允价值计量;以现金结算的股份支付以承担负债的公允价值计量。

8. 离退休及内退人员福利

(1)离退休人员

公司的离退休人员主要参加各地政府管理的养老统筹计划。此外,对于2005年12月31日前退休的员工,公司还承担一定的退休津贴、医疗费用等补充福利费用,即设定受益计划责任;公司于资产负债表中将该设定受益计划确认为负债,由独立精算师对其进行精算,并按现值列示;对于2005年12月31日以后退休的员工,公司将按照补充养老保险计划提供社会保障及福利,补充养老保险按照工资总额的一定比例计提。

(2)内退人员

内部退养福利是公司为未达到国家规定的退休年龄,经公司批准,退出工作岗位的员工支付的自内部退养日起至达到国家规定的退休年龄期间的各项福利费用,包括退养金、继续向当地劳动和社会保障部门缴纳的各项保险费、医疗支出及补充养老保险供款等。该等内部退养福利严格按照公司内部退养计划条款的规定,合理预计并在资产负债表中确认为辞退福利产生的负债,由独立精算师对其进行精算,并按现值列示。

内部退养员工达到国家规定的退休年龄后,与正常退休员工一样享受社会基本养老和由补充养老保险提供的补充退休福利。

十八、衍生工具、套期工具与被套期项目

1. 衍生工具

(1)衍生工具指金融工具合同或其他合同,该合同的价值随利率、汇率等的变动而变动,取得该合同不须进行初始净投资,或相对很少,在未来某一日期结算,具有下列特征的金融工具或其他合同:

①其价值随特定利率、金融工具价格、商品价格、汇率、价格指数、费率指数、信用等级、信用指数或其他类似变量的变动而变动,变量为非金融变量的,该变量与合同的任一方不存在特定关系。

②不要求初始净投资,或与对市场情况变化有类似反应的其他类型合同相比,要求很少的初始净投资。

③在未来某一日期结算。

(2)衍生工具包括远期合同、期货合同、互换和期权,以及具有远期合同、期货合同、互换和期权中一种或一种以上特征的工具。

(3)嵌入衍生工具的处理原则如下:

①可以将混合工具指定为以公允价值计量且其变动计入当期损益的金融资产或金融负债。其中下列情况除外:A.嵌入衍生工具对混合工具的现金流量没有重大改变;B.类似混合工具所嵌入的衍生工具,明显不应当从相关混合工具中分拆。

②混合工具没有指定为以公允价值计量且其变动计入当期损益的金融资产或金融负债,且同时满足下列条件的,该嵌入衍生工具应当从混合工具中分拆,作为单独存在的衍生工具处理:A.与主合同在经济特征及风险方面不存在紧密关系;B.与嵌入衍生工具条件相同,单独存在的工具符合衍生工具定义。

(4)无法在取得时或后续的资产负债表日对其进行单独计量的,应当将混合工具整体指定为以公允价值计量且其变动计入当期损益的金融资产或金融负债。

2. 套期工具

套期保值(以下简称套期),是指企业为规避外汇风险、利率风险、商品价格风险、股票价格风险、信用风险等,指定一项或一项以上套期工具,使套期工具的公允价值或现金流量变动,预期抵销被套期项目全部或部分公允价值或现金流量变动。

套期分为公允价值套期、现金流量套期和境外经营净投资套期。

(1)公允价值套期,是指对已确认资产或负债、尚未确认的确定承诺,或该资产或负债、尚未确认的确定承诺中可辨认部分的公允价值变动风险进行的套期。该类价值变动源于某类特定风险,且将影响企业的损益。

(2)现金流量套期,是指对现金流量变动风险进行的套期。该类现金流量变动源于与已确认资产或负债、很可能发生的预期交易有关的某类特定风险,且将影响企业的损益。

(3)境外经营净投资套期,是指对境外经营净投资外汇风险进行的套期。境外经营净投资,是指企业在境外经营净资产中的权益份额。

3. 套期会计处理

(1)套期会计处理方法,是指在相同会计期间将套期工具和被套期项目公允价值变动的抵销结果计入当期损益的方法。

(2)公允价值套期、现金流量套期或境外经营净投资套期同时满足下列条件的,才能运用套期会计

方法进行处理：

①在套期开始时，企业对套期关系（即套期工具和被套期项目之间的关系）有正式指定，并准备了关于套期关系、风险管理目标和套期策略的正式书面文件。该文件至少载明了套期工具、被套期项目、被套期风险的性质以及套期有效性评价方法等内容。

套期必须与具体可辨认并被指定的风险有关，且最终影响企业的损益。

②该套期预期高度有效，且符合企业最初为该套期关系所确定的风险管理策略。

③对预期交易的现金流量套期，预期交易应当很可能发生，且必须使企业面临最终将影响损益的现金流量变动风险。

④套期有效性能够可靠地计量。

⑤企业应当持续地对套期有效性进行评价，并确保该套期在套期关系被指定的会计期间内高度有效。

套期同时满足下列条件的，认定为高度有效：

A. 在套期开始及以后期间，该套期预期会高度有效地抵销套期指定期间该套期风险引起的公允价值或现金流量变动；

B. 该套期的实际抵销结果在80%～125%的范围内。

作为公允价值套期的套期工具，其公允价值变动损益直接记入当期损益。

作为现金流量套期的套期工具，其期末按公允价值评估后产生的评估损益应区分有效套期部分和无效套期部分。有效套期部分记入资本公积中的套期储备中，而无效套期部分列入当期损益。当预期未来交易或承诺事项实现且确认为一项非金融资产或负债时，原记入资本公积中套期储备的评估损益将转入此项资产或负债的初始成本中；当预期未来交易或承诺事项实现且确认为一项金融资产或负债时，原记入资本公积中套期储备的评估损益将在其影响企业损益的相同期间转出，计入当期损益。当预期未来交易或承诺事项实现但不确认为一项资产或负债时，原记入资本公积中套期储备的评估损益应当在被套期预期交易影响损益的相同期间转出，计入当期损益；当预期未来交易预计不会发生时，原记入资本公积中套期储备的评估损益将转入当期损益。

十九、债务重组

债务重组是指在债务人发生财务困难的情况下，债权人按照其与债务人达成的协议或者法院的裁定做出让步的事项。

(1)公司与债务人进行债务重组时，按以下规定进行会计处理：

①以现金清偿债务的，债权人应当将重组债权的账面余额与收到的现金之间的差额，计入当期损益。债权人已对债权计提减值准备的，应当先将该差额冲减减值准备，减值准备不足以冲减的部分，计入当期损益。

②以非现金资产清偿债务的，债权人应当对受让的非现金资产按其公允价值入账，重组债权的账面余额与受让的非现金资产的公允价值之间的差额，比照上述①的规定处理。

③将债务转为资本的，债权人应当将享有股份的公允价值确认为对债务人的投资，重组债权的账面余额与股份的公允价值之间的差额，比照上述①的规定处理。

④修改其他债务条件的，债权人应当将修改其他债务条件后的债权的公允价值作为重组后债权的账面价值，重组债权的账面余额与重组后债权的账面价值之间的差额，比照上述①的规定处理。

⑤修改后的债务条款中涉及或有应收金额的，债权人不应当确认或有应收金额，不得将其计入重组后债权的账面价值。

或有应收金额，是指需要根据未来某种事项出现而发生的应收金额，而且该未来事项的出现具有不确定性。

⑥债务重组采用以现金清偿债务、非现金资产清偿债务、债务转为资本、修改其他债务条件等方式

的组合进行的,债权人应当依次以收到的现金、接受的非现金资产公允价值、债权人享有股份的公允价值冲减重组债权的账面余额,再按照上述④的规定处理。

(2)公司与债权人进行债务重组时,按以下规定进行会计处理:

①以现金清偿债务的,债务人应当将重组债务的账面价值与实际支付现金之间的差额,计入当期损益。

②以非现金资产清偿债务的,债务人应当将重组债务的账面价值与转让的非现金资产公允价值之间的差额,计入当期损益。

转让的非现金资产公允价值与其账面价值之间的差额,计入当期损益。

③将债务转为资本的,债务人应当将债权人放弃债权而享有股份的面值总额确认为股本(或者实收资本),股份的公允价值总额与股本(或者实收资本)之间的差额确认为资本公积。

重组债务的账面价值与股份的公允价值总额之间的差额,计入当期损益。

④修改其他债务条件的,债务人应当将修改其他债务条件后债务的公允价值作为重组后债务的入账价值。重组债务的账面价值与重组后债务的入账价值之间的差额,计入当期损益。

修改后的债务条款如涉及或有应付金额,且符合预计负债确认条件的,将该或有应付金额确认为预计负债。重组债务的账面价值,与重组后债务的入账价值和预计负债金额之和的差额,计入当期损益。

或有应付金额,是指需要根据未来某种事项出现而发生的应付金额,而且该未来事项的出现具有不确定性。

⑤债务重组以现金清偿债务、非现金资产清偿债务、债务转为资本、修改其他债务条件等方式的组合进行的,债务人应当依次以支付的现金、转让的非现金资产公允价值、债权人享有股份的公允价值冲减重组债务的账面价值,再按照上述④的规定处理。

二十、或有事项

(1)如果与或有事项相关的义务同时符合以下条件,公司将其确认为预计负债:

①该义务是公司承担的现时义务。
②该义务的履行很可能导致经济利益流出公司。
③该义务的金额能够可靠地计量。

(2)因产品质量保证、对外提供担保、未决诉讼、重组以及亏损合同等形成的现时义务,其履行很可能导致经济利益的流出,在该义务的金额能够可靠计量时,确认为预计负债。对于未来经营亏损,不确认预计负债。

(3)预计负债按照履行相关现时义务所需支出的最佳估计数进行初始计量,并综合考虑与或有事项有关的风险、不确定性和货币时间价值等因素。货币时间价值影响重大的,通过对相关未来现金流出进行折现后确定最佳估计数。于资产负债表日对预计负债的账面价值进行复核,并对账面价值进行调整以反映当前最佳估计数。因时间推移导致的预计负债账面价值的增加金额,确认为利息费用。

二十一、收入

1.建造合同

建造合同,是指为建造一项资产或者在设计、技术、功能、最终用途等方面密切相关的数项资产而订立的合同,分为固定造价合同和成本加成合同。

(1)合同收入内容:合同中规定的初始收入;因合同变更、索赔、奖励等形成的收入。
(2)完工进度的确定:
①累计实际发生的合同成本占合同预计总成本的比例;
②已经完成的合同工作量占合同预计总工作量的比例;

③实际测定的完工进度。

(3)收入和费用的确认：

①当建造合同的结果能够可靠地估计时,根据完工百分比法在资产负债表日确认合同收入及费用；

②当建造合同的结果不能可靠地估计时,如果合同成本(包括营业税金及附加)能够收回的,合同收入根据能够收回的实际合同成本加以确认,合同成本在其发生的当期确认为费用；如果合同成本不能收回的,应在发生时立即确认为费用,不确认收入。

(4)收入和费用的计量：当期完成的建造合同,按实际合同总收入扣除以前年度累计已确认的收入后的余额作为当期收入；按实际发生的累计合同成本扣除以前年度已确认的累计费用后的余额确认为当期费用。

(5)未完合同预计损失应按合同预计总成本超过合同预计总收入差额的未完工部分确认。

2. BT 合同

(1)BT(Build/Transfer,即建设/移交)

BT 项目是先施工后收款的垫资承包项目,项目完工后投资人一次或分次支付工程款。

(2)BT 合同的收入和成本确认

BT 项目实质上是企业向业主提供信贷并招揽承包业务的一种交易方式,即垫资业务和建造业务。会计处理上应参照企业会计准则对 BOT 业务的相关会计处理规定进行核算：项目公司同时提供建造服务的,建造期间,对于所提供的建造服务按照《企业会计准则第 15 号——建造合同》确认相关的收入和成本,建造合同收入应按收取或应收对价的公允价值计量,同时确认长期应收款；项目公司未提供建造服务的,不应确认建造服务收入,应按照建造过程中支付的工程价款等考虑合同规定,确认长期应收款。其中,长期应收款应采用摊余成本计量并按期确认利息收入,实际利率在长期应收款存续期间内一般保持不变。

(3)合同预计总成本

合同预计总成本为从合同签订开始至合同完成止所发生的,与执行合同有关的直接费用和间接费用。合同预计总成本分包部分以中标标价为准,合同预计总成本应根据工程进展情况和贷款使用情况进行修改。

(4)递延所得税的处理

BT 合同的长期应收款,在按照摊余成本进行后续计量时,确认的融资利息收入,属于计税基础与账面价值的差异,应确认相关的递延所得税负债,在实际结算工程款时将递延所得税负债予以转回。

3. BOT 合同

(1)BOT 合同是以获取经营期收益为主要目的的自建项目,从项目经历过程看,分为建设过程、经营过程和移交过程。

本规定涉及的 BOT 业务应当同时满足以下条件：

①合同授予方为政府及其有关部门或政府授权进行招标的企业。

②合同投资方为按照有关程序取得该特许经营权合同的企业(以下简称合同投资方)。合同投资方按照规定设立项目公司(以下简称项目公司)进行项目建设和运营。项目公司除取得建造有关基础设施的权利以外,在基础设施建造完成以后的一定期间内负责提供后续经营服务。

③特许经营权合同中对所建造基础设施的质量标准、工期、开始经营后提供服务的对象、收费标准及后续调整做出约定,同时在合同期满,合同投资方负有将有关基础设施移交给合同授予方的义务,并对基础设施在移交时的性能、状态等做出明确规定。

(2)与 BOT 业务相关收入的确认。

①建造期间,项目公司对于所提供的建造服务应当按照《企业会计准则第 15 号——建造合同》确认相关的收入和费用。基础设施建成后,项目公司应当按照《企业会计准则第 14 号——收入》确认与后续

经营服务相关的收入。

建造合同收入应当按照收取或应收对价的公允价值计量,并根据 BOT 合同所规定的基础设施建成后收取经营收入的方式分别确认金融资产或无形资产。

②项目公司未提供实际建造服务,将基础设施建造发包给其他方的,不应确认建造服务收入,应当按照 BOT 合同所规定的基础设施建成后收取经营收入的方式,分别确认为金融资产或无形资产。

(3)按照合同规定,企业为使有关基础设施保持一定的服务能力或在移交给合同授予方之前保持一定的使用状态,预计将发生的支出,应当按照《企业会计准则第 13 号——或有事项》的规定处理。

(4)按照特许经营权合同规定,项目公司应提供不止一项服务(如既提供基础设施建造服务又提供建成后经营服务)的,各项服务能够单独区分时,其收取或应收的对价应当按照各项服务的相对公允价值比例分配给所提供的各项服务。

(5)BOT 业务所建造基础设施不应作为项目公司的固定资产。

(6)在 BOT 业务中,授予方可能向项目公司提供除基础设施以外其他的资产,如果该资产构成授予方应付合同价款的一部分,不应作为政府补助处理。项目公司自授予方取得资产时,应以其公允价值确认,未提供与获取该资产相关的服务前应确认为一项负债。

(7)在运营阶段,基础设施建成后,项目公司应当按照《企业会计准则第 14 号——收入》确认与后续经营服务相关的收入。

4. 提供劳务

(1)在提供劳务交易的总收入和总成本能够可靠地计量,与交易相关的经济利益很可能流入公司,劳务的完成程度能够可靠地确定时,按完工百分比法确认收入。

(2)完工进度主要根据提供劳务的性质,按已提供的劳务占应提供劳务总量的比例或者已完成工作的测量或按实际发生的成本占估计总成本的比例确定。

5. 销售商品

(1)销售商品收入同时满足下列条件的,按从购货方已收或应收的合同或协议价款的金额确认销售商品收入:

①公司已将商品所有权上的主要风险和报酬转移给购货方。
②公司既没有保留通常与所有权相联系的继续管理权,也没有对已售出的商品实施有效控制。
③收入的金额能够可靠地计量。
④相关的经济利益很可能流入公司。
⑤相关的已发生或将发生的成本能够可靠地计量。

(2)合同或协议价款的收取采用递延方式,如分期收款销售商品,实质上具有融资性质的,公司按照应收的合同或协议价款的公允价值确定销售商品收入金额,同时确认未实现融资收益。

6. 房地产

(1)房地产开发

房地产开发业务收入主要包括房地产销售收入、土地一级开发收入、代建工程项目收入等,其中房地产销售收入包括商品房销售收入、保障性住房销售收入。

房地产开发收入确认原则为:

公司自行建造或通过分包商建造房地产,应当根据房地产建造协议条款和实际情况,判断确认收入应适用的会计准则。

房地产购买方在建造工程开始前能够规定房地产设计的主要结构要素,或者能够在建造过程中决定主要结构变动的,房地产建造协议符合建造合同定义,公司应当遵循《企业会计准则第 15 号——建造合同》,按照完工百分比法确认收入。完工百分比按照已完工程工作量的比例予以确定。

房地产购买方影响房地产设计的能力有限(如仅能对基本设计方案做微小变动)的,公司应当遵循

《企业会计准则第14号——收入》中有关商品销售收入的原则确认收入。同时满足以下条件：

①签订正式房屋销售合同，并报政府房管部门登记备案；

②房屋的成本能够可靠计量或合理预估；

③取得了买方按销售合同约定交付房产的付款证明（通常收到销售合同首期款及已确认余下房款的付款安排）；

④购房人已办理房屋交付及入住手续，或已向购房人发出书面入住通知，购房人无正当理由拒绝接收的，于书面交房通知确定的交付时限结束后即确认收入的实现。

代建工程包括代建房屋、场地和城市道路、设施等市政工程。代建工程一般存在两种形式：

一种方式是：受托方（房地产开发企业）只向委托方收取代建手续费，这种方式下只确认代建工程手续费收入，不涉及代建工程成本的确认；

另外一种方式是：受托方与委托方实行拨付结算，资金由委托方拨付给公司，公司再拨付给施工方、设计方、监理等，房地产购买方在建造工程开始前能够规定房地产设计的主要结构要素，或者能够在建造过程中决定主要结构变动的，房地产建造协议符合建造合同定义，企业应当遵循《企业会计准则第15号——建造合同》确认收入。房地产购买方影响房地产设计的能力有限（如仅能对基本设计方案做微小变动）的，企业应当遵循《企业会计准则第14号——收入》中有关商品销售收入的原则确认收入。

(2) 土地一级开发处理

公司实质进行一级土地开发的项目，应根据业务的实质判断遵循《企业会计准则第14号——收入》（区分商品销售收入、提供劳务收入）、《企业会计准则第15号——建造合同》准则，对一级土地开发进行会计处理，并确认相关的收入。

一级开发采用招投标方式，公司筹集资金，土地转让后收取资金，未来采用成本加成或收益分成等方式获取收益的，一般认为公司承担主要风险，应采用全额法确认收入。

一级开发采用委托方式，政府负责筹集开发资金，未来一般采用成本加成方式获取收益，一般认为公司属于代建，应采用提供劳务（净额法）来确认收入。

房地产BT项目参照核算办法中有关BT项目的规定执行。

7. 物业

物业收入具体包括：物业服务收入和物业经营收入。

物业服务收入：在物业服务已经提供，与物业服务相关的经济利益能够流入企业，与物业服务相关的成本能够可靠计量时，确认物业服务收入的实现。

物业服务收入分为公共性服务收入和特约服务收入两部分。公共性服务是指为物业产权人、使用人提供公共卫生清洁、公共设施的维修保养和保安、绿化而收取的公共性服务费；特约服务收入是指物业公司向物业产权人、使用人提供特约服务而收取的服务费。公共性服务收入应予提供公共性服务期间且符合收入确认条件时进行确认；特约服务收入在提供劳务时确认收入。

物业经营收入指出租自有房产或受托代管房产所收取的房租及服务费，应按照有关合同或者协议约定的收费时间和方法分期计算确认收入的实现。

8. 其他项目

(1) 设计采购施工(EPC)/交钥匙总承包，设计—施工总承包(D-B)，设计—采购总承包(E-P)、采购—施工总承包(P-C)等项目方式，涉及设计、施工、商品采购与销售业务，在根据合同分立与合并的条件进行评估后，根据单项合同分别按照提供劳务、建造合同及商品购销、BT合同及BOT合同的相关核算规定分别进行处理。

(2) 公司与其他公司成立的联合体共同经营、合作经营等的核算：

①甲方签订合同，甲、乙双方共同经营，设立独立核算联合体（非法人），项目完工后约定对利润按一定比例分成。

由于甲方签订合同,甲方是权力义务主体,甲方编制个别报表时,应该合并该项目联合体的会计报表,同时将应支付给乙方的利润分成视为对外接受劳务或对外分包,对当年应分出的利润按劳务外包或工程分包核算,会计分录为:

借:工程施工—成本
　　贷:应付账款
借:主营业务成本
　　贷:工程施工—毛利(等于分包成本数据)

(该分录可以简化操作,当年计提次年冲回,也可以调表不调账)

在项目结束进行业务结算时,乙方应就其取得的利润分成,向该独立核算实体开具相应的发票。

乙方的核算原则是,乙方取得的分利应该确认为收入,乙方分担损失应确认为成本,而不能确认为投资损益。

②甲方签订合同,乙方实际全部施工或部分施工。

甲方应与乙方签订分包合同,甲方、乙方分别按总包、分包核算。

如业主约定甲方不能对外分包或乙方没有相应的施工资质,根据法律规定,甲方不能将合同分包给乙方施工。在实务中,如乙方实际上参与到项目中,甲方应该按接受乙方劳务处理;如甲方不控制该项目或只收取管理费(借资质),甲方只能按收取的管理费确认收入。

二十二、政府补助

(1)政府补助是指公司从政府无偿取得货币性资产或非货币性资产,但不包括政府作为企业所有人投入的资本。

政府补助在公司能够满足其所附的条件以及能够收到时,予以确认。政府补助为货币性资产的,按照实际收到的金额计量;对于按照固定的定额标准拨付的补助,按照应收的金额计量。政府补助为非货币性资产的,按照公允价值计量;公允价值不能可靠取得的,按照名义金额(1元)计量。

(2)与资产相关的政府补助确认为递延收益,并在相关资产使用寿命内平均分配,计入当期损益。

(3)与收益相关的政府补助,用于补偿公司以后期间的相关费用或损失的,确认为递延收益,并在确认相关费用的期间,计入当期损益;用于补偿公司已发生的相关费用或损失的,直接计入当期损益。

企业因城镇整体规划、库区建设、棚户区改造、沉陷区治理等公共利益进行搬迁,收到政府从财政预算直接拨付的搬迁补偿款,应作为专项应付款处理。其中,属于对企业在搬迁和重建过程中发生的固定资产和无形资产损失、有关费用性支出、停工损失及搬迁后拟新建资产进行补偿的,应自专项应付款转入递延收益,并按照《企业会计准则第16号——政府补助》进行会计处理。企业取得的搬迁补偿款扣除转入递延收益的金额后如有结余,应当作为资本公积处理。

二十三、借款费用

(1)借款费用是指企业因借款而发生的利息及其相关成本。借款费用包括借款利息、折价或者溢价的摊销、辅助费用以及因外币借款而发生的汇兑差额等。

(2)借款费用可直接归属于符合资本化条件的,予以资本化,计入相关资产成本;其他借款费用,在发生时根据其发生额确认为费用,计入当期损益。

(3)符合资本化条件的资产,是指经过1年以上(含1年)的购建或生产活动才能达到预定可使用或可销售状态的固定资产、投资性房地产和存货等资产;建造合同成本、确认为无形资产的开发支出,在符合条件情况下也可以认定为符合资本化条件的资产。

(4)借款费用资本化期间:

①借款费用资本化期间,是指从借款费用开始资本化时点到停止资本化时点的期间,但不包括借款

费用暂停资本化的期间。

②起点，必须同时满足下列条件，借款费用才能开始资本化：

A. 资产支出已经发生；

B. 借款费用已经发生；

C. 为使资产达到预定可使用状态所必要的购建或者生产活动已经开始。

③暂停，如果资产的购建或生产活动发生非正常中断，并且中断时间连续超过3个月，暂停借款费用的资本化，直至资产的购建活动重新开始。

④停止，当购建的资产达到预定可使用状态时停止资本化，其后发生的借款费用计入当期损益。

(5)资本化金额的确定

①专门借款利息资本化金额为当期实际发生的利息费用，减去尚未动用的借款资金存入银行取得的利息收入和进行暂时性投资取得的投资收益后的金额。

②一般借款利息资本化金额根据累计资产支出超过专门借款部分的资产支出加权平均数乘以所占用一般借款的资本化率，计算确定一般借款应予资本化的利息金额。资本化率应当根据一般借款加权平均利率计算确定。

③在资本化期间内，每一会计期间的利息资本化金额，不应当超过当期相关借款实际发生的利息金额。

④在资本化期间内，外币专门借款本金及其利息的汇兑差额，应当予以资本化，计入符合资本化条件的资产的成本。而除外币专门借款之外的其他外币借款本金及其利息所产生的汇兑差额，应当作为财务费用，计入当期损益。

(6)工程施工项目借款费用资本化需满足：

①资金来源为金融机构借款或其他带息负债，资金使用按计划拨付并有利率和还款期限等约定。

②所有项目资本化利息之和不应超过公司的借款利息支出。

③项目部发生利息支出时，在项目部进行利息资本化。公司的利息支出除明确可以资本化外，不进行利息资本化。

二十四、所得税

(1)公司所得税的核算遵循《企业会计准则第18号——所得税》的有关规定，采用资产负债表债务法。

(2)企业在取得资产、负债时，应当确定其计税基础。资产、负债的账面价值与其计税基础存在差异的，应当确认所产生的递延所得税资产或递延所得税负债。

资产的计税基础，是指企业收回资产账面价值过程中，计算应纳税所得额时按照税法规定可以自应税经济利益中抵扣的金额。

负债的计税基础，是指负债的账面价值减去未来期间计算应纳税所得额时按照税法规定可予抵扣的金额。

(3)暂时性差异是指资产或负债的账面价值与其计税基础之间的差额；未作为资产和负债确认的项目，按照税法规定可以确定其计税基础的，该计税基础与其账面价值之间的差额也属于暂时性差异。

按照暂时性差异对未来期间应税金额的影响，分为应纳税暂时性差异和可抵扣暂时性差异。

应纳税暂时性差异，是指在确定未来收回资产或清偿负债期间的应纳税所得额时，将导致产生应税金额的暂时性差异。

可抵扣暂时性差异，是指在确定未来收回资产或清偿负债期间的应纳税所得额时，将导致资产可抵扣金额的暂时性差异。

(4)所得税的确认：

①公司应当将当期和以前期间应交未交的所得税确认为负债，将已支付的所得税超过应支付的部分确认为资产。

存在应纳税暂时性差异或可抵扣暂时性差异的,应当按照规定确定递延所得税负债或递延所得税资产。

②除下列交易中产生的递延所得税负债以外,公司应当确认所有应纳税暂时性差异产生递延所得税负债:

A. 商誉的初始确认。

B. 同时具有以下特征的交易中产生的资产或负债的初始确认:

a. 该项交易不是企业合并;

b. 交易发生时既不影响会计利润也不影响应纳税所得额(或可抵扣亏损)。

③公司应当以很可能取得用来抵扣可抵扣暂时性差异的应纳税所得额为限,确认由可抵扣暂时性差异产生的递延所得税资产,但是同时具有以下特征的交易中因资产或负债的初始确认所产生的递延所得税资产不予确认。

A. 该项交易不是企业合并。

B. 交易发生时既不影响会计利润也不影响应纳税所得额(或可抵扣亏损)。

资产负债表日,有确凿证据表明未来期间很可能满足获得足够的应纳税所得额用来抵扣可抵扣暂时性差异的,应当确认以前期间未确认的递延所得税资产。

④公司对于能够结转以后年度的可抵扣亏损和税款抵减,应当以很可能获得用来抵扣亏损和税款抵减的未来应纳税所得额为限,确认相应的递延所得税资产。

(5)所得税费用的计量:

①资产负债表日,对于当期和以前期间形成的当期所得税负债(或资产),应当按照税法规定计算的预期应交纳(或返还)的所得税金额计量。

②资产负债表日,对于递延所得税资产和递延所得税负债,应当依据税法规定,按照预期收回该资产或清偿该负债期间的适用税率计量。

适用税率发生变化的,应对已确认的递延所得税资产和递延所得税负债进行重新计量,除直接在权益中确认的交易或者事项产生的递延所得税资产和递延所得税负债以外,应将当期影响数计入变化当期的所得税费用。

③递延所得税资产和递延所得税负债的计量,应当反映资产负债表日企业预期收回资产或清偿负债方式的纳税影响,即在计量递延所得税资产和递延所得税负债时,应当采取与收回资产或清偿债务的预期方式相一致的税率和计税基础。

④公司不应当对递延所得税资产和递延所得税负债进行折现。

⑤资产负债表日,公司应当对递延所得税资产的账面价值进行复核。如果未来期间很可能无法获得足够的应纳税所得额用以抵扣递延所得税资产利益,应当减记递延所得税资产的账面价值。

在很可能获得足够的应纳税所得额时,减记的金额应当转回。

⑥公司当期所得税和递延所得税应当作为所得税费用或收益计入当期损益,但以下情况除外:

A. 公司合并。

B. 直接在权益中确认的交易或事项。

⑦与直接计入权益的交易或者事项相关的当期所得税和递延所得税,应当计入权益。

⑧递延所得税资产和递延所得税负债应当分别作为非流动资产和非流动负债在资产负债表中列示。所得税费用应当在利润表中单独列示。

二十五、外币报表折算

境外经营的资产负债表中的资产和负债项目,采用资产负债表日的即期汇率折算,股东权益项目除未分配利润项目外,其他项目采用发生时的即期汇率折算。境外经营的利润表中的收入与费用项目,采用交易发生日的即期汇率折算。上述折算产生的外币报表折算差额,在股东权益项目下单独列示。实质上构成对子公司(境外经营)净投资的外币货币性项目,因汇率变动而产生的汇兑差额,在编制合并财务报表时,也作为外币报表折算差额在股东权益项目下单独列示。部分处置境外经营时,与该境外经营有关的外币报表折算差额,按比例转入处置当期损益。

外币现金流量以及境外子公司的现金流量采用现金流量发生日的即期汇率折算。汇率变动对现金的影响额,在现金流量表中单独列示。

二十六、企业合并

1. 同一控制下的企业合并

(1)合并方支付的合并对价和合并方取得的净资产均按账面价值计量。合并方取得的净资产账面价值与支付的合并对价账面价值及所发行股份面值总额的差额,调整资本公积;资本公积不足以冲减的,调整留存收益。

(2)为进行企业合并发生的直接相关费用于发生时计入当期损益,但为企业合并发行的债券或承担其他债务支付的手续费、佣金等,应当计入所发行债券及其他债务的初始计量金额。企业合并中发行权益性证券发生的手续费、佣金等费用,应当抵减权益性证券溢价收入,溢价收入不足冲减的,冲减留存收益。

2. 非同一控制下的企业合并

(1)购买方的合并成本和购买方在合并中取得的可辨认净资产按购买日的公允价值计量。合并成本大于合并中取得的被购买方于购买日可辨认净资产公允价值份额的差额,确认为商誉;合并成本小于合并中取得的被购买方可辨认净资产公允价值份额的差额,计入当期损益。

(2)购买方对合并后初始确认后的商誉,应当以其成本扣除累计减值准备后的金额计量。商誉的减值应当按照《企业会计准则第8号——资产减值》处理。

购买方对合并成本小于合并中取得的被购买方可辨认净资产公允价值份额的差额,应当按照下列规定处理:

①对取得的被购买方各项可辨认资产、负债及或有负债的公允价值以及合并成本的计量进行复核。

②经复核后合并成本仍小于合并中取得的被购买方可辨认净资产公允价值份额的,其差额应当计入当期损益。

(3)购买方为企业合并发生的审计、法律服务、评估咨询等中介费用以及其他相关管理费用,应当于发生时计入当期损益;购买方作为合并对价发行的权益性证券或债务性证券的交易费用,应当计入权益性证券或债务性证券的初始确认金额。

(4)企业通过多次交易分步实现非同一控制下企业合并的,应当区分个别财务报表和合并财务报表进行相关会计处理:

在个别财务报表中,应当以购买日之前所持被购买方的股权投资的账面价值与购买日新增投资成本之和,作为该项投资的初始投资成本;购买日之前持有的被购买方的股权涉及其他综合收益的,应当在处置该项投资时将与其相关的其他综合收益(例如,可供出售金融资产公允价值变动计入资本公积的部分,下同)转入当期投资收益。

在合并财务报表中,对于购买日之前持有的被购买方的股权,应当按照该股权在购买日的公允价值进行重新计量,公允价值与其账面价值的差额计入当期投资收益;购买日之前持有的被购买方的股权涉及其他综合收益的,与其相关的其他综合收益应当转为购买日所属当期投资收益。购买方应当在附注中披露其在购买日之前持有的被购买方的股权在购买日的公允价值、按照公允价值重新计量产生的相关利得或损失的金额。

二十七、租赁

1. 定义

租赁,是指在约定的期间内,出租人将资产使用权让与承租人,以获取租金的协议。下列各项不适用于租赁：

(1)电影、录像、剧本、文稿、专利和版权等项目的许可使用协议。

(2)出租人以经营租赁方式租出的土地使用权和建筑物。

(3)出租人因融资租赁形成的长期债权的减值。

2. 分类

租赁分为融资租赁和经营租赁。

(1)融资租赁指实质上转移了与资产所有权有关的全部风险和报酬的租赁。其所有权最终可能转移，也可能不转移。符合下列一项或数项标准的，应当认定为融资租赁：

①在租赁期届满时，租赁资产的所有权转移给承租人。

②承租人有购买租赁资产的选择权，所订立的购买价款预计将远低于行使选择权时租赁资产的公允价值，因而在租赁开始日就可以合理确定承租人将会行使这种选择权。

③即使资产的所有权不转让，但租赁期占租赁资产使用寿命的大部分。

④承租人在租赁开始日的最低租赁付款额现值，几乎相当于租赁开始日租赁资产公允价值；出租人在租赁开始日的最低租赁收款额现值，几乎相当于租赁开始日租赁资产公允价值。

⑤租赁资产性质特殊，如果不作较大改造，只有承租人才能使用。

(2)经营租赁是指除融资租赁以外的其他租赁。

3. 出租人的会计处理

(1)融资租赁

①在租赁期开始日，出租人应当将租赁开始日最低租赁收款额与初始直接费用之和作为应收融资租赁款的入账价值，同时记录未担保余值；将最低租赁收款额、初始直接费用及未担保余值之和与其现值之和的差额确认为未确认融资费用。

②未实现融资收益应当在租赁期内各个期间进行分配。出租人应当采用实际利率法计算确认当期的融资收入。

③出租人应当至少于每年年度终了，对未担保余值进行复核。未担保余值增加的，不作调整。

有证据表明未担保余值已经减少的，应当重新计算租赁内含利率，将由此引起租赁投资净额的减少，计入当期损益；以后各期根据修正后的租赁投资净额和重新计算的租赁内含利率确认融资收入。租赁投资净额是融资租赁中最低租赁收款额及未担保余值之和与未实现融资收益之间的差额。

已确认损失的未担保余值得以恢复的，应当在原已确认的损失金额内转回，并重新计算租赁内含利率，以后各期根据修正后的租赁投资净额和重新计算的租赁内含利率确认融资收入。

④或有租金应当在实际发生时计入当期损益。

(2)经营租赁

①出租人应当按资产的性质，将用作经营租赁的资产包括在资产负债表中的相关项目内。

②对于经营租赁的租金，出租人应当在租赁期内各个期间按照直线法确认为当期损益；其他方法更为系统合理的，也可以采用其他方法。

出租人提供免租期的，出租人应将租金总额在不扣除免租期的整个租赁期内，按直线法或其他合理的方法进行分配，免租期内出租人应当确认租金收入。

出租人承担了承租人某些费用的，出租人应将该费用自租金收入总额中扣除，按扣除后的租金收入余额在租赁期内进行分配。

③经营租赁中出租人发生的初始直接费用，是指在租赁谈判和签订租赁合同过程中发生的可归属于租赁项目的手续费、律师费、差旅费、印花税等，应当计入当期损益；金额较大的应当资本化，在整个经营租赁期间内按照与确认租金收入相同的基础分期计入当期损益。

④对于经营租赁资产中的固定资产，出租人应当采用类似资产的折旧政策计提折旧；对于其他经营

租赁资产,应当采用系统合理的方法进行摊销。

⑤或有租金应当在实际发生时计入当期损益。

4. 承租人的会计处理

(1)融资租赁

①在租赁期开始日,承租人应当将租赁开始日租赁资产公允价值与最低租赁付款额现值两者中较低者作为租入资产的入账价值,将最低租赁付款额作为长期应付款的入账价值,其差额作为未确认融资费用。

承租人在计算最低租赁付款额的现值时,能够取得出租人租赁内含利率,应当采用出租人的租赁内含利率作为折现率;否则,应当采用租赁协议规定的利率作为折现率。如果出租人的租赁内含利率和租赁协议规定的利率均无法知悉,应当采用同期银行贷款利率作为折现率。

承租人在融资租赁中发生的融资费用应予资本化或是费用化,应按《企业会计准则第17号——借款费用》处理,并按《企业会计准则第21号——租赁》进行计量。

②未确认融资费用的分摊。

在分摊未确认的融资费用时,按照租赁准则的规定,承租人应当采用实际利率法。未确认融资费用的分摊率的确定具体分为下列几种情况:

以出租人的租赁内含利率为折现率将最低租赁付款额折现、且以该现值作为租赁资产入账价值的,应当将租赁内含利率作为未确认融资费用的分摊率。

以合同规定利率为折现率将最低租赁付款额折现,且以该现值作为租赁资产入账价值的,应当将合同规定利率作为未确认融资费用的分摊率。

以银行同期贷款利率为折现率将最低租赁付款额折现,且以该现值作为租赁资产入账价值的,应当将银行同期贷款利率作为未确认融资费用的分摊率。

以租赁资产公允价值为入账价值的,应当重新计算分摊率。该分摊率是使最低租赁付款额的现值等于租赁资产公允价值的折现率。

③租赁资产折旧的计提。

按公司固定资产折旧的会计政策计提折旧。

④履约成本的会计处理。

履约成本是指租赁期内为租赁资产支付的各种使用费用,如技术咨询和服务费、人员培训费、维修费、保险费等。承租人发生的履约成本通常应计入当期损益。

⑤或有租金的会计处理。

或有租金是指金额不固定,以时间长短以外的其他因素(如销售量、使用量、物价指数等)为依据计算的租金。由于或有租金的金额不固定,无法采用系统合理的方法对其进行分摊,因此在或有租金实际发生时,计入当期损益。

⑥租赁期届满时的会计处理。

租赁期届满时,承租人通常对租赁资产处理的三种情况:返还、优惠续租和留购。

A. 返还租赁资产,通常借记"长期应付款—应付融资租赁款"、"累计折旧"科目,贷记"固定资产—融资租入固定资产"科目。

B. 优惠续租租赁资产,如果租赁期届满时没有续租,根据租赁协议规定须向出租人支付违约金时,借记"营业外支出"科目,贷记"银行存款"等科目。

C. 留购租赁资产,支付购买价款时,借记"长期应付款—应付融资租赁款"科目,贷记"银行存款"等科目;同时,将固定资产从"融资租入固定资产"明细科目转入有关明细科目。

(2)经营租赁

①对于经营租赁的租金,承租人应当在租赁期内各个期间按照直线法确认为当期损益;其他方法更为系统合理的,也可以采用其他方法。

出租人提供免租期的,承租人应将租金总额在不扣除免租期的整个租赁期内,按直线法或其他合理的方法进行分摊,免租期内应当确认租金费用。

出租人承担了承租人某些费用的,承租人应将该费用从租金费用总额中扣除,按扣除后的租金费用余额在租赁期内进行分摊。

②承租人发生的初始直接费用,应当计入当期损益。

③或有租金应当在实际发生时计入当期损益。

5. 售后租回交易

(1)承租人和出租人应将售后租回交易认定为融资租赁或经营租赁。

(2)售后租回交易认定为融资租赁的,售价与资产账面价值之间的差额应当予以递延,并按照该项租赁资产的折旧进度进行分摊,作为折旧费用的调整。

(3)售后租回交易认定为经营租赁的,应当分别以下情况处理:

①有确凿证据表明售后租回交易是按照公允价值达成的,售价与资产账面价值的差额应当计入当期损益。

②售后租回交易如果不是按照公允价值达成的,售价低于公允价值的差额,应计入当期损益;但若该损失将由低于市价的未来租赁付款额补偿时,有关损失应予以递延(递延收益),并按与确认租金费用相一致的方法在租赁期内进行分摊;如果售价大于公允价值,其大于公允价值的部分应计入递延收益,并在租赁期内分摊。

二十八、合并财务报表的编制方法

(1)合并财务报表的合并范围包括本公司及子公司(含公司控制的特殊目的主体)。

(2)从取得子公司的实际控制权之日起,公司开始将其予以合并;从丧失实际控制权之日起停止合并。集团内所有重大往来余额、交易及未实现损益在合并财务报表编制时予以抵销。子公司的股东权益中不属于母公司所拥有的部分作为少数股东权益在合并财务报表中股东权益项下单独列示。

(3)子公司与本公司采用的会计政策或会计期间不一致的,在编制合并财务报表时,按照本公司的会计政策或会计期间对子公司财务报表进行必要的调整。

(4)对于因非同一控制下公司合并取得的子公司,在编制合并财务报表时,以购买日可辨认净资产公允价值为基础对合并会计报表或个别财务报表进行调整;对于因同一控制下公司合并取得的子公司,在编制合并财务报表时,视同该公司合并于报告期最早期间的期初已经发生,从报告期最早期间的期初起将其资产、负债、经营成果和现金流量纳入合并财务报表,其合并日前实现的净利润在合并利润表中单列项目反映。

二十九、分部报告

公司应当以内部组织结构、管理要求、内部报告制度为依据确定经营分部,以经营分部为基础确定报告分部,并按下列规定披露分部信息。

(1)经营分部,是指公司内同时满足下列条件的组成部分:

①该组成部分能够在日常活动中产生收入、发生费用;

②公司管理层能够定期评价该组成部分的经营成果,以决定向其配置资源、评价其业绩;

③公司能够取得该组成部分的财务状况、经营成果和现金流量等有关会计信息。

公司存在相似经济特征的两个或多个经营分部,同时满足《企业会计准则第35号——分部报告》第五条相关规定的,可以合并为一个经营分部。

(2)公司以经营分部为基础确定报告分部时,应当满足《企业会计准则第35号——分部报告》第八条规定的三个条件之一。未满足规定条件,但公司认为披露该经营分部信息对财务报告使用者有用的,也可将其确定为报告分部。

报告分部的数量通常不应超过10个。报告分部的数量超过10个需要合并的,应当以经营分部的合并条件为基础,对相关的报告分部予以合并。

(3)公司报告分部确定后,应当披露下列信息:

①确定报告分部考虑的因素、报告分部的产品和劳务的类型;

②每一报告分部的利润(亏损)总额相关信息,包括利润(亏损)总额组成项目及计量的相关会计政策信息;

③每一报告分部的资产总额、负债总额相关信息,包括资产总额组成项目的信息,以及有关资产、负债计量的相关会计政策。

(4)除上述已经作为报告分部信息组成部分披露以外,公司还应当披露下列信息:

①每一产品和劳务或每一类似产品和劳务组合的对外交易收入;

②公司取得的来自于本国的对外交易收入总额以及位于本国的非流动资产(不包括金融资产、独立账户资产、递延所得税资产,下同)总额,公司从其他国家取得的对外交易收入总额以及位于其他国家的非流动资产总额;

③公司对主要客户的依赖程度。

第二节 公司的会计科目体系

一、公司采用的会计科目体系

公司的会计科目体系是根据《企业会计准则应用指南》有关会计科目的规定,结合公司的具体情况制定的。公司的会计科目体系见下表:

公司会计科目体系

注:个别科目级次不连贯的待以后补充,明细科目设置将根据情况进行调整。

科目级次	科目编号	科目名称
1	**1001**	**现金**
2	100101	人民币
2	100102	美元
2	100103	港币
2	100104	欧元
2	100105	日元
2	100106	英镑
2	100107	澳元
2	100108	马克
2	100109	瑞士法郎
2	100110	加元
2	100111	澳门币
2	100112	阿联酋第拉姆
2	100113	安哥拉宽扎
2	100114	巴基斯坦卢比
2	100115	菲律宾比索

续上表

科目级次	科目编号	科目名称
2	100116	吉尔吉斯索姆
2	100117	柬埔寨瑞尔
2	100118	卡塔尔里亚尔
2	100119	科威特第纳尔
2	100120	肯尼亚先令
2	100121	老挝基普
2	100122	黎巴嫩镑
2	100123	卢旺达法郎
2	100124	马达加斯加阿里亚里
2	100125	马来西亚林吉特
2	100126	毛里塔尼亚乌吉亚
2	100127	孟加拉塔卡
2	100128	缅甸币
2	100129	尼日利亚奈拉
2	100130	斯里兰卡卢比
2	100131	苏丹第纳尔
2	100132	塔吉克斯坦索莫尼
2	100133	泰铢
2	100134	坦桑尼亚先令
2	100135	乌干达先令
2	100136	西非法郎
2	100137	新加坡元
2	100138	也门里亚尔
2	100139	印度卢比
2	100140	印尼盾
2	100141	越南盾
2	100142	中非法郎
2	100143	哈萨克斯坦坚戈
2	100144	俄罗斯卢布
2	100145	土库曼斯坦马纳特
2	100146	马拉维克瓦查
2	100147	沙特里亚尔
2	100148	埃及镑
2	100149	梅蒂卡尔
2	100150	几内亚法郎
2	100151	南非兰特
2	100152	巴西雷亚尔
2	100153	阿根廷比索
2	100154	乌拉圭比索
2	100155	委内瑞拉玻利瓦尔

第三章 会计政策与会计科目体系

续上表

科目级次	科目编号	科目名称
2	100156	墨西哥比索
2	100157	哥伦比亚比索
2	100158	哥斯达黎加科郎
2	100159	特立尼达和多巴哥元
2	100160	新西兰元
2	100161	利比亚第纳尔
2	100162	韩元
2	100163	阿尔及利亚第纳尔
2	100164	布隆迪法郎
2	100165	埃塞俄比亚比尔
2	100166	刚果金法郎
2	100167	乌兹别克索姆
2	100168	牙买加元
2	100169	阿曼里亚尔
2	100170	挪威克朗
2	100171	哥伦比亚比索
2	100172	强势玻利瓦尔
2	100173	塞尔维亚第纳尔
2	100174	白俄罗斯卢布
2	100199	其他外币
1	**1002**	**银行存款**
2	100201	中国工商银行
2	100202	中国银行
2	100203	中国建设银行
2	100204	中国农业银行
2	100205	招商银行
2	100206	交通银行
2	100207	中信实业银行
2	100208	光大银行
2	100209	华夏银行
2	100210	广东发展银行
2	100211	深圳发展银行
2	100212	上海浦东发展银行
2	100213	兴业银行
2	100214	中国民生银行
2	100215	北京银行
2	100216	上海银行
2	100217	天津银行
2	100218	广州银行
2	100219	汉口银行

续上表

续上表

科目级次	科目编号	科目名称
2	100220	深圳市商业银行
2	100221	重庆银行
2	100222	成都银行
2	100223	昆明市商业银行
2	100224	西安银行
2	100225	兰州银行
2	100226	南京银行
2	100227	乌鲁木齐市商业银行
2	100228	珠海市商业银行
2	100230	北京农村商业银行
2	100231	恒丰银行
2	100232	浙商银行
2	100233	渤海银行
2	100234	农村信用合作社
2	100235	杭州银行
2	100236	深圳市平安银行
2	100237	江苏银行
2	100250	中国进出口银行
2	100251	国家开发银行
2	100252	中国农业发展银行
2	100260	汇丰银行
2	100261	渣打银行
2	100262	花旗银行
2	100263	东方汇理银行
2	100264	巴国家银行土库曼支行
2	100265	多哥工商银行
2	100286	宁波银行
2	100287	中银香港
2	100288	其他境外银行
2	100289	其他境内银行
2	100290	北京结算中心
2	100291	上海结算中心
2	100292	广州结算中心
2	100293	武汉结算中心
2	100294	天津结算中心
2	100295	西安结算中心
2	100296	境外结算中心
2	100297	中交财务有限公司
1	**1012**	**其他货币资金**
2	101201	外埠存款

续上表

科目级次	科目编号	科目名称
2	101202	信用卡存款
2	101203	存出投资款
2	101204	银行本票存款
2	101205	银行汇票存款
2	101206	限制性存款
3	101206001	共管账户存款
3	101206002	银行承兑汇票保证金存款
3	101206003	信用证保证金存款
3	101206004	保函保证金存款
3	101206005	职工售房存款及维修基金
3	101206006	结构性存款
3	101206007	按揭保证金
3	101206998	其他保证金
3	101206999	其他
2	101208	在途货币资金
2	101299	其他
1	**1101**	**交易性金融资产**
2	110101	债券投资
3	110101001	成本
3	110101002	公允价值变动
2	110102	股票投资
3	110102001	成本
3	110102002	公允价值变动
2	110103	基金投资
3	110103001	成本
3	110103002	公允价值变动
2	110104	权证投资
3	110104001	成本
3	110104002	公允价值变动
2	110105	变动指定计入当期损益的金融资产
3	110105001	成本
3	110105002	公允价值变动
2	110199	其他
3	110199001	成本
3	110199002	公允价值变动
1	**1121**	**应收票据**
2	112101	银行承兑汇票
2	112102	商业承兑汇票
1	**1122**	**应收账款**
2	112201	工程款

续上表

科目级次	科目编号	科目名称
2	112203	工程奖励款
2	112204	质量保证金
2	112205	销货款
2	112206	劳务款
2	112207	物流运输
2	112208	租赁款
2	112209	物业管理费
2	112210	房款
2	112299	其他
1	1123	**预付账款**
2	112301	建造/劳务合同工程款
2	112302	建造/劳务合同材料购置款
2	112303	建造/劳务合同设备购置款
2	112304	在建工程材料购置款
2	112305	在建工程工程款
2	112306	在建工程设备购置款
2	112307	租赁款
2	112308	设备更新改造款
2	112309	修理费
2	112310	商品购货款
2	112311	土地款
2	112399	其他
1	1131	**应收股利**
1	1132	**应收利息**
2	113201	债券利息
2	113202	定期存款利息
2	113299	其他
1	1221	**其他应收款**
2	122101	单位往来
3	122101001	履约保证金
3	122101002	投标保证金
3	122101003	押金
3	122101004	赔款罚款
3	122101005	安全保证金
3	122101006	代垫款
3	122101007	民工工资保证金
3	122101008	其他保证金
3	122101999	其他
2	122102	个人往来
3	122102001	备用金

续上表

科目级次	科目编号	科目名称
3	122102002	差旅费借款
3	122102003	住院押金
3	122102004	代垫款
3	122102999	其他
2	122103	预付款转入
2	122104	部门备用金
2	122105	出口退税
2	122106	代建款
2	122198	应收社会保险费
2	122199	其他
1	**1231**	**坏账准备**
2	123101	应收账款
2	123102	其他应收款
2	123103	应收利息
2	123104	长期应收款
2	123199	其他
1	**1271**	**内部往来**
1	**1302**	**拆放系统内款项**
2	130201	北京结算中心
2	130202	天津结算中心
2	130203	上海结算中心
2	130204	武汉结算中心
2	130205	广州结算中心
2	130206	西安结算中心
2	130207	境外结算中心
1	**1303**	**委托贷款**
2	130301	本金
2	130302	利息调整
2	130303	减值
1	**1304**	**内部资金占用**
2	130401	0至3个月占用
2	130402	3至6个月占用
2	130403	6至12个月占用
2	130404	12个月以上占用
1	**1321**	**代理业务资产**
2	132101	证券投资
2	132102	受托贷款
2	132103	受托代理业务
1	**1401**	**材料采购**
1	**1402**	**在途物资**

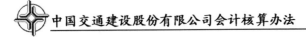

续上表

科目级次	科目编号	科目名称
1	1403	**原材料**
2	140301	主要材料
2	140302	燃润料
2	140303	结构件
2	140304	机械配件
2	140305	电气件
2	140399	其他
1	1404	**材料成本差异**
2	140401	主要材料
2	140402	燃润料
2	140403	结构件
2	140404	机械配件
2	140405	电气件
2	140406	其他
1	1405	**库存商品**
1	1406	**发出商品**
1	1408	**委托加工物资**
1	1409	**包装物**
1	1410	**低值易耗品**
1	1411	**周转材料**
2	141101	在库
2	141102	在用
2	141103	摊销
1	1471	**存货跌价准备**
2	147101	存货减值准备
3	147101001	主要材料
3	147101002	燃润料
3	147101003	结构件
3	147101004	机械配件
3	147101005	电气件
3	147101006	库存商品
3	147101999	其他
2	147102	合同预计损失准备
1	1501	**持有至到期投资**
2	150101	投资成本
2	150102	利息调整
2	150103	应计利息
1	1502	**持有至到期投资减值准备**
1	1503	**可供出售金融资产**
2	150301	股票投资

续上表

科目级次	科目编号	科目名称
3	150301001	成本
3	150301002	公允价值变动
2	150302	债券投资
3	150302001	成本
3	150302002	利息调整
3	150302003	应计利息
3	150302004	公允价值变动
2	150303	基金
3	150303001	成本
3	150303002	公允价值变动
2	150398	其他
3	150398001	成本
3	150398002	利息调整
3	150398003	应计利息
3	150398004	公允价值变动
1	**1504**	**可供出售金融资产减值准备**
1	**1511**	**长期股权投资**
2	151101	联营公司
3	151101001	投资成本
3	151101002	损益调整
3	151101003	所有者权益其他变动
2	151102	合营公司
3	151102001	投资成本
3	151102002	损益调整
3	151102003	所有者权益其他变动
2	151103	子公司
3	151103001	投资成本
3	151103003	所有者权益其他变动
2	151104	其他投资
3	151104001	投资成本
3	151104002	损益调整
3	151104003	所有者权益其他变动
1	**1512**	**长期股权投资减值准备**
1	**1521**	**投资性房地产**
2	152101	房屋
2	152102	土地使用权
1	**1522**	**投资性房地产累计折旧（摊销）**
2	152201	房屋
2	152202	土地使用权
1	**1523**	**投资性房地产减值准备**

续上表

科目级次	科目编号	科目名称
1	1531	长期应收款
2	153101	应收租赁款
2	153102	递延应收款
2	153103	BT合同
2	153104	质量保证金
2	153105	履约保证金
2	153106	折现额
2	153199	其他
1	1532	未实现融资收益
2	153201	租赁收益
2	153202	利息收益
1	1601	固定资产
1	1602	累计折旧
1	1603	固定资产减值准备
1	1604	在建工程
2	160401	建筑工程
2	160402	安装工程
2	160403	在安装设备
2	160404	船舶建造
2	160405	待摊支出
2	160406	资本化利息
2	160407	技术改造
2	160408	BOT（BOO）工程
2	160409	设备建造
2	160499	其他
1	1605	工程物资
2	160501	专用材料
2	160502	专用设备
2	160503	工器具
2	160599	其他
1	1606	固定资产清理
1	1607	临时设施
1	1608	临时设施摊销
1	1609	临时设施清理
1	1610	在建工程减值准备
1	1611	工程物资减值准备
1	1701	无形资产
2	170101	专利权
2	170102	非专利技术
2	170103	商标权

续上表

科目级次	科目编号	科目名称
2	170104	著作权
2	170105	土地使用权
2	170106	特许权
2	170107	软件
2	170199	其他
1	**1702**	**累计摊销**
2	170201	专利权
2	170202	非专利技术
2	170203	商标权
2	170204	著作权
2	170205	土地使用权
2	170206	特许权
2	170207	软件
2	170299	其他
1	**1703**	**无形资产减值准备**
2	170301	专利权
2	170302	非专利技术
2	170303	商标权
2	170304	著作权
2	170305	土地使用权
2	170306	特许权
2	170307	软件
2	170399	其他
1	**1711**	**商誉**
1	**1712**	**商誉减值准备**
1	**1801**	**长期待摊费用**
2	180101	房租
2	180102	装修
2	180199	其他
1	**1811**	**递延所得税资产**
2	181101	资产减值准备
3	181101001	坏账准备
3	181101002	存货减值准备
3	181101003	合同预计损失准备
3	181101004	长期投资减值损失准备
3	181101005	固定资产减值损失准备
3	181101006	无形资产减值损失准备
3	181101007	在建工程减值损失准备
3	181101008	工程物资减值损失准备
3	181101009	持有至到期投资减值损失准备

续上表

科目级次	科目编号	科目名称
3	181101010	可供出售金融资产减值损失准备
3	181101012	投资性房地产减值损失准备
3	181101999	其他准备
2	181102	无形资产摊销
2	181103	固定资产折旧
2	181104	精算费用
2	181106	可抵扣亏损
2	181107	可供出售金融资产价值变动
2	181108	交易性金融资产(负债)价值变动
2	181109	长期股权投资
2	181113	折现
2	181199	其他
1	**1901**	**待处理财产损溢**
2	190101	原材料
2	190102	库存商品
2	190103	固定资产
2	190104	工程物资
2	190199	其他
1	**2001**	**短期借款**
2	200101	信用借款
2	200102	保证借款
2	200103	抵押借款
2	200104	质押借款
2	200105	票据贴现
3	200105001	银行承兑汇票
3	200105002	商业承兑汇票
2	200199	其他
1	**2003**	**系统内拆入款项**
2	200301	北京结算中心
2	200302	天津结算中心
2	200303	上海结算中心
2	200304	武汉结算中心
2	200305	广州结算中心
2	200306	西安结算中心
2	200307	境外结算中心
1	**2011**	**企业存款**
2	201101	企业活期存款
2	201102	企业定期存款
3	201102001	0至3个月定存
3	201102002	3至6个月定存

第三章 会计政策与会计科目体系

续上表

科目级次	科目编号	科目名称
3	201102003	6至12个月定存
3	201102004	12个月以上定存
2	201103	企业通知存款
3	201103001	1天通知存款
3	201103002	7天通知存款
3	201103003	14天通知存款
1	**2101**	**交易性金融负债**
2	210101	债券
3	210101001	成本
3	210101002	公允价值变动
2	210102	变动指定计入当期损益的金融负债
3	210102001	成本
3	210102002	公允价值变动
2	210199	其他
3	210199001	成本
3	210199002	公允价值变动
1	**2201**	**应付票据**
2	220101	银行承兑汇票
2	220102	商业承兑汇票
1	**2202**	**应付账款**
2	220201	建造/劳务合同工程款
2	220202	建造/劳务合同材料款
2	220203	建造/劳务合同设备购置款
2	220204	在建工程工程款
2	220205	在建工程材料款
2	220206	在建工程设备购置款
2	220207	质量保证金
2	220208	租赁款
2	220209	修理费
2	220210	外协加工
2	220211	物流运输
2	220212	暂估成本
2	220213	商品购货款
2	220299	其他
1	**2203**	**预收账款**
2	220301	建造/劳务合同工程款
2	220302	销货款
2	220303	租赁款
2	220304	材料款
2	220305	物业管理费

续上表

科目级次	科目编号	科目名称
2	220306	供暖费
2	220307	停车管理费
2	220308	物流运输款
2	220309	通行费
2	220310	房款
2	220311	车位款
2	220399	其他
1	**2211**	**应付职工薪酬**
2	221101	职工工资
3	221101001	工资
3	221101002	奖金
3	221101003	津贴
3	221101004	补贴
3	221101999	其他
2	221102	职工福利费
3	221102001	医疗卫生费
3	221102002	文体宣传费
3	221102003	生活困难补助
3	221102004	集体福利设施
3	221102005	集体福利补贴
3	221102006	冬季取暖补贴费
3	221102007	计划生育补贴
3	221102008	丧葬抚恤补助费
3	221102009	保育费
3	221102010	疗养费
3	221102011	职工奖励及福利基金
3	221102013	防暑降温费
3	221102999	其他
2	221103	工会经费
2	221104	职工教育经费
2	221105	劳动保护费
2	221106	养老保险金
3	221106001	基本养老保险
3	221106002	补充养老保险（年金）
2	221107	医疗保险金
3	221107001	基本医疗保险
3	221107002	补充医疗保险
2	221108	失业保险
2	221109	工伤保险
2	221110	生育保险

续上表

科目级次	科目编号	科目名称
2	221111	商业保险费
2	221112	住房公积金
2	221113	住房补贴
2	221114	残疾保障基金
2	221115	辞退福利
2	221116	股份支付
2	221199	其他
1	**2221**	**应交税费**
2	222101	应交增值税
3	222101001	进项税额
3	222101002	已交税金
3	222101003	转出未交增值税
3	222101004	减免税款
3	222101005	销项税额
3	222101006	出口退税
3	222101007	进项税额转出
3	222101008	出口抵减内销产品应纳税额
3	222101009	转出多交增值税
3	222101010	简易征收
3	222101011	营改增抵减的销项税
2	222102	未交增值税
2	222103	应交营业税
2	222104	应交消费税
2	222105	应交资源税
2	222106	应交企业所得税
2	222107	应交土地增值税
2	222108	应交城市维护建设税
2	222109	应交房产税
2	222110	应交土地使用税
2	222111	应交车船使用税
2	222112	应交个人所得税
2	222113	契税
2	222114	关税
2	222150	应交教育费附加
2	222151	应交河道费
2	222152	应交水利建设基金(堤防费)
2	222153	矿产资源补偿费
2	222169	其他地方基金
2	222170	保险保障基金
2	222171	增值税留抵税额

科目级次	科目编号	科目名称
2	222172	待抵扣进项税额
2	222199	其他
1	**2231**	**应付利息**
2	223101	借款利息
2	223102	债券利息
2	223103	票据利息
1	**2232**	**应付股利**
1	**2241**	**其他应付款**
2	224101	投标保证金
2	224102	履约保证金
2	224103	租赁费
2	224104	水电费
2	224105	押金
2	224106	维修金
2	224107	应付其他单位款
2	224108	暂收个人款
2	224109	科技开发费
2	224110	其他保证金
2	224111	团委经费
2	224112	代扣代缴个人款
3	224112001	养老保险金
4	224112001001	基本养老保险
4	224112001002	补充养老保险(年金)
3	224112002	医疗保险金
4	224112002001	基本医疗保险
4	224112002002	补充医疗保险
3	224112003	失业保险金
3	224112004	工伤保险
3	224112005	生育保险
3	224112006	住房公积金
3	224112007	工会会费
3	224112999	其他
2	224113	待结算税金
2	224198	应付社会保险费
2	224199	其他
3	224199001	专家津贴
3	224199002	医保药费
3	224199003	住房公积金
3	224199004	国管局职工售房款
3	224199005	国管局维修基金

续上表

科目级次	科目编号	科目名称
3	224199006	评审费
3	224199007	关键岗位证书费
3	224199008	培训费
3	224199009	应付单位款
3	224199010	党费
3	224199011	统筹办
3	224199012	扶贫基金
3	224199013	拆迁补偿款
3	224199014	房管办供暖费
3	224199015	课题费
3	224199016	住房周转金
3	224199017	暂挂款
3	224199018	未达标及无房补贴
3	224199024	继续教育证书费
3	224199025	劳务分包商评审工本费
3	224199026	个税手续费
3	224199027	工会经费
3	224199028	代扣代缴个人款
4	224199028001	养老保险金
4	224199028002	医疗保险金
4	224199028003	失业保险金
4	224199028004	工伤保险
4	224199028005	生育保险
4	224199028006	住房公积金
4	224199028007	年金
4	224199028008	补充医疗保险
3	224199099	其他
1	**2314**	**代理业务负债**
1	**2401**	**递延收益**
1	**2501**	**长期借款**
2	250101	信用借款
3	250101001	本金
3	250101002	应计利息
3	250101003	利息调整
2	250102	保证借款
3	250102001	本金
3	250102002	应计利息
3	250102003	利息调整
2	250103	抵押借款
3	250103001	本金

续上表

科目级次	科目编号	科目名称
3	250103002	应计利息
3	250103003	利息调整
2	250104	质押借款
3	250104001	本金
3	250104002	应计利息
3	250104003	利息调整
2	250105	票据贴现
3	250105001	本金
3	250105002	应计利息
3	250105003	利息调整
2	250199	其他
1	**2502**	**应付债券**
2	250201	面值
2	250202	利息调整
2	250203	应计利息
1	**2701**	**长期应付款**
2	270101	应付引进设备款
2	270102	应付融资租赁费
2	270103	技术开发费
2	270104	离退休人员精算费用
2	270106	质量保证金
2	270107	履约保证金
2	270108	折现额
2	270199	其他
1	**2702**	**未确认融资费用**
2	270201	固定资产
3	270201001	租赁费用
3	270201002	利息费用
2	270202	在建工程
3	270202001	租赁费用
3	270202002	利息费用
2	270203	无形资产
3	270203001	租赁费用
3	270203002	利息费用
2	270299	其他
1	**2711**	**专项应付款**
2	271101	专项拨款
2	271102	技术装备费
2	271199	其他
1	**2801**	**预计负债**

续上表

科目级次	科目编号	科目名称
2	280101	对外提供担保
2	280102	未决诉讼
2	280103	产品质量保证
2	280104	重组义务
2	280105	亏损性合同
2	280199	其他
1	**2901**	**递延所得税负债**
2	290101	可供出售金融资产价值变动
2	290102	交易性金融资产(负债)价值变动
2	290103	利息资本化
2	290105	固定资产折旧
2	290106	无形资产摊销
2	290107	折现
2	290199	其他
1	**3002**	**货币兑换**
1	**3101**	**衍生工具**
2	310101	远期外汇合同
2	310102	利率掉期合同
2	310199	其他
1	**3201**	**套期工具**
1	**3202**	**被套期项目**
1	**4001**	**实收资本(股本)**
2	400101	普通股
3	400101001	国家股
3	400101002	集体股
3	400101003	法人股
4	400101003001	国有法人股
4	400101003002	集体法人股
3	400101004	外商股
3	400101005	个人股
2	400102	优先股
2	400103	已归还投资
1	**4002**	**资本公积**
2	400201	资本(或股本)溢价
2	400202	其他资本公积
3	400202001	公允价值变动
3	400202002	被投资单位所有者权益其他变动
3	400202003	套期利得或损失
3	400202004	递延所得税
3	400202999	其他

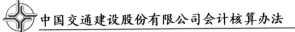

续上表

科目级次	科目编号	科目名称
1	**4101**	**盈余公积**
2	410101	法定盈余公积
2	410102	任意盈余公积
2	410103	储备基金
2	410104	企业发展基金
2	410105	利润归还投资
1	**4103**	**本年利润**
1	**4104**	**利润分配**
2	410401	提取法定盈余公积
2	410402	提取任意盈余公积
2	410403	转作股本的股利
2	410404	盈余公积补亏
2	410405	提取储备基金
2	410406	提取企业发展基金
2	410407	提取职工奖励及福利基金
2	410408	利润归还投资
2	410409	应付股利
2	410410	补充流动资本
2	410499	未分配利润
1	**4201**	**库存股**
1	**4301**	**专项储备**
1	**5001**	**生产成本**
1	**5101**	**制造费用**
1	**5201**	**劳务成本**
2	520101	合同成本
3	520101001	人工费
4	520101001001	职工工资
4	520101001002	职工福利费
4	520101001003	工会经费
4	520101001004	职工教育经费
4	520101001005	劳动保护费
4	520101001006	养老保险统筹
5	52010100100601	基本养老保险
5	52010100100602	补充养老保险
4	520101001007	医疗保险费
5	52010100100701	基本医疗保险
5	52010100100702	补充医疗保险
4	520101001008	失业保险费
4	520101001009	工伤保险费
4	520101001010	生育保险费

续上表

科目级次	科目编号	科目名称
4	520101001011	商业保险费
4	520101001012	住房公积金
4	520101001013	住房补贴
4	520101001014	劳务费
4	520101001999	其他
3	520101002	材料费
3	520101003	机械使用费
4	520101003001	折旧费
4	520101003002	租赁费
4	520101003003	维修费
4	520101003999	其他
3	520101004	分包费用
3	520101005	外协费
3	520101006	其他直接费
4	520101006001	出版复印费
4	520101006002	办公费
4	520101006003	保险费
4	520101006004	劳务费
4	520101006005	车辆税费
4	520101006006	燃油费
4	520101006007	现场费用
4	520101006008	差旅费
4	520101006009	运输费
4	520101006010	安全费用
4	520101006011	会务费
4	520101006012	咨询费
4	520101006013	水电费
4	520101006014	试验检测费
4	520101006999	其他
3	520101007	间接费分摊
3	520101008	间接费用
4	520101008001	职工工资
4	520101008002	职工福利费
4	520101008003	工会经费
4	520101008004	职工教育经费
4	520101008005	劳动保护费
4	520101008006	养老保险统筹
5	52010100800601	基本养老保险
5	52010100800602	补充养老保险
4	520101008007	医疗保险费

续上表

科目级次	科目编号	科目名称
5	52010100800701	基本医疗保险
5	52010100800702	补充医疗保险
4	520101008008	失业保险费
4	520101008009	工伤保险费
4	520101008010	生育保险费
4	520101008011	商业保险费用
4	520101008012	住房公积金
4	520101008013	住房补贴
4	520101008014	材料费
4	520101008015	折旧费
4	520101008016	维修费
4	520101008017	差旅费
4	520101008018	办公费
4	520101008019	车辆税费
4	520101008020	燃油费
4	520101008021	采暖费
4	520101008022	水电费
4	520101008023	业务费
4	520101008024	租赁费
4	520101008025	低值易耗品摊销
4	520101008026	软件使用费
4	520101008027	无形资产摊销
4	520101008999	其他
3	520101099	结转
2	520102	辅助劳务成本
3	520102001	人工费
4	520102001001	职工工资
4	520102001002	职工福利费
4	520102001003	工会经费
4	520102001004	职工教育经费
4	520102001005	劳动保护费
4	520102001006	养老保险统筹
5	52010200100601	基本养老保险
5	52010200100602	补充养老保险
4	520102001007	医疗保险费
5	52010200100701	基本医疗保险
5	52010200100702	补充医疗保险
4	520102001008	失业保险费
4	520102001009	工伤保险费
4	520102001010	生育保险费

续上表

科目级次	科目编号	科目名称
4	520102001011	商业保险费用
4	520102001012	住房公积金
4	520102001013	住房补贴
3	520102002	材料费
3	520102003	折旧费
3	520102004	维修费
3	520102005	差旅费
3	520102006	办公费
3	520102007	车辆税费
3	520102008	燃油费
3	520102009	采暖费
3	520102010	水电费
3	520102011	出版复印费
3	520102012	劳务费
3	520102999	其他
1	**5301**	**研发支出**
2	530101	费用化支出
3	530101001	人员人工
3	530101002	直接投入
3	530101003	折旧费用与长期待摊费用
3	530101004	设计费用
3	530101005	装备调试费
3	530101006	无形资产摊销
3	530101007	其他费用
3	530101008	委托外部研究开发费用
3	530101009	研发支出结转至管理费用
2	530102	资本化支出
3	530102001	人员人工
3	530102002	直接投入
3	530102003	折旧费用与长期待摊费用
3	530102004	设计费用
3	530102005	装备调试费
3	530102006	无形资产摊销
3	530102007	其他费用
3	530102008	委托外部研究开发费用
3	530102009	研发支出结转至无形资产
1	**5401**	**工程施工**
2	540101	合同成本
3	540101001	人工费
4	540101001001	职工工资

续上表

科目级次	科目编号	科目名称
4	540101001002	职工福利费
4	540101001003	工会经费
4	540101001004	职工教育经费
4	540101001005	劳动保护费
4	540101001006	养老保险统筹
5	54010100100601	基本养老保险
5	54010100100602	补充养老保险
4	540101001007	医疗保险费
5	54010100100701	基本医疗保险
5	54010100100702	补充医疗保险
4	540101001008	失业保险费
4	540101001009	工伤保险费
4	540101001010	生育保险费
4	540101001011	商业保险费用
4	540101001012	住房公积金
4	540101001013	住房补贴
4	540101001014	劳务费
4	540101001999	其他
3	540101002	材料费
4	540101002001	钢材
4	540101002002	水泥
4	540101002003	砂
4	540101002004	碎石
4	540101002005	商品混凝土
4	540101002006	燃油费
4	540101002999	其他辅助材料
3	540101003	船机使用费
4	540101003001	职工工资
4	540101003002	职工福利费
4	540101003003	工会经费
4	540101003004	职工教育经费
4	540101003005	劳动保护费
4	540101003006	养老保险统筹
5	54010100300601	基本养老保险
5	54010100300602	补充养老保险
4	540101003007	医疗保险费
5	54010100300701	基本医疗保险
5	54010100300702	补充医疗保险
4	540101003008	失业保险费
4	540101003009	工伤保险费

第三章 会计政策与会计科目体系

续上表

科目级次	科目编号	科目名称
4	540101003010	生育保险费
4	540101003011	商业保险费用
4	540101003012	住房公积金
4	540101003013	住房补贴
4	540101003014	折旧费
4	540101003015	燃料费
4	540101003016	修理及配件费
4	540101003017	租赁费
4	540101003018	安装拆卸设施费
4	540101003019	保险费
4	540101003020	润料费
4	540101003021	材料费
4	540101003022	靠泊补给费
4	540101003023	差旅费
4	540101003024	办公费
4	540101003025	安全生产费
4	540101003026	动力费
4	540101003027	港务费
4	540101003028	劳务费
4	540101003999	其他
3	540101004	分包费用
3	540101005	租船费
4	540101005001	租赁费
4	540101005002	燃料费
4	540101005003	修理费
4	540101005004	管线费
4	540101005999	其他
3	540101006	其他直接费
4	540101006001	冬雨季施工增加费
4	540101006002	夜间施工增加费
4	540101006003	施工进退场费
4	540101006004	生产工具用具使用费
4	540101006005	检验试验费
4	540101006006	安全生产费
4	540101006007	文明施工费
4	540101006008	工程定位点交清理费
4	540101006009	工程保护费
4	540101006010	工程保修费
4	540101006011	工程保险费
4	540101006012	代理咨询费

续上表

科目级次	科目编号	科目名称
4	540101006013	二次搬运费
4	540101006014	调遣费
4	540101006015	监理费
4	540101006016	排泥管线费
5	54010100601601	职工工资
5	54010100601602	职工福利费
5	54010100601603	工会经费
5	54010100601604	职工教育经费
5	54010100601605	劳动保护费
5	54010100601606	养老保险统筹
6	5401010060160601	基本养老保险
6	5401010060160602	补充养老保险
5	54010100601607	医疗保险费
6	5401010060160701	基本医疗保险
6	5401010060160702	补充医疗保险
5	54010100601608	失业保险费
5	54010100601609	工伤保险费
5	54010100601610	生育保险费
5	54010100601611	商业保险费
5	54010100601612	住房公积金
5	54010100601613	住房补贴
5	54010100601614	场储费
5	54010100601615	排泥设备摊销费
5	54010100601616	材料费
5	54010100601617	折旧费
5	54010100601618	修理费
5	54010100601619	设备租赁费
5	54010100601620	差旅交通费
5	54010100601621	办公费
5	54010100601622	安拆费
5	54010100601623	安全生产费
5	54010100601624	运输费
5	54010100601625	劳务费
5	54010100601699	其他
4	540101006017	测量费
5	54010100601701	职工工资
5	54010100601702	职工福利费
5	54010100601703	工会经费
5	54010100601704	职工教育经费
5	54010100601705	劳动保护费

续上表

科目级次	科目编号	科目名称
5	54010100601706	养老保险统筹
6	5401010060170601	基本养老保险
6	5401010060170602	补充养老保险
5	54010100601707	医疗保险费
6	5401010060170701	基本医疗保险
6	5401010060170702	补充医疗保险
5	54010100601708	失业保险费
5	54010100601709	工伤保险
5	54010100601710	生育保险
5	54010100601711	商业保险费用
5	54010100601712	住房公积金
5	54010100601713	住房补贴
5	54010100601714	材料费
5	54010100601715	修理费
5	54010100601716	折旧费
5	54010100601717	差旅交通费
5	54010100601718	办公费
5	54010100601719	租赁费
5	54010100601720	外包测量费
5	54010100601799	其他
4	540101006018	租赁费
4	540101006019	临时设施费
4	540101006020	海洋倾倒费
4	540101006021	技术服务费
4	540101006022	环境检测费
4	540101006023	围堰费
4	540101006024	水电费
4	540101006025	临时占地费
4	540101006026	征地拆迁费
4	540101006999	其他
3	540101007	间接费用分摊
3	540101008	资本化利息
2	540102	间接费用
3	540102001	职工工资
3	540102002	职工福利费
3	540102003	工会经费
3	540102004	职工教育经费
3	540102005	劳动保护费
3	540102006	养老保险统筹
4	540102006001	基本养老保险

续上表

科目级次	科目编号	科目名称
4	540102006002	补充养老保险
3	540102007	医疗保险费
4	540102007001	基本医疗保险
4	540102007002	补充医疗保险
3	540102008	失业保险费
3	540102009	工伤保险费
3	540102010	生育保险费
3	540102011	商业保险费
3	540102012	住房公积金
3	540102013	住房补贴
3	540102014	物料消耗费
3	540102015	差旅费
3	540102016	办公费
3	540102017	折旧费
3	540102018	修理费
3	540102019	水电费
3	540102020	保险费
3	540102021	燃气/燃油费
3	540102022	车辆税费
3	540102023	取暖费
3	540102024	租赁费
3	540102025	安全生产费
3	540102026	工属具及材料费
3	540102027	生活用品费
3	540102028	业务招待费
3	540102029	税金
3	540102030	金融机构手续费
3	540102031	绿化费
3	540102032	排污费
3	540102033	会务费
3	540102034	劳务费
3	540102998	其他
2	540103	合同毛利
1	**5402**	**工程结算**
1	**5403**	**机械作业**
2	540301	职工工资
2	540302	职工福利费
2	540303	工会经费
2	540304	职工教育经费
2	540305	劳动保护费

续上表

科目级次	科目编号	科目名称
2	540306	养老保险统筹
3	540306001	基本养老保险
3	540306002	补充养老保险
2	540307	医疗保险费
3	540307001	基本医疗保险
3	540307002	补充医疗保险
2	540308	失业保险费
2	540309	工伤保险费
2	540310	生育保险费
2	540311	商业保险费
2	540312	住房公积金
2	540313	住房补贴
2	540314	保险费
2	540315	燃料费
2	540316	润料费
2	540317	材料费
2	540318	折旧费
2	540319	修理费
2	540320	靠泊补给费
2	540321	差旅费
2	540322	办公费
2	540323	安全生产费
2	540324	租赁费
2	540325	动力费
2	540326	港务费
2	540327	劳务费
2	540398	其他
2	540399	结转
1	5501	开发成本
2	550101	土地费用
2	550102	前期工程费
2	550103	基础设施工程费
2	550104	建筑安装工程费
2	550105	配套设施费
2	550106	开发间接费用
2	550107	资本化利息
1	5504	运营成本
1	6001	主营业务收入
2	600101	内部收入
3	600101001	建造合同收入

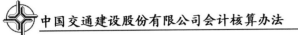

科目级次	科目编号	科目名称
3	600101002	劳务合同收入
3	600101003	销售商品收入
4	600101003001	内销收入
4	600101003002	出口收入
3	600101004	房地产销售收入
3	600101005	让渡资产使用权
3	600101006	物业管理收入
3	600101999	其他
2	600102	外部收入
3	600102001	建造合同收入
4	600102001001	自营收入
4	600102001002	分包收入
3	600102002	劳务合同收入
4	600102002001	自营收入
4	600102002002	分包收入
3	600102003	销售商品收入
4	600102003001	内销收入
4	600102003002	出口收入
3	600102004	房地产销售收入
3	600102005	让渡资产使用权
3	600102006	物业管理收入
3	600102007	酒店经营收入
3	600102999	其他
2	600199	结转
1	**6051**	**其他业务收入**
2	605101	材料销售
2	605102	产品销售
2	605103	劳务收入
2	605104	出租收入
2	605105	物业管理
2	605106	代理业务
2	605107	技术、服务咨询
2	605109	广告收入
2	605110	餐饮收入
2	605111	物流收入
2	605112	废材销售
2	605113	宾馆收入
2	605114	培训收入
2	605115	投资性房地产
2	605198	其他

续上表

科目级次	科目编号	科目名称
2	605199	结转
1	**6101**	**公允价值变动损益**
2	610101	交易性金融资产
3	610101001	债券投资
3	610101002	股票投资
3	610101003	基金投资
3	610101004	权证投资
3	610101005	变动指定计入当期损益的金融资产
3	610101006	衍生工具
3	610101007	套期工具
3	610101008	被套期项目
3	610101999	其他
2	610102	交易性金融负债
3	610102001	债券投资
3	610102002	股票投资
3	610102003	基金投资
3	610102004	权证投资
3	610102005	变动指定计入当期损益的金融资产
3	610102006	衍生工具
3	610102007	套期工具
3	610102008	被套期项目
3	610102999	其他
2	610103	投资性房地产
1	**6111**	**投资收益**
2	611101	长期股权投资
3	611101001	子公司
3	611101002	联营公司
3	611101003	合营公司
3	611101999	其他
2	611103	交易性金融资产
2	611104	交易性金融负债
2	611105	可供出售金融资产
2	611106	持有至到期投资
2	611198	其他
2	611199	结转
1	**6301**	**营业外收入**
2	630101	处置固定资产利得
2	630102	处置无形资产利得
2	630103	处置临时设施利得
2	630104	处置在建工程利得

续上表

科目级次	科目编号	科目名称
2	630105	处置其他长期资产利得
2	630106	非货币性交易利得
2	630107	债务重组利得
2	630108	罚没利得
2	630109	政府补助利得
2	630110	销售废弃物料
2	630111	保险赔款收入
2	630112	经批准无法支付的应付款项
2	630113	固定资产盘盈
2	630114	存货盘盈
2	630115	违约金收入
2	630116	账销案存资产清理净收入
2	630117	税费返还
2	630198	其他
2	630199	结转
1	**6401**	**主营业务成本**
2	640101	内部成本
3	640101001	建造合同成本
3	640101002	劳务合同成本
3	640101003	销售商品成本
4	640101003001	内销成本
4	640101003002	出口成本
3	640101004	房地产销售成本
3	640101005	让渡资产使用权成本
3	640101006	物业管理成本
3	640101999	其他
2	640102	外部成本
3	640102001	建造合同成本
4	640102001001	自营成本
4	640102001002	分包成本
3	640102002	劳务合同成本
4	640102002001	自营成本
4	640102002002	分包成本
3	640102003	销售商品成本
4	640102003001	内销成本
4	640102003002	出口成本
3	640102004	房地产销售成本
3	640102005	让渡资产使用权成本
3	640102006	物业管理成本
3	640102007	酒店经营成本

第三章 会计政策与会计科目体系

续上表

科目级次	科目编号	科目名称
3	640102999	其他
2	640199	结转
1	**6402**	**其他业务成本**
2	640201	材料销售
2	640202	产品销售
2	640203	劳务成本
2	640204	出租成本
2	640205	物业管理
2	640206	代理业务
2	640207	技术、服务咨询
2	640209	广告成本
2	640210	餐饮成本
2	640211	物流成本
2	640212	废料销售成本
2	640213	宾馆成本
2	640214	培训成本
2	640215	处置投资性房地产
2	640216	折旧费
2	640298	其他
2	640299	结转
1	**6403**	**营业税金及附加**
2	640301	主营业务
3	640301001	营业税
3	640301002	消费税
3	640301003	城市维护建设税
3	640301004	资源税
3	640301005	土地增值税
3	640301006	教育费附加
3	640301007	房产税
3	640301008	土地使用税
3	640301009	水利建设基金(堤防费)
3	640301010	河道费
3	640301011	文化事业建设费
3	640301012	地方教育费附加
3	640301999	其他
2	640302	其他业务
3	640302001	营业税
3	640302002	消费税
3	640302003	城市维护建设税
3	640302004	资源税

续上表

科目级次	科目编号	科目名称
3	640302005	土地增值税
3	640302006	教育费附加
3	640302007	房产税
3	640302008	土地使用税
3	640302009	水利建设基金（堤防费）
3	640302010	文化事业建设费
3	640302011	地方教育费附加
3	640302999	其他
2	640399	结转
1	**6601**	**销售费用**
2	660101	职工薪酬
3	660101001	工资
3	660101002	福利费
3	660101003	工会经费
3	660101004	职工教育经费
3	660101005	劳动保险费
4	660101005001	养老保险金
5	66010100500101	基本养老保险金
5	66010100500102	补充养老保险金（年金）
3	660101006	医疗保险费
4	660101006001	基本医疗保险费
4	660101006002	补充医疗保险费
3	660101007	失业保险费
3	660101008	工伤保险费
3	660101009	生育保险费
3	660101010	商业保险费
3	660101011	住房公积金
3	660101012	住房补贴
3	660101013	劳动保护费
2	660102	办公费
2	660103	差旅费
2	660104	业务费
2	660105	折旧费
2	660106	包装费
2	660107	运输费
2	660108	装卸费
2	660109	仓储保管费
2	660110	保险费
2	660111	展览费
2	660112	招投标费

续上表

科目级次	科目编号	科目名称
2	660113	广告宣传费
2	660114	维修费
2	660115	预计产品质量保证损失
2	660116	合同鉴证费
2	660117	委托代销手续费
2	660118	销售服务费
2	660119	样品及产品损耗
2	660120	出借包装物
2	660122	无形资产摊销
2	660123	低值易耗品摊销
2	660124	劳务费
2	660125	房地产销售手续费
2	660126	预售监督管理费
2	660127	设计费
2	660198	其他
2	660199	结转
1	**6602**	**管理费用**
2	660201	办公费用
3	660201001	通讯费
3	660201002	邮资费
3	660201003	文具费
3	660201004	书报资料费
3	660201005	办公楼租赁费
3	660201006	水电燃气费
3	660201007	办公设备耗材费
3	660201008	印刷装订制作费
3	660201009	翻译费
3	660201999	其他
2	660202	会议费
2	660203	差旅交通费
3	660203001	差旅费
3	660203002	市内交通费
3	660203003	探亲路费
3	660203004	行车补助
3	660203005	车辆运营维护费
4	660203005001	燃油费
4	660203005003	车辆通行费
4	660203005004	牌照费
4	660203005005	保险费
4	660203005006	修理费

续上表

科目级次	科目编号	科目名称
4	660203005007	汽车维护
4	660203005999	其他
3	660203006	班车租赁费
3	660203999	其他
2	660204	业务招待费
2	660205	考察联络费
2	660206	职工薪酬
3	660206001	职工工资
4	660206001001	在岗从业人员
4	660206001999	其他人员
3	660206002	职工福利费
3	660206003	工会经费
3	660206004	职工教育经费
3	660206005	劳动保护费
4	660206005001	劳保用品费
4	660206005002	防暑降温费
4	660206005003	制装费
3	660206006	养老保险金
4	660206006001	基本养老保险金
4	660206006002	补充养老保险金（年金）
3	660206007	医疗保险费
4	660206007001	基本医疗保险费
4	660206007002	补充医疗保险费
3	660206008	失业保险费
3	660206009	工伤保险费
3	660206010	生育保险费
3	660206011	商业保险费
3	660206012	住房公积金
3	660206013	住房补贴
3	660206014	辞退福利
3	660206015	股份支付
2	660207	固定资产使用费
3	660207001	折旧费
3	660207002	维修费
3	660207003	租赁费
2	660208	财产保险费
2	660209	信息化费用
3	660209001	软件外包开发费
3	660209002	软件购置费
3	660209003	软件维护费

续上表

科目级次	科目编号	科目名称
3	660209004	计算机设备维护费
3	660209005	计算机耗材费
3	660209006	系统集成维护费
3	660209007	互联网使用费
3	660209008	软件实施费
2	660210	税金
3	660210001	房产税
3	660210002	车船使用税
3	660210003	印花税
3	660210004	土地使用税
2	660211	广告费
3	660211001	媒体广告费
3	660211002	企业宣传费
2	660212	刊物出版费
2	660213	物业管理费
2	660214	取暖费
2	660215	排污费
2	660216	绿化费
2	660217	保卫费
2	660218	保洁费
2	660219	技术开发费
2	660220	技术转让费
2	660221	上级管理费
2	660222	董事会费
2	660223	团体会费
2	660224	聘请中介机构费用
3	660224001	年度决算审计费用
3	660224002	其他中介机构费用
2	660225	咨询费
2	660226	认证费
2	660227	诉讼费
2	660228	招投标费
2	660229	合同公证鉴证费
2	660230	安全措施费
2	660231	无形资产摊销
2	660232	低值易耗品摊销
2	660234	长期待摊费用摊销
2	660235	其他长期资产摊销
2	660236	存货盘亏和毁损
2	660238	离退休人员费用

续上表

科目级次	科目编号	科目名称
2	660239	残疾人就业保障金
2	660240	劳务费
2	660241	招解聘费用
2	660242	科技活动经费
2	660298	其他
2	660299	结转
1	**6603**	**财务费用**
2	660301	利息收入
3	660301001	银行存款利息收入
3	660301002	内部结算中心存款利息收入
3	660301003	自其他的关联方取得的利息收入
3	660301004	内部资金占用利息收入
3	660301005	拆放系统内款项利息收入
3	660301999	其他利息收入
2	660302	利息支出
3	660302001	短期借款
4	660302001001	银行借款利息支出
4	660302001002	内部结算中心借款利息支出
4	660302001003	向其他的关联方借款的利息支出
4	660302001004	内部资金占用利息支出
4	660302001999	其他利息支出
3	660302002	长期借款
4	660302002001	银行借款利息支出
4	660302002002	内部结算中心借款利息支出
4	660302002003	向其他的关联方借款的利息支出
4	660302002004	内部资金占用利息支出
4	660302002999	其他利息支出
3	660302003	企业存款利息支出
4	660302003001	企业活期存款利息支出
4	660302003002	企业定期存款利息支出
4	660302003003	企业通知存款利息支出
4	660302003004	系统内拆入款项利息支出
2	660303	汇兑损益
3	660303001	汇兑损失
4	660303001001	借款汇兑损失
4	660303001999	其他汇兑损失
3	660303002	汇兑收益
4	660303002001	借款汇兑收益
4	660303002999	其他汇兑收益
2	660304	金融机构手续费

续上表

科目级次	科目编号	科目名称
2	660305	贴现息
3	660305001	票据贴现息
3	660305002	应收款项折现
3	660305003	应付款项折现
3	660305999	其他
2	660306	其他费用
3	660306001	手续费
3	660306002	担保费
3	660306003	承诺费
3	660306004	现金折扣
3	660306999	其他
2	660399	结转
1	**6701**	**资产减值损失**
2	670101	坏账损失
2	670102	其他存货跌价损失
2	670103	合同预计损失
2	670104	长期投资减值损失
2	670105	固定资产减值损失
2	670106	无形资产减值损失
2	670107	在建工程减值损失
2	670108	工程物资减值损失
2	670109	持有至到期投资减值损失
2	670110	商誉减值损失
2	670111	投资性房地产减值损失
2	670112	可供出售金融资产减值损失
2	670199	结转
1	**6711**	**营业外支出**
2	671101	处置固定资产净损失
2	671102	处置无形资产净损失
2	671103	处置临时设施净损失
2	671104	处置在建工程净损失
2	671105	处置其他长期资产净损失
2	671106	非货币性资产交易损失
2	671107	债务重组损失
2	671108	罚没及滞纳金支出
2	671109	捐赠支出
2	671110	非常损失
2	671111	培训中心经费
2	671112	固定资产盘亏
2	671113	账销案存资产清理净支出

续上表

科目级次	科目编号	科目名称
2	671114	返还的政府补助支出
2	671115	预计的担保损失
2	671116	预计未决诉讼损失
2	671117	预计重组损失
2	671118	存货盘亏
2	671198	其他
2	671199	结转
1	**6801**	**所得税费用**
2	680101	当期所得税费用
2	680102	递延所得税费用
2	680199	结转
1	**6901**	**以前年度损益调整**

二、会计科目体系说明

公司的会计科目体系按其反映的经济内容可以划分为资产类、负债类、共同类、所有者权益类、成本类、损益类六大类,同时按其所属关系又可以划分为一级科目和明细科目两大类,并根据需要设置辅助核算。公司对会计科目的要求：

(1)各所属全资、控股公司必须严格按照本办法规定的会计科目体系中设置的会计科目及编码设置本公司的会计科目及编码,不得随意改变会计科目的使用范围。

(2)本办法统一规定会计科目的编号,是为了便于编制会计凭证、登记账簿、查阅账目及实行会计电算化,不得随意打乱重编。在某些会计科目之间留有空号,供增设会计科目之用。

(3)本办法会计科目编码的编制原则：一级科目编码为4位,除公司根据实际情况增减的科目外,编码按《企业会计准则应用指南》编制；明细科目编码为2位,除公司增减的科目外,编码按《企业会计准则应用指南》编制,公司根据实际情况增减的科目,根据科目级别,依次排序。

(4)本办法统一规定的会计科目,如不能满足核算的特殊需要,需要增设、减少、合并某些会计科目或变更科目名称,必须事先经批准后变更。除会计科目体系中已有规定的明细科目外,在不违反统一会计核算要求的前提下,可以根据需要自行设置下一级明细科目。自行设置的明细科目编码参照科目编制。

(5)"主营业务收入"等收入类科目发生收入冲减时,必须用负数在贷方登记,借方发生额为月末结转额；"工程施工"、"生产成本"、"主营业务成本"、"管理费用"等成本费用类科目发生冲减时,必须用负数在借方登记,贷方发生额为月末结转额。"财务费用"科目月末按照明细科目结转。

第四章 资　　产

第一节　货币资金

一、库存现金

库存现金是指可以随时用其购买所需的物资,支付有关费用,偿还债务,也可以随时存入银行的货币性资产,包括人民币现金和外币现金。

(一)库存现金核算的规定

(1)公司库存现金收入应于当日送存开户银行。当日送存有困难的,由开户银行确定送存时间。

(2)公司支付现金,可以从本公司库存现金限额中支付或者从开户银行提取,不得从本公司的现金收入中直接支付(即坐支)。因特殊情况需要坐支现金的,应当事先报经开户银行审查批准,由开户银行核定坐支范围和限额。公司应定期向银行报送坐支和使用情况。

(3)公司从开户银行提取现金,应当写明用途,由本单位财会部门负责人签字盖章,经开户银行审核后,予以支付现金。

(4)公司因采购地点不固定、交通不便以及其他特殊情况必须使用现金的,应向开户银行提出申请,经开户银行审核后,予以支付现金。

(5)不准用不符合制度的凭证顶替库存现金;不得谎报用途套取现金;不准用银行账户代其他单位和个人存入或支取现金;不准单位收入的现金以个人名义存储,不准保留账外公款,不得设置"小金库"等。

(6)公司应当设置"现金日记账",由出纳人员根据收付款凭证,按照业务发生顺序逐笔登记。每日终了,应当计算当日的现金收入、支出合计数,并结出余额与实际库存现金数核对,作到账款相符。

(二)库存现金核算

1.会计科目

(1)总账科目:"现金"。

(2)明细科目:人民币及各种主要外币。

"库存现金"科目的借方核算现金的收入,贷方核算现金的支出;期末余额在借方,反映公司实际持有的库存现金。

2.会计事项

> **库存现金收支**

从银行提取现金,借记"现金"科目,贷记"银行存款"科目;将现金存入银行,根据银行返回的进账单第一联借记"银行存款"科目,贷记"现金"科目;支付现金,借记"管理费用"等有关科目,贷记"现金"科目;收到现金,借记"现金"科目,贷记"其他应收款"等有关科目。

(1)公司20*7年1月20日从银行提取现金6,000元。

  借:现金   6,000
    贷:银行存款   6,000

(2)公司20*7年1月23日库存现金结余15,000元,银行核定限额为12,000元,超过限额部分存入银行。

  借:银行存款   3,000
    贷:现金   3,000

(3)公司20*7年2月3日支付职工张雨出差借款1,000元。

  借:其他应收款—个人往来—差旅费借款(张雨) 1,000
    贷:现金   1,000

(4)公司20*7年2月13日财务资金部张雨出差报销差旅费850元,并收回剩余款150元。

  借:管理费用—差旅费   850
    现金   150
    贷:其他应收款(张雨)   1,000

(5)公司20*7年4月5日支付招待客户就餐费用270元。

  借:管理费用—业务招待费   270
    贷:现金   270

二、银行存款

(一)银行存款核算的规定

银行存款是指公司存入银行、其他金融机构及结算中心的货币资金。外埠存款、信用卡存款、存出投资款、银行本票存款、银行汇票存款、信用证保证金存款、保函保证金存款等在"其他货币资金"科目核算。银行存款应按以下规定核算:

(1)银行结算方式包括银行汇票、商业汇票、银行本票、支票、汇兑结算、委托收款结算、托收承付结算等。公司应严格按照国家有关支付结算办法和中国人民银行《人民币银行结算账户管理办法》,正确地进行银行存款收支业务的核算,并按照国家财政部颁发的《企业会计准则》、《企业会计准则应用指南》和本办法的规定核算银行存款的各项收支业务。

(2)公司及所属单位可根据中国人民银行规定,按不同用途开立基本存款账户、一般存款账户、专用存款账户和临时存款账户。

(3)结算中心存款是指公司为使内部各单位的资金得到统筹使用和调度,公司各单位在公司结算中心的存款。

(4)公司应按在开户银行和其他金融机构的存款种类、银行账号,分别按户设置"银行存款日记账",由出纳人员根据收付款凭证,按照银行存款收支业务发生的顺序逐笔序时登记,每日终了应结出余额。"银行存款日记账"应定期与"银行对账单"逐笔核对,至少每月核对一次。月度终了,公司账面余额与银行对账单余额之间如有差额,必须查明原因,进行处理,并按月编制"银行存款余额调节表"。

(5)月度终了,"银行存款日记账"的余额与"银行存款"总账余额一致,做到账账相符。

(二)银行存款核算

1. 会计科目

(1)总账科目:"银行存款"。

(2)明细科目:按开户银行设置二级明细科目。

"银行存款"科目的借方核算存入银行和其他金融机构的款项;贷方核算从银行和其他金融机构支出的款项;期末余额在借方,反映公司存在银行或其他金融机构的各种款项。

2. 会计事项

> **银行存款的增加**

公司将款项存入银行,借记"银行存款"科目,贷记"应收账款"、"主营业务收入"等科目;从银行提取和支出款项,借记"管理费用"等科目,贷记"银行存款"科目。

(1)公司20*7年3月30日将超过库存现金限额的现金2,000元存入银行。

借:银行存款　　　　　　　　　　　　　　　2,000
　　贷:现金　　　　　　　　　　　　　　　　　　2,000

(2)公司20*7年4月27日根据银行结算凭证的收款通知联和其他原始凭证,填制银行存款收款凭证。

借:银行存款　　　　　　　　　　　　　　　3,955
　　贷:应收账款　　　　　　　　　　　　　　　　3,955

(3)公司20*7年5月20日收到开户银行汇入款通知单25,000元,通知单载明是因供应单位不履行供货合同汇来的赔偿损失款。

借:银行存款　　　　　　　　　　　　　　　25,000
　　贷:营业外收入—其他　　　　　　　　　　　　25,000

> **银行存款的减少**

公司按规定通过银行支付的各种款项,借记"周转材料"、"原材料"、"应付账款"等科目,贷记"银行存款"科目。

(1)公司20*7年4月30日因临时设施而发生建筑材料购买支出,发票金额922,200元。

借:临时设施　　　　　　　　　　　　　　　922,200
　　贷:银行存款　　　　　　　　　　　　　　　　922,200

(2)公司20*7年5月25日购买办公用品31,590元,专用发票上注明的增值税4,590元,开出转账支票一张予以支付。

借:管理费用—办公费　　　　　　　　　　　31,590
　　贷:银行存款　　　　　　　　　　　　　　　　31,590

(3)公司20*7年7月28日支援希望工程,由银行信汇38,000元,补助光明村小学建设教学用房屋。

借:营业外支出—捐赠支出　　　　　　　　　38,000
　　贷:银行存款　　　　　　　　　　　　　　　　38,000

(4)公司20*7年10月15日以电汇支付钢铁公司钢材款327,600元,钢材全部验收入库。

借:原材料　　　　　　　　　　　　　　　　327,600
　　贷:银行存款　　　　　　　　　　　　　　　　327,600

(5)公司20*7年11月8日以转账支票购进桑塔纳轿车一台,价款150,000元。

借:固定资产—运输设备　　　　　　　　　　150,000
　　贷:银行存款　　　　　　　　　　　　　　　　150,000

(6)公司20*7年11月18日以银行存款2,500,000元偿还南方公司的欠款。

借:应付账款(南方公司)　　　　　　　　　　2,500,000
　　贷:银行存款　　　　　　　　　　　　　　　　2,500,000

(7)20*7年12月28日,在公司成立10周年前夕,收到其他企业由银行信汇的捐赠100,000元。

借:银行存款　　　　　　　　　　　　　　　100,000

贷：营业外收入—其他　　　　　　　　　　　　　　100,000

> **银行存款余额调节表**

公司应按月与开户银行核对银行存款是否相符，查明银行存款收、付与结余额的真实性。要指定非出纳人员将公司银行存款日记账的记录与银行对账单逐笔进行核对。由于银行收付款结算凭证在公司与银行之间传递存在着时间上的差异，在月末发生未达账项，致使双方银行存款余额不一致。

公司与银行的存款余额不一致，受以下四种未达账项的影响：

①银行已收款记账而公司尚未收款记账的款项；
②银行已付款记账而公司尚未付款记账的款项；
③公司已收款记账而银行尚未收款记账的款项；
④公司已付款记账而银行尚未付款记账的款项。

为了保证各银行账户未达账项正确，银行存款余额真实，每月终了，都应按每个存款账户逐笔核对银行对账单，通过编制银行存款余额调节表，调节公司与银行双方账面存款余额的不一致。银行存款余额调节表见下表。

20*7年5月31日　　　　　　　　　　　　账号：

项　　目	金　额（元）	项　　目	金　额（元）
公司账面存款余额	2,140,000	银行对账单余额	2,001,000
加：银行已收，公司未收	130,000	加：公司已收，银行未收	400,000
减：银行已付，公司未付	63,000	减：公司已付，银行未付	194,000
调节后余额	2,207,000	调节后余额	2,207,000

会计机构负责人签字：　　　　　　审核：　　　　　　编表人签字：

调节后存款余额相等，则说明双方账目都没有错误；如果调节后存款余额不相等，应查明原因，进行更正。银行存款余额调节表调节相符后，应由编表人和财务资金部负责人签字；如发现重大错误或无法调节相符时，应向财务资金部负责人或总会计师报告。

三、其他货币资金

（一）其他货币资金包括的内容

其他货币资金是指公司的外埠存款、信用卡存款、存出投资款、银行本票存款、银行汇票存款及限制性存款。限制性存款包括：共管账户存款、银行承兑汇票保证金存款、信用证保证金存款、保函保证金存款、按揭保证金存款、职工售房存款及维修基金等。

外埠存款是指公司到外地进行临时或零星采购时，汇往采购地银行开立采购专户的款项。

信用卡存款是指公司为取得信用卡，按规定存入银行的款项。信用卡是商业银行向单位和个人发行的同城、异地结算卡，信用卡分单位卡和个人卡，单位卡一律不得支取现金。

存出投资款是指公司已存入证券公司，但尚未进行投资的款项。

银行本票存款是指公司为取得银行本票，按规定存入银行的款项。银行本票是由银行签发的同城结算凭证，付款期为2个月，除填明"现金"字样的银行本票外，可以背书转让。银行本票分定额本票和非定额本票。

银行汇票存款是指公司为取得银行汇票，按规定存入银行的款项。银行汇票是由银行签发的异地结算凭证，付款期为1个月，除填明"现金"字样的银行汇票外，可以背书转让。

共管账户存款是指公司根据项目合同的约定，资金的使用需得到业主书面许可的银行存款。

信用证保证金存款是指公司为取得银行信用证，按规定存入银行的款项。信用证结算是国际贸易的一种主要结算方式，向银行申请开立信用证应提交开证申请书，信用证申请人承诺书和购销合同。

保函保证金存款是指公司为了从银行取得投标保函或履约保函等而向银行交存的一定数额款项。

按揭保证金存款是在按揭贷款过程中按照贷款总额的一定比例向企业收取的存放于银行的保证金,直至房产证办理出来并完成抵押登记后,银行才将按揭贷款保证金退回。

职工售房存款及维修基金是指公司向职工出售住房后收取的售房款和相关住房维修基金。

(二)其他货币资金的核算

1. 会计科目

(1)总账科目:"其他货币资金"。

(2)明细科目:①外埠存款、②信用卡存款、③存出投资款、④银行本票存款、⑤银行汇票存款、⑥限制性存款等。其中:"限制性存款"科目按共管账户存款、银行承兑汇票保证金存款、信用证保证金存款、保函保证金存款、按揭保证金存款等设置三级明细核算。

"其他货币资金"科目的借方核算公司委托当地银行将款汇往外地开立采购专户、为取得银行汇票、银行本票、信用卡和开立信用证而存入银行的款项,以及为进行投资而存入证券公司的款项等;贷方核算支用或收回等而减少的其他货币资金;期末余额在借方,反映公司实际持有的其他货币资金。

2. 按揭保证金的核算

(1)由贷款银行直接扣收按揭贷款保证金。

借:其他货币资金—按揭保证金户　　　　　100,000
　　银行存款　　　　　　　　　　　　　　800,000
　　贷:预收账款(按揭总额)　　　　　　　　　　900,000

(2)公司从一般结算户转入按揭贷款保证金。

借:其他货币资金—按揭保证金　　　　　　100,000
　　贷:银行存款　　　　　　　　　　　　　　　100,000

(3)承购人违约,未及时还款时,贷款行从按揭保证金专户中扣收承购人还贷本息。

借:其他应收款　　　　　　　　　　　　　500,000
　　贷:其他货币资金—按揭保证金　　　　　　　500,000

承购人补缴还款额时,做相反会计分录。

(4)按揭保证金解冻。

借:银行存款　　　　　　　　　　　　　　700,000
　　贷:其他货币资金—按揭保证金　　　　　　　700,000

3. 会计事项

> **其他货币资金的增加**

公司的其他货币资金增加时,借记"其他货币资金"科目,贷记"银行存款"科目。

(1)公司物资部门采购员20*7年10月8日到上海采购电气仪表,由公司财务资金部通过银行汇往上海200,000元,并开立采购专户。

借:其他货币资金—外埠存款　　　　　　　200,000
　　贷:银行存款　　　　　　　　　　　　　　　200,000

(2)公司20*7年11月8日填送"银行汇票申请书"160,000元,并将款项交存银行,取得银行汇票和银行盖回的申请书存根联。

借:其他货币资金—银行汇票存款　　　　　160,000
　　贷:银行存款　　　　　　　　　　　　　　　160,000

(3)公司20*7年11月15日向银行提交"银行本票申请书"50,000元,并将款项交存银行,取得银行本票和银行盖章退回的申请书存根联。
　　借:其他货币资金—银行本票存款　　　　　50,000
　　　　贷:银行存款　　　　　　　　　　　　　　　　50,000
(4)公司20*7年5月20日以银行本票向华夏证券公司划出投资款25,000,000元。
　　借:其他货币资金—存出投资款　　　　　25,000,000
　　　　贷:其他货币资金—银行本票存款　　　　　　25,000,000
(5)20*7年5月30日,公司按与A工程项目发包方的合同约定,向新设立的专项账户汇款1,000,000元,待A工程项目完成前期准备具备开工条件后,作为工程款或工程垫付款,之前该账户由双方共管。
　　借:其他货币资金—限制性存款　　　　　1,000,000
　　　　贷:银行存款　　　　　　　　　　　　　　　　1,000,000

➤ **其他货币资金的减少**

公司的其他货币资金使用减少时,借记"原材料"等科目,贷记"其他货币资金"科目。
(1)公司物资部门采购员20*7年10月20日交来采购专户采购材料发票报销,金额175,500元。
　　借:原材料　　　　　　　　　　　　　　175,500
　　　　贷:其他货币资金—外埠存款　　　　　　　　175,500
(2)公司于20*7年10月28日接到开户行收款通知,上海采购专户的余款已转回。
　　借:银行存款　　　　　　　　　　　　　25,000
　　　　贷:其他货币资金—外埠存款　　　　　　　　25,000
(3)公司20*7年11月18日使用银行本票购买办公设备,支付58,500元。
　　借:固定资产(办公设备及家具)　　　　　58,500
　　　　贷:其他货币资金—银行本票存款　　　　　　58,500
(4)公司20*7年6月30日在华夏证券公司购买甲公司债券一批,其交易价格为20,200,000元,支付的交易费用为30,000元。对该批债券公司为交易而持有。
　　借:交易性金融资产—债券投资—成本　　　20,200,000
　　　　投资收益—交易性金融资产　　　　　　30,000
　　　　贷:其他货币资金—存出投资款　　　　　　　20,230,000

第二节　交易性金融资产、可供出售金融资产与持有至到期投资

一、交易性金融资产

(一)交易性金融资产核算的规定

以公允价值计量且其变动计入当期损益的金融资产可进一步分为交易性金融资产和直接指定为以公允价值计量且其变动计入当期损益的金融资产。
(1)交易性金融资产。
金融资产满足下列条件之一的,应当划分为交易性金融资产:
①取得该金融资产的目的,主要是为了近期内出售或回购。
②属于进行集中管理的可辨认金融工具组合的一部分,且有客观证据表明公司近期采用短期获利方式对该组合进行管理。

③属于衍生工具,比如国债期货、远期合同、股指期货等。

(2)对于可辨认金融工具组合中的金融资产,应采用公允价值计量,并将其相关公允价值变动计入当期损益;属于衍生工具,其公允价值变动大于零时,应将其相关变动金额确认为交易性金融资产,同时计入当期损益。但是,如果衍生工具被公司指定为有效套期关系中的套期工具,那么该衍生工具初始确认后的公允价值变动应根据其对应的套期关系(即公允价值套期、现金流量套期或境外经营净投资套期)不同,采用相应的方法进行处理。

(3)直接指定为以公允价值计量且其变动计入当期损益的金融资产。

通常情况下,只有符合下列条件之一的金融资产,才可以在初始确认时指定为以公允价值计量且其变动计入当期损益的金融资产:

①该指定可以消除或明显减少由于该金融资产的计量基础不同所导致的相关利得或损失在确认或计量方面不一致的情况。

②公司风险管理或投资策略的正式书面文件已载明,该金融资产组合或该金融资产和金融负债组合,以公允价值为基础进行管理、评价并向关键管理人员报告。

(4)公司划分为以公允价值计量且其变动计入当期损益金融资产的股票、债券、基金,以及不作为有效套期工具的衍生工具,应当按照取得时的公允价值作为初始确认金额,相关的交易费用在发生时计入当期损益。取得以公允价值计量且其变动计入当期损益金融资产所支付价款中包含的已宣告发放的现金股利或债券利息,单独作为应收项目。

(5)资产负债表日,公司应将以公允价值计量且其变动计入当期损益的金融资产的公允价值变动计入当期损益。

(6)交易性金融资产不计提减值准备。

(7)某项金融资产划分为以公允价值计量且其变动计入当期损益的金融资产后,不能再重分类为其他类别的金融资产;其他类别的金融资产也不能再重分类为以公允价值计量且其变动计入当期损益的金融资产。

(二)交易性金融资产的核算

1. 会计科目

(1)总账科目:"交易性金融资产"。

(2)明细科目:①债券投资、②股票投资、③基金投资、④权证投资、⑤变动指定计入当期损益的金融资产、⑥其他。

"交易性金融资产"科目借方核算取得交易性金融资产时的成本,以及资产负债表日,交易性金融资产的公允价值高于其账面余额的差额;贷方核算资产负债表日,交易性金融资产的公允价值低于其账面余额的差额,出售交易性金融资产时结转的交易性金融资产的账面余额与转出的公允价值变动。期末余额在借方,反映公司交易性金融资产的公允价值。

2. 会计事项

➤ **交易性金融资产的取得**

公司取得交易性金融资产时,按交易性金融资产的交易价格,借记"交易性金融资产——债券投资——成本"科目,按发生的交易费用,借记"投资收益"科目,按已到付息期但尚未领取的利息或已宣告但尚未发放的现金股利,借记"应收利息"或"应收股利"科目,按实际支付的金额,贷记"银行存款"等科目。

例: 20*7年1月1日公司购入债券一批,面值共计100,000元,利率3%,划分为交易性金融资产。取得时,支付价款103,000元(含已宣告发放利息3,000元),另支付交易费用2,000元。

借:交易性金融资产——债券投资——成本　　　　100,000
　　应收利息　　　　　　　　　　　　　　　　　　 3,000

投资收益—交易性金融资产　　　　　　　　2,000
　　贷:银行存款　　　　　　　　　　　　　　　　　　105,000

➢ 交易性金融资产持有期间的核算

交易性金融资产持有期间被投资单位宣告发放的现金股利,借记"应收股利"或"应收利息"科目,贷记"投资收益"科目。

收到现金股利或债券利息时,借记"银行存款"科目,贷记"应收股利"或"应收利息"科目。

例:同上例中,20*7年3月5日,公司收到最初支付价款中所含利息3,000元。

借:银行存款　　　　　　　　　　　　　　　　　3,000
　　贷:应收利息　　　　　　　　　　　　　　　　　　3,000

➢ 资产负债表日交易性金融资产的公允价值变动

交易性金融资产在资产负债表日按分期付息、一次还本债券投资的票面利率计算的利息,借记"应收股利"或"应收利息"科目,贷记"投资收益"科目。

收到现金股利或债券利息时,借记"银行存款"科目,贷记"应收股利"或"应收利息"科目。

票面利率与实际利率差异较大的,应采用实际利率计算确定债券利息收入。

资产负债表日,交易性金融资产的公允价值高于其账面余额的差额,借记"交易性金融资产—公允价值变动"科目,贷记"公允价值变动损益"科目;公允价值低于其账面余额的差额,做相反的会计分录。

因账面价值(公允价值)与计税基础(初始成本)的差异而产生所得税费用的处理参见本核算办法之"成本和费用"之"所得税费用"部分。

根据上例:

(1) 20*7年5月31日债券的公允价值为105,000元。

借:交易性金融资产—债券投资—公允价值变动　　5,000
　　贷:公允价值变动损益　　　　　　　　　　　　　　5,000

(2) 20*7年6月30日,按债券票面利率计算该债券利息。

借:应收利息　　　　　　　　　　　　　　　　　1,500
　　贷:投资收益—交易性金融资产　　　　　　　　　　1,500

(3) 20*7年6月30日,债券的公允价值为108,000元。

借:交易性金融资产—债券投资—公允价值变动　　3,000
　　贷:公允价值变动损益　　　　　　　　　　　　　　3,000

(4) 20*7年7月31日,债券的公允价值为107,000元。

借:公允价值变动损益　　　　　　　　　　　　　1,000
　　贷:交易性金融资产—债券投资—公允价值变动　　　1,000

➢ 交易性金融资产的出售

出售交易性金融资产时,应按实际收到的金额,借记"银行存款"等科目,按该项交易性金融资产的成本,贷记"交易性金融资产—成本"科目,按该项交易性金融资产的公允价值变动,贷记或借记"交易性金融资产—公允价值变动"科目,按其差额,贷记或借记"投资收益"科目。同时,按该金融资产的公允价值变动,借记或贷记"公允价值变动损益"科目,贷记或借记"投资收益"科目。

例:在上例中,20*7年8月16日,公司将该债券出售,售价120,000元。

借:银行存款　　　　　　　　　　　　　　　　120,000
　　贷:交易性金融资产—债券投资—成本　　　　　　100,000
　　　　　　　　　　　—债券投资—公允价值变动　　　7,000
　　　　投资收益　　　　　　　　　　　　　　　　　13,000
借:公允价值变动损益　　　　　　　　　　　　　7,000
　　贷:投资收益—交易性金融资产　　　　　　　　　　7,000

▶ **交易性金融资产的跨期持有**

例:20*7年1月1日,ABC企业从二级市场支付价款1,020,000元(含已到付息期但尚未领取的利息20,000元)购入某公司发行的债券,另发生交易费用20,000元。该债券面值1,000,000元,剩余期限为2年,票面年利率为4%,每半年付息一次,ABC企业将其划分为交易性金融资产。

ABC企业的其他资料如下:

(1)20*7年1月5日,收该债券20*6年下半年利息20,000元;

(2)20*7年6月30日,该债券的公允价值为1,150,000元(不含利息);

(3)20*7年7月5日,收到该债券半年利息;

(4)20*7年12月31日,该债券的公允价值为1,100,000元(不含利息);

(5)20*8年1月5日,收到该债券20*7年下半年利息;

(6)20*8年3月31日,ABC企业将该债券出售,取得价款1,180,000元(含一季度利息10,000元)。

假定不考虑其他因素,则ABC企业的会计处理如下:

(1)20*7年1月1日,购入债券:
借:交易性金融资产—债券投资—成本　　　1,000,000
　　应收利息　　　　　　　　　　　　　　　　20,000
　　投资收益—交易性金融资产　　　　　　　　20,000
　　贷:银行存款　　　　　　　　　　　　　　　　　1,040,000

(2)20*7年1月5日,收该债券20*6年下半年利息:
借:银行存款　　　　　　　　　　　　　　　　20,000
　　贷:应收利息　　　　　　　　　　　　　　　　　20,000

(3)20*7年6月30日,确认债券公允价值变动和投资收益:
借:交易性金融资产—债券投资—公允价值变动　150,000
　　贷:公允价值变动损益—交易性金融资产　　　　150,000
借:应收利息　　　　　　　　　　　　　　　　20,000
　　贷:投资收益—交易性金融资产　　　　　　　　　20,000

(4)20*7年7月5日,收到该债券半年利息:
借:银行存款　　　　　　　　　　　　　　　　20,000
　　贷:应收利息　　　　　　　　　　　　　　　　　20,000

(5)20*7年12月31日,确认债券公允价值变动和投资收益:
借:公允价值变动损益—交易性金融资产　　　　50,000
　　贷:交易性金融资产—债券投资—公允价值变动　　50,000
借:应收利息　　　　　　　　　　　　　　　　20,000
　　贷:投资收益—交易性金融资产　　　　　　　　　20,000

(6)20*8年1月5日,收到该债券20*7年下半年利息:
借:银行存款　　　　　　　　　　　　　　　　20,000
　　贷:应收利息　　　　　　　　　　　　　　　　　20,000

(7)20*8年3月31日,将该债券予以出售:
①出售时按实际收到金额扣除当期利息后入账:
借:银行存款　　　　　　　　　　　　　　　1,170,000
　　贷:交易性金融资产—成本　　　　　　　　　　1,000,000
　　　　　　　　　　—公允价值变动　　　　　　　100,000
　　　　投资收益—交易性金融资产　　　　　　　　70,000

②将原计入该交易性金融资产的公允价值变动转出：
借：公允价值变动损益—交易性金融资产　　　100,000
　　贷：投资收益—交易性金融资产　　　　　　　　100,000
③收到当期利息：
借：应收利息　　　　　　　　　　　　　　　　10,000
　　贷：投资收益—交易性金融资产　　　　　　　　10,000
借：银行存款　　　　　　　　　　　　　　　　10,000
　　贷：应收利息　　　　　　　　　　　　　　　　10,000

二、可供出售金融资产

可供出售金融资产，是指初始确认时即被指定为可供出售的非衍生金融资产，以及除下列各类资产以外的非衍生金融资产：①贷款和应收款项；②持有至到期投资；③以公允价值计量且其变动计入当期损益的金融资产。

(一)可供出售金融资产核算的规定

(1)基于特定的风险管理或资本管理需要，公司可将某项金融资产直接指定为可供出售金融资产。

(2)可供出售金融资产应当按取得该金融资产的公允价值和相关交易费用之和作为初始确认金额。支付的价款中包含了已宣告未发放的债券利息或现金股利，应单独确认为应收项目。

资产负债表日，可供出售金融资产应当以公允价值计量，公允价值高于其账面价值的差额借记"可供出售金融资产—公允价值变动"，贷记"资本公积—其他资本公积"，公允价值低于其账面价值的差额做相反的会计分录。

(3)分析判断可供出售金融资产是否发生减值，应当注重该金融资产公允价值是否发生严重或非暂时性下跌。公司于资产负债表日对各项可供出售权益工具投资单独进行检查，若该权益工具投资于资产负债表日的公允价值低于其初始投资成本已达到或超过50%，或持续下跌时间已达到或超过12个月，公司会综合考虑其他相关因素诸如价格波动率等，判断该权益工具投资是否发生减值。如果认定该可供出售金融资产已发生减值，应当确认减值损失。如"可供出售金融资产—公允价值变动"有借方余额，应先冲减该余额至零，同时相应调减"资本公积—其他资本公积"；再将应减记金额与冲减公允价值变动借方余额的差额部分借记"资产减值损失"、贷记"可供出售金融资产—公允价值变动"。

对于已确认减值损失的可供出售债务工具，在随后会计期间公允价值已上升且客观上与确认原减值损失事项有关的，原确认的减值损失应当予以转回，借记"可供出售金融资产—公允价值变动"、贷记"资产减值损失"；但可供出售金融资产为股票等权益工具投资(不含在活跃市场上没有报价、公允价值不能可靠计量的权益工具投资)，其发生的减值损失，在该权益工具价值回升时，应通过权益转回，不得通过损益转回，应借记"可供出售金融资产—公允价值变动"，贷记"资本公积—其他资本公积"。但是，在活跃市场中没有报价且其公允价值不能可靠计量的权益工具投资，或与该权益工具挂钩并须通过交付该权益工具结算的衍生金融资产发生的减值损失，不得转回。

(二)可供出售的金融资产的核算

1. 会计科目

(1)总账科目："可供出售金融资产"、"可供出售金融资产减值准备"。

(2)明细科目：①股票投资、②债券投资、③基金、④其他。

"可供出售金融资产"科目借方核算：①可供出售金融资产取得时的公允价值与交易费用之和；②资产负债表日，可供出售金融资产的公允价值高于其账面余额的差额；③已计提减值准备的可供出售债务工具或可供出售权益工具公允价值上升而转回的数额;贷方核算:①资产负债表日,可供出售金融资产的公允价值低于其账面余额的差额;②可供出售金融资产发生的减值金额与结转可供出售金融资产出售时的账面余额;余额在借方,反映可供出售金融资产的公允价值。

2. 会计事项

> **可供出售金融资产的取得**

公司取得可供出售的金融资产,应按其公允价值与交易费用之和,借记"可供出售金融资产—债券投资—成本"科目,按支付的价款中包含的已宣告但尚未发放的现金股利,借记"应收股利"科目,按实际支付的金额,贷记"银行存款"等科目。

公司取得的可供出售金融资产为债券投资的,应按债券的面值,借记"可供出售金融资产—债券投资—成本"科目,按支付的价款中包含的已到付息期但尚未领取的利息,借记"应收利息"科目,按实际支付的金额,贷记"银行存款"等科目,按差额,借记或贷记"可供出售金融资产—债券投资—利息调整"科目。

①公司 20 * 7 年 1 月 1 日取得甲上市公司的股票 1,000,000,每股支付价款 3 元。另支付交易费用 30,000 元。

借:可供出售金融资产—股票投资—成本　　　3,030,000
　　贷:银行存款　　　　　　　　　　　　　　3,030,000

②20 * 7 年 1 月 1 日甲公司支付价款 1,028.244 万元购入某公司发行的 3 年期公司债券,该公司债券的票面总金额为 1,000 万元,票面利率 4%,实际利率为 3%,利息每年末支付,本金到期支付。甲保险公司将该公司债券划分为可供出售金融资产。

借:可供出售金融资产—债券投资—成本　　　　　　10,000,000
　　可供出售金融资产—债券投资—利息调整　　　　　282,440
　　贷:银行存款　　　　　　　　　　　　　　　　　　10,282,440

> **资产负债表日可供出售金融资产公允价值变动**

资产负债表日,可供出售债券为分期付息、一次还本债券投资的,应按票面利率计算确定的应收未收利息,借记"应收利息"科目,按可供出售债券的摊余成本和实际利率计算确定的利息收入,贷记"投资收益"科目,按其差额,借记或贷记"可供出售金融资产—债券投资—利息调整"科目。

可供出售债券为一次还本付息债券投资的,应于资产负债表日按票面利率计算确定的应收未收利息,借记"可供出售金融资产—债券投资—应计利息"科目,按可供出售债券的摊余成本和实际利率计算确定的利息收入,贷记"投资收益"科目,按其差额,借记或贷记"可供出售金融资产—债券投资—利息调整"科目。

资产负债表日,可供出售金融资产的公允价值高于其账面余额的差额,借记"可供出售金融资产—公允价值变动"科目,贷记"资本公积—其他资本公积"科目;公允价值低于其账面余额的差额做相反的会计分录。

同上例①,20 * 8 年 12 月 31 日,公司持有的甲上市公司股票的公允价值为 3,300,000 元。

借:可供出售金融资产—股票投资—公允价值变动　　270,000
　　贷:资本公积—其他资本公积　　　　　　　　　　270,000

同上例②,20 * 7 年 12 月 31 日,该债券市场价格为 1,000.094 万元。假定不考虑交易费用和其他因素影响,公司会计处理如下:

20 * 7 年 12 月 31 日收到债券利息,确认公允价值变动。

实际利息:1,028.244×3%=30.84732≈30.85(万元)

年末摊余成本:1,028.244+30.85-40=1,019.094(万元)

借:应收利息　　　　　　　　　　　　　　　　　　400,000
　　贷:可供出售金融资产—债券投资—利息调整　　　　91,500

```
        投资收益—可供出售金融资产                    308,500
    借:银行存款                                    400,000
        贷:应收利息                                    400,000
    借:资本公积—其他资本公积                      190,940
        贷:可供出售金融资产—债券投资—公允价值变动    190,940
```

➤ 可供出售金融资产的减值

确定可供出售金融资产发生减值的,按应减记的金额,借记"资产减值损失"科目,先冲减该金融资产原计入资本公积的累计变动金额,借记或贷记"资本公积—其他资本公积"科目,再按其差额,贷记"可供出售金融资产—公允价值变动"科目。

对于已确认减值损失的可供出售金融资产,在随后会计期间内公允价值已上升且客观上与确认原减值损失事项有关的,应按原确认的减值损失,借记"可供出售金融资产—公允价值变动"科目,贷记"资产减值损失"科目;但可供出售金融资产为股票等权益工具投资的(不含在活跃市场上没有报价、公允价值不能可靠计量的权益工具投资),借记"可供出售金融资产—公允价值变动"科目,贷记"资本公积—其他资本公积"科目。

同上例①,由于甲上市公司经营不善,其股票价格明显下跌,20*9年6月30日,公司持有其股票发生减值,该股票的可收回金额为2,400,000元。20*9年12月31日,公司持有其股票持续发生减值,该股票的可收回金额为1,800,000元,2*10年6月30日该股票未来价值回升至2,600,000元。

(1) 前期增值部分冲回并补提:
```
    借:资本公积—其他资本公积                       900,000
        贷:可供出售金融资产—股票投资—公允价值变动   900,000
```
(2) 计提可供出售金融资产减值损失:

可供出售权益工具投资发生减值,原直接计入所有者权益中的因公允价值下降形成的累计损失,应当予以转出,计入当期损益。
```
    借:资产减值损失 (3,030,000-1,800,000)         1,230,000
        贷:可供出售金融资产—股票投资—公允价值变动   600,000
            资本公积—其他资本公积 (900,000-270,000)  630,000
```
(3) 未来价值回升至2,600,000元。
```
    借:可供出售金融资产—股票投资—公允价值变动   800,000
        贷:资本公积—其他资本公积                      800,000
```

➤ 可供出售金融资产的出售

出售可供出售的金融资产,应按实际收到的金额,借记"银行存款"等科目,按其账面余额,贷记"可供出售金融资产"科目,按应从所有者权益中转出的公允价值累计变动额,借记或贷记"资本公积—其他资本公积"科目,按其差额,贷记或借记"投资收益"科目。

同上例①,2*10年10月6日,公司将持有的甲上市公司股票出售,售价2,700,000元。
```
    借:银行存款                                   2,700,000
        贷:可供出售金融资产—股票投资                 2,600,000
            投资收益                                    100,000
    借:资本公积—其他资本公积                        800,000
        贷:投资收益                                    800,000
```

三、持有至到期投资

持有至到期投资,是指到期日固定、回收金额固定或可确定,且公司有明确意图和能力持有至到期的非衍生金融资产。

通常情况下，能够划分为持有至到期投资的金融资产，主要是债权性投资。股权投资因其没有固定的到期日，因而不能划分为持有至到期投资。

(一)持有至到期投资核算的规定

(1)公司在将金融资产划分为持有至到期投资时，应当注意把握其特征。

①该金融资产到期日固定、回收金额固定或可确定。

"到期日固定、回收金额固定或可确定"是指相关合同明确了投资者在确定的期间内获得或应收取现金流量（如投资利息和本金等）的金额和时间。

②公司有明确意图将该金融资产持有至到期。

"有明确意图持有至到期"是指投资者在取得投资时意图就是明确的，除非遇到一些公司所不能控制、预期不会重复发生且难以合理预计的独立事项，否则将持有至到期。

③公司有能力将该金融资产持有至到期。

"有能力持有至到期"是指公司有足够的财务资源，并不受外部因素影响将投资持有至到期。

公司将某金融资产划分为持有至到期投资后，可能会发生到期前将该金融资产予以处置或重分类的情况。这种情况的发生，通常表明公司违背了将投资持有至到期的最初意图。

公司将尚未到期的某项持有至到期投资在本会计年度内出售或重分类为可供出售金融资产的金额，相对于该类投资（即公司全部持有至到期投资）在出售或重分类前的总额较大时，则公司在处置或重分类后应立即将其剩余的持有至到期投资（即全部持有至到期投资扣除已处置或重分类的部分）重分类为可供出售金融资产，且在本会计年度及以后两个完整的会计年度内不得再将该金融资产划分为持有至到期投资。但是，下列情况除外：

①出售日或重分类日距离该项投资到期日或赎回日较近（如到期前三个月内），市场利率变化对该项投资的公允价值没有显著影响。

②根据合同约定的定期偿付或提前还款方式收回该投资几乎所有初始本金后，将剩余部分予以出售或重分类。

③出售或重分类是由于公司无法控制、预期不会重复发生且难以合理预计的独立事项所引起。

(2)持有至到期投资应当按照取得时的公允价值和相关交易费用之和作为初始确认金额。

(3)取得时所支付的价款中已到付息期但尚未领取的债券利息，应单独确认为应收项目。

(4)到期一次还本付息的持有至到期投资在持有期间应采用实际利率法确认利息收入，并计入持有至到期投资账面价值，实际利率在取得持有至到期投资时确定，随后期间保持不变。

(5)资产负债表日，持有至到期投资按摊余成本计量。

(6)处理持有至到期投资时，应将所取得对价的公允价值与该项投资账面价值之间的差额确认为投资收益。

(7)在资产负债表日，应对该类金融资产进行检查，有客观证据表明该金融资产发生减值的，应当确认减值损失，计提减值准备。如有客观证据表明该类金融资产价值已恢复，且客观上与确认该损失后的事项相关，确认的减值损失予以转回，计入当期损益。但是转回后的账面价值不应当超过假定不计提减值准备情况下该金融资产转回日的摊余成本。

(二)持有至到期投资的核算

1.会计科目

(1)总账科目："持有至到期投资"、"持有至到期投资减值准备"。

(2)明细科目：①投资成本、②利息调整、③应计利息。

"持有至到期投资"科目借方核算：①持有至到期投资的面值；②取得持有至到期投资支付的价款（不含已到付息期但尚未领取的利息）大于该持有至到期投资面值的差额而确认的利息调整；③资产负

债表日经计算应调整初始确认的贷方利息调整;贷方核算:①取得持有至到期投资支付的价款(不含已到付息期但尚未领取的利息)小于该持有至到期投资面值的差额而确认的利息调整;②资产负债表日经计算应调整初始确认的借方利息调整;③持有至到期投资出售时的账面余额;期末余额在借方,反映公司持有至到期投资的摊余成本。

"持有至到期投资减值准备"科目贷方核算资产负债表日,公司根据金融工具确认和计量准则确定持有至到期投资发生的减值金额;借方核算已计提减值准备的持有至到期投资价值以后又得以恢复,应在原已计提的减值准备金额内恢复增加的金额;期末贷方余额,反映公司已计提但尚未转销的持有至到期投资减值准备。

2. 会计事项

> **持有至到期投资的初始计量**

持有至到期投资初始确认时,应当按照公允价值计量和相关交易费用之和作为初始入账金额。

公司取得的持有至到期投资,应按该投资的面值,借记"持有至到期投资(成本)"科目,按支付的价款中包含的已到付息期但尚未领取的利息,借记"应收利息"科目,按实际支付的金额,贷记"银行存款"等科目,按其差额,借记或贷记"持有至到期投资(利息调整)"科目。

例:公司20*7年1月1日购入甲公司20*7年1月1日发行的五年期债券,票面利率6%,债券面值10,000,000元。公司支付价款10,550,000元;该债券每年付息一次,最后一年归还本金并付最后一次利息。

借:持有至到期投资—投资成本　　　　10,000,000
　　　　　　　　—利息调整　　　　　　550,000
　贷:银行存款　　　　　　　　　　　　10,550,000

> **持有至到期投资的后续计量**

公司应当采用实际利率法,按摊余成本对持有至到期投资进行后续计量。

实际利率,是指将金融资产或金融负债在预期存续期间或适用的更短期间内的未来现金流量,折现为该金融资产或金融负债当前账面价值所使用的利率。

摊余成本,是指该金融资产的初始确认金额经下列调整后的结果:①扣除已偿还的本金;②加上或减去采用实际利率法将该初始确认金额与到期日金额之间的差额进行摊销形成的累计摊销额;③扣除已发生的减值损失。

处置持有至到期投资时,应将所取得价款与持有至到期投资账面价值之间的差额,计入当期损益。

未发生减值的持有至到期投资如为分期付息、一次还本债券投资,应于资产负债表日按票面利率计算确定的应收未收利息,借记"应收利息"科目,按持有至到期投资摊余成本和实际利率计算确定的利息收入,贷记"投资收益"科目,按其差额,借记或贷记"持有至到期投资—利息调整"科目。

未发生减值的持有至到期投资如为一次还本付息债券投资,应于资产负债表日按票面利率计算确定的应收未收利息,借记"持有至到期投资—应计利息"科目,持有至到期投资摊余成本和实际利率计算确定的利息收入,贷记"投资收益"科目,按其差额,借记或贷记"持有至到期投资—利息调整"科目。

收到取得持有至到期投资支付的价款中包含的已到付息期但尚未领取的债券利息,借记"银行存款"等科目,贷记"应收利息"科目。

收到分期付息、一次还本持有至到期投资持有期间支付的利息,借记"银行存款"等科目,贷记"应收利息"科目。

例:20*0年1月1日,XYZ公司支付价款1,000元(含交易费用)从活跃市场上购入某公司5年期债券,面值1,250元,票面利率4.72%,按年支付利息(即每年59元),本金最后一次支付。合同约定,该债券的发行方在遇到特定情况时可以将债券赎回,且不需要为提前赎回支付额外款项。XYZ公司在购买该债券时,预计发行方不会提前赎回。

XYZ公司将购入的该公司债券划分为持有至到期投资,且不考虑所得税、减值损失等因素。为此,XYZ公司在初始确认时先计算确定该债券的实际利率:

设该债券的实际利率为 r,则可列出如下等式:

$59×(1+r)^{-1}+59×(1+r)^{-2}+59×(1+r)^{-3}+59×(1+r)^{-4}+(59+1250)×(1+r)^{-5}=1,000(元)$

采用插值法,可以计算得出 $r=10\%$。

年　份	期初摊余成本 a(元)	实际利息 b(元) (按10%计算)	现金流入 c(元)	期末摊余成本 $d=a+b-c$
20＊0 年	1,000	100	59	1,041
20＊1 年	1,041	104	59	1,086
20＊2 年	1,086	109	59	1,136
20＊3 年	1,136	114①	59	1,191
20＊4 年	1,191	118②	1,309	0

注:①数字 114 四舍五入取整。
　②数字 118 考虑了计算过程中出现的尾差。

根据上述数据,XYZ 公司的有关会计处理如下:

(1)20＊0 年 1 月 1 日,购入债券。

借:持有至到期投资——投资成本　　　　　　1,250
　　贷:银行存款　　　　　　　　　　　　　　　　1,000
　　　　持有至到期投资——利息调整　　　　　　250

(2)20＊0 年 12 月 31 日,确认实际利息收入、收到票面利息等。

借:应收利息　　　　　　　　　　　　　　　　59
　　持有至到期投资——利息调整　　　　　　　41(倒挤)
　　贷:投资收益——持有至到期投资　　　　　　100
借:银行存款　　　　　　　　　　　　　　　　59
　　贷:应收利息　　　　　　　　　　　　　　　　59

(3)20＊1 年 12 月 31 日,确认实际利息收入、收到票面利息等。

借:应收利息　　　　　　　　　　　　　　　　59
　　持有至到期投资——利息调整　　　　　　　45
　　贷:投资收益——持有至到期投资　　　　　　104
借:银行存款　　　　　　　　　　　　　　　　59
　　贷:应收利息　　　　　　　　　　　　　　　　59

(4)20＊2 年 12 月 31 日,确认实际利息收入、收到票面利息等。

借:应收利息　　　　　　　　　　　　　　　　59
　　持有至到期投资——利息调整　　　　　　　50
　　贷:投资收益——持有至到期投资　　　　　　109
借:银行存款　　　　　　　　　　　　　　　　59
　　贷:应收利息　　　　　　　　　　　　　　　　59

(5)20＊3 年 12 月 31 日,确认实际利息、收到票面利息等。

借:应收利息　　　　　　　　　　　　　　　　59
　　持有至到期投资——利息调整　　　　　　　55
　　贷:投资收益——持有至到期投资　　　　　　114
借:银行存款　　　　　　　　　　　　　　　　59
　　贷:应收利息　　　　　　　　　　　　　　　　59

(6)20＊4 年 12 月 31 日确认实际利息、收到票面利息和本金等。

借:应收利息　　　　　　　　　　　　　　　　59

持有至到期投资—利息调整	59	
贷：投资收益—持有至到期投资		118
借：银行存款	59	
贷：应收利息		59
借：银行存款	1,250	
贷：持有至到期投资—投资成本		1,250

假定在20*2年1月1日(第三年初)，XYZ公司预计本金的一半(即625元)将会在该年末收回，而其余的一半本金将于20*4年末付清。遇到这种情况时，XYZ公司应当调整20*2年初的摊余成本，计入当期损益。调整时采用最初确定的实际利率。据此，调整上述表中相关数据后如下表：

年 份	期初摊余成本 a(元)	实际利息 b(元)（按10%计算）	现金流入 c(元)	期末摊余成本(元) d=a+b-c
20*2年	1,138①	114②	684	568
20*3年	568	57	30③	595
20*4年	595	60	655	0

注：① $1,138 = 684 \times (1+10\%)^{-1} + 30 \times (1+10\%)^{-2} + 655 \times (1+10\%)^{-3}$（四舍五入）。
② $114 = 1,138 \times 10\%$（四舍五入）。
③ $30 = 625 \times 4.72\%$（四舍五入）。

根据上述调整，XYZ公司的会计处理如下：
(1) 20*2年1月1日，调整期初摊余成本。

借：持有至到期投资—利息调整	53	
贷：投资收益—持有至到期投资		53

(2) 20*2年12月31日，确认实际利息、收回本金等。

借：应收利息	59	
持有至到期投资—利息调整	55	
贷：投资收益—持有至到期投资		114
借：银行存款	59	
贷：应收利息		59
借：银行存款	625	
贷：持有至到期投资—投资成本		625

(3) 20*3年12月31日，确认实际利息等。

借：应收利息	30	
持有至到期投资—利息调整	27	
贷：投资收益—持有至到期投资		57
借：银行存款	30	
贷：应收利息		30

(4) 20*4年12月31日，确认实际利息、收回本金等。

借：应收利息	30	
持有至到期投资—利息调整	30	
贷：投资收益—持有至到期投资		60
借：银行存款	30	
贷：应收利息		30
借：银行存款	625	
贷：持有至到期投资—投资成本		625

假定XYZ公司购买的债券不是分次付息,而是到期一次还本付息,且利息不是以复利计算此时,XYZ公司所购买债券的实际利率r,可以计算如下:

$(59+59+59+59+59+1,250)\times(1+r)^{-5}=1,000$(元),由此得出$r\approx 9.05\%$。

据此,调整上述表中相关数据后如下表:

年 份	期初摊余成本a(元)	实际利息b(元)(按9.05%计算)	现金流入c(元)	期末摊余成本(元)$d=a+b-c$
20*0年	1,000	90.5	0	1,090.5
20*1年	1,090.5	98.69	0	1,189.19
20*2年	1,189.19	107.62	0	1,296.81
20*3年	1,296.81	117.36	0	1,414.17
20*4年	1,414.17	130.83①	1,545	0

注:①数字130.83考虑r计算过程中出现的尾差2.85元。

根据上述数据,XYZ公司的有关会计处理如下:

(1)20*0年1月1日,购入债券。

借:持有至到期投资——投资成本　　　　1,250(面值)
　　贷:银行存款　　　　　　　　　　　　　　1,000
　　　　持有至到期投资——利息调整　　　　　250

(2)20*0年12月31日,确认实际利息收入。

借:持有至到期投资——应计利息　　　　59.00
　　　　　　　　　　——利息调整　　　　31.50
　　贷:投资收益——持有至到期投资　　　　　90.50

(3)20*1年12月31日,确认实际利息收入。

借:持有至到期投资——应计利息　　　　59.00
　　　　　　　　　　——利息调整　　　　39.69
　　贷:投资收益持有至到期投资　　　　　　98.69

(4)20*2年12月31日。

借:持有至到期投资——应计利息　　　　59.00
　　　　　　　　　　——利息调整　　　　48.62
　　贷:投资收益持有至到期投资　　　　　107.62

(5)20*3年12月31日,确认实际利息。

借:持有至到期投资——应计利息　　　　59.00
　　　　　　　　　　——利息调整　　　　58.36
　　贷:投资收益持有至到期投资　　　　　117.36

(6)20*4年12月31日,确认实际利息。

借:持有至到期投资——应计利息　　　　59.00
　　　　　　　　　　——利息调整　　　　71.83
　　贷:投资收益——持有至到期投资　　　　130.83
借:银行存款　　　　　　　　　　　　　1,545
　　贷:持有至到期投资——投资成本　　　　1,250
　　　　　　　　　　　　——应计利息　　　　295

➤ **持有至到期投资的减值**

资产负债表日,公司根据金融工具确认和计量准则确定持有至到期投资发生减值的,按应减记的金额,借记"资产减值损失"科目,贷记"持有至到期投资减值准备"科目。已计提减值准备的持有至到期投资价值以后又得以恢复,应在原已计提的减值准备金额内,按恢复增加的金额,借记"持有至到期投资减值准备"科目,贷记"资产减值损失"科目。

例:20*8年12月31日,公司持有的上述甲公司债券发生减值,减值的金额为500,000元。

借:资产减值损失—持有至到期投资减值损失　　500,000
　　贷:持有至到期投资减值准备　　　　　　　　　　　　500,000

➢ **持有至到期投资的出售**

出售持有至到期投资时,应按实际收到的金额,借记"银行存款"等科目,已计提减值准备的,贷记"持有至到期投资减值准备"科目,按其账面余额,贷记"持有至到期投资(成本、利息调整、应计利息)"科目,按其差额,贷记或借记"投资收益"科目。

例:20*9年1月1日,公司将上述持有的甲公司债券全部售出,取得价款11,000,000元。

借:银行存款　　　　　　　　　　　　　　　11,000,000
　　贷:投资收益—持有至到期投资　　　　　　　　154,597
　　　　持有至到期投资减值准备　　　　　　　　　500,000
　　　　持有至到期投资—投资成本　　　　　　10,000,000
　　　　　　　　　　　—利息调整　　　　　　　　345,403

➢ **持有至到期投资转换**

公司将持有至到期投资重分类为可供出售金融资产,并以公允价值进行后续计量的,重分类日,该部分的账面价值与其公允价值之间的差额计入所有者权益(资本公积—其他资本公积),在该可供出售金融资产发生减值或终止确认时转出,计入当期损益。已计提减值准备的,还应同时结转减值准备。

例:公司3月3日,将持有至到期投资重分类为可供出售金融资产,在重分类日该债券的公允价值为50万元,其账面余额为48万元。重分类日应做的会计分录为:

借:可供出售金融资产　　　　　　　　　　　　500,000
　　贷:持有至到期投资　　　　　　　　　　　　　　480,000
　　　　资本公积—其他资本公积　　　　　　　　　20,000

4月23日,假定公司将该债券全部出售,收取价款600,000元,则乙公司相关会计处理如下:

借:银行存款　　　　　　　　　　　　　　　　600,000
　　贷:可供出售金融资产—投资成本　　　　　　　480,000
　　　　投资收益—可供出售金融资产　　　　　　　120,000
借:资本公积—其他资本公积　　　　　　　　　20,000
　　贷:投资收益—可供出售金融资产　　　　　　　　20,000

第三节　应 收 款 项

一、应收票据

(一)应收票据核算的规定

应收票据是指公司因销售商品、提供劳务等而收到的商业汇票,商业汇票按承兑人的不同分为银行承兑汇票和商业承兑汇票。应收票据应按以下规定核算:

(1)公司收到的商业汇票在收到时均按收到票据的面值入账。

(2)公司应当设置应收票据备查簿,逐笔登记每一应收票据的种类、号数和出票日期、票面金额、票面利率、交易合同号和付款人、承兑人、背书人的姓名或单位名称、到期日、贴现日期、贴现率和贴现净额、未计提的利息,以及收款日期和收回金额、退票情况等资料,应收票据到期结清或退票后,应当在备查簿内逐笔注销。

(3)应收票据贴现。

①公司持未到期的应收票据向银行贴现,应按实际收到的金额(即减去贴现息后的净额),借记"银行存款"科目,按贴现息部分,借记"财务费用"等科目,按商业汇票的票面金额,贷记"应收票据"科目。同时按票面金额,借记"应收票据"科目,贷记"短期借款"科目。

②票据贴现的有关计算公式。

$$票据到期价值 = 票面金额 \times (1 + 年利率 \times 票据到期天数 \div 360)$$
$$= 票面金额 \times (1 + 年利率 \times 票据到期月数 \div 12)$$

对于无息票据来说,票据的到期值就是其面值。

$$贴现息 = 票据到期值 \times 贴现率 \times 贴现天数 \div 360$$
$$贴现天数 = 贴现日至票据到期日实际天数 - 1$$
$$贴现所得金额 = 票据到期值 - 贴现息$$

③贴现的商业承兑汇票到期,因承兑人的银行账户不足支付,申请贴现的公司收到银行退回的应收票据、支款通知和拒绝付款理由书或付款人未付票款通知时,按票面金额,借记"应收账款"科目,贷记"应收票据"科目,同时借记"短期借款"科目,贷记"银行存款"科目。

(二)应收票据的核算

1. 会计科目

(1)总账科目:"应收票据"。

(2)明细科目:①银行承兑汇票、②商业承兑汇票。

"应收票据"科目借方核算公司实际收到的商业汇票,贷方核算到期收回的票据款,将未到期的票据到银行办理贴现的应收票据以及到期票据出票人无力支付而转入应收账款的票据;期末余额在借方,反映公司持有的商业汇票的票面金额。

2. 会计事项

➤ **收到商业票据**

公司因销售商品、提供劳务等而收到开出、承兑的商业汇票,按应收票据的面值,借记"应收票据"科目,按实现的营业收入,贷记"主营业务收入"科目。

例: 公司20*7年6月27日出售给乙公司的A产品,不含税价款为100,000元,增值税款17,000元,乙公司提交商业承兑汇票后发货。

```
借:应收票据                              117,000
    贷:主营业务收入                              100,000
        应交税费—应交增值税—销项税额                17,000
```

公司应收票据以抵偿应收账款时,按应收票据面值,借记"应收票据"科目,贷记"应收账款"科目。

公司因执行建造合同,办理结算,收到的业主开出的商业汇票时,按应收票据面值,借记"应收票据"科目,贷记"工程结算"科目。

例: 公司20*7年3月10日,向业主开出工程价款结算单办理结算,确认结算收入30万元,实际收到业主开具的不带息商业承兑汇票一张。该商业汇票面值20万元,期限3个月。

```
借:应收账款—工程款                        300,000
    贷:工程结算                                  300,000
借:应收票据—商业承兑汇票                    200,000
```

　　贷：应收账款—工程款　　　　　　　　　　　　　200,000

➤ **应收票据到期**

应收票据到期,应按实际收到的金额,借记"银行存款"科目,按商业汇票的票面金额,贷记"应收票据"科目。

公司20＊7年8月1日收回到期的不带息的银行承兑汇票一张,该票据票面金额36万元。

借：银行存款　　　　　　　　　　　　　　　　　　360,000
　　贷：应收票据—银行承兑汇票　　　　　　　　　　 360,000

➤ **应收票据贴现**

例：①公司20＊7年5月20日,将甲公司出具的一张不带息商业承兑汇票到银行贴现。该票据出票日期为20＊7年3月20日,面值300,000元,期限6个月。贴现年利率3%。

借：银行存款　　　　　　　　　　　　　　　　　　297,000
　　财务费用—利息支出　　　　　　　　　　　　　　3,000
　　贷：应收票据—商业承兑汇票　　　　　　　　　　 300,000
借：应收票据—商业承兑汇票　　　　　　　　　　　 300,000
　　贷：短期借款　　　　　　　　　　　　　　　　　 300,000

②同上例：公司20＊7年9月21日收到银行通知,公司向银行贴现的甲公司出具的不带息商业承兑汇票到期无法收回,并已经收到银行退回的商业承兑汇票。

借：短期借款　　　　　　　　　　　　　　　　　　300,000
　　贷：银行存款　　　　　　　　　　　　　　　　　 300,000
借：应收账款　　　　　　　　　　　　　　　　　　300,000
　　贷：应收票据—商业承兑汇票　　　　　　　　　　 300,000

③如该商业承兑汇票到期后银行能够如期收回,则：

借：短期借款　　　　　　　　　　　　　　　　　　300,000
　　贷：应收票据—商业承兑汇票　　　　　　　　　　 300,000

➤ **应收票据背书转让**

公司将持有的商业汇票背书转让以取得所需物资时,按应计入取得物资成本的金额,借记"在途物资"、"原材料"、"库存商品"等科目,贷记"应收票据"科目,如有差额,借记或贷记"银行存款"等科目,同时：借记"应收票据"、贷记"应付账款"。待按商业汇票到期兑付后,借记"应付账款"、贷记"应收票据"。

例：公司20＊7年5月31日将持有2个月的不带息票据背书转让给丙公司,取得甲材料一批,发票金额32,000元,该应收票据的账面价值为30,200元,差额7,240元以银行存款支付。该批商品已验收入库。

借：原材料　　　　　　　　　　　　　　　　　　　32,000
　　贷：应收票据—商业承兑汇票　　　　　　　　　　 30,200
　　　　银行存款　　　　　　　　　　　　　　　　　 7,240
借：应收票据—商业承兑汇票　　　　　　　　　　　 30,200
　　贷：应付账款　　　　　　　　　　　　　　　　　 30,200

如该票据到期后能如期兑付,则：

借：应付账款　　　　　　　　　　　　　　　　　　30,200
　　贷：应收票据—商业承兑汇票　　　　　　　　　　 30,200

二、应收账款

(一)应收账款核算的规定

(1)公司对外销售商品、提供劳务,采用现金折扣办法时,应收账款应按总价法核算,即以应收客户的全部款项等作为应收账款的金额入账,实际给予客户的现金折扣计入当期财务费用。

(2)应收账款包括应收关联方账款及应收非关联方账款。

(3)对于单项金额重大的应收款项单独进行减值测试。有客观证据表明其发生减值的,根据其未来现金流量现值低于其账面价值的差额,确认减值损失,计提坏账准备。

(二)应收账款核算

1.会计科目

(1)总账科目:"应收账款"、"坏账准备"。

(2)明细科目:①工程款、②工程奖励款、③质量保证金、④销货款、⑤劳务款、⑥物流运输、⑦租赁款、⑧售房款、⑨物业服务费等。

"应收账款"科目借方核算公司因工程施工、销售商品、提供劳务而应收取的全部款项以及因其他原因而换入的应收账款等,贷方核算已收回的应收账款以及与债务人进行债务重组而减少的应收账款等;期末余额在借方,反映公司尚未收回的应收账款。质保金应设置辅助核算,其中原始到期日在一年以内的质保金在本科目核算。

公司按规定预收的货款,应在"预收账款"科目核算,不在本科目进行核算。

"坏账准备"科目贷方核算公司按规定提取的坏账准备以及重新收回已确认为坏账损失的应收账款而增加的坏账准备;借方核算应冲销的坏账准备;期末余额在贷方,反映公司已提取的坏账准备。

2.会计事项

> **应收账款的发生与收回**

公司发生应收账款时,按应收金额,借记"应收账款"科目,按实现的营业收入,贷记"主营业务收入"或"工程结算"等科目;收回应收账款时,借记"银行存款"等科目,贷记"应收账款"科目。

公司代购货单位垫付的包装费、运杂费,借记"应收账款"科目,贷记"银行存款"等科目;收回代垫费用时,借记"银行存款"科目,贷记"应收账款"科目。

(1)公司20*7年5月30日,向工程A的业主甲公司开出工程价款结算单办理结算,开出结算单注明的价款为46,800,000元,其中质保金2,500,000元,尚未收到结算款。

借:应收账款—工程款(甲公司)　　　　44,300,000
　　长期应收款—质量保证金　　　　　　2,500,000
　　贷:工程结算(工程A)　　　　　　　　　　　46,800,000

(2)公司20*7年5月30日,销售一房屋给业主A,房款价格6,800,000元,该项房屋销售合同已签,按协议约定业主A已收房,公司收到房屋销售款6,000,000元。

借:应收账款—售房款(业主A)　　　　800,000
　　银行存款　　　　　　　　　　　　6,000,000
　　贷:主营业务收入—房屋销售收入　　　　6,800,000

> **计提坏账准备**

公司计提坏账准备时,借记"资产减值损失—坏账损失"科目,贷记"坏账准备"科目。本期应计提的坏账准备大于"坏账准备"科目贷方账面余额的,应按其差额提取;本期应提数小于"坏账准备"科目贷方账面余额的差额,冲减"资产减值损失",借记"坏账准备"科目,贷记"资产减值损失—坏账损失"科目。

(1)公司20*7年12月31日,根据应收账款的余额,计提坏账准备500,000元。坏账准备本月科目贷方余额200,000元,当期应计提的坏账准备300,000元。

借:资产减值损失—坏账损失　　　　　300,000
　　贷:坏账准备—应收账款　　　　　　　　300,000

(2)在上例中,坏账准备科目本月贷方余额若为600,000元,其差额100,000元,则应冲减当期资产减值损失。

  借:坏账准备—应收账款   100,000
    贷:资产减值损失—坏账损失   100,000

> **坏账核销与已核销坏账损失的重新收回**

公司对于确实无法收回的应收款项,经批准作为坏账损失,冲销计提的坏账准备,借记"坏账准备"科目,贷记"应收账款"科目。

已确认并转销的坏账损失,如果以后又收回,按实际收回的金额,借记"应收账款"科目,贷记"坏账准备"科目;同时,借记"银行存款"科目,贷记"应收账款"等科目。

(1)公司20*7年5月27日,经批准应收丙公司的账款45,000元因逾期而无法收回确认为坏账损失,已计提坏账准备30,000元。

  借:资产减值损失—坏账准备   15,000
    贷:坏账准备—应收账款(丙公司)   15,000
  借:坏账准备—应收账款(丙公司)   45,000
    贷:应收账款—销货款(丙公司)   45,000

(2)公司20*7年9月20日,收到丙公司转账支票一张,收回已转销坏账损失的应收账款45,000元。

  ①借:应收账款—销货款(丙公司)   45,000
     贷:坏账准备—应收账款(丙公司)   45,000
  ②借:银行存款   45,000
     贷:应收账款—销货款(丙公司)   45,000

> **债务人以现金清偿公司债务**

参见本核算办法之"债务重组"内容。

> **债务人以债权转为资本方式清偿公司债务**

参见本核算办法之"债务重组"内容。

三、预付账款

(一)预付账款核算的规定

预付账款是指公司按照购货合同或建造合同的约定,预付给供应单位的货款或工程款。预付款项应单独设置"预付账款"科目核算。

公司的预付账款,如有确凿证据表明其不符合预付账款性质,或者因供货单位破产、撤销等原因已无望再收到所购货物的,应按规定的管理权限报经批准后作为坏账损失。

(二)预付账款的核算

1.会计科目

(1)总账科目:"预付账款"。
(2)明细科目:①建造/劳务合同工程款、②建造/劳务合同材料购置款、③建造/劳务合同设备购置款、④在建工程材料购置款、⑤在建工程工程款、⑥在建工程设备购置款、⑦租赁款、⑧设备更新改造款、⑨修理费、⑩商品购货款等。

"预付账款"科目借方核算按合同规定预付或补付给供应单位的款项,以及预付工程款,贷方核算购入材料物资等应付的金额;期末余额在借方,反映公司实际预付的款项;期末如为贷方余额,反映公司尚未补付的款项。

2.会计事项

> **预付货款**

公司因购货而预付的款项,借记"预付账款"科目,贷记"银行存款"科目。收到所购物资时,根据发票账单等列明应计入购入物资成本的金额,借记"在途物资"、"原材料"、"库存商品"等科目,按应付金额,贷记"预付账款"科目。补付的款项,借记"预付账款"科目,贷记"银行存款"科目;退回多付的款项,借记"银行存款"科目,贷记"预付账款"科目。

(1)公司20*7年5月3日,按合同电汇给甲公司用于公司在建工程用材料的预付款30,000元。

借:预付账款——在建工程材料购置款(甲公司)　　　30,000
　　贷:银行存款　　　　　　　　　　　　　　　　　　　　　30,000

(2)公司20*7年5月22日,按发票账单验收入库甲公司供应的材料,发票上注明的价款为234,000元,已预付30,000元,余额204,000元,用电汇方式支付。

①借:原材料　　　　　　　　　　　　　　　　　　　　234,000
　　贷:预付账款——在建工程材料购置款(甲公司)　　　234,000
②借:预付账款——在建工程材料购置款(甲公司)　　　204,000
　　贷:银行存款　　　　　　　　　　　　　　　　　　　　　204,000

> **预付工程款**

公司进行在建工程预付的工程价款,借记"预付账款"科目,贷记"银行存款"等科目。按工程进度结算工程价款,借记"在建工程"科目,贷记"预付账款"科目、"银行存款"等科目。

例:公司20*7年11月厂房改造,按合同预付工程款500,000元。

借:预付账款——在建工程工程款　　　　　　　　　　500,000
　　贷:银行存款　　　　　　　　　　　　　　　　　　　　　500,000

四、应收股利

(一)应收股利核算的规定

应收股利是指公司因股权投资而应收取的现金股利和应收取其他单位分配的利润。包括:①公司取得交易性金融资产所支付的价款含有已宣告但未发放的股利;②交易性金融资产持有期间被投资单位宣告发放现金股利;③取得长期股权投资所支付的价款含有已宣告但未发放的股利;④持有股权投资期间被投资单位宣告发放现金股利或利润;⑤取得可供出售金融资产所支付的价款含有已宣告但未发放的股利;⑥可供出售金融资产持有期间被投资单位宣告发放现金股利。

如果收到的是股票股利,在会计上不进行会计核算,应设置备查簿进行登记。

(二)应收股利的核算

1.会计科目

(1)总账科目:"应收股利"。
(2)明细科目:按被投资单位设置二级明细科目。

被投资单位宣告发放现金股利或利润,按应归本公司享有的金额,借记本科目,贷记"投资收益"、"长期股权投资——损益调整"科目。

对于交易性金融资产和可供出售金融资产收到的现金股利或利润,应借记"银行存款"科目,贷记"应收股利"科目。

收到现金股利或利润,借记"银行存款"等科目,贷记本科目。

本科目期末借方余额,反映公司尚未收回的现金股利或利润。

2. 会计事项

➢ **取得交易性金融资产所支付价款含有已宣告但未发放的股利**

公司取得交易性金融资产时,按交易性金融资产的公允价值,借记"交易性金融资产—债券投资—成本"科目,按发生的交易费用,借记"投资收益"科目,按已到付息期但尚未领取的利息或已宣告但尚未发放的现金股利,借记"应收利息"或"应收股利"科目,按实际支付的金额,贷记"银行存款"等科目。

例:公司20*7年1月20日通过证券公司购入甲公司股票10万股,每股市价10元,其中含已宣告但尚未领取的现金股利每股0.2元,不准备长期持有,该项投资确定为交易性金融资产。公司另支付证券公司相关税费8,000元,全部款项通过银行存款支付。20*7年3月20日,甲公司宣告发放20*6年度现金股利。

借:交易性金融资产—股票投资—成本　　　1,000,000
　　投资收益—交易性金融资产　　　　　　　　8,000
　　应收股利(甲公司)　　　　　　　　　　　20,000
　贷:银行存款　　　　　　　　　　　　　　1,028,000

收到现金股利或利润,借记"银行存款"等科目,贷记"应收股利"科目。

同上例,公司20*7年3月31日,公司收到甲公司宣告发放的上年度现金股利20,000元。

借:银行存款　　　　　　　　　　　　　　　20,000
　贷:应收股利(甲公司)　　　　　　　　　　20,000

➢ **交易性金融资产持有期间被投资单位宣告发放现金股利**

同上例,甲公司20*8年4月18日宣告发放20*7年度股利的通知,公司应收取现金股利30,000元。

借:应收股利(甲公司)　　　　　　　　　　30,000
　贷:投资收益—交易性金融资产　　　　　　30,000

➢ **取得长期股权投资所支付的价款含有已宣告但未发放股利**

公司20*7年2月20日支付5,000,000元取得乙公司2%的股权,其中包含已宣告但未发放的股利100,000元。

借:长期股权投资—股票投资—投资成本　　4,900,000
　　应收股利(甲公司)　　　　　　　　　100,000
　贷:银行存款　　　　　　　　　　　　5,000,000

➢ **持有股权投资期间被投资单位宣告发放现金股利或利润**

参见本核算办法"资产"之"长期股权投资"之"会计事项"的成本法核算及权益法核算部分。

➢ **取得可供出售金融资产所支付价款含有已宣告但未发放股利**

公司取得的可供出售金融资产为债券投资的,应按债券的面值,借记"可供出售金融资产—债券投资—成本"科目,按支付的价款中包含的已到付息期但尚未领取的利息,借记"应收利息"科目,按实际支付的金额,贷记"银行存款"等科目,按差额,借记或贷记"可供出售金融资产—债券投资—利息调整"科目。

例:公司20*7年1月20日通过证券公司购入甲公司股票10万股,每股市价10元,其中含已宣告但尚未领取的现金股利每股0.2元,该项投资确定为可供出售金融资产。公司另支付证券公司相关税费8,000元,全部款项通过银行存款支付。20*7年3月20日,甲公司宣告发放20*6年度现金股利。

借:可供出售金融资产—股票投资—成本　　1,008,000
　　应收股利—甲公司　　　　　　　　　　　2,0000
　贷:银行存款　　　　　　　　　　　　1,028,000

➢ **可供出售金融资产持有期间被投资单位宣告发放现金股利**

同上例,甲公司20*8年2月1日宣告发放20*7年度现金股利80,000元。
借:应收股利—丙公司　　　　　　　　　　　　80,000
　　贷:投资收益—可供出售金融资产　　　　　　　　　80,000

五、应收利息

(一)应收利息核算的规定

核算公司持有至到期投资、可供出售金融资产、存放金融机构款项等应收取的利息。

购入到期一次还本付息的持有至到期投资持有期间确认的利息收入,在"持有至到期投资"科目核算,不在本科目核算。

(二)应收利息的核算

1. 会计科目

(1)总账科目:"应收利息"。

(2)明细科目:①债券利息、②定期存款利息、③其他设置二级明细科目。

"应收利息"科目借方核算公司交易性金融资产、持有至到期投资、可供出售金融资产、定期存款等应收取的利息,贷方核算已收回的利息;期末余额在借方,反映公司尚未收回的利息。对定期存款的应计利息,应于资产负债表日给予预提。

本科目期末借方余额,反映公司尚未收回的利息。

2. 会计事项

➤ 债券持有期间的应收利息

资产负债表日,持有至到期投资为分期付息、一次还本的债券投资,应按票面利率计算确定的应收未收利息,借记"应收利息"科目,按持有至到期投资摊余成本和实际利率计算确定的利息收入,贷记"投资收益"科目,按其差额,借记或贷记"持有至到期投资—利息调整"科目。

持有至到期投资为到期一次还本付息债券投资的,应于资产负债表日按票面利率计算确定的应收未收利息,借记"持有至到期投资—应计利息"科目,按持有至到期投资摊余成本和实际利率计算确定的利息收入,贷记"投资收益"科目,按其差额,借记或贷记"持有至到期投资—利息调整"科目。

例:公司20*7年1月1日通过购入三年期债券取得对丙公司持有至到期投资,该债券投资按年付息、到期还本,20*7年12月31日按面值和票面利率计算确定的应收未收的利息金额为500,000元,按摊余成本和实际利率计算确定的利息收入金额为400,000元。

借:应收利息—债券利息　　　　　　　　　　　500,000
　　贷:投资收益—持有至到期投资　　　　　　　　　400,000
　　　　持有至到期投资—利息调整　　　　　　　　　100,000

➤ 实际收到的利息

实际收到利息时,借记"银行存款"科目,贷记"应收利息"科目。

六、其他应收款

(一)其他应收款核算的规定

其他应收款是指公司除应收票据、应收账款、预付账款、应收股利、应收利息、长期应收款等经营活动以外的其他各种应收、暂付的款项。

公司应当定期或者至少于每年年度终了,对其他应收款进行检查,预计其可能发生的坏账损失,并按公司的规定计提坏账准备。公司对于不能收回的其他应收款应当查明原因,追究责任。对确实无法收回的,按照公司的管理权限,经股东大会或董事会,经理(厂长)会议或类似机构批准作为坏账损失,冲销提取的坏账准备。

(二)其他应收款的核算

1. 会计科目

(1)总账科目:"其他应收款"。

(2)明细科目:①单位往来、②个人往来、③预付款转入、④部门备用金、⑤出口退税等。

"其他应收款"科目借方核算应收的各种赔款、罚款、履约保证金、投标保证金以及应收取的出租包装物的租金,以及为员工垫付的各种款项等,贷方核算已经收回或转销的各种应收款项;期末余额在借方,反映公司尚未收回的其他应收款。

公司拨出用于投资、购买物资的各种款项,不在本科目核算。

2. 会计事项

> **其他应收款的发生与收回**

公司发生其他各种应收款项时,借记"其他应收款"科目,贷记有关科目;收回各种款项时,借记"银行存款"等科目,贷记"其他应收款"科目。

工程投标保证金预支时借记"其他应收款"科目,贷记"银行存款",招投标结束后按约定投标保证金退回时借记"银行存款"科目,贷记"其他应收款"。

公司员工出差预借差旅费,借记"其他应收款"科目,贷记"银行存款"科目,出差归来按规定报销的差旅费,借记"管理费用"科目,贷记"其他应收款"科目,收回的现金,借记"库存现金"科目,贷记"其他应收款"科目。若实际报销的差旅费多余预借款项时,应按补付的现金,贷记"库存现金"科目。

(1)公司20*7年1月30日,为A工程向W公司支付投标保证金100,000元,2月30日投标保证金退回98,000元,其中2,000元为购置标书费用。

借:其他应收款—单位往来—投标保证金(W公司)100,000
  贷:银行存款   100,000

退回时:

借:银行存款   98,000
  管理费用—招投标费   2,000
  贷:其他应收款—单位往来—投标保证金(W公司) 100,000

(2)公司20*7年6月30日,租入大地公司包装物,存出保证金10,000元。

借:其他应收款—单位往来—其他保证金(大地公司) 10,000
  贷:银行存款   10,000

(3)公司20*7年11月5日,收银行转账支票一张,收回原付给水泥厂包装押金15,000元。

借:银行存款   15,000
  贷:其他应收款—单位往来—其他保证金(水泥厂) 15,000

(4)公司20*7年5月1日,现金支付职工何军出差借款900元。

借:其他应收款—个人往来—差旅费借款(何军) 900
  贷:现金   900

(5)公司20*7年5月20日,何军按规定报销差旅费820元,余款收回现金。

借:管理费用—差旅费   820
  现金   80
  贷:其他应收款—个人往来—差旅费借款(何军) 900

> **计提坏账准备**

公司计提坏账准备时,借记"资产减值损失—坏账损失"科目,贷记"坏账准备"科目。

公司于20*7年6月6日应收天地公司出租包装物的租金10,000元,因天地公司进入破产程序,预计发生坏账损失。

借:资产减值损失—坏账损失　　　　　　　　　　　　10,000
　　贷:坏账准备—其他应收款(天地公司)　　　　　　　　　10,000

> **坏账核销与已核销坏账损失的重新收回**

公司对于确实无法收回的其他应收款,经批准作为坏账损失,冲销计提的坏账准备,借记"坏账准备"科目,贷记"其他应收款"科目。

已确认并转销的坏账损失,如果以后又收回,按实际收回的金额,借记"其他应收款"科目,贷记"坏账准备"科目;同时,借记"银行存款"科目,贷记"其他应收款"等科目。

(1)公司20*7年5月27日,经批准应收天地公司出租包装物的租金45,000元,因天地公司破产而无法收回确认为坏账损失。

借:坏账准备—其他应收款(天地公司)　　　　　　　　　45,000
　　贷:其他应收款—单位往来—其他保证金(天地公司)　　　45,000

(2)公司20*7年9月20日,收到丙公司转账支票一张,收回已转销坏账损失的应收账款45,000元。

①借:其他应收款—单位往来—其他保证金(丙公司)　　　45,000
　　贷:坏账准备—其他应收款(丙公司)　　　　　　　　　　45,000
②借:银行存款　　　　　　　　　　　　　　　　　　　　45,000
　　贷:其他应收款—单位往来—其他保证金(丙公司)　　　45,000

七、长期应收款

(一)长期应收款核算的规定

长期应收款是指公司融资租赁产生的应收款项和采用递延方式分期收款等,实质上具有融资性质的销售商品和提供劳务等经营活动产生的一年以上应收款项。

(二)长期应收款的核算

1.会计科目

(1)总账科目:"长期应收款"、"未实现融资收益"。

(2)明细科目:"长期应收款"设置①应收租赁款、②递延应收款、③BT合同、④质量保证金、⑤履约保证金、⑥折现、⑦其他等明细科目。"未实现融资收益"设置"租赁收益"和"利息收益"等明细科目。包括初始收款期限在一年以上的应收账款和其他应收款。

"长期应收款"科目借方核算:①公司在融资租赁开始日的最低租赁收款额与初始直接费用之和所确认的长期应收款金额;②公司采用递延方式分期收款、实质上具有融资性质的销售商品或提供劳务产生的并满足收入确认条件的长期应收款;贷方核算,根据合同或协议每期收到承租人或购货单位(接受劳务单位)偿还的款项;余额在借方,反映公司尚未收回的长期应收款。

"未实现融资收益"科目贷方核算:公司销售商品或提供劳务应收的合同协议价款与其公允价值的差额,以及在融资租赁开始日的最低租赁收款额、初始直接费用及未担保余值之和与其现值之和的差额所确认的未实现融资收益;借方核算按期采用实际利率法计算分配的未实现融资收益;余额在贷方,反映公司未实现融资收益的余额。

2.会计事项

➢ **BT合同产生的长期应收款**

参见本核算办法"收入"之"BT合同销售收入"案例。

➢ **融资租赁活动产生的长期应收款**

在租赁期开始日,出租人应当将租赁开始日最低租赁收款额与初始直接费用之和作为长期应收款的入账价值,同时记录未担保余值;将最低租赁收款额、初始直接费用及未担保余值之和与其现值之和的差额确认为未实现融资收益。

租赁资产公允价值与账面价值的差额,计入当期损益。

未实现融资收益应当在租赁期内各个期间进行分配。出租人应当采用实际利率法计算确认当期的融资收入。

或有租金应当在实际发生时计入当期损益。

例:20*5年12月1日,甲公司与乙公司签订了一份租赁合同。合同主要条款如下:

(1)租赁标的物:塑钢机。

(2)起租日:20*6年1月1日。

(3)租赁期:20*6年1月1日至20*8年12月31日,共36个月。

(4)租金支付:自20*6年1月1日每隔6个月于月末支付租金150,000元。

(5)该机器的保险、维护等费用均由甲公司负担,估计每年约10,000元。

(6)该机器在20*5年12月1日的公允价值为700,000元。

(7)租赁合同规定的利率为7%(6个月利率)(乙公司租赁内含利率未知)。

(8)该机器账面价值为700,000元。出租人(乙公司)为签订该项租赁合同发生初始直接费用10,000元,已用银行存款支付。

(9)该机器的估计使用年限为8年,已使用3年,期满无残值。

(10)租赁期届满时,甲公司享有优惠购买该机器的选择权,购买价为100元,估计该日租赁资产的公允价值为80,000元。

(11)20*7年和20*8年两年,甲公司每年按该机器所生产的产品——塑钢窗户的年销售收入的5%向乙公司支付经营分享收入。

出租人:乙公司的会计处理

(1)租赁期开始日的处理

在租赁期开始日,将应收融资租赁款、未担保余值之和与其现值的差额确认为未实现融资收益,在将来收到租金的各期内确认为租赁收入。出租人发生的初始直接费用,应包括在应收融资租赁款的初始计量中,并减少租赁期内确认的收益金额。

第一步,判断租赁类型

案例存在优惠购买选择权,优惠购买价100元远小于行使选择权日租赁资产的公允价值70,000元,因此在20*5年12月31日就可合理确定甲公司将会行使这种选择权;另案例中最低租赁收款额的现值=710,000元(计算过程见后),大于租赁开始日租赁资产公允价值的90%,即630,000元(700,000元×90%);因此应认定为融资租赁。

第二步,计算租赁内含利率

最低租赁收款额=租金×期数+优惠购买价格

$\qquad$ =150,000×6+100=900,100(元)

因此有150,000×(P/A,r,6)+100×(P/F,r,6)=710,000(租赁资产的公允价值+初始直接费用)。

用插值法计算租赁内含利率。

当 $r=7\%$ 时

$150,000\times4.767+100\times0.666$

$=715,050+66.6=715,116.6(元)>710,000(元)$

当 $r=8\%$ 时

$150,000\times4.623+100\times0.630$

$=693,450+63=693,513(元)<710,000(元)$

因此,$7\%<r<8\%$。用插值法计算如下:

现 值(元)	利 率
715,116.6	7%
710,000	r
693,513	8%

$$\frac{715,116.6-710,000}{715,116.6-693,513}=\frac{7\%-r}{7\%-8\%}$$

$r=(21,603.6\times7\%+5,116.6\times1\%)\div21,603.6=7.24\%$

即租赁内含利率为7.24%。

第三步,计算租赁开始日最低租赁收款额及其现值和未实现融资收益

最低租赁收款额=最低租赁付款额=$150,000\times6+100=900,100(元)$

应收融资租赁款入账价值=$900,100+10,000=910,100(元)$

最低租赁收款额现值=租赁开始日租赁资产公允价值=700,000(元)

未实现融资收益=$900,100-700,000=200,100(元)$

第四步,会计分录

20*6年1月1日

借:长期应收款——应收租赁款　　　　　　　　　　　　　　900,100
　　贷:银行存款　　　　　　　　　　　　　　　　　　　　　10,000
　　　　融资租赁固定资产　　　　　　　　　　　　　　　　700,000
　　　　未实现融资收益　　　　　　　　　　　　　　　　　200,100

案例中,融资租赁固定资产在租赁期开始日的账面价值正好与公允价值一致。如账面价值高于或者低于公允价值,其差额应当计入当期损益,通过"营业外收入"或"营业外支出"科目核算。

(2)未实现融资收益的分配

未实现融资收益应当在租赁期内各个期间进行分配,确认为各期的租赁收入。分配时出租人应当采用实际利率法计算当期应当确认的租赁收入。出租人每期收到租金时,借记"银行存款"科目,贷记"应收融资租赁款"科目。同时每期确认租赁收入时,借记"未实现融资收益"科目,贷记"其他业务收入——出租收入"科目。

同上例:出租人乙公司对未实现融资租赁收益的处理。

第一步,计算租赁期内各期应分摊的融资收益(见下表)

日　期	每期付款额(元)	确认融资收入(元)	差额减少额(元)	余　额(元)
①	②	③=期初⑤×7.24%	④=②-③	期末⑤ =期初⑤-④
2005年12月31日				700,000
2006年6月30日	150,000	50,680	99,320	600,680

续上表

日 期	每期付款额(元)	确认融资收入(元)	差额减少额(元)	余 额(元)
2006年12月31日	150,000	43,489.23	106,510.77	494,169.23
2007年6月30日	150,000	35,777.85	114,222.15	379,947.08
2007年12月31日	150,000	27,508.17	122,491.83	257,455.25
2008年6月30日	150,000	18,639.76	131,360.24	126,095.01
2008年12月31日	150,000	24,004.99	125,995.01	100.00
2008年12月31日	100	0	100	
合计	900,100	200,100	700,000	

作尾数调整:24,004.99=150,000−125,995.01;125,995.01=126,095.01−100。

第二步,会计分录

20*6年6月30日,收到第一期租金时

借:银行存款　　　　　　　　　　　　　　　150,000
　　贷:长期应收款—应收租赁款　　　　　　　　　　150,000
借:未实现融资收益　　　　　　　　　　　　50,680
　　贷:其他业务收入—出租收入　　　　　　　　　　50,680

20*6年12月31日收到第二期租金

借:银行存款　　　　　　　　　　　　　　　150,000
　　贷:长期应收款—应收租赁款　　　　　　　　　　150,000
借:未实现融资收益　　　　　　　　　　　　43,489.23
　　贷:其他业务收入—出租收入　　　　　　　　　　43,489.23

20*7年6月30日收到第三期租金

借:银行存款　　　　　　　　　　　　　　　150,000
　　贷:长期应收款—应收租赁款　　　　　　　　　　150,000
借:未实现融资收益　　　　　　　　　　　　35,777.85
　　贷:其他业务收入—出租收入　　　　　　　　　　35,777.85

20*7年12月31日收到第四期租金

借:银行存款　　　　　　　　　　　　　　　150,000
　　贷:长期应收款—应收租赁款　　　　　　　　　　150,000
借:未实现融资收益　　　　　　　　　　　　27,508.17
　　贷:其他业务收入—出租收入　　　　　　　　　　27.508.17

20*8年6月30收到第五期租金

借:银行存款　　　　　　　　　　　　　　　150,000
　　贷:长期应收款—应收租赁款　　　　　　　　　　150,000
借:未实现融资收益　　　　　　　　　　　　18,639.76
　　贷:其他业务收入—出租收入　　　　　　　　　　18,639.76

20*8年12月31收到第六期租金

借:银行存款　　　　　　　　　　　　　　　150,000
　　贷:长期应收款—应收租赁款　　　　　　　　　　150,000
借:未实现融资收益　　　　　　　　　　　　24,004.99
　　贷:其他业务收入—出租收入　　　　　　　　　　24,004.99

(3)初始直接费用的处理

融资租赁出租人发生的初始直接费用应资本化。出租人在租赁期内确认各期租赁收入时,应按照各期确认的收入与未实现融资收益的比例,对初始直接费用进行分摊,冲减租赁期内各期确认的租赁收入。

同上例:每期分配未实现融资收益同时,分摊初始直接费用。

20*6年6月30日收到第一期租金时,初始直接费用摊销额为:

2,532.73＝50,680÷200,100×10,000

借:其他业务收入——出租收入　　　　　2,532.73
　　贷:长期应收款——应收租赁款　　　　　　2,532.73

20*6年12月31日收到第二期租金时,初始直接费用摊销额为:

2,173.37＝43,489.23÷200,100×10,000

借:其他业务收入——出租收入　　　　　2,173.37
　　贷:长期应收款——应收租赁款　　　　　　2,173.37

20*7年6月30日收到第三期租金时,初始直接费用摊销额为:

1,788＝35,777.85÷200,100×10,000

借:其他业务收入——出租收入　　　　　1,788
　　贷:长期应收款——应收租赁款　　　　　　1,788

20*7年12月31日收到第四期租金时,初始直接费用摊销额为:

1,374.72＝27,508.17÷200,100×10,000

借:其他业务收入——出租收入　　　　　1,374.72
　　贷:长期应收款——应收租赁款　　　　　　1,374.72

20*8年6月30日收到第五期租金时,初始直接费用摊销额为:

931.52＝18,639.76÷200,100×10,000

借:其他业务收入——出租收入　　　　　931.52
　　贷:长期应收款——应收租赁款　　　　　　931.52

20*8年12月31日收到第六期租金时,初始直接费用摊销额为:

1,199.66＝24,004.99÷200,100×10,000

借:其他业务收入——出租收入　　　　　1,199.66
　　贷:长期应收款——应收租赁款　　　　　　1,199.66

(4)或有租金的处理

出租人在融资租赁下收到的或有租金应计入当期损益。

同上例:假设20*7年和20*8年,甲公司分别实现塑钢窗户年销售收入100,000和150,000元。根据租赁合同的规定,两年应向甲公司收取的经营分享收入分别为5,000元和7,500元。会计分录为:

20*7年:

借:银行存款(或应收账款)　　　　　　5,000
　　贷:其他业务收入——出租收入　　　　　　5,000

20*8年:

借:银行存款(或应收账款)　　　　　　7,500
　　贷:其他业务收入——出租收入　　　　　　7,500

(5)租赁期届满时的会计处理

同上例:假设20*9年1月1日,乙公司收到甲公司支付的购买资产的价款100元。会计分录为:

借:银行存款　　　　　　　　　　　　100
　　贷:长期应收款——应收租赁款　　　　　　100

案例承租方的会计处理参见本核算办法"负债"之"应付款项"之"长期应付款"。

➢ 融资性质的经营活动产生的长期应收款

公司采用递延方式分期收款、实质上具有融资性质的销售商品或提供劳务等经营活动产生的长期应收款,其实质是公司向购货方提供免息的信贷,公司应当按照应收的合同或协议价款的公允价值确定收入金额。应收的合同或协议价款的公允价值,通常应当按照其未来现金流量现值或商品现销价格计算确定,满足收入确认条件的,按应收合同或协议价款,借记"长期应收款"科目,按应收合同或协议价款的公允价值,贷记"主营业务收入"等科目,按其差额,贷记"未实现融资收益"科目。

例:20*5年1月1日,甲公司采用分期收款方式向乙公司销售一套大型设备(生产),合同约定的销售价格为2,000万元,分5次于每年12月31日等额收取。该大型设备成本为1,560万元。在现销方式下,该大型设备的销售价格为1,600万元。假定甲公司发出商品时开出增值税专用发票,注明的增值税额为340万元,并于当天收到增值税额340万元。

根据本例的资料,甲公司应当确认的销售商品收入金额为1,600万元。

根据公式:未来五年收款额的现值=现销方式下应收款项金额

可以得出:

$400 \times (P/A, r, 5) + 340 = 1,600 + 340 = 1,940$(万元)

可在多次测试的基础上,用插值法计算折现率。

当 $r=7\%$ 时

$400 \times 4.1002 + 340 = 1,980.08 > 1,940$(万元)

当 $r=8\%$ 时

$400 \times 3.9927 + 340 = 1,937.08 < 1,940$(万元)

因此,$7\% < r < 8\%$。用插值法计算如下:

现值(万元)	利率
1,980.08	7%
1,940	r
1,937.08	8%

根据:$\dfrac{1,980.08 - 1,940}{1,980.08 - 1,937.08} = \dfrac{7\% - r}{7\% - 8\%}$

计算得出:$r = 7.93\%$。

每期计入财务费用的金额如下表所示:

年份 t	未收本金(万元) $A_t = A_{t-1} - 1 - D_{t-1}$	财务费用(万元) $B = A \times 7.93\%$	收现总额 C(万元)	已收本金(万元) $D = C - B$
20*5年1月1日	1,600			
20*5年12月31日	1,600	126.88	400	273.12
20*6年12月31日	1,326.88	105.22	400	294.78
20*7年12月31日	1,032.10	81.85	400	318.15
20*8年12月31日	713.95	56.62	400	343.38
20*9年12月31日	370.57	29.43①	400	370.57
总额		400	2,000	1,600

注:①尾数调整。

根据上表,每年会计处理分录为:

(1)20×5年1月1日销售实现时:

借:长期应收款 20,000,000
　　银行存款 3,400,000
　贷:主营业务收入 16,000,000
　　　应交税费—应交增值税—销项税额 3,400,000
　　　未实现融资收益—利息收益 4,000,000

借:主营业务成本 15,600,000
　贷:库存商品 15,600,000

(2)20×5年12月31日收取货款时:

借:银行存款 4,000,000
　贷:长期应收款 4,000,000

借:未实现融资收益—利息收益 1,268,800
　贷:财务费用 1,268,800

(3)20×6年12月31日收取货款时:

借:银行存款 4,000,000
　贷:长期应收款 4,000,000

借:未实现融资收益—利息收益 1,052,200
　贷:财务费用 1,052,200

(4)20×7年12月31日收取货款时:

借:银行存款 4,000,000
　贷:长期应收款 4,000,000

借:未实现融资收益—利息收益 818,500
　贷:财务费用 818,500

(5)20×8年12月31日收取货款时:

借:银行存款 4,000,000
　贷:长期应收款 4,000,000

借:未实现融资收益—利息收益 566,200
　贷:财务费用 566,200

(6)20×9年12月31日收取货款和增值税额时:

借:银行存款 4,000,000
　贷:长期应收款 4,000,000

借:未实现融资收益—利息收益 294,300
　贷:财务费用 294,300

第四节　存　　货

存货是指公司在日常活动中持有以备出售的产成品或商品、处在生产过程中的在产品、在生产过程或提供劳务过程中耗用的材料和物料等。公司存货按照原材料、库存商品、发出商品、周转材料、低值易耗品、包装物、工程施工、劳务成本等进行分类。

总账科目:"在途物资"、"原材料"、"材料成本差异"、"库存商品"、"发出商品"、"委托加工物资"、"包装物"、"低值易耗品"、"周转材料"、"生产成本"、"劳务成本"、"工程施工"、"开发产品"、"开发成本"及"存货跌价准备"等。

一、物资采购

(一)物资采购核算的规定

(1)存货的采购成本,包括购买价款、进口关税和其他税费、运输费、装卸费、保险费以及其他可归属于存货采购成本的费用。

(2)存货采用实际成本进行核算。

(3)按采购物资的性质设置辅助核算。

(二)物资采购核算

1. 会计科目

"在途物资"科目核算公司采用实际成本(或进价)进行材料(或商品)日常核算,货款已付尚未验收入库的购入材料或商品的采购成本。

"在途物资"科目借方核算已支付或已开出承兑商业汇票的材料、商品的采购成本,以及延期支付具有融资性质的购入材料的购买价款现值金额;贷方核算已验收入库的材料、商品的采购成本;期末余额在借方,反映公司已付款或已开出承兑商业汇票,但尚未到达或尚未验收入库的在途材料、商品的采购成本。

委托外单位加工材料、商品的加工成本,通过"委托加工物资"科目核算。

2. 会计事项

➢ **外购材料等物资**

公司根据发票账单支付采购材料物资价款和运杂费时,按应计入物资采购成本的金额,借记"在途物资"科目,按实际支付的价款,贷记"银行存款"、"其他货币资金"等科目;采用商业汇票结算方式的,购入物资在开出、承兑商业汇票时,按应计入物资采购成本的金额,借记"在途物资"科目,按应付票据票面价值,贷记"应付票据"科目;公司购入材料超过正常信用条件延期支付(如分期付款购买材料),实质上具有融资性质的,应按合同协议购买价款的现值金额,借记"在途物资"科目,按应付金额,贷记"长期应付款"科目,按其差额,借记"未确认融资费用"科目。

(1)公司20*7年5月11日购入甲公司原材料一批,价款12,000元,其中货款10,000元、增值税1,700元、运费300元。款项已付,但材料未到。

借:在途物资—甲公司　　　　　　　　　　10,300
　　应交税费—应交增值税—进项税额　　　1,700
　　　贷:银行存款　　　　　　　　　　　　　　12,000

(2)公司20*7年5月15日从乙公司购入原材料一批,价款11,700元,其中增值税税款1,700元。公司开出期限3个月的银行承兑不带息汇票一张,同时以银行存款支付汇票承兑手续费160元,但材料未到。

①借:在途物资—乙公司　　　　　　　　　　10,000
　　应交税费—增值税—进项税额　　　　　　1,700
　　　贷:应付票据　　　　　　　　　　　　　　11,700

②借:财务费用　　　　　　　　　　　　　　　160
　　　贷:银行存款　　　　　　　　　　　　　　160

(3)公司20*6年12月28日与A公司签订一份材料采购合同,约定20*7年1月1日从A公司采购材料一批,每年支付材料款100,000元,三年合计300,000元支付完毕,该批材料公允价值为257,710元。

①借:在途物资—乙公司　　　　　　　　　　　　220,265
　　应交税费—应交增值税—进项税额　　　　　37,445
　　未确认融资费用　　　　　　　　　　　　　42,290
　　贷:长期应付款—其他　　　　　　　　　　　　　　　　300,000

②公司采购材料形成的未确认融资费用42,290元,根据1元年金现值系数表,计算得出年金10万元、期数3年、现值25.771万元的折现率为8%,即为该笔款项的实际利率。第一期应分配的未确认融资费用为42,290元未实现融资费用的分配见下表:

年　度	每期付款额(元)	确认的融资费用(元)	差额的减少额(元)	余　额(元)
①	②	③=期初⑤×8%	④=②-③	期末⑤=期初⑤-④
				257,710
2007.12.31	100,000	20,617	79,383	178,327
2008.12.31	100,000	14,266	85,734	92,593
2009.12.31	100,000	7,407	92,593	0
合　计	300,000	42,290	257,710	

20﹡7年1~12月每月分摊未确认融资费用时,每月财务费用为20,617÷12=1,718元。
借:财务费用　　　　　　　　　　　　　　　　1,718
　贷:未确认融资费用　　　　　　　　　　　　　　　1,718

20﹡7年12月31日支付第一期材料款
借:长期应付款—其他　　　　　　　　　　　　100,000
　贷:银行存款　　　　　　　　　　　　　　　　　　100,000

> 验收入库的材料物资

所购材料、商品到达验收入库,借记"原材料"、"库存商品"等科目,贷记"在途物资"科目。
例如上述公司20﹡7年5月15日购入的乙公司原材料已验收入库。
借:原材料　　　　　　　　　　　　　　　　　10,000
　贷:在途物资—乙公司　　　　　　　　　　　　　　10,000

二、原材料

(一)原材料核算的规定

原材料是指公司库存的各种材料,包括原料及主要材料、辅助材料、外购半成品(外购件)、修理用备件(备品备件)、包装材料和燃料等。原材料应按下述规定核算:

(1)原材料按取得的不同来源分别确定实际成本:

①购入的原材料,按买价加运输费、装卸费、保险费、包装费、仓储费等费用、运输途中的合理损耗、入库前的挑选整理费用和按规定应计入成本的税金以及其他费用。

②自制的原材料,按制造过程中发生的各项实际支出,作为实际成本。

③委托外单位加工完成的原材料,以实际耗用的原材料以及加工费、运输费、装卸费和保险费等费用以及按规定应计入成本的税金,作为实际成本。

④投资者投入的原材料,应当按照投资合同或协议约定的价值确定实际成本,但合同或协议约定价值不公允的除外。

⑤公司接受债务人以非现金资产抵偿债务方式取得的原材料,按照换入原材料的公允价值加上应支付的相关税费,作为原材料的实际成本。

⑥公司进行非货币性资产交换换入的原材料按以下规定进行核算。

货币性资产,是指公司持有的货币资金和将以固定或可确定的金额收取的资产,包括现金、银行存款、应收账款和应收票据以及准备持有至到期的债券投资等。非货币性资产,是指货币性资产以外的资产。

非货币性资产交换,是指交易双方主要以存货、固定资产、无形资产和长期股权投资等非货币性资产进行的交换。该交换不涉及或只涉及少量的货币性资产(即补价)。

非货币性资产交换准则规定,认定涉及少量货币性资产的交换为非货币性资产交换,通常以补价占整个资产交换金额的比例是否低于25%作为参考比例。即:支付的货币性资产占换入资产公允价值(或占换出资产公允价值与支付的货币性资产之和)的比例,或者收到的货币性资产占换出资产公允价值(或占换入资产公允价值和收到的货币性资产之和)的比例低于25%的,视为非货币性资产交换;高于25%(含25%)的,视为货币性资产交换,适用《企业会计准则第14号——收入》等相关准则的规定。

A. 非货币性资产交换同时满足以下两个条件的,应当以公允价值和应支付的相关税费作为换入资产的成本,公允价值与换出资产账面价值的差额计入当期损益:

a. 该项交换具有商业实质;

b. 换入资产或换出资产的公允价值能够可靠地计量。

B. 换入资产和换出资产公允价值均能够可靠计量的,应当以换出资产的公允价值作为确定换入资产成本的基础,但有确凿证据表明换入资产的公允价值更加可靠的除外。

C. 满足下列条件之一的非货币性资产交换具有商业实质:

a. 换入资产的未来现金流量在风险、时间和金额方面与换出资产显著不同;

b. 换入资产与换出资产的预计未来现金流量现值不同,且其差额与换入资产和换出资产的公允价值相比是重大的。

D. 在确定非货币性资产交换是否具有商业实质时,公司应当关注交易各方之间是否存在关联方关系。关联方关系的存在可能导致发生的非货币性资产交换不具有商业实质。

E. 不具有商业实质或交换涉及资产的公允价值不能可靠计量的非货币性资产交换,应当按照换出资产的账面价值和应支付的相关税费作为换入资产的成本,不论是否涉及补价,均不确认损益。其中:

收到补价方应当以换出资产的账面价值减去收到的补价并加上应支付的相关税费,作为换入资产的成本,不确认损益。

支付补价方应当以换出资产的账面价值,加上支付的补价和应支付的相关税费,作为换入资产的成本,不确认损益。

F. 公司在按照公允价值和应支付的相关税费作为换入资产成本的情况下,发生补价的,应当分别下列情况处理:

支付补价的,换入资产成本与换出资产账面价值加支付的补价、应支付的相关税费之和的差额,应当计入当期损益。

收到补价的,换入资产成本加收到的补价之和与换出资产账面价值加应支付的相关税费之和的差额,应当计入当期损益。

G. 涉及多项非货币性资产的交换一般可以分为以下几种情况:

a. 资产交换具有商业实质、且各项换出资产和各项换入资产的公允价值均能够可靠计量。在这种情况下,换入资产的总成本应当按照换出资产的公允价值总额为基础确定,除非有确凿证据证明换入资产的公允价值总额更可靠。各项换入资产的成本,应当按照各项换入资产的公允价值占换入资产公允价值总额的比例,对换入资产总成本进行分配,确定各项换入资产的成本。

b. 资产交换具有商业实质、且换入资产的公允价值能够可靠计量、换出资产的公允价值不能可靠计量。在这种情况下,换入资产的总成本应当按照换入资产的公允价值总额为基础确定,各项换入资产的成本,应当按照各项换入资产的公允价值占换入资产公允价值总额的比例,对换入资产总成本进行分配,确定各项换入资产的成本。

c.资产交换具有商业实质、换出资产的公允价值能够可靠计量、但换入资产的公允价值不能可靠计量。在这种情况下,换入资产的总成本应当按照换出资产的公允价值总额为基础确定,各项换入资产的成本,应当按照各项换入资产的原账面价值占换入资产原账面价值总额的比例,对按照换出资产公允价值总额确定的换入资产总成本进行分配,确定各项换入资产的成本。

d.资产交换不具有商业实质、或换入资产和换出资产的公允价值均不能可靠计量。在这种情况下,换入资产的总成本应当按照换出资产原账面价值总额为基础确定,各项换入资产的成本,应当按照各项换入资产的原账面价值占换入资产原账面价值总额的比例,对按照换出资产账面价值总额为基础确定的换入资产总成本进行分配,确定各项换入资产的成本。

H.换出资产公允价值与其账面价值的差额,应当分别情况处理:

a.换出资产为存货的,应当视同销售处理,根据《企业会计准则第14号——收入》按照公允价值确认销售收入,同时结转销售成本,相当于按照公允价值确认的收入和按账面价值结转的成本之间的差额,也即换出资产公允价值和换出资产账面价值的差额,在利润表中作为营业利润的构成部分予以列示。

b.换出资产为固定资产、无形资产的,换出资产公允价值和换出资产账面价值的差额计入营业外收入或营业外支出。

c.换出资产为长期股权投资、可供出售金融资产的,换出资产公允价值和换出资产账面价值的差额计入投资收益。

换入资产与换出资产涉及相关税费的,如换出存货视同销售计算的销项税额,换入资产作为存货应当确认可抵扣增值税进项税额,以及换出固定资产、无形资产视同转让应交纳的营业税等,按照相关税收规定计算确定。

(2)公司发出原材料的实际成本采用加权平均法计算,有条件的企业可采用移动加权平均法。

(3)公司的各种原材料,应当定期清查,发现盘盈、盘亏、毁损的原材料,按照实际成本,先计入"待处理财产损溢"科目,对于非常损失的原材料,其进项税额也应转入"待处理财产损益"科目。于期末前查明原因,并根据公司的管理权限,经股东大会或董事会,或经理(厂长)会议或类似机构批准后,在期末结账前处理完毕。盘盈的各种原材料,应当冲减当期的管理费用;盘亏或毁损的原材料,在减去过失人或者保险公司等赔款和残值之后,计入当期管理费用;由于自然灾害所造成的原材料盘亏或毁损,计入当期的营业外支出。

(4)在建工程或福利部门领用的原材料,应将其原材料的进项税额与原材料的实际成本一并转入在建工程的成本或计入应付职工薪酬。

(5)工程物资转为原材料时,应将包含在工程物资中的进项税额扣除后作为原材料的实际成本。

(6)公司的原材料应当在资产负债表日按成本与可变现净值孰低计量,并按单个存货项目的可变现净值低于成本的差额提取存货跌价准备;为执行销售合同或者劳务合同而持有的存货,其可变现净值应当以合同价格为基础计算。

(二)原材料的核算

1. 会计科目

(1)总账科目:"原材料"。

(2)明细科目:按照①主要材料、②燃润料、③结构件、④机械配件、⑤电气件、⑥其他等设置二级明细科目。

"原材料"科目借方核算公司增加的各种材料的实际成本;贷方核算减少的原材料的实际成本;期末余额在借方,反映公司库存原材料的实际成本。

公司购入的低值易耗品以及库存、出租、出借的包装物,在"包装物及低值易耗品"科目核算,不包括在本科目的核算范围内。

公司对外进行来料加工装配业务而收到的原材料、零件等,应单独设置"受托加工物资"备查科目和有关的材料明细账,核算其收发结存数额,不包括在本科目核算范围内。

2. 会计事项

➢ 外购原材料

公司已支付或已开出、承兑商业汇票的外购原材料尚未入库,按应计入采购成本的金额,借记"在途物资"科目,按实际支付的价款,贷记"银行存款"、"其他货币资金"、"应付票据"等科目;公司购入并已验收入库的原材料,按实际成本,借记"原材料"科目,贷记"在途物资"科目。外购原材料的会计处理见"在途物资"核算部分。

➢ 投资者投入的原材料

投资者投入的原材料,按确认的实际成本,借记"原材料"科目,贷记"实收资本(或股本)"科目,若投资者投入原材料的价值超过协议出资额的部分,贷记"资本公积"科目。

例: 某有限公司20*7年5月28日接受东方公司投入的原材料,投资各方协议确认的投资者投入原材料价值为1,170,000元,东方公司协议的出资额1,100,000元,该批材料已验收入库。如涉及税务问题要按当地规定税务规定处理。

借:原材料—主要材料　　　　　　　　　　1,170,000
　　贷:实收资本—法人资本　　　　　　　　　　1,100,000
　　　　资本公积—资本溢价　　　　　　　　　　　70,000

➢ 自制原材料

公司自制完成并已验收入库的原材料,按实际成本,借记"原材料"科目,贷记"生产成本"等科目。

例: 公司20*7年5月26日收到相关部门转来的自制原材料结算单400,000元。

借:原材料—主要材料　　　　　　　　　　　400,000
　　贷:生产成本—基本生产成本　　　　　　　　400,000

➢ 与债务人进行债务重组时取得的原材料

参见本核算办法之"债务重组"内容。

➢ 进行非货币性资产交换换入的原材料

公司决定以账面价值为90,000元、销售价值为100,000元的A产品,换入甲公司账面价值为110,000元,公允价值为100,000元的办公设备,公司支付运费3,000元。两公司均未对存货计提跌价准备。假定A材料与B材料的公允价值均为可靠,双方交易具有商业实质。

(1)不涉及补价时:

借:固定资产—办公设备及家具　　　　　　103,000
　　贷:主营业务收入(A产品)　　　　　　　　100,000
　　　　银行存款　　　　　　　　　　　　　　　3,000
借:主营业务成本(A产品)　　　　　　　　 90,000
　　贷:库存商品(A产品)　　　　　　　　　　 90,000

(2)假定公司收到补价2000元。

借:固定资产—办公设备及家具　　　　　　101,000
　　贷:主营业务收入(A产品)　　　　　　　　100,000
　　　　银行存款　　　　　　　　　　　　　　　1,000
借:主营业务成本(A产品)　　　　　　　　 90,000
　　贷:库存商品(A产品)　　　　　　　　　　 90,000

(3)假定公司支付补价2000元。

借:固定资产—办公设备及家具　　　　　　105,000
　　贷:主营业务收入(A产品)　　　　　　　　100,000

银行存款	5,000
借:主营业务成本(A产品)	90,000
贷:库存商品(A产品)	90,000

➤ 领用原材料

发出原材料的实际成本采用加权平均法计算。计算公式如下:

加权平均单位成本＝[期初存货成本＋(本期各批购入数量×各该批购入单位成本)之和]÷
　　　　　　　　　[期初存货数量＋本期各批购入数量之和]

本期发出存货成本＝本期发出存货数量×加权平均单位成本

采用加权平均法当期各批发出存货的计价一致,日常发出材料时只统计发出材料的数量,月末一次做发出材料的成本费用结转分录。

(1)公司 20＊7 年 3 月从钢材库领用钢材合计 700 吨,其中承包 A 工程项目领用 400 吨、自建办公楼领用 300 吨。该类材料的收发情况计价如下:

3月	项目	收 入			发 出		
	摘要	数量(吨)	单价(元/吨)	总成本(元)	数量(吨)	单价(元/吨)	总成本(元)
	期初结存	200	1,050	210,000			
10	购入	300	1,100	330,000			
15	工程施工领用				200		
15	工程施工领用				200		
18	购入	400	1,200	480,000			
24	在建工程领用				100		
24	在建工程领用				200		
31	购入	100	1,150	115,000			
	本月累计发生额	800	1,156	925,000	700		
	本月加权平均单位成本	1,000	1,135	1,135,000			
	本月发出成本合计				700	1,135	794,500
	期末结存	300	1,135	340,500			

月末统计,工程施工领用:400×1,135＝454,000 元;在建工程领用:300×1,135＝340,500 元。结转成本费用分录如下:

借:工程施工—合同成本—材料费(A 工程)　　454,000
　　在建工程—建筑工程—直接成本(办公楼)　340,500
　　贷:原材料—主要材料(钢材)　　　　　　　　794,500

(2)某二级公司 20＊7 年 3 月 1 日的锅炉技改工程从原材料库领用乙材料一批,该批材料加权平均实际成本 120,000 元。

借:在建工程—建筑工程—直接成本(技术改造工程)　120,000
　　贷:原材料—主要材料(乙材料)　　　　　　　　　　120,000

(3)某二级公司 20＊7 年 3 月 2 日的从原材料库领用乙材料一批,该批材料加权平均实际成本120,000 元,其中:生产 A 产品领用 100,000 元,辅助车间领用 20,000 元。

借:生产成本—基本生产成本—原材料费(A 产品)　　100,000
　　　　　　—辅助生产成本　　　　　　　　　　　　20,000
　　贷:原材料—主要材料(乙材料)　　　　　　　　　　120,000

➤ 出售原材料

出售原材料时,按已收或应收的款项,借记"银行存款"或"应收账款"等科目,贷记"其他业务收入"

科目;月度终了,按出售原材料的实际成本,借记"其他业务成本"科目,贷记"原材料"科目。

例:公司20*7年4月9日出售不需用的钢材一批,售价130,000元,该批钢材的实际成本110,000元,款项已全部收到存入银行。

  借:银行存款   130,000
    贷:其他业务收入——材料销售   130,000
  借:其他业务成本——材料销售   110,000
    贷:原材料——主要材料(钢材)   110,000

> **工程完工后剩余物资转为原材料**

(1)在建工程完工后剩余物资转为原材料时,应按实际成本借记"原材料"科目,贷记"工程物资"科目。

例:某二级公司的锅炉改造工程完工,剩余的钢管转为生产用的原材料,该批钢管的实际成本11,700元,已验收入库。

  借:原材料——主要材料(钢管)   11,700
    贷:工程物资——专用材料   11,700

(2)建造合同完工后剩余物资转为原材料时,应按实际成本借记"原材料"科目,贷记"工程施工"科目。

例:A工程承包完工,未使用完的剩余钢管办理退库,该批钢管的实际成本11,700元,已验收入库。

  借:原材料——主要材料(钢管)   11,700
    贷:工程施工——合同成本——材料费 11,700

三、库存商品

(一)库存商品

(1)库存商品——产成品是指已经完成全部生产过程并验收入库,可以作为商品对外销售的产品。公司接受外来原材料加工制造的代制品和为外单位加工修理的代修品,制造和修理完成验收入库后应视同公司的产成品。产成品按实际成本计价,发出产成品时按加权平均法计算发出商品的成本。

(2)库存商品——外购商品是指经营批发商品流通公司库存的外购商品、自制商品产品、存放在门市部准备出售的商品、发出展览的商品以及寄存在外库的商品等。经营批发商品的公司按商品进价进行核算,发出库存商品时按加权平均法计算发出商品的成本。

(3)库存商品——开发产品指房地产开发公司已经完成全部建造过程并竣工验收入库,可以按照合同规定的条件送交用户,或者可以作为商品房对外销售的产品。开发产品按实际成本计价。

(4)公司的在建工程领用自制半成品、库存商品,连同半成品、库存商品的成本一并计入工程成本。

1. 会计科目

(1)总账科目:"库存商品"。

(2)明细科目:按产成品、外购商品、开发产品等设置二级明细科目。

"库存商品——产成品"借方核算已经完成全部生产过程并验收入库的产品实际成本;贷方核算公司减少的产成品的实际成本;期末余额在借方,反映公司尚未销售的产成品的实际成本。

"库存商品——外购商品"科目借方核算公司增加的库存商品的实际成本;贷方核算公司减少的库存商品的实际成本;期末余额在借方,反映公司库存商品的实际成本。

"库存商品——开发产品"科目借方核算公司增加的竣工验收后的完工开发产品的实际成本;贷方核算公司减少的开发产品的实际成本;期末余额在借方,反映公司开发产品的实际成本。

公司接受外来原材料加工制造的代制品和为外来单位加工修理的代修品,在制造和修理完毕验收入库后,视同公司的产品,在"产成品"科目核算。

可以降价出售的不合格品,也在"库存商品"科目核算,但应当与合格产品或商品分开记账。

委托外单位加工的商品,在"委托加工物资"科目核算,不在"库存商品"科目核算。

已经完成销售手续,但购买单位在月末未提取的库存商品,应作为代管商品处理,单独设置代管商品备查簿,不在"库存商品"科目核算。

2. 会计事项

> 制造公司产成品的收入与发出

公司规定产成品按实际成本进行核算。在这种情况下,产成品的收入、发出和销售,平时只记数量不记金额;月度终了,计算入库产成品的实际成本;对发出和销售的产成品,采用加权平均法确定其实际成本。

公司生产完成验收入库的产成品,按实际成本,借记"库存商品—产成品"科目,贷记"生产成本"等科目。

对外销售产成品(包括采用分期收款方式销售产成品),结转销售成本时,借记"主营业务成本"科目,贷记"库存商品—产成品"科目;按供货合同发给客户的产成品,不符合收入确认条件的已发出商品,以及公司委托其他单位代销的商品,按实际成本借记"发出商品"科目,贷记"库存商品—产成品"科目。

(1) 公司 20*7 年 5 月 30 日对本月生产完成的产成品按实际成本 8,000,000 元验收入库。

借:库存商品—产成品　　　　　　　　　　　　8,000,000
　　贷:生产成本—基本生产成本　　　　　　　　　　　　8,000,000

(2) 公司 20*7 年 6 月 3 日发出已订销售合同的商品,按加权平均法计算、结转已确认收入的发出商品的实际成本 530,000 元。

借:主营业务成本—自营成本　　　　　　　　　　530,000
　　贷:库存商品　　　　　　　　　　　　　　　　　　　530,000

> 商品流通企业库存商品的收入与发出

公司购入的商品,在商品到达验收入库后,按商品的实际成本,包括购买价款、相关税费、运输费、装卸费、保险费以及其他可归属于库存商品采购成本的费用等,借记"库存商品—外购商品"科目,贷记"银行存款"等科目;公司委托外单位加工收回的商品,按商品加工完成的实际成本,借记"库存商品"科目,贷记"委托加工物资"科目。

商品流通公司也可以将归属于存货采购成本的进货费用单独进行归集,期末,按照所购商品的存销情况进行分摊。对已销售商品的进货费用,计入主营业务成本;对于未售商品的进货费用,计入存货成本。商品流通企业采购商品的进货费用金额较小的,可以在发生时直接计入当期销售费用。

公司销售发出的商品,结转发出商品成本时,按移动加权平均法计算已发出商品的成本。公司结转发出商品成本时,借记"主营业务成本"、"发出商品"等科目,贷记"库存商品"科目。

(1) 公司 20*7 年 5 月 12 日从甲公司购进一批商品,商品的实际成本 60,000 元,专用发票上注明的增值税 10,200 元,全部款项通过银行存款支付。商品已全部验收入库。

借:库存商品　　　　　　　　　　　　　　　　60,000
　　应交税费—应交增值税—进项税额　　　　　10,200
　　贷:银行存款　　　　　　　　　　　　　　　　　　70,200

(2) 公司 20*7 年 5 月 31 日已确认销售收入的商品销售成本按加权平均法计算,确定已发出商品的销售成本为 30,000 元。

借:主营业务成本　　　　　　　　　　　　　　30,000
　　贷:库存商品　　　　　　　　　　　　　　　　　　30,000

> 房地产公司开发产品的转入与转出

房地产公司的开发项目完成开发并竣工验收后,应结转开发成本转入存货核算;向客户办妥移交手续后,确认销售收入的实现,同时结转相应的销售成本。

(1)竣工房屋开发成本的结转,即开发产品的转入
借:库存商品—开发产品—房屋
　　贷:开发成本—房屋开发
(2)对外销售房屋成本的结转,即开发产品的转出
借:主营业务收入—自营收入
　　贷:库存商品—开发产品—房屋

参见本核算办法之"收入"、"成本和费用"之房地产部分。

➤ **通过债务重组、非货币性资产交换取得的库存商品或产成品**

参见本核算办法之"债务重组"内容。

➤ **库存商品的自用**

①在建工程领用库存商品,应按库存商品的实际成本与按售价计算的销项税额,借记"在建工程"科目,按领用库存商品的实际成本,贷记"库存商品"科目,按商品售价计算的销项税额,贷记"应交税费—应交增值税—销项税额"科目。

例:公司于20*7年6月18日自营设备的技术改造工程领用公司的库存商品一批,成本8,000元,计税价格10,000元。

借:在建工程—安装工程(技术改造工程)　　　　9,700
　　贷:库存商品　　　　　　　　　　　　　　　　8,000
　　　　应交税费—应交增值税—销项税额　　　　1,700

②房地产公司将开发产品自用。

会计处理:房地产公司将开发产品转为自用的,不符合确认收入的条件,只能按账面成本结转固定资产,不确认收入。应视同自用固定资产或投资性房地产进行处理,并将营业性配套设施的实际成本,借记"固定资产"或"投资性房地产"科目,贷记"库存商品—开发产品—配套设施"。

例:房地产公司20*7年6月1日,将自己开发拟出售的营业性配套设施门面房自用,用于安排过剩职工,门面房开发成本800,000元。

借:固定资产—房屋建筑物　　　　　　800,000
　　贷:库存商品—开发产品—配套设施　　　　800,000

四、发出商品

"发出商品"科目用于核算公司商品销售不满足收入确认条件但已发出商品的实际成本(或进价)。

1. **会计科目**

(1)总账科目:"发出商品"。
(2)明细科目:按照购货单位及商品类别和品种设置明细账。

"发出商品"科目借方核算不满足收入确认条件的发出商品以及委托其他单位代销的商品的实际成本;贷方核算公司商品销售中,已满足收入确认条件的发出商品以及委托其他单位售出的商品的实际成本;期末余额在借方,反映公司商品销售中,不满足收入确认条件的已发出商品的实际成本(或进价)。

委托其他单位代销的商品,按照受托单位进行明细核算。

2. **会计事项**

➤ **不满足收入确认条件的发出商品**

对于不满足收入确认条件的发出商品,应按发出商品的实际成本(或进价)借记"发出商品"科目,贷记"库存商品"科目。

例:公司于20*7年5月2日向甲公司销售产品一批,成本为300,000元,增值税专用发票上注明

的售价 400,000 元,增值税 68,000 元,预计产品发出后需一周运达甲公司。双方约定在甲公司验收货物,办理货物交接后,甲公司支付货款。

  借:发出商品—甲公司   300,000
    贷:库存商品   300,000

> **发出商品成本的结转**

发出商品满足收入确认条件时,应结转销售成本,借记"主营业务成本"科目,贷记"发出商品"科目。

例:承上例,20 * 7 年 6 月 10 日,甲公司在验收货物,并签署交接手续后,用银行承兑汇票向公司支付的货款 468,000 元。

  借:主营业务成本—自营成本   300,000
    贷:发出商品—甲公司   300,000
  借:应收票据—银行承兑汇票   468,000
    贷:主营业务收入—自营收入   468,000

> **委托代销商品**

委托代销的商品,应在商品发交受托单位后,按实际成本,借记"发出商品"科目,贷记"库存商品"科目。收到代销单位报来的代销清单时,按应收金额,借记"应收账款"科目,按应确认的收入,贷记"主营业务收入"、"其他业务收入"科目,按应交的增值税额,贷记"应交税费—应交增值税—销项税额"科目;按应支付的代销手续费等,借记"销售费用"科目,贷记"应收账款"科目。同时按代销商品的实际成本,借记"主营业务成本"、"其他业务成本"科目,贷记"发出商品"科目。

(1)公司 20 * 7 年 1 月 1 日发交丁公司开关柜 200 台,委托其代销。单位成本 5,000 元。

  借:发出商品(丁公司)   1,000,000
    贷:库存商品   1,000,000

(2)同上例,20 * 7 年 1 月 24 日收到丁公司转来的代销清单,在清单上注明已销售 30 台,价款 600,000 元,增值税款 102,000 元,代销手续费 900 元。

  ①借:应收账款(丁公司)   702,000
     贷:主营业务收入—外部收入   600,000
       应交税费—应交增值税—销项税额 102,000
  借:主营业务成本—外部业务   150,000
    贷:发出商品(丁公司)   150,000
  ②支付手续费时:
  借:销售费用—销售服务费   900
    贷:应收账款(丁公司)   900

五、委托加工物资

委托加工物资是指公司由于材料供应、工艺设备条件的限制等原因,将一些材料物资委托外单位加工改制成满足公司生产经营或销售需要的材料物资。

1.会计科目

(1)总账科目:"委托加工物资"。
(2)明细科目:按加工合同、受托加工单位以及加工物资的品种等设置二级明细科目。

"委托加工物资"科目借方核算公司委托外单位加工各种物资的实际成本,包括发给受托单位加工材料物资的实际成本,支付的加工费用、运杂费和应计入委托加工物资成本的税金等;贷方核算收回的委托外单位加工各种物资和剩余物资的实际成本;期末余额在借方,反映公司委托外单位加工但尚未加工完成物资的实际成本。

本科目应按加工合同和受托加工单位设置明细科目,反映加工单位名称、加工合同号数、发出加工物资的名称、数量,发生的加工费用和运杂费,退回剩余物资的数量、实际成本,以及加工完成物资的实际成本等资料。

2.会计事项

➢ 发出委托加工物资与支付加工费用

发给外单位加工的物资,按实际成本,借记"委托加工物资"科目,贷记"原材料"、"库存商品"等科目。

支付加工费、运杂费等,借记"委托加工物资"科目,贷记"银行存款"等科目;需要交纳消费税的委托加工物资,由受托方代收代交的消费税,借记"委托加工物资"科目(收回后用于直接销售的)或"应交税费—应交消费税"科目(收回后用于继续加工的),贷记"应付账款"、"银行存款"等科目。

(1)公司20*7年5月26日委托甲公司加工包装木箱一批,发出木材的实际成本为150,000元。

借:委托加工物资　　　　　　　　　　　150,000
　　贷:原材料—主要材料　　　　　　　　　　　150,000

(2)公司20*7年6月10日支付给甲公司的加工费12,000元,专用发票上注明的增值税额为2,040元。

借:委托加工物资　　　　　　　　　　　12,000
　　应交税费—应交增值税—进项税额　　　2,040
　　贷:银行存款　　　　　　　　　　　　　　　14,040

➢ 收回委托加工物资

加工完成验收入库的物资,按加工收回已验收入库的库存商品的实际成本,借记"库存商品"科目,贷记"委托加工物资"科目;按加工收回已验收入库的原材料等的实际成本,借记"原材料"、"包装物及低值易耗品"科目,贷记"委托加工物资"科目。

受托加工单位退回的剩余材料,验收入库时,按其实际成本,借记"原材料"科目,贷记"委托加工物资"科目。

例:公司20*7年6月28日将委托甲公司加工的包装木箱收回,按实际成本160,000元验收入库。受托加工单位退回一部分木材的实际成本2,600元,已验收入库。

①退回的木材:
借:原材料—主要材料　　　　　　　　　2,600
　　贷:委托加工物资　　　　　　　　　　　　　2,600

②加工完成的包装物验收入库:
借:包装物　　　　　　　　　　　　　　160,000
　　贷:委托加工物资　　　　　　　　　　　　160,000

六、包装物及低值易耗品

(一)包装物及低值易耗品核算的规定

(1)包装物是指为了包装本公司商品而储备的各种包装容器,如桶、箱、瓶、坛、袋等。包括:生产过程中用于包装产品作为产品组成部分的包装物;随同商品出售而不单独计价的包装物;随同商品出售而单独计价的包装物;出租或出借给购买单位使用的包装物。

各种包装材料,如纸、绳、铁丝、铁皮等,应在"原材料"科目内核算;单独列作公司商品产品的自制包装物,应作为库存商品核算;随同商品购入的商品包装物计入购入商品的成本,不作为包装物及低值易耗品核算;公司借入、租入的包装物应在备查簿上登记。包装物采用实际成本计价,领用包装物时采用一次转销法。

(2)低值易耗品是指不能作为固定资产的各种用具物品,如工具、管理用具、办公家具、玻璃器皿,以及在经营过程中周转使用的包装容器等。领用低值易耗品采用一次转销法。在用低值易耗品,以及使用部门退回仓库的低值易耗品,应加强实物管理,并在备查簿上进行登记。

(二)包装物及低值易耗品的核算

1.会计科目

(1)总账科目:"包装物"、"低值易耗品"。

(2)明细科目:按照包装物和低值易耗品的种类设置二级明细科目。

"包装物"、"低值易耗品"科目借方核算公司增加的各种包装物和低值易耗品的实际成本;贷方核算减少的包装物和低值易耗品的实际成本;期末余额在借方,反映公司包装物和低值易耗品的实际成本。

2.会计事项

> **包装物的增加**

公司购入、自制、委托外单位加工完成验收入库的包装物、接受的债务人以非现金资产抵偿债务方式取得的包装物、非货币性资产交换取得的包装物等,比照"原材料"科目的相关规定进行核算。

> **领用包装物**

生产领用包装物,借记"生产成本"等科目,贷记"包装物"科目;随同商品出售但不单独计价的包装物,借记"销售费用"科目,贷记"包装物"科目;随同商品出售并单独计价的包装物,借记"其他业务成本"科目,贷记"包装物"科目。

(1)公司20*7年5月26日财务稽核仓库包装物领料单,其中基本生产车间领用的包装物成本为3,400元。

借:生产成本——基本生产成本　　　　　3,400
　　贷:包装物　　　　　　　　　　　　　　　3,400

(2)公司20*7年5月26日财务稽核仓库包装物领料单,其中随同商品出售但不单独计价的包装物成本为4,000元。

借:销售费用——包装费　　　　　　　　4,000
　　贷:包装物　　　　　　　　　　　　　　　4,000

(3)公司20*7年5月26日财务稽核仓库包装物领料单,其中随同商品出售并单独计价的包装物成本为5,000元。

借:其他业务成本——销售材料　　　　　5,000
　　贷:包装物　　　　　　　　　　　　　　　5,000

> **出租包装物**

出租包装物,在第一次领用新包装物时,应结转成本,借记"其他业务成本"等科目,贷记"包装物"科目。以后收回已使用过的出租包装物,应加强实物管理,并在备查簿上进行登记。

收到出租包装物的租金,借记"银行存款"等科目,贷记"其他业务收入"等科目。收到出租包装物的押金,借记"银行存款"等科目,贷记"其他应付款"科目,退回押金做相反会计分录。

对于逾期未退回包装物,按没收的押金,借记"其他应付款"科目,按应交的增值税,贷记"应交税费——应交增值税——销项税额"科目,按其差额,贷记"其他业务收入"科目。这部分没收的押金收入应交的消费税等税费,计入其他业务成本,借记"其他业务成本",贷记"应交税费——应交消费税"等科目;对于逾期未退回的包装物,除没收的押金外加收的押金,应转作营业外收入处理,公司应按加收的押金金额,借记"其他应付款"科目,按应交的增值税、消费税等税费,贷记"应交税费"等科目,按其差额,贷记"营业外收入"科目。

出租的包装物,不能使用而报废时,按其残料价值,借记"原材料"等科目,贷记"其他业务成本"等科目。

(1)公司20＊7年5月26日财务稽核仓库包装物领料单,按实际成本汇总,其中出租包装物500元。

  借:其他业务成本   500
    贷:包装物   500

(2)公司20＊7年5月27日收到甲公司包装物租金20,000元。

  借:银行存款   20,000
    贷:其他业务收入   20,000

(3)公司20＊7年5月27日收到乙公司交来的出租包装物押金8,000元支票。

  借:银行存款   8,000
    贷:其他应付款—押金   8,000

(4)公司20＊7年5月27日按规定没收丙公司逾期未退回的包装物押金2,000元,按规定应缴纳的增值税290元。

  借:其他应付款—押金   2,000
    贷:其他业务收入   1,710
      应交税费—应交增值税—销项税额   290

(5)公司20＊7年5月27日收到丙公司退回的出租包装物已不能再使用,其残料按实际成本100元验收入库。

  借:原材料—材料   100
    贷:其他业务成本—出租包装物的成本   100

(6)甲企业销售一批商品给乙企业,收取随商品出售的包装物加收的押金11,700元。这批商品适用的增值税税率为17％,假定不涉及消费税和不考虑城市维护建设税、教育费附加等因素。假如包装物逾期未退回,则:

  借:其他应付款—押金   11,700
    贷:应交税金—应交增值税—销项税额   1,700
      营业外收入   10,000

> **出借包装物**

第一次领用出借包装物,按其实际成本借记"销售费用"科目,贷记"包装物"科目。

出借包装物收取的押金,借记"银行存款"科目,贷记"其他应付款"科目,退回押金时作相反的会计分录。

(1)公司20＊7年1月8日收到西方公司租借包装物交来的押金30,000元。

  借:银行存款   30,000
    贷:其他应付款—存入保证金(西方公司) 30,000

(2)公司20＊7年1月10日将一批新木箱出借给西方公司,该批木箱的实际成本20,000元。

  借:销售费用—包装费   20,000
    贷:包装物   20,000

> **低值易耗品的增加**

公司购入、自制、委托外单位加工完成并已验收入库的低值易耗品、公司接受的债务人以非现金资产抵偿债务方式取得的低值易耗品、非货币性资产交换取得的低值易耗品,比照原材料的核算进行会计处理。

> **领用低值易耗品**

在领用时将其价值全部一次摊入有关的成本费用,借记"生产成本"、"制造费用"、"管理费用"、"销售费用"等科目,贷记"低值易耗品"科目。

例:公司20*7年5月29日将各单位领用的低值易耗品领料单稽核汇总:生产车间领用47,000元、管理部门3,500元。

借:生产成本—合同成本—间接费用—低值易耗品摊销 47,000
　　管理费用—低值易耗品摊销 3,500
　　贷:低值易耗品 50,500

➤ **毁损、报废的低值易耗品**

已领用的低值易耗品发生毁损、报废时,应将毁损、报废低值易耗品的残料价值作为当月低值易耗品摊销额的减少,冲减有关成本费用,借记"原材料"等科目,贷记"生产成本"、"制造费用"、"管理费用"等科目。

例:如公司20*7年5月26日领用的管理用具一批因毁损处置,其残值作价800元作为原材料验收入库。

借:原材料—主要材料 800
　　贷:管理费用—低值易耗品摊销 800

七、周转材料

(一)周转材料核算的规定

周转材料是指公司能够多次使用,并可基本保持原来的形态而逐渐转移其价值的材料,主要包括钢模板、木模板、脚手架和其他周转材料等。周转材料应按下述规定核算:

(1)根据购入、自制、委托外单位加工完成并已验收入库的周转材料、施工公司接受的债务人以非现金资产抵偿债务方式取得的周转材料、非货币性交易取得的周转材料等不同的取得来源,以及周转材料的清查盘点,比照"原材料"科目的相关规定分别确定实际成本。

(2)施工中领用的易腐、易糟的周转材料,领用时采用一次摊销法一次计入成本、费用;工程项目专用周转材料,在项目周期内摊销;其他周转材料,按预计使用次数不超过三年摊销,特殊情况下不超过五年。

(3)周转材料领用时,按其全部价值,借记本科目(在用周转材料),贷记本科目(在库周转材料);退库时,按其全部价值,借记本科目(在库周转材料),贷记本科目(在用周转材料)。

(4)周转材料提前报废时需补提摊销额,报废周转材料的残料价值作为冲减有关成本、费用,同时将已提摊销额冲减在用周转材料。

(5)在用周转材料,以及使用部门退回仓库的周转材料,应当加强实物管理,并在备查簿上进行登记。

(二)周转材料的核算

1. 会计科目

(1)总账科目:"周转材料"。
(2)明细科目:设置"在库"、"在用"和"摊销"三个明细科目,并按周转材料的种类设置明细账,进行明细核算。

"周转材料"科目借方核算公司增加的各种周转材料的实际成本;贷方核算减少的周转材料的实际成本;期末余额在借方,反映在库周转材料的实际成本,以及在用周转材料的摊余价值。

2. 会计事项

➤ **外购的周转材料**

比照前述"原材料"的相关规定进行会计处理。

➢ **领用周转材料**

采用一次转销法领用的周转材料,按其实际成本,借记"工程施工"或"生产成本"、"销售费用"等科目,贷记"周转材料"科目。

采用分次摊销法领用的周转材料,按其实际成本,借记"周转材料—在用",贷记"周转材料—在库"科目。

(1)某施工公司20*7年2月领用周转材料竹竿1,000根,做厂房脚手架,每根价格20元,金额20,000元一次计入施工成本。

借:工程施工—合同成本(厂房)　　　　　　　　20,000
　　贷:周转材料—在库(脚手架)　　　　　　　　　　20,000

(2)某施工公司20*7年2月领用周转材料木模板800块,每块价格200元,领用钢模板1,000块,每块价格360元,共计520,000元。

借:周转材料—在用(木模板)　　　　　　　　　160,000
　　贷:周转材料—在库(木模板)　　　　　　　　　　160,000
借:周转材料—在用(钢模板)　　　　　　　　　360,000
　　贷:周转材料—在库(钢模板)　　　　　　　　　　360,000

➢ **周转材料的摊销**

采用分次摊销法计算出在用周转材料的摊销额时,借记"工程施工"科目,贷记"周转材料—摊销"科目。

(1)上述木模板按预计使用5次计算摊销额,20*7年2月使用一次应摊销32,000元(200元×800块/5次)。

借:工程施工—合同成本(厂房)　　　　　　　　32,000
　　贷:周转材料—摊销　　　　　　　　　　　　　　32,000

(2)上述钢模板按预计使用期限3年计算摊销额,20*7年2月应摊销10,000元(360元×1000块/36月)。

借:工程施工—合同成本(厂房)　　　　　　　　10,000
　　贷:周转材料—摊销　　　　　　　　　　　　　　10,000

➢ **周转材料的退库**

已领未用的周转材料办理退库时,按其实际成本,借记"周转材料—在库"科目,贷记"周转材料—在用"科目。

例:上述钢模板500块20*7年10月退库,计180,000元。

借:周转材料—在库(钢模板)　　　　　　　　　180,000
　　贷:周转材料—在用(钢模板)　　　　　　　　　　180,000

注:退库的周转材料不管是已经使用或未使用过均按其全部价值计价。已摊销的价值不作结转。

➢ **周转材料的报废**

采用一次转销法的周转材料报废时,将报废周转材料的残值收入,借记"银行存款"、"原材料"等科目,贷记"工程施工"科目。

(1)上述领用的竹竿20*7年10月全部报废,报废后出售收回1,000元。

借:银行存款　　　　　　　　　　　　　　　　　1,000
　　贷:工程施工　　　　　　　　　　　　　　　　　1,000

采用分期摊销法、定额摊销法、或分次摊销法的周转材料报废时,应在报废当月计算出补提的摊销额,借记"工程施工"科目,贷记"周转材料—摊销"科目;将报废周转材料的残值,借记"原材料"等科目,贷记"工程施工"等科目,然后将报废周转材料已提的累计摊销额,借记"周转材料—摊销"科目,贷记"周转材料—在用"科目。

(2)20*7年11月上述木模板有600块使用4次报废,应补提摊销额32,000元,收回残值6,000元。

① 补提摊销额[200元×600块×(1－4次/5次)]

借:工程施工—合同成本(厂房)　　　　　　　　24,000
　　贷:周转材料—摊销　　　　　　　　　　　　　　　24,000

② 结转报废周转材料(200元×600块＝120,000元)

借:周转材料—摊销　　　　　　　　　　　　　　120,000
　　贷:周转材料—在用　　　　　　　　　　　　　　　120,000

③ 转报废周转材料残值

借:原材料　　　　　　　　　　　　　　　　　　　6,000
　　贷:工程施工—合同成本(厂房)　　　　　　　　　　6,000

八、开发产品

(一)开发产品核算的规定

开发产品是指企业已经完成全部开发建设过程,并已验收合格,符合国家建设标准和设计要求,可以按照合同规定的条件移交订购单位、对外销售的产品,包括土地(建设场所)、房屋、配套设施和代建工程等。

(二)开发产品核算

1. 会计科目

"开发产品"科目核算公司开发产品的增加、减少及结存情况。该科目借方核算已竣工验收的开发产品的实际成本,贷方核算月末结转的已销售、转让的开发产品的实际成本。月末借方余额为尚未销售、转让的开发产品的实际成本。该科目按照开发产品的类别(如分期、分栋等)设置明细科目。

2. 会计事项

➢ **开发产品增加**

开发产品竣工验收时,应按实际成本借记"开发产品"科目,贷记"开发成本"科目。

例:公司根据竣工验收单,本月A住宅一期已完工开发产品成本为1,400万元。其中,土地100万元,前期工程费100万元,基础设施费200万元,建筑安装费600万元,配套设施费300万元,开发间接费用100万。

借:开发产品—A住宅一期　　　　　　　　　　14,000,000
　　贷:开发成本—土地费用　　　　　　　　　　　　1,000,000
　　　　　　—前期工程费　　　　　　　　　　　　1,000,000
　　　　　　—基础设施费　　　　　　　　　　　　2,000,000
　　　　　　—建筑安装费　　　　　　　　　　　　6,000,000
　　　　　　—配套设施费　　　　　　　　　　　　3,000,000
　　　　　　—开发间接费用　　　　　　　　　　　1,000,000

➢ **开发产品减少**

对于减少的开发产品,应区分不同情况进行会计处理。

(1)公司对外转让、销售开发产品时,应于月份终了时按已完工开发产品的实际成本,借记"主营业务成本"科目,贷记"开发产品"科目;

(2)公司将开发产品用于出租,符合投资性房地产确认条件时,应按照确认的建造成本,借记"投资

性房地产"科目,贷记"开发产品"科目;

(3)公司将开发的房屋转为自用,应于房屋自用时,按照开发产品的实际成本,借记"固定资产"科目,贷记"开发产品"科目。

例:公司20*7年6月1日,将自己开发拟出售的营业性配套设施自用,开发产成本800,000元。

借:固定资产—房屋建筑物　　　　　　　　800,000
　　贷:开发产品—配套设施　　　　　　　　800,000

九、"开发成本"的核算

开发成本是指房地产开发过程中所发生的成本性支出,包括土地费用、前期工程费、建筑安装工程费、基础设施费、公共配套设施费、开发间接费、资本化融资费用等,开发成本在转入开发产品之前,在报表中以"存货"项目列示,其具体核算详见第十章"成本和费用"。

十、存货跌价准备

(一)存货跌价准备提取的规定

存货跌价准备是指公司由于存货遭受毁损、全部或部分陈旧过时或销售价格低于成本等原因,针对使存货成本不可收回的部分而提取的跌价准备。存货跌价准备应按以下规定提取:

(1)资产负债表日,存货采用按成本与可变现净值孰低计价核算,并按单个存货项目的可变现净值低于成本的差额提取存货跌价准备。

(2)可变现净值是指公司在日常活动中,以存货的估计售价减去至完工时将要发生的成本、销售费用以及相关税费后的金额。公司销售存货预计取得的现金流入,并不完全构成存货的可变现净值。由于存货在销售过程中可能发生相关税费和销售费用,以及为达到预定可销售状态还可能发生进一步的加工成本,这些相关税费、销售费用和成本支出,均构成存货销售产生现金流入的抵减项目,只有在扣除这些现金流出后,才能确定存货的可变现净值。为执行销售合同或者劳务合同而持有的存货,其可变现净值应当以合同价格为基础计算。存货的可变现净值要以确凿证据为基础计算确定。存货可变现净值的确凿证据,是指对确定存货的可变现净值有直接影响的确凿证明,如产品或商品的市场销售价格、与公司产品或商品相同或类似商品的市场销售价格、供货方提供的有关资料、销售方提供的有关资料、生产成本资料等。

(3)不同存货可变现净值的确定。

①产成品、商品和用于出售的材料等直接用于出售的商品存货,在正常生产经营过程中,当以该存货的估计售价减去估计的销售费用和相关税费后的金额确定其可变现净值。

②用于生产的材料、在产品或自制半成品等需要经过加工的材料存货,在正常生产经营过程中,应当以所生产的产成品的估计售价减去至完工时估计将要发生的成本、估计的销售费用以及相关税费后的金额确定其可变现净值。

③工程施工合同,如果合同预计总成本将超过合同预计总收入,应将预计损失立即确认为当期费用。

(4)通常表明存货的可变现净值低于成本的情形。

①存货存在下列情形之一的,表明存货的可变现净值低于成本:

A.该存货的市场价格持续下跌,并且在可预见的未来无回升的希望;

B.公司使用该项原材料生产的产品的成本大于产品的销售价格;

C.公司因产品更新换代,原有库存原材料已不适应新产品的需要,而该原材料的市场价格又低于其账面成本;

D.因公司所提供的商品或劳务过时或消费者偏好改变而使市场的需求发生变化,导致市场价格逐渐下跌;

E.其他足以证明该项存货实质上已经发生减值的情形。

②存货存在下列情形之一的,表明存货的可变现净值为零:

A.已霉烂变质的存货;

B.已过期且无转让价值的存货;

C.生产中已不再需要,并且已无使用价值和转让价值的存货;

D.其他足以证明已无使用价值和转让价值的存货。

(5)资产负债表日对存货进行计量时,如果同一类存货,其中一部分是有合同价格约定的,另一部分则不存在合同价格。在这种情况下,公司应区分有合同价格约定的和没有合同价格约定的两个部分,分别确定其期末可变现净值,并与其相对应的成本进行比较,从而分别确定是否需要计提存货跌价准备,由此计提的存货跌价准备不得相互抵销。因存货价值回升而转回的存货跌价准备,按上述同一原则确定当期应转回的金额。

(二)存货跌价准备的核算

1.会计科目

(1)总账科目:"存货跌价准备"。

(2)明细科目:按"存货减值准备"、"合同预计损失准备"设置二级明细科目。

"存货跌价准备"科目贷方核算公司应提取的存货跌价准备,借方核算已计提跌价准备的存货价值又恢复而减少和发出存货结转的存货跌价准备;期末余额在贷方,反映公司已计提但尚未转销的存货跌价准备。

2.会计事项

(1)一般企业

> **应计提的存货跌价准备**

资产负债表日,公司计算出存货可变现净值低于成本的差额,计算需要计提的存货跌价准备时,借记"资产减值损失—存货跌价准备"科目,贷记"存货跌价准备"科目。

例:公司20*7年6月30日,期末按规定应计提丁存货的跌价准备15,000元,该存货原已提取存货跌价准备10,000元。20*7年11月30日,公司将丁存货全部对外销售。

借:资产减值损失—存货减值损失　　　　　　5,000
　　贷:存货跌价准备—存货减值准备　　　　　　　5,000
借:存货跌价准备—存货减值准备　　　　　　15,000
　　贷:主营业务成本　　　　　　　　　　　　　　15,000

> **存货价值回升**

如果已经计提了跌价准备的存货价值以后又得以恢复,应按恢复增加的数额,借记"存货跌价准备"科目,贷记"资产减值损失—存货跌价准备"科目。但是,当已计提跌价准备的存货价值以后又得以恢复,其冲减跌价准备金额,应以"存货跌价准备"科目的余额冲减至零为限。

例:公司20*8年6月30日,已计提跌价准备的丁存货价值又得以恢复4,000元。

借:存货跌价准备—存货减值准备　　　　　　4,000
　　贷:资产减值损失—存货减值准备　　　　　　　4,000

(2)施工企业

原则:如有确切证据表明,合同的预计总收入或合同预计总成本发生变动导致合同预计损失发生变动,应相应调整"存货跌价准备"及"资产减值损失"的金额。如由于进度增加导致合同预计损失减少的部分计入"主营业务成本"。

根据准则、指南、讲解的规定,施工企业合同预计损失的会计处理具体说明如下:

合同总损失＝预计总成本－合同总收入
　　　　　＝合同毛利(已实现的合同损失)＋合同预计损失(未实现的合同损失)

①初始确认

期末,根据合同总收入、预计合同总成本确定合同总损失,根据合同总损失×(1－完工进度)的金额确定"存货跌价准备—合同预计损失"及"资产减值损失"的金额。

②合同总损失的后续计量

合同总损失增加、减少或不变的情况:

首先根据新的合同总收入、总成本和合同完工进度确认合同毛利(或已实现的合同损失),然后计算期末合同预计损失。期初合同预计损失根据完工进度增加而减少的部分冲减"主营业务成本",其他的变动计入"资产减值损失"。

③合同完工年度,将剩余的存货跌价准备("合同预计损失")全部冲减"主营业务成本",该合同完工年度"合同预计损失"科目的余额为零。

> **施工合同开工前预计损失**

施工合同签订后如果工程预计成本大于预计收入,应立即确认损失计入资产减值损失。

①例:某工程合同金额为1,000万元,预计合同成本为1,100万元,即预计亏损100万元,合同毛利率为－10%。

借:资产减值损失—合同预计损失　　　　1,000,000
　　贷:存货跌价准备—合同预计损失准备　　1,000,000

②同上例:第一年,已完工程实际支出为50万元,已确认的结算收入30万元,实际收到的工程款20万元。

借:工程施工—合同成本　　　　　　　　500,000
　　贷:银行存款等　　　　　　　　　　　500,000
借:应收账款　　　　　　　　　　　　　300,000
　　贷:工程结算　　　　　　　　　　　　300,000
借:银行存款　　　　　　　　　　　　　200,000
　　贷:应收账款　　　　　　　　　　　　200,000

③同上例:期末假设工程部门对该工程的预计总收入、预计工程总成本维持原先预测。则确认本期合同收入、合同成本及合同毛利:

完工百分比＝50÷1,100×100%＝4.545%

本期主营业务收入＝1,000×4.545%＝45.46(万元)

本期合同毛利＝1,000×4.54%×(－10%)＝－4.54(万元)
　　　　或＝45.46－50

本期合同成本＝45.46－(－4.54)＝50(万元)

借:主营业务成本　　　　　　　　　　　500,000
　　贷:工程施工—合同毛利　　　　　　　 45,400
　　　　主营业务收入　　　　　　　　　 454,600
借:存货跌价准备—合同预计损失准备　　 45,400
　　贷:主营业务成本　　　　　　　　　　 45,400

注:合同预计损失根据完工进度增加而减少的部分冲减"主营业务成本"。

> **施工合同施工期间预计损失**

随着时间的推移和工程的不断进展,构成工程成本因素可能发生变化,原先预计的工程成本已经脱离了实际。在确认期间营业收入、营业成本与工程毛利时,应根据实际已完工的工程成本、材料市场与劳动力市场价格变化、未完工程技术难易程度以及现有管理水平等因素,重新修订工程预算成本。出现以下情形应分别确认当期工程毛利(或损失)和未完工程预计损失:

◇ 施工期间修订后的预计总损失增加

例:某一工程预计合同收入1,000万元,预计合同成本1,100万元,上期账面反映的工程施工—合同成本:550万元,工程施工—合同毛利:—50万元,存货跌价准备(合同预计损失准备):50万元。

本期发生的成本费用410万元,即期末的工程施工—合同成本为960万元。

期末,工程部门测算的未完工程预计成本为240万元,预计合同收入不变。则,修订后的有关指标如下:

预计合同成本=(550+410)+240=1,200(万元)
合同总损失=1,200-1,000=200(万元)
合同毛利率=(1,000-1,200)÷1,000×100%=-20%
完工百分比=(550+410)÷1,200×100%=80%
前期已确认收入500万元、已确认成本550万元。
本期合同收入=1,000×80%-500=300(万元)
本期合同成本=1,200×80%-550=410(万元)
本期合同毛利=1,000×80%×20%-(-50)=-110(万元)
　　　　或=300-410=-110(万元)
期末:合同毛利=-50万元+(-110万元)=-160(万元)
　　　预计合同损失(存货跌价准备)=200-160=40(万元)

期末会计处理:

合同总损失增加时,原合同预计损失根据完工进度增加而减少的部分冲减"主营业务成本",其他的变动计入"资产减值损失"。

首先:确认当期损益
借:主营业务成本　　　　　　　　　　　　　4,100,000
　　贷:主营业务收入　　　　　　　　　　　　3,000,000
　　　　工程施工—合同毛利　　　　　　　　1,100,000

其次:冲减主营业务成本
借:存货跌价准备—合同预计损失准备　　　　300,000
　　贷:主营业务成本　　　　　　　　　　　　300,000

注:原合同预计损失根据完工进度增加而减少的部分冲减"主营业务成本",其他的变动计入"资产减值损失"。30万=期初预计损失100万×(期末进度80%-期初进度50%)。

最后:补差
借:资产减值损失—合同预计损失　　　　　　200,000
　　贷:存货跌价准备—合同预计损失准备　　　200,000

注:20万元=40万元(期末预计损失)-[50万元(期初预计损失)-30万元(冲回)]。

◇ 施工期间修订后的预计总损失减少

例:某一工程预计合同收入1,000万元,预计合同成本1,200万元,上期账面反映的工程施工—合同成本240.00万元,工程施工—合同毛利-40万元,合同预计损失160万元。

本期发生的成本费用640万元,即期末的工程施工—合同成本为880万元。期末,工程部门测算的未完工程预计成本为220万元,预计工程收入不变。则,修订后的工程数据如下:

预计合同成本=(240+640)+220=1,100(万元)
合同总损失=1,100-1,000=100(万元)

合同毛利率＝－100/1,000×100％＝－10％
上期合同毛利率：－20％
完工百分比＝(240＋640)/1,100×100％＝80％
前期已确认收入200万元、成本240万元
本期合同收入＝1,000×80％－200＝600(万元)
本期合同成本＝1,100×80％－240＝640(万元)
本期合同毛利＝1,000×80％×(－10％)＋40＝－40(万元)
　　　　或＝600－640＝－40(万元)
年末存货跌价准备＝100－80＝(1100－1000)×20％＝20(万元)
期末会计处理：
合同预计总损失减少时，原合同预计损失根据完工进度增加而减少的部分冲减"主营业务成本"，其他的变动计入"资产减值损失"。

首先：确认当期损益
借：主营业务成本　　　　　　　　　　　　　6,400,000
　　贷：工程施工—合同毛利　　　　　　　　　400,000
　　　　主营业务收入　　　　　　　　　　　6,000,000
其次：冲减主营业务成本
借：存货跌价准备—合同预计损失　　　　　　1,200,000
　　贷：主营业务成本　　　　　　　　　　　1,200,000

注：原合同预计损失根据完工进度增加而减少的部分冲减"主营业务成本"，其他的变动计入"资产减值损失"。年初合同总损失200×(80％－20％)＝120万元冲减"主营业务成本"，其他应变动＝160－20(余额)－120(冲成本)＝20万元计入"资产减值损失"。

最后：调整资产减值损失
借：存货跌价准备—合同预计损失准备　　　　200,000
　　贷：资产减值损失—合同预计损失　　　　　200,000

十一、存货清查

(一)存货清查的规定

存货清查的核算按如下规定进行：

(1)为了保证公司存货的真实性，做到账物相符，应当定期盘点，每年年末必须进行全面盘点，盘点结果如果与账务记录不符，应予期末前查明原因，并根据公司的管理权限，经股东大会或董事会，或经理(厂长)会议或类似机构批准后，在期末结账前处理完毕。

(2)存货盘亏或毁损的处理。

存货发生的盘亏或毁损，应通过"待处理财产损溢"进行核算。按管理权限报经批准后，根据造成存货盘亏或毁损的原因，分别以下情况进行处理：

①属于计量收发差错和管理不善等原因造成的存货短缺，应先扣除残料价值、可以收回的保险赔偿和过失人赔偿，将净损失计入管理费用。

②属于自然灾害等非常原因造成的存货毁损，应先扣除处置收入、可以收回的保险赔偿和过失人赔偿，将净损失计入营业外支出。

(3)盘盈存货的成本，按同类或类似存货的市场价格作为其入账价值。由于盘盈的存货通常是由于日常收发计量或计算上的差错所造成，因此，盘盈的存货，按规定报经批准后，冲减当期的管理费用。

(二)存货清查的核算

1.会计科目

(1)总账科目:"待处理财产损溢"。

(2)明细科目:①原材料、②库存商品、③固定资产、④工程物资、⑤其他。

盘盈的各种材料、库存商品、工程物资等,借记"原材料"、"库存商品"、"工程物资"等科目,贷记本科目。

盘盈的固定资产,应作为前期差错计入"以前年度损益调整"科目。

盘亏、毁损的各种材料、库存商品等、盘亏的固定资产及工程物资等,借记本科目,贷记"原材料"、"库存商品"、"固定资产"、"工程物资"等科目。材料、库存商品采用计划成本(或售价)核算的,还应同时结转成本差异(或商品进销差价)。涉及增值税的应进行相应处理。

盘亏、毁损的财产,按管理权限报经批准后处理时,按残料价值,借记"原材料"等科目,按可收回的保险赔偿或过失人赔偿,借记"其他应收款"科目,按本科目余额贷记本科目,按其借方差额,借记"管理费用"、"营业外支出"等科目。

企业的财产损溢,应查明原因,在期末结账前处理完毕,处理后本科目应无余额。

施工公司没有执行收发料库存管理的,期末应对在场材料进行盘点,按盘点结果冲减合同成本,增加存货,根据实际发生的合同成本进行完工百分比的确认。根据盘点结果,借记"存货",贷记"工程施工——合同成本"。下年初再进行调整,借记"工程施工——合同成本",贷记"存货"。

2.会计事项

> **材料的盘盈与盘亏**

公司的各种原材料,应当定期清查,发现盘盈、盘亏、毁损的原材料,按照实际成本,先计入"待处理财产损溢——原材料"科目。于期末前查明原因,并根据公司的管理权限,经股东大会或董事会,或经理(厂长)会议或类似机构批准后,在期末结账前处理完毕。盘盈的各种原材料,借记"待处理财产损溢——原材料"科目,贷记"管理费用"科目;盘亏或毁损的原材料,应由过失人或者保险公司的赔款,借记"其他应收款"科目,按其残值,借记"原材料"等科目,按其净损失,借记"管理费用"科目,贷记"待处理财产损溢——原材料"科目;由于自然灾害所造成的原材料的毁损,应将其进项税额,借记"待处理财产损溢——原材料"科目,贷记"应交税费——应交增值税——进项税额转出"科目,将其净损失按规定报经批准后,计入当期的营业外支出,借记"营业外支出——非常损失"科目,贷记"待处理财产损溢——原材料"科目。

(1)公司20*7年12月26日对库存原材料进行全面盘点,列出"库存材料盈亏明细表",盘盈的材料按确定的实际成本3,600元入账,盘亏材料的实际成本为5,700元。

①借:原材料——材料　　　　　　　　　　3,600
　　贷:待处理财产损溢——原材料　　　　　　3,600

②借:待处理财产损溢——原材料　　　　　5,700
　　贷:原材料——材料　　　　　　　　　　　5,700

(2)公司20*7年12月31日按规定管理权限报经批准,对盘盈材料3,600元,冲减管理费用。

借:管理费用——存货盘亏与盘盈　　　　 −3,600
　　贷:待处理财产损溢——原材料　　　　　 −3,600

(3)公司20*7年12月26日盘亏材料5,700元,经查属于管理方面的原因,按规定的管理权限报经批准进行处理。

借:管理费用——存货盘亏与盘盈　　　　　5,700
　　贷:待处理财产损溢——原材料　　　　　　5,700

(4)公司于20*7年10月20日由于自然灾害毁损的原材料实际成本10,000元,该批毁损原材料的进项税额为 1,700 元,其残值处置收入为 2,000 元。
①借:待处理财产损溢—原材料　　　　　　11,700
　　　贷:原材料—材料　　　　　　　　　　　　　10,000
　　　　　应交税费—应交增值税—进项税额转出　1,700
②借:银行存款　　　　　　　　　　　　　　 2,000
　　　贷:待处理财产损溢—原材料　　　　　　　　 2,000
③借:营业外支出—非常损失　　　　　　　　 9,700
　　　贷:待处理财产损溢—原材料　　　　　　　　 9,700

> **包装物的盘盈与盘亏**

公司月末对燃料进行盘点,发现的盘盈与盘亏的应区别不同情况处理:

(1)包装物储存损失,属于定额内的,可直接列入管理费用;超定额损失必须查明原因,在未按规定的权限报经批准前,先通过"待处理财产损溢—其他"科目核算查明原因,按批准意见处理。

(2)盘盈包装物,先通过"待处理财产损溢—其他"科目核算查明原因,经批准后计入"管理费用"科目。

公司 20*7 年 10 月 31 日,通过月末包装物发现,盘盈丙种包装物 1,500 个,价值 30,000 元,经批准进行处理。

借:包装物　　　　　　　　　　　　　　　　　30,000
　　贷:待处理财产损溢—其他　　　　　　　　　　30,000
借:待处理财产损溢—其他　　　　　　　　　　30,000
　　贷:管理费用　　　　　　　　　　　　　　　　30,000

> **库存商品或产成品的盘盈与盘亏**

库存商品的盘盈与盘亏比照原材料的盘盈与盘亏进行会计处理。

第五节　投资性房地产

一、投资性房地产核算的规定

(1)投资性房地产是指为赚取租金或资本增值、或者两者兼有而持有的房地产,主要包括:已出租的建筑物、已出租的土地使用权、持有并准备增值后转让的土地使用权。

①已出租的建筑物和已出租的土地使用权,是指以经营租赁(不含融资租赁)方式出租的建筑物和土地使用权,包括自行建造或开发完成后用于出租的房地产。其中,用于出租的建筑物是指公司拥有产权的建筑物;用于出租的土地使用权是指公司通过受让方式取得的土地使用权。已出租的投资性房地产租赁期满,因暂时空置但继续用于出租的,仍作为投资性房地产。

②持有并准备增值后转让的土地使用权,是指公司通过受让方式取得的、准备增值后转让的土地使用权。按照国家有关规定认定的闲置土地,不属于持有并准备增值的土地使用权。

③一项房地产,部分用于赚取租金或资本增值,部分用于生产商品、提供劳务或经营管理,用于赚取租金或资本增值的部分能够单独计量和出售的,可以确认为投资性房地产;否则,不能作为投资性房地产。

④公司将建筑物出租并按出租协议向承租人提供保安和维修等其他服务,所提供的其他服务在整个协议中不重大的,可以将该建筑物确认为投资性房地产;所提供的其他服务在整个协议中如为重大的,该建筑物应视为公司的经营场所,应当确认为自用房地产。

以其他服务的收入是否超出建筑物的租金收入为依据,作为判断其他服务在整个协议中重大或不重大的标准。

⑤公司拥有并自行经营的旅馆饭店,其经营目的是通过向客户提供客房服务取得服务收入,该业务不具有租赁性质,不属于投资性房地产;将其拥有的旅馆饭店部分或全部出租,且出租的部分能够单独计量和出售的,出租的部分可以确认为投资性房地产。

(2)采用成本模式进行后续计量的投资性房地产,按规定计提的折旧与摊销以及计提的减值准备,通过"投资性房地产累计折旧(摊销)"、"投资性房地产减值准备"科目进行核算。

二、投资性房地产的核算

1. 会计科目

(1)总账科目

成本模式:"投资性房地产"、"投资性房地产累计折旧(累计摊销)"及"投资性房地产减值准备"。

(2)明细科目

成本模式:按照投资性房地产类别和项目进行明细核算。

2. 会计事项

> 初始计量及后续支出

初始计量,参照固定资产增加的核算方法。

与投资性房地产有关的后续支出,满足投资性房地产确认条件的应当计入投资性房地产成本。企业对某项投资性房地产进行改扩建等再开发且将来仍作为投资性房地产的,再开发期间应继续将其作为投资性房地产,再开发期间不计提折旧或摊销。

> 成本模式后续计量

参照固定资产、无形资产的核算方法。

> 成本模式转换(投资性房地产转为自用)

将投资性房地产转为自用时,应按其在转换日的账面余额、累计折旧、减值准备等,分别转入"固定资产"、"累计折旧"、"固定资产减值准备"等科目。

例:公司 20*8 年 1 月 1 日将 20*7 年 1 月 1 日用于出租的办公楼转为自用,该办公楼的账面原值为 1,000 万元,累计折旧为 200 万元,减值准备为 800 万元。

借:固定资产　　　　　　　　　　　　　　　　10,000,000
　　投资性房地产减值准备　　　　　　　　　　 8,000,000
　　投资性房地产累计折旧(摊销)　　　　　　　 2,000,000
　　贷:固定资产减值准备　　　　　　　　　　　 8,000,000
　　　　累计折旧　　　　　　　　　　　　　　　 2,000,000
　　　　投资性房地产　　　　　　　　　　　　　10,000,000

> 成本模式转换(自用转为投资性房地产)

同上述作相反的账务处理。

> 成本模式处置

20*8 年 1 月 2 日,公司以 40,000 万元的价格对外转让之前租赁合同到期的商务楼,该商务楼账面原值 30,000 万元,计提的累计折旧 1,500 万元,并已收到转让价款。

①借:银行存款　　　　　　　　　　　　　　　400,000,000
　　贷:其他业务收入　　　　　　　　　　　　 400,000,000
②借:其他业务成本　　　　　　　　　　　　　285,000,000
　　投资性房地产累计折旧(摊销)　　　　　　　15,000,000
　　贷:投资性房地产　　　　　　　　　　　　 300,000,000

第六节　长期股权投资

长期股权投资是指公司持有的对子公司、联营公司和合营公司的投资以及公司对被投资单位不具有控制、共同控制或重大影响、在活跃市场中没有报价、公允价值不能可靠计量的权益性投资。其具体分类的定义如下：

(1)对子公司投资，即公司能够对被投资单位实施控制的权益性投资。

控制，是指一个公司能够决定另一个公司的财务和经营政策，并能据以从另一个公司的经营活动中获取利益的权力。控制通常具有如下特征：

①控制的主体是唯一的，不是两方或多方。

②控制的内容是另一个公司的日常生产经营活动的财务和经营政策，这些财务和经营政策一般是通过表决权来决定的。

③控制的目的是为了获取经济利益，包括为了增加经济利益、维持经济利益、保护经济利益，或降低所分担的损失等。

④控制的性质是一种权力，是一种法定权力，也可以是通过公司章程或协议、投资者之间的协议授予的权力。

在确定能否对被投资公司实施控制时，一方面应考虑被投资公司直接或间接持有被投资公司的表决权股份，同时要考虑公司及其他方持有的现行可执行潜在表决权在假定转换为对被投资公司的股权后产生的影响，如被投资公司发生的现行可转换的认股权证、股份期权及可转换公司债券等的影响。

(2)对合营公司的投资，即公司与其他合营方一同对被投资公司实施共同控制的权益性投资。

共同控制，是指公司与其他合营方共同进行某项经济活动，并且按照合同约定对该项经济活动共有的控制。是否构成共同控制，一般可考虑以下情况作为确定的基础：

①任何一个合营方均不能单独控制合营公司的生产经营活动。

②涉及合营公司基本经营活动的决策需要各合营方一致同意。

③各合营方可能通过合同或协议的形式任命其中的一个合营方对合营公司的日常活动进行管理，但其必须在各合营方已经一致同意的财务和经营政策范围内行使管理权。

(3)对联营公司的投资，即公司对被投资公司具有重大影响的权益性投资。

重大影响，是指对一个公司的财务和经营政策有参与决策的权力，但并不能够控制或者与其他方一起共同控制这些政策的制定。实务中，较为常见的重大影响体现为在被投资单位的董事会或类似权力机构派有代表，通过在被投资单位生产经营决策制定过程中的发言权实施重大影响。投资公司直接或通过子公司间接拥有被投资公司20%以上但低于50%的表决权股份时，一般认为对被投资单位具有重大影响，除非有明确的证据表明该种情况下不能参与被投资公司的生产经营决策，不形成重大影响。

投资公司拥有被投资公司有表决权股份的比例低于20%的，一般认为对被投资公司不具有重大影响。公司通常可通过以下一种或几种情形来判断是否对被投资公司具有重大影响：

①在被投资公司的董事会或类似权力机构中派有代表。

②参与被投资公司的政策制定过程，包括股利分配政策的制定。

③与被投资公司间发生重要交易。

④向被投资公司派出管理人员。

⑤向被投资公司提供关键技术资料。

在确定能否对被投资公司施加重大影响时，一方面应考虑被投资公司直接或间接持有被投资公司的表决权股份，同时要考虑公司及其他方持有的现行可执行潜在表决权在假定转换为对被投资公司的股权后产生的影响，如被投资公司发生的现行可转换的认股权证、股份期权及可转换公司债券等的影响。

(4)其他投资,即公司对被投资单位不具有控制、共同控制或重大影响、在活跃市场中没有报价、公允价值不能可靠计量的权益性投资。

一、长期股权投资核算的规定

(一)初始投资成本的计量

(1)除公司合并形成的长期股权投资以外,其他方式取得的长期股权投资,应当按照下列规定确定其初始投资成本:

①以支付现金取得的长期股权投资,应当按照实际支付的购买价款作为初始投资成本。初始投资成本包括与取得长期股权投资直接相关的费用、税金及其他必要支出,但实际支付的价款中包含的已宣告但尚未领取的现金股利,应作为应收项目单独核算。

②发行权益性证券方式取得的长期股权投资,其成本为所发行权益性证券的公允价值,但不包括应自被投资单位收取的已宣告但尚未发放的现金股利和利润。

为发行权益性证券支付给有关证券承销机构等的手续费、佣金等与权益性证券发行直接相关的费用,不构成取得长期股权投资的成本。该部分费用应自权益性证券的溢价收入中扣除,溢价收入不足冲减的,应冲减盈余公积和未分配利润。

③投资者投入的长期股权投资,应当按照投资合同或协议约定的价值作为初始投资成本,但合同或协议约定的价值不公允除外。

④公司接受的债务人以非现金资产抵偿债务方式取得的长期股权投资,或以应收债权换入的长期股权投资,按换入的长期股权投资公允价值加上应支付的相关税费,作为初始投资成本。若债务重组取得的长期股权投资中包含已宣告但尚未领取的现金股利,应通过"应收股利"科目单独核算,不应计入取得的长期股权投资的实际成本。

⑤以非货币性交易换入的长期股权投资(包括股权换股权),按照换出资产的公允价值或账面价值(若无商业实质时)加上应支付的相关税费,作为初始投资成本。如涉及补价的,应按以下规定确定换入长期股权投资的初始成本:

A. 收到补价的,按照换出资产的公允价值或账面价值(若无商业实质时)和应支付的相关税费,减去补价后的余额,作为初始投资成本;

B. 支付补价的,按照换出资产的公允价值或账面价值(若无商业实质时)加上应支付的补价和应支付的相关税费,作为初始投资成本。若非货币性交易取得的长期股权投资中包含已宣告但尚未领取的现金股利,应通过"应收股利"科目单独核算,不应计入取得的长期股权投资的实际成本。

⑥企业进行公司制改建,对资产负债的账面价值按照评估价值调整的,长期股权投资应以评估价值作为改制时的认定成本。

(2)同一控制下的公司进行合并,以支付现金、转让非现金资产或承担债务方式作为合并对价的,合并方应当在合并日按照取得被合并方所有者权益账面价值的份额作为长期股权投资的初始投资成本。长期股权投资初始投资成本与支付的现金、转让的非现金资产以及所承担债务账面价值之间的差额,应当调整资本公积(资本溢价);资本公积(资本溢价)不足冲减的,调整留存收益。

公司以发行权益性证券作为合并对价的,合并方应当在合并日按照取得被合并方所有者权益账面价值的份额作为长期股权投资的初始投资成本。按照发行股份的面值总额作为股本,长期股权投资初始投资成本与所发行股份面值总额之间的差额,应当调整资本公积(资本溢价);资本公积(资本溢价)不足冲减的,调整留存收益。

同一控制下企业合并形成的长期股权投资,如子公司按照改制时确定的资产、负债评估价值调整账面价值的,母公司应当按照取得子公司经评估确认净资产的份额作为长期股权投资的成本,该成本与支付对价账面价值的差额调整所有者权益。

(3)非同一控制下的公司进行合并,合并方在购买日按照确定的合并成本作为长期股权投资的初始投资成本。与非同一控制下的公司进行公司合并,包括控股合并、吸收合并和新设合并。

①非同一控制下的控股合并

购买方应当按照确定的企业合并成本作为长期股权投资的初始投资成本。合并成本包括购买方付出的资产、发生或承担的负债、发行的权益性证券的公允价值之和,购买方为企业合并发生的审计、法律服务、评估咨询等中介费用以及其他相关管理费用,应当于发生时计入当期损益;购买方作为合并对价发行的权益性证券或债务性证券的交易费用,应当计入权益性证券或债务性证券的初始确认金额。

对长期股权投资成本大于应享有被购买方可辨认净资产公允价值份额的差额,应当确认为商誉并在合并财务报表中体现,商誉不摊销而于每年年末进行减值测试;长期股权投资成本小于应享有被购买方可辨认净资产公允价值份额的差额,首先对取得的被购买方各项可辨认资产、负债及或有负债的公允价值以及合并成本的计量进行复核;其次经复核后其差额确认为当期损益(营业外收入)。

通过多次交换交易分步实现非同一控制下企业合并的,应当区分个别财务报表和合并财务报表进行相关会计处理:

A. 在个别财务报表中,应当以购买日之前所持被购买方的股权投资的账面价值与购买日新增投资成本之和,作为该项投资的初始投资成本;购买日之前持有的被购买方的股权涉及其他综合收益的,应当在处置该项投资时将与其相关的其他综合收益(例如,可供出售金融资产公允价值变动计入资本公积的部分,下同)转入当期投资收益。

B. 在合并财务报表中,对于购买日之前持有的被购买方的股权,应当按照该股权在购买日的公允价值进行重新计量,公允价值与其账面价值的差额计入当期投资收益;购买日之前持有的被购买方的股权涉及其他综合收益的,与其相关的其他综合收益应当转为购买日所属当期投资收益。购买方应当在附注中披露其在购买日之前持有的被购买方的股权在购买日的公允价值、按照公允价值重新计量产生的相关利得或损失的金额。

②非同一控制下的吸收合并和新设合并

购买方在购买日对合并中取得的各项可辨认资产、负债应按其公允价值计量,合并成本大于合并中取得的可辨认净资产公允价值的差额部分,应当确认为商誉;合并成本小于合并中取得的可辨认净资产公允价值的差额部分,经复核后其差额确认为当期损益(营业外收入)。

(二)长期股权投资的后续计量

1. 采用成本法核算的长期股权投资后续计量

(1)采用成本法核算的范围。

①投资公司能够对被投资单位实施控制的长期股权投资。

②投资公司对被投资单位不具有控制、共同控制或重大影响,并且在活跃市场中没有报价、公允价值不能可靠计量的长期股权投资。

(2)采用成本法核算的长期股权投资应当按照初始投资成本计价。追加或收回投资应当调整长期股权投资的成本。

(3)采用成本法核算时投资收益的确认。

采用成本法核算的长期股权投资,除取得投资时实际支付的价款或对价中包含的已宣告但尚未发放的现金股利或利润外,投资企业应当按照享有被投资单位宣告发放的现金股利或利润确认投资收益,不再划分是否属于投资前和投资后被投资单位实现的净利润。

2. 采用权益法核算的长期股权投资后续计量

(1)采用权益法核算的范围

公司对被投资单位具有共同控制或重大影响的长期股权投资,应当采用权益法核算。

在确定能否对被投资单位实施控制或是施加重大影响时,应当考虑投资公司和其他方持有的被投资单位当期可转换公司债券、当期可执行认股权证等潜在表决权因素。

(2)采用权益法核算时投资收益的确认

公司持有的对联营公司或合营公司的投资,应享有被投资单位净利润的份额即投资收益,以取得投资时被投资单位各项可辨认资产等的公允价值为基础,对被投资单位净利润进行调整后加以确定,不应仅按照被投资单位的账面净利润与持股比例计算的结果简单确定。

投资公司与联营公司及合营公司之间发生的内部交易未对外实现时,投资公司在确认投资收益时应将未实现的内部交易损益按照持股比例计算归属于投资公司的部分,予以抵销。投资企业与被投资单位发生的未实现内部交易损失,按照《企业会计准则第8号——资产减值》等规定属于资产减值损失的,应当全部确认。投资公司对于纳入其合并范围的子公司与其联营公司及合营公司之间发生的内部交易损益,也应当按照上述原则进行抵销,在此基础上确认投资损益。

基于重要性原则,通常应考虑的调整因素为:以取得投资时被投资单位固定资产、无形资产的公允价值为基础计提的折旧额或摊销额以及减值准备的金额对被投资单位净利润的影响。其他项目如为重要的,也应进行调整。但确实无法合理确定取得投资时被投资单位各项可辨认资产公允价值的,或者投资时被投资单位可辨认资产的公允价值与其账面价值相比,两者之间的差额不具有重要性的,可以按照被投资单位的账面净利润与持股比例计算的结果确认投资收益,但应在附注中说明这一事实,以及无法合理确定被投资单位各项可辨认资产公允价值等原因。

取得现金股利或利润的处理:按照权益法核算的长期股权投资,投资企业自被投资单位取得的现金股利或利润,应区别以下情况分别处理:

①自被投资单位分得的现金股利或利润未超过已确认投资损益的。应抵减长期股权投资的账面价值。在被投资单位宣告分派现金股利或利润时,借记"应收股利"科目,贷记"长期股权投资—损益调整"科目。

②自被投资单位取得的现金股利或利润超过已确认投资收益部分,但未超过投资以后被投资单位实现的账面净利润中本企业享有的份额,应作为投资收益处理。被投资单位宣告分派现金股利或利润时按照应分得的现金股利或利润金额,借记"应收股利"科目,按照应分得的现金股利或利润未超过账面已确认投资收益的金额,贷记"长期股权投资—损益调整"科目。上述借贷方差额贷记"投资收益"科目。

③自被投资单位取得的现金股利或利润超过已确认投资收益,同时也超过了投资以后被投资单位实现的账面净利润中本企业按持股比例应享有的部分,该部分金额应作为投资成本的收回。借记"应收股利"科目,贷记"长期股权投资—损益调整、投资成本"科目。

公司确认被投资单位发生的净亏损,存在其他实质上构成对被投资单位净投资的长期权益项目以及负有承担额外损失义务的情况下,在确认应分担被投资单位发生的亏损时,应当按照以下顺序进行处理:

①减记长期股权投资的账面价值。

②在长期股权投资的账面价值减记至零的情况下,对于未确认的投资损失,考虑除长期股权投资以外,账面上是否有其他实质上构成对被投资单位净投资的长期权益项目(如长期应收账款等),如果有则应以其他长期权益的账面价值为限。继续确认投资损失,冲减长期应收项目等的账面价值。

③经过上述处理,按照投资合同或协议约定,投资企业仍需要承担额外损失弥补等义务的,应按预计将承担的义务金额确认预计负债,计入当期投资损失。该或有事项相关义务的确认应同时满足:该义务是企业承担的现时义务;履行该义务很可能导致经济利益流出企业;该义务的金额能够可靠地计量。

在确认了有关的投资损失以后,被投资单位于以后期间实现盈利的,应按以上相反顺序分别减记已确认的预计负债、恢复其他长期权益及长期股权投资的账面价值,同时确认投资收益。即应当按顺序分别借记"预计负债"、"长期应收款"、"长期股权投资"科目,贷记"投资收益"科目。

(3)采用权益法核算时投资成本的调整

公司对被投资单位具有共同控制或重大影响的长期股权投资,长期股权投资的初始投资成本大于投资时应享有被投资单位可辨认净资产公允价值份额的,不调整长期股权投资的初始投资成本;长期股权投资的初始投资成本小于投资时应享有被投资单位可辨认净资产公允价值份额的,其差额应当计入当期损益,同时调整长期股权投资的成本。

3.成本法与权益法的相互转换

(1)成本法转为权益法

①公司因追加投资等原因能够对被投资单位实施共同控制或重大影响但不构成控制的,应当改按权益法核算,并以成本法下长期股权投资的账面价值作为按照权益法核算的初始投资成本,并在此基础上比较该初始投资成本与应享有被投资单位可辨认净资产公允价值的份额,确定是否需要对长期股权投资的账面价值进行调整:

A.原持有的长期股权投资的账面余额与按原持股比例计算确定应享有原取得投资时被投资单位可辨认净资产公允价值份额之间的差额,属于通过投资作价体现的商誉部分,不调整长期股权投资的初始投资成本;属于原取得投资时因投资成本小于应享有被投资单位可辨认净资产公允价值份额的差额,其差额应当调整长期股权投资的账面价值,同时调整留存收益。

对于原取得投资后至再次投资的交易日之间被投资单位可辨认资产公允价值的变动相对于原持股比例的部分,属于在此期间被投资单位实现净损益中应享有份额的,一方面应当调整长期股权投资的账面价值,另一方面调整留存收益;属于其他原因导致的被投资单位可辨认资产公允价值的变动中应享有份额,在调整长期股权投资的账面价值的同时,应当计入"资本公积—其他资本公积"。

B.对于新取得的股权部分,应比较新增投资的成本与取得该部分投资时应享有被投资单位可辨认净资产公允价值份额,其中投资成本大于投资时被投资单位可辨认净资产公允价值份额的,不调整长期股权投资的成本;对于投资成本小于投资时被投资单位可辨认净资产公允价值份额的,应当调整增加长期股权投资的成本,同时计入取得当期的营业外收入。

上述原持股比例对应的商誉或应计入留存收益的金额与新取得投资过程中体现的商誉与计入当期损益的金额应综合考虑,在此基础上确定与整体投资相关的商誉或是因投资成本小于应享有被投资单位可辨认净资产公允价值份额应计入留存收益或损益的金额。

②因处置投资导致对被投资单位的影响能力由控制转为具有重大影响或是与其他投资方一起实施共同控制的情况下,首先应按处置或收回投资的比例结转应终止确认的长期股权投资成本。

在此基础上应当比较剩余的长期股权投资成本与按剩余持股比例计算原投资时应享有被投资单位可辨认净资产公允价值的份额,属于通过投资作价体现的商誉部分,不调整长期股权投资的初始投资成本;属于原取得投资时因投资成本小于投资时应享有被投资单位可辨认净资产公允价值份额的差额,其差额应当调整长期股权投资的账面价值,同时调整留存收益。

对于原取得投资后至转变为权益法核算之间属于被投资单位实现净损益中按比例应享有份额的,一方面应当调整长期股权投资的账面价值,另一方面调整留存收益;属于其他原因导致的被投资单位可辨认净资产公允价值的变动中应享有份额,在调整长期股权投资的账面价值的同时,应当计入"资本公积—其他资本公积"。

(2)权益法转换为成本法。

①因追加投资原因导致原持有的对联营公司或合营公司的投资转变为对子公司投资的,长期股权投资账面价值的调整应当按照长期股权投资初始计量的原则执行。

②公司因收回投资等原因对被投资单位不再具有共同控制或重大影响的,并且在活跃市场中没有报价、公允价值不能可靠计量的长期股权投资,应当改按成本法核算,并以权益法下长期股权投资的账面价值作为按照成本法核算的初始投资成本。继后期间,自被投资单位分得的现金股利或利润未超过转换时被投资单位可供分配利润中本公司享有份额的,应冲减长期股权投资的成本,不作为投资收益。自被投资单位取得的现金股利或利润超过转换时被投资单位可供分配利润中本公司享有份额的,确认为当期损益。

(三)长期股权投资的期末计价

长期股权投资在按照规定进行核算确定其账面价值的基础上,如果存在减值迹象的,应当按照相关准则的规定计提减值准备。其中:对子公司、联营公司及合营公司的投资,应当按照《企业会计准则第8号——资产减值》的规定确定其可回收金额及应予以计提的减值准备;企业持有的对被投资单位不具有共同控制或重大影响、在活跃市场中没有报价、公允价值不能可靠计量的长期股权投资,应当按照《企业会计准则第22号——金融工具确认和计量》的规定确定其可回收金额及应予以计提的减值准备;上述有关长期股权投资的减值准备在提取后,均不允许转回。

(四)长期股权投资的处置

公司处置长期股权投资时,应相应结转与所售股权相对应的长期股权投资的账面价值,出售所得价款与处置长期股权投资账面价值之间的差额,应确认为处置损益。

采取权益法核算的长期股权投资,原计入资本公积中的金额,在处置时亦应进行结转,将与所出售股权对应的部分在处置时自资本公积转入当期损益。

公司通过多次交易分步处置对子公司股权投资直至丧失控制权的,应当对每一项交易进行会计处理。处置对子公司股权投资属于一揽子交易的,应当将各项交易作为一项处置子公司并丧失控制权的交易进行会计处理;但是在丧失控制权之前每一次处置价款与处置投资对应的享有该子公司净资产份额的差额,在合并财务报表中应当确认为其他综合收益,在丧失控制权时一并转入丧失控制权当期的损益。

处置对子公司股权投资的各项交易的条款、条件以及经济影响符合以下一种或多种情况,通常表明应将多次交易事项作为一揽子交易进行会计处理:

(1)这些交易是同时或者在考虑了彼此影响的情况下订立的;
(2)这些交易整体才能达成一项完整的商业结果;
(3)一项交易的发生取决于其他至少一项交易的发生;
(4)一项交易单独看是不经济的,但是和其他交易一并考虑时是经济的。

二、长期股权投资的核算

1. 会计科目

(1)总账科目:"长期股权投资"、"长期股权投资减值准备"。
(2)明细科目:①子公司、②联营公司、③合营公司、④其他投资。

公司采用成本法核算时,只设置"投资成本"三级明细科目;公司采用权益法核算时,应在上述明细科目下设置"投资成本"、"损益调整"、"所有者权益其他变动"三级明细科目,对因权益法核算所产生的影响长期股权投资账面余额的增减变动因素分别加以核算。

"长期股权投资"科目借方核算:①公司与其他公司进行公司合并、以支付现金、非现金资产等方式取得的长期股权投资的初始投资成本;②公司的长期股权投资采用权益法核算的,长期股权投资的初始投资成本小于投资时应享有被投资单位可辨认净资产公允价值份额的差额,而调增的投资成本;③资产负债表日,采用权益法核算的长期股权投资,根据被投资单位实现的净利润或经调整的净利润计算应享有的份额;④采用权益法核算的长期股权投资,在持股比例不变的情况下,被投资单位除净损益以外所有者权益的其他变动,公司按持股比例计算应享有的份额;⑤将长期股权投资自成本法转为权益法核算时,应按转换时该项长期股权投资的账面价值作为权益法核算的初始投资成本,初始投资成本小于占被投资单位可辨认净资产公允价值份额的差额,而调增的投资成本。

"长期股权投资"科目贷方核算:①长期股权投资采用成本法核算的,被投资单位宣告发放的现金股利或利润中属于本公司在取得投资前实现净利润的分配额;②采用权益法核算的长期股权投资,资产负债表日,被投资单位发生亏损、分担亏损份额不超过长期股权投资账面价值而冲减的部分;③长期股权投资出售时的账面余额;余额在借方,反映公司长期股权投资的价值;④采用权益法核算的长期股权投资的股利分配额。

"长期股权投资减值准备"科目贷方核算资产负债表日,根据资产减值或金融工具确认和计量准则确定的长期股权投资发生的减值金额;借方核算处置长期股权投资时结转的已计提的长期股权投资减值准备;余额在贷方,反映公司已计提但尚未转销的长期股权投资减值准备。

2. 会计事项

➢ 长期股权投资的初始投资成本

同一控制下公司合并(被投资公司保留独立法人资格)形成的长期股权投资,应在合并日按取得被合并方所有者权益账面价值的份额,借记"长期股权投资—投资成本"科目,按支付的合并对价的账面价值,贷记或借记有关资产、负债科目,按其差额,贷记"资本公积"科目;如为借方差额,借记"资本公积—资本溢价或股本溢价"科目,资本公积—资本溢价或股本溢价不足冲减的,应依次借记"盈余公积"、"利润分配—未分配利润"科目。

非同一控制下公司合并(被投资公司保留独立法人资格)形成的长期股权投资,应在购买日以合并成本(即付出的资产、发生或承担的负债以及发行的权益性证券的公允价值加上为进行公司合并发生的各项直接相关费用之和),借记"长期股权投资"科目,按支付合并对价的账面价值,贷记或借记有关资产、负债科目,按发生的直接相关费用,贷记"银行存款"等科目,按其差额,贷记"营业外收入"或借记"营业外支出"等科目;如非同一控制下公司合并涉及以库存商品、原材料等作为合并对价的,应按库存商品、原材料的公允价值,贷记"主营业务收入"、"其他业务收入"科目,并同时结转相关的成本。涉及增值税的,还应进行相应的处理。

以支付现金、非现金资产等其他方式取得的长期股权投资,应按根据长期股权投资准则确定的初始投资成本,借记"长期股权投资"科目,贷记"银行存款"等科目。

(1) 公司与甲公司同属A公司的子公司。公司于20*7年3月1日以货币资金1,000万元取得甲公司60%的股份。甲公司20*7年3月1日所有者权益为2,000万元。

借:长期股权投资—子公司—投资成本(甲公司) 12,000,000
　　贷:银行存款 10,000,000
　　　　资本公积—其他资本公积 2,000,000

(2) 公司与乙公司属非同一控制下的两个公司。公司于20*7年3月1日以固定资产对乙公司投资,取得乙公司60%的股份。该固定资产原值1,500万元,已提折旧400万元,已提减值准备50万元,在投资当日该设备的公允价值为1,250万元。乙公司20*7年3月1日可辨认净资产公允价值的份额为2,000万元。

①按投出的固定资产

借:固定资产清理 10,500,000
　　固定资产减值准备 500,000
　　累计折旧 4,000,000
　　贷:固定资产 15,000,000

②按确定的投资成本

借:长期股权投资—子公司—投资成本(乙公司) 12,500,000
　　贷:固定资产清理 10,500,000
　　　　营业外收入—处置固定资产利得 2,000,000

➢ 长期股权投资的后续计量

◇ 长期股权投资后续计量的成本法核算

长期股权投资采用成本法核算的,应按被投资单位宣告发放的现金股利或利润中属于本公司的部分,借记"应收股利"科目,贷记"投资收益"科目。

(1)公司20*7年3月8日以银行存款122,140,000元购入非同一控制下的甲公司股份8,000,000股,每股价格15.2元,另支付相关税费540,000元。公司购入甲公司股份,占甲公司有表决权资本的55%,并准备长期持有,甲公司可辨认净资产的公允价值为20,000万元。

借:长期股权投资—子公司—投资成本(甲公司)122,680,000
　　贷:银行存款　　　　　　　　　　　　　　　　122,680,000

(2)公司20*7年1月1日,以银行存款购入乙公司60%的股份,并准备长期持有。初始投资成本220,000元,乙公司可辨认净资产公允价值为300,000元。乙公司于20*7年5月20日宣告分派20*6年度的现金股利200,000元。假设乙公司20*7年1月1日股东权益合计为2,400,000元,其中股本为2,000,000元,未分配利润为400,000元;20*7年实现净利润800,000元;20*8年5月20日宣告分派现金股利600,000元。

①20*7年1月1日投资时
借:长期股权投资—子公司—投资成本(乙公司)220,000
　　贷:银行存款　　　　　　　　　　　　　　　　220,000

②20*7年5月20日宣告发放20*6年度的现金股利时
借:应收股利(200,000×60%)　　　　　　　　　120,000
　　贷:投资收益—长期股权投资—子公司　　　　120,000
注:不考虑是否属于投资前的利润。

③20*8年5月20日宣告发放20*7年度的现金股利时
借:应收股利—乙公司　　　　　　　　　　　　　360,000
　　贷:投资收益—长期股权投资—子公司　　　　360,000

◇ 长期股权投资后续计量的权益法核算

公司的长期股权投资采用权益法核算的,应当分别下列情况进行处理:

(1)长期股权投资的初始投资成本大于投资时应享有被投资单位可辨认净资产公允价值份额的,不调整已确认的初始投资成本;长期股权投资的初始投资成本小于投资时应享有被投资单位可辨认净资产公允价值份额的,应按其差额,借记"长期股权投资—投资成本"科目,贷记"营业外收入"科目。

(2)资产负债表日,公司应按根据被投资单位实现的净利润或经调整的净利润计算应享有的份额,借记"长期股权投资—损益调整"科目,贷记"投资收益"科目。被投资单位发生亏损做相反分录,但以长期股权投资账面价值为限;还需承担的投资损失,应将其他实质上构成对被投资单位净投资的"长期应收款"等账面价值减记至零为限;除按上述步骤已确认损失外,按照投资合同或协议约定将承担的损失确认为预计负债。

(3)被投资单位以后宣告发放现金股利或利润时,区别情况分别处理:成本法核算:直接确认投资收益;权益法核算:①自被投资单位分得的现金股利或利润未超过已确认投资损益的。借记"应收股利"科目,贷记"长期股权投资—损益调整"科目。②自被投资单位取得的现金股利或利润超过已确认投资收益的部分。借记"应收股利"科目,贷记"长期股权投资—损益调整、投资成本"科目。

收到被投资单位发放的股票股利,不进行会计处理,但应在备查簿中登记。

(4)发生亏损的被投资单位以后实现净利润的,公司计算应享有的份额,应按顺序分别减记已确认的预计负债、恢复其他长期权益及长期股权投资的账面价值,同时确认投资收益,按顺序分别借记"预计负债"、"长期应收款"、"长期股权投资"科目,贷记"投资收益"科目。

(5)对于投资企业与其联营企业及合营企业之间发生的未实现内部交易损益应予抵销。即,未实现内部交易损益按照持股比例计算归属于投资企业的部分应当予以抵销,在此基础上确认投资损益。投资企业与被投资单位发生的未实现内部交易损失,按照《企业会计准则第8号——资产减值》等规定属于资产减值损失的,应当全部确认。

投资企业与其联营企业及合营企业之间无论顺流交易还是逆流交易产生的未实现内部交易损失,属于所转让资产发生减值损失的,有关的未实现内部交易损失不应予以抵销。

①对于投资企业向联营企业或合营企业出售资产的顺流交易,在该交易存在未实现内部交易的情况下,投资企业在采用权益法计算投资收益时,应按持股比例抵销该未实现内部交易损益的影响,同时调整长期股权投资的账面价值。即,投资方投出资产或出售资产给其联营企业或合营企业产生的损益中,按照持股比例计算确定归属于本公司的部分不予确认。

如投资企业需要编制合并报表,在合并报表中对该未实现内部交易损益应在个别报表已确认投资收益的基础上,按比例对当期收入、成本进行调整。

例:甲公司持有乙公司有表决权股份的20%,能够对乙公司生产经营决策施加重大影响。20*7年11月,甲公司将其账面价值为600万元的商品以900万元的价格出售给乙公司,乙公司将取得的商品作为管理用固定资产核算,预计使用寿命为10年,净残值为0。假定甲公司取得该项投资时,乙公司各项可辨认资产、负债的公允价值与其账面价值相同,两者在以前期间未发生过内部交易。乙公司20*7年净利润为1,000万元,假定不考虑所得税影响。

甲公司在该项交易中实现利润300万元,其中60万元(300×20%)是对联营公司的权益份额,在采用权益法计算确认投资收益是应予抵销,同时应当考虑相关固定资产折旧额对损益的影响,即甲公司应当进行的会计处理为:

借:长期股权投资—损益调整[(1,000-300+2.5)×20%]　　140.5
　　贷:投资收益　　　　　　　　　　　　　　　　　　　　140.5

甲公司(如存在子公司)需要编制合并财务报表,在合并报表中对该未实现内部交易损益应在个别报表已确认投资收益的基础上,按比例对当期收入、成本进行以下调整:

借:主营业务收入　　(900×20%)　　180
　　贷:主营业务成本　(600×20%)　　　　120
　　　　投资收益　　　　　　　　　　　　60

②对于联营企业或合营企业向投资企业出售资产的逆流交易,在该交易存在未实现内部交易的情况下,投资企业在采用权益法计算投资收益时,应按抵销该未实现内部交易损益的影响。不应确认联营企业或合营企业因该交易产生的损益中本企业应享有的部分。

投资公司(如存在子公司)需要编制合并财务报表,在合并报表中对该未实现内部交易损益体现在投资公司持有固定资产的账面价值中,应在合并财务报表中进行以下调整:

例:甲公司于20*7年6月取得乙公司20%有表决权股份的,能够对乙公司施加重大影响。假定甲公司取得该项投资时,乙公司各项可辨认资产、负债的公允价值与其账面价值相同。20*7年11月,乙公司将其成本为600万元的商品以900万元的价格出售给甲公司,甲公司将取得的商品作为固定资产核算,预计使用寿命为10年,净残值为0。乙公司20*7年净利润为1,000万元,假定不考虑所得税影响。

乙公司在该项交易中实现利润300万元,其中60(300×20%)是甲公司未对外实现,在采用权益法计算确认投资收益是应予抵销,同时应当考虑相关固定资产折旧额对损益的影响,即甲公司应当进行的会计处理为:

借:长期股权投资—损益调整[(1,000-300+2.5)×20%]　　140.5
　　贷:投资收益　　　　　　　　　　　　　　　　　　　　140.5

甲公司(如存在子公司)需要编制合并财务报表,在合并报表中对该未实现内部交易损益体现在甲公司持有固定资产的账面价值中,应在合并财务报表中进行以下调整:

借:长期股权投资—损益调整　　57.5
　　累计折旧　　　　　　　　　　2.5

贷：固定资产　　　　　　　　　　　　　　　　　　　　　60

(6)在持股比例不变的情况下,被投资单位除净损益以外所有者权益的其他变动,公司按持股比例计算应享有的份额,借记"长期股权投资—所有者权益其他变动"科目,贷记"资本公积—其他资本公积"科目。

①公司于20*7年1月1日以480,000元投资乙公司普通股,占乙公司普通股的20%,并对乙公司有重大影响但不能控制乙公司。公司按权益法核算对乙公司的投资。投资时乙公司所有者权益总额为1,200,000元。假定乙公司的可辨认资产的公允价值无法确定。

借：长期股权投资—联营公司—投资成本(乙公司)　480,000
　　贷：银行存款　　　　　　　　　　　　　　　　　480,000

②公司20*7年1月2日向丙公司投出如下资产：

项　目	原　值(元)	累计折旧(元)	账面价值(元)
机床	500,000	150,000	350,000
汽车	450,000	50,000	400,000
土地使用权	—	—	150,000
合计	950,000	200,000	900,000

公司的投资占丙公司有表决权资本的40%,对丙公司有重大影响但不能控制。投资协议规定以公司上述资产的账面价值作价投资。20*7年丙公司全年实现净利润550,000元(假设公允价值与账面价值相等);20*7年2月份宣告分派现金股利350,000元;20*8年丙公司全年净亏损2,100,000元;20*9年丙公司全年实现净利润850,000元。假定不考虑相关税费。

①投资时
借：固定资产清理　　　　　　　　　　　　　　　750,000
　　累计折旧　　　　　　　　　　　　　　　　　200,000
　　贷：固定资产　　　　　　　　　　　　　　　　950,000
借：长期股权投资—联营公司—投资成本(丙公司)　900,000
　　贷：固定资产清理　　　　　　　　　　　　　　750,000
　　　　无形资产—土地使用权　　　　　　　　　　150,000

②20*7年12月31日确认损益
借：长期股权投资—联营公司—损益调整　　　　　220,000
　　贷：投资收益—长期股权投资—联营公司　　　　220,000

注：投资收益=550,000×40%=220,000;20*7年末"长期股权投资—丙公司"科目的账面余额=900,000+220,000=1,120,000(元)。

③20*7年宣告分派股利
借：应收股利—丙公司　　　　　　　　　　　　　140,000
　　贷：长期股权投资—联营公司—投资成本(丙公司)140,000

注：宣告分派股利后,"长期股权投资—丙公司"科目的账面余额=1,120,000-140,000=980,000(元)。

④20*8年12月31日确认亏损
借：投资收益—长期股权投资—联营公司　　　　　840,000
　　贷：长期股权投资—联营公司—损益调整(丙公司)840,000

⑤20*8年12月31日"长期股权投资—联营公司—投资成本(丙公司)"科目的账面余额=980,000-840,000=140,000(元)

⑥20*9年12月31日确认投资收益
借：长期股权投资—联营公司—损益调整(丙公司)340,000

  贷：投资收益—长期股权投资—联营公司 340,000

- **长期股权投资的权益法转为成本法**

  甲公司持有乙公司30%的有表决权股份，因能够对乙公司的生产经营决策施加重大影响，甲公司对该项投资采用权益法核算。20*6年10月，甲公司将该项投资中的50%对外出售，出售以后，无法再对乙公司施加重大影响，且该项投资不存在活跃市场，公允价值无法可靠确定，出售以后甲公司对该项投资转为采用成本法核算。出售时，该项长期股权投资的账面价值为4,800万元，其中投资成本3,900万元，损益调整为900万元，出售取得价款2,700万元。

  甲公司确认处置损益应进行以下会计处理：

  借：银行存款 27,000,000
    贷：长期股权投资 24,000,000
      投资收益 3,000,000

  处置投资后，该项长期股权投资的账面价值为2,400万元。假定在转换时被投资单位的账面留存收益为900万元，则甲公司未来期间自乙公司分得现金股利或利润时，取得的现金股利或利润未超过按持股比例计算享有的分配原留存收益900万元的金额，应冲减长期股权投资的账面价值，超过部分确认为投资收益。

- **长期股权投资的成本法转为权益法**

  例：A公司原持有B公司60%的股权，其账面余额为9,000万元，未计提减值准备。20*6年12月6日，A公司将其持有的对B公司20%的股权出售给某企业，出售取得价款5,400万元，当日被投资单位可辨认净资产公允价值总额为24,000万元。A公司原取得对B公司60%股权时，B公司可辨认净资产公允价值总额为13,500万元（假定可辨认净资产的公允价值与账面价值相同）。自取得对B公司长期股权投资后至处置投资前，B公司实现净利润7,500万元。假设B公司一直未进行利润分配。除所实现净损益外，B公司未发生其他计入资本公积的交易或事项。本例中A公司按净利润的10%提取盈余公积。

  在出售20%的股权后，A公司对B公司的持股比例为40%，在被投资单位董事会中派有代表，但不能对B公司生产经营决策实施控制。对B公司长期股权投资应由成本法改为按照权益法进行核算。

  (1)确认长期股权投资处置损益，财务处理为：

  借：银行存款 54,000,000
    贷：长期股权投资 30,000,000
      投资收益 24,000,000

  (2)调整长期股权投资账面价值：

  剩余长期股权投资的账面价值为6,000万元，与原投资时应享有被投资单位可辨认净资产公允价值份额之间的差额600(6,000－13,500×40%)万元为商誉，该部分商誉的价值不需要对长期股权投资的成本进行调整。

  取得投资以后被投资单位可辨认净资产公允价值的变动中应享有的份额为4,200[(24,000－135,000)×40%]万元，其中3,000(7,500×40%)万元为被投资单位实现的净损益，应调整增加长期股权投资的账面价值，同时调整留存收益。企业应进行以下会计处理：

  借：长期股权投资 30,000,000
    贷：盈余公积 3,000,000
      利润分配—未分配利润 27,000,000
  借：长期股权投资 12,000,000
    贷：资本公积—其他资本公积 12,000,000

- **可供出售金融资产转为长期股权投资的核算**

  例：A公司于20*5年2月取得B公司10%的股权，成本为900万元，取得时B公司可辨认净资产公允价值总额为8,400万元(假定公允价值与账面价值相同)。初始确认时该股票划分为可供出售金融资产。2005年12月31日,该股票市值上升10%即990万元。

20*6年4月10日,A公司又以1,800万元的价格取得B公司12%的股权,当日B公司可辨认净资产公允价值总额为12,000万元。取得该部分股权后,按照B公司章程规定,A公司能够派人参与B公司的生产经营决策,对该项可供出售金融资产转为按长期股权投资权益法核算。假定A公司在取得对B公司10%的股权后,B公司通过生产经营活动实现的净利润为900万元,未派发现金股利或利润。除所实现净利润外,未发生其他计入资本公积的交易或事项。

(1)取得可供出售金融资产
借:可供出售金融资产—股票投资(成本)　　9,000,000
　　贷:银行存款　　　　　　　　　　　　　　　　　9,000,000

(2)可供出售金融资产资产负债表日的公允价值变动
借:可供出售金融资产—股票投资(公允价值变动)900,000
　　贷:资本公积—其他资本公积　　　　　　　　　900,000

(3)20*6年4月10日,A公司对B公司的新增投资
借:长期股权投资　　　　　　　　　　　　18,000,000
　　贷:银行存款　　　　　　　　　　　　　　　　18,000,000

(4)A公司对B公司新增投资后,将其对B公司的可供出售金融资产转为按长期股权投资核算
借:长期股权投资　　　　　　　　　　　　9,900,000
　　贷:可供出售金融资产—成本　　　　　　　　　9,000,000
　　　　　　　　　　　　　—公允价值变动　　　　900,000
借:资本公积—其他资本公积　　　　　　　　900,000
　　贷:长期股权投资—公允价值变动　　　　　　　900,000

(5)对长期股权投资账面价值的调整:

确认该部分长期股权投资后,A公司对B公司投资的账面价值为2,700万元,其中与原持有比例相对应的部分为900万元,新增股权的成本为1,800万元。

①对于原10%股权的成本900万元与原投资时应享有被投资单位可辨认净资产公允价值份额840万元(8,400×10%)之间的差额60万元,属于原投资时体现的商誉,该部分差额不调整长期股权投资的账面价值。

对于被投资单位可辨认净资产在原投资时至新增投资交易日之间公允价值的变动(12,000－8,400)相对于原持股比例的部分360万元,其中属于投资后被投资单位实现净利润部分90万元(900×10%),应调整增加长期股权投资的账面余额,同时调整留存收益;除实现净损益外其他原因导致的可辨认净资产公允价值的变动270万元,应当调整增加长期股权投资的账面余额,同时计入资本公积(其他资本公积)。会计处理为:

借:长期股权投资　　　　　　　　　　　　3,600,000
　　贷:资本公积—其他资本公积　　　　　　　　　2,700,000
　　　　盈余公积　　　　　　　　　　　　　　　　　90,000
　　　　利润分配—未分配利润　　　　　　　　　　810,000

②对于新取得的股权,其成本为1,800万元,取得该投资时按照持股比例计算确定应享有被投资单位可辨认净资产公允价值的份额1,440万元(12,000×12%)之间的差额为投资作价中体现出的商誉,该部分商誉不要求调整长期股权投资的成本。

> **长期股权投资的处置**

出售长期股权投资时,应按实际收到的金额,借记"银行存款"等科目,原已计提减值准备的,借记"长期股权投资减值准备"科目,按其账面余额,贷记"长期股权投资"科目,按尚未领取的现金股利或利

润,贷记"应收股利"科目,按其差额,贷记或借记"投资收益"科目。

出售采用权益法核算的长期股权投资时,还应按处置长期股权投资的投资成本比例结转原记入"资本公积—其他资本公积"科目的金额,借记或贷记"资本公积—其他资本公积"科目,贷记或借记"投资收益"科目。

例:公司拥有丁公司有表决权股份的30%,对丁公司有重大影响。20*7年12月30日,公司出售丁公司的全部股权,所得价款25,000,000元全部存入银行。出售时,该项长期股权投资的账面价值为20,000,000元,其中投资成本为15,000,000元。损益调整5,000,000元,所有者权益其他变动4,000,000元,长期股权减值准备2,000,000元。假设不考虑相关税费。

①借:银行存款　　　　　　　　　　　　　　25,000,000
　　长期股权投资减值准备　　　　　　　　　2,000,000
　　贷:长期股权投资—联营公司—投资成本　　15,000,000
　　　　　　　　　—联营公司—损益调整　　　5,000,000
　　　　　　　　　—联营公司—权益其他变动　4,000,000
　　　　投资收益—丁公司　　　　　　　　　　3,000,000

②同时将原计入资本公积准备项目的转入投资收益
　借:资本公积—其他资本公积　　　　　　　　4,000,000
　　贷:投资收益—股权投资—联营公司　　　　4,000,000

➤ **长期股权投资的减值**

资产负债表日,公司根据资产减值或金融工具确认和计量准则确定长期股权投资发生减值的,按应减记的金额,借记"资产减值损失"科目,贷记"长期股权投资减值准备"科目。处置长期股权投资时,应同时结转已计提的长期股权投资减值准备。

例:公司20*7年12月31日占乙公司有表决权股本的20%,该长期股权投资的账面价值为30,000,000元,根据相关资料分析得知,该长期股权投资目前的可收回金额为24,000,000元。

　借:资产减值损失—长期股权投资减值损失　　6,000,000
　　贷:长期股权投资减值准备(乙公司)　　　　6,000,000

同上例,假如20*8年1月3日公司将对乙公司的20%股权以24,000,000元出售,并收到股权转让款,则资产减值准备结转处理如下:

　借:银行存款　　　　　　　　　　　　　　24,000,000
　　长期股权投资减值准备　　　　　　　　　6,000,000
　　贷:长期股权投资　　　　　　　　　　　　30,000,000

第七节　固 定 资 产

一、固定资产核算的规定

固定资产是指使用期限超过1年的房屋、建筑物、机器、机械、运输工具以及其他与生产经营有关的设备、器具、工具等。

1.固定资产的确认条件

固定资产同时满足下列条件的,才能予以确认:
(1)该固定资产包含的经济利益很可能流入公司;
(2)该固定资产的成本能够可靠计量。

固定资产的单位价值一般不低于 3,000 元。

铁路上使用的提梁机、架桥机、运梁车等专有设备属于机器设备中的施工机械类,按 10 年计提折旧。

2. 固定资产计价

固定资产按照成本进行初始计量。根据固定资产取得时的成本,分别以下情况具体确定。

(1)公司购置的不需要经过建造过程即可使用的固定资产的入账价值,包括购买价款、相关税费、使固定资产达到预定可使用状态前所发生的可归属于该项资产的场地整理费、运输费、装卸费、安装费和专业人员服务费等。以一笔款项购入多项没有单独标价的固定资产,应当按照各项固定资产公允价值比例对总成本进行分配,分别确定各项固定资产的成本。公司收到税务机关退还的与所购买固定资产相关的增值税款,应当冲减固定资产的成本。

(2)公司自行建造的固定资产,按建造该项资产达到预定可使用状态前,所发生的全部支出作为入账价值。

(3)投资者投入的固定资产成本,应当按照投资合同或协议约定的价值确定,但合同或协议约定价值不公允的除外。

(4)公司融资租入的固定资产,在租赁期开始日,应当将租赁开始日租赁资产公允价值与最低租赁付款额现值两者中较低者作为租入资产的入账价值,将最低租赁付款额作为长期应付款的入账价值,其差额作为未确认融资费用。承租人在租赁谈判和签订租赁合同过程中发生的,可归属于租赁项目的手续费、律师费、差旅费、印花税等初始直接费用,应当计入租入资产价值。租赁期开始日,是指承租人有权执行其使用租赁资产权利的开始日。

最低租赁付款额,是指在租赁期内,承租人应支付或可能被要求支付的款项(不包括或有租金和履约成本),加上由承租人或与其有关的第三方担保的资产余值。承租人有购买租赁资产选择权,所订立的购买价款预计将远低于行使选择权时租赁资产的公允价值,因而在租赁开始日就可以合理确定承租人将会行使这种选择权的,购买价款应当计入最低租赁付款额。

(5)公司在原有固定资产基础上进行改造、扩建的,按原有固定资产的账面价值加上由于改建、扩建而使该项资产达到预定可使用状态前发生的支出,减去改建、扩建过程中被替换部分的账面价值作为入账价值。

(6)公司盘盈的固定资产,按该项固定资产的市场价格减去按该固定资产估计累计折旧后的余额,作为入账价值。

(7)公司接受的债务人以非现金资产抵偿债务方式取得的固定资产,换入固定资产的公允价值加上应支付的相关税费,作为实际成本。

(8)以非货币性资产交换换入的固定资产,按照换出资产的公允价值(若该项交换具有商业实质)或账面价值(若该项交换不具有商业实质)加上应支付的相关税费,作为换入固定资产的实际成本。涉及补价的,按以下规定确定换入固定资产的实际成本:

①收到补价的,按照换出资产的公允价值(若该项交换具有商业实质)或账面价值(若该项交换不具有商业实质)减去收到的补价并加上应支付的相关税费,作为实际成本;

②支付补价的,按照换出资产的公允价值(若该项交换具有商业实质)或账面价值(若该项交换不具有商业实质)加上应支付的相关税费和补价,作为实际成本。

(9)经批准无偿调入公司的固定资产,按调出单位的账面价值加上发生的运杂费、安装费等相关费用,作为入账价值。

(10)捐赠转出的固定资产按审批权限报批,批准捐赠的固定资产转入固定资产清理,通过"营业外支出—捐赠支出"科目核算;无偿调出的固定资产按捐赠转出的固定资产核算规定处理。

(11)已达到预定可使用状态,但尚未办理竣工决算手续的固定资产,或单项工程已经交付使用或部分机组已经投产,但建设项目未完全竣工,可先将已竣工部分按估计价值记作固定资产,待竣工决算后,按确定价值调整。

(12)公司购置计算机硬件所附带的,未单独计价的软件,与所购置的计算机硬件一并作为同一固定资产。

3. 固定资产折旧

(1)固定资产采用年限平均法计提折旧。

(2)除已提足折旧仍继续使用的固定资产情况外,公司对所有固定资产计提折旧。

(3)当月增加的固定资产当月不计提折旧,从下月起计提折旧;当月减少的固定资产应照提折旧,从下月起不提折旧。

(4)公司于每年度终了,对固定资产的预计使用寿命、预计净残值和折旧方法进行复核并作适当调整。

境外固定资产如果由于条件的限制达不到统一的固定资产折旧年限,可以采用缩短固定资产折旧使用期限的方法,但相关部门须出具有关资料以说明缩短固定资产折旧使用期限的原因。

4. 固定资产的后续支出

固定资产的后续支出是指固定资产使用过程中发生的更新改造支出、修理费用等。

后续支出的处理原则为:与固定资产有关的更新改造等后续支出,符合固定资产确认条件的,应当计入固定资产成本。同时将被替换部分的账面价值扣除;与固定资产有关的修理费用等后续支出,不符合固定资产确认条件的,应当计入当期损益。

5. 固定资产减值准备

会计期末固定资产按账面净值与可收回金额孰低计价,对可收回金额低于账面净值的差额,按单项计提固定资产减值准备,固定资产减值损失一经确认,在以后会计期间不得转回。

已计提减值准备的固定资产,按照该固定资产的账面价值以及尚可使用寿命重新计算确定折旧率和折旧额;因固定资产减值而调整固定资产折旧额时,对此前已计提的累计折旧不作调整。

6. 固定资产的盘盈

如盘盈固定资产的价值超过公司同类资产价值之和的10%,应作为前期差错调整以前年度损益,否则记入当期损益。

7. 持有待售的固定资产

持有待售的固定资产,是指在当前状况下仅根据出售同类固定资产的惯例就可以直接出售且极可能出售的固定资产,如已经与买主签订了不可撤销的销售协议等。

二、固定资产的核算

(一)固定资产初始计量

1. 会计科目

(1)总账科目:"固定资产"。

(2)明细科目:房屋建筑物、机械设备、施工船舶、运输设备、办公设备及家具等二级科目。

"固定资产"科目的借方核算因购置、建造、盘盈、债务重组、融资租赁、非货币性资产交换等取得的固定资产原值的增加以及存在弃置义务的固定资产按预计弃置费用的现值而增加的固定资产价值;贷方核算因销售、盘亏和报废、债务重组、非货币性资产交换、对外投资等减少的固定资产原值。期末余额在借方,反映公司固定资产的账面原价。

2. 会计事项

➢ 购建的固定资产

公司购入不需要安装的固定资产,按应计入固定资产成本的金额,借记"固定资产"科目,贷记"银行存款"、"其他应付款"、"应付票据"等科目。

购入需要安装的固定资产,先记入"在建工程"科目,安装完毕交付使用时再转入"固定资产"科目。

购入固定资产超过正常信用条件延期支付价款(如分期付款购买固定资产),实质上具有融资性质的,应按所购固定资产购买价款的现值,借记"固定资产"科目或"在建工程"科目,按应支付的金额,贷记"长期应付款"科目,按其差额,借记"未确认融资费用"科目。

以一笔款项购入多项没有单独标价的固定资产,应当按照各项固定资产的公允价值比例对总成本进行分配,分别确定各项固定资产的成本。

(1)公司 20*7 年 2 月 15 日购入复印机一台,不含税价款 5,000 元,专用发票注明增值税税额 850 元,款项全部付清,复印机已由使用部门领用。

借:固定资产——办公设备及家具　　　　　　　　　5,850
　　贷:银行存款　　　　　　　　　　　　　　　　　　　5,850

(2)公司 20*7 年 2 月 20 日购入需要安装设备一台,不含税价款 500,000 元,专用发票注明增值税税额 85,000 元,火车运费 6,500 元,货款等已付清,并直接运到安装现场,已交付安装。

借:在建工程——在安装设备　　　　　　　　　　　591,500
　　贷:银行存款　　　　　　　　　　　　　　　　　　591,500

公司安装上述设备领用生产用钢材实际成本 100,000 元,安装设备应支付民工工资 41,500 元。

借:在建工程——安装工程　　　　　　　　　　　　141,500
　　贷:其他应付款——其他　　　　　　　　　　　　　41,500
　　　　原材料——主要材料　　　　　　　　　　　　100,000

该项设备于 20*7 年 12 月 31 日安装完毕,并验收合格。经单项工程决算,交付使用的价值共计 750,850 元。

借:固定资产——生产设备　　　　　　　　　　　　733,000
　　贷:在建工程——在安装设备　　　　　　　　　　591,500
　　　　在建工程——安装工程　　　　　　　　　　　141,500

(3)公司于 20*7 年 12 月 30 日新建的仓库一栋,工程决算已经审核,总价值 650,000 元,经验收合格转作固定资产。

借:固定资产——房屋建筑物　　　　　　　　　　　650,000
　　贷:在建工程——建筑工程　　　　　　　　　　　650,000

(4)2007 年 4 月 1 日,甲公司为降低采购成本,向乙公司一次购进了 3 套不同型号且具有不同生产能力的设备 A、B 和 C。甲公司为该批设备共支付不含税货款 7,800,000 元,增值税税额 1,326,000 元,包装费 42,000 元,全部以银行存款支付。假定设备 A、B 和 C 均满足固定资产的定义及其确认条件,公允价值分别为 2,926,000 元、3,594,800 元、1,839,200 元;不考虑其他相关税费。

甲公司的会计处理如下:
(1)确定计入固定资产成本的金额,包括买价、包装费及增值税税额等应计入固定资产成本的金额:
=7,800,000+1,326,000+42,000=9,168,000(元)
(2)确定设备 A、B 和 C 的价值分配
A 设备应分配的固定资产价值比例:
=2,926,000÷(2,926,000+3,594,800+1,839,200)=35%
B 设备应分配的固定资产价值比例:
=3,594,800÷(2,926,000+3,594,800+1,839,200)=43%
C 设备应分配的固定资产价值比例:
=1,839,200÷(2,926,000+3,594,800+1,839,200)=22%

(3)确定设备 A、B 和 C 各自的入账价值
A 设备的入账价值＝9,168,000×35％＝3,208,800(元)
B 设备的入账价值＝9,168,000×43％＝3,942,240(元)
C 设备的入账价值＝9,168,000×22％＝2,016,960(元)
(4)编制会计分录
借:固定资产—生产设备—A　　　　　　　　3,208,800
　　　　　—生产设备—B　　　　　　　　　3,942,240
　　　　　—生产设备—C　　　　　　　　　2,016,960
　　贷:银行存款　　　　　　　　　　　　　　　　　9,168,000

➤ 无偿调入固定资产

无偿调入的不需安装的固定资产,按调出单位的账面价值加上包装费、运杂费等支出,借记"固定资产"科目,按调入固定资产原账面价值,贷记"营业外收入—其他"科目,所发生的支出,贷记"银行存款"等科目;如调入的是需要安装固定资产,按调入固定资产的原账面价值以及发生的包装费、运杂费等,借记"在建工程"科目,按调入的原账面价值,贷记"营业外收入—其他"科目,按支付的费用,贷记"银行存款",所发生的安装成本,借记"在建工程",贷记"银行存款"、"应付职工薪酬"等科目。工程达到预定可使用状态时,按在建工程科目实际发生数,借记"固定资产"科目,贷记"在建工程"科目。

例:公司 20＊7 年 8 月 20 日,收到社会单位无偿调入卡车一辆,原值 35,000 元,已提折旧 20,000 元。使用部门已验收。

借:固定资产—运输设备　　　　　　　　　　15,000
　　贷:营业外收入—其他　　　　　　　　　　　　15,000

同上,假如车辆为公司股东的无偿调入,则:

借:固定资产—运输设备　　　　　　　　　　15,000
　　贷:资本公积—其他资本公积　　　　　　　　15,000

➤ 债务重组取得固定资产

参见本核算办法之"债务重组"。

➤ 以分期付款方式购入资产

参见本核算办法之"负债"之"应付款项"之"长期应付款"。

➤ 融资租入固定资产

参见本核算办法之"负债"之"应付款项"之"长期应付款"。

➤ 以长期股权投资换入固定资产

①不涉及补价时,分两种情况:第一种情况,非货币性资产交换具有商业实质,以换出长期股权投资的公允价值加上应支付的相关税费,作为换入固定资产的入账价值;第二种情况,非货币性资产交换不具有商业实质,以换出长期股权投资的账面价值加上应支付的相关税费,作为换入固定资产的入账价值。

②收到补价的,分两种情况:第一种情况,非货币性资产交换具有商业实质,以换出长期股权投资的公允价值减去收到的补价并加上应支付的相关税费,作为换入固定资产的入账价值;第二种情况,非货币性资产交换不具有商业实质,以换出长期股权投资的账面价值减去收到的补价并加上应支付的相关税费,作为换入固定资产的入账价值。

③支付补价的,分两种情况:第一种情况,非货币性资产交换具有商业实质,以换出长期股权投资的公允价值加上支付的补价和应支付的相关税费,作为换入固定资产的入账价值;第二种情况,非货币性资产交换不具有商业实质,以换出长期股权投资的账面价值加上支付的补价和应支付的相关税费,作为换入固定资产的入账价值。

(1)公司 20＊7 年 9 月 1 日,用对甲公司的长期股权投资,换取乙公司生产用设备一套。该项投资

的账面余额 10,000,000 元,公允价值 7,500,000 元,已提减值准备 1,000,000 元。公司将换入的生产用设备作为生产经营用固定资产进行管理。该项交易具有商业实质。交易双方在交易中未发生其他相关税费。

  借:固定资产—生产设备   7,500,000
    长期股权投资减值准备   1,000,000
    营业外支出—非货币性资产交换损失 1,500,000
    贷:长期股权投资—其他(甲公司)   10,000,000

(2)在上述例(1)中,假定公司支付补价 600,000 元。
  借:固定资产—生产设备   8,100,000
    长期股权投资减值准备   1,000,000
    营业外支出—非货币性资产交换损失 1,500,000
    贷:长期股权投资—其他(甲公司)   10,000,000
      银行存款   600,000

(3)在上述例(1)中,假定公司收到补价 200,000 元。
  借:固定资产—生产设备   7,300,000
    长期股权投资减值准备   1,000,000
    银行存款   200,000
    营业外支出—非货币性资产交换损失 1,500,000
    贷:长期股权投资—其他(甲公司)   10,000,000

➢ 以原材料等存货换入固定资产
以原材料等存货换入固定资产比照存货核算非货币性资产交换的内容进行会计处理。

➢ 以固定资产换入固定资产
(1)公司 20*7 年 8 月 25 日,以生产用专用设备一台换取丁公司东风卡车 3 辆,该设备原值 180,000 元,已提折旧 30,000 元,已提减值准备 18,000 元,其公允价值为 170,000 元。公司将换入的东风卡车作为生产经营用固定资产进行管理。该项交易不具有商业实质。交易双方在交易中未发生其他相关税费。

①换出专用设备转作清理
  借:固定资产清理   132,000
    累计折旧   30,000
    固定资产减值准备   18,000
    贷:固定资产—生产设备   180,000

②换入固定资产入账
  借:固定资产—运输设备   132,000
    贷:固定资产清理   132,000

(2)在上述例(1)中,假定公司支付补价 20,000 元。
①换出的设备转作清理
  借:固定资产清理   132,000
    累计折旧   30,000
    固定资产减值准备   18,000
    贷:固定资产—生产设备   180,000

②换入固定资产入账
  借:固定资产—运输设备   152,000
    贷:固定资产清理   132,000

银行存款　　　　　　　　　　　　　　　　　20,000
(3)在上述例(1)中，假定公司收到补价34,000元。
①换出的设备转作清理
借：固定资产清理　　　　　　　　　　　　　132,000
　　累计折旧　　　　　　　　　　　　　　　 30,000
　　固定资产减值准备　　　　　　　　　　　 18,000
　　贷：固定资产——生产设备　　　　　　　　180,000
②换入的固定资产入账
借：固定资产——运输设备　　　　　　　　　 98,000
　　银行存款　　　　　　　　　　　　　　　 34,000
　　贷：固定资产清理　　　　　　　　　　　　132,000

(二)固定资产折旧

固定资产折旧是指固定资产在使用过程中，逐渐损耗而转移的那部分价值。

公司规定折旧方法采用年限平均法。

公司更新改造而调整固定资产价值的，应根据调整后的价值、预计尚可使用年限和残值，按公司选定的折旧方法计提折旧。计提固定资产减值准备的固定资产，应按备抵后的固定资产账面价值重新计算应提折旧。

已达到预计可使用状态，未办竣工决算暂估入账的固定资产，待竣工决算后，按实际成本调整原来暂估价值，但不需要调整原已计提的折旧额。

船舶按国际同期废钢价格调整残余价值，并相应调整当期计提的折旧金额。

其他固定资产，应于每年年度终了，对其预计使用寿命进行复核，如需调整，应相应调整当年计提的固定资产折旧金额。

固定资产调整、或计提固定资产减值准备、或折旧方法、折旧年限与税法规定不一致时，会产生固定资产账面价值与其计税基础的差异，相应产生递延所得税资产或负债。

1.会计科目

(1)总账科目："累计折旧"。

(2)明细科目：不设明细账，如需了解固定资产已提折旧，可按固定资产卡片登记的折旧率和使用年限计算。

"累计折旧"科目贷方核算固定资产按规定提取的折旧，借方核算固定资产清理、盘亏、对外投资而冲销的固定资产折旧；期末余额在贷方，反映公司固定资产计提折旧的累计数。

2.会计事项

➢ **计提固定资产折旧**

公司按规定计提固定资产折旧时，借记"工程施工"、"劳务成本"、"制造费用"、"管理费用"等科目，贷记"累计折旧"科目。

公司20*7年1月开始计提折旧的一项施工机械，成本1,200万元，使用年限10年，按直线法计提折旧，会计处理净残值率为0%，税务与会计的计税基础一致，该设备用于承包工程项目。

每月计提折旧分录：
借：工程施工——合同成本——船机使用费（折旧费）　100,000
　　贷：累计折旧　　　　　　　　　　　　　　　　　100,000

(三)固定资产的后续支出

➢ **固定资产的费用化后续支出**

与固定资产有关的修理费用等后续支出,不符合固定资产确认条件的,应当根据不同情况分别在发生时计入当期管理费用或销售费用等。

一般情况下,固定资产投入使用之后,由于固定资产磨损、各组成部分耐用程度不同,可能导致固定资产的局部损坏,为了维护固定资产的正常运转和使用,充分发挥其使用效能,企业将对固定资产进行必要的维护。固定资产的日常修理费用等支出只是确保固定资产的正常工作状况,一般不产生未来的经济利益。因此,通常不符合固定资产的确认条件,在发生时应直接计入当期损益。企业生产车间(部门)和行政管理部门等发生的固定资产修理费用等后续支出计入"管理费用";企业设置专设销售机构的,其发生的与专设销售机构相关的固定资产修理费用等后续支出,计入"销售费用"。对于处于修理、更新改造过程而停止使用的固定资产,如果其修理、更新改造支出不满足固定资产的确认条件,在发生时也应直接计入当期损益。

例:20*7年1月3日,甲公司对现有的一台生产用机器设备进行日常维护。维护过程中领用本企业原材料一批。价值为94,000元,应支付维护人员的工资为28,000元;不考虑其他相关税费。

本例中,对机器设备的维护,仅仅是为了维护固定资产的正常使用而发生的,不产生未来的经济利益,因此应在其发生时确认为费用。甲公司的会计处理为:

借:管理费用　　　　　　　　　　　　　122,000
　　贷:原材料　　　　　　　　　　　　　94,000
　　　　应付职工薪酬　　　　　　　　　　28,000

> **固定资产资本化的后续支出**

固定资产发生可资本化的后续支出时,企业一般应将该固定资产的原价、已计提的累计折旧和减值准备转销,将固定资产的账面价值转入在建工程,并在此基础上重新确定固定资产原价。因已转入在建工程,因此停止计提折旧。

在固定资产发生的后续支出完工并达到预定可使用状态时。再从在建工程转为固定资产,并按重新确定的固定资产原价、使用寿命、预计净残值和折旧方法计提折旧。固定资产发生的可资本化的后续支出,通过"在建工程"科目核算。

例:企业的某项固定资产原价为2,000万元,采用年限平均法计提折旧,使用寿命为10年,预计净残值为0,在第5年年初企业对该项固定资产的某一主要部件进行更换,发生支出合计1,000万元,符合准则规定的固定资产确认条件,被更换的部件的原价为800万元。

固定资产进行更换后的原价=该项固定资产进行更换前的账面价值+发生的后续支出-该项固定资产被更换部件的账面价值=(2,000-2,000÷10×4)+1,000-(800-800÷10×4)=1,720(万元)。

例:甲公司有关固定资产更新改造的资料如下:

(1)20*4年12月30日,该公司自行建成了一条生产线,建造成本为1,136,000元;采用年限平均法计提折旧;预计净残值率为3%,预计使用寿命为6年。

(2)20*7年1月1日,由于生产的产品适销对路,现有生产线的生产能力已难以满足公司生产发展的需要,但若新建生产线则建设周期过长。甲公司决定对现有生产线进行改扩建,以提高其生产能力。假定该生产线未发生减值。

(3)20*7年1月1日至3月31日,经过三个月的改扩建,完成了对这条印刷生产线的改扩建工程,共发生支出537,800元,全部以银行存款支付。

(4)该生产线改扩建工程达到预定可使用状态后,大大提高了生产能力,预计将其使用寿命延长4年,即为10年。假定改扩建后的生产线的预计净残值率为改扩建后固定资产账面价值的3%;折旧方法仍为年限平均法。

(5)为简化计算过程,整个过程不考虑其他相关税费;公司按年度计提固定资产折旧。本例中,生产线改扩建后,生产能力将大大提高,能够为企业带来更多的经济利益,改扩建的支出金额也能可靠计量,因此该后续支出符合固定资产的确认条件,应计入固定资产的成本。

有关的会计处理如下：

(1) 20*5年1月1日至20*6年12月31日两年间，即，固定资产后续支出发生前：

该条生产线的应计折旧=1,136,000×(1-3%)=1,101,920(元)

年折旧额=1,101,920÷6=183,653.33(元)

这两年计提固定资产折旧的会计处理为：

借：制造费用 183,653.33
  贷：累计折旧 183,653.33

(2) 20*7年1月1日，固定资产的账面价值=1,136,000-(183,653.33×2)=768,693.34(元)

固定资产转入改扩建：

借：在建工程 768,693.34
    累计折旧 367,306.66
  贷：固定资产 1,136,000

(3) 20*7年1月1日至3月31日，发生改扩建工程支出：

借：在建工程 537,800
  贷：银行存款等 537,800

(4) 20*7年3月31日，生产线改扩建工程达到预定可使用状态，固定资产的入账价值=768,693.34+537,800=1,306,493.34(元)

借：固定资产 1,306,493.34
  贷：在建工程 1,306,493.34

(5) 20*7年3月31日，转为固定资产后，按重新确定的使用寿命、预计净残值和折旧方法计提折旧：

应计折旧额=1,306,493.34×(1-3%)=1,267,298.54(元)

月折旧额=1,267,298.54/(7×12+9)=13,626.87(元)

年折旧额=13,626.87×12=163,522.39(元)

20*7年应计提的折旧额=13,626.87×9=122,641.79(元)

会计分录为：

借：制造费用 122,641.79
  贷：累计折旧 122,641.79

例：某航空公司20*0年12月购入一架飞机，总计花费8,000万元(含发动机)，发动机当时的购价为500万元。公司未将发动机作为一项单独的固定资产进行核算。20*9年初，公司开辟新航线，航程增加。为延长飞机的空中飞行时间，公司决定更换一部性能更为先进的发动机。新发动机购价700万元，另需支付安装费用51,000元。假定飞机的年折旧率为3%，不考虑预计净残值和相关税费的影响，公司的会计处理为：

(1) 20*9年年初飞机的累计折旧金额为：80,000,000×3%×8=19,200,000(元)，固定资产转入在建工程。

借：在建工程 60,800,000
    累计折旧 19,200,000
  贷：固定资产 80,000,000

(2) 安装新发动机：

借：在建工程 7,051,000
  贷：工程物资 7,000,000
      银行存款 51,000

(3) 20*9年初老发动机的账面价值为：5,000,000-5,000,000×3%×8=3,800,000(元)，终止确认老发动机的账面价值。

借：营业外支出 3,800,000
　　贷：在建工程 3,800,000

(4)发动机安装完毕，投入使用。固定资产的入账价值为：60,800,000＋7,051,000－3,800,000＝64,051,000(元)

借：固定资产 64,051,000
　　贷：在建工程 64,051,000

(四)固定资产减值

固定资产减值准备是指该资产由于市价持续下降，或技术陈旧、损坏、长期闲置等原因，而使可以收回的金额低于账面价值，将可以收回金额低于其账面价值的差额作为固定资产减值准备。

期末，公司应对固定资产逐项进行检查，对于可收回金额低于账面净值的差额，按单项资产计提固定资产减值准备。

1. 会计科目

(1)总账科目："固定资产减值准备"。

(2)明细科目：按固定资产卡片计入每一固定资产登记对象。

"固定资产减值准备"科目贷方核算计提的固定资产减值准备；借方核算处置固定资产时结转的已计提的固定资产减值准备；期末余额在贷方，反映公司已计提但尚未转销的固定资产减值准备。

2. 会计事项

> 提取固定资产减值准备

公司提取减值准备时，借记"资产减值损失—固定资产减值损失"科目，贷记"固定资产减值准备"科目。

例：20＊7年6月31日，公司对拥有的固定资产逐项进行检查，下列资产应计提减值准备。在此之前下述固定资产未提减值准备。固定资产减值准备计算表如下：

名称	原值(元)	折旧(元)	市价或可收回价值(元)	减值(元)	备注
计算机	15,000	5,000	8,000	2,000	由于技术进步，原产品价格下降
车床	4,000	1,000		3,000	生产的产品不合格
库房	200,000	150,000		50,000	损坏，长期不用
货车	80,000	35,000	20,000	25,000	事故损坏，可使用年限比原来预计已缩短
合计	299,000	191,000	28,000	80,000	

借：资产减值损失—固定资产减值损失 80,000
　　贷：固定资产减值准备 80,000

(五)固定资产处置

(1)固定资产清理

固定资产清理的核算是指公司因出售、报废和毁损、对外投资、非货币性资产交换、债务重组等原因转入清理的固定资产价值以及在清理过程中所发生的清理费用和清理收入等。

(2)固定资产的持有待售

企业对于持有待售的固定资产，应当调整该项固定资产的预计净残值，使该项固定资产的预计净残值能够反映其公允价值减去处置费用后的金额，但不得超过符合持有待售条件时该项固定资产的原账面价值，原账面价值高于预计净残值的差额，应作为资产减值损失计入当期损益。在编制资产负债表时,企业可将持有待售的固定资产与其他固定资产一起合并列示在"固定资产"项目中,但需在报表附注中披露持有待售的固定资产名称、账面价值、公允价值、预计处置费用和预计处置时间等。

1. 会计科目

(1)总账科目:"固定资产清理"。

(2)明细科目:按清理的固定资产项目设置。

"固定资产清理"科目借方核算因出售、报废和毁损,以及债务重组,非货币性资产交换等原因清理的固定资产的账面净额及其在清理过程中所发生的清理费用,以及结转固定资产清理的净收益等,贷方核算清理取得的收入及结转固定资产清理的净损失;期末余额反映尚未清理完毕固定资产的价值以及清理净损益(清理收入减去清理费用)。固定资产清理完毕,结转后无余额。于年末"固定资产清理"科目应无余额。

2. 会计事项

➢ **出售、报废和毁损的固定资产转入清理**

公司因出售、转让、报废和毁损、对外投资、融资租赁、非货币性资产交换、债务重组等处置固定资产,按该项固定资产账面净额,借记"固定资产清理"科目,按已计提的累计折旧,借记"累计折旧"科目,原已计提减值准备的,借记"固定资产减值准备"科目,按其账面余额,贷记"固定资产"科目。

清理过程中发生的其他费用以及应支付的相关税费,借记"固定资产清理"科目,贷记"银行存款"、"应交税费—应交营业税"等科目。收回出售固定资产的价款、残料价值和变价收入等,借记"银行存款"、"原材料"等科目,贷记"固定资产清理"科目。应由保险公司或过失人赔偿的损失,借记"其他应收款"等科目,贷记"固定资产清理"科目。

(1)公司 20*7 年 2 月 10 日,出售推土机一台,该资产原值 180,000 元,已提折旧 100,000 元,出售收到银行存款 90,000 元,支付相关税费 3,000 元。

①出售推土机转作清理

借:固定资产清理　　　　　　　　　　　　80,000
　　累计折旧　　　　　　　　　　　　　　100,000
　　贷:固定资产—生产设备　　　　　　　　　　　180,000

②支付相关税费

借:固定资产清理　　　　　　　　　　　　3,000
　　贷:银行存款　　　　　　　　　　　　　　　　3,000

③收到价款

借:银行存款　　　　　　　　　　　　　　90,000
　　贷:固定资产清理　　　　　　　　　　　　　　90,000

(2)公司 20*7 年 5 月 10 日,因大风毁损车库一栋,原值 150,000 元,已提折旧 50,000 元,未提减值准备。清理时支付民工工资 5,000 元,回收材料 20,000 元。

①毁损的车库转作清理

借:固定资产清理　　　　　　　　　　　　100,000
　　累计折旧　　　　　　　　　　　　　　50,000
　　贷:固定资产—房屋建筑物　　　　　　　　　　150,000

②支付清理费

借:固定资产清理　　　　　　　　　　　　5,000
　　贷:银行存款　　　　　　　　　　　　　　　　5,000

③回收材料

借:原材料—主要材料　　　　　　　　　　20,000

贷：固定资产清理　　　　　　　　　　　　　20,000

> **结转固定资产清理的净损益**

　　固定资产清理完成后，"固定资产清理"科目的借方余额，属于筹建期间的，借记"管理费用"科目，贷记"固定资产清理"科目；属于生产经营期间由于自然灾害等非正常原因造成的损失，借记"营业外支出——非常损失"科目，贷记"固定资产清理"科目；属于生产经营期间正常的处理损失，借记"营业外支出——处置非流动资产损失"科目，贷记"固定资产清理"科目。

　　固定资产清理完成后，"固定资产清理"科目的贷方余额，属于筹建期间的，借记"固定资产清理"科目，贷记"管理费用"科目；属于生产经营期间的，借记"固定资产清理"科目，贷记"营业外收入——处置非流动资产利得"科目。

　　(1)结转上述例(1)出售推土机的净收益
　　借：固定资产清理　　　　　　　　　　　　　7,000
　　　　贷：营业外收入——处置非流动资产利得　　　7,000
　　(2)结转上述例(2)毁损仓库的净损失
　　借：营业外支出——非常损失　　　　　　　　85,000
　　　　贷：固定资产清理　　　　　　　　　　　　　85,000

(六)固定资产清查

> **固定资产的盘亏**

　　固定资产盘亏按审批权限报批，借记"待处理财产损溢——固定资产"、"累计折旧"、"固定资产减值准备"等科目，贷记"固定资产"科目。经批准后，借记"营业外支出——固定资产盘亏"、"其他应收款"等科目，贷记"待处理财产损溢——固定资产"科目。资产负债表日，"待处理财产损溢——固定资产"应无余额。

　　例：公司20*7年12月31日，在清查中发现短少一台打印机，该打印机原值5,000元，已提折旧3,000元，尚待查清原因，未提减值准备。

　　借：待处理财产损溢——固定资产　　　　　　2,000
　　　　累计折旧　　　　　　　　　　　　　　　3,000
　　　　贷：固定资产——办公设备及家具　　　　　5,000
　　同上，假如经清查后公司决定上述设备由职工按账面净值赔偿。
　　借：其他应收款——其他——职工　　　　　　2,000
　　　　贷：待处理财产损溢——固定资产　　　　　2,000

第八节　工程物资与在建工程

一、工程物资

　　工程物资是指公司为基本建设和技术改造工程准备的专用材料、尚未交付安装的专用设备、为生产准备的工具及器具等。

(一)工程物资核算的规定

　　工程物资按实际成本计价。工程物资应按以下规定进行核算：
　　(1)公司为在建工程准备的各种物资，应当按照实际支付的买价、不可抵扣增值税额、运输费、保险费等相关费用，作为实际成本，并按照各种专项物资的种类进行明细核算。
　　(2)工程完工后剩余的工程物资转为本公司的库存材料时，按其实际成本入账。

(3)工程完工后剩余的物资对外出售时,应先结转工程物资的可抵扣进项税额,出售时应确认收入并结转相应的成本。

(4)盘亏、报废、毁损的工程物资,应当将处置收入扣除账面价值和相关税费后的金额计入当期损益。

(5)盘盈的工程物资,按规定报经批准后,工程尚未完工的,冲减在建工程的成本;工程已经完工的,计入当期营业外收入。

(6)会计期末工程物资按规定确认发生减值时,应按单项工程物资可收回金额低于其账面价值差额计提工程物资减值准备。

(二)工程物资核算

1. 会计科目

(1)总账科目:"工程物资"。

(2)明细科目:①专用材料、②专用设备、③工器具、④其他。

"工程物资"科目借方核算为工程采购物资的实际成本;贷方核算工程领用等原因而减少的工程物资的价值;期末余额在借方,反映公司为在建工程准备的各种物资的价值。

2. 会计事项

➢ **购置工程物资**

购入为工程准备的物资,按采购的实际成本,借记"工程物资"、"应交税金"科目,贷记"银行存款"、"其他应付款"等科目。

(1)公司 20*7 年 1 月 10 日,公司为建设厂房从某钢铁公司购入钢管 22 吨,价款 60,000 元,专用发票注明增值税税额为 10,200 元(建设厂房,不可抵扣),钢厂代付铁路运杂费 2,500 元。货款已从银行付出,专用材料仓库已经验收入库。

借:工程物资—专用材料　　　　　　　　72,700
　　贷:银行存款　　　　　　　　　　　　72,700

(2)公司 20*7 年 6 月 10 日收到甲公司圆钢 10 吨,已验收入库,发票未到,根据合同于 6 月 30 日按合同价 23,500 元暂估入账。

借:工程物资—专用材料　　　　　　　　23,500
　　贷:其他应付款(甲公司)　　　　　　23,500

(3)20*7 年 7 月 1 日,公司收到上述圆钢的发票,价款 21,000 元,专用发票注明增值税税额 3,570 元。厂家代付铁路运杂费 1,500 元。款项已根据公司材料部采购付款申请,从银行支付。

①冲回原来估价入账价值

借:工程物资—专用材料　　　　　　　　-23,500
　　贷:其他应付款(甲公司)　　　　　　-23,500

②购入的圆钢按实际成本入账

借:工程物资—专用物资　　　　　　　　26,070
　　贷:银行存款　　　　　　　　　　　　26,070

➢ **委托加工工程物资**

公司领取工程物资委托外单位加工,按实际成本,借记"委托加工物资"科目,贷记"工程物资—专用材料"、"工程物资—专用设备"等科目;支付委托加工费和运杂费,借记"委托加工物资"科目,贷记"银行存款"科目;公司收到加工完工的材料,借记"工程物资—专用材料(或专用设备)"科目,贷记"委托加工物资"科目。加工退回剩余材料,借记"工程物资—专用材料(或专用设备)"科目,贷记"委托加工物资"科目。

(1)公司20*7年2月10日发出专用材料钢板15吨,委托甲公司加工大口径压力钢管。钢板每吨3,000元,共计45,000元。支付铁路运杂费300元。

公司发出专用材料(钢板):
借:委托加工物资   45,000
　　贷:工程物资—专用材料   45,000
支付运费:
借:委托加工物资   300
　　贷:银行存款   300

(2)公司20*7年7月10日,根据委托加工合同和材料部付款申请,支付加工费5,000元,运杂费500元,款已从银行付出。

借:委托加工物资   5,500
　　贷:银行存款   5,500

(3)加工后剩余材料0.5吨,计1,500元,根据入库单作为专用材料计价入库。

借:工程物资—专用材料   1,500
　　贷:委托加工物资   1,500

(4)公司20*7年7月20日,委托加工的钢管已加工完成,实际成本49,300元,钢管已运抵公司专用材料仓库并验收入库。

借:工程物资—专用材料   49,300
　　贷:委托加工物资   49,300

> **发出工程物资**

公司发出需安装设备,借记"在建工程—大型基建(在安装设备)"或"在建工程—小型基建(在安装设备)"科目,贷记"工程物资—专用设备"科目;拨给承包商抵作备料款的专用材料,借记"在建工程"科目,贷记"工程物资—专用材料"科目;自营工程领用工程物资,借记"在建工程"科目,贷记"工程物资—专用材料"科目。

(1)公司20*7年10月10日,将锅炉交付安装,锅炉实际成本1,170,000元。

借:在建工程—小型基建(在安装设备)   1,170,000
　　贷:工程物资—专用设备   1,170,000

(2)公司20*7年8月10日,从专用材料库发φ150mm钢管20吨给承包商甲公司,公司按合同抵作备料款,每吨3,000元,共计60,000元。

借:在建工程—大型基建(安装工程)   60,000
　　贷:工程物资—专用材料   60,000

(3)公司20*7年6月10日自营的小型基建—单身宿舍,从专用材料库领用水泥20吨,每吨200元,合计4,000元。

借:在建工程—小型基建(建筑工程)   4,000
　　贷:工程物资—专用材料   4,000

> **工程完工后剩余的工程物资退库及出售**

工程完工后剩余的工程物资退库,按退库的工程物资价值,借记"原材料"等科目,贷记"工程物资"科目。出售工程物资,应先结转工程物资的进项税额,借记"应交税费—应交增值税—进项税额"科目,贷记"工程物资—专用材料"科目。按出售的收入,借记"银行存款"、"应收账款"等科目,贷记"其他业务收入—材料销售"、"应交税费—应交增值税—销项税额"等科目,同时,借记"其他业务成本—销售材料"科目,贷记"工程物资—专用材料"科目。

(1)小型基建完工,剩余水泥2吨退专用材料库,根据入库单记账,共计400元。

借:原材料

应交税费—应交增值税—进项税额　　　　　　　　　　58
　　贷：工程物资—专用材料　　　　　　　　　　　　　　　400

（2）公司20*7年8月30日经税务部门同意，出售工程剩余专用材料钢板10吨，每吨实际成本3,000元，开出增值税发票售价35,000元，增值税销项税额5,950元，当天收到全部款项40,950元存入银行。

①结转工程物资中进项税额
借：应交税费—应交增值税—进项税额　　　　　　　　4,359
　　贷：工程物资—专用材料　　　　　　　　　　　　　　4,359

②收到出售物资价款
借：银行存款　　　　　　　　　　　　　　　　　　　40,950
　　贷：其他业务收入—材料销售　　　　　　　　　　　35,000
　　　　应交税费—应交增值税—销售税额　　　　　　　5,950

③结转销售物资成本
借：其他业务成本—销售材料的成本　　　　　　　　　25,641
　　贷：工程物资—专用材料　　　　　　　　　　　　　25,641

➢ **工程物资盘盈、盘亏及毁损**

公司在财产清查时发现盘盈、盘亏及毁损的工程物资，均通过"待处理财产损溢—工程物资"核算，按规定报经批准后分别不同情况进行处理。

工程项目尚未完工时，按盘盈工程物资确定的实际成本借记"工程物资"，贷记"待处理财产损溢—工程物资"科目，经批准后，借记"待处理财产损溢—工程物资"，贷记"在建工程"科目；盘亏工程物资按实际成本借记"待处理财产损溢—工程物资"科目，贷记"工程物资"科目，经批准后，借记"在建工程"科目，贷记"待处理财产损溢—工程物资"科目；毁损的工程物资，按其实际成本借记"待处理财产损溢—工程物资"科目，贷记"工程物资"科目，应由保险公司或过失人赔偿的金额，借记"其他应收款"科目，将其净损失借记"在建工程"科目，贷记"待处理财产损溢—工程物资"科目。

工程项目已完工时，将盘盈工程物资确定的实际成本，借记"工程物资"科目，贷记"待处理财产损溢—工程物资"科目，经批准后，借记"待处理财产损溢—工程物资"科目，贷记"营业外收入"科目；盘亏工程物资的实际成本，借记"待处理财产损溢—工程物资"科目，贷记"工程物资"科目，经批准后，借记"营业外支出"科目，贷记"待处理财产损溢—工程物资"科目；毁损的工程物资，借记"待处理财产损溢—工程物资"科目，贷记"工程物资"科目，应由保险公司或过失人赔偿的金额，借记"其他应收款"科目，将其净损失，借记"营业外支出"科目，贷记"待处理财产损溢—工程物资"科目。

（1）公司锅炉设备安装工程尚未完工，20*7年6月31日经盘点工程物资时，盘亏ϕ40mm钢管1吨，实际成本4,000元，盘盈鼓风机一台，按市价15,000元确定实际成本。盘盈盘亏报告按规定报经批准进行处理。

①盘亏钢管
借：待处理财产损溢—工程物资　　　　　　　　　　　4,000
　　贷：工程物资—专用材料　　　　　　　　　　　　　4,000

批准后：
借：在建工程—安装工程—待摊支出　　　　　　　　　4,000
　　贷：待处理财产损溢—工程物资　　　　　　　　　　4,000

②盘盈鼓风机
借：工程物资—专用设备　　　　　　　　　　　　　　15,000
　　贷：待处理财产损溢—工程物资　　　　　　　　　　15,000

批准后：

借：待处理财产损溢—工程物资　　　　　　　15,000
　　贷：在建工程—安装工程—待摊支出　　　　　　15,000

(2)公司的一项建筑工程已经完工,盘点工程物资时,发现盘亏水泥10吨,实际成本2,000元,经查应由过失人李三赔偿500元,盘盈木材一批,按市价确认实际成本3,000元,盘盈盘亏报告按规定报经批准进行处理。

①盘亏的水泥
借：待处理财产损溢—工程物资　　　　　　　2,000
　　贷：工程物资—专用材料　　　　　　　　　　2,000

批准后：
借：其他应收款(李三)　　　　　　　　　　　　500
　　营业外支出—其他支出　　　　　　　　　　1,500
　　贷：待处理财产损溢—工程物资　　　　　　　2,000

②盘盈的木材
借：工程物资—专用材料　　　　　　　　　　3,000
　　贷：待处理财产损溢—工程物资　　　　　　　3,000

批准后：
借：待处理财产损溢—工程物资　　　　　　　3,000
　　贷：营业外收入—其他　　　　　　　　　　　3,000

二、在建工程

(一)在建工程核算的规定

在建工程是指建造固定资产或者对固定资产进行技术改造,在未达到预定可使用状态前发生的实际支出。在建工程应按以下规定核算：

(1)在建工程应当按照工程的性质分别核算。

①建筑工程核算构成在建工程的建筑工程的实际成本。主要内容包括：

A. 建造的各种房屋和建筑物,以及列入房屋工程预算内的暖气、卫生、通风、照明、煤气、消防等设施的价值及安装装饰工程,列入建筑工程预算内的各种管道、电力、电信、电缆导线的铺设工程；

B. 设备基础、支柱、工作台、梯子等；

C. 为施工而进行建筑场地布置、原有建筑物和障碍物的拆除、土地平整、工程完工后的场地清理、绿化等；

D. 水利工程,如水库、堤坝、灌渠等工程；

E. 矿井开拓、铁路、公路、桥梁等工程；

F. 防空、地下建筑等特殊工程。

②安装工程核算构成在建工程的安装工程的实际成本。主要内容包括：

A. 生产、动力、起重、运输、传动和医疗、实验等需要安装设备的装置和装配工程,及与设备相连的梯子、栏杆、工作台的装设工程,被安装设备的绝缘、防腐、保温、油漆等工程；

B. 为测定工程质量,对单体设备、系统设备进行单机试运行和系统联动无负荷运行工作所发生的支出。

③在安装设备核算构成在建工程的已经交付安装的需要安装设备的实际成本。需要安装设备必须固定在一定位置或支架上就可使用的各种设备,如发电机、蒸汽锅炉、变压器、各种机床等。有的设备虽然不要基础,但必须进行组装,并在一定范围内使用,如塔式吊车、皮带运输机。

购入的需要安装的设备转作在安装设备必须具备设备基础和支架已经完成,安装设备所必需的图纸已经具备,设备的基础已经运到安装现场,开箱检验完毕,吊装就位,并继续安装。

④待摊支出核算构成在建工程按规定需要分摊计入购建的固定资产价值的各项费用支出。主要内容包括:管理费、征地费、可行性研究费、临时设施费、公证费、监理费、负荷试运行、资产损失、施工机械转移费以及应负担的税费等。

(2)公司的在建工程采用自营建设和出包两种施工组织形式。采用自营方式的建筑安装工程支出,主要是在施工过程中实际发生的人工费、材料费、机械使用费、其他直接费和间接费;采用出包方式的建筑安装工程实际支出,主要是支付施工公司工程结算的工程价款。

(3)公司的在建工程项目在达到预定可使用状态前进行负荷试运转过程中形成的、能够对外销售的产品,其发生的成本,计入在建工程成本,销售或转为库存商品时,按实际销售收入或按预计售价冲减工程成本。

(4)建设期间发生的工程物资盘亏、报废及毁损净损失,计入在建工程成本;盘盈的工程物资或处置净收益冲减在建工程成本。

由于自然灾害等原因造成的在建工程报废或毁损,减去残料价值和过失人或保险公司等赔款后的净损失,直接计入营业外支出。

(5)在建工程的借款费用资本化问题,参见本核算办法之"借款费用"部分。

(二)在建工程核算

1. 会计科目

(1)总账科目:"在建工程"。

(2)明细科目:①建筑工程、②安装工程、③在安装设备、④船舶建造、⑤待摊支出等二级科目。

"在建工程"科目借方核算建筑工程、安装工程、在安装设备和船舶建造的各项实际支出,贷方核算工程完工后结转的实际支出,期末余额在借方,反映公司尚未完工的在建工程发生的各项实际支出。

公司根据项目概算购入不需要安装的固定资产,为生产准备的工具、器具,购入的无形资产及发生的不属于工程支出的其他费用等不在本科目核算。

2. 会计事项

> 发包的建筑工程

根据建造合同支付建筑工程承包商的工程款时,按实际支付的款项,借记"在建工程—建筑工程"科目,贷记"银行存款"科目,与承包商办理工程价款结算补付的工程款,借记"在建工程—建筑工程"科目,贷记"银行存款"、"应付账款"等科目,按建造合同扣除的质量保证金在"其他应付款"科目核算。

(1)公司 20*7 年 3 月 10 日,根据与甲公司签订的厂房建造合同,将工程物资水泥 100 吨,抵作承建厂房的备料款,该批水泥全部价款为 20,000 元。

借:在建工程—建筑工程　　　　　　　　　　20,000
　　贷:工程物资—专用材料　　　　　　　　　　　20,000

(2)公司 20*7 年 4 月 10 日,根据承包商提供的已完成工程月度表支付甲公司承建厂房的工程款 500,000 元。

借:在建工程—建筑工程　　　　　　　　　　500,000
　　贷:银行存款　　　　　　　　　　　　　　　　500,000

(3)20*7 年 12 月 30 日,甲公司承建的厂房交付使用,根据建造合同及现场签证,经审核总造价 1,200,000 元,应补付工程款 680,000 元。预留 10% 质量保证金 120,000 元后,应补付的工程款当日全部付清。

借:在建工程—建筑工程　　　　　　　　　　680,000
　　贷:银行存款　　　　　　　　　　　　　　　　560,000

其他应付款—单位往来—甲公司　　　　　　　120,000

➢ **发包的安装工程**

根据建造合同支付安装工程承包商的工程款时,按实际支付的款项,借记"在建工程—安装工程"科目,贷记"银行存款"科目,办理工程价款结算时,补付的工程价款,借记"在建工程"科目,贷记"银行存款"、"应付账款"等科目。按建造合同扣除的质量保证金在"其他应付款"科目核算。需要安装设备交付承包商安装,按实际成本借记"在建工程—在安装设备"科目,贷记"工程物资—专用设备"科目。

(1)公司20＊7年5月1日,根据与乙公司签订的锅炉安装建造合同(系小型基建),从专用材料仓库拨付乙公司钢管20吨,每吨实际成本4,000元,共计80,000元,作为乙公司承建厂房的锅炉安装的备料款。

　　借:在建工程—安装工程　　　　　　　　　　80,000
　　　　贷:工程物资—专用材料　　　　　　　　　　80,000

(2)公司20＊7年5月10日将锅炉运抵现场交付安装,锅炉的实际成本1,170,000元。

　　借:在建工程—在安装设备　　　　　　　　　1,170,000
　　　　贷:工程物资—专用设备　　　　　　　　　1,170,000

(3)公司20＊7年6月20日,根据建造合同及承包商提供的已完成工程月报表支付工程进度款100,000元。

　　借:在建工程—安装工程　　　　　　　　　　100,000
　　　　贷:银行存款　　　　　　　　　　　　　　100,000

(4)公司20＊7年11月20日,锅炉安装工程全部完工,经试运行验收合格,根据合同和现场签证,经审核该项工程安装总费用300,000元,应补付的款项120,000元当日已全部付清。

　　借:在建工程—安装工程　　　　　　　　　　120,000
　　　　贷:银行存款　　　　　　　　　　　　　　120,000

➢ **自营工程**

自营工程领用的工程物资应按实际成本,借记"在建工程",贷记"工程物资",自营工程领用本公司原材料,应按原材料实际成本加上不能抵扣的增值税进项税额,借记"在建工程",按原材料实际成本贷记"原材料",按不能抵扣的增值税进项税额,贷记"应交税费—应交增值税—进项税额转出"。领用工程物资退料借记"在建工程"科目(负数),贷记"工程物资"科目(负数)。自营工程领用本公司的商品产品时,按商品产品的实际成本加上按商品产品售价计算的增值税销项税额,借记"在建工程",按商品产品的实际成本,贷记"库存商品"科目,按应交的销项税额,贷记"应交税费—应交增值税—销项税额"科目。自营工程应负担的生产工人工资,借记"在建工程"科目,贷记"应付职工薪酬"科目。

自营工程使用公司辅助生产单位提供的水、电及运输劳务,借记"在建工程"科目,贷记"生产成本—辅助生产成本"科目。

(1)公司自营建设职工公寓一栋,20＊7年3月1日领用专用材料水泥预制件100吨,每吨3,000元,共计300,000元。

　　借:在建工程—建筑工程　　　　　　　　　　300,000
　　　　贷:工程物资—专用物资　　　　　　　　　300,000

(2)公司20＊7年4月10日,公寓楼工程领用原材料铜带50公斤做止水,该批铜带的实际成本8,100元,进项增值税额1,377元。

　　借:在建工程—建筑工程　　　　　　　　　　9,477
　　　　贷:原材料—材料　　　　　　　　　　　　8,100
　　　　　　应交税费—应交增值税—进项税额转出　1,377

(3)公司车队20＊7年4月为公寓楼运送材料等,使用200台班,每个台班350元,共计70,000元(该车队是公司辅助生产单位)。

```
借:在建工程—建筑工程                           70,000
    贷:生产成本—辅助生产成本                              70,000
```
(4)公司20*7年4月20日支付建公寓,应负担的工人工资15,000元,应负担的福利费2,100元。
```
借:在建工程—建筑工程                           17,100
    贷:应付职工薪酬                                      17,100
```
(5)公司20*7年4月28日自营建设公寓领用本公司库存商品的成本共计20,000元,售价25,000元。
```
借:在建工程—建筑工程                           24,250
    贷:库存商品                                          20,000
        应交税费—应交增值税—销项税额                        4,250
```

> **固定资产改良工程**

固定资产改良支出属于固定资产后续支出,满足固定资产准则规定的固定资产确认条件的,计入固定资产成本;没有满足固定资产确认条件的,在发生时计入当期管理费用。发生可资本化的后续支出时,先将该固定资产的原价、已计提的累计折旧和减值准备转销,将固定资产的账面价值转入在建工程。固定资产发生的可资本化的后续支出,通过"在建工程"科目核算。固定资产改良工程中被替换部分的价值应终止确认。

(1)公司20*7年9月10日将一台专用设备进行改造,将设备价值转入"在建工程"科目。该设备原值150,000元,折旧50,000元。
```
借:在建工程—在安装设备                         100,000
    累计折旧                                    50,000
    贷:固定资产—生产设备                                 150,000
```
(2)上述机组在技术改造过程中领专用材料钢材10吨,每吨2,500元,共计25,000元,支付民工工资10,000元。
```
借:在建工程—在安装设备                          35,000
    贷:银行存款                                          10,000
        工程物资—专用材料                                 25,000
```
(3)在技术改造过程中更换辅助设备一台,原值20,000元,已提折旧10,000元。新更换上的辅助设备35,000元,技改的废旧物资回收5,000元。

①更换辅助设备
```
借:在建工程—在安装设备                          35,000
    贷:工程物资—专用设备                                 35,000
```
②更换掉的旧辅助设备
```
借:工程物资—专用设备                            10,000
    贷:在建工程                                          10,000
```
③回收更换的材料物资
```
借:工程物资—专用材料                             5,000
    贷:在建工程—在安装设备                                5,000
```
(4)公司20*7年11月10日上述设备改造工程经试运行、验收后交付使用。
```
借:固定资产—生产设备                           165,000
    贷:在建工程—在安装设备                              165,000
```

> **应计入在建工程的待摊支出**

工程概算中包括不直接计入在建工程相关项目的各项支出,如工程管理费、筹资费、资产损失、负荷试运转费、征地费、可行性研究费、临时设施费、公证费、监理费等,借记"在建工程—大型基建(或小型基建)—待摊支出"科目,贷记"银行存款"等科目。

该待摊支出在受益工程项目之间分摊。具体参见本节之"工程竣工"部分。

(1)公司20＊7年2月,应支付A基建的基建工作人员工资8,500元,应计提福利费1,190元,工会经费170元。

  借:在建工程—待摊支出(A基建)   9,860
    贷:应付职工薪酬   9,860

(2)20＊7年3月1日,公司基建处报销大型基建复印纸款1,650元,以转账支票支付。

  借:在建工程—待摊支出(A基建)   1,650
    贷:银行存款   1,650

(3)公司20＊7年4月1日,根据大型基建征地合同和工程部用款申请,支付甲村土地征用费共150,000元。

  借:在建工程—待摊支出(A基建)   150,000
    贷:银行存款   150,000

(4)公司20＊7年4月10日根据技术部用款申请和相关合同,支付用于大型基建的电力设计院可行性研究费50,000元,设计费20,000元。

  借:在建工程—待摊支出(A基建)   70,000
    贷:银行存款   70,000

(5)公司20＊7年4月10日,根据工程部用款申请和工程建造合同,支付甲公司大型基建临时设施费80,000元。

  借:在建工程—待摊支出(A基建)   80,000
    贷:银行存款   80,000

(6)公司20＊7年4月20日,根据海关通知,支付小型基建的进口设备商检费100,000元。

  借:在建工程—待摊支出(A基建)   100,000
    贷:银行存款   100,000

(7)公司20＊7年6月15日,根据建造合同和工程部用款申请,支付给甲公司小型基建施工机械转移费50,000元。

  借:在建工程—待摊支出(A基建)   50,000
    贷:银行存款   50,000

(8)公司20＊7年11月25日,因泥石流将进厂道路冲毁,该道路在建,系小型基建,已支出实际成本35,000元。上述损失按规定管理权限报经批准。

  借:在建工程—待摊支出(A基建)   35,000
    贷:在建工程—建筑工程   35,000

> **不应计入在建工程的其他支出**

公司在固定资产购建期间购置的不需要安装设备、为生产准备的工器具,购置现成的房屋建筑物、无形资产,以及为生产准备提前进厂人员的费用,分别借记"固定资产"、"无形资产"、"包装物"、"低值易耗品"等科目,贷记"银行存款"等相关科目。因概算中包括上述支出,为考核概算执行情况,应设立"在建工程—待摊支出"备查簿,专门登记构成项目概算内容但又不通过在建工程科目核算的这一部分支出。

> **工程竣工**

工程竣工应编制竣工决算报告,确定其购建的固定资产价值:①房屋建筑物、线路等固定资产价值包括建筑成本和应分摊的待摊支出;②生产设备固定资产的价值包括需要安装设备的实际成本、安装工程成本、设备基础、支柱等建筑物成本,或砌筑锅炉建筑工程成本和应分摊的待摊支出。

编制竣工决算前,要对"预付工程款"、"预付备料款"、"预付大型设备款"等相关明细账户进行清理,如有余额应冲抵有关账户。对工程结余资金,工程专用材料及设备进行清理,并结清到相应账户。分摊"在建工程—待摊支出"科目的余额计入购建固定资产价值。

竣工决算完成后,按确定的资产价值,借记"固定资产"科目,贷记"在建工程"科目。

工程完工后虽然未办理竣工决算报告,但已达到预计可使用状态的要预结转为固定资产。

(1)公司20*7年12月31日,建造的固定资产已全部完工,应分配的待摊支出410,000元。详见下表:

项 目	建筑工程(元)	安装工程(元)	设备价值(元)	合 计(元)	分摊其他费用(元)
一、房屋					
1.厂房	750,000			750,000	117,014
2.宿舍	407,877			407,877	63,637
二、安装设备					
三、锅炉		300,000	1,170,000	1,470,000	229,349
合计	1,157,877	300,000	1,170,000	2,627,877	410,000

注:分配系数=410,000÷2,627,877=0.156019。

借:在建工程—建筑工程　　　　　　　180,651
　　在建工程—安装工程　　　　　　　229,349
　贷:在建工程—待摊支出　　　　　　　　　410,000

(2)工程经验收委员会验收,竣工决算完成,购建固定资产总支出20,000,000元。按固定资产清册建立固定资产卡片,并结转计入固定资产总账科目。

借:固定资产　　　　　　　　　　　　20,000,000
　贷:在建工程—建筑工程　　　　　　　　　9,000,000
　　　在建工程—安装工程　　　　　　　　　10,00,000
　　　在建工程—在安装设备　　　　　　　　10,000,000

➢ **在建工程减值准备**

在建工程减值准备是指在购建固定资产过程中,在建工程的可回收金额低于其账面价值,并经评估确认的在建工程减值损失。公司应于年度终了,对在建工程进行全面检查,有下列情况应计提减值准备:①该项目长期停建,而且在未来三年不会重新开工的在建工程;②所建的在建项目,无论在性能上和在技术上已经落后,并且给公司带来的经济利益具有很大的不确定性;③其他足以证明在建工程已经发生减值的情况。

公司计提的在建工程减值准备,借记"资产减值损失—在建工程减值损失"科目,贷记"在建工程减值准备"科目。

例:公司20*7年12月31日,经对全部在建工程进行检查,在甲地建培训中心,由于当地整体开发推迟,目前已停建三年。已投入征地等前期建设费用2,800,000元,经评估应提减值准备700,000元。

借:资产减值损失—在建工程减值损失　　　700,000
　贷:在建工程减值准备　　　　　　　　　　　700,000

同上例:

①如公司20*8年1月5日决议将该在建工程项目进行清理出售,出售价格按评估价值2,100,000元出让给A公司,发生评估、交易等手续费用10,000元。

借:固定资产清理—在建工程　　　　　　2,110,000
　　在建工程减值准备　　　　　　　　　　700,000
　贷:在建工程　　　　　　　　　　　　　　2,800,000
　　　银行存款　　　　　　　　　　　　　　　10,000

收到出售款项,清理完毕。
借:银行存款   2,100,000
　　贷:固定资产清理   2,100,000
借:营业外支出——处置在建工程净损失   10,000
　　贷:固定资产清理——在建工程   10,000

②如公司20*8年年末在该在建工程上陆续投入10,000,000元后建成,已办理工程竣工手续,则:

支付续建工程款时:
借:在建工程   10,000,000
　　贷:银行存款   10,000,000
竣工后结转固定资产时:
借:固定资产   12,800,000
　　贷:在建工程   12,800,000
借:在建工程减值准备   700,000
　　贷:固定资产减值准备   700,000

第九节 无形资产、商誉与长期待摊费用

一、无形资产

(一)无形资产核算的规定

无形资产是指公司拥有或者控制的没有实物形态的可辨认非货币性资产,包括专利权、非专利技术、商标权、著作权、土地使用权和特许权等。

专利权是指权利人在法定期限内对某一发明创造所拥有的独占权和专有权;非专利技术也称专有技术,是指发明人垄断的、不公开的、具有实用价值的先进技术、资料、技能、知识等。

商标权是指公司专门在某种指定的商品上使用特定的名称、图案、标记的权利。

著作权是指著作权人对其作品依法享有的出版、发行等方面的专有权利。

土地使用权是指国家准许公司在一定期间对国有土地享有开发、利用、经营的权利。

特许权也称专营权,指在某一地区经营或销售某种特定商品的权利或是一家公司接受另一家公司使用其商标、商号、技术秘密等的权利。

BOT合同(Build/Operate/Transfer,即建设/运营/移交)。在建造期间,项目公司对于所提供的建造服务,应当按照《企业会计准则第15号——建造合同》确认相关的收入和费用。建造合同收入按照收取或应收对价的公允价值计量,同时按照BOT合同所规定的基础设施建成后收取经营收入的方式分别确认为金融资产或无形资产;未提供实际建造服务,将基础设施建造发包给其他方的,不应确认建造服务收入。

在运营阶段,基础设施建成后,项目公司应当按照《企业会计准则第14号——收入》确认与后续经营服务相关的收入。同时根据情况分别对无形资产(特许经营权)采用工作量法、直线法摊销。特许经营权中属于设备的资产,其使用年限较特许经营权的期限短,则摊销年限可参照同类固定资产的使用年限确定,该设备资产更新时,应重新调整特许经营权的账面价值。按照合同规定,企业为使有关基础设施保持一定的服务能力或在移交给合同授予方之前保持一定的使用状态,预计将发生的支出,应当按照《企业会计准则第13号——或有事项》的规定处理。

无形资产应按以下规定核算:

(1)无形资产的计量。

无形资产在取得时,应按取得时的实际成本计量。实际成本应按以下规定确定:

①购入的无形资产,按实际支付的价款作为实际成本。

②投资者投入的无形资产,应当按照投资合同或协议约定的价值确定,但合同或协议约定价值不公允的除外。

③公司接受债务人以非现金资产抵偿债务方式取得的无形资产,按换入无形资产的公允价值加上应支付的相关税费,作为实际成本。

④以非货币性资产交换换入的无形资产,按照换出资产的公允价值(若该项交换具有商业实质)或账面价值(若该项交换不具有商业实质)加上应支付的相关税费,作为实际成本。涉及补价的,按以下规定确定换入无形资产的实际成本:

A. 收到补价的,按照换出资产的公允价值(若该项交换具有商业实质)或账面价值(若该项交换不具有商业实质)减去收到的补价并加上应支付的相关税费,作为实际成本;

B. 支付补价的,按照换出资产的公允价值(若该项交换具有商业实质)或账面价值(若该项交换不具有商业实质)加上应支付的相关税费和补价,作为实际成本。

⑤自行进行的研究开发项目,区分为研究阶段与开发阶段。研究阶段,是指为获取新的技术和知识等进行的有计划的调查,其特点在于研究阶段是探索性的,为进一步的开发活动进行资料及相关方面的准备,从已经进行的研究活动看,将来是否会转入开发、开发后是否会形成无形资产等具有较大的不确定性。开发阶段相对研究阶段而言,应当是完成了研究阶段的工作,在很大程度上形成一项新产品或新技术的基本条件已经具备。

研究阶段的支出全部费用化,计入当期损益(管理费用)。开发阶段的支出符合资本化条件的,才能确认为无形资产;不符合资本化条件的计入当期损益(管理费用)。无法区分研究阶段支出和开发阶段支出,应当将其所发生的研发支出全部费用化,计入当期损益(管理费用)。

企业内部研究开发项目开发阶段的支出,同时满足下列条件的,才能确认为无形资产:

A. 完成该无形资产以使其能够使用或出售在技术上具有可行性;

B. 具有完成该无形资产并使用或出售的意图;

C. 无形资产产生经济利益的方式,包括能够证明运用该无形资产生产的产品存在市场或无形资产自身存在市场,无形资产将在内部使用的,应当证明其有用性;

D. 有足够的技术、财务资源和其他资源支持,以完成该无形资产的开发,并有能力使用或出售该无形资产;

E. 归属于该无形资产开发阶段的支出能够可靠地计量。

⑥公司购入的土地使用权,或以支付土地出让金方式取得的土地使用权,按照实际支付的价款作为实际成本,并作为无形资产核算。

⑦在非同一控制下的企业合并中,购买方在企业合并中取得的被购买方资产进行初始确认时,应当对被购买方拥有的但在其财务报表中未确认的无形资产进行充分辨认和合理判断,满足以下条件之一的,应确认为无形资产:

A. 源于合同性权利或其他法定权利;

B. 能够从被购买方中分离或者划分出来,并能单独或与相关合同、资产和负债一起,用于出售、转移、授予许可、租赁或交换。

公司应当在附注中披露在非同一控制下的企业合并中取得的被购买方无形资产的公允价值及其公允价值的确定方法。

(2)无形资产在确认后发生的支出,应在发生时计入当期损益。

(3)公司拥有的土地使用权等能确定使用寿命的无形资产,应当自无形资产可供使用时起,至不作为无形资产确认时为止的使用寿命期间内采用直线法摊销。土地使用权按土地使用证规定的年限作为摊销年限。其他无形资产按合同或法律规定的使用年限作为摊销年限。

(4)使用寿命不确定的无形资产不应摊销。

(5)应当至少每年年度终了,对使用寿命有限的无形资产的使用寿命及未来经济利益消耗方式进行复核。无形资产的预计使用寿命及未来经济利益的预期消耗方式与以前估计不同的,应当改变摊销期限和摊销方法。

应当在每个会计期间对使用寿命不确定的无形资产的使用寿命进行复核。如果有证据表明无形资产的使用寿命是有限的,应当估计其使用寿命,并按准则规定处理。

(6)公司取得的土地使用权通常应确认为无形资产。土地使用权用于自行开发建造厂房等地上建筑物时,土地使用权与地上建筑物分别进行摊销和提取折旧。公司外购的房屋建筑物支付的价款无法在地上建筑物与土地使用权之间分配的,应当按照固定资产的有关规定,确认为固定资产。公司改变土地使用权的用途,将其作为用于出租或增值目的时,应将其账面价值转为投资性房地产。

(7)按照账面价值与可收回金额孰低计量,对可收回金额低于账面价值的差额,应当计提无形资产减值准备。但已计提的无形资产减值准备在以后会计期间不得转回。

(8)BOT合同的核算规定。

参见本核算办法之"收入"之"主营业务收入"之"BOT合同"部分。

(二) 无形资产核算

1. 会计科目

(1)总账科目:"无形资产"、"无形资产减值准备"、"累计摊销"。

(2)明细科目:①专利权、②非专利技术、③商标权、④著作权、⑤土地使用权、⑥特许权、⑦软件、⑧BOT合同、⑨其他。

"无形资产"科目借方核算取得无形资产的实际成本,包括外购、投资者投入、债务重组、非货币性资产交换、自行开发等;贷方核算按规定摊销的无形资产价值、出售无形资产以及进行债务重组和非货币性资产交换而减少的无形资产的账面价值;期末余额在借方,反映无形资产的成本。

"无形资产减值准备"科目贷方核算按规定计提的无形资产减值准备;借方核算无形资产处置时结转的已计提的无形资产减值准备;期末余额在贷方,反映已计提但尚未转销的无形资产减值准备。

"累计摊销"科目贷方核算按月计提的无形资产摊销额;借方核算无形资产出售而冲销的无形资产累计摊销额;期末余额在贷方,反映公司无形资产累计摊销额。

2. 会计事项

➢ **外购取得无形资产**

购入的无形资产,按实际支付的价款,借记"无形资产"科目,贷记"银行存款"等科目。

(1)公司于20*7年6月18日从甲公司购入一项专利权,价格为1,000,000元,发生相关费用25,000元,款项以银行存款支付。

借:无形资产—专利权　　　　　　　　　　1,025,000
　　贷:银行存款　　　　　　　　　　　　　　　　1,025,000

(2)公司于20*7年8月18日从乙公司购入一项专利权和相关设备,价格及相关费用共计3,600,000元。其中,专利权可以单独辨认,但相关设备的价格没有分别列明。专利权与相关设备公允价值的比例为5:1,该笔款项以银行存款支付,该设备已交付使用。

借:无形资产—专利权　　　　　　　　　　3,000,000
　　固定资产—生产设备　　　　　　　　　　　600,000
　　贷:银行存款　　　　　　　　　　　　　　　　3,600,000

注:专利权的入账价值=3,600,000÷(5+1)×5=3,000,000(元),固定资产的入账价值=3,600,000-3,000,000=600,000(元)。

➢ **投资者投入的无形资产**

投资者投入的无形资产,按照投资合同或协议约定的价值,借记"无形资产"科目,贷记"股本"或"实收资本"等科目,投资合同或协议价格不公允的,无形资产按公允价值入账,差额调整资本公积。

例:公司于20*7年9月1日与甲公司达成一项投资协议,该协议规定甲公司以一项专利权作为投资入股,该专利权的协议价格为3,600,000元,公允价值为4,000,000元,该专利权于10月1日取得。

  借:无形资产—专利权   4,000,000
    贷:实收资本—法人股本   3,600,000
      资本公积   400,000

➢ **债务重组取得无形资产**

参见本核算办法之"债务重组"部分。

➢ **以原材料换入的无形资产**

公司以原材料换入的无形资产比照存货核算中进行非货币性资产交换换入的原材料的内容进行会计处理。

➢ **以固定资产换入的无形资产**

以非货币性资产交换换入无形资产按是否涉及补价的不同情形分别处理。

①不涉及补价时,分两种情况:第一种情况,非货币性资产交换具有商业实质,以换出固定资产的公允价值加上应支付的相关税费,作为换入无形资产的入账价值;第二种情况,非货币性资产交换不具有商业实质,以换出固定资产的账面价值加上应支付的相关税费,作为换入无形资产的入账价值。

②收到补价的,分两种情况:第一种情况,非货币性资产交换具有商业实质,以换出固定资产的公允价值减去收到的补价并加上应支付的相关税费,作为换入无形资产的入账价值;第二种情况,非货币性资产交换不具有商业实质,以换出固定资产的账面价值减去收到的补价并加上应支付的相关税费,作为换入无形资产的入账价值。

③支付补价的,分两种情况:第一种情况,非货币性资产交换具有商业实质,以换出固定资产的公允价值加上支付的补价和应支付的相关税费,作为换入无形资产的入账价值;第二种情况,非货币性资产交换不具有商业实质,以换出固定资产的账面价值加上支付的补价和应支付的相关税费,作为换入无形资产的入账价值。

(1)公司20*7年7月10日与乙公司协商,以其拥有的生产用设备与乙公司专利权交换。公司生产用设备的账面原价为5,000,000元,已提折旧500,000元,已提减值准备500,000元,公允价值为4,500,000元。公司将换入的专利权作为无形资产进行管理。该项交易具有商业实质。交易双方在交易中未发生其他相关税费。

  ①借:固定资产清理   4,000,000
    累计折旧   500,000
    固定资产减值准备   500,000
    贷:固定资产—生产设备   5,000,000
  ②借:无形资产—专利权   4,500,000
    贷:固定资产清理   4,000,000
      营业外收入—非货币性资产交换利得 500,000

(2)在上述例(1)中,若公司收到乙公司补价300,000元。

  ①借:固定资产清理   4,000,000
    累计折旧   500,000
    固定资产减值准备   500,000
    贷:固定资产—生产设备   5,000,000
  ②借:无形资产—专利权   4,200,000

```
        银行存款                                        300,000
    贷:固定资产清理                                    4,000,000
       营业外收入—非货币性资产交换利得                  500,000
```

(3)在上述例(1)中,若公司支付给乙公司补价300,000元。

```
①借:固定资产清理                                    4,000,000
     累计折旧                                          500,000
     固定资产减值准备                                  500,000
    贷:固定资产—生产设备                              5,000,000
②借:无形资产—专利权                                 4,800,000
    贷:固定资产清理                                   4,000,000
       银行存款                                        300,000
       营业外收入—非货币性资产交换利得                  500,000
```

> 自行开发取得无形资产

自行开发的无形资产,借记"无形资产"科目,贷记"研发支出"科目。

(1)公司于20*7年5月28日,在开发某非专利技术过程中发生支出150万元,假定满足无形资产确认条件。

```
借:研发支出                                         1,500,000
  贷:银行存款等                                      1,500,000
(符合资本化条件)
借:无形资产—非专利技术                              1,500,000
  贷:研发支出—资本化支出                             1,500,000
```

(2)公司于20*7年12月28日自行开发的一项技术达到预定用途依法申请注册为专利权,开发阶段的支出总额为1,500,000元。假定满足无形资产确认条件。

```
借:无形资产—专利权                                  1,500,000
  贷:研发支出—资本化支出                             1,500,000
```

> BOT合同项目形成的特许经营权

公司20*6年1月1日承建某市的A段公路项目,合同约定建设期1年半,政府负责公路所占土地的征用,公司负责公路的建成通车,所需费用各自承担。公路建成通车后,A段公路15年期的特许经营权归公司拥有,通车15年后A段公路及其运营设施全部移交政府。该项目协议应定义为BOT合同。

(1)项目公司提供建造业务的核算:

建设阶段按建造合同确认收入,假设20*6年某一会计期间的成本费用归集后,合同成本支出为5,000万元,合同毛利500万元,则会计期末会计处理如下(暂不考虑税费问题):

```
①费用归集
借:工程施工—合同成本                               50,000,000
  贷:银行存款                                        50,000,000
②收入确认
借:主营业务成本—自营成本                            50,000,000
   工程施工—合同毛利                                 5,000,000
  贷:主营业务收入—自营收入                           55,000,000
③资产确认
借:无形资产—特许经营权(A段公路)                    55,000,000
  贷:工程施工—合同成本                               50,000,000
      —合同毛利                                      5,000,000
```

④A段公路未完工或未投入运营期间，该特许经营权不摊销。

⑤假设20*7年7月1日，A段公路竣工通车并投入运营，该公路特许经营权本月应摊销40万元。则20*7年7月31日，特许经营权的摊销分录为：

借：主营业务成本—让渡资产使用权成本　　　　　　　　400,000
　　贷：累计摊销—特许经营权（A段公路）　　　　　　　　400,000

（2）项目公司将工程分包，自己并不提供建造业务的核算。

建造的项目公司未提供实际建造服务，将基础设施建造发包给其他方的，不应确认建造服务收入，应当按照BOT合同所规定的基础设施建成后收取经营收入的方式确认为无形资产或金融资产。形成无形资产的，以建造过程中支付的工程价款为基础确认无形资产。

➢ BOT合同项目的移交

如果BOT合同项目作为项目公司方式运作，则项目公司在移交特许经营权后需要清算，清算对象是项目公司在BOT合同项目经营结算产生的资产及负债，该清算属于普通清算，与破产清算有许多相同之处，所以在会计处理上应参照国有企业试行破产有关会计处理问题暂行规定，达到既能反映公司BOT合同项目移交清算过程的财务状况，又有利于管理部门对BOT合同项目进行有效控制的目的。

在实务操作上，可以不另立账簿，在原有账簿中进行，一般需设置"清算费用"、"清算损益"两个科目。

"清算费用"科目用于专门核算公司清算期间的各项费用成本。其内容包括：清算机构成员的工资报酬、公告费用、咨询费用和办公费用、诉讼费用及清算过程中必须支付的其他的清算费用。这些费用从现有财产中优先支付。"清算费用"科目借方登记清算期间的各项清算费用；清算结束时，将其全部发生额从该科目的贷方转入清算损益的借方，本科目无余额。

"清算损益"科目属损益类科目，专门核算公司清算期间所实现的各项收益和损失。该科目的贷方反映公司的清算收益，其内容包括清算中发生的财产盘盈、财产重估收益、财产变现的收益和因债权人原因确实无法归还的债务等；该科目的借方反映公司的清算损失，其内容包括清算发生的财产盘亏，包括财产损失、变现损失和无法收回的债权；期末余额可能在贷方也可能在借方。清算期结束时，该科目余额不需结转，保留余额能清晰地反映公司的清算情况。

因资不抵债无清算财产偿付的债务应保留余额，无需转入清算损益科目。

同上例，假如20*2年7月1日公司对A段公路的特许经营权到期，并按约定移交该特许经营权，公司按照规定要求进行清算。清算期间为20*2年7月1日至20*2年8月1日，在此期间发生的清算损益为4万元。清算截止日评估机构对尚未清算完毕的资产进行评估，评估结果公司净资产增加5万元。清算截止日资产负债状况见下表：

科　目	账面值(万元)	评估值(万元)	增减值(万元)	科　目	账面值(万元)	评估值(万元)	增减值(万元)
货币资金	5	5		短期借款	20	20	
应收账款	220	220		应付账款	350	350	
存货	130	135	5	应付职工薪酬	4	4	
长期待摊费用	10	0	−10	应交税费	1	1	
固定资产	45	55	10				
特许经营权							
资产合计	410	415	5	负债合计	375	375	
				实收资本	50	50	
				资本公积	6	6	
				未分配利润	−25	−25	
				清算损益	4	4	
				评估增值		5	5
				损益合计	35	40	5
				负债及损益合计	410	415	5

会计处理如下：
(1)根据评估结果调整资产负债的价值

借：存货　　　　　　　　　　　　　　　　　　　　　　　　　50,000
　　固定资产　　　　　　　　　　　　　　　　　　　　　　　100,000
　　贷：长期待摊费用　　　　　　　　　　　　　　　　　　　100,000
　　　　清算损益　　　　　　　　　　　　　　　　　　　　　 50,000

(2)计算清算所得并计提所得税

清算所得额＝清算期间损益＋剩余资产评估损益＝4＋5＝9(万元)
计提清算期间应交所得税＝9×25％＝2.25(万元)

借：清算损益　　　　　　　　　　　　　　　　　　　　　　　22,500
　　贷：应交税费—所得税　　　　　　　　　　　　　　　　　22,500

(3)公司清算利得

公司清算利得＝清算所得额－所得税＝9－2.25＝6.75(万元)

➢ **无形资产摊销**

使用寿命有限的无形资产，应在其预计的使用寿命内采用系统合理的方法对应摊销金额进行摊销。应摊销金额为其成本扣除预计残值后的金额。已计提减值准备的无形资产，还应扣除已计提的无形资产减值准备累计金额。使用寿命有限的无形资产，其残值应当视为零，但下列情况除外：①有第三方承诺在无形资产使用寿命结束时购买该无形资产；②可以根据活跃市场得到预计残值信息，并且该市场在无形资产使用寿命结束时很可能存在。

根据可获得的相关信息判断，如果无法合理估计某项无形资产的使用寿命的，应作为使用寿命不确定的无形资产进行核算。对于使用寿命不确定的无形资产，在持有期间内不需要摊销，但应当在每个会计期末进行减值测试。

无形资产的摊销金额一般应当计入当期损益。某项无形资产包含的经济利益通过所生产的产品或其他资产实现的，其摊销金额应当计入相关资产的成本。

按月计提无形资产摊销时，借记"管理费用"、"劳务成本"等科目，贷记"累计摊销"科目。

例：公司于20＊7年10月1日从甲公司购入的某项非专利技术，合同金额1,200,000元，发生相关费用50,000元，使用年限为5年。

20＊7年10月31日该无形资产应摊销：

借：管理费用—无形资产摊销　　　　　　　　　　　　　　　　20,833
　　贷：累计摊销　　　　　　　　　　　　　　　　　　　　　20,833

➢ **不能为公司带来经济利益的无形资产**

无形资产预期不能为公司带来经济利益的，应按已计提的累计摊销，借记"累计摊销"科目，按其账面余额，贷记"无形资产"科目，按其差额，借记"营业外支出"科目。已计提减值准备的，还应同时结转减值准备。

例：公司20＊7年6月10日预期其拥有的某项非专利技术已经不能给公司带来经济利益，该无形资产已经累计摊销150,000元，无形资产原价200,000元。

借：累计摊销　　　　　　　　　　　　　　　　　　　　　　　150,000
　　营业外支出　　　　　　　　　　　　　　　　　　　　　　 50,000
　　贷：无形资产—非专利技术　　　　　　　　　　　　　　　200,000

➢ **无形资产减值**

(1)使用寿命有限的无形资产

资产负债表日，公司根据资产减值准则确定无形资产发生减值的，按应减记的金额，借记"资产减值损失"科目，贷记"无形资产减值准备"科目。

例:公司外购的甲项专利权在 20＊7 年末的摊余价值为 1,300,000 元,由于与该专利权相关的经济因素发生了不利变化,致使该专利权发生了减值。估计该专利权在 20＊7 年年末的可收回金额为 1,000,000 元,该项专利权在此之前未提减值准备。

借:资产减值损失—无形资产减值损失　　　300,000
　　贷:无形资产减值准备　　　　　　　　　　300,000

(2)使用寿命不确定的无形资产

对于使用寿命不确定的无形资产,在持有期间内不需要摊销,但应当在每个会计期末进行减值测试。其减值测试的方法按照资产减值的原则进行处理,如经减值测试表明已发生减值则需要计提相应的减值准备。其相关的会计处理为:借记"资产减值损失"科目,贷记"无形资产减值准备"科目。

例:20＊6 年 1 月 1 日,A 公司购入一项市场领先的畅销产品的商标的成本为 6,000 万元,该商标按照法律规定还有 5 年的使用寿命,但是在保护期届满时。A 公司每 10 年可以较低的手续费申请延期,同时 A 公司有充分的证据表明其有能力申请延期。此外,有关的调查表明,根据产品生命周期、市场竞争等方面情况综合判断,该商标将在不确定的期间内为企业带来现金流量。

根据上述情况,该商标可视为使用寿命不确定的无形资产在持有期间内不需要进行摊销。

20＊7 年年底,A 公司对该商标按照资产减值的原则进行减值测试。经测试表明该商标已发生减值。20＊7 年年底,该商标的公允价值为 4,000 万元。则 A 公司的会计处理如下:

(1)20＊6 年购入商标时:

借:无形资产—商标权　　　　　　　　　　60,000,000
　　贷:银行存款　　　　　　　　　　　　　　60,000,000

(2)20＊7 年发生减值时:

借:资产减值损失(60,000,000－40,000,000)　20,000,000
　　贷:无形资产减值准备—商标权　　　　　　20,000,000

➢ **无形资产处置**

处置无形资产,应按实际收到的金额等,借记"银行存款"等科目;按已计提的累计摊销,借记"累计摊销"科目;按应支付的相关税费及其他费用,贷记"应交税费"、"银行存款"等科目;按其账面余额,贷记"无形资产"科目;按其差额,贷记"营业外收入—处置非流动资产利得"科目或借记"营业外支出—处置非流动资产损失"科目。已计提减值准备的,还应同时结转减值准备。

例:公司于 20＊7 年 10 月 28 日将其拥有的一项专利权作价 2,000,000 元转让给乙公司,该专利权的账面余额为 2,100,000 元,累计摊销额为 500,000 元,该专利权已计提减值准备 50,000 元。应交的营业税为 100,000 元。

借:银行存款　　　　　　　　　　　　　　2,000,000
　　无形资产减值准备　　　　　　　　　　　50,000
　　累计摊销　　　　　　　　　　　　　　　500,000
　　贷:无形资产—专利权　　　　　　　　　　2,100,000
　　　　应交税费—应交营业税　　　　　　　　100,000
　　　　营业外收入—处置非流动资产利得　　　350,000

二、商誉

(一)商誉核算的规定

(1)在非同一控制下的公司吸收合并(即被合并单位法人资格被注销)中,公司对合并成本大于合并中取得的被购买方可辨认净资产公允价值份额的差额,应当确认为商誉;其他股权投资初始成本与其享有的被投资单位可辨认净资产公允价值份额的差额,不单独确认为商誉;对于非同一控制下的控股合并，在编制合并报表时，对子公司的股权投资初始成本与其享有的子公司可辨认净资产公允价值份额的差额，确认为商誉。

初始确认后的商誉，应当以其成本扣除累计减值损失的金额计量。

(2)公司应当按照以下规定确认合并中取得的被购买方各项可辨认资产、负债及或有负债的公允价值，并按公允价值确定相关资产、负债的入账价值。

①货币资金：按照购买日被购买方的原账面价值确定。

②有活跃市场的股票、债券、基金等金融工具：按照购买日活跃市场中的市场价值确定。

③应收款项：短期应收款项，因其折现后的价值与名义金额相差不大，可以直接运用其名义金额作为公允价值；对于收款期在1年以上的长期应收款项，应以适当的现行利率折现后的现值确定其公允价值。在确定应收款项的公允价值时，要考虑发生坏账的可能性及收款费用。

④存货：产成品和商品按其估计售价减去估计的销售费用、相关税费以及公司通过自身的努力在销售过程中对于类似的产成品或商品可能实现的利润确定；在产品按完工产品的估计售价减去至完工仍将发生的成本、预计销售费用、相关税费以及基于同类或类似产成品的基础上估计可能实现的利润确定；原材料按现行重置成本确定。

⑤不存在活跃市场的金融工具如权益性投资等：采用估值技术确定其公允价值。

⑥房屋建筑物：存在活跃市场的，应以购买日的市场价格确定其公允价值；本身不存在活跃市场，但同类或类似房屋建筑物存在活跃市场的，应参照同类或类似房屋建筑物的市场价格确定其公允价值；同类或类似房屋建筑物也不存在活跃市场，无法取得有关市场信息的，应按照一定的估值技术确定其公允价值。

采用估值技术确定的公允价值估计数的变动区间很小，或者在公允价值估计数变动区间内，各种用于确定公允价值估计数的概率能够合理确定的，视为公允价值能够可靠计量。

⑦机器设备：存在活跃市场的，应按购买日的市场价值确定其公允价值；本身不存在活跃市场，但同类或类似机器设备存在活跃市场的，应参照同类或类似机器设备的市场价格确定其公允价值；同类或类似机器设备也不存在活跃市场，或因有关的机器设备具有专用性，在市场上很少出售、无法取得确定其公允价值的市场证据，可使用收益法或考虑该机器设备损耗后的重置成本估计其公允价值。

⑧无形资产：存在活跃市场的，参考市场价格确定其公允价值；不存在活跃市场的，应当基于可获得的最佳信息基础上，以估计熟悉情况的双方在公平的市场交易中为取得该项资产应支付的金额作为其公允价值。

⑨应付账款、应付票据、应付职工薪酬、应付债券、长期应付款：对于短期债务，因其折现后的价值与名义金额相差不大，可以名义金额作为公允价值；对于长期债务，应当按照适当的折现率折现后的现值作为其公允价值。

⑩取得的被购买方的或有负债，其公允价值在购买日能够可靠计量的，应单独确认为预计负债。此项负债应当按照假定第三方愿意代购买方承担该项义务，就其所承担义务需要购买方支付的金额计量。

⑪递延所得税资产和递延所得税负债：对于公司合并中取得的被购买方各项可辨认资产、负债及或有负债的公允价值与其计税基础之间存在差额的，应当按照所得税准则的相关规定确认相应的递延所得税资产或递延所得税负债，所确认的递延所得税资产或递延所得税负债的金额不应折现。

(3)商誉减值的处理。

参见本核算办法之"成本和费用"之"资产减值"的有关商誉部分。

(二)商誉的核算

1. 会计科目

(1)总账科目："商誉"、"商誉减值准备"。

(2)明细科目：按被投资对象进行明细核算。

"商誉"科目的借方核算由非同一控制下的公司吸收合并而取得的商誉价值;贷方核算商誉发生的减少金额;期末余额在借方,反映公司商誉的价值。

2. 会计事项

> 商誉的取得

公司应按非同一控制下公司合并中确定的商誉价值,借记"商誉"科目,贷记有关科目。

例:X 公司以公允价值为 1,500 万元、账面价值为 950 万元的无形资产作为对价对 Y 公司进行吸收合并。X 公司与 Y 公司为非同一控制下的公司。

购买日 Y 公司持有资产的情况如下:

项 目	账 面 价 值(万元)	公 允 价 值(万元)
固定资产	600	850
长期投资	550	650
长期借款	350	350
净资产	800	1,150

X 公司的会计处理如下:

借:固定资产　　　　　　　　　　　　　　　　8,500,000
　　长期投资　　　　　　　　　　　　　　　　6,500,000
　　商誉　　　（15,000,000－11,500,000）　3,500,000
贷:长期借款　　　　　　　　　　　　　　　　3,500,000
　　无形资产(简化处理)　　　　　　　　　　9,500,000
　　营业外收入　　　　　　　　　　　　　　5,500,000

注:资产处置收益 550 万元,即 1,500 万元－950 万元。

> 商誉的减值

资产负债表日,公司根据资产减值准则确定商誉发生减值的,按应减记的金额,借记"资产减值损失"科目,贷记"商誉减值损失"科目。

商誉减值损失的测试参见本核算办法"成本和费用"之"资产减值"部分。

例:20*7 年 12 月 31 日,上述公司于 20*7 年 3 月 1 日取得的商誉发生减值,减值金额为 400,000 元。

借:资产减值损失—商誉减值损失　　　　　　400,000
贷:商誉减值准备　　　　　　　　　　　　　400,000

三、长期待摊费用

(一)长期待摊费用包括的内容

长期待摊费用是指公司已经发生但应由本期和以后各期负担的分摊期限在 1 年以上的各项费用。长期待摊费用中将于 1 年内摊销的金额在"一年内到期的非流动资产"列报。

公司以经营租赁方式租入固定资产发生的改良支出,应予资本化,作为长期待摊费用,在剩余租赁期与租赁资产尚可使用年限两者中较短的期间内进行摊销。

(二)长期待摊费用核算

1. 会计科目

(1)总账科目:"长期待摊费用"。

(2)明细科目:按费用项目设置二级明细科目。

长期待摊费用的借方核算公司发生的各种长期待摊费用,贷方核算已经摊销的各种长期待摊费用,期末余额在借方,反映公司尚未摊销完毕的长期待摊费用的摊余价值。

2. 会计事项

➢ **公司发生的长期待摊费用**

公司发生的长期待摊费用,借记"长期待摊费用"科目,贷记"银行存款"、"原材料"等科目。

例:公司20*7年1月1日从某租赁公司以经营租赁的方式租入甲设备一套,发生改良支出2,000,000元,租赁期限为2年。

借:长期待摊费用　　　　　　　　　　　2,000,000
　　贷:银行存款　　　　　　　　　　　　　2,000,000

➢ **按规定摊销的长期待摊费用**

公司摊销长期待摊费用时,借记"销售费用"、"管理费用"等科目,贷记"长期待摊费用"科目。

例:公司20*7年12月31日,摊销经营租赁固定资产的改良支出1,000,000元。

借:管理费用—长期待摊费用摊销　　　　1,000,000
　　贷:长期待摊费用　　　　　　　　　　　1,000,000

第十节　临时设施、临时设施摊销与临时设施清理

一、临时设施

施工公司为保证施工和管理的正常进行而购建的各种临时设施。

(一)临时设施核算的规定

(1)核算施工公司为保证施工和管理的正常进行而购建的各种临时设施的实际成本。建造承包商的临时设施列报在固定资产中。

(2)在建造合同清单内约定的临时设施支出,应作为工程施工核算。

(3)没有在建造合同清单中约定的临时设施支出,借记本科目,贷记"银行存款"等科目。需要通过建筑安装才能完成的临时设施,发生的各有关费用,先通过"在建工程"科目核算,工程达到预定可使用状态时,再从"在建工程"科目转入本科目。

(4)出售、拆除、报废和毁损不需用或者不能使用的临时设施通过"临时设施清理"科目核算。

(二)临时设施的核算

1. 会计科目

(1)总账科目:"临时设施"。
(2)明细科目:按临时设施种类和使用部门设置明细账,进行明细核算。
科目期末借方余额,反映施工公司期末临时设施的账面原价。

2. 会计事项

➢ **临时设施的购建**

20*7年1月公司为A工程而搭建临时工人住房,合计支出原材料50,000元,银行存款10,000元。

借:临时设施—临时工人住房　　　　　　60,000
　　贷:原材料　　　　　　　　　　　　　　50,000
　　　　银行存款　　　　　　　　　　　　10,000

二、临时设施摊销

(一)临时设施摊销核算的规定

(1)核算施工公司各种临时设施的累计摊销额。

(2)施工公司的各种临时设施应当在工程建设期间内按月进行摊销。当月增加的临时设施,当月不摊销,从下月起开始摊销;当月减少的临时设施,当月继续摊销,从下月起停止摊销。

(二)临时设施摊销的核算

1. 会计科目

(1)总账科目:"临时设施摊销"。

(2)明细科目:只进行总分类核算,不进行明细分类核算。需要查明某项临时设施的累计摊销额,可以根据临时设施卡片上所记载的该项临时设施的原价、摊销率和实际使用年限等资料进行计算。

(3)科目期末贷方余额,反映施工公司临时设施累计摊销额。

2. 会计事项

➢ 临时设施的摊销

同上例,假设 A 工程工期 6 个月。1 月份不摊销,2 月份摊销财务处理如下:

借:工程施工—合同成本—其他直接费—临时设施费　10,000
　　贷:临时设施摊销　　　　　　　　　　　　　　　　　10,000

三、临时设施清理

(一)临时设施清理核算的规定

(1)核算施工公司因出售、拆除、报废和毁损等原因转入清理的临时设施价值及其在清理过程中所发生的清理费用和清理收入等。

(2)出售、拆除、报废和毁损不需用或者不能继续使用的临时设施,按临时设施账面价值,借记本科目,按已提摊销额,借记"临时设施摊销"科目,按其账面原值,贷记"临时设施"科目。取得的变价收入和收回的残料价值,借记"银行存款"、"原材料"等科目,贷记本科目。发生的清理费,借记本科目,贷记"银行存款"等科目。临时设施清理后,如为清理净损失,借记"营业外支出"科目,贷记本科目;如为清理净收益,借记本科目,贷记"营业外收入"科目。

(二)临时设施清理的核算

1. 会计科目

(1)总账科目:"临时设施清理"。

(2)明细科目:按被清理临时设施名称设置明细,进行明细核算。

(3)科目期末余额,反映尚未清理完毕临时设施的价值以及清理净收入(清理收入减去清理费用)。

2. 会计事项

➢ 临时设施的清理

同上例,假设 A 工程的临时工人住房 4 月因雨灾报废,净残值收入 5,000 元。则:

借:临时设施清理—A 工程临时工人住房　　　30,000
　　临时设施摊销　　(2～4月共3个月)　　　30,000

    贷:临时设施—A工程临时工人住房　　　　　　60,000
借:银行存款　　　　　　　　　　　　　　　5,000
    贷:临时设施清理—A工程临时工人住房　　　　5,000
清理完毕结转:
借:营业外支出　　　　　　　　　　　　　25,000
    贷:临时设施清理—A工程临时工人住房　　　25,000

第五章 负 债

负债是指公司过去的交易或者事项形成的、预期会导致经济利益流出公司的现时义务。公司的负债按其流动性分为流动负债和非流动负债。

现时义务是指公司在现行条件下已承担的义务。未来发生的交易或者事项形成的义务，不属于现时义务，不应当确认为负债。

第一节 短期借款与交易性金融负债

一、短期借款

短期借款是指公司向银行或其他金融机构、结算中心等借入的期限在1年以下（含1年）的各种借款。

(一)短期借款核算的规定

(1)短期借款应按实际发生额入账，即按取得短期借款的本金核算。
(2)如果短期借款属于公司为购建固定资产而借入的款项，其利息按照借款费用的规定进行处理。
(3)资产负债表日，应按实际利率计算确定短期借款的利息费用。实际利率与合同约定的名义利率差异不大的，也可以采用合同约定的名义利率计算确定利息费用。

(二)短期借款核算

1. 会计科目

(1)总账科目："短期借款"。
(2)明细科目：设置①信用借款、②保证借款、③抵押借款、④质押借款、⑤票据贴现等明细科目。

短期借款科目贷方核算借入短期借款的本金，借方核算归还的短期借款；期末余额在贷方，反映公司尚未偿还的短期借款的本金。

2. 会计事项

➢ **短期借款的取得与归还**

公司借入的各种短期借款，借记"银行存款"科目，贷记"短期借款"科目；归还借款时，借记"短期借款"科目，贷记"银行存款"科目。

资产负债表日，应按计算确定的短期借款利息费用，借记"财务费用－利息支出"、"在建工程"等科目，贷记"银行存款"、"应付利息"等科目。

例：公司因生产经营的临时性需要，向所在地建设银行申请并于20＊7年6月15日取得一笔借款6,000,000元，期限3个月，到期一次还本付息。合同约定年利率为5%。

①借入款项
借:银行存款　　　　　　　　　　　　　　6,000,000
　　贷:短期借款—信用借款　　　　　　　　　　　6,000,000
②20*7年6月份计算应付利息费用
借:财务费用—利息支出　　　　　　　　　　12,500
　　贷:应付利息—借款利息　　　　　　　　　　　12,500
③20*7年7月、8月分别计算应付利息费用
借:财务费用—利息支出　　　　　　　　　　25,000
　　贷:应付利息—借款利息　　　　　　　　　　　25,000
④20*7年9月15日偿还利息及本金
借:短期借款—信用借款　　　　　　　　　　6,000,000
　　应付利息—借款利息　　　　　　　　　　　62,500
　　财务费用—利息支出　　　　　　　　　　　12,500
　　贷:银行存款　　　　　　　　　　　　　　　6,075,000

> **采取质押方式取得的短期借款**

公司将其按照销售商品、提供劳务的销售合同所产生的应收债权提供给银行作为其向银行借款的质押,在此情况下,与应收债权有关的风险和报酬并未转移,仍由持有应收债权的公司向客户收款,并由公司自行承担应收债权可能产生的风险,同时公司应定期支付自银行等金融机构借入款项的本息。

在以应收债权取得质押借款的情况下,公司应按照实际收到的款项,借记"银行存款"科目,按银行贷款本金,贷记"短期借款"等科目。按实际支付的手续费,借记"财务费用"科目,贷记"银行存款"科目。

公司在收到客户偿还的款项时,借记"银行存款"等科目,贷记"应收账款"科目。

公司发生的借款利息及向银行等金融机构偿付借入款项的本息时的会计处理,应按照关于借款的相关规定执行。

由于上述与用于质押的应收债权相关的风险和报酬并没有发生实质性变化,公司应根据债务单位的情况,按照规定合理计提用于质押的应收债权的坏账准备。对于发生的与用于质押的应收债权相关的销售退回、销售折让及坏账等,应按照规定处理。

公司应设置备查簿,详细记录质押的应收债权的账面金额、质押期限及回款情况等。

例:公司于20*7年7月1日与工商银行达成贷款协议,公司以应收甲公司的3,500,000元的债权作为质押,取得贷款期限为6个月的短期借款2,400,000元,合同约定贷款年利率为4%(实际年利率为4%),按月支付利息,支付银行贷款手续费5,000元。

①取得短期借款
借:银行存款　　　　　　　　　　　　　　2,400,000
　　贷:短期借款—质押借款　　　　　　　　　　　2,400,000
②支付银行贷款手续费
借:财务费用—手续费　　　　　　　　　　　5,000
　　贷:银行存款　　　　　　　　　　　　　　　　5,000
③8月1日支付利息
借:财务费用—利息支出　　　　　　　　　　8,000
　　贷:银行存款　　　　　　　　　　　　　　　　8,000

二、交易性金融负债

金融负债是负债的组成部分,主要包括短期借款、应付票据、应付债券、长期借款等。

公司根据自身业务特点和风险管理要求,将承担的金融负债在初始确认时分为两类:

①以公允价值计量且其变动计入当期损益的金融负债,包括交易性金融负债和指定为以公允价值计量且其变动计入当期损益的金融负债。

②其他金融负债。

企业应当在成为金融工具合同的一方时确认金融资产或金融负债;在金融负债的现时义务全部或部分已经解除时,终止确认该金融负债或其一部分。

以公允价值计量且变动计入当期损益的金融负债,应按照公允价值进行初始计量和后续计量。其他金融负债应按照公允价值和相关交易费用作为初始确认金额,应按照实际利率法计算确定的摊余成本进行后续计量(财务担保合同和贷款承诺除外)。

以公允价值计量且其变动计入当期损益的金融负债,包括交易性金融负债和直接指定为以公允价值计量且其变动计入当期损益的金融负债。

满足以下条件之一的金融负债,应当划分为交易性金融负债:

①承担该金融负债的目的,主要是为了近期内出售或回购。

②属于进行集中管理的可辨认金融工具组合的一部分,且有客观证据表明企业近期采用短期获利方式对该组合进行管理。在这种情况下,即使组合中有某个组成项目持有的期限稍长也不受影响。

③属于衍生工具。但是,被指定为有效套期工具的衍生工具、属于财务担保合同的衍生工具与在活跃市场中没有报价且其公允价值不能可靠计量的权益工具投资挂钩并须通过交付该权益工具结算的衍生工具除外。其中,财务担保合同是指保证人和债权人约定,当债务人不履行债务时,保证人按照约定履行债务或者承担责任的合同。

(一)交易性金融负债核算的规定

(1)交易性金融负债核算公司持有的以公允价值计量且其变动计入当期损益的金融负债和直接指定为以公允价值计量且其变动计入当期损益的金融负债。

(2)资产负债表日交易性金融负债公允价值变动计入公允价值变动损益。

(二)交易性金融负债核算

1.会计科目

(1)总账科目:"交易性金融负债"。

(2)明细科目:①债券、②变动指定计入当期损益的金融负债、③其他。分别设置"本金"、"公允价值变动"三级明细科目。

交易性金融负债科目贷方核算公司承担的交易性金融负债的公允价值,借方核算公司回购的交易性金融负债;期末余额在贷方,反映公司承担的交易性金融负债的公允价值。

2.会计事项

> **承担交易性金融负债**

公司承担交易性金融负债时,应按实际收到的金额,借记"银行存款"等科目,按发生的交易费用,借记"投资收益"科目,按交易性金融负债的公允价值,贷记"交易性金融负债—债券—本金"科目。

例:公司为了筹集短期经营资金的需要,于20*7年1月1日发行了一批期限为9个月的短期债券,该批债券的面值为5,000,000元,债券的票面利率为4%,到期还本付息,发行价格为5,100,000元,以银行存款支付的债券发行费用为60,000元。

借:银行存款	5,100,000	
投资收益	60,000	
贷:交易性金融负债—债券—本金		5,100,000
银行存款		60,000

> **期末交易性金融负债公允价值变动**

资产负债表日,按交易性金融负债票面利率计算的利息,借记"投资收益"科目,贷记"应付利息"科目。

资产负债表日,交易性金融负债的公允价值高于其账面余额的差额,借记"公允价值变动损益"科目,贷记"交易性金融负债(公允价值变动)"科目;公允价值低于其账面余额的差额做相反的会计分录。

承上例,由于债券市场价格发生了较大幅度的波动,20 * 7 年 6 月 30 日公司发行的短期债券公允价值为 4,800,000 元。

借:交易性金融负债—债券—公允价值变动　　　　300,000
　　贷:公允价值变动损益　　　　　　　　　　　　　　300,000

> **处置交易性金融负债**

处置交易性金融负债,应按该金融负债的账面余额,借记"交易性金融负债"科目,按实际支付的金额,贷记"银行存款"等科目,按其差额,贷记或借记"投资收益"科目。同时,按该金融负债的公允价值变动,借记或贷记"公允价值变动损益"科目,贷记或借记"投资收益"科目。

例:承上例,公司发行的短期债券于 20 * 7 年 9 月 1 日到期,公司以银行存款支付全部本息。

①借:交易性金融负债—债券　　　　4,800,000
　　　投资收益　　　　　　　　　　　　350,000
　　贷:银行存款　　　　　　　　　　　　　　5,150,000
②借:公允价值变动损益　　　　　　300,000
　　贷:投资收益　　　　　　　　　　　　　　300,000

第二节　应　付　款　项

一、应付票据

应付票据是指公司购买材料、商品和接受劳务供应等开出、承兑的商业汇票,包括银行承兑汇票和商业承兑汇票。

(一)应付票据核算的规定

(1)公司购买材料物资和接受劳务供应而开出、承兑的商业汇票,无论是否带息,均按开出票据的面值入账。

(2)公司应当设置"应付票据备查簿",详细登记每一商业汇票的种类、号数和出票日期、到期日、票面余额、交易合同号和收款人姓名或单位名称以及付款日期和金额等资料。应付票据到期结清时,应当在备查簿内逐笔注销。

(二)应付票据核算

1.会计科目

(1)总账科目:"应付票据"。
(2)明细科目:①商业承兑汇票、②银行承兑汇票。

"应付票据"科目贷方核算公司应付的商业承兑汇票或银行承兑汇票;借方核算到期实际支付的应付票据款或票据到期无力支付而转入"应付账款"、"短期借款"的票据款;期末余额在贷方,反映公司持有的尚未到期应付票据本息。

2. 会计事项

➢ 开出商业汇票

公司开出商业汇票或以商业承兑汇票抵付货款或应付账款时,借记"在途物资"、"库存商品"、"应付账款"等科目,贷记"应付票据"科目。

支付银行承兑汇票的手续费,借记"财务费用"科目,贷记"银行存款"科目。收到银行支付到期票据的付款通知,支付款项时,借记"应付票据"科目,贷记"银行存款"科目。

(1)公司20*7年1月1日从甲公司购入材料一批,价款300,000元、增值税51,000万元。公司开出期限3个月的银行承兑不带息的汇票一张,并以银行存款支付汇票承兑手续费150元。

①借:原材料　　　　　　　　　　　　　　300,000
　　应交税费—应交增值税—进项税额　　　 51,000
　　贷:应付票据—商业承兑汇票　　　　　　　　　351,000
②借:财务费用—手续费　　　　　　　　　　150
　　贷:银行存款　　　　　　　　　　　　　　　　　150

(2)公司20*7年8月1日,开出期限6个月的商业承兑汇票一张,面值600,000元,用以抵偿应付乙公司账款。

借:应付账款(乙公司)　　　　　　　　　　600,000
　　贷:应付票据—银行承兑汇票　　　　　　　　　600,000

➢ 应付票据到期

应付票据到期支付本息时,按应付票据账面余额,借记"应付票据"科目,按未计提的利息,借记"财务费用"科目,按实际支付的金额,贷记"银行存款"科目。

银行承兑汇票到期,如公司无力支付票款,按应付票据的票面价值,借记"应付票据"科目,贷记"短期借款"科目。

(1)公司20*7年4月1日,支付同年1月1日开出的不带息的商业承兑汇票。

借:应付票据—商业承兑汇票　　　　　　　351,000
　　贷:银行存款　　　　　　　　　　　　　　　　351,000

(2)公司20*7年10月1日,因资金紧缺无力支付同年6月1日开出给甲公司的银行承兑汇票。该票据面值1,000,000元,期限4个月。

借:应付票据—银行承兑汇票　　　　　　　1,000,000
　　贷:短期借款(甲公司)　　　　　　　　　　　1,000,000

二、应付账款

应付账款是指公司因购买材料、商品和接受劳务等经营活动应支付的款项。

(一)应付账款核算的规定

(1)公司在采购材料物资、接受劳务供应时,购销双方协议采用现金折扣方法时,应付账款采用总价法核算,以应付给供货商的全部款项入账,公司实际享受的现金折扣冲减当期财务费用。

(2)公司与债权人进行债务重组时的规定参见本核算办法之"债务重组"。

(二)应付账款核算

1. 会计科目

(1)总账科目:"应付账款"。

(2)明细科目:"建造/劳务合同工程款"、"建造/劳务合同材料款"、"建造/劳务合同设备购置款"、

"在建工程工程款"、"在建工程材料款"、"在建工程设备购置款"、"质量保证金"、"租赁款"、"修理费"、"物流运输"、"暂估成本"、"商品购货款"等。

"应付账款"科目贷方核算公司因购买材料、商品、接受劳务供应等而应付给供应单位的款项,借方核算实际支付给供应单位的应付款项以及与债权人进行债务重组和确实无法支付而转为营业外收入的应付账款等;期末余额在贷方,反映公司尚未支付的应付账款。

公司按规定预付的货款应通过"预付账款"科目核算,不在本科目核算。

2. 会计事项

> **发生的应付账款**

公司购入材料、商品等验收入库,但货款尚未支付,根据有关凭证(发票账单、随货同行发票上记载的实际价款或暂估价值),借记"在途物资"等科目,按应付的价款,贷记"应付账款"科目。

公司接受供应单位提供劳务而发生的应付未付款项,根据供应单位的发票账单,借记"生产成本"、"管理费用"等科目,贷记"应付账款"科目。支付时,借记"应付账款"科目,贷记"银行存款"等科目。

(1)施工企业20*7年5月22日,购入甲公司钢材4吨验收入库,发票上注明的价款为100,000元,货款尚未支付。

借:原材料　　　　　　　　　　　　　　　100,000
　　贷:应付账款(甲公司)　　　　　　　　　　　100,000

(2)公司20*7年6月2日,开转账支票偿还乙公司上月劳务欠款9,000元。

借:应付账款(乙公司)　　　　　　　　　　9,000
　　贷:银行存款　　　　　　　　　　　　　　　9,000

(3)某房地产开发企业20*7年5月22日,购入甲公司电梯1台,发票上注明的价款为100,000元,货款尚未支付。

借:开发成本—建筑安装费　　　　　　　　100,000
　　贷:应付账款—在建工程设备购置款(甲公司)　　100,000

(4)依据工程价款结算单和施工单位开具的建筑发票,应结算工程款201万元,应作以下会计处理:

借:开发成本—建筑安装费　　　　　　　　2,010,000
　　贷:应付账款—在建工程工程款(乙施工单位)　2,010,000

> **应付债务的债务重组**

参见本核算办法之"债务重组"。

三、预收账款

预收账款是指公司按照合同规定向购货单位预收的款项。

1. 会计科目

(1)总账科目:"预收账款"

(2)明细科目:①建造/劳务合同工程款、②销货款、③租赁款、④材料款、⑤物业服务费、⑥供暖费、⑦停车管理费、⑧物流运输款、⑨通行费、⑩售房款等。

"预收账款"科目贷方核算公司按照合同规定向购货单位或接受劳务单位预收的款项和补收的款项;借方核算公司发出商品或提供劳务应收的款项;期末余额在贷方,反映公司向购货单位或接受劳务单位预收的款项;期末如为借方余额,反映公司应由购货单位或接受劳务单位补付的款项。

公司发生的预收账款业务,均应通过"预收账款"科目核算,不在"应收账款"科目核算。

2. 会计事项

> **预收购货单位款项**

(1)公司向购货单位预收款项时,借记"银行存款"科目,贷记"预收账款"科目。

例：公司 20*7 年 5 月 17 日，预收甲公司的预付货款 93,600 元。
借：银行存款　　　　　　　　　　　　　　　　93,600
　　贷：预收账款—销货款（甲公司）　　　　　　　　93,600

(2)公司向发包方预收款项时，借记"银行存款"科目，贷记"预收账款—建造合同工程款"科目。
例：公司 20*7 年 5 月 17 日，按建造合同预收甲公司的预付工程款 1,000,000 元。
借：银行存款　　　　　　　　　　　　　　　1,000,000
　　贷：预收账款—建造合同工程款（甲公司）　　　　1,000,000

(3)公司向购房者预收款项时，借记"银行存款"科目，贷记"预收账款"科目，预收房款同时应预缴相应税费。
例：公司 20*7 年 5 月 17 日，预收甲某的预付房款 100,000 元。
借：银行存款　　　　　　　　　　　　　　　　100,000
　　贷：预收账款—售房款（甲某）　　　　　　　　　100,000
借：应交税费—应交营业税　　　　　　　　　　　5,000
　　贷：银行存款　　　　　　　　　　　　　　　　5,000

(4)公司向业主预收物业费时，借记"银行存款"科目，贷记"预收账款—物业服务费"科目。
例：公司 20*7 年 5 月 17 日，预收小区业主物业费 4,000 元。
借：银行存款　　　　　　　　　　　　　　　　4,000
　　贷：预收账款—物业服务费（房号）　　　　　　　4,000

➢ **收到购货单位货款**

(1)公司销售实现时，按实现的销售收入和应交的增值税销项税额，借记"预收账款"科目，按实现的营业收入，贷记"主营业务收入"、"应交税金"科目；购货单位补付的款项，借记"银行存款"科目，贷记"预收账款"科目；退回多付的款项，做相反会计分录。
例：公司 20*7 年 6 月 12 日，按合同期限，发货给甲公司，发票上注明的合计价款为 234,000 元，其中增值税 34,000 元。公司已于 20*7 年 5 月 17 日预收货款 93,600 元，其余款项由甲公司补付存入银行。
借：预收账款（甲公司）　　　　　　　　　　　93,600
　　银行存款　　　　　　　　　　　　　　　140,400
　　贷：主营业务收入—商品销售收入　　　　　　200,000
　　　　应交税金—增值税—销项税　　　　　　　34,000

(2)公司 20*7 年 6 月 31 日向发包方开出工程价款结算单办理结算，结算工程款 500,000 元，双方约定从发包方前期预付工程款中扣除 200,000 元，质保金 25,000 元。
借：预收账款—工程款（甲公司）　　　　　　　200,000
　　应收账款—建造合同工程款　　　　　　　　275,000
　　应收账款—质量保证金　　　　　　　　　　25,000
　　贷：工程结算（甲公司）　　　　　　　　　　500,000

例：公司 20*7 年 6 月 12 日，销售给甲某的房屋已按期交房，并经过甲某验收合格，办理入住手续，房价全款 500,000 元，已预收 100,000 元，其余款项由甲某补付存入银行。
借：预收账款—售房款（甲某）　　　　　　　　100,000
　　银行存款　　　　　　　　　　　　　　　400,000
　　贷：主营业务收入—房屋销售收入　　　　　　500,000
借：营业税金及附加　　　　　　　　　　　　20,000
　　贷：应交税费—应交营业税　　　　　　　　　20,000

公司 20*7 年 12 月 31 日确认小区业主乙某缴纳物业费收入。

借：预收账款—物业服务费（房号）　　　　　4,000
　　贷：主营业务收入—物业服务收入　　　　　　4,000

四、应付职工薪酬

职工薪酬指公司为获得职工提供的服务而给予各种形式的报酬以及其他相关支出，包括：工资、奖金、津贴和补贴、职工福利费、社会保险费及住房公积金、工会经费和职工教育经费等其他与获得职工提供的服务相关的支出。

（一）应付职工薪酬核算的规定

1. 职工薪酬的确认

根据职工提供服务的受益对象分别情况处理：
①应由生产产品、提供劳务负担的职工薪酬，计入存货成本或劳务成本。
②应由在建工程、无形资产负担的职工薪酬，计入建造固定资产或无形资产成本。
③上述①和②之外的其他职工薪酬，确认为当期费用。

2. 职工薪酬的计量

公司在职工提供服务的会计期间，将应付的职工薪酬确认为负债，并根据职工提供服务的受益对象计入相关资产成本和费用。因解除与职工的劳动关系而给予的补偿，于发生时计入当期损益。

（1）货币性职工薪酬
①国家规定有计提基础和比例的，按规定标准计提。
A. 向社会保险经办机构缴纳的医疗保险费、养老保险费、失业保险费、工伤保险费、生育保险费等社会保险费；
B. 向住房公积金管理中心缴存的住房公积金；
C. 向公司年金基金账户管理人缴纳的公司年金；
D. 向工会部门缴纳的工会经费和职工教育经费。
②国家没有明确规定计提基础和比例的，如奖金、职工福利费等，根据历史经验数据和实际情况，合理预计当期的应付职工薪酬。

（2）非货币性职工薪酬
①以自身产品向职工提供的非货币性职工薪酬。按照该产品的公允价值视同销售，计入相关资产成本或当期损益，并通过"应付职工薪酬"科目核算。
②将拥有或租赁的资产无偿提供给职工使用。根据受益对象，将资产折旧或租金计入相关成本或费用，同时确认为应付职工薪酬。难以认定受益对象的非货币性福利，直接计入当期损益和应付职工薪酬。
③向职工提供公司支付补贴后的商品或服务。如提供支付补贴后的商品或服务时约定职工最低服务年限的，则在服务年限内平均摊销并计入相关成本或费用；如未约定服务年限，应当立即确认当期损益。

3. 解除劳动关系补偿（或称辞退福利）

公司在职工劳动合同到期之前解除与职工的劳动关系，或者为鼓励职工自愿接受裁减而提出给予补偿的建议，同时满足下列条件的，应当确认因解除与职工的劳动关系给予补偿而产生的应付职工薪酬，同时计入当期管理费用：

（1）公司已经制定正式的解除劳动关系计划或提出自愿裁减建议，并即将实施。该计划或建议应当包括拟解除劳动关系或裁减的职工所在部门、职位及数量；根据有关规定按工作类别或职位确定的解除劳动关系或裁减补偿金额；拟解除劳动关系或裁减的时间。

(2)公司不能单方面撤回解除劳动关系计划或裁减建议。
(3)内退职工薪酬比照辞退福利,一次性计提计入应付职工薪酬。

4. 其他形式的职工薪酬

(1)带薪缺勤,包括累积带薪缺勤和非累积带薪缺勤。
(2)利润分享和奖金计划。

5. 公司年金基金

公司年金基金是指依法制订的公司年金计划筹集的资金及其投资运营收益形成的公司补充养老保险基金,包括公司和职工个人缴纳的年金本金。

应由公司缴纳的年金,应按比例进行计提,计入有关成本费用。

6. 股份支付

(1)股份支付是指公司为获取职工和其他方提供服务或商品而授予权益工具或者承担以权益工具为基础确定的负债的交易。

(2)股份支付分为以权益结算的股份支付和以现金结算的股份支付。

①以权益结算的股份支付是指公司为获取服务以股份或其他权益工具作为对价进行结算的交易。

②以现金结算的股份支付是指公司为获取服务承担以股份或其他权益工具为基础计算确定的交付现金或其他资产义务的交易。

(3)以权益结算的股份支付以授予职工权益工具的公允价值计量;以现金结算的股份支付以承担负债的公允价值计量

(二)应付职工薪酬核算

1. 会计科目

(1)总账科目:"应付职工薪酬"。
(2)明细科目:"职工工资"、"职工福利费"、"工会经费"、"职工教育经费"、"劳动保护费"、"养老保险金"、"住房公积金"、"辞退福利"、"股份支付"等。

"应付职工薪酬"科目的贷方核算提取的工资及其他职工薪酬;借方核算公司按照有关规定向职工支付工资、奖金、津贴等、从应付职工薪酬中扣还的各种款项、向职工支付的职工福利费、支付工会经费和职工教育经费、按照国家有关规定缴纳社会保险费和住房公积金、因解除与职工的劳动关系向职工给予的补偿;期末余额在贷方,反映应付职工薪酬结余。

公司涉及职工薪酬的支出,均应通过本科目过渡核算。

2. 会计事项

➢ 货币性职工薪酬的提取与发放

(1)公司 20＊7 年 2 月 23 日,当月发放工资 1,000 万元,其中建筑安装工程施工人员的工资 560 万元、机械施工机上作业人员工资 100 万元、施工单位技术管理人员工资 180 万元、公司行政管理人员工资 50 万元、建造厂房人员工资 110 万元。

当地政府规定医疗保险费、养老保险费、失业保险费和住房公积金按工资总额 10%、12%、2% 和 10% 计提并交纳有关管理部门。按工资总额的 2% 和 2.5% 计提工会经费和职工教育经费。

根据历史经验数据和实际情况,按工资总额 2% 计提福利费。

```
借:工程施工—合同成本—人工费         7,868,000
    机械作业—人工费                   1,405,000
    工程施工—间接费用—人工费         2,529,000
    管理费用—职工薪酬—工资             702,500
    在建工程—职工薪酬—工资           1,545,500
```

```
贷:应付职工薪酬—工资                    10,000,000
         —职工福利                          200,000
         —社会保险                        2,400,000
         —住房公积金                      1,000,000
         —工会经费                          200,000
         —职工教育经费                      250,000
```

(2)公司20*7年2月23日,当月发放工资1,000万元,其中生产人员的工资500万元、生产管理人员工资100万元、公司管理人员工资180万元、销售人员工资50万元、建造厂房人员工资110万元、内部存货软件系统开发人员工资60万元。

当地政府规定医疗保险费、养老保险费、失业保险费和住房公积金按工资总额10%、12%、2%和10%计提并交纳有关管理部门。按工资总额的2%和2.5%计提工会经费和职工教育经费。

根据历史经验数据和实际情况,按工资总额2%计提福利费。

内部存货软件系统已处于开发阶段,符合资本化条件,不考虑所得税因素。

```
借:生产成本—职工薪酬—工资              7,025,000
   制造费用—职工薪酬—工资              1,405,000
   管理费用—职工薪酬—工资              2,529,000
   销售费用—职工薪酬—工资                703,000
   在建工程—职工薪酬—工资              1,545,000
   研发支出—职工薪酬—资本化支出          843,000
   贷:应付职工薪酬—工资               10,000,000
            —职工福利                    200,000
            —社会保险                  2,400,000
            —住房公积金                1,000,000
            —工会经费                    200,000
            —职工教育经费                250,000
```

> **非货币性职工薪酬的发放与分配**

公司为部门经理级别以上的人员提供汽车免费使用,同时副总以上人员提供每人租赁住房一套。部门经理级别以上人员50人,每人免费提供使用A轿车一辆,A轿车每月折旧1,000元;副总以上人员10名,公司为每人租赁一套月租金8,000元的公寓。

```
借:管理费用                              130,000
   贷:应付职工薪酬—非货币性福利          130,000
借:应付职工薪酬—非货币性福利            130,000
   贷:累计折旧                            50,000
       其他应付款                         80,000
```

> **解除劳动关系的补偿**

因解除与职工的劳动关系给予的补偿,借记"管理费用"科目,贷记"应付职工薪酬—辞退福利"科目。

例:公司20*7年3月20日解除部分职工劳动关系而给予补偿200,000元。

```
借:管理费用                              200,000
   贷:应付职工薪酬—辞退福利              200,000
```

> **其他形式的职工薪酬**

◇ 带薪缺勤

企业可能对各种原因产生的缺勤进行补偿,比如年休假、生病、短期伤残、婚假、产假、丧假、探亲假

等。根据带薪权利能否结转下期使用,分为两类:

(1)累积带薪缺勤,是指权利可以结转下期的带薪缺勤,如果本期的权利没有用完,可以在未来期间使用。有些累积带薪缺勤在职工离开企业时,对未行使的权利有权获得现金支付(《国际会计准则第19号——雇员福利》将其称为既定累积带薪缺勤)。

当职工提供了服务从而增加了其享有的未来带薪缺勤的权利时,企业就产生了一项义务,应当予以确认;职工累积未使用的权利在其离开企业时是否有权获得现金支付,不影响义务的确认,但影响计量的义务金额:如果职工在离开企业时不能获得现金支付,则企业应当根据资产负债表日因累积未使用权利而导致的预期支付的追加金额,作为累积带薪缺勤的预期费用计量,因为职工可能在使用累积非既定权利之前离开企业。如果职工在离开企业时能够获得现金支付,企业就应当确认企业必须支付的、职工全部累积未使用权利的金额。

例:丁公司共有1,000名职工,该公司实行累积带薪缺勤制度。该制度规定,每个职工每年可享受5个工作日带薪病假,未使用的病假只能向后结转一个日历年度,超过1年未使用的权利作废,不能在职工离开公司时获得现金支付;职工休病假是以后进先出为基础,即首先从当年可享受的权利中扣除,再从上年结转的带薪病假余额中扣除;职工离开公司时,公司对职工未使用的累积带薪病假不支付现金。

20 * 7年12月31日,每个职工当年平均未使用带薪病假为2天。根据过去的经验并预期该经验将继续适用,丁公司预计20 * 8年有950名职工将享受不超过5天的带薪病假,剩余50名职工每人将平均享受6天半病假,假定这50名职工全部为总部各部门经理,该公司平均每名职工每个工作日工资为300元。

分析:丁公司在20 * 7年12月31日应当预计由于职工累积未使用的带薪病假权利而导致的预期支付的追加金额,即相当于75天(50×1.5天)的病假工资22,500元(75×300),并作如下会计处理:

借:管理费用　　　　　　　　　　　　　　　　22,500
　贷:应付职工薪酬——累积带薪缺勤　　　　　　　22,500

假定至20 * 8年12月31日,上述50名部门经理中有40名享受了6天半病假,并随同正常工资以银行存款支付。另有10名只享受了5天病假,由于该公司的带薪缺勤制度规定,未使用的权利只能结转一年,超过1年未使用的权利将作废。20 * 8年,丁公司应作如下会计处理:

借:应付职工薪酬——累积带薪缺勤　　　　　　　18,000
　贷:银行存款　　　　　　　　　　　　　　　　18,000
借:应付职工薪酬——累积带薪缺勤　　　　　　　4,500
　贷:管理费用　　　　　　　　　　　　　　　　4,500

例:承上例资料:所不同的是,该公司的带薪缺勤制度规定,职工累积未使用的带薪缺勤权利可以无限期结转,且可以于职工离开企业时以现金支付。丁公司1,000名职工中,50名为总部各部门经理,100名为总部各部门职员,800名为直接生产工人,50名工人正在建造一幢自用办公楼。

分析:丁公司在20 * 7年12月31日应当预计由于职工累积未使用的带薪病假权利而导致的全部金额,即相当于2,000天(1,000×2天)的病假工资600,000元(2,000×300),并作如下会计处理:

借:管理费用　　　　　　　　　　　　　　　　90,000
　　生产成本　　　　　　　　　　　　　　　　480,000
　　在建工程　　　　　　　　　　　　　　　　30,000
　贷:应付职工薪酬——累积带薪缺勤　　　　　　600,000

例:甲公司从20 * 7年1月1日起实行累积带薪缺勤制度,制度规定,该公司每名职工每年有权享受12个工作日的带薪休假,休假权利可以向后结转2个日历年度。在第二年末,公司将对职工未使用的带薪休假权利支付现金。假定该公司每名职工平均每月工资2,000元,每名职工每月工作日为20,每个工作日平均工资为100元。以公司一名直接参与生产的职工为例。

①假定20*7年1月,该名职工没有休假。公司应当在职工为其提供服务的当月,累积相当于1个工作日工资的带薪休假义务,并作如下会计处理:

借:生产成本　　　　　　　　　　　　　　　　2,100
　　贷:应付职工薪酬——工资　　　　　　　　　　2,000
　　　　　　　　　　——累积带薪缺勤　　　　　　100

②假定20*7年2月,该名职工休了1天假。公司应当在职工为其提供服务的当月,累积相当于1个工作日工资的带薪休假义务,反映职工使用累积权利的情况,并作如下会计处理:

借:生产成本　　　　　　　　　　　　　　　　2,100
　　贷:应付职工薪酬——工资　　　　　　　　　　2,000
　　　　　　　　　　——累积带薪缺勤　　　　　　100
借:应付职工薪酬——累积带薪缺勤　　　　　　　100
　　贷:生产成本　　　　　　　　　　　　　　　　100

上述第一笔会计分录反映的是公司因职工提供服务而应付的工资和累积的带薪休假权利,第二笔分录反映的是该名职工使用上期累积的带薪休假权利。

③假定第2年末(20*8年12月31日)该名职工有5个工作日未使用的带薪休假,公司以现金支付了未使用的带薪休假。

借:应付职工薪酬——累积带薪缺勤　　　　　　　500
　　贷:现金　　　　　　　　　　　　　　　　　　500

(2)非累积带薪缺勤,是指权利不能结转下期的带薪缺勤,即如果当期权利没有行使完,就予以取消,并且职工在离开企业时对未使用的权利无权获得现金支付。根据《中华人民共和国劳动合同法》规定,国家实行带薪年休假制度,劳动者在法定休假日和婚丧假期间以及依法参加社会活动期间,用人单位应当依法支付工资。因此,我国企业职工休婚假、产假、丧假、探亲假、病假期间的工资通常属于非累积带薪缺勤。由于职工提供服务本身不能增加其能够享受的福利金额,企业应当在职工缺勤时确认负债和相关资产成本或当期损益。实务中,我国企业一般是在缺勤期间计提应付工资时一并处理。

◇ 利润分享和奖金计划

为鼓励职工长期留在企业提供服务,有的企业可能制订利润分享和奖金计划,规定当职工在企业工作了特定年限后,能够享有按照企业净利润的一定比例计算的奖金,如果职工在企业工作到特定期末,其提供的服务就会增加企业应付职工薪酬金额,尽管企业没有支付这类奖金的法定义务,但是如果有支付此类奖金的惯例,或者说企业除了支付奖金外没有其他现实的选择,这样的计划就使企业产生了一项推定义务。当且仅当符合下列两个条件时,企业才应确认由利润分享和奖金计划所产生的应付职工薪酬义务:

(1)企业因过去事项导致现在具有支付的法定义务或推定义务;

(2)利润分享和奖金计划义务的金额能够可靠估计。属于以下三种情形之一,视为义务金额能够可靠估计:

①在财务报表批准报出之前企业已确定应支付的奖金金额。

②该奖金计划的正式条款中包括确定奖金金额的公式。

③过去的惯例为企业确定推定义务金额提供了明显证据。

实务中,实行工效挂钩的企业根据企业经济效益增长的实际情况提取的工资,类似于利润分享和奖金计划。但是,这类计划是按照企业实现净利润的一定比例确定享受的福利,与企业经营业绩挂钩,仍然是由于职工提供服务而产生的,不是由企业与其所有者之间的交易而产生的,因此,企业应当将利润分享和奖金计划作为费用处理(或根据相关准则,作为资产成本的一部分),不能作为净利润的分配。

例:乙公司实行按照净利润的一定比例向总部高级管理人员发放奖金制度,该制度规定,在实行利润分享型奖金制度的年度,管理人员只要在公司工作满一整年即可获得奖金。如果20*9年没有管理人员离开公司,企业应支付的奖金总额为当年净利润的5%,公司根据管理人员当年的流动率,预计奖金总额将减少到净利润的4%,公司当年净利润为1,500万元。

分析:20*9年12月31日,公司应当将60万元(1,500×4%)的奖金计入当年损益,并作如下会计处理:

借:管理费用　　　　　　　　　　　　　　　　　600,000
　　贷:应付职工薪酬　　　　　　　　　　　　　　600,000

➢ **股份支付**

股份支付的会计处理必须以完整、有效的股份支付协议为基础。

(1)授予日

除了立即可行权的股份支付外,无论权益结算的股份支付还是现金结算的股份支付,企业在授予日均不做会计处理。

(2)等待期内每个资产负债表日

企业应当在等待期内的每个资产负债表日,将取得职工或其他方提供的服务计入成本费用,同时确认所有者权益或负债。对于附有市场条件的股份支付,只要职工满足了其他所有非市场条件,企业就应当确认已取得的服务。

等待期长度确定后,业绩条件为非市场条件的,如果后续信息表明需要调整对可行权情况的估计的,应对前期估计进行修改。

在等待期内每个资产负债表日,企业应将取得的职工提供的服务计入成本费用,计入成本费用的金额应当按照权益工具的公允价值计量。

对于权益结算的涉及职工的股份支付,应当按照授予日权益工具的公允价值计入成本费用和资本公积(其他资本公积),不确认其后续公允价值变动;对于现金结算的涉及职工的股份支付,应当按照每个资产负债表日权益工具的公允价值重新计量,确定成本费用和应付职工薪酬。

对于授予的存在活跃市场的期权等权益工具,应当按照活跃市场中的报价确定其公允价值。对于授予的不存在活跃市场的期权等权益工具,应当采用期权定价模型等确定其公允价值,选用的期权定价模型至少应当考虑以下因素:

①期权的行权价格;
②期权的有效期;
③标的股份的现行价格;
④股价预计波动率;
⑤股份的预计股利;
⑥期权有效期内的无风险利率。

在等待期内每个资产负债表日,企业应当根据最新取得的可行权职工人数变动等后续信息做出最佳估计,修正预计可行权的权益工具数量。在可行权日,最终预计可行权权益工具的数量应当与实际可行权工具的数量一致。

根据上述权益工具的公允价值和预计可行权的权益工具数量,计算截至当期累计应确认的成本费用金额,再减去前期累计已确认金额,作为当期应确认的成本费用金额。

(3)可行权日之后

①对于权益结算的股份支付,在可行权日之后不再对已确认的成本费用和所有者权益总额进行调整。企业应在行权日根据行权情况,确认股本和股本溢价,同时结转等待期内确认的资本公积(其他资本公积)。

②对于现金结算的股份支付,企业在可行权日之后不再确认成本费用,负债(应付职工薪酬)公允价值的变动应当计入当期损益(公允价值变动损益)。

◇ 现金结算的股份支付

公司以现金与职工结算的股份支付,在等待期内每个资产负债表日,按当期应确认的成本费用金额,借记"管理费用"、"生产成本"、"制造费用"等科目,贷记"应付职工薪酬"科目。在可行权日之后,以现金结算的股份支付当期公允价值的变动金额,借记或贷记"公允价值变动损益"科目,贷记或借记"应付职工薪酬"科目。

例: 2007年11月,公司董事会批准了一项股份支付协议。协议规定,2008年1月1日,公司为其200名中层以上管理人员每人授予100份现金股票增值权,这些管理人员必须在该公司连续服务3年,即可自2010年12月31日起根据股价的增长幅度可以行权获得现金。该股票增值权应在2012年12月31日之前行使完毕。公司估计,该股票增值权在负债结算之前每一个资产负债表日以及结算日的公允价值和可行权后的每份股票增值权现金支出额见下表:

年 份	公允价值(元)	支付现金(元)
2008年	14	
2009年	15	
2010年	18	16
2011年	21	20
2012年		25

第一年有20名管理人员离开了公司,公司估计三年中还将有15名管理人员离开;第二年又有10名管理人员离开公司,公司估计还将有10名管理人员离开;第三年又有15名管理人员离开。第三年末,假定有70人行使股份增值权取得了现金。

(1)费用和应付职工薪酬计算过程见下表:

年 份	负债计算(1)(元)	支付现金(2)(元)	当期费用(3)(元)
2008年	(200－35)×100×14×1/3＝77,000		77,000
2009年	(200－40)×100×15×2/3＝160,000		83,000
2010年	(200－45－70)×100×18＝153,000	70×100×16＝112,000	105,000
2011年	(200－45－70－50)×100×21＝73,500	50×100×20＝100,000	20,500
2012年	73,500－73,500＝0	35×100×25＝87,500	14,000
总额		299,500	299,500

其中:(3)＝(2)－上期(1)＋本期(1)

(2)会计处理:

①2008年1月1日

授予日不作处理。

②2008年12月31日

借:管理费用　　　　　　　　　　　77,000
　　贷:应付职工薪酬—股份支付　　　　77,000

③2009年12月31日

借:管理费用　　　　　　　　　　　83,000
　　贷:应付职工薪酬—股份支付　　　　83,000

④2010年12月31日

借:管理费用　　　　　　　　　　　105,000
　　贷:应付职工薪酬—股份支付　　　　105,000

借:应付职工薪酬—股份支付　　　　112,000

贷:银行存款　　　　　　　　　　　　　　　　112,000
⑤2011年12月31日
借:公允价值变动损益　　　　　　　　　　　　20,500
　　贷:应付职工薪酬—股份支付　　　　　　　　　20,500
借:应付职工薪酬—股份支付　　　　　　　　 100,000
　　贷:银行存款　　　　　　　　　　　　　　　 100,000
⑥2012年12月31日
借:公允价值变动损益　　　　　　　　　　　　14,000
　　贷:应付职工薪酬—股份支付　　　　　　　　　14,000
借:应付职工薪酬—股份支付　　　　　　　　　87,500
　　贷:银行存款　　　　　　　　　　　　　　　　87,500

◇ 权益结算的股份支付

(1)附服务年限条件的权益结算股份支付

例:20﹡1年12月,A公司董事会批准了一项股份支付协议。协议规定,20﹡2年1月1日,公司向其200名管理人员每人授予100份股票期权,这些管理人员必须从20﹡2年1月1日起在公司连续服务3年,服务期满时才能够以每股4元购买100股A公司股票。公司估计该期权在授予日(20﹡2年1月1日)的公允价值为人民币15元。

第一年有20名管理人员离开A公司,A公司估计3年中离开的管理人员比例将达到20%;第二年又有10名管理人员离开公司,公司将估计的管理人员离开比例修正为15%;第三年又有15名管理人员离开。

① 费用和资本公积计算过程如下表：

年　份	计　算	当期费用(元)	累计费用(元)
20﹡2年	200×100×(1−20%)×15×1/3	80,000	80,000
20﹡3年	200×100×(1−15%)×15×2/3−80,000	90,000	170,000
20﹡4年	155×100×15−170,000	62,500	232,500

② 会计处理：

A. 20﹡2年1月1日

授予日不作处理。

B. 20﹡2年12月31日

借:管理费用　　　　　　　　　　　　　　　　80,000
　　贷:资本公积—其他资本公积　　　　　　　　　80,000

C. 20﹡3年12月31日

借:管理费用　　　　　　　　　　　　　　　　90,000
　　贷:资本公积—其他资本公积　　　　　　　　　90,000

D. 20﹡4年12月31日

借:管理费用　　　　　　　　　　　　　　　　62,500
　　贷:资本公积—其他资本公积　　　　　　　　　62,500

E. 假设全部155名职工都在20﹡5年12月31日行权,A公司股份面值为1元。

借:银行存款　　　　　　　　　　　　　　　　62,000
　　资本公积—其他资本公积　　　　　　　　 232,500
　　贷:股本　　　　　　　　　　　　　　　　　　15,500
　　　　资本公积—资本溢价　　　　　　　　　 279,000

(2)附非市场业绩条件的权益结算股份支付

20*2年1月1日,A公司为其100名管理人员每人授予100份股票期权:第一年年末的可行权条件为企业净利润增长率达到20%;第二年年末的可行权条件为企业净利润两年平均增长15%;第三年年末的可行权条件为企业净利润3年平均增长10%。每份期权在20*2年1月1日的公允价值为24元。

20*2年12月31日,权益净利润增长了18%,同时有8名管理人员离开,企业预计20*3年将以同样速度增长,因此预计将于20*3年12月31日可行权。另外,企业预计20*3年12月31日又将有8名管理人员离开企业。

20*3年12月31日,企业净利润仅增长了10%,因此无法达到可行权状态。另外,实际有10名管理人员离开,预计第三年将有12名管理人员离开企业。

20*4年12月31日,企业净利润增长了8%,3年平均增长率为12%,因此达到可行权状态。当年有8名管理人员离开。

费用和资本公积计算过程见下表:

年 份	计 算	当期费用(元)	累计费用(元)
20*2年	(100−8−8)×100×24×1/2	100,800	100,800
20*3年	(100−8−10−12)×100×24×2/3−100,800	11,200	112,000
20*4年	(100−8−10−8)×100×24−112,000	65,600	177,600

会计处理分录同上例。

> **职工福利费支付**

支付职工医疗卫生费用、职工困难补助和其他福利费以及应付的医务、福利人员工资等,借记"应付职工薪酬—职工福利"科目,贷记"银行存款"等科目。

例:公司20*7年5月,支付李军等职工困难补助费35,000元。

借:应付职工薪酬—职工福利　　　　　　　　35,000
　　贷:库存现金　　　　　　　　　　　　　　　35,000

> **支付工会经费和职工教育经费**

支付工会经费和职工教育经费用于工会活动和职工培训,借记"应付职工薪酬"科目,贷记"银行存款"等科目。

例:公司20*7年11月6日支付职工教育经费80,000元用于职工培训。

借:应付职工薪酬—职工教育经费　　　　　　80,000
　　贷:银行存款　　　　　　　　　　　　　　　80,000

五、应交税费

应交税费是指公司应交纳的各种税费,主要包括:增值税、消费税、营业税、所得税、土地增值税、城市维护建设税、房产税、土地使用税、资源税、车船使用税和教育费附加、代交的个人所得税等。

(一)应交税费核算的规定

1. 增值税

(1)征税范围的一般规定

①一般规定:销售货物或者提供加工、修理修配劳务以及进口货物。2013年营改增试点(财税[2013]37号),在中华人民共和国境内提供交通运输业和部分现代服务业服务的单位和个人,为增值税纳税人。自试点政策实施之日,纳税人提供应税服务,应当缴纳增值税,不再缴纳营业税。应税服务,是指陆路运输服务、水路运输服务、航空运输服务、管道运输服务、研发和技术服务、信息技术服务、文化创

意服务、物流辅助服务、有形动产租赁服务、鉴证咨询服务、广播影视服务。

②特殊规定：特殊项目；特殊行为（包括视同）；销售货物行为、混合销售货物行为、兼营非应税劳务行为；其他征免税规定。

特殊项目指：货物期货，应当征收增值税，在期货的实物交割环节纳税。

特殊行为指：视同销售货物行为，即货物在本环节没有直接发生有偿转移，但也要按照正常销售征税的行为。税法规定的有8种：

A. 将货物交付其他单位或者个人代销；
B. 销售代销货物；
C. 设有两个以上机构并实行统一核算的纳税人，将货物从一个机构移送其他机构用于销售，但相关机构设在同一县（市）的除外；
D. 将自产或者委托加工的货物用于非增值税应税项目；
E. 将自产、委托加工的货物用于集体福利或者个人消费；
F. 将自产、委托加工或者购进的货物作为投资，提供给其他单位或者个体工商户；
G. 将自产、委托加工或者购进的货物分配给股东或者投资者；
H. 将自产、委托加工或者购进的货物无偿赠送其他单位或者个人。

（2）一般纳税人和小规模纳税人的认定标准

认定标准见下表：

认定标准	货物生产或提供应税劳务的纳税人，或以其为主，并兼营货物批发或零售的纳税人	其他的纳税人（货物批发或零售的纳税人）
小规模纳税人	年应税销售额在50万元以下（含）	年应税销售额在80万元以下（含）
一般纳税人	年应税销售额在50万元以上	年应税销售额在80万元以上

注：1. 从事货物生产或者提供应税劳务为主，是指纳税人的年货物生产或者提供应税劳务的销售额占年应税销售额的比重在50%以上。
2. 年应税销售额超过小规模纳税人标准的其他个人按小规模纳税人纳税；非企业性单位、不经常发生应税行为的企业可选择按小规模纳税人纳税。

（3）税率
①税率及主要适用范围
税率及主要适用范围见下表：

纳税人	税率或征收率	适用范围
一般纳税人	基本税率为17%	(1)销售或进口货物，提供应税劳务，有形动产租赁服务； (2)销售自己使用过的物品（固定资产进项已抵扣过）
	低税率为13%	销售或进口税法列举的5类货物：(1)粮食、食用植物油、鲜奶；(2)自来水、暖气、煤气、天然气、居民用煤炭制品等；(3)图书、报纸、杂志；(4)饲料、化肥、农药、农机、农膜；(5)国务院有关部门规定的其他货物：农产品（指各种动、植物初级产品）、音像制品、电子出版物、二甲醚
	税率为11%	提供交通运输业服务，使用运输工具将货物或者旅客送达目的地，使其空间位置得到转移的业务活动，包括陆路运输服务、水路运输服务、航空运输服务和管道运输服务
	税率为6%	其他部分现代服务业（有形动产租赁除外），如：研发和技术服务、信息技术服务、文化创意服务、物流辅助服务、鉴证咨询服务、广播影视服务等
	0%或免税	(1)境内向境外提供建筑业暂免征收增值税； (2)境内向境外提供标的物、服务在境外的，免征增值税，如提供的工程、矿产资源在境外的工程勘察勘探服务，提供境外的仓储服务、运输服务、技术转让服务等； (3)部分货物免征增值税，如农业生产者销售的自产农产品、避孕药品和用具、古旧图书等；

续上表

纳 税 人	税率或征收率	适 用 范 围
一般纳税人	0%或免税	(4)纳税人出口货物适用退(免)税规定的,具体见相关规定; (5)境内的单位和个人提供的国际运输服务、向境外单位提供的研发服务和设计服务,适用增值税零税率。 由于实务中适用0%税率和免税规定较多,具体见(财税[2013]37号)等相关规定
	2%(适用4%的征收率减半征收)	(1)销售自己使用过的不得抵扣且未抵扣进项税额的固定资产,按简易办法依4%征收率减半征收增值税; (2)一般纳税人销售旧货,按照简易办法依照4%征收率减半征收增值税。详见注1
	适用4%的征收率	(1)寄售商店代销寄售物品; (2)典当业销售死当物品; (3)经国务院或国务院授权机关批准的免税商店零售的免税商品
	可选择按简易办法6%的征收率征收	(1)一般纳税人销售自产的下列货物,可选择按照简易办法依照6%征收率计算缴纳增值税。详见注2; (2)一般纳税人的自来水公司销售自来水按简易办法依照6%征收率征收增值税。 一般纳税人提供财政部和国家税务总局规定的特定应税服务,可以选择适用简易计税方法计税,但一经选择,36个月内不得变更
小规模纳税人	适用3%的征收率	销售自己使用过除固定资产以外的物品,按3%征收
	2%的征收率	小规模纳税人(除其他个人外)销售自己使用过的固定资产,减按2%征收率征收增值税
	出口货物,税率为零	但是,国务院另有规定的除外

注:1. 旧货是指进入二次流通的具有部分使用价值的货物(含旧汽车、旧摩托车和旧游艇),但不包括自己使用过的物品。

2. ①县级及县级以下小型水力发电单位生产的电力。小型水力发电单位是指各类投资主体建设的装机容量为5万千瓦以下(含5万千瓦)的小型水力发电单位;②建筑用和生产建筑材料所用的砂、土、石料;③以自己采掘的砂、土、石料或其他矿物连续生产的砖、瓦、石灰(不含黏土实心砖、瓦);④用微生物、微生物代谢产物、动物毒素、人或动物的血液或组织制成的生物制品;⑤自来水;⑥商品混凝土(仅限于以水泥为原料生产的水泥混凝土)。

②混业经营税率的确定

试点纳税人兼有不同税率或者征收率的销售货物、提供加工修理修配劳务或者应税服务的,应当分别核算适用不同税率或征收率的销售额,未分别核算销售额的,按照以下方法适用税率或征收率:

A. 兼有不同税率的销售货物、提供加工修理修配劳务或者应税服务的,从高适用税率。

B. 兼有不同征收率的销售货物、提供加工修理修配劳务或者应税服务的,从高适用征收率。

C. 兼有不同税率和征收率的销售货物、提供加工修理修配劳务或者应税服务的,从高适用税率。

(4)应纳税额的计算

①一般纳税人计算本月应纳增值税额采用当期购进扣税法:

$$当期应纳税额 = 当期销项税额 - 当期实际抵扣税额$$

$$当期实际抵扣税额 = 进项税额 + 上期留抵税额 - 进项税额转出 -$$
$$免、抵退货物应退税额 + 纳税检查应补缴税款$$

②小规模纳税人应纳税额采用简易办法:

$$应纳税额 = (不含税)销售额 \times 征收率$$

式中:销售额应为不含增值税额、含价外费用的销售额;征收率为3%。

(5)纳税义务发生时间

销售货物或者应税劳务的纳税义务发生时间,按销售结算方式的不同具体确定为:

①采取直接收款方式销售货物,不论货物是否发出,均为收到销售额或取得索取销售款的凭据的当天。

②采取托收承付和委托银行收款方式销售货物,为发出货物并办妥托收手续的当天。

③采取赊销和分期收款方式销售货物,为按合同约定的收款日期的当天,无书面合同的或者书面合同没有约定收款日期的,为货物发出的当天。

④采取预收货款方式销售货物,为货物发出的当天,但生产销售生产工期超过12个月的大型机械设备、船舶、飞机等货物,为收到预收款或者书面合同约定的收款日期的当天。

⑤委托其他纳税人代销货物,为收到代销单位的代销清单或者收到全部或者部分货款的当天。未收到代销清单及货款的,为发出代销货物满180天的当天。

⑥纳税人提供应税服务并收讫销售款项或者取得索取销售款项凭据的当天;先开具发票的,为开具发票的当天。

收讫销售款项,是指纳税人提供应税服务过程中或者完成后收到款项。取得索取销售款项凭据的当天,是指书面合同确定的付款日期;未签订书面合同或者书面合同未确定付款日期的,为应税服务完成的当天。

⑦纳税人提供有形动产租赁服务采取预收款方式的,其纳税义务发生时间为收到预收款的当天。

(6)纳税地点

①固定业户应当向其机构所在地或者居住地主管税务机关申报纳税。总机构和分支机构不在同一县(市)的,应当分别向各自所在地的主管税务机关申报纳税;经财政部和国家税务总局或者其授权的财政和税务机关批准,可以由总机构合并向总机构所在地的主管税务机关申报纳税。

②非固定业户应当向应税服务发生地主管税务机关申报纳税;未申报纳税的,由其机构所在地或者居住地主管税务机关补征税款。

③进口货物在报关地海关纳税。

2. 消费税

为了正确引导消费方向,国家在普遍征收增值税的基础上,选择部分消费品,再征收一道消费税。

(1)在我国境内生产、委托加工和进口条例规定的消费品的单位和个人,为消费税纳税义务人。

(2)税率。

①比例税率:适用于价格差异较大、计量单位难以规范的应税消费品,税率为3%~45%。

②定额税率:适用于供求基本平衡并且价格差异较小、计量单位比较容易规范的应税消费品,包括酒类产品中的黄酒和啤酒,以及成品油税目下的各类产品,均属于液体产品。

③复合税率:粮食白酒、薯类白酒、卷烟三种应税消费品实行定额税率与比例税率相结合的复合计税。

(3)应纳税额计算。

应纳税额计算公式见下表:

三种计税方法	计税公式
从价定率计税	应纳税额=销售额×比例税率
从量定额计税(啤酒、黄酒、成品油)	应纳税额=销售数量×单位税额
复合计税(粮食白酒、薯类白酒、卷烟)	应纳税额=销售额×比例税率+销售数量×单位税额

实行从价定率办法计征的应纳税额的税基为销售额,如果公司应税消费品的销售额中未扣除增值税税款,或者因不能开具增值税专用发票而发生价款和增值税税款合并收取的,在计算消费税时,按公式"应税消费品的销售额=含增值税的销售额÷(1+增值税税率或征收率)"换算为不含增值税税款的销售额。

实行从量定额办法计征的应纳税额的销售数量是指应税消费品的数量;属于销售应税消费品的,为应税消费品的销售数量;属于自产自用应税消费品的,为应税消费品的移送使用数量;属于委托加工应税消费品的,为纳税人收回的应税消费品数量;进口的应税消费品,为海关核定的应税消费品进口征税数量。

(4)纳税义务发生时间。

与增值税原理一致,内容也基本相同,此处不再重复。只是注意委托加工的应税消费品,纳税义务发生时间为货物移送当天。

(5)纳税地点。

①委托加工的应税消费品,除受托方为个体经营者外,由受托方向所在地主管税务机关代收代缴消费税税款。

②进口的应税消费品,由进口人或者其代理人向报关地海关申报纳税。

③纳税人到外县(市)销售或委托外县(市)代销自产应税消费品的,于应税消费品销售后,回纳税人核算地或所在地缴纳消费税。

④纳税人的总机构与分支机构不在同一县(市)的,应在生产应税消费品的分支机构所在地缴纳消费税。但经国家税务总局及所属省国家税务局批准,纳税人分支机构应纳消费税税款也可由总机构汇总向总机构所在地主管税务机关缴纳。

⑤纳税人销售的应税消费品,如因质量等原因由购买者退回时,经所在地主管税务机关审核批准后,可退还已征收的消费税,但不能自行直接抵减应纳税款。

3. 营业税

(1)纳税义务人

一般规定:在我国境内提供应税劳务、转让无形资产或者销售不动产的单位和个人,为营业税的纳税义务人。

加工和修理修配劳务属于增值税的征税范围,因此不属于营业税的应税劳务。单位或个体工商户聘用的员工为本单位或雇主提供条例规定的劳务,不包括在内。2013年营改增试点(财税〔2013〕37号),在中华人民共和国境内提供交通运输业和部分现代服务业服务的单位和个人,为增值税纳税人。自试点政策实施之日,纳税人提供应税服务,应当缴纳增值税,不再缴纳营业税。应税服务,是指陆路运输服务、水路运输服务、航空运输服务、管道运输服务、研发和技术服务、信息技术服务、文化创意服务、物流辅助服务、有形动产租赁服务、鉴证咨询服务、广播影视服务。

(2)扣缴义务人

①中华人民共和国境外的单位或者个人在境内提供应税劳务、转让无形资产或者销售不动产,在境内未设有经营机构的,以其境内代理人为扣缴义务人;在境内没有代理人的,以受让方或者购买方为扣缴义务人。

②国务院财政、税务主管部门规定的其他扣缴义务人。

(3)计税依据的一般规定

营业税的计税依据是营业额,营业额为纳税人提供应税劳务、转让无形资产或者销售不动产向对方收取的全部价款和价外费用。但下列情形除外:

①纳税人从事旅游业务的,以其取得的全部价款和价外费用扣除替旅游者支付给其他单位或者个人的住宿费、餐费、交通费、旅游景点门票和支付给其他接团旅游企业的旅游费后的余额为营业额。

②纳税人将建筑工程分包给其他单位的,以其取得的全部价款和价外费用扣除其支付给其他单位的分包款后的余额为营业额。

③外汇、有价证券、期货等金融商品买卖业务,以卖出价减去买入价后的余额为营业额。

④国务院财政、税务主管部门规定的其他情形。

(4)建筑业计税依据的具体规定

建筑业,是指建筑安装工程作业。建筑业营业税的征收范围包括:建筑、安装、修缮、装饰、其他工程作业。

①建筑,是指新建、改建、扩建各种建筑物、构筑物的工程作业,包括与建筑物相连的各种设备或支

柱、操作平台的安装或装设工程作业,以及各种窑炉和金属结构工程作业在内。

②安装,是指生产设备、动力设备、起重设备、运输设备、传动设备、医疗实验设备及其他各种设备的装配、安置工程作业,包括与设备相连的工作台、梯子、栏杆的装设工程作业和被安装设备的绝缘、防腐、保温、油漆等工程作业在内。

③修缮,是指对建筑物、构筑物进行修补、加固、养护、改善,使之恢复原来的使用价值或延长其使用期限的工程作业。

④装饰,是指对建筑物、构筑物进行修饰,使之美观或具有特定用途的工程作业。

⑤其他工程作业,是指上列工程作业以外的各种工程作业,如代办电信工程、水利工程、道路修建、疏浚、钻井(打井)、拆除建筑物或构筑物、平整土地、搭脚手架、爆破等工程作业。

建筑业计税依据的具体规定:

①建筑业的总承包人将工程分包给他人,以工程的全部承包额减去付给分包人价款后的余额为营业额。

②从事建筑、修缮、装饰工程作业,无论怎样结算,营业额均包括工程所用原材料及其他物资和动力的价款。从事安装工程作业,安装设备价值作为安装工程产值的,营业额包括设备价款。

③自建行为和单位将不动产无偿赠与他人,由主管税务机关按照以下顺序核定营业额。

A. 按纳税人当月提供同类应税劳务或者销售同类不动产的平均价格核定;

B. 按纳税人最近时期提供的同类应税劳务或者销售同类不动产的平均价格核定;

C. 按公式核定计税价格:组成计税价格=计税营业成本或工程成本×(1+成本利润率)÷(1-营业税税率)

自建行为指纳税人自己建造房屋的行为。纳税人自建自用的房屋不纳税;如纳税人(不包括个人自建自用住房销售)将自建的房屋对外销售,其自建行为应按建筑业缴纳营业税,再按销售不动产征收营业税。

④纳税人采用包清工形式提供的装饰劳务,按照其向客户实际收取的人工费,管理费和辅助材料费等收入(不含客户自行采购的材料价款和设备价款)确认计税营业额。

包清工形式提供的装饰劳务指工程所需主要材料和设备由客户自行采购,纳税人只向客户收取人工费、管理费及辅助材料费等费用的装饰劳务。

(5)销售不动产或转让土地使用权计税依据

①单位和个人销售或转让其购置的不动产或转让的土地使用权,以全部收入减去不动产或土地使用权的购置或受让原价后的余额为营业额。

②单位和个人销售或转让抵债所得的不动产、土地使用权的,以全部收入减去抵债时该项不动产或土地使用权作价后的余额为营业额。

(6)应纳税额的计算

$$应纳税额=营业额×税率$$

(7)兼有、兼营与混合销售行为税务处理

兼有、兼营与混合销售行为税务处理见下表:

经营行为		税务处理
1.兼营不同税目的应税行为:营业税纳税人从事不同税率的应税项目		均交营业税。依纳税人的核算情况: (1)分别核算,按各自税率计税; (2)未分别核算,从高适用税率
2.混合销售行为:一项销售即涉及增值税的征税范围,又涉及营业税应税项目	销售自产货物并同时提供建筑业劳务的行为	依纳税人的核算情况: (1)分别核算,分别缴增值税、营业税; (2)未分别核算的,由主管税务机关核定其货物的销售额

续上表

经营行为		税务处理
2.混合销售行为：一项销售即涉及增值税的征税范围，又涉及营业税应税项目	提供建筑业劳务的同时销售自产货物的行为	依纳税人的核算情况： (1)分别核算，分别缴增值税、营业税； (2)未分别核算的，由主管税务机关核定其应税劳务的营业额
	除上述行为外的混合销售行为	(1)从事货物的生产、批发或者零售为主的混合销售行为，视为销售货物，应当缴纳增值税； (2)其他单位和个人的混合销售行为，视为提供应税劳务，缴纳营业税
3.纳税人兼营非增值税应税项目，或兼营应税行为和货物或者非应税劳务的		依纳税人的核算情况： (1)分别核算，分别缴增值税、营业税； (2)未分别核算的，纳税人兼营非增值税应税项目的，由主管税务机关核定其货物的销售额；纳税人兼营增值税应税行为的，由主管税务机关核定其应税劳务的营业额

注：除上述"提供建筑业劳务的同时销售自产货物的行为"规定外，纳税人提供建筑业劳务（不含装饰劳务）的，其营业额应当包括工程所用原材料、设备及其他物资和动力价款在内，但不包括建设方提供的设备的价款。

(8)营业税纳税义务发生时间

营业税的纳税义务发生时间为纳税人收讫营业收入款项或者取得索取营业收入款项凭据的当天，具体分为：

①纳税人提供建筑业或者无形动产租赁业劳务，采取预收款方式的，其纳税义务发生时间为收到预收款的当天。

②实行合同完成后一次性结算价款办法的工程项目，其纳税义务发生时间为施工单位与发包单位进行工程合同价款结算当日。

③实行按工程形象进度划分不同阶段结算价款办法的工程项目，其纳税义务发生时间为各月份终了与发包单位进行已完工程价款结算的当天。

④BT项目及实行其他结算方式的工程项目，其纳税义务发生时间为与发包单位进行已完工程价款结算的当天。

(9)营业税纳税地点

①纳税人提供应税劳务应当向其机构所在地或者居住地的主管税务机关申报纳税。但是，纳税人提供的建筑业劳务以及国务院财政、税务主管部门规定的其他应税劳务，应当向应税劳务发生地的主管税务机关申报纳税。

②纳税人转让无形资产应当向其机构所在地或者居住地的主管税务机关申报纳税。但是，纳税人转让、出租土地使用权，应当向土地所在地的主管税务机关申报纳税。

③纳税人销售、出租不动产应当向不动产所在地的主管税务机关申报纳税。

扣缴义务人应当向其机构所在地或者居住地的主管税务机关申报缴纳其扣缴的税款。

4.资源税

资源税是国家对在我国境内开采矿产品或者生产盐的单位和个人征收的一种税。

资源税纳税人是在中华人民共和国境内开采应税资源的矿产品或者生产盐的单位和个人。

注意：

①资源税是对在中国境内生产或开采应税资源的单位或个人征收，而对进口应税资源产品的单位或个人不征资源税。相应的对出口应税产品也不退(免)已纳的资源税。

②资源税是对开采或生产应税资源进行销售或自用的单位和个人，在出厂销售或移作自用时一次性征收，而对已税产品批发、零售的单位和个人不再征收资源税。

③资源税的纳税义务人不仅包括符合规定的中国公司和个人,还包括外商投资公司和外国公司(除国务院另有规定以外)。

④中外合作开采石油、天然气,按照现行规定,只征收矿区使用费,暂不征资源税。

⑤独立矿山、联合公司和其他收购未税矿产品的单位为资源税的扣缴义务人。

资源税采用定额税率,也称固定税额。按照应税产品的课税数量和规定的单位税额计算,公式为:应纳税额=课税数量×单位税额。

资源税的课税数量:销售数量、自用数量。

①纳税人开采或生产应税产品销售的,以销售数量为课税数量。

②纳税人开采或生产应税产品自用的,以自用(非生产用)数量为课税数量。

5. 土地增值税

土地增值税的纳税义务人是指转让国有土地使用权、地上建筑物及其附着物并取得收入的单位和个人,包括内外资公司、行政事业单位、中外籍个人等。

土地增值税按照转让房地产所取得的增值额和规定的税率计算征收。这里的增值额是指转让房地产所取得的收入减除规定扣除项目金额后的余额。公司转让房地产所取得的收入,包括货币收入、实物收入和其他收入。

计算土地增值额的主要扣除项目有:

①取得土地使用权所支付的金额。

②开发土地和新建房及配套设施的成本,是指纳税人房地产开发项目实际发生的成本,包括土地征用及拆迁补偿费、前期工程费、建筑安装工程费、基础设施费、公共配套设施费、开发间接费用。

③开发土地和新建房及配套设施的费用(以下简称房地产开发费用),是指与房地产开发项目有关的销售费用、管理费用及专项用于房地产项目开发的利息支出。

凡能够按转让房地产项目计算分摊并提供金融机构证明的利息支出,允许据实扣除,但最高不能超过按商业银行同类同期贷款利率计算的金额。其他房地产开发费用,按上述①、②项规定计算的金额之和的5%以内计算扣除。

凡不能按转让房地产项目计算分摊利息支出或不能提供金融机构证明的,房地产开发费用按上述①、②项规定计算的金额之和的10%以内计算扣除。

④旧房及建筑物的评估价格,是指在转让已使用的房屋及建筑物时,由政府批准设立的房地产评估机构评定的重置成本价乘以成新度折扣率后的价格。评估价格须经当地税务机关确认。

⑤与转让房地产有关的税金,是指在转让房地产时缴纳的营业税、城市维护建设税、印花税。因转让房地产交纳的教育费附加,也可视同税金予以扣除。

⑥对从事房地产开发的纳税人可按上述①、②项规定计算的金额之和加计20%扣除。

(1)土地增值税的征税范围

土地增值税的征税范围常以三个标准来判定:

①转让的土地使用权是否国家所有。

②土地使用权、地上建筑物及其附着物是否发生产权转让。

③转让房地产是否取得收入。

(2)具体事项的征税情况

对以下具体事项的征税情况,列表判定如下:

事 项 类 别	是否属于征税范围
1.出售	征。包括三种情况: (1)出售国有土地使用权; (2)取得国有土地使用权后进行房屋开发建造后出售; (3)存量房地产买卖

续上表

事 项 类 别	是否属于征税范围
2. 继承、赠予	继承不征(无收入)。赠予中公益性赠予、赠予直系亲属或承担直接赡养义务人不征;非公益性赠予征
3. 出租	不征(无权属转移)
4. 房地产抵押	抵押期不征;抵押期满偿还债务本息不征;抵押期满,不能偿还债务,而以房地产抵债,征
5. 房地产交换	单位之间换房,有收入的征;个人之间互换自住房不征
6. 以房地产投资、联营	房地产转让到投资联营公司,不征;将投资联营房地产再转让,征
7. 合作建房	建成后自用,不征;建成后转让,征。
8. 公司兼并转让房地产	暂免
9. 代建房	不征(无权属转移)
10. 房地产重新评估	不征(无收入)

(3)转让扣除项目的划分

计算土地增值额时准予从转让收入中扣除的项目,根据转让项目的性质不同,可进行以下划分:

转让项目的性质	扣 除 项 目
对于新建房地产转让	(1)取得土地使用权所支付的金额; (2)房地产开发成本; (3)房地产开发费用; (4)与转让房地产有关的税金; (5)财政部规定的其他扣除项目
对于存量房地产转让	(1)房屋及建筑物的评估价格: 　　评估价格 ＝ 重置成本价×成新度折扣率 (2)取得土地使用权所支付的地价款和按国家统一规定缴纳的有关费用; (3)转让环节缴纳的税金

(4)应纳税额的计算

$$土地增值额(计税依据)＝转让收入－扣除项目金额$$

在实际的房地产交易过程中,纳税人有下列情形之一的,则按照房地产评估价格计算征收土地增值税:

①隐瞒、虚报房地产成交价格的。
②提供扣除项目金额不实的。
③转让房地产的成交价格低于房地产评估价格,又无正当理由的。
④旧房及房地产的转让。

$$应纳税额＝增值额×适用税率－扣除项目金额×速算扣除系数$$

(5)税率

土地增值税实行四级超率累进税率,税率表如下:

级 次	增值额占扣除项目金额比例	税 率	速算扣除系数
1	50%以下(含 50%)	30%	0
2	超过 50%～100%(含 100%)	40%	5%
3	超过 100%～200%(含 200%)	50%	15%
4	200%以上	60%	35%

(6)征收管理与纳税申报

①申报时间:纳税人签订房地产转让合同后 7 日内。
②纳税地点:房地产所在地(即房地产坐落地)主管税务机关。

6. 房产税、土地使用税、车船使用税

（1）房产税是国家对在城市、县城、建制镇和工矿区征收的由产权所有人缴纳的一种税。

房产税依照房产原值一次减除10%～30%后的余额计算缴纳。没有房产原值作为依据的，由房产所在地税务机关参考同类房产核定；房产出租的，以房产租金收入为房产税的计税依据。

（2）土地使用税是国家为了合理利用城镇土地，调节土地级差收入，提高土地使用效益，加强土地管理而开征的一种税。

以纳税人实际占用的土地面积为计税依据，依照规定税额计算征收。

（3）车船使用税由拥有并且使用车船的单位和个人缴纳，车船使用税按照适用税额计算缴纳。

（4）公司按规定计算应缴的房产税、土地使用税、车船使用税时，在管理费用中列支。

7. 城市维护建设税

（1）纳税人

按照现行税法的规定，城市维护建设税的纳税人是在征税范围内从事工商经营，缴纳"三税"的单位和个人。任何单位或个人，只要缴纳"三税"中的一种，就必须同时缴纳城市维护建设税。施工公司从事建筑、安装、修缮、装饰等业务，是营业税的纳税人，而施工公司从事工业生产，其所属预制构件厂、车间将预制构件用于公司所承包的工程等，按规定应当缴纳增值税，为增值税的纳税人。自然，施工公司也是城市维护建设税的纳税人。

（2）应纳税额的计算

①计税依据

按照现行税法规定，城市维护建设税应以纳税人实际缴纳的"三税"为计税依据，与"三税"同时缴纳。

按照规定，城市维护建设税以"三税"为计税依据，指的是"三税"的实缴税额，并不包括公司因为没有按期纳税所应缴纳的滞纳金或因违反税法规定而应缴纳的罚款。

②税率

城市维护建设税按区域设定不同的税率，纳税人所在地在市区的，税率为7%；纳税人所在地在县城、镇的，税率为5%；纳税人所在地不在市区、县城或镇的，税率为1%。

③应纳税额

$$应纳税额 = 计税依据 \times 税率$$
$$= 公司实际缴纳的增值税、消费税、营业税之和 \times 税率$$

（3）减免税规定

城市维护建设税由于是以纳税人实际缴纳的增值税、消费税、营业税为计税依据，并随同增值税、消费税、营业税征收的，因此减免增值税、消费税、营业税也意味着减免城市维护建设税，所以城市维护建设税一般不能单独减免。但是如果纳税人确有困难需要单独减免的，可以由省级人民政府酌情给予减税或免税照顾。

（4）城市维护建设税和教育费附加的征收

①纳税期限和纳税地点

按照规定，跨地区经营、联营、临时经营的单位和个人，城市维护建设税和教育费附加应当与"三税"同时缴纳，自然其纳税期限和纳税地点也与"三税"相同。

②纳税申报

公司应当于月度终了后在进行"三税"申报的同时，进行城市维护建设税和教育费附加的纳税申报。

③税款缴纳

对于以一个月为一期缴纳"三税"的施工公司，应当在缴纳当月全部"三税"税额时，同时按照纳税申报表确定的应纳税额全额缴纳城市维护建设税和教育费附加。

8. 教育费附加

教育费附加不是税,它是和税收同时收取的一种费用。由于它是由税务机关随同有关税收一并收取的,因此通常将其视同税收。

(1)缴纳人

凡是缴纳"三税"的单位和个人,都是缴纳教育费附加的义务人,凡是缴纳增值税、营业税的施工公司也应当缴纳教育费附加。

(2)缴纳额的计算

①计征依据

按照现行规定,教育费附加以公司实际缴纳的"三税"为计征依据。

②税率

教育费附加按缴纳"三税"税额的3%征收。

③应缴额

$$应缴教育费附加＝(增值税＋消费税＋营业税)×3\%$$

(3)减免规定

按照现行规定,凡是办有职工子弟学校的单位,应当按规定缴纳教育费附加,然后由教育部门根据其办学的情况酌情返还给办学单位,作为对其所办学校经费的补贴。

9. 耕地占用税

耕地占用税是国家为利用土地资源,加强土地管理,保护农用耕地而征收的一种税。

耕地占用税以实际占用的耕地面积计税,按照规定税额一次征收。

公司不需要预计应交数所交纳的耕地占用税等不需要通过"应交税费"科目核算。公司按规定计算交纳耕地占用税时,借记"在建工程"科目,贷记"银行存款"科目。

10. 印花税

公司不需要预计应交数所交纳的印花税,不在"应交税费"科目核算。公司按规定计算交纳印花税时,借记"管理费用"科目,贷记"银行存款"科目。

(1)应纳税凭证的范围

①购销、加工承揽、建设工程承包、财产租赁、货物运输、仓储保管、借款、财产保险、技术合同或者具有合同性质的凭证;

②产权转移书据;

③营业账簿;

④权利、许可证照;

⑤经财政部确定征税的其他凭证。

(2)免纳印花税的范围

①已缴纳印花税的凭证的副本或者抄本;

②财产所有人将财产赠给政府、社会福利单位、学校所立的书据;

③经财政部批准免税的其他凭证。

(3)印花税的税目、税率表

印花税的税目、税率见下表:

项 目	范 围	税 率	纳税义务人	说 明
购销合同	包括供应、预购、采购、购销结合及协作、调剂、补偿、易货等合同	按购销金额的万分之三贴花	立合同人	
加工承揽合同	包括加工、定做、修缮、修理、印刷、广告、测绘、测试等合同	按加工或承揽收入的万分之五贴花	立合同人	

续上表

项 目	范 围	税 率	纳税义务人	说 明
建设工程勘察设计合同	包括勘察、设计合同	按收取费用的万分之五贴花	立合同人	
建筑安装工程承包合同	包括建筑、安装工程承包合同	按承包金额的万分之三贴花	立合同人	
财产租赁合同	包括租赁房屋、船舶、飞机、机动车辆、机械、器具、设备等合同	按租赁金额的千分之一贴花,税额不足1元的按1元贴花	立合同人	
货物运输合同	包括民用航空、铁路运输、海上运输、内河运输、公路运输和联运合同	按运输费用的万分之五贴花	立合同人	单据作为合同使用的,按合同贴花
仓储保管合同	包括仓储、保管合同	按仓储保管费用的千分之一贴花	立合同人	仓单或栈单作为合同使用的,按合同贴花
借款合同	银行及其他金融组织和借款人(不包括银行同业拆借)所签订的借款合同	按借款金额的万分之零点五贴花	立合同人	单据作为合同使用的,按合同贴花
财产保险合同	包括财产、责任、保证、信用等保险合同	按保险费收入的千分之一贴花	立合同人	单据作为合同使用的,按合同贴花
技术合同	包括技术开发、转让、咨询、服务等合同	按所载金额的万分之三贴花	立合同人	
产权转移书据	包括财产所有权和版权、商标专用权、专利权、专有技术使用权等转移书据	按所载金额的万分之五贴花	立据人	
营业账簿	生产、经营用账册	记载资金的账簿,按固定资产原值与自有流动资金金额的万分之五贴花,其他账簿按件贴花5元	立账簿人	
权利、许可证照	包括政府部门发给的房屋产权证、工商营业执照、商标注册证、专利证、土地使用证	按件贴花5元	领受人	

11. 企业所得税

在中国境内,公司和其他取得收入的组织为企业所得税的纳税人,依照规定缴纳企业所得税。

(1)应纳税所得额:

公司每一纳税年度的收入总额,减除不征税收入、免税收入、各项扣除以及允许弥补的以前年度亏损后的余额,为应纳税所得额。

公司以货币形式和非货币形式从各种来源取得的收入,为收入总额,包括:

①销售货物收入;
②提供劳务收入;
③转让财产收入;
④股息、红利等权益性投资收益;
⑤利息收入;
⑥租金收入;
⑦特许权使用费收入;
⑧接受捐赠收入;
⑨其他收入。

(2)收入总额中不征税收入：

①财政拨款；

②依法收取并纳入财政管理的行政事业性收费、政府性基金；

③国务院规定的其他不征税收入。

(3)公司实际发生的与取得收入有关的、合理的支出，包括成本、费用、税金、损失和其他支出，准予在计算应纳税所得额时扣除。

(4)公司发生的公益性捐赠支出，在年度利润总额12%以内的部分，准予在计算应纳税所得额时扣除。

公益性捐赠资金包括：自然灾害地区救助、贫困地区救助、红十字救助、及用于老年服务、教育、科技、文化、卫生、体育、公共设施等方面的资金；公益性捐赠必须通过国家指定的非盈利社团或国家机关进行捐赠，公司直接向受益人的捐赠不得税前列支。

(5)在计算应纳税所得额时，下列支出不得扣除：

①向投资者支付的股息、红利等权益性投资收益款项；

②企业所得税税款；

③税收滞纳金；

④罚金、罚款和被没收财物的损失；

⑤公益性捐赠以外的捐赠支出；

⑥赞助支出；

⑦未经核定的准备金支出；

⑧与取得收入无关的其他支出。

(6)公司在汇总计算缴纳企业所得税时，其境外营业机构的亏损不得抵减境内营业机构的盈利。

(7)企业所得税的税率为25%。

(8)应纳税额：

①公司的应纳税所得额乘以适用税率，减除依照本法关于税收优惠的规定减免和抵免的税额后的余额，为应纳税额。

②公司取得的下列所得已在境外缴纳的所得税税额，可以从其当期应纳税额中抵免：

A.居民企业来源于中国境外的应税所得。

B.非居民企业在中国境内设立机构、场所，取得发生在中国境外但与该机构、场所有实际联系的应税所得。

抵免限额为该项所得依照企业所得税法规定计算的应纳税额；超过抵免限额的部分，可以在以后5个年度内，用每年度抵免限额抵免当年应抵税额后的余额进行抵补。

(9)特别纳税调整：

①公司与其关联方之间的业务往来，不符合独立交易原则而减少公司或者其关联方应纳税收入或者所得额的，税务机关有权按照合理方法调整。

②公司与其关联方共同开发、受让无形资产，或者共同提供、接受劳务发生的成本，在计算应纳税所得额时应当按照独立交易原则进行分摊。

③公司可以向税务机关提出与其关联方之间业务往来的定价原则和计算方法，税务机关与公司协商、确认后，达成预约定价安排。

④公司向税务机关报送年度企业所得税纳税申报表时，应当就其与关联方之间的业务往来，附送年度关联业务往来报告表。

⑤公司从其关联方接受的债权性投资与权益性投资的比例超过规定标准而发生的利息支出，不得在计算应纳税所得额时扣除。

⑥公司实施其他不具有合理商业目的的安排而减少其应纳税收入或者所得额的，税务机关有权按照合理方法调整。

(10)公司以公司登记注册地为纳税地点;但登记注册地在境外的,以实际管理机构所在地为纳税地点。
(11)除国务院另有规定外,公司之间不得合并缴纳企业所得税。
(12)企业所得税分月或者分季预缴,年度终了之日起5个月内汇算清缴,结清应缴应退税款。

12. 个人所得税

(1)公司代扣代交的个人所得税,通过"应交税费"科目核算。
(2)职工的工资、薪金所得,适用七级超额累进税率,税率为3%~45%,工资、薪金税率见下表:

级 数	全月应纳税所得额 (含税级距)	全月应纳税所得额 (不含税级距)	税率 (%)	速算扣除数
1	不超过1,500元	不超过1,455元的	3	0
2	超过1,500元至4,500元的部分	超过1,455元至4,155元的部分	10	105
3	超过4,500元至9,000元的部分	超过4,155元至7,755元的部分	20	555
4	超过9,000元至35,000元的部分	超过7,755元至27,255元的部分	25	1,005
5	超过35,000元至55,000元的部分	超过27,255元至41,255元的部分	30	2,755
6	超过55,000元至80,000元的部分	超过41,255元至57,505元的部分	35	5,505
7	超过80,000元的部分	超过57,505元的部分	45	13,505

注:1.表中所列含税级距与不含税级距,均为按照税法规定减除有关费用后的每月应纳税所得额。
2.含税级距适用于由纳税人负担税款的工资、薪金所得;不含税级距适用于由他人(单位)代付税款的工资、薪金所得。
3.工资、薪金所得应纳税额的计算公式:

$$应纳税额＝应纳税所得额\times 适用税率－速算扣除数$$

"工资、薪金所得,以每月收入额减除免征额3,500元后的余额,为应纳税所得额。"

(二)应交税费核算

1. 会计科目

(1)总账科目:"应交税费"。
(2)明细科目:按应交各种税费设置明细科目。

"应交税费"科目贷方核算按规定应予交纳的税费,借方核算实际交纳和需要抵扣的税费;期末余额在贷方,反映公司尚未交纳的税费,期末如为借方余额,反映公司多交或尚未抵扣的税费。

房产税、车船使用税、土地使用税、印花税在"管理费用"科目核算,不在"营业税金及附加"科目核算。

2. 会计事项

➢ **应交增值税**(购销业务)

(1)国内采购的物资,按专用发票上注明的增值税,借记"应交税费—应交增值税—进项税额"科目,专用发票上记载的应计入采购成本的金额,借记"在途物资"等科目,按应付或实际支付的金额,贷记"应付账款"、"应付票据"、"银行存款"等科目。购入物资发生的退货,做相反会计分录。

购进免税农业产品,按购入农业产品的买价和规定的扣除率计算的进项税额,借记"应交税费—应交增值税—进项税额"科目,按买价减去按规定计算的进项税额后的差额,借记"物资采购"、"销售费用"等科目,按应付或实际支付的价款,贷记"应付账款"、"银行存款"等科目。

进口物资,按海关提供的完税凭证上注明的增值税,借记"应交税费—应交增值税—进项税额"科目,按进口物资应计入采购成本的金额,借记"在途物资"、"销售费用"等科目,按应付或实际支付的金额,贷记"应付账款"、"银行存款"等科目。

接受投资转入的物资,按专用发票上注明的增值税,借记"应交税费—应交增值税—进项税额"科目,按照投资合同或协议约定的价值,借记"原材料"等科目,按其在注册资本中所占的份额,贷记"股本"科目,按其差额,贷记"资本公积"科目。

小规模纳税人以及购入材料不能取得增值税专用发票的,发生的增值税计入材料采购成本,借记"物资采购"等科目,贷记"应付账款"、"银行存款"等科目。

公司应在"应交增值税"明细账内,设置"进项税额"、"已交税金"、"转出未交增值税"、"减免税款"、"销项税额"、"出口退税"、"进项税额转出"、"出口抵减内销产品应纳税额"、"转出多交增值税"等专栏,并按规定进行核算。

例:公司20*7年2月2日从乙公司购进原材料一批,不含税价款300,000元,专用发票上注明的增值税额51,000元。货款已付,材料尚未验收入库。

借:物资采购(材料)　　　　　　　　　　　　　300,000
　应交税费—应交增值税—进项税额　　　　　　51,000
　贷:银行存款　　　　　　　　　　　　　　　　　　　351,000

(2)销售物资或提供应税劳务(包括将自产、委托加工或购买的货物分配给股东),按实现的营业收入和按规定收取的增值税额,借记"应收账款"、"应收票据"等科目,按专用发票上注明的增值税额,贷记"应交税费—应交增值税—销项税额"科目,按实现的营业收入,贷记"主营业务收入"、"其他业务收入"等科目。发生的销售退回做相反会计分录。

例:公司20*7年2月28日销售药品给某公司,商品销售收入为1,000,000元,专用发票上注明的增值税额为170,000元。

借:应收账款(某公司)　　　　　　　　　　　1,170,000
　贷:主营业务收入　　　　　　　　　　　　　　　　1,000,000
　　应交税费—应交增值税—销项税额　　　　　　170,000

(3)公司的出口退税业务,若实行"免、抵、退"办法的,按规定计算的当期出口物资不予免征、抵扣和退税的税额,计入出口物资成本,借记"主营业务成本"科目,贷记"应交税费—应交增值税—进项税额转出"科目。按规定计算的当期应予抵扣的税额,借记"应交税费—应交增值税—出口抵减内销产品应纳税额"科目,贷记"应交税费—应交增值税—出口退税"科目。因应抵扣的税额大于应纳税额而未全部抵扣,按规定应予退回的税款,借记"其他应收款"科目,贷记"应交税费—应交增值税—出口退税"科目,收到退回的税款,借记"银行存款"科目,贷记"其他应收款"科目。

例:公司出口退税业务实行"免、抵、退"办法核算,出口货物的征税税率为17%,退税率为15%。20*7年6月的有关经营业务为:购进原材料一批,取得的增值税专用发票注明的价款为2,000,000元,增值税额为340,000元,货已验收入库。上月末留抵税款30,000元;本月内销货物不含税销售额1,000,000元;收款1,170,000元存入银行;本月出口货物的销售额折合人民币2,000,000元,公司6月30日对当期的出口退税进行会计处理,7月6日公司收到退回的税款。

①将不予免征和抵扣的税额计入出口货物成本
借:主营业务成本　　　　　　　　　　　　　　40,000
　贷:应交税费—应交增值税—进项税额转出　　　40,000
②按规定计算的当期应予抵扣的税额
借:应交税费—应交增值税—出口抵减内销产品应纳税额 140,000
　贷:应交税费—应交增值税—出口退税　　　　　140,000
③按规定计算应予退回的税款
借:其他应收款　　　　　　　　　　　　　　　160,000
　贷:应交税费—应交增值税—出口退税　　　　　160,000
④7月6日收到退回的税款
借:银行存款　　　　　　　　　　　　　　　　160,000
　贷:其他应收款　　　　　　　　　　　　　　　　160,000

注:当期免抵退税不得免征和抵扣税额 = 2,000,000×(17%−15%)=40,000(元);当期应纳税额 =1,000,000×

17%－(340,000－40,000)－30,000＝－160,000(元);出口货物"免、抵、退"税额＝2,000,000×15%＝300,000(元);按规定,如当期期末留抵税额≤当期免抵退税额,当期应退税额＝当期期末留抵税额,即该公司当期应退税额＝160,000元;当期免抵税额＝当期免抵退税额－当期应退税额;当期免抵税额＝300,000－160,000＝140,000(元)。

➢ **应交增值税**(视同销售业务)

公司将自产或委托加工的货物用于非增值税应税项目、作为投资、集体福利消费、赠送他人等,应视同销售物资计算应交增值税,借记"在建工程"、"长期股权投资"、"应付职工薪酬"、"营业外支出—捐赠支出"等科目,贷记"应交税费—应交增值税—销项税额"、"库存商品"等科目。

(1)公司20*7年3月3日,以原材料对丙公司进行长期投资。该批原材料成本4,000,000元。计税价格5,000,000元,专用发票上注明的增值税额850,000元。

借:长期股权投资—其他股权投资—丙公司　　5,850,000
　　贷:其他业务收入　　　　　　　　　　　　　　　5,000,000
　　　　应交税费—应交增值税—销项税额　　　　　850,000
借:其他业务成本　　　　　　　　　　　　　　　4,000,000
　　贷:原材料　　　　　　　　　　　　　　　　　　4,000,000

(2)公司20*7年4月30日将生产的产品一批用于职工福利。产品应分摊成本600,000元,售价700,000元,增值税额为119,000元。

借:应付职工薪酬—职工福利　　　　　　　　　819,000
　　贷:主营业务收入　　　　　　　　　　　　　　　700,000
　　　　应交税费—应交增值税—销项税额　　　　　119,000
借:主营业务成本　　　　　　　　　　　　　　　600,000
　　贷:库存商品—产成品　　　　　　　　　　　　　600,000

➢ **应交增值税**(不予抵扣项目)

购进的物资、在产品、产成品发生非正常损失,以及购进物资改变用途等原因,其进项税额应相应转入有关科目,借记"待处理财产损溢"、"在建工程"、等科目,贷记"应交税费—应交增值税—进项税额转出"科目。属于转作待处理财产损失的部分,应与遭受非正常损失的购进货物、在产品、产成品成本一并处理。

例:公司20*7年4月5日购入原材料一批,增值税专用发票上注明的增值税额为102,000元,材料价款600,000元。材料已入库,货款也已支付。

①借:原材料　　　　　　　　　　　　　　　　　600,000
　　　应交税费—应交增值税—进项税额　　　　　102,000
　　贷:银行存款　　　　　　　　　　　　　　　　702,000

公司将该批材料全部用于在建工程项目。

②借:在建工程—建筑工程　　　　　　　　　　　702,000
　　贷:原材料　　　　　　　　　　　　　　　　　　600,000
　　　　应交税费—应交增值税—进项税额转出　　　102,000

➢ **应交增值税**(转出多交增值税和未交增值税)

月度终了,将本月应交未交增值税自"应交税费—应交增值税—转出未交增值税"明细科目转入"应交税费—未交增值税"明细科目,借记"应交税费—应交增值税—转出未交增值税"科目,贷记"应交税费—未交增值税"科目;将本月多交的增值税自"应交税费—应交增值税—转出多交增值税"明细科目转入"应交税费—未交增值税"明细科目,借记"应交税费—未交增值税"科目,贷记"应交税费—应交增值税—转出多交增值税"科目。本月上交上期应交未交的增值税,借记"应交税费—未交增值税"科目,贷记"银行存款"科目。

(1)公司20*7年5月末,将本月应交未交的增值税165,000元转入"未交增值税"明细科目。

借:应交税费—应交增值税—转出未交增值税　　　165,000
　贷:应交税费—未交增值税　　　　　　　　　　　　　　165,000
(2)公司20*7年6月末,将本月多交的增值税170,000元转入"未交增值税"明细科目。
借:应交税费—未交增值税　　　　　　　　　　　170,000
　贷:应交税费—应交增值税—转出多交增值税　　　　　　170,000

> **应交增值税**(本月上交)

公司本月上交本月的应交增值税,借记"应交税费—应交增值税—已交税金"科目,贷记"银行存款"科目。

公司本月上交上期应交未交的增值税,借记"应交税费—未交增值税"科目,贷记"银行存款"科目。

(1)公司20*7年6月30日交纳本月的应交增值税1,700,000元。
借:应交税费—应交增值税—已交税金　　　　　1,700,000
　贷:银行存款　　　　　　　　　　　　　　　　　　　　1,700,000
(2)公司20*7年7月8日交纳上月应交未交的增值税3,400,000元。
借:应交税费—未交增值税　　　　　　　　　　3,400,000
　贷:银行存款　　　　　　　　　　　　　　　　　　　　3,400,000

> **应交土地增值税**

公司转让土地使用权应交的土地增值税,土地使用权与地上建筑物及其附着物一并在"固定资产"等科目核算的,借记"固定资产清理"等科目,贷记"应交税费—应交土地增值税"科目。土地使用权在"无形资产"科目核算的,按实际收到的金额,借记"银行存款"科目,按应交的土地增值税,贷记"应交税费—应交土地增值税"科目,同时冲销土地使用权的账面价值,贷记"无形资产"科目,按其差额,借记"营业外支出"科目或贷记"营业外收入"科目。实际交纳土地增值税时,借记"应交税费"科目,贷记"银行存款"等科目。

例:公司20*7年10月15日转让土地使用权,公司的土地使用权与地上建筑物及其附着物一并在固定资产科目中核算,按规定应交纳的土地增值税为2,000,000元。
借:固定资产清理　　　　　　　　　　　　　　2,000,000
　贷:应交税费—应交土地增值税　　　　　　　　　　　　2,000,000

> **应交消费税**(销售产品物资)

销售需要交纳消费税的物资,借记"营业税金及附加"等科目,贷记"应交税费—应交消费税"科目。退税时做相反会计分录。

以生产的商品作为股权投资、用于在建工程、非生产机构等,按规定应交纳的消费税,借记"长期股权投资"、"固定资产""在建工程"、"营业外支出"等科目,贷记"应交税费—应交消费税"科目。

同商品出售但单独计价的包装物,按规定应交纳的消费税,借记"其他业务成本"科目,贷记"应交税费—应交消费税"科目。出租、出借包装物逾期未收回没收的押金应交的消费税,借记"其他业务成本"科目,贷记"应交税费—应交消费税"科目。

例:公司20*7年7月,销售其生产的应税消费品一批,售价金额360,000元,产品成本320,000元,应交消费税36,000元。专用发票上注明的增值税额为61,200元。产品已发出,款项已收到。
①借:银行存款　　　　　　　　　　　　　　　421,200
　　贷:主营业务收入　　　　　　　　　　　　　　　　　360,000
　　　　应交税费—应交增值税—销项税额　　　　　　　　61,200
②借:营业税金及附加　　　　　　　　　　　　　36,000
　　贷:应交税费—应交消费税　　　　　　　　　　　　　36,000
③借:主营业务成本　　　　　　　　　　　　　　320,000
　　贷:库存商品　　　　　　　　　　　　　　　　　　　320,000

➤ 应交消费税（委托加工应税消费品）

需要交纳消费税的委托加工物资，由受托方代收代交税款（除受托加工或翻新改制金银首饰按规定由受托方交纳消费税外）。受托方按应扣税款金额，借记"应收账款"、"银行存款"等科目，贷记"应交税费—应交消费税"科目。委托加工物资收回后，直接用于销售的，将代收代交的消费税计入委托加工物资的成本，借记"委托加工物资"等科目，贷记"应付账款"、"银行存款"等科目；委托加工物资收回后用于连续生产的，按规定准予抵扣的，按代收代交的消费税，借记"应交税费—应交消费税"科目，贷记"应付账款"、"银行存款"等科目。

(1)公司20*7年8月委托丁公司加工一批应税消费品。交纳加工费时一并支付了应由丁公司代收代交的消费税5,000元。该委托加工物资收回后直接用于销售。

借：委托加工物资—材料　　　　　　　　　　　　5,000
　　贷：银行存款　　　　　　　　　　　　　　　　　　5,000

(2)在上述例(1)中，假定公司收回委托加工物资后用于连续生产（该消费税按规定准予抵扣）。

借：应交税费—应交消费税　　　　　　　　　　　5,000
　　贷：银行存款　　　　　　　　　　　　　　　　　　5,000

➤ 应交营业税（科目处理）

按其营业额和规定的税率，计算应交纳的营业税，借记"营业税金及附加"等科目，贷记"应交税费—应交营业税"科目。

销售不动产，按销售额计算的营业税，借记"固定资产清理"等科目，贷记"应交税费—应交营业税"科目。

交纳的营业税，借记"应交税费—应交营业税"科目，贷记"银行存款"科目。

➤ 应交营业税（自建楼房出售）

(1)建筑公司自建楼房一栋竣工，建筑安装总成本4,000万元，将其40%售给另一单位，其余自用，总售价7,000万元，本月预收5,000万元。（当地营业税成本利润率为10%）

分析：建筑公司自建不动产自用部分不纳营业税，自建不动产出售部分应交两个税目的营业税：

①按建筑业营业税＝组成计税价格×3%＝{[4,000×40%×(1＋10%)]÷(1－3%)}×3%＝54.43（万元）

②按销售不动产营业税＝售价（预收款）×5%＝5,000×5%＝250（万元）

③自建不动产出售共纳营业税＝54.43＋250＝304.43（万元）

(2)房地产公司自建写字楼18万平方米，工程成本每平方米2,000元，售价每平方米3,600元。当年销售自建写字楼10万平方米；将0.5万平方米自建写字楼无偿赠送给乙单位（当地营业税成本利润率为10%）。计算有关纳税事项：

①计算该房地产公司当年应纳建筑业营业税：

应纳建筑业营业税＝2,000×(10＋0.5)×(1＋10%)÷(1－3%)×3%＝714.43（万元）

②计算该房地产公司当年应纳销售不动产营业税：

销售不动产的营业税＝3,600×(10＋0.5)×5%＝1,890（万元）

➤ 应交营业税（应税服务）

广告公司4月发生以下业务：取得广告业务收入为94万元，营业成本为90万元，支付给某电视台的广告发布费为25万元，支付给某报社的广告发布费为18万元。经主管税务机关审核，认为其广告收费明显偏低，且无正当理由，又无同类广告可比价格，于是决定重新审核其计税价格（核定的成本利润率为16%）。计算有关纳税事项：

广告业务的计税营业额＝90×(1＋16%)÷(1－5%)＝109.89（万元）

应纳营业税＝(109.89－25－18)×5%＝3.34（万元）

➤ 应交营业税（销售不动产或转让土地使用权）

生产公司转让10年前建成的旧生产车间,取得收入1,200万元,该车间的原值为1,000万元,已提取折旧400万元。还转让一块土地使用权,取得收入560万元。年初取得该土地使用权时支付金额420万元,转让时发生相关费用6万元。

应缴纳营业税＝1200×5％＋(560－420)×5％＝67(万元)

> **应交营业税**(应纳税额的计算)

(1)远洋运输公司有职工320人,适用企业所得税税率25％,20*8年度发生以下经营业务:

①承担远洋运输业务,取得运输收入8,600万元,装卸搬运收入200万元。发生运输业务的直接成本、费用(不含职工工资费用)6,300.46万元。

②将配备有20名操作人员的6号船舶出租给甲公司使用8个月(3月1日至10月31日),取得租金收入240万元,出租期间,远洋运输公司支付操作人员工资28.8万元、维修费用12万元。

③将8号船舶自2002年1月1日至12月31日出租给乙公司使用1年,不配备操作人员,也不承担运输过程中发生的各种费用,固定收取租金收入160万元。计算有关纳税事项:

运输收入营业税＝(8,600＋200)×3％＝264(万元)

取得甲公司租金收入为期租业务收入,应按交通运输业税目处理,应纳营业税＝240×3％＝7.2(万元)

取得乙公司租金收入为光租业务收入,应按服务业税目处理,应纳营业税＝160×5％＝8(万元)

应纳营业税合计＝264＋7.2＋8＝279.2(万元)

(2)房地产公司2005年有关经营情况如下:到12月31日为止对外销售写字楼50,000平方米,全部签了售房合同,每平方米售价0.32万元,共计收入16,000万元,按售房合同规定全部款项于12月31日均可收回,有关土地权证和房产证次年为客户办理。其余的10,000平方米中的7,000平方米用于先租后售,11月30日签订租赁合同约定出租时间先定一年,租金从12月1日起计算,每月收租金21万元,合同共记载租金252万元,租金月收一次;另外3,000平方米转为本公司固定资产作办公用。11月30日用于出租和自用的房屋面积已全部办好相关出租、资产转账手续,于当日全部交付并从12月1日起使用。

销售和出租的房屋应缴纳的营业税＝16,000×5％＋21×5％＝801.05(万元)

> **应交营业税**(建筑业营业税与增值税征税范围划分)

基本建设单位和从事建筑安装业务的公司附设的工厂、车间生产的水泥预制构件、其他构件或建筑材料,用于本单位或本公司的建筑工程的,应在移送使用时征收增值税。但对其在建筑现场制造的预制构件,凡直接用于本单位或本公司建筑工程的,征收营业税,不征收增值税

例:甲建筑工程公司(具备建筑行政部门批准的建筑业施工资质)下辖3个施工队、1个金属结构件工场、1个招待所(均为非独立核算单位),2003年经营业务如下:

承包某建筑工程项目,并与建设方签订建筑工程施工总包合同,总包合同明确工程总造价3,000万元,其中:建筑业劳务费价款1,000万元;由甲建筑工程公司提供、并按市场价确定的金属结构件金额500万元(购进金属结构件时取得相关的增值税专用发票,支付价款300万元);建设方采购建筑材料等1,500万元。工程当年完工并进行了价款结算。

> **应交营业税**(同时提供增值税和建筑业应税劳务)

公司具备建筑业施工(安装)资质,2005年发生经营业务如下:

①总承包一项工程,承包合同记载总承包额9,000万元,其中建筑劳务费3,000万元,建筑、装饰材料6,000万元。

②工程所用建筑、装饰材料6,000万元中,4,000万元由建筑工程公司自产货物提供,2,000万元由安装公司自产货物提供。

③建筑工程公司提供自产货物涉及材料的进项税额236万元已通过主管税务机关认证,相关的运输费用30万元有合法票据。计算有关纳税事项(营业税和城市维护建设税及教育费附加的税率:3％、5％及3％):

应缴纳的营业税和城市维护建设税及教育费附加：
3,000×3%×(1+5%+3%)=97.2(万元)
承包工程提供的自产货物应缴纳的增值税、城市维护建设税及教育费附加：
[4,000÷(1+17%)×17%−236−30×7%]×(1+5%+3%)=370.54(万元)

> **应交营业税**

乙建筑公司承包一项工程(甲方)，工期10个月，总承包收入8,000万元。其中，装修工程2,000万元，分包给丁公司承建。乙公司完成工程累计发生合同成本5,500万元，项目在当年12月份如期完工。结算工程款时，总承包商、分包方自己缴纳"两税一费"（营业税率3%、城建税1%、教育费附加3%）。其会计处理如下：

税务处理：

2008年修订《营业税暂行条例》第五条，纳税人将建筑工程分包给其他单位的，以其取得的全部价款和价外费用扣除其支付给其他单位的分包款后的余额为营业额。

会计处理：

①乙公司完成项目发生成本费用时
借：工程施工—合同成本　　　　　　　　　　　　55,000,000
　　贷：原材料等　　　　　　　　　　　　　　　　55,000,000

收到甲方一次性结算的总承包款时，
借：银行存款　　　　　　　　　　　　　　　　　80,000,000
　　贷：工程结算　　　　　　　　　　　　　　　　80,000,000

②计提营业税金及附加（自营部分）
借：营业税金及附加　　　　　　　　　　　　　　1,872,000
　　贷：应交税费—应交营业税　　　　　　　　　　1,800,000
　　　　　　—应交城建税　　　　　　　　　　　　　18,000
　　　　　　—应交教育费附加　　　　　　　　　　　54,000

③缴纳营业税时
借：应交税费—应交营业税　　　　　　　　　　　1,800,000
　　　　　—应交城建税　　　　　　　　　　　　　　18,000
　　　　　—应交教育费附加　　　　　　　　　　　　54,000
　　贷：银行存款　　　　　　　　　　　　　　　　1,872,000

④分包工程完工验工结算时
借：工程施工—合同成本　　　　　　　　　　　　20,000,000
　　贷：应付账款—丁公司　　　　　　　　　　　　20,000,000

⑤付工程款时
借：应付账款—丁公司　　　　　　　　　　　　　20,000,000
　　贷：银行存款　　　　　　　　　　　　　　　　20,000,000

⑥乙公司确认该项目收入与费用时
借：主营业务成本　　　　　　　　　　　　　　　75,000,000
　　工程施工—合同毛利　　　　　　　　　　　　　5,000,000
　　贷：主营业务收入　　　　　　　　　　　　　　80,000,000

⑦工程结算与工程施工对冲结平时
借：工程结算　　　　　　　　　　　　　　　　　80,000,000
　　贷：工程施工—合同成本　　　　　　　　　　　75,000,000
　　　　　　—合同毛利　　　　　　　　　　　　　5,000,000

第五章 负 债

➤ **应交营业税**（BT合同）

参照上述建造合同的营业税核算方式。

➤ **应交营业税**（其他业务）

(1)公司20*7年9月8日转让无形资产使用权给甲公司,取得转让收入200,000元,应交纳营业税10,000元。

①借:银行存款　　　　　　　　　　　　　　　　　200,000
　　贷:其他业务收入——无形资产转让　　　　　　　　　　200,000
②借:营业税金及附加　　　　　　　　　　　　　　10,000
　　贷:应交税费——应交营业税　　　　　　　　　　　　　10,000

(2)公司对外提供运输服务,本月运输劳务收入400,000元,应交纳营业税20,000元。

借:营业税金及附加　　　　　　　　　　　　　　20,000
　贷:应交税费——应交营业税　　　　　　　　　　　　　20,000

➤ **应交资源税**

在会计核算时,公司按规定计算出销售应税产品应交纳的资源税。借:"营业税金及附加"等科目,贷:"应交税费——应交资源税"科目;公司计算出自产自用的应税产品应交纳的资源税借记"生产成本"、"制造费用"等科目;贷记"应交税费——应交资源税"科目。

某公司将自产的煤炭1,000吨用于产品生产每吨应交资源税5元。根据该项经济业务。公司应作会计处理如下:

自产自用煤炭应交的资源税＝1,000×5＝5,000(元)

借:生产成本　　　　　　　　　　　　　　　　　5,000
　贷:应交税费——应交资源税　　　　　　　　　　　　　5,000

➤ **应交土地增值税**

在会计处理时,公司交纳的土地增值税通过"应交税费——应交土地增值税"科目核算。兼营房地产业务的公司应由当期收入负担的土地增值税借记"营业税金及附加"等科目,贷记"应交税费——应交土地增值税"科目。转让的国有土地使用权与其地上建筑物及其附着物一并在"固定资产"或"在建工程"科目核算的。转让时应交纳的土地增值税。借记"固定资产清理"、"在建工程"科目,贷记"应交税费——应交土地增值税"科目。公司在项目全部竣工结算前转让房地产取得的收入,按税法规定预交的土地增值税,借记"应交税费——应交土地增值税"科目,贷记"银行存款"等科目;待该项房地产销售收入实现时,再按上述销售业务的会计处理方法进行处理。该项目全部竣工、办理结算后进行清算。收到退回多交的土地增值税,借记"银行存款"等科目,贷记"应交税费——应交土地增值税"科目,补交的土地增值税作相反的会计分录。

例:生产公司转让10年前建成的旧生产车间,取得收入1,200万元,该车间的原值为1,000万元,已提取折旧400万元。该车间经专业机构评估,成新度为30%,目前建造同样的生产车间需要1,500万元;转让旧生产车间时向政府补缴出让金80万元,发生其他相关费用20万元;计算有关土地增值税事项:

转让旧生产车间的土地增值额:
＝1,200－1,500×30%－80－20－1,200×5‰×(1＋7%＋3%)＝1,200－616＝584(万元)
增值率＝584÷616×100%＝94.81%
应缴纳土地增值税＝584×40%－616×5%＝233.6－30.8＝202.8(万元)

借:固定资产清理　　　　　　　　　　　　　　2,028,000
　贷:应交税费——应交土地增值税　　　　　　　　　　2,028,000

➤ **应交城市维护建设税**

公司按规定计算出应交纳的城市维护建设税,借记"营业税金及附加"等科目,贷记"应交税费——应交城市维护建设税"科目。交纳的城市维护建设税,借记"应交税费—应交城市维护建设税"科目,贷记"银行存款"科目。

例:某公司20*7年12月份,流转税应纳税额为500,000元。应交纳城市维护建设税35,000元,城建税率7%。

借:营业税金及附加　　　　　　　　　　　　　35,000
　　贷:应交税费—应交城市维护建设税　　　　　　　　　35,000

➢ **应交教育费附加**

(1)公司按规定计算应交的教育费附加,借记"营业税金及附加"等科目,贷记"应交税费—应交教育费附加"科目。

(2)交纳的教育费附加,借记"应交税费—应交教育费附加"科目,贷记"银行存款"等科目。

①公司20*7年6月30日,按规定计提本月教育费附加40,000元。

借:营业税金及附加　　　　　　　　　　　　　40,000
　　贷:应交税费—应交教育费附加　　　　　　　　　　　40,000

②公司20*7年8月10日,交纳上月教育费附加款15,000元。

借:应交税费—应交教育费附加　　　　　　　　15,000
　　贷:银行存款　　　　　　　　　　　　　　　　　　　15,000

➢ **其他应交税费**

(1)公司按规定计算应交的房产税、土地使用税、车船使用税、矿产资源补偿费,借记"管理费用"科目,贷记"应交税费"科目。实际交纳时,借记"应交税费"科目,贷记"银行存款"等科目。

例:公司20*7年12月份按规定计算应交纳的房产税200,000元。

借:管理费用—房产税　　　　　　　　　　　　200,000
　　贷:应交税费—应交房产税　　　　　　　　　　　　　200,000

(2)公司与机械进出口公司签订购买价值2,000万元设备合同,为购买此设备向商业银行签订借款2,000万元的借款合同。后因故购销合同作废,改签融资租赁合同,租赁费1,000万元。根据上述情况,该厂应缴纳印花税:

①购销合同应纳税额=2,000×0.3‰=0.6(万元),产生纳税义务后合同作废不能免税。
②借款合同应纳税额=2,000×0.05‰=0.1(万元)。
③融资租赁合同属于借款合同,应纳税额=1,000×0.05‰=0.05(万元)。
④应纳税额合计=0.6+0.1+0.05=0.75(万元)=7,500(元)。

借:管理费用　　　　　　　　　　　　　　　　7,500
　　贷:银行存款　　　　　　　　　　　　　　　　　　　7,500

➢ **应交企业所得税**

公司按照税法规定计算应交的企业所得税,借记"所得税费用"等科目,贷记"应交税费—应交所得税"科目。

交纳的所得税,借记"应交税费—应交企业所得税"科目,贷记"银行存款"等科目。

(1)公司20*7年度应纳税所得额为10,000,000元,公司的所得税率为15%。

借:所得税费用　　　　　　　　　　　　　　　1,500,000
　　贷:应交税费—应交企业所得税　　　　　　　　　　　1,500,000

(2)公司20*7年3月6日交纳上年所得税款1,200,000元。

借:应交税费—应交企业所得税　　　　　　　　1,200,000
　　贷:银行存款　　　　　　　　　　　　　　　　　　　1,200,000

➢ **应交个人所得税**

公司按规定计算应代扣代交的职工个人所得税,借记"应付职工薪酬"科目,贷记"应交税费—应交个人所得税"科目。

交纳的个人所得税,借记"应交税费—应交个人所得税"科目,贷记"银行存款"科目。

(1)公司 20*7 年 9 月 30 日,按规定计算本月应代扣代交的职工个人所得税共计 107,000 元。

借:应付职工薪酬—工资　　　　　　　　　　　107,000
　　贷:应交税费—应交个人所得税　　　　　　　　　107,000

(2)公司 20*7 年 11 月 10 日,交纳上月个人所得税款 216,000 元。

借:应交税费—应交个人所得税　　　　　　　　216,000
　　贷:银行存款　　　　　　　　　　　　　　　　　216,000

六、应付股利

应付股利是指公司根据股东大会、股东会或类似机构审议批准分配的现金股利。

股东大会、股东会或类似最高权利机构审议批准利润分配方案时,进行会计处理。

董事会或类似机构通过的利润分配方案中拟分配的现金股利或利润,不作会计处理,但应在附注中披露;但未设立股东会的应进行会计处理。

1.会计科目

(1)总账科目:"应付股利"。

(2)明细科目:按单位设置明细科目。

"应付股利"科目贷方核算公司经董事会或股东大会,或类似机构决议确定分配的现金股利或利润,借方核算实际支付的现金股利或利润,期末余额在贷方,反映公司尚未支付的现金股利或利润。公司分配的股票股利,不在本科目核算。

2.会计事项

➢ **分派股利**

公司应当根据通过的股利或利润分配方案,按应支付的现金股利或利润,借记"利润分配"科目,贷记"应付股利"科目。

例:公司 20*7 年 4 月 25 日经股东大会批准,20*7 年度的利润分配方案为每 10 股派发 1.30 元的现金股利,共计派发股利 8,000,000 元。

借:利润分配—应付现金股利或利润　　　　　8,000,000
　　贷:应付股利　　　　　　　　　　　　　　　　8,000,000

➢ **支付股利**

公司分配的现金股利或利润,在实际支付时,借记"应付股利"科目,贷记"银行存款"等科目。

例:公司 20*7 年 5 月 11 日,支付现金股利 8,000,000 元。

借:应付股利　　　　　　　　　　　　　　　　8,000,000
　　贷:银行存款　　　　　　　　　　　　　　　　8,000,000

七、应付利息

应付利息是指公司按照合同约定应支付的利息,包括分期付息到期还本的长期借款、公司债券等应支付的利息。

合同利率与实际利率差异较小的,采用合同利率计算确定利息费用。

1.会计科目

(1)总账科目:"应付利息"。

(2)明细科目:①借款利息、②债券利息、③票据利息。

应付利息是指公司按照合同约定应支付的利息,包括分期付息到期还本的长期借款、公司债券等应支付的利息。合同利率与实际利率差异较小的,采用合同利率计算确定利息费用。

"应付利息"科目贷方核算公司按照合同约定的名义利率计算的利息,借方核算实际支付的利息,期末余额在贷方,反映公司按照合同约定应支付但尚未支付的利息。

"应付利息—借款利息"的借方核算已向金融机构或结算中心实际支付的利息,贷方核算应计提的利息。

"应付利息—债券利息"的借方核算已向债权人实际支付的利息,贷方核算应计提的利息。

2. 会计事项

➢ 利息费用的确定

(1)公司采用合同约定的名义利率计算确定利息费用时,应按合同约定的名义利率计算确定的应付利息的金额,借记"在建工程"、"财务费用"、"研发支出"等科目,贷记"应付利息"科目。

公司于20*7年1月1日专门为建造厂房而向工商银行借入一笔1,000,000元的借款,借款年利率为5%,实际利率与合同约定的名义利率差异很小,借款期限为2年,每年年末计息,利息按单利计算,到期还本付息。该笔借款于1月1日全部投入使用,固定资产于20*7年年末完成并投入使用,并办理了工程决算。

收到借入的长期借款时:
借:银行存款　　　　　　　　　　　　　1,000,000
　　贷:长期借款—信用借款—本金　　　　1,000,000

20*7年年末计提利息:
借:在建工程—建筑工程　　　　　　　　　50,000
　　贷:应付利息—借款利息　　　　　　　　50,000

(2)同上例,公司为弥补A工程承包项目资金的不足,经工商银行同意,于20*8年1月1日将上述贷款临时用于A工程的施工所需,A工程实际使用该款项到20*8年6月30日。则20*8年6月30日计提利息为:

借:工程施工—合同成本—资本化利息　　　25,000
　　贷:应付利息—借款利息　　　　　　　　25,000

➢ 利息的支付

实际支付利息时,借记"应付利息"科目,贷记"银行存款"等科目。

承上例,公司20*8年年末归还借款时:
借:长期借款—信用借款—本金　　　　　1,000,000
　　应付利息—借款利息　　　　　　　　　100,000
　　贷:银行存款　　　　　　　　　　　　1,100,000

八、其他应付款

其他应付款是指公司除应付票据、应付账款、预收账款、应付职工薪酬、应付利息、应付股利、应交税费、长期应付款等以外的其他各项应付、暂收的款项。

1. 会计科目

(1)总账科目:"其他应付款"。

(2)明细科目:"投标保证金"、"履约保证金"、"租赁费"、"水电费"、"押金"、"维修金"、"暂收其他单位款"、"暂收个人款"、"科技开发费"、"其他保证金"、"代扣代缴个人款"等二级科目。

"其他应付款"科目贷方核算公司应付未付或暂收其他单位或个人的款项;期末余额在贷方,反映公司尚未支付的其他应付款项。

2. 会计事项

➤ **发生的应付或暂收款项**

发生的各种应付、暂收款项，借记"银行存款"、"管理费用"等科目，贷记"其他应付款"科目。

(1) 公司 20*7 年 1 月 1 日收到甲公司租用包装物押金 8,000 元。

借：银行存款　　　　　　　　　　　　　　　　　　　8,000
　　贷：其他应付款——单位往来（甲公司）　　　　　　　　8,000

(2) 公司 20*7 年 2 月 1 日因生产临时需要，从爱乐公司租入一台吊车使用，协议租金 20,000 元尚未支付。

借：制造费用　　　　　　　　　　　　　　　　　　　20,000
　　贷：其他应付款——单位往来（爱乐公司）　　　　　　　20,000

➤ **支付的应付或暂收款项**

应付或暂收款项支付时，借记"其他应付款"科目，贷记"银行存款"等科目。

例：20*7 年 4 月 1 日收到西方公司退回的包装物，将其存入的押金 8,000 元退回。

借：其他应付款——单位往来（西方公司）　　　　　　　　8,000
　　贷：银行存款　　　　　　　　　　　　　　　　　　　8,000

九、长期应付款

长期应付款是指公司除长期借款和公司债券以外的其他各种长期应付款项。包括以分期付款方式购入固定资产和无形资产发生的应付账款、应付融资租入固定资产的租赁费、设定性受益计划（精算）、长期质保金等。

1. 会计科目

(1) 总账科目："长期应付款"、"未确认融资费用"。

(2) 明细科目："长期应付款"设置的明细科目：①应付引进设备款、②应付融资租赁费、③技术开发费、④离退休人员精算费用、⑤质量保证金、⑥履约保证金、⑦折现等科目；"未确认融资费用"设置的明细科目：①固定资产、②在建工程、③无形资产。

"长期应付款"科目贷方核算购入有关资产超过正常信用条件延期支付价款、实质上具有融资性质的购买价款和融资租入固定资产的应付融资租赁款；借方核算按期支付的购买价款以及按期支付的融资租赁费；期末余额在贷方，反映尚未支付的各种长期应付款。

期末报表反映时，将于 1 年内（含 1 年）到期的长期应付款应在流动负债类下"1 年内到期的非流动负债"项目内单独反映，1 年以上的与其他非流动负债各项目均根据有关科目期末余额扣除该科目中将于 1 年内（含 1 年）到期的非流动负债部分后的净额填列。

"未确认融资费用"科目贷方核算公司采用实际利率法计算确定当期的利息费用；借方核算以分期付款方式购入固定资产和无形资产以及融资租入固定资产产生的未确认融资费用；期末余额在借方，反映公司未确认融资费用的摊余价值。

2. 会计事项

➤ **分包工程形成的长期应付款**

公司（以下简称总包单位）中标一项高速公路，工期 30 个月，20*7 年 1 月 1 日竣工。其中 2,800 米的路基工程造价 15,046.8 万元，经业主同意分包给 A 公司施工，15,046.8 万元路基工程款中包括由业主代扣的"两税一费"（营业税率 3%、城建税 1%、教育费附加 3%）。

工程竣工后公司与分包单位实际结算时约定：扣除由业主代扣"两税一费"后剩余的工程款分 3 年于每年末平均支付，同时约定如工程在使用后 3 年内发生施工质量问题，恢复费用和质量罚款从相应年度应付工程款中扣除。

假定甲公司以同期银行贷款利率作为折现率,同期贷款年利率为6%。[(P/A,6%,3)=2.6730],工程按期完工,完工后工程未发生质量问题。则其相关税务处理及会计核算如下:

税务处理:

在业主代扣税金的情况下,根据《营业税暂行条例》规定,业主按分包单位15,483万元的应纳税金额,开具483万元(15,483×3.12%)代扣营业税金及附加的完税凭证,作为总承包方和分包方的代扣代交的完税凭证入账。

会计核算:

(1) 记录分包单位完成的路基验工计价款15,483万元时:

借:工程施工—合同成本—分包费用(路基)　　150,000,000
　　营业税金及附加　　　　　　　　　　　　　　4,830,000
　　贷:应付账款—应付工程款(A公司)　　　　　154,830,000

2008年营业税修改后,不让业主代扣代缴,但实务中仍然存在业主代扣代缴。

(2) 代扣分包单位"两税一费"时:

借:应付账款—应付工程款(A公司)　　　　　　4,830,000
　　贷:应交税费—应交营业税　　　　　　　　　4,645,000
　　　　　　　　—应交城建税　　　　　　　　　　46,000
　　　　　　　　—应交教育费附加　　　　　　　139,000

(3) 将未来三年陆续支付的应付工程款转入长期应付款时,计算:

① 未来三年陆续支付的应付工程款:现值=5,000×(P/A,6%,3)
　　　　　　　　　　　　　　　　　　　　　=5,000×2.6730
　　　　　　　　　　　　　　　　　　　　　=13,365(万元)

② 折现额=15,000−13,365=1,635(万元)

③ 20*7年冲回折现=13,365×6%=801.9(万元)

④ 20*8年冲回折现=[13,365−(5,000−801.9)]×6%
　　　　　　　　 =550.01(万元)

⑤ 20*9年冲回折现=1,635−801.9−550.014=283.086(万元)

(4) 编制会计分录:

① 20*7年度1月1日将应付账款转至长期应付款

借:应付账款—应付工程款(A公司)　　　　　150,000,000
　　贷:财务费用　　　　　　　　　　　　　　16,350,000
　　　　长期应付款—其他　　　　　　　　　133,650,000

20*7年6月30日冲折现

借:财务费用　　　　　　　　　　　　　　4,009,500(=8,019,000/2)
　　贷:长期应付款　　　　　　　　　　　　4,009,500

20*7年末付款时:

借:长期应付款—其他　　　　　　　　　50,000,000
　　贷:银行存款　　　　　　　　　　　　50,000,000
借:财务费用　　　　　　　　　　　　　4,009,500
　　贷:长期应付款　　　　　　　　　　　4,009,500

② 20*8年末付款时:

借:长期应付款—其他　　　　　　　　　50,000,000
　　贷:银行存款　　　　　　　　　　　　50,000,000
借:财务费用　　　　　　　　　　　　　5,500,100

贷:长期应付款　　　　　　　　　　　　　　　5,500,100
③20＊9年末付款时：
借:长期应付款—其他　　　　　　　　　　　　　50,000,000
　　贷:银行存款　　　　　　　　　　　　　　　50,000,000
借:财务费用　　　　　　　　　　　　　　　　　2,830,900
　　贷:长期应付款　　　　　　　　　　　　　　　2,830,900

> **分期付款购入资产形成的长期应付款**

公司购入有关资产超过正常信用条件延期支付价款、实质上具有融资性质的,应按购买价款的现值,借记"固定资产"、"在建工程"、"无形资产"、"研发支出"等科目,按应支付的金额,贷记"长期应付款"科目,按其差额,借记"未确认融资费用"科目。

例: 甲公司20＊7年1月1日从乙公司购入一条生产线,购货合同约定,设备的总价款(含增值税)为15,000,000元,分3年于每年末平均支付5,000,000元。20＊7年1月1日,甲公司收到设备并交付安装,以银行存款支付运费、安装费等相关费用200,000元,设备于6月30日安装完毕达到预定可使用状态并交付使用。

假定甲公司以同期银行贷款利率作为折现率,同期贷款年利率为6%。[(P/A,6%,3)＝2.6730]

要求:计算该设备的入账价值及未确认融资费用;计算甲公司2007年、2008年、2009年应确认的融资费用并编制相关的会计分录。则:

(1)计算总价款的现值＝5,000,000×(P/A,6%,3)
　　　　　　　　　　　＝5,000,000×2.6730
　　　　　　　　　　　＝13,365,000(元)
设备的初始入账价值＝13,365,000＋200,000＝13,565,000(元)
未确认融资费用＝15,000,000－13,365,000＝1,635,000(元)

(2)20＊7年应确认的融资费用＝13,365,000×6%＝801,900(元)
20＊8年应确认的融资费用：
＝[13,365,000－(5,000,000－801,900)]×6%
＝550,014(元)
20＊9年应确认的融资费用＝1,635,000－801,900－550,014＝283,086(元)

(3)编制会计分录：
①20＊7年度：
借:在建工程　　　　　　　　　　　　　　　　　13,365,000
　　未确认融资费用—在建工程　　　　　　　　　　1,635,000
　　贷:长期应付款—应付引进设备款　　　　　　15,000,000
借:在建工程　　　　　　　　　　　　　　　　　　　200,000
　　贷:银行存款　　　　　　　　　　　　　　　　　200,000
20＊7年6月30日摊销未确认融资费用(资本化)
借:在建工程　　(801,900÷2)　　　　　　　　　　400,950
　　贷:未确认融资费用—在建工程　　　　　　　　　400,950
在建工程转固定资产(未确认融资费用的明细也要调整)：
借:固定资产—生产设备　　　　　　　　　　　　13,965,950
　　贷:在建工程　　　　　　　　　　　　　　　13,965,950
借:未确认融资费用—固定资产　　　　　　　　　　1,234,050
　　贷:未确认融资费用—在建工程　　　　　　　　1,234,050
20＊7年末付款时：

借:长期应付款—应付引进设备款	5,000,000	
贷:银行存款		5,000,000
借:财务费用	400,950	
贷:未确认融资费用—固定资产		400,950

②20*8年末付款时:

借:长期应付款—应付引进设备款	5,000,000	
贷:银行存款		5,000,000
借:财务费用	550,014	
贷:未确认融资费用—固定资产		550,014

③20*9年末付款时:

借:长期应付款—应付引进设备款	5,000,000	
贷:银行存款		5,000,000
借:财务费用	283,086	
贷:未确认融资费用—固定资产		283,086

> **融资租入固定资产形成的长期应付款**

在租赁期开始日,将租赁开始日租赁资产公允价值与最低租赁付款额现值两者中较低者作为租入资产的入账价值,将最低租赁付款额作为长期应付款的入账价值,其差额作为未确认融资费用。

在租赁谈判和签订租赁合同过程中发生的,可归属于租赁项目的手续费、律师费、差旅费、印花税等初始直接费用,计入租入资产价值。

融资租入固定资产,在租赁期开始日,应按租赁准则确定的应计入固定资产成本的金额,借记"在建工程"或"固定资产"科目,按最低租赁付款额,贷记"长期应付款—应付融资租赁费"科目,按发生的初始直接费用,贷记"银行存款"等科目,按其差额,借记"未确认融资费用"科目。

例:20*5年12月1日,甲公司与乙公司签订了一份租赁合同。

①租赁标的物:塑钢机。
②起租日:20*6年1月1日。
③租赁期:20*6年1月1日至20*8年12月31日,共36个月。
④租金支付:自20*6年1月1日,每6个月支付租金150,000元。
⑤该机器的保险、维护等费用均由甲公司负担,估计每年约10,000元
⑥该机器在20*5年12月31日的公允价值为700,000元。
⑦租赁合同规定的利率为7%(6个月利率)(乙公司租赁内含利率未知)。
⑧甲公司在租赁谈判和签订租赁合同过程中发生可归属于租赁项目的手续费、差旅费1,000元。
⑨该机器的估计使用年限为8年,已使用3年,期满无残值。承租人采用年限平均法计提折旧。
⑩租赁期届满时,甲公司享有优惠购买该机器的选择权,购买价为100元,估计该日租赁资产的公允价值为80,000元。
⑪20*7年和20*8年两年,甲公司每年按该机器所生产的产品——塑钢窗厂的年销售收入的5%向乙公司支付经营分享收入。

承租人:甲公司的会计处理

第一步,判断租赁类型

本例存在优惠购买选择权,优惠购买价100元远低于行使选择权日租赁资产的公允价值80,000元,所以在租赁开始日,即20*5年12月1日就可合理确定甲公司将会行使这种选择权;另外最低租赁付款额的现值为715,116.6元(计算过程见后)大于租赁资产公允价值的90%即630,000元(700,000元×90%)。所以这项租赁应认定为融资租赁。

第二步,计算租赁开始日最低租赁付款额的现值,确定租赁资产入账价值

最低租赁付款额＝各期租金之和＋行使优惠购买选择权支付的金额＝150,000×6＋100＝900,100（元）

计算现值的过程如下：

每期租金150,000元的年金现值＝150,000×(P/A,7%,6)

优惠购买选择权行使价100元的复利现值＝100×(P/F,7%,6)

查表得知：

(P/A,7%,6)＝4.767

(P/F,7%,6)＝0.666

现值合计＝150,000×4.767＋100×0.666
　　　　＝715,116.6(元)＞700,000(元)

根据公允价值与最低租赁付款额现值孰低原则，租赁资产的入账价值应为其公允价值700,000元。

第三步，计算未确认融资费用

未确认融资费用＝最低租赁付款额－租赁开始日租赁资产公允价值
　　　　　　　＝150,000＊6＋100－700,000＝200,100(元)

第四步，将初始直接费用计入资产价值

初始直接费用是指在租赁谈判和签订租赁合同的过程中发生的可直接归属于租赁项目的费用。承租人发生的初始直接费用，通常有印花税、佣金、律师费、差旅费、谈判费等。承租人发生的初始直接费用，应当计入租入资产价值。

第五步，20*6年1月1日会计分录

借：固定资产——融资租入固定资产　　　701,000
　　未确认融资费用　　　　　　　　　　200,100
　　贷：长期应付款——应付融资租赁款　　　　　900,100
　　　　银行存款　　　　　　　　　　　　　　　1,000

未确认融资费用的分摊

在采用实际利率法的情况下，根据租赁开始日租赁资产和负债的入账价值基础不同，融资费用分摊率的选择也不同；未确认融资费用的分摊率的确定具体分为下列几种情况：

(1)以出租人的租赁内含利率为折现率将最低租赁付款额折现，且以该现值作为租赁资产入账价值的，应当将租赁内含利率作为未确认融资费用的分摊率。

(2)以合同规定利率为折现率将最低租赁付款额折现，且以该现值作为租赁资产入账价值的，应当将合同规定利率作为未确认融资费用的分摊率。

(3)以银行同期贷款利率为折现率将最低租赁付款额折现，且以该现值作为租赁资产入账价值的，应当将银行同期贷款利率作为未确认融资费用的分摊率。

(4)以租赁资产公允价值为入账价值的，应当重新计算分摊率。该分摊率是使最低租赁付款额的现值等于租赁资产公允价值的折现率。

存在优惠购买选择权的，在租赁期届满时，未确认融资费用应全部摊销完毕，并且租赁负债也应当减少为优惠购买金额。在承租人或与其有关的第三方对租赁资产提供了担保或由于在租赁期届满时没有续租而支付违约金的情况下，在租赁期届满时，未确认融资费用应当全部摊销完毕，并且，租赁负债应减少至担保余值或该日应支付的违约金。

同上例，甲公司未确认融资费用分摊的处理。

第一步，确定融资费用分摊率

由于租赁资产入账价值为其公允价值，应重新计算融资费用分摊率。

租赁开始日最低租赁付款额的现值＝租赁开始日租赁资产公允价值

可以得出：150,000×(P/A,r,6)＋100×(P/F,r,6)＝700,000

多次测试后用插值法计算融资费用分摊率。

当 r=7%时:150,000×4.767+100×0.666=715,116.6>700,000

当 r=8%时:150,000×4.623+100×0.630=693,513<700,000

因此,7%<r<8%。用插值法计算如下:

现　　　值(元)	利　　　率
715,116.6	7%
700,000	r
693,513	8%

(715,116.6－700,000)/(715,116.6－693,513)=(7%－r)/(7%－8%)

R=(21,603.6×7%+15,116.6×1%)/21,603.6=7.70%

即融资费用分摊率为7.70%。

第二步,租赁期内采用实际利率法分摊未确认融资费用(见下表):

日　　　期	每期付款额(元)	确认的融资收入(元)	差额的减少额(元)	余　　　额(元)
①	②	③=期初⑤×7.7%	④=②－③	期末⑤=期初⑤－④
2005年12月31日				700,000
2006年6月30日	150,000	53,900	96,100	603,900
2006年12月31日	150,000	46,500.30	103,499.70	500,400.30
2007年6月30日	150,000	38,530.82	111,469.18	388,931.12
2007年12月31日	150,000	29,947.70	120,052.30	268,878.82
2008年6月30日	150,000	20,703.67	129,296.33	139,582.49
2008年12月31日	150,000	10,517.51	139,482.49	100.00
2008年12月31日	100	0	100	
合　　　计	900,100	200,100	700,000	

注:尾数调整 10,517.51=150,000－139,482.49;139,482.49=139,582.49－100。

第三步,会计分录

20＊6年6月30日,支付第一期租金

借:长期应付款——应付融资租赁款　　　　　　150,000
　　贷:银行存款　　　　　　　　　　　　　　　　　150,000
借:财务费用　　　　　　　　　　　　　　　　　53,900
　　贷:未确认融资费用　　　　　　　　　　　　　　53,900

20＊6年12月31日,支付第二期租金

借:长期应付款——应付融资租赁款　　　　　　150,000
　　贷:银行存款　　　　　　　　　　　　　　　　　150,000
借:财务费用　　　　　　　　　　　　　　　　　46,500.3
　　贷:未确认融资费用　　　　　　　　　　　　　　46,500.3

20＊7年6月30日,支付第三期租金

借:长期应付款——应付融资租赁款　　　　　　150,000
　　贷:银行存款　　　　　　　　　　　　　　　　　150,000
借:财务费用　　　　　　　　　　　　　　　　　38,530.82
　　贷:未确认融资费用　　　　　　　　　　　　　　38,530.82

20*7年12月31日,支付第四期租金

借:长期应付款—应付融资租赁款　　　　　　　150,000
　　贷:银行存款　　　　　　　　　　　　　　　　150,000
借:财务费用　　　　　　　　　　　　　　　　29,947.70
　　贷:未确认融资费用　　　　　　　　　　　　29,947.70

20*8年6月30日,支付第五期租金

借:长期应付款—应付融资租赁款　　　　　　　150,000
　　贷:银行存款　　　　　　　　　　　　　　　　150,000
借:财务费用　　　　　　　　　　　　　　　　20,703.67
　　贷:未确认融资费用　　　　　　　　　　　　20,703.67

20*8年12月31日,支付第六期租金

借:长期应付款—应付融资租赁款　　　　　　　150,000
　　贷:银行存款　　　　　　　　　　　　　　　　150,000
借:财务费用　　　　　　　　　　　　　　　　10,517.51
　　贷:未确认融资费用　　　　　　　　　　　　10,517.51

或有租金的处理

或有租金是指金额不固定、以时间长短以外的其他因素(如销售量、使用量、物价指数等)为依据计算的租金。由于或有租金的金额不固定,无法采用系统合理的方法对其进行分摊,因此或有租金在实际发生时计入当期损益。

同上例,假设20*7年、20*8年甲公司分别实现塑钢窗户销售收入100,000元和150,000元,根据租赁合同规定,这两年应支付给乙公司经营分享收入分别为5,000元和7,500元。相应的会计分录为:

20*7年12月31日

借:销售费用　　　　　　　　　　　　　　　　5,000
　　贷:其他应付款—乙公司　　　　　　　　　　5,000

20*8年12月31日

借:销售费用　　　　　　　　　　　　　　　　7,500
　　贷:其他应付款—乙公司　　　　　　　　　　7,500

租赁期届满时的处理

同上例,假设20*8年12月31日,甲公司向乙公司支付购买价款100元。会计分录为:

借:长期应付款—应付融资租赁款　　　　　　　100
　　贷:银行存款　　　　　　　　　　　　　　　　100
借:固定资产—塑钢机　　　　　　　　　　　　701,000
　　贷:固定资产—融资租入固定资产　　　　　　701,000

案例出租方的会计处理参见本核算办法"资产"之"应收款项"之"长期应收款"。

十、专项应付款

专项应付款是指公司取得的政府作为公司所有者投入的具有专项或特定用途的款项。政府拨入的投资补助等专项拨款中,国家相关文件规定作为"资本公积"处理的,也属于资本性投入的性质,不属于政府补助。

(一)会计科目

(1)总账科目:"专项应付款"。

(2)明细科目:①专项拨款、②技术装备费、③其他。

"专项应付款"科目贷方核算公司实际收到的各种专项应付款;借方核算拨款项目完成后形成的资产部分,未形成资产需要核销的部分以及上交的结余拨款部分;期末余额在贷方,反映公司尚未转销的专项应付款。

(二)会计事项

公司应于实际收到专项拨款时,借记"银行存款"科目,贷记"专项应付款"科目,拨款项目完成后,形成各项资产的部分,应按实际成本,借记"固定资产"等科目,贷记"在建工程"等有关科目;同时,借记"专项应付款",贷记"资本公积—拨款转入"科目。未形成资产需核销的部分,报经批准后,借记"专项应付款",贷记有关科目;拨款项目完成后,上交结余的拨款,借记"专项应付款"科目,贷记"银行存款"科目。

(1)20*7年3月2日,公司收到国家拨入的生产重大技术改造专项资金10,000,000元。

借:银行存款　　　　　　　　　　　　　　　10,000,000
　　贷:专项应付款—专项拨款　　　　　　　　　　10,000,000

(2)20*7年12月20日,生产技术改造项目完成,共支出9,800,000元,其余200,000元上交国家财政。

①借:固定资产—生产设备　　　　　　　　　　9,800,000
　　贷:在建工程—在安装设备　　　　　　　　　　9,800,000
②借:专项应付款—专项拨款　　　　　　　　　9,800,000
　　贷:资本公积—拨款转入　　　　　　　　　　　9,800,000
③借:专项应付款—专项拨款　　　　　　　　　　200,000
　　贷:银行存款　　　　　　　　　　　　　　　　200,000

第三节　预计负债与递延收益

一、预计负债

预计负债是指过去的交易或事项形成的现时义务但应付金额须根据一定的标准予以合理预计的流动负债,包括对外提供担保、未决诉讼、产品质量保证、重组义务以及固定资产和矿区权益弃置义务等产生的预计负债。

或有事项,是指过去的交易或者事项形成的,其结果须由某些未来事项的发生或不发生才能决定的不确定事项。

(一)预计负债核算的规定

(1)与或有事项相关的义务同时满足下列条件的,应当确认为预计负债:
①该义务是公司承担的现时义务;
②履行该义务很可能导致经济利益流出公司;
③该义务的金额能够可靠地计量。
注:在对或有事项加以确认时,通常需要对其发生的概率加以分析和判断。一般情况下,发生的概率分为以下几个层次:
基本确定:95%<发生的可能性<100%;
很可能:50%<发生的可能性≤95%;
可能:5%<发生的可能性≤50%;
极小可能:0<发生的可能性≤5%。

(2)预计负债应当按照履行相关现时义务所需支出的最佳估计数进行初始计量。

①所需支出存在一个连续范围,且该范围内各种结果发生的可能性相同的,最佳估计数应当按照该范围内的中间值确定。

②在其他情况下,最佳估计数应当分别下列情况处理:

A. 或有事项涉及单个项目的,按照最可能发生金额确定;

B. 或有事项涉及多个项目的,按照各种可能结果及相关概率计算确定。

(3)在确定最佳估计数时,应当综合考虑与或有事项有关的风险、不确定性和货币时间价值等因素。货币时间价值影响重大的,应当通过对相关未来现金流出进行折现后确定最佳估计数。

(4)清偿预计负债所需支出全部或部分预期由第三方补偿的,补偿金额只有在基本确定能够收到时才能作为资产单独确认。确认的补偿金额不应当超过预计负债的账面价值。

(5)待执行合同变成亏损合同的,该亏损合同产生的义务满足预计负债确认条件的,应当确认为预计负债。

待执行合同,是指合同各方尚未履行任何合同义务,或部分地履行了同等义务的合同。

亏损合同,是指履行合同义务不可避免会发生的成本超过预期经济利益的合同。

(6)未来经营亏损不应当确认为预计负债。

(7)公司承担的重组义务满足预计负债确认条件的,应当确认预计负债。同时存在下列情况时,表明公司承担了重组义务:

①有详细、正式的重组计划,包括重组涉及的业务、主要地点、需要补偿的职工人数及其岗位性质、预计重组支出、计划实施时间等。

②该重组计划已对外公告。

重组,是指公司制定和控制的,将显著改变公司组织形式、经营范围或经营方式的计划实施行为。

应当按照与重组有关的直接支出确定预计负债金额。直接支出不包括留用职工岗前培训、市场推广、新系统和营销网络投入等支出。

由于公司在计量预计负债时不应当考虑预期处置相关资产的利得,在计量与重组义务相关的预计负债时,也不考虑处置相关资产(厂房、店面,有时是一个事业部整体)可能形成的利得或损失,即使资产的出售构成重组的一部分也是如此。

参照下表判断某项支出是否属于与重组有关的直接支出。

支 出 项 目	包括	不包括	不包括原因
自愿遣散	√		
强制遣散(如果自愿遣散目标未实现)	√		
将不再使用的厂房租赁撤消费	√		
将职工和设备从拟关闭的工厂转移到继续使用的工厂		√	支出与继续进行的活动相关
剩余职工的再培训		√	支出与继续进行的活动相关
新经理的招募成本		√	支出与继续进行的活动相关
推广公司新形象的营销成本		√	支出与继续进行的活动相关
对新分销网络的投资		√	支出与继续进行的活动相关
重组的未来可辨认经营损失(最新预计值)		√	支出与继续进行的活动相关
特定不动产\厂场和设备的减值损失		√	减值准备应当按照《企业会计准则第8号——资产减值》进行评估,并作为资产的抵减项

(8)公司应当在资产负债表日对预计负债的账面价值进行复核。有确凿证据表明该账面价值不能真实反映当前最佳估计数的,应当按照当前最佳估计数对该账面价值进行调整。

(9)公司对外担保预计负债的确认。担保若涉及诉讼已被判决败诉,则应按照法院判决应承担的损失金额,确认为预计负债。若经上一级法院裁定暂缓执行,或由上一级法院发回重审,应当在资产负债表中,根据已有判决结果合理估计可能产生的损失金额,确定预计负债;若法院尚未判决,应向本案聘请的律师或公司法律顾问咨询,估计败诉的可能性及败诉后的损失金额,并取得有关的书面意见。如果败诉可能性大于胜诉,且损失金额能够合理估计的,应当在资产负债表中将其损失确认为预计负债。

(10)有关未决诉讼、未决仲裁,经咨询律师或法律顾问,若胜诉可能性很少,而且能估计其经济损失,其损失确认为预计负债。

(11)公司出售产品,应根据以往经验预计保修费占销售额的比例,计算并确认产品质量保证的预计负债。

(二)预计负债的核算

1. 会计科目

(1)总账科目:"预计负债"。

(2)明细科目:①对外提供担保、②未决诉讼、③产品质量保证、④重组义务、⑤亏损性合同等科目。

"预计负债"科目贷方核算按规定的项目和金额确认的预计负债,借方核算实际偿付的负债;期末余额在贷方,反映公司已预计尚未清偿的债务。

公司根据或有事项准则确认的由对外提供担保、未决诉讼、重组义务产生的预计负债,应按确定的金额,借记"营业外支出"科目,贷记"预计负债"科目。

公司根据或有事项准则确认的由产品质量保证产生的预计负债,应按确定的金额,借记"销售费用"科目,贷记"预计负债"科目。

根据企业合并准则确认的预计负债,应按确定的金额,借记有关科目,贷记"预计负债"科目。

投资合同或协议中约定在被投资单位出现超额亏损,投资公司需要承担额外损失的,公司应在"长期股权投资"科目以及其他实质上构成投资的长期权益账面价值均减记至零的情况下,对于按照投资合同或协议规定仍然需要承担的损失金额,借记"投资收益"科目,贷记"预计负债"科目。

2. 会计事项

> **未决诉讼或未决仲裁产生的预计负债**

公司于2007年10月5日受到B公司的起诉,B公司声称公司侵犯了B公司的软件版权,要求公司予以赔偿,赔偿金额为60万元。在应诉过程中,公司发现,诉讼所涉及的软件主体部分是有偿委托C公司开发的。如果这套软件确有侵权问题,C公司应当承担连带责任,对公司予以赔偿。公司在2007年末编制会计报表时,根据法律诉讼的进展情况以及律师的意见,认为对B公司予以赔偿的可能性在50%以上,最有可能发生的赔偿金额为40万元(含诉讼费2万元);从C公司得到补偿基本上可以确定,最有可能获得的赔偿金额为30万元。

公司赔偿B公司这一或有事项符合将其确认负债的条件,公司实际赔偿金额=40-30(从C公司得到补偿金额)=10(万元)。

```
借:管理费用——诉讼费           20,000
    营业外支出                  80,000
  贷:预计负债——未决诉讼         100,000
```

> **债务担保产生的预计负债**

债务担保在公司中是较为普遍的现象,客观、充分地反映公司因担保义务而承担的潜在风险是非常必要的。

甲公司为乙公司提供担保的某项银行借款计5,000万元于2007年5月到期。该借款系由乙公司于2004年5月从银行借入,甲公司为乙公司此项银行借款的本息提供担保。乙公司借入的款项至到期日应偿付的本息为5,100万元。由于乙公司无力偿还到期债务,债权银行于7月向法院提起诉讼,要求乙公司及为其提供担保的甲公司偿还借款本息,并支付罚息80万元。至12月31日,法院尚未作出判决,甲公司预计承担此项债务的可能性为50%。2008年3月5日,法院作出一审判决,乙公司和甲公司败诉,甲公司需为乙公司偿还借款本息的50%,乙公司和甲公司对该判决不服,于3月15日上诉至二审法院。至财务会计报告批准报出前,二审法院尚未作出终审判决,甲公司估计需替乙公司偿还借款本息50%的可能性为80%。

甲企业所得税按资产负债表债务法核算,预计担保损失作为暂时性差异处理;甲公司按净利润10%提取法定盈余公积。

在资产负债表日甲公司未确认损失;在日后期间满足确认负债的条件,应确认预计负债:

借:以前年度损益调整　［(5,100+80)×50%］　25,900,000
　　贷:预计负债　　　　　　　　　　　　　　　　25,900,000
借:递延所得税资产　(25,900,000×25%)　　　6,475,000
　　贷:以前年度损益调整　　　　　　　　　　　　6,475,000
借:利润分配—未分配利润　　　　　　　　　　　19,425,000
　　贷:以前年度损益调整　　　　　　　　　　　　19,425,000
借:盈余公积—法定盈余公积　　　　　　　　　　1,942,500
　　贷:利润分配—未分配利润　　　　　　　　　　1,942,500

> **产品质量保证产生的预计负债**

2007年,公司销售收入为1,000万元。公司的产品质量保证条款规定:产品售出后一年内,如发生正常质量问题,公司将免费负责修理。根据以往的经验,如果出现较小的质量问题,则须发生的修理费为销售收入的1%;而如果出现较大的质量问题,则须发生的修理费为销售收入的2%。据预测,本年度已售产品中,有80%不会发生质量问题,有15%将发生较小质量问题,有5%将发生较大质量问题。

则:2007年末甲公司应确认的负债金额=(80%×0+15%×1%+5%×2%)×1,000=2.5(万元)。

借:销售费用—产品质量保证　　　　　　　　　25,000
　　贷:预计负债—品质量保证　　　　　　　　　25,000

> **亏损合同产生的预计负债**

待执行合同,是指合同各方尚未履行任何合同义务,或部分地履行了同等义务的合同。比如,公司与其他公司签订的商品销售合同、劳务提供合同、让渡资产使用权合同、租赁合同等,均属于待执行合同。待执行合同本身不属于或有事项准则规范的内容,只有待执行合同变为亏损合同的,应当作为或有事项准则规范的或有事项。

待执行合同变为亏损合同时,合同存在标的资产的,应当对标的资产进行减值测试并按规定确认减值损失,在这种情况下,公司通常不需确认预计负债,如果预计亏损超过该减值损失,应当将超过部分确认为预计负债;合同不存在标的资产的,亏损合同相关义务满足预计负债确认条件时,应当确认预计负债。

甲公司与乙公司于2007年10月签订不可撤销合同,甲公司向乙公司销售设备70台,合同价格每台100万元(不含税)。该批设备在2008年2月20日交货。至2007年末甲公司已生产50台设备,由于原材料价格上涨,单位成本达到103万元,本合同已成为亏损合同。预计其余未生产的20台设备的单位成本与已生产的设备的单位成本相同。

甲公司对有标的的部分应计提存货跌价准备,对没有标的部分确认预计负债。会计处理如下:

合同为亏损合同时,有标的部分,确认减值损失:

借:资产减值损失—存货跌价损失　(50×30,000)　1,500,000
　　贷:存货跌价准备　　　　　　　　　　　　　　1,500,000

合同为亏损合同时,无标的部分,确认预计负债:

借:营业外支出　　　(20×30,000)　　　　　　　　　600,000
　　贷:预计负债　　　　　　　　　　　　　　　　　　　　　600,000

➤ **重组义务产生的预计负债**

公司承担的重组义务满足确认负债的条件时,应当确认预计负债;按照与重组有关的直接支出确定预计负债金额。但注意:直接支出不包括留用职工岗前培训、市场推广、新系统和营销网络投入等支出。

2007年12月甲公司因第八业务分部长期亏损,决定进行重大业务重组。按照重组计划,需要发生直接重组支出22万元。该重组业务所涉及到的人员,实施计划等详细计划已于2007年年末前对外公布。

则甲公司应按或有事项准则确认预计负债22万元,会计处理如下:

借:管理费用　　　　　　　　　　　　　　　　　　　　220,000
　　贷:预计负债　　　　　　　　　　　　　　　　　　　　　220,000

➤ **实际偿付的预计负债**

公司实际清偿预计负债时,借记"预计负债"科目,贷记"银行存款"等科目。

(1)公司生产A产品,侵犯甲公司专利技术一案,于20*7年11月经法院判决,应赔偿甲公司损失50,000元,诉讼费5,000元。公司于20*7年12月31日将多提的预计负债30,000元冲回,应支付所赔款已支付给甲公司。

①支付赔偿金

借:预计负债——未决诉讼　　　　　　　　　　　　　　55,000
　　贷:银行存款　　　　　　　　　　　　　　　　　　　　　55,000

②冲回多提预计负债

借:营业外支出——罚款支出　　　　　　　　　　　　　－30,000
　　贷:预计负债——未决诉讼　　　　　　　　　　　　　　－30,000

(2)公司20*7年4月15日,销售给甲公司的产品,由于出现停运转故障,派人员到甲公司维修,支付差旅费300元。

借:预计负债——产品质量保证　　　　　　　　　　　　300
　　贷:银行存款　　　　　　　　　　　　　　　　　　　　　300

注:如果保证费实际发生额同预计相差较大,应及时调整预提比例;如果某产品保修期到期,而且该产品不再生产,预计保证费仍有余额,应该给予冲回。

二、递延收益

递延收益,是指公司从政府无偿取得货币性资产或非货币性资产并按规定确认为递延收益的政府补助。

政府补助是指公司从政府无偿取得货币性资产或非货币性资产,但不包括政府作为公司所有者投入的资本。主要包括财政拨款的重大技术改造专项资金;研发补贴;财政贴息贷款;按照先征后退、即征即退的税款返还(直接免税、减税、抵免等不确认为政府补助)等。

政府补助分为与资产相关的政府补助和与收益相关的政府补助。

与资产相关的政府补助,是指公司取得的、用于购建或以其他方式形成长期资产的政府补助。

与收益相关的政府补助,是指除与资产相关的政府补助之外的政府补助。

(一)递延收益核算的规定

1. 确认条件

准则规定政府补助能否确认,取决于以下条件:

(1)公司能否满足政府补助所附条件;
(2)公司能够收到政府补助;
(3)同时公司还需满足政府提供补助的其他附加条件。

2.会计处理方法

采用总额法,总额法是在确认政府补助时,将其全额确认为收益,而不是作为相关资产账面余额或者费用的扣减。

3.初始计量

应根据政府向公司提供补助的性质、补助的公允价值进行计量。政府补助为货币性资产的,如政府拨款等,应按照收到的和应收的金额计量,即按照确认资产的金额借记"银行存款"或"其他应收款"等科目、贷记"递延收益"科目。

政府补助为非货币性资产的,应当按照公允价值计量;公允价值不能可靠取得的,按照名义金额计量。即按照固定资产、无形资产和长期投资等的公允价值,借记"固定资产"等,贷记"递延收益"、"营业外收入"等科目。

4.后续计量

由于政府向公司提供的政府补助既有与资产相关的政府补助,也有与收益相关的政府补助。

(1)公司收到与资产相关的后续政府补助。根据准则的规定应当确认为"递延收益",并在相关资产使用寿命内平均分配,计入当期损益。

(2)公司收到与收益相关的政府补助。根据准则规定应区别情况分别处理:用于补偿公司以后期间的相关费用和损失的,应确认为递延收益,并在确认相关费用期间,计入当期损益。用于补偿公司已发生的相关费用和损失的,直接计入当期损益。

(3)需要返还的政府补助。根据准则规定已确认的政府补助需要返还的,应区别以下两种情况处理:

①存在相关递延收益的,应冲减相关收益的账面余额,超出部分计入当期损益。

②不存在相关的递延收益的,应直接计入当期损益。

(二)递延收益的核算

1.会计科目

(1)总账科目:"递延收益"。

(2)明细科目:按政府补助的种类设置明细科目。

"递延收益"科目贷方核算应收或收到的政府补助,借方核算分配递延收益及返还政府补助;期末余额在贷方,反映公司应在以后期间计入当期损益的政府补助金额。

2.会计事项

➤ 与资产相关的政府补助

企业取得与资产相关的政府补助,不能全额确认为当期收益,应当随着相关资产的使用逐渐计入以后各期的收益。即这类补助应当先确认为递延收益,然后自相关资产可供使用时起,在该项资产使用寿命内平均分配,计入当期营业外收入。

收到或应收的与资产相关的政府补助,借记"银行存款"、"其他应收款"等科目,贷记"递延收益"科目。在相关资产使用寿命内分配递延收益,借记"递延收益"科目,贷记"营业外收入"科目。

例:20*1年2月,甲企业需购置一台环保设备,预计价款为500万元,因资金不足,按相关规定向有关部门提出补助210万元的申请。20*1年3月1日,政府批准了甲企业的申请并拨付甲企业210万元财政拨款(同日到账)。20*1年4月30日,甲企业购入不需安装环保设备,实际成本为480万元,使用寿命10年,采用直线法计提折旧(假设无残值)。20*9年4月,甲企业出售了这台设备,取得价款

120万元。不考虑其他因素,甲企业的会计处理如下:

(1)20*1年3月1日实际收到财政拨款,确认政府补助:

借:银行存款　　　　　　　　　　　　　　　　　2,100,000
　　贷:递延收益　　　　　　　　　　　　　　　　　2,100,000

(2)20*1年4月30日购入设备:

借:固定资产　　　　　　　　　　　　　　　　　4,800,000
　　贷:银行存款　　　　　　　　　　　　　　　　　4,800,000

(3)自20*2年5月起每个资产负债表日(月末)计提折旧,同时分摊递延收益:

①计提折旧:

借:管理费用　　　　　　　　　　　　　　　　　　　40,000
　　贷:累计折旧　　　　　　　　　　　　　　　　　　　40,000

②分摊递延收益(月末):

借:递延收益　　　　　　　　　　　　　　　　　　　17,500
　　贷:营业外收入　　　　　　　　　　　　　　　　　　17,500

(4)20*9年4月出售设备,同时转销递延收益余额:

①出售设备:

借:固定资产清理　　　　　　　　　　　　　　　　　960,000
　　累计折旧　　　　　　　　　　　　　　　　　3,840,000
　　贷:固定资产　　　　　　　　　　　　　　　　　4,800,000

借:银行存款　　　　　　　　　　　　　　　　　1,200,000
　　贷:固定资产清理　　　　　　　　　　　　　　　　960,000
　　　　营业外收入　　　　　　　　　　　　　　　　240,000

②转销递延收益余额:

借:递延收益　　　　　　　　　　　　　　　　　　420,000
　　贷:营业外收入　　　　　　　　　　　　　　　　　420,000

> **与收益相关的政府补助**

与收益相关的政府补助应当在其补偿的相关费用或损失发生的期间计入当期损益,即:①用于补偿企业以后期间费用或损失的,在取得时先确认为递延收益,然后在确认相关费用的期间计入当期营业外收入;②用于补偿企业已发生费用或损失的,取得时直接计入当期营业外收入。

按收到或应收的金额,借记"银行存款"、"其他应收款"等科目,贷记"递延收益"科目。在发生相关费用或损失的未来期间,按应补偿的金额,借记"递延收益"科目,贷记"营业外收入"科目。用于补偿公司已发生的相关费用或损失的,按收到或应收的金额,借记"银行存款"、"其他应收款"等科目,贷记"营业外收入"科目。

例:A公司20*6年12月申请某国家级研发补贴。申报书中的有关内容如下:本公司于20*6年1月启动数字印刷技术开发项目,预计总投资360万元、为期3年,已投入资金120万元。项目还需新增投资240万元(其中,购置固定资产80万元、场地租赁费40万元、人员费100万元、市场营销20万元),计划自筹资金120万元、申请财政拨款120万元。

20*7年1月1日,主管部门批准了A公司的申报,签订的补贴协议规定:批准A公司补贴申请,共补贴款项120万元,分两次拨付。合同签订日拨付60万元,结项验收时支付60万元。A公司的会计处理如下:

(1)20*7年1月1日,实际收到拨款60万元:

借:银行存款　　　　　　　　　　　　　　　　　　600,000
　　贷:递延收益　　　　　　　　　　　　　　　　　　600,000

(2)自20*7年1月1日至20*9年1月1日：
每个资产负债表日，分配递延收益（假定按年分配）
借：递延收益　　　　　　　　　　　　　300,000
　　贷：营业外收入　　　　　　　　　　　　　　300,000
(3)20*9年项目完工并通过验收，于5月1日实际收到拨付60万元：
借：银行存款　　　　　　　　　　　　　600,000
　　贷：营业外收入　　　　　　　　　　　　　　600,000

例：20*7年9月，乙公司按照有关规定为其自主创新的某高新技术项目申报政府财政贴息，申报材料中表明该项目已于20*7年3月启动，预计共需投入资金2,000万元，项目期2.5年，已投入资金600万元。项目尚需新增投资1,400万元，其中计划贷款800万元，已与银行签订贷款协议，协议规定贷款年利率6%，贷款期2年。

经审核，20*7年11月政府批准拨付乙公司贴息资金70万元，分别在20*8年10月和20*9年10月支付30万元和40万元。乙公司的会计处理如下：

(1)20*8年10月实际收到贴息资金30万元：
借：银行存款　　　　　　　　　　　　　300,000
　　贷：递延收益　　　　　　　　　　　　　　　300,000
(2)20*8年10月起，在项目期内分配递延收益（假设按月分配）：
借：递延收益　　　　　　　　　　　　　25,000
　　贷：营业外收入　　　　　　　　　　　　　　25,000
(3)20*9年10月实际收到贴息资金40万元：
借：银行存款　　　　　　　　　　　　　400,000
　　贷：营业外收入　　　　　　　　　　　　　　400,000

➤ **返还政府补助**

返还政府补助时，按应返还的金额，借记"递延收益"科目、"营业外支出"科目，贷记"银行存款"、"其他应付款"等科目。

公司根据原签订政府补助的条款，公司应在两年后返还政府补助5万元。
(1)如果公司留有相关收益
借：递延收益　　　　　　　　　　　　　50,000
　　贷：银行存款　　　　　　　　　　　　　　　50,000
(2)如甲公司返还时不存在相关收益时
借：营业外支出　　　　　　　　　　　　50,000
　　贷：银行存款　　　　　　　　　　　　　　　50,000

第四节　长期借款与应付债券

一、长期借款

(一)长期借款核算的规定

长期借款是指公司向银行或其他金融机构借入的期限在1年以上(不含1年)的各项借款。长期借款应按以下规定核算：

(1)资产负债表日，应按摊余成本和实际利率计算确定长期借款的利息费用，实际利率与合同约定的名义利率差异不大的,也可以采用合同约定的名义利率计算确定利息费用。

(2)公司与债权人进行债务重组,比照应付账款核算的规定进行处理。

(3)长期借款所发生的利息支出,应计入在建工程成本或计入当期财务费用,长期借款专门用于购建固定资产的,则按借款费用的规定进行处理。

(4)长期外币借款所发生的外币汇兑差额,应按照外币业务核算的有关办法,按期计算汇兑损益,计入在建工程成本或当期损益。专门长期外币借款所发生的外币汇兑差额,按借款费用的规定予以资本化。

(二)长期借款的核算

1. 会计科目

(1)总账科目:"长期借款"。

(2)明细科目:设置①信用借款、②保证借款、③抵押借款、④质押借款、⑤票据贴现等明细科目,并按本金、应计利息、利息调整三级明细核算。

长期借款贷方核算借入的长期借款的本金以及长期外币借款汇兑差额,借方核算归还的长期借款的本金;期末余额在贷方,反映公司尚未偿还的长期借款的摊余成本。

2. 会计事项

➢ **长期借款的借入与使用**

公司借入长期借款,应按实际收到的金额,借记"银行存款"科目,贷记"长期借款(本金)"科目。

资产负债表日,应按摊余成本和实际利率计算确定的长期借款的利息费用,借记"在建工程"、"制造费用"、"财务费用"、"研发支出"等科目,按合同约定的名义利率计算确定的应付利息金额,贷记"应付利息—长期借款利息"科目,按其差额,贷记"长期借款(利息调整)"科目。

实际利率与合同约定的名义利率差异很小的,也可以采用合同约定的名义利率计算确定利息费用。

例:公司于20*7年1月1日专门为建造厂房而向工商银行借入一笔1,200,000元的借款,借款年利率为5%,实际利率与合同约定的名义利率差异很小,借款期限为2年,每年年末计息,利息按单利计算,到期还本付息。该笔借款于1月1日全部投入使用,固定资产于20*7年年末完成并投入使用,并办理了工程决算。

①收到借入的长期借款时

借:银行存款   1,200,000
  贷:长期借款—信用借款—本金   1,200,000

②支出款项时:

借:在建工程—建筑工程   1,200,000
  贷:银行存款   1,200,000

③20*7年年末计提利息

借:在建工程—建筑工程   60,000
  贷:应付利息—借款利息   60,000

注:由于实际利率与合同约定的名义利率差异不大,因此采用合同约定的名义利率计算确定利息费用。

④20*7年年末固定资产完工:

借:固定资产—房屋建筑物   1,260,000
  贷:在建工程—建筑工程   1,260,000

⑤20*8年年末计提利息

借:财务费用—利息支出   60,000
  贷:应付利息—借款利息   60,000

➢ **长期借款的归还**

归还长期借款本金时,借记"长期借款(本金)"科目,贷记"银行存款"科目。同时,按应转销的利息调整、应计利息金额,借记"应付利息—长期借款利息"、"在建工程"、"制造费用"、"财务费用"、"研发支出"等科目,贷记或借记"长期借款(利息调整)"科目。

例:承上例,20*8年年末归还借款时:
借:长期借款—信用借款—本金　　　　　　　　1,200,000
　　应付利息—借款利息　　　　　　　　　　　　120,000
　　贷:银行存款　　　　　　　　　　　　　　　　　　1,320,000

二、应付债券

(一)应付债券核算的规定

应付债券是公司为筹集长期资金而发行的债券。应付债券应按以下规定核算:

(1)应付债券按实际发行债券的价格总额入账。

(2)发行债券的公司,应当按照实际的发行价格总额作负债处理;债券发行价格总额与债券面值总额的差额,作为利息调整,在债券的存续期间内按实际利率法于计提利息时调整利息费用。

(3)公司应设置"公司债券备查簿",详细登记每一公司债券的票面金额、债券票面利率、还本付息期限与方式、发行总额、发行日期和编号、委托代售单位、转换股份等资料。公司债券到期结清时,应在备查簿内逐笔注销。

(4)在银行间债券市场发行并约定在一定期限内还本付息的短期融资券,核算时如:①只能到期还本付息的,在其他应付款中核算,在其他流动负债中列示;②可上市交易并可回购,但公司管理层决定只是到期还本付息的,在其他应付款中核算,在其他流动负债中列示;③可上市交易并可回购,公司有可能采取回购的,在交易性金融负债中核算和列示。

(二)应付债券的核算

1.会计科目

(1)总账科目:"应付债券"。

(2)明细科目:①面值、②利息调整、③应计利息。

"应付债券"科目贷方核算发行债券的面值、到期一次还本付息确认的应计利息、按实际利率法计算确定的利息费用的借方调整金额;借方核算按实际利率法计算确定的利息费用的贷方调整金额、债券到期支付的债券本息;期末余额在贷方,反映尚未偿还债券的账面价值。

2.会计事项

➢ **债券的发行**

公司发行债券,应按实际收到的金额,借记"银行存款"等科目,按债券票面金额,贷记"应付债券(面值)"科目。存在差额的,还应借记或贷记"应付债券(利息调整)"科目。

(1)公司20*7年1月1日平价发行面值10,000,000元的3年期债券。发行款项存入银行。
借:银行存款　　　　　　　　　　　　　　　　10,000,000
　　贷:应付债券—面值　　　　　　　　　　　　　10,000,000

(2)公司20*7年1月1日溢价发行面值40,000,000元的5年期债券,用于购建电力设备。债券票面年利率5%,实际发行价格41,800,000元,每年末计息一次利息,到期一次还本付息。发行款项存入银行。
借:银行存款　　　　　　　　　　　　　　　　41,800,000

```
贷：应付债券—面值                    40,000,000
    应付债券—利息调整                 1,800,000
```

(3) 公司20*7年3月5日折价发行面值30,000,000元的3年期债券，用于公司生产经营周转。债券票面年利率3%，实际发行价格27,500,000元，支付债券发行费用800,000元，债券本息到期一次支付。发行款项存入银行。

```
借：银行存款                         27,500,000
    应付债券—利息调整                 3,300,000
  贷：应付债券—面值                   30,000,000
      银行存款                          800,000
```

➢ **债券应计利息与利息费用的调整**

资产负债表日，对于分期付息、一次还本的债券，应按摊余成本和实际利率计算确定的债券利息费用，借记"工程施工"、"在建工程"、"制造费用"、"财务费用"、"研发支出"等科目，按票面利率计算确定的应付未付利息，贷记"应付利息"科目，按其差额，借记或贷记"应付债券（利息调整）"科目。

对于一次还本付息的债券，应于资产负债表日按摊余成本和实际利率计算确定的债券利息费用，借记"在建工程"、"制造费用"、"财务费用"、"研发支出"等科目，按票面利率计算确定的应付未付利息，贷记"应付债券（应计利息）"科目，按其差额，借记或贷记"应付债券（利息调整）"科目。

实际利率与票面利率差异较小的，也可以采用票面利率计算确定利息费用。

承上例(2)，公司20*7年1月1日溢价发行面值40,000,000元的5年期债券，用于购建电力设备。债券票面年利率5%，实际发行价格41,800,000元，每年末计付一次利息。

(1) 计算公司债券实际利率 r：

每年利息费用 = 40,000,000×5% = 2,000,000（元）

$41,800,000 = 2,000,000 \times (1+r)^{-1} + 2,000,000 \times (1+r)^{-2} + 2,000,000 \times (1+r)^{-3} + 2,000,000 \times (1+r)^{-4} + (2,000,000 + 40,000,000) \times (1+r)^{-5}$

查现值计算表，用插值法计算得出 $r = 4\%$。

(2) 利息费用的调整计算见下表：

年 份	期初债券余额（元）(a)	实际利息费用（元）(b)	每年支付利息（元）(c)	期末债券摊余成本（元） $d=(a)+[(b)-(c)]$
20*7年	41,800,000	1,672,000	2,000,000	41,472,000
20*8年	41,472,000	1,658,880	2,000,000	41,130,880
20*9年	41,130,880	1,645,235	2,000,000	40,776,115
2010年	40,776,115	1,631,045	2,000,000	40,407,160
2011年	40,407,160	1,592,840	2,000,000	40,000,000

```
借：在建工程                          1,672,000
    应付债券—利息调整                   328,000
  贷：应付债券—应计利息                2,000,000
```

➢ **应付债券利息的资本化**

公司为购建固定资产而专门发行公司债券，其应计利息与债券利息费用的调整金额，采用实际利率法调整利息费用。

承上例，公司20*7年1月1日溢价发行面值40,000,000元的5年期债券，用于购建电力设备。债券票面年利率5%，实际发行价格41,800,000元，每年末计付一次利息。发行款项存入银行。该电力设备于20*7年1月1日起开始安装，于20*8年底完工，达到预定可使用状态。

公司 20*7 年、20*8 年每年应予资本化的利息费用分别为 1,672,000 元和 1,658,880 元,其余年份发生的债券利息费用应当计入当期损益,不应再予资本化。

20*7 年应予资本化的利息费用 1,672,000,20*8 年应予资本化的利息费用为 1,658,880。

① 20*7 年 12 月 31 日会计处理:

借:在建工程	1,672,000
应付债券—利息调整	328,000
贷:应付债券—应计利息	2,000,000

② 20*8 年 12 月 31 日会计处理:

借:在建工程	1,658,880
应付债券—利息调整	341,120
贷:应付债券—应计利息	2,000,000

➢ **应付债券到期**

应付债券到期,支付债券本息,借记"应付债券(面值、应计利息)"科目、"应付利息"等科目,贷记"银行存款"等科目。同时,存在利息调整余额的,借记或贷记"应付债券(利息调整)"科目,贷记或借记"在建工程"、"制造费用"、"财务费用"、"研发支出"等科目。

承上例,公司 20*7 年 1 月 1 日溢价发行的债券于 2011 年 12 月 31 日到期。

① 借:财务费用　　　　　　　　　　　　　1,592,840
　　　应付债券—利息调整　　　　　　　　　　407,160
　　　贷:应付债券—应计利息　　　　　　　　　　2,000,000

② 债券到期:
　借:应付债券—面值　　　　　　　　　　40,000,000
　　　应付债券—应计利息　　　　　　　　　2,000,000
　　　贷:银行存款　　　　　　　　　　　　　　42,000,000

➢ **可转换公司债券**

发行的可转换公司债券,应按实际收到的金额,借记"银行存款"等科目,按该项可转换公司债券包含的负债成分的面值,贷记"应付债券—可转换公司债券—面值"科目,按权益成分的公允价值,贷记"资本公积—其他资本公积"科目,按其差额,借记或贷记"应付债券(利息调整)"科目。

可转换公司债券持有人行使转换权利,将其持有的债券转换为股票,按可转换公司债券的余额,借记"应付债券—可转换公司债券(面值、利息调整)"科目,按其权益成分的金额,借记"资本公积—其他资本公积"科目,按股票面值和转换的股数计算的股票面值总额,贷记"股本"科目,按其差额,贷记"资本公积—股本溢价"科目。如用现金支付不可转换股票的部分,还应贷记"银行存款"等科目。

例:甲公司经批准于 2007 年 1 月 1 日按面值发行 5 年期一次还本付息的可转换公司债券 200,000,000 元,款项已收存银行,债券票面年利率为 6%,利息按年支付。债券发行 1 年后可转换为普通股股票,初始转股价为每股 10 元,股票面值为每股 1 元。假定 2008 年 1 月 1 日债券持有人将持有的可转换公司债券全部转换为普通股股票,甲公司发行可转换公司债券时二级市场上与之类似的没有附带转换权的债券市场利率为 9%。甲公司的会计处理如下:

(1) 2007 年 1 月 1 日发行可转换公司债券时:

借:银行存款	200,000,000
应付债券—可转换公司债券(利息调整)	23,343,600
贷:应付债券—可转换公司债券(面值)	200,000,000
资本公积—其他资本公积	23,343,600

可转换公司债券负债成分的公允价值为:

200,000,000×0.6499+200,000,000×6%×3.8897=176,656,400(元)

可转换公司债券权益成分的公允价值为：
200,000,000－176,656,400＝23,343,600(元)

(2)2007年12月31日确认利息费用时：

借：财务费用等　　　　　　　　　　　　　　　15,899,076
　　贷：应付债券—可转换公司债券(应计利息)　　12,000,000
　　　　　　—可转换公司债券(利息调整)　　　　3,899,076

(3)2008年1月1日债券持有人行使转换权时：

转换的股份数为：

(176,656,400＋12,000,000＋3,899,076)/10＝19,255,547.6(股)，不足1股的部分支付现金0.6元。

借：应付债券—可转换公司债券(面值)　　　　200,000,000
　　　　　—可转换公司债券(应计利息)　　　 12,000,000
　　资本公积—其他资本公积　　　　　　　　 23,343,600
　　贷：股本　　　　　　　　　　　　　　　　19,255,547
　　　　应付债券—可转换公司债券(利息调整)　19,444,524
　　　　资本公积—股本溢价　　　　　　　　 196,643,528.4
　　　　库存现金　　　　　　　　　　　　　　　　　 0.6

企业发行附有赎回选择权的可转换公司债券，其在赎回日可能支付的利息补偿金，即债券约定赎回期届满日应当支付的利息减去应付债券票面利息的差额，应当在债券发行日至债券约定赎回届满日期间计提应付利息，计提的应付利息，分别计入相关资产成本或财务费用。

第六章 衍生工具、套期工具与被套期项目

第一节 衍 生 工 具

一、衍生工具的内容

衍生工具,是指具有下列特征的金融工具或其他合同:

(1)其价值随特定利率、金融工具价格、商品价格、汇率、价格指数、费率指数、信用等级、信用指数或其他类似变量的变动而变动,变量为非金融变量的,该变量与合同的任一方不存在特定关系。

(2)不要求初始净投资,或与对市场情况变化有类似反应的其他类型合同相比,要求很少的初始净投资。

(3)在未来某一日期结算。

衍生工具包括远期合同、期货合同、互换和期权,以及具有远期合同、期货合同、互换和期权中一种或一种以上特征的工具。

二、衍生工具的核算

1. 会计科目

(1)总账科目:"衍生工具"。

(2)明细科目:设置①远期外汇合同、②利率掉期合同、③其他二级科目。

"衍生工具"科目的借方核算公司取得的衍生工具的公允价值以及衍生工具的公允价值高于其账面余额的差额;贷方核算衍生工具的公允价值低于其账面余额的差额;期末借方余额,反映公司衍生金融工具形成的资产的公允价值;期末贷方余额,反映公司衍生金融工具形成的负债的公允价值。

2. 会计事项

➢ **衍生工具的取得**

公司取得衍生工具时,按其公允价值,借记"衍生工具"科目,按发生的交易费用,借记"投资收益"科目,按实际支付的金额,贷记"银行存款"等科目。

例1:公司20*7年3月1日从证券市场买入 A 股票认购权证10,000手,权证买入价每单位认购权为1.2元,同时支付手续费2,000元。20*8年3月5日,公司卖出该认购权证,卖出价为每单位认购权1.5元,同时支付手续费3,000元。该认购证20*7年12月31日的市场价格为每单位认购权1.35元。

买入认购权证时:

借:衍生工具—认购权证(10,000×100×1.2)　1,200,000
　　投资收益　　　　　　　　　　　　　　　　　　 2,000
　贷:银行存款(人民币)　　　　　　　　　　　 1,202,000

例2：公司19*2年有关期货业务发生的经济事项如下：

(1)12月1日，买入10手绿豆期货合约(每手10吨)，每吨价格2,400元；支付交易手续费240元，同时按合约价格的5%支付期货保证金。

(2)12月31日，绿豆价格为每吨2,450元。

(3)19*3年1月5日，卖出上述绿豆合约，每吨价格为2,550元，支付交易手续费255元。

买入期货合约时：
借：衍生工具—期货合约　　　(2,400×10×10)　240,000
　　投资收益　　　　　　　　　　　　　　　　　240
　　贷：银行存款　　　　　　　　　　　　　　　　　240
　　　　应付账款　　　　　　　　　　　　　　　240,000

支付期货保证金：
借：期货保证金　　(240,000×5%)　　　　　　12,000
　　贷：银行存款　　　　　　　　　　　　　　　12,000

> **衍生工具的期末计量**

资产负债表日，衍生金融资产的公允价值高于其账面余额的差额，借记"衍生工具(公允价值变动)"科目，贷记"公允价值变动损益"科目；衍生金融资产的公允价值低于其账面余额的差额，借记"公允价值变动损益"科目，贷记"衍生工具(公允价值变动)"科目。

资产负债表日，衍生金融负债的公允价值高于其账面余额的差额，借记"公允价值变动损益"科目，贷记"衍生工具(公允价值变动)"科目；衍生金融负债的公允价值低于其账面余额的差额，借记"衍生工具(公允价值变动)"科目，贷记"公允价值变动损益"科目。

例3：承例1，20*7年12月31日，公司的会计处理为：
借：衍生工具—公允价值变动—认购权证　　　150,000
　　贷：公允价值变动损益—认购权证　　　　　150,000
注：150,000=[(1.35-1.2)×10,000×100]。

例4：承例2，19*2年12月31日，公司的会计处理为：
借：衍生工具—公允价值变动—期货合约　　　5,000
　　贷：公允价值变动损益—期货合约　　　　　5,000
注：5,000=[2,450-2,400)×10×10]。

> **衍生工具的终止确认**

衍生工具终止确认时，应当比照"交易性金融资产"与"交易性金融负债"科目的相关规定进行处理。

例5：承例1，20*8年3月5日，公司卖出该认购权证，会计处理：
借：银行存款　(1.5×10,000×100-3,000)　　1,497,000
　　投资收益　　　　　　　　　　　　　　　　3,000
　　贷：投资收益[(1.5-1.35)×10,000×100]　　　150,000
　　　　衍生工具—认购权证　　　　　　　　　1,350,000
借：公允价值变动损益　　　　　　　　　　　150,000
　　贷：投资收益　　　　　　　　　　　　　　150,000

例6：承例2，19*3年1月5日，卖出上述绿豆合约，会计处理为：
借：应付账款　　　　　　　　　　　　　　　240,000
　　银行存款　　　　　　　　　　　　　　　14,745
　　投资收益　　　　　　　　　　　　　　　255
　　贷：投资收益[(2,550-2,450)×10×10]　　　10,000
　　　　衍生工具—期货合约　　　　　　　　　245,000

借:公允价值变动损益 5,000
  贷:投资收益 5,000
借:银行存款 12,000
  贷:期货保证金 12,000

第二节 套 期 工 具

套期工具,是指公司为进行套期而指定的、其公允价值或现金流量变动预期可抵销被套期项目的公允价值或现金流量变动的衍生工具,对外汇风险进行套期还可以将非衍生金融资产或非衍生金融负债作为套期工具。

套期保值(以下简称"套期"),是指公司为规避外汇风险、利率风险、商品价格风险、股票价格风险、信用风险等,指定一项或一项以上套期工具,使套期工具的公允价值或现金流量变动,预期抵销被套期项目全部或部分公允价值或现金流量变动。

套期分为公允价值套期、现金流量套期和境外经营净投资套期。

(1)公允价值套期,是指对已确认资产或负债、尚未确认的确定承诺,或该资产或负债、尚未确认的确定承诺中可辨认部分的公允价值变动风险进行的套期。该类价值变动源于某类特定风险,且将影响公司的损益。

例:公司20*6年12月16日从凯利公司进口商品,货款总计100,000美元。合同约定于20*7年1月16日以美元结算。为规避美元汇率升值的风险,当日,公司与银行签订了买入金额为100,000美元、期限为31天的远期合约。

(2)现金流量套期,是指对现金流量变动风险进行的套期。该类现金流量变动源于与已确认资产或负债、很可能发生的预期交易有关的某类特定风险,且将影响公司的损益。

例:公司于200*6年12月26日以10%的利率签订了一笔为期2年的1,000万美元的借款协议,每半年付息一次。为规避美元利率下降的风险,公司同时签订了一项名义本金为1,000万美元期限2年的利率互换协议。互换协议规定每半年收取10%固定利息的同时支付LIBOR+0.5的利息。

(3)境外经营净投资套期,是指对境外经营净投资外汇风险进行的套期。境外经营净投资,是指公司在境外经营净资产中的权益份额。

例:A公司是国内企业,拥有一家国外子公司,净投资额为外币800万元。20*6年10月1日,A公司与某金融机构签订了一项6个月期限的远期合同,将卖出外币800万元,汇率为1外币=1.79人民币。

套期会计方法,是指在相同会计期间将套期工具和被套期项目公允价值变动的抵销结果计入当期损益的方法。

公允价值套期、现金流量套期或境外经营净投资套期同时满足下列条件的,才能运用套期会计方法进行处理:

(1)在套期开始时,公司对套期关系(即套期工具和被套期项目之间的关系)有正式指定,并准备了关于套期关系、风险管理目标和套期策略的正式书面文件。该文件至少载明了套期工具、被套期项目、被套期风险的性质以及套期有效性评价方法等内容。

套期必须与具体可辨认并被指定的风险有关,且最终影响公司的损益。

(2)该套期预期高度有效,且符合公司最初为该套期关系所确定的风险管理策略。

(3)对预期交易的现金流量套期,预期交易应当很可能发生,且必须使公司面临最终将影响损益的现金流量变动风险。

(4)套期有效性能够可靠地计量。
(5)公司应当持续地对套期有效性进行评价,并确保该套期在套期关系被指定的会计期间内高度有效。

一、套期工具核算的规定

(1)公司在确立套期关系时,应当将套期工具整体或其一定比例(不含套期工具剩余期限内的某一时段)进行指定,但下列情况除外:

①对于期权,公司可以将期权的内在价值和时间价值分开,只就内在价值变动将期权指定为套期工具。

②对于远期合同,公司可以将远期合同的利息和即期价格分开,只就即期价格变动将远期合同指定为套期工具。

(2)公司可以将单项衍生工具指定为对一种风险进行套期,但同时满足下列条件的,可以指定单项衍生工具对一种以上的风险进行套期:

①各项被套期风险可以清晰辨认。
②套期有效性可以证明。
③可以确保该衍生工具与不同风险头寸之间存在具体指定关系。

套期有效性,是指套期工具的公允价值或现金流量变动能够抵销被套期风险引起的被套期项目公允价值或现金流量变动的程度。

(3)公司可以将两项或两项以上衍生工具的组合或该组合的一定比例指定为套期工具。

(4)对于外汇风险套期,公司可以将两项或两项以上非衍生工具的组合或该组合的一定比例,或将衍生工具和非衍生工具的组合或该组合的一定比例指定为套期工具。

(5)对于利率上下限期权或由一项发行的期权和一项购入的期权组成的期权,其实质相当于公司发行的一项期权的(即公司收取了净期权费),不能将其指定为套期工具。

(6)套期同时满足下列条件的,公司应当认定套期为高度有效:

①在套期开始及以后期间,该套期预期会高度有效地抵销套期指定期间被套期风险引起的公允价值或现金流量变动。

②该套期的实际抵销结果在80%~125%的范围内。

(7)公司至少应当在编制中期或年度财务报告时对套期有效性进行评价。

二、套期工具核算

1. 会计科目

(1)总账科目:"套期工具"。
(2)明细科目:不统一设明细科目。

"套期工具"科目的借方核算公司将已确认的金融资产指定为套期工具、套期工具产生的利得和不再作为套期工具核算的金融负债;贷方核算公司将已确认的金融负债指定为套期工具、套期工具产生的损失和不再作为套期工具核算的金融资产;期末借方余额,反映公司套期工具形成的资产;期末贷方余额,反映公司套期工具形成的负债。

2. 会计事项

➢ **套期工具的指定**

公司将已确认的金融资产指定为套期工具时,应按该金融资产的账面价值,借记"套期工具"科目,贷记"衍生工具"等科目。

公司将已确认的金融负债指定为套期工具时,应按该金融负债的账面价值,借记"衍生工具"等科目,贷记"套期工具"科目。

例:公司20*7年9月1日从美国一家公司进口一套大型医药生产设备,该设备价款总计10,000,000美元,合同约定于20*8年3月1日以美元结算。公司为规避美元汇率升值的风险,进口交易当日,公司与中国银行签订了买入金额为10,000,000美元,期限为6个月的外汇远期合同,发生的交易费用为200,000元以银行存款支付。公司将该外汇套期作为现金流量套期进行处理。有关利率资料如下:

20*7年9月1日汇率:1美元=8.2元人民币;
20*7年9月1日银行6个月远期汇率:1美元=8.25元人民币;
20*7年12月31日汇率:1美元=8.35元人民币;
20*8年3月1日汇率:1美元=8.4元人民币。

(1)20*7年9月1日签订美元远期合同时:
借:衍生工具—远期合同 82,500,000(10,000,000美元×8.25)
　　投资收益 200,000
　贷:应付账款 82,500,000
　　银行存款 200,000

(2)公司20*7年9月5日将该应收外汇远期合同(美元)指定为套期工具:
借:套期工具 (10,000,000美元×8.25) 82,500,000
　贷:衍生工具—远期合同 82,500,000

> **套期工具的利得或损失**

资产负债表日,公司应按套期工具产生的利得,借记"套期工具"科目,贷记"公允价值变动损益"、"投资收益"、"主营业务成本"、"资本公积—其他资本公积"等科目。

资产负债表日,公司应按套期工具产生的损失,借记"公允价值变动损益"、"投资收益"、"主营业务成本"、"资本公积—其他资本公积"等科目,贷记"套期工具"科目。

承上例,20*7年12月31日上述套期工具远期合同的公允价值为83,000,000元,高于账面价值500,000元。

借:套期工具 500,000
　贷:资本公积—其他资本公积 500,000

> **套期工具的终止确认**

当金融资产不再作为套期工具核算时,应按套期工具形成的资产,借记相关科目,贷记"套期工具"科目。

当金融负债不再作为套期工具核算时,应按套期工具形成的负债,借记"套期工具"科目,贷记相关科目。

原计入资本公积的利得或损失,应按金融工具确认和计量准则规定的时点转出。应按转出的金额,借记或贷记"资本公积—其他资本公积"科目,贷记或借记"投资收益"、相关资产或负债等科目。

例:承上例,20*8年3月1日,上述外汇风险套期终止。
借:银行存款(美元)(10,000,000美元×8.4) 84,000,000
　贷:套期工具 82,500,000
　　财务费用 [10,000,000×(8.4-8.25)] 1,500,000

转出原计入资本公积的利得:
借:资本公积—其他资本公积 500,000
　贷:套期工具 500,000

第三节　被套期项目

被套期项目,是指使公司面临公允价值或现金流量变动风险,且被指定为被套期对象的下列项目:
(1)单项已确认资产、负债、确定承诺、很可能发生的预期交易,或境外经营净投资。
(2)一组具有类似风险特征的已确认资产、负债、确定承诺、很可能发生的预期交易,或境外经营净投资。
(3)分担同一被套期利率风险的金融资产或金融负债组合的一部分(仅适用于利率风险公允价值组合套期)。

确定承诺,是指在未来某特定日期或期间,以约定价格交换特定数量资源、具有法律约束力的协议。预期交易,是指尚未承诺但预期会发生的交易。

一、被套期项目核算的规定

(1)被套期风险是信用风险或外汇风险的,持有至到期投资可以指定为被套期项目。被套期风险是利率风险或提前还款风险的,持有至到期投资不能指定为被套期项目。

(2)公司集团内部交易形成的货币性项目的汇兑收益或损失,不能在合并财务报表中全额抵销的,该货币性项目的外汇风险可以在合并财务报表中指定为被套期项目。

公司集团内部很可能发生的预期交易,按照进行此项交易的主体的记账本位币以外的货币标价(即按外币标价),且相关的外汇风险将影响合并利润或损失的,该外汇风险可以在合并财务报表中指定为被套期项目。

(3)对于与金融资产或金融负债现金流量或公允价值的一部分相关的风险,其套期有效性可以计量的,公司可以就该风险将金融资产或金融负债指定为被套期项目。

(4)在金融资产或金融负债组合的利率风险公允价值套期中,可以将某货币金额(如人民币、美元或欧元金额)的资产或负债指定为被套期项目。

(5)公司可以将金融资产或金融负债现金流量的全部指定为被套期项目。但金融资产或金融负债现金流量的一部分被指定为被套期项目的,被指定部分的现金流量应当少于该金融资产或金融负债现金流量总额。

(6)非金融资产或非金融负债指定为被套期项目的,被套期风险应当是该非金融资产或非金融负债相关的全部风险或外汇风险。

(7)对具有类似风险特征的资产或负债组合进行套期时,该组合中的各单项资产或单项负债应当同时承担被套期风险,且该组合内各单项资产或单项负债由被套期风险引起的公允价值变动,应当预期与该组合由被套期风险引起的公允价值整体变动基本成比例。

(8)公司通常将单项已确认资产、负债、确定承诺、很可能发生的预期交易或境外经营净投资等指定为被套期项目。金融资产或金融负债组合也可以整体指定为被套期项目,但该组合中的各单项金融资产或单项金融负债应当共同承担被套期风险,且该组合内各单项金融资产或单项金融负债由被套期风险引起的公允价值变动,应当预期与该组合由被套期风险引起的公允价值整体变动基本成比例。

(9)库存商品、持有至到期投资、可供出售金融资产、长期借款、预期商品销售、预期商品购买、对境外经营净投资等,如符合相关条件,均可作为被套期项目。

二、被套期项目核算

1.会计科目

(1)总账科目:"被套期项目"。

(2)明细科目:不统一设明细科目。

"被套期项目"科目的借方核算公司将已确认的资产指定为被套期项目、被套期项目产生的利得和不再作为被套期项目核算的负债;贷方核算公司将已确认的负债指定为被套期项目、被套期项目产生的损失和不再作为被套期项目核算的资产;期末借方余额,反映公司被套期项目形成的资产的公允价值;期末贷方余额,反映公司被套期项目形成的负债的公允价值。

2. 会计事项

> 被套期项目的指定

公司将已确认的资产指定为被套期项目时,应按该资产的账面价值,借记"被套期项目"科目,贷记"库存商品"、"持有至到期投资"等科目。

公司将已确认的负债指定为被套期项目时,应按该负债的账面价值,借记"长期借款"等科目,贷记"被套期项目"科目。

例:公司 20 * 7 年 9 月 1 日从美国一家公司进口一套大型医药生产设备,该设备价款总计 10,000,000 美元,合同约定于 20 * 8 年 3 月 1 日以美元结算。公司为规避美元汇率升值的风险,进口交易当日,公司与中国银行签订了买入金额为 10,000,000 美元,期限为 6 个月的外汇远期合同,发生的交易费用为 200,000 元,以银行存款支付。公司将该外汇套期作为现金流量套期进行处理。有关利率资料如下:

20 * 7 年 9 月 1 日汇率:1 美元＝8.2 元人民币;
20 * 7 年 9 月 1 日银行 6 个月远期汇率:1 美元＝8.25 元人民币;
20 * 7 年 12 月 31 日汇率:1 美元＝8.35 元人民币;
20 * 8 年 3 月 1 日汇率:1 美元＝8.4 元人民币。

公司 20 * 7 年 9 月 5 日将应付远期外汇合同(人民币)指定为被套期项目:
借:应付账款(10,000,000 美元×8.25)　　82,500,000
　　贷:被套期项目　　　　　　　　　　　　　82,500,000

> 被套期项目的利得或损失

资产负债表日,公司应按被套期项目产生的利得,借记"被套期项目"科目,贷记"公允价值变动损益"、"投资收益"、"主营业务成本"、"资本公积—其他资本公积"等科目。

资产负债表日,公司应按被套期项目产生的损失,借记"公允价值变动损益"、"投资收益"、"主营业务成本"、"资本公积—其他资本公积"等科目,贷记"被套期项目"科目。

例:承上例,20 * 7 年 12 月 31 日上述被套期项目的公允价值为 82,800,000 元,高于账面价值 300,000 元。
借:资本公积—其他资本公积　　　　　　300,000
　　贷:被套期项目　　　　　　　　　　　　　300,000

> 被套期项目的终止确认

当资产不再作为被套期项目核算时,应按被套期项目形成的资产,借记相关科目,贷记"被套期项目"科目。

当负债不再作为被套期项目核算时,应按被套期项目形成的负债,借记"被套期项目"科目,贷记相关科目。

承上例,20 * 8 年 3 月 1 日,上述外汇风险套期终止。
借:被套期项目　(10,000,000 美元×8.25)　82,500,000
　　贷:银行存款　　　　　　　　　　　　　　82,500,000
20 * 8 年 3 月 1 日,终止确认:
借:应付账款　　　　　　　　　　　　　　83,500,000
　　财务费用　[10,000,000×(8.4－8.35)]　　500,000
　　贷:银行存款(美元)(10,000,000 美元×8.4)　84,000,000

➢ 公允价值套期的确认与计量

对于公允价值的套期,套期工具和被套项目都以公允价值计量。套期工具为衍生工具的,其公允价值变动形成的利得或损失计入当期损益;套期工具为非衍生工具的,套期工具账面价值因汇率变动形成的利得或损失计入当期损益;被套项目的账面价值应相应作出调整。这一规定也适用于被套项目是以按成本与可变现价值孰低计量的存货、按摊余成本进行后续计量的资产。

例:20*7年1月1日,ABC公司为规避所持有存货A公允价值变动风险,与某金融机构签订了一项衍生工具合同(即衍生工具Y),并将其指定为20*7年上半年存货A价格变化引起的公允价值变动风险的套期。衍生工具Y的标的资产与被套期项目存货在数量、质次、价格变动和产地方面相同。

20*7年1月1日,衍生工具Y的公允价值为零,被套期项目(存货A)的账面价值和成本均为1,000,000元,公允价值是1,100,000元。20*7年6月30日,衍生工具Y的公允价值上涨了25,000元,存货A的公允价值下降了25,000元。当日,ABC公司将存货A出售,并将衍生工具Y结算。

ABC公司采用比率分析法评价套期有效性,即通过比较衍生工具Y和存货A的公允价值变动评价套期有效性。ABC公司预期该套期完全有效。

假定不考虑衍生工具的时间价值、商品销售相关的增值税及其他因素,ABC公司的会计处理如下(金额单位:元):

(1)20*7年1月1日
借:被套期项目—库存商品A　　　　　　　　　　　　1,000,000
　　贷:库存商品A　　　　　　　　　　　　　　　　　　　　1,000,000

(2)20*7年6月30日
借:套期工具—衍生工具Y　　　　　　　　　　　　　　25,000
　　贷:套期损益　　　　　　　　　　　　　　　　　　　　　25,000
借:套期损益　　　　　　　　　　　　　　　　　　　　25,000
　　贷:被套期项目—库存商品A　　　　　　　　　　　　　25,000
借:应收账款或银行存款　　　　　　　　　　　　　　1,075,000
　　贷:主营业务收入　　　　　　　　　　　　　　　　　　1,075,000
借:主营业务成本　　　　　　　　　　　　　　　　　　975,000
　　贷:被套期项目—库存商品A　　　　　　　　　　　　　975,000
借:银行存款　　　　　　　　　　　　　　　　　　　　25,000
　　贷:套期工具—衍生工具Y　　　　　　　　　　　　　　　25,000

注:由于ABC公司采用了套期策略,规避了存货公允价值变动风险,因此其存货公允价值下降没有对预期毛利额100,000元(即1,100,000-1,000,000)产生不利影响。

假定20*7年6月30日,衍生工具Y的公允价值上涨了22,500元,存货A的公允价值下降了25,000元。其他资料不变,ABC公司的会计处理如下:

(1)20*7年1月1日
借:被套期项目—库存商品A　　　　　　　　　　　　1,000,000
　　贷:库存商品A　　　　　　　　　　　　　　　　　　　　1,000,000

(2)20*7年6月30日
借:套期工具—衍生工具Y　　　　　　　　　　　　　　22,500
　　贷:套期损益　　　　　　　　　　　　　　　　　　　　　22,500
借:套期损益　　　　　　　　　　　　　　　　　　　　25,000
　　贷:被套期项目—库存商品A　　　　　　　　　　　　　25,000
借:应收账款或银行存款　　　　　　　　　　　　　　1,075,000
　　贷:主营业务收入　　　　　　　　　　　　　　　　　　1,075,000

借：主营业务成本　　　　　　　　　　　　　　　975,000
　　贷：被套期项目—库存商品 A　　　　　　　　　　　975,000
借：银行存款　　　　　　　　　　　　　　　　　22,500
　　贷：套期工具—衍生工具 Y　　　　　　　　　　　　22,500

注：两种情况的差异在于，前者不存在"无效套期损益"，后者存在"无效套期损益"2,500元，从而对 ABC 公司当期利润总额的影响相差 2,500 元。

> **现金流量套期的确认和计量**

对于现金流量套期，套期工具公允价值的变动产生的损益额要区分有效套期部分和无效套期部分，有效套期部分直接确认为所有者权益，而无效套期部分则计入当期损益。

被套期项目为预期交易的，在套期有效期间直接计入所有者权益中的套期工具利得或损失不应转出，直至预期交易实际发生或预计不会发生。如交易发生使企业随后确认一项金融工具，原计入所有者权益中的利得或损失应在该金融工具影响损益的相同期间转出，计入当期损益。若交易发生使企业随后确认一项非金融工具，原计入所有者权益中的利得或损失可在该金融工具影响损益的相同期间转出，计入当期损益；或转出计入该非金融资产或负债的初始确认额。如预期交易预计不会发生，原直接计入所有者权益中的利得或损失应当转出，计入当期损益。

例：20＊7年1月1日，DEF 公司预期在20＊7年6月30日将销售一批商品 B，数量为100,000吨。为规避该预期销售有关的现金流量变动风险，DEF 公司于20＊7年1月1日与某金融机构签订了一项衍生工具合同 Y，且将其指定为对该预期商品销售的套期工具。衍生工具 Y 的标的资产与被套期预期商品销售在数量、质次、价格变动和产地等方面相同，并且衍生工具 Y 的结算日和预期商品销售日均为20＊7年6月30日。

20＊7年1月1日，衍生工具 Y 的公允价值为零，商品的预期销售价格为1,100,000元。20＊7年6月30日，衍生工具 Y 的公允价值上涨了25,000元，预期销售价格下降了25,000元。当日，DEF 公司将商品 B 出售，并将衍生工具 Y 结算。

EF 公司采用比率分析法评价套期有效性，即通过比较衍生工具 Z 和商品×预期销售价格变动评价套期有效性。DEF 公司预期该套期完全有效。

假定不考虑衍生工具的时间价值、商品销售相关的增值税及其他因素，DEF 公司的会计处理如下：

(1) 20＊7年1月1日，DEF 公司不作会计处理。
(2) 20＊7年6月30日：

借：套期工具—衍生工具 Y　　　　　　　　　　　25,000
　　贷：资本公积—其他资本公积（套期工具价值变动）　25,000
（确认衍生工具的公允价值变动）
借：应收账款或银行存款　　　　　　　　　　　1,075,000
　　贷：主营业务收入　　　　　　　　　　　　　　　1,075,000
（确认商品 B 的销售）
借：银行存款　　　　　　　　　　　　　　　　　25,000
　　贷：套期工具—衍生工具 Y　　　　　　　　　　　　25,000
（确认衍生工具 Y 的结算）
借：资本公积—其他资本公积（套期工具价值变动）　25,000
　　贷：主营业务收入　　　　　　　　　　　　　　　　25,000
（确认将原计入资本公积的衍生工具公允价值变动转出，调整销售收入）

例：ABC 公司于20＊6年11月1日与境外 DEF 公司签订合同，约定于20＊7年1月30日以外币(FC)每吨60元的价格购入100吨橄榄油。ABC 公司为规避购入橄榄油成本的外汇风险，于当日与某金融机构签订一项3个月到期的远期外汇合同,约定汇率为1FC=45人民币元,合同金额FC6,000元。20*7年1月30日,ABC公司以净额方式结算该远期外汇合同,并购入橄榄油。

假定:①20*6年12月31日,1个月FC对人民币远期汇率为1FC=44.8人民币元,人民币的市场利率为6%;②20*7年1月30日,FC对人民币即期汇率为1FC=44.6人民币元;③该套期符合运用套期保值准则所规定的运用套期会计的条件;④不考虑增值税等相关税费。

(提示:根据套期保值准则,对外汇确定承诺的套期既可以划分为公允价值套期,也可以划分为现金流量套期)

情形1:ABC公司将上述套期划分为公允价值套期
(1)20*6年11月1日
远期合同的公允价值为零,不作会计处理,将套期保值进行表外登记。
(2)20*6年12月31日
远期外汇合同的公允价值=[(45-44.8)×6,000/(1+6%×1/12)]=1,194(人民币元)。
借:套期损益　　　　　　　　　　　　　　1,194
　　贷:套期工具—远期外汇合同　　　　　　　　1,194
借:被套期项目—确定承诺　　　　　　　　1,194
　　贷:套期损益　　　　　　　　　　　　　　　1,194

(3)20*7年1月30日
远期外汇合同公允价值=(45-44.6)×6,000=2,400(人民币元)。
借:套期损益　　　　　　　　　　　　　　1,206
　　贷:套期工具—远期外汇合同　　　　　　　　1,206
借:套期工具—远期外汇合同　　　　　　　2,400
　　贷:银行存款　　　　　　　　　　　　　　　2,400
借:被套期项目—确定承诺　　　　　　　　1,206
　　贷:套期损益　　　　　　　　　　　　　　　1,206
借:库存商品(橄榄油)　　　　　　　　 267,600
　　贷:银行存款　　　　　　　　　　　　　　267,600
借:库存商品(橄榄油)　　　　　　　　　 2,400
　　贷:被套期项目—确定承诺　　　　　　　　 2,400
(将被套期项目的余额调整橄榄油的入账价值)

情形2:ABC公司将上述套期划分为现金流量套期
(1)20*6年11月1日
不作会计处理,将套期保值进行表外登记。
(2)20*6年12月31日
远期外汇合同公允价值=(45-44.8)×6,000/(1+6%×1/12)=1,194(人民币元)。
借:资本公积—其他资本公积(套期工具价值变动)　1,194
　　贷:套期工具—远期外汇合同　　　　　　　　1,194

(3)20*7年1月30日
远期外汇合同公允价值=(45-44.6)×6,000=2,400(人民币元)。
借:资本公积—其他资本公积(套期工具价值变动)　1,206
　　贷:套期工具—远期外汇合同　　　　　　　　1,206
借:套期工具—远期外汇合同　　　　　　　2,400
　　贷:银行存款　　　　　　　　　　　　　　　2,400
借:库存商品(橄榄油)　　　　　　　　 267,600

贷：银行存款   267,600

ABC公司将套期工具于套期期间形成的公允价值变动累计额（净损失）暂记在所有者权益中，在处置橄榄油影响企业损益的期间转出，计入当期损益。该净损失在未来会计期间不能弥补时，将全部转出，计入当期损益。

➢ 境外经营净投资套期的确认和计量

对境外经营净投资套期的会计处理类似于现金流量套期的会计方法。处置境外经营时，将已记入所有者权益项下的有效套期损益转出，计入处置当期损益。

例：20*6年10月1日，XYZ公司（记账本位币为人民币）在其境外子公司FS有一项境外投资外币5,000万元（即FC5,000万元）。为规避境外经营净投资外汇风险，XYZ公司与某境外金融机构签订一项外汇远期合同，约定于20*7年4月1日卖出FC5,000万元。XYZ公司每季度对境外净投资余额进行检查，且依据检查结果调整对净投资价值的套期。其他有关资料见下表：

日　　　期	即期汇率(FC/RMB)	远期汇率(FC/RMB)	远期合同的公允价值(元)
20*6年10月1日	1.71	1.70	
20*6年12月31日	1.64	1.63	3,430,000
20*7年3月31日	1.60	不适用	5,000,000

XYZ公司在评价套期有效性时，将远期合同的时间价值排除在外。假定XYZ公司的上述套期满足运用套期会计方法的所有条件。

XYZ公司的会计处理如下：

(1) 20*6年10月1日

借：被套期工具—境外经营净投资   85,500,000
　　贷：长期股权投资   85,500,000

外汇远期合同的公允价值为零，不作会计处理。

(2) 20*6年12月31日

借：套期工具—外汇远期合同   3,430,000
　　财务费用—汇兑损失   70,000
　　贷：资本公积—其他资本公积   3,500,000
（确认远期合同的公允价值变动）

借：外币报表折算差额   3,500,000
　　贷：被套期工具—境外经营净投资套期   3,500,000
（确认对子公司净投资的汇兑损益）

(3) 20*7年3月31日

借：套期工具—外汇远期合同   1,570,000
　　财务费用—汇兑损失   430,000
　　贷：资本公积—其他资本公积   2,000,000
（确认远期合同的公允价值变动）

借：外币报表折算差额   2,000,000
　　贷：被套期工具—境外经营净投资套期   2,000,000
借：银行存款   5,000,000
　　贷：套期工具—外汇远期合同   5,000,000
（确认外汇远期合同的结算）

注：境外经营净投资套期（类似现金流量套期）产生的利得在所有者权益中列示，直至子公司被处置。

第七章 股东权益(所有者权益)

所有者权益是指公司资产扣除负债后由所有者享有的剩余权益,公司的所有者权益又称为股东权益。

所有者权益的来源包括所有者投入的资本、直接计入所有者权益的利得和损失、留存收益等。直接计入所有者权益的利得和损失,是指不应计入当期损益、会导致所有者权益发生增减变动的、与所有者投入资本或者向所有者分配利润无关的利得或者损失。利得是指由公司非日常活动所形成的、会导致所有者权益增加的、与所有者投入资本无关的经济利益的流入。损失是指由公司非日常活动所发生的、会导致所有者权益减少的、与向所有者分配利润无关的经济利益的流出。

第一节 实收资本(股本)

一、股本

(一)股本核算的规定

(1)股本是指股份公司通过股份集资而形成的资本,公司的股本应当在核定的股本总额及核定的股份总额范围内通过发行股票取得。其资本划分为等额股份。公司发行的股票,应按其面值总额作为股本入账。

(2)公司股本除下列情况外,不得随意变动:

①符合增资条件,并经有关部门批准增资的,在实际取得投资者的投资时,登记入账。

②公司按法定程序报经批准减少注册资本的,在实际返还投资时登记入账。采用收购本公司股票方式减资的,在实际购入本公司股票时,登记入账。

公司应当将因减资而注销股份、返还股款,以及因减资需更新股票的变动情况,在股本账户的明细账及有关备查簿中详细记录。

投资者按规定转让出资的,公司应当于有关的转让手续办理完毕时,将出让方所转让的出资额,在股本账户的明细账户及各备查登记簿中转为受让方。

(3)公司派发股票股利,一方面会相应地减少留存收益,另一方面相应地增加股本,股东权益总额不会发生任何变化,在核算上,应在办理增资手续后,直接按股票的面值,借记"利润分配"科目,贷记"股本"科目。

(4)公开发行股票、可转债等证券时(含通过证券交易所的交易系统进行网上发行和采用向法人询价、配售方式进行网下发行,不包括在境外发行的证券),所有申购冻结资金的利息须全部缴存到上海、深圳证券交易所开立的存储专户,作为证券投资者保护基金的来源之一。

(二)股本核算

1. 会计科目

(1)总账科目:"股本"。

(2)明细科目:①普通股、②优先股、③已归还投资,其中普通股下设国家股、集体股、法人股、外商股和个人股。

"股本"科目的贷方核算公司股本的取得或增加,股本的取得或增加主要包括在境内与境外发行股票、用资本公积或盈余公积转增股本、发放股票股利、可转换债券转为股本等;借方核算公司股本的减少,主要包括股本的注销和股票的回购;期末余额在贷方,反映公司实有的股本总额。

公司收到投资者超过其在注册资本或股本中所占份额的部分,作为资本溢价或股本溢价,在"资本公积"科目核算。

2. 会计事项

➢ **股票发行**

公司发行的股票,在收到现金等资产时,按实际收到的金额,借记"银行存款"等科目,按股票面值和核定股份总额的乘积计算的金额,贷记"股本"科目,按其差额,贷记"资本公积—股本溢价"科目。

与发行权益性证券直接相关的手续费、佣金等交易费用,借记"资本公积—股本溢价"科目等,贷记"银行存款"等科目。

境外上市公司以及在境内发行外资股的公司,收到股款时,按收到股款当日的汇率折合的人民币金额,借记"银行存款"等科目,按股票面值与核定股份总额的乘积计算的金额,贷记"股本"科目,按收到股款当日的汇率折合的人民币金额与按人民币计算的股票面值总额的差额,贷记"资本公积—股本溢价"科目。

以认购方式发行股票,按收到的股款,借记"银行存款"等科目,按认购股票的面值总额,贷记"股本"科目,按其差额,贷记"资本公积—股本溢价"科目。

(1)公司 20*7 年 1 月 2 日按面值 1 元发行普通股股票 1,000,000 股。

  借:银行存款   1,000,000
    贷:股本   1,000,000

(2)公司 20*7 年 1 月 6 日委托证券公司代理发行普通股股票 1,000,000 股,每股面值 1 元,按每股 3 元溢价发行,证券公司按发行收入的 1‰收取手续费。

  借:银行存款   3,000,000
    贷:股本   1,000,000
      资本公积—股本溢价   2,000,000
  借:资本公积—股本溢价   30,000
    贷:银行存款   3,0000

(3)公司 20*7 年 1 月 8 日发行 N 股 100,000 股,每股面值 10 美元,发行价为每股 12 美元,当日的即期汇率为 1 美元 = 8 元人民币。

  借:银行存款—外币   9,600,000
    贷:股本   8,000,000
      资本公积—股本溢价   1,600,000

➢ **股本增加**

公司股本的增加,主要包括投资者投入的资本、资本公积转增股本、盈余公积转增股本、发放股票股利和可转换公司债券转为股本等。公司用资本公积或盈余公积转增股本时,借记"资本公积"、"盈余公积"科目,贷记"股本"科目;股东大会批准的利润分配方案中应分配的股票股利,应在办理增资手续后,按公司规定的核算办法,借记"利润分配"科目,贷记"股本"科目。

可转换公司债券持有人行使转换权利,将其持有的债券转换为股票,按可转换公司债券的余额,借记"应付债券—可转换公司债券(面值、利息调整)"科目,按其权益成分的金额,借记"资本公积—其他资本公积"科目,按股票面值和转换的股数计算的股票面值总额,贷记"股本"科目,按其差额,贷记"资本公积—股本溢价"科目。如用现金支付不可转换股票的部分,还应贷记"银行存款"等科目。

公司将重组债务转为资本的,应按重组债务的账面价值,借记"应付账款"等科目,按债权人放弃债权而享有本公司股份的面值总额,贷记"股本"科目,按股份的公允价值总额与相应的实收资本或股本之间的差额,贷记或借记"资本公积—资本溢价或股本溢价"科目,按重组债务的账面价值与股份的公允价值总额之间的差额,贷记"营业外收入—债务重组利得"科目。

公司以权益结算的股份支付换取职工或其他方提供服务的,应在行权日,按实际行权的权益工具数量计算确定的金额,借记"资本公积—其他资本公积"科目,按应计入实收资本或股本的金额,贷记"股本"科目,按其差额,贷记"资本公积—资本溢价或股本溢价"科目。

(1)公司20*7年1月20日经股东大会批准,用公积金中的股本溢价款5,000,000元转增资本。

  借:资本公积—股本溢价   5,000,000
    贷:股本   5,000,000

(2)公司20*7年1月22日经股东大会批准,将法定盈余公积15,000,000元转增资本。

  借:盈余公积—法定盈余公积   15,000,000
    贷:股本   15,000,000

(3)公司20*7年1月26日将发行在外的面值为50元的普通股10,000,000股,实施10送2的股票股利分配方案。

  借:利润分配—转作股本的普通股股利   100,000,000
    贷:股本   100,000,000

注:股本的入账价值 = 50×10,000,000×20% = 100,000,000(元)。

(4)可转换公司债券转换为股票。

参见本核算办法之"负债"之"长期借款与应付债券"之"应付债券"。

(5)20*7年12月1日应付东方公司账款的账面余额为8,000,000元。由于公司发生财务困难无法按期偿还,经双方协商,公司以1,000,000股普通股股票(面值每股1元)抵偿该项债务,股票市价为每股6.7元,印花税税率为0.1‰,不考虑其他税费。

  借:应付账款(东方公司)   8,000,000
    贷:股本   1,000,000
      资本公积—股本溢价   5,700,000
      营业外收入—债务重组利得   1,300,000
  借:管理费用—印花税   6,700
    贷:银行存款   6,700

(6)公司20*7年12月5日,经董事会批准了一项股份支付协议。协议规定,20*8年1月1日,公司向200名管理人员每人授予1000份股票期权,这些管理人员必须从20*8年起在公司连续服务3年,服务期满时才能够以每股4元的价格购买1000股公司股票。公司估计该股票期权在授予日的公允价值为每股15元。

第一年有10名管理人员离开公司,公司估计三年中还将有10名管理人员离开;第二年又有20名管理人员离开公司,公司估计还将有10名管理人员离开;第三年又有15名管理人员离开;第四年年末管理人员全部行权。公司股票面值为1元。有关计算见下表。

年 份	计 算	当期费用(元)	累计费用(元)
2008 年	(200－20)×1,000×15×1/3	900,000	900,000
2009 年	(200－40)×1,000×15×2/3－900,000	700,000	1,600,000
2010 年	(200－45)×1,000×15－1,600,000	725,000	2,325,000

2008 年 1 月 1 日授予日不作会计处理

①2008 年 12 月 31 日

借:管理费用　　　　　　　　　　　　　900,000
　　贷:资本公积—其他资本公积　　　　　　　　　900,000

②2009 年 12 月 31 日

借:管理费用　　　　　　　　　　　　　700,000
　　贷:资本公积—其他资本公积　　　　　　　　　700,000

③2010 年 12 月 31 日

借:管理费用　　　　　　　　　　　　　725,000
　　贷:资本公积—其他资本公积　　　　　　　　　725,000

④2011 年 12 月 31 日

借:银行存款　　　　　　　　　　　　　620,000
　　资本公积—其他资本公积　　　　　　2,325,000
　　贷:股本　　　　　　　　　　　　　　　　　155,000
　　　　资本公积—股本溢价　　　　　　　　　2,790,000

> **按法定程序报经批准减少股本**

股份有限公司采用收购本公司股票方式减资的,按股票面值和注销股数计算的股票面值总额,借记"股本"科目,按所注销的库存股的账面余额,贷记"库存股"科目,按其差额,借记"资本公积—股本溢价"科目,股本溢价不足冲减的,应借记"盈余公积"、"利润分配—未分配利润"科目;购回股票支付的价款低于面值总额的,应按股票面值总额,借记"股本"科目,按所注销的库存股的账面余额,贷记"库存股"科目,按其差额,贷记"资本公积—股本溢价"科目。

(1)公司 20＊7 年 2 月 8 日由于经营规模缩小,资本过剩,经批准采用收购本公司股票方式缩减资本 500,000 股,公司原发行股票每股面值 1 元,发行价为每股 2 元,公司以每股 4 元的价格收购该股票,至缩减资本时,公司已提取的盈余公积结余为 400,000 元,未分配利润结余为 800,000 元。

用于对回购股票价款超出面值部分的冲减顺序为:资本公积(1×500,000)、盈余公积(400,000)、未分配利润(800,000)。

借:库存股　　　　　　　　　　　　　2,000,000
　　贷:银行存款　　　　　　　　　　　　　　2,000,000
借:股本　　　　　　　　　　　　　　　500,000
　　资本公积—股本溢价　　　　　　　　500,000
　　盈余公积—法定盈余公积　　　　　　400,000
　　利润分配—未分配利润　　　　　　　600,000
　　贷:库存股　　　　　　　　　　　　　　　2,000,000

(2)公司 20＊7 年 2 月 18 日由于经营规模缩小,资本过剩,经批准采用收购本公司股票方式缩减资本 100,000 股,公司原发行股票每股面值 10 元,公司以每股 8 元的价格收购该股票。

借:库存股　　　　　　　　　　　　　800,000
　　贷:银行存款　　　　　　　　　　　　　　800,000
借:股本　　　　　　　　　　　　　　1,000,000

```
贷:库存股                           800,000
    资本公积—股本溢价                200,000
```

二、实收资本

(一)实收资本核算的规定

实收资本是指投资者按照公司章程或合同、协议的约定,实际投入公司的资本。投资者可以用现金投资,也可以用非现金资产投资。投资者投入的实收资本按其在注册资本中所占的份额入账,超过的部分计入资本公积。

公司收到投资者以外币投入的资本,采用交易日即期汇率折算成本位币,确认为实收资本。

(二)实收资本核算

1. 会计科目

(1)总账科目:"实收资本"。

(2)明细科目:①普通股、②优先股、③已归还投资,其中普通股下设国家股、集体股、法人股、外商股和个人股。

"实收资本"科目的贷方核算收到各投资者按投资章程规定的出资额,借方核算按规定减少投资或归还投资的数额,期末余额在贷方,反映公司实有的资本数额。

2. 会计事项

> **实收资本确认**

公司收到投资时,一般作如下处理:收到投资人投入的现金,应在实际收到或者存入公司开户银行时,按实际收到金额借记"银行存款"科目,以实物资产投资的,应在办理实物产权转移手续时借记有关资产科目,以无形资产投资的,应按照合同、协议或公司章程规定移交有关凭证时借记"无形资产"科目,按投入资本在注册资本中所占份额贷记"实收资本"科目,按其差额贷记"资本公积—资本溢价"科目。

例:A有限责任公司由甲、乙、丙共同投资设立,A公司注册资本为10,000,000元。甲、乙、丙持股比例分别为50%、30%和20%。20*7年1月1日A公司如期收到各投资者一次性缴足款项。A公司应作以下会计处理:

```
借:银行存款                           10,000,000
    贷:实收资本(甲)                    5,000,000
            (乙)                       3,000,000
            (丙)                       2,000,000
```

> **实收资本增加**

公司增加注册资本的,有限责任公司股东认缴新增资本的出资和股份有限公司的股东认购新股,应当分别依照《中华人民共和国公司法》设立有限责任公司缴纳出资和设立股份有限公司缴纳股款的有关规定执行。公司法定公积金转增为注册资本的,验资证明应当载明留存的该项公积金不少于转增前公司注册资本的25%。

公司变更实收资本的,应当提交依法设立的验资机构出具的验资证明,并应当按照公司章程载明的出资时间、出资方式缴纳出资。公司应当自足额缴纳出资或者股款之日起30日内申请变更登记。

增加资本的途径:

①将资本公积转为实收资本或者股本。会计上应借记"资本公积—资本溢价"或"资本公积—股本溢价"科目,贷记"实收资本"或"股本"科目。

②将盈余公积转为实收资本。会计上应借记"盈余公积"科目,贷记"实收资本"或"股本"科目。资

本公积和盈余公积均属所有者权益,转为实收资本时,企业如为独资企业的,直接结转即可;如为股份有限公司或有限责任公司,应按原投资者所持股份同比例增加各股东的股权。

③所有者(包括原企业所有者和新投资者)投入。企业接受投资者投入的资本,借记"银行存款"、"固定资产"、"无形资产"、"长期股权投资"等科目,贷记"实收资本"或"股本"等科目。

(1)资本公积和盈余公积转为实收资本

例:A 有限责任公司由甲、乙二人共同投资设立,原注册资本为 20,000,000 元。甲、乙出资分别为 15,000,000 元和 5,000,000 元。为了扩大经营规模,经批准,A 公司按照原出资比例将资本公积 5,000,000 元转增资本。A 公司应作以下会计处理:

借:资本公积　　　　　　　　　　　5,000,000
　　贷:实收资本—个人资本(甲)　　　3,750,000
　　　　　　　　—个人资本(乙)　　　1,250,000

(2)重组债务转为资本

参见本核算办法之"负债"之"应付账款"部分。

> **按法定程序报经批准减少实收资本**

公司减少注册资本的,应当自公告之日起 45 日后申请变更登记,并应当提交公司在报纸上登载公司减少注册资本公告的有关证明和公司债务清偿或者债务担保情况的说明。公司减资后的注册资本不得低于法定的最低限额。

按实收资本减少的金额,借记"实收资本"科目,贷记"银行存款"等科目。

例:公司 20*7 年 3 月 28 日由于经营规模缩小,资本过剩,经批准减资 800,000 元。

借:实收资本—法人资本　　　　　　800,000
　　贷:银行存款　　　　　　　　　　800,000

例:公司 20*7 年 12 月 31 日实收资本 10,000,000 元,未分配利润 2,500,000 元,由于产品市场的变化,资本过剩,经批准减资弥补亏损 2,500,000 元。

借:实收资本—法人资本　　　　　　2,500,000
　　贷:利润分配—未分配利润　　　　2,500,000

第二节　资本公积与留存收益

一、资本公积

(一)资本公积包括的内容

资本公积是公司收到投资者的超出其在公司注册资本(或股本)中所占份额的投资,以及直接计入所有者权益的利得和损失等。资本公积包括资本溢价(或股本溢价)和直接计入所有者权益的利得和损失等。

资本溢价(或股本溢价)是公司收到投资者的超出其在公司注册资本(或股本)中所占份额的投资。形成资本溢价(或股本溢价)的原因有溢价发行股票、投资者超额缴入资本、公司自投资者取得的货币或非货币性资产捐赠等。

直接计入所有者权益的利得和损失是指不应计入当期损益、会导致所有者权益发生增减变动的、与所有者投入资本或者向所有者分配利润无关的利得或者损失。

(二)资本公积核算

1.会计科目

(1)总账科目:"资本公积"。

(2)明细科目:①股本(资本)溢价、②其他资本公积。

"资本公积"科目贷方核算由于拨款转入和公允价值变动等原因引起的资本公积的增加,借方核算由于资本公积转增资本等原因引起的资本公积的减少,期末余额在贷方,反映公司资本公积的余额。

2.会计事项

➤ **股本(或资本)溢价**

公司收到投资者投入的资本,借记"银行存款"、"其他应收款"、"固定资产"、"无形资产"等科目,按其在注册资本或股本中所占份额,贷记"实收资本"或"股本"科目,按其差额,贷记"资本公积—资本溢价或股本溢价"科目。

与发行权益性证券直接相关的手续费、佣金等交易费用,借记"资本公积—股本溢价"科目,贷记"银行存款"等科目。

公司发行的可转换公司债券按规定转为股本时,应按"应付债券—可转换公司债券"科目余额,借记"应付债券—可转换公司债券"科目,按"资本公积—其他资本公积"科目中属于该项可转换公司债券的权益成分的金额,借记"资本公积—其他资本公积"科目,按股票面值和转换的股数计算的股票面值总额,贷记"股本"科目,按实际用现金支付的不可转换为股票的部分,贷记"银行存款"等科目,按其差额,贷记"资本公积—股本溢价"科目。

公司将重组债务转为资本的,应按重组债务的账面价值,借记"应付账款"等科目,按债权人放弃债权而享有本公司股份的面值总额,贷记"股本"科目,按股份的公允价值总额与相应的实收资本或股本之间的差额,贷记或借记"资本公积—资本溢价或股本溢价"科目,按重组债务的账面价值与股份的公允价值总额之间的差额,贷记"营业外收入—债务重组利得"科目。

股份有限公司采用收购本公司股票方式减资的,按股票面值和注销股数计算的股票面值总额,借记"股本"科目,按所注销的库存股的账面余额,贷记"库存股"科目,按其差额,借记"资本公积—股本溢价"科目,股本溢价不足冲减的,应借记"盈余公积"、"利润分配—未分配利润"科目;购回股票支付的价款低于面值总额的,应按股票面值总额,借记"股本"科目,按所注销的库存股的账面余额,贷记"库存股"科目,按其差额,贷记"资本公积—股本溢价"科目。

同一控制下控股合并形成的长期股权投资,应在合并日按取得被合并方所有者权益账面价值的份额,借记"长期股权投资"科目,按享有被投资单位已宣告但尚未发放的现金股利或利润,借记"应收股利"科目,按支付的合并对价的账面价值,贷记有关资产科目或借记有关负债科目,按其差额,贷记"资本公积—资本溢价或股本溢价"科目;为借方差额的,借记"资本公积—资本溢价或股本溢价"科目,资本公积不足冲减的,借记"盈余公积"、"利润分配—未分配利润"科目。

(1)公司20*7年4月8日委托证券公司代理发行普通股600,000股,每股面值1元,按每股2元的价格发行,公司与证券公司约定,按发行收入的3%收取手续费,并从发行收入中扣除,收到的股款已存入银行。

借:银行存款　　　　　　　　　　　　　1,164,000
　　贷:股本　　　　　　　　　　　　　　　600,000
　　　　资本公积—股本溢价　　　　　　　　564,000

注:发行手续费=2×600,000×3%=36,000(元),银行存款的入账价值=600,000×2-36,000=1,164,000(元),资本公积的入账价值=溢价收入-手续费=600,000-36,000=564,000(元)。

(2)公司原由甲、乙、丙投资者各自出资1,000,000元设立,设立时的实收资本为3,000,000元,20*7年4月18日,丁投资者加入该公司,出资1,800,000元取得该公司25%的股权。

```
借：银行存款                           1,800,000
    贷：实收资本——个人资本              1,000,000
        资本公积——资本溢价                800,000
```

> **其他资本公积**

（1）公司的长期股权投资采用权益法核算的，在持股比例不变的情况下，被投资单位除净损益以外所有者权益的其他变动，公司按持股比例计算应享有的份额，借记"长期股权投资——其他权益变动"科目，贷记"资本公积——其他资本公积"科目。

例：A 企业持有 B 企业 30% 的股份，能够对 B 企业施加重大影响。当期 B 企业因持有的可供出售金融资产公允价值的变动计入资本公积的金额为 1,800 万元，除该事项外，B 企业当期实现的净损益为 9,600 万元。假定 A 企业与 B 企业适用的会计政策、会计期间相同，投资时 B 企业有关资产、负债的公允价值与其账面价值亦相同。

A 企业在确认应享有被投资单位所有者权益的变动时，应进行的会计处理为：

```
借：长期股权投资——损益调整              28,800,000
             ——其他权益变动            5,400,000
    贷：投资收益                         28,800,000
        资本公积——其他资本公积            5,400,000
```

（2）公司以权益结算的股份支付换取职工或其他方提供服务的，应按权益工具授予日的公允价值，借记"管理费用"等相关成本费用科目，贷记"资本公积——其他资本公积"科目。

在行权日，应按实际行权的权益工具数量计算确定的金额，借记"资本公积——其他资本公积"科目，按计入实收资本或股本的金额，贷记"实收资本"或"股本"科目，按其差额，贷记"资本公积——资本溢价或股本溢价"科目。

案例参见本核算办法之"负债"之"应付职工薪酬"部分。

（3）资产负债表日，可供出售金融资产的公允价值变动形成利得，除减值损失和外币货币性金融资产形成的汇兑差额外，借记"可供出售金融资产——公允价值变动"科目，贷记"资本公积——其他资本公积"科目；公允价值变动形成损失，做相反的会计分录。

根据金融工具确认和计量准则确定可供出售金融资产发生减值的，按应减记的金额，借记"资产减值损失"科目，按应从所有者权益中转出的累计损失，贷记"资本公积——其他资本公积"科目，同时，如从所有者权益中转出的累计损失不足以弥补减值损失的，按二者差额贷记"可供出售金融资产——公允价值变动"科目。

案例参见本核算办法之"资产"之"可供出售金融资产"部分。

（4）将持有至到期投资重分类为可供出售金融资产，或将可供出售金融资产重分类为持有至到期投资的，按照"持有至到期投资"、"可供出售金融资产"等科目的相关规定进行处理，相应调整资本公积。

可供出售金融资产的后续计量，按照"可供出售金融资产"科目的相关规定进行处理，相应调整资本公积。

案例参见本核算办法之"资产"之"持有至到期投资"部分。

> **资本公积转增资本**

公司经股东大会或类似机构决议，用资本公积转增资本，借记"资本公积——资本溢价或股本溢价"科目，贷记"实收资本"或"股本"科目。

案例参见本章之"股本（实收资本）"部分。

二、留存收益

留存收益是指公司通过生产经营活动而创造的积累，尚未分配给股东的净收益，包括盈余公积与未分配利润。

(一)盈余公积核算的规定

盈余公积是指公司按照规定从净利润中提取的各种积累资金。盈余公积还可分为法定盈余公积和任意盈余公积两种。公司按照净利润的一定比例(按10%)提取法定盈余公积,但法定盈余公积累计金额达到注册资本的50%时,可以不再提取;任意盈余公积由股东大会或类似机构批准,按照规定的比例从净利润中提取。

外商投资公司的盈余公积包括储备基金、企业发展基金。储备基金是指按照法律、行政法规规定从净利润中提取的、经批准用于弥补亏损和增加资本的储备基金;企业发展基金是指按照法律、行政法规规定从净利润中提取的、用于企业生产发展和经批准用于增加资本的发展基金。

(二)盈余公积核算

1. 会计科目

(1)总账科目:"盈余公积"。

(2)明细科目:①法定盈余公积、②任意盈余公积、③储备基金、④企业发展基金、⑤利润归还投资。

上述明细科目中的"储备基金"、"企业发展基金"是外商投资公司采用的。

"盈余公积"科目的贷方核算提取的盈余公积,借方核算使用的盈余公积,期末余额在贷方,反映公司提取的盈余公积余额。

2. 会计事项

> **按规定提取的盈余公积**

公司提取盈余公积时,借记"利润分配—提取法定盈余公积"、"利润分配—提取任意盈余公积"科目,贷记"盈余公积—法定盈余公积"、"盈余公积—任意盈余公积"科目。

外商投资公司提取的储备基金、企业发展基金,借记"利润分配—提取储备基金"、"利润分配—提取企业发展基金"科目,贷记"盈余公积—储备基金"、"盈余公积—企业发展基金"、"应付职工薪酬"等科目。

(1)公司20*7年度实现净利润50,000,000元,公司董事会决定按净利润的10%提取的净利润作为法定盈余公积,8%的净利润作为任意盈余公积。

```
借:利润分配—提取法定盈余公积         5,000,000
   利润分配—提取任意盈余公积         4,000,000
   贷:盈余公积—法定盈余公积           5,000,000
       盈余公积—任意盈余公积           4,000,000
```

(2)外商投资公司,20*7年度实现净利润20,000,000元,按净利润的10%、5%和5%分别提取储备基金、企业发展基金和职工奖励及福利基金。

```
借:利润分配—提取储备基金             2,000,000
   利润分配—提取企业发展基金         1,000,000
   利润分配—提取职工奖励及福利基金   1,000,000
   贷:盈余公积—储备基金               2,000,000
       盈余公积—企业发展基金           1,000,000
       应付职工薪酬—职工福利费         1,000,000
```

> **用盈余公积弥补亏损**

公司经股东大会或类似机构决议,用盈余公积弥补亏损时,借记"盈余公积"科目,贷记"利润分配—盈余公积补亏"科目。外商投资公司经批准用储备基金弥补亏损时,借记"盈余公积—储备基金"科目,贷记"利润分配—盈余公积补亏"科目。

(1)公司20*7年8月18日经股东大会批准,用法定盈余公积8,000,000元弥补以前年度亏损。
借:盈余公积—法定盈余公积　　　　8,000,000
　　贷:利润分配—盈余公积补亏　　　　　　8,000,000
借:利润分配—盈余公积补亏　　　　8,000,000
　　贷:利润分配—未分配利润　　　　　　　8,000,000
(2)外商投资公司,20*7年12月8日经批准用储备基金6,000,000元弥补亏损。
借:盈余公积—储备基金　　　　　　6,000,000
　　贷:利润分配—盈余公积补亏　　　　　　6,000,000
借:利润分配—盈余公积补亏　　　　8,000,000
　　贷:利润分配—未分配利润　　　　　　　8,000,000

> **用盈余公积转增资本**

公司经股东大会或董事会的批准将盈余公积转赠资本,借记"盈余公积"科目,贷记"股本"或"实收资本"科目;外商投资公司经批准将盈余公积用于转增资本,借记"盈余公积"科目,贷记"实收资本"科目。

(1)公司于20*7年11月20日经批准将盈余公积10,000,000元转增资本。
借:盈余公积—法定盈余公积　　　　10,000,000
　　贷:股本　　　　　　　　　　　　　　10,000,000
(2)外商投资公司,20*7年12月16日经批准用企业发展基金4,000,000元转增资本。
借:盈余公积—企业发展基金　　　　4,000,000
　　贷:实收资本　　　　　　　　　　　　4,000,000

(三)未分配利润

1. 未分配利润的确认

未分配利润是公司留待以后年度进行分配的结存利润,也是公司股东权益的组成部分。相对于股东权益的其他部分来说,公司对于未分配利润的使用分配有较大的自主权,从数量上来说,未分配利润是期初未分配利润,加上本期实现的税后利润,减去提取的各种盈余公积和分出利润后的余额。

2. 未分配利润的核算

公司未分配利润的核算,是通过"利润分配—未分配利润"科目进行的。公司在生产经营过程中取得的收入和发生的成本费用,最终通过"本年利润"科目进行归集,计算出当年盈利,然后转入"利润分配—未分配利润"科目进行分配,其结存于"利润分配—未分配利润"科目的贷方余额,则为未分配利润;如为借方余额,则为未弥补亏损。年度终了,再将"利润分配"科目下的其他明细科目(盈余公积转入、提取法定盈余公积、应付优先股股利、提取任意盈余公积、应付普通股股利、转作股本的普通股股利)的余额,转入"未分配利润"明细科目。结转后,"未分配利润"明细科目的贷方余额,就是未分配利润的数额。如为借方余额,则表示未弥补亏损的数额。未分配利润核算的会计处理见利润分配核算部分。

第三节　专项储备

一、专项储备核算的规定

在中华人民共和国境内从事煤炭生产、非煤矿山开采、建设工程施工、危险品生产与储存、交通运输、烟花爆竹生产、冶金、机械制造、武器装备研制生产与试验(含民用航空及核燃料)的企业及其他经济组织按照国家规定提取的安全生产费,应当计入相关产品的成本或当期损益,同时记入"4301 专项储备"科目。

企业使用提取的安全生产费时,属于费用性支出的,直接冲减专项储备。企业使用提取的安全生产费形成固定资产的,应当通过"在建工程"科目归集所发生的支出,待安全项目完工达到预定可使用状态时确认为固定资产;同时,按照形成固定资产的成本冲减专项储备,并确认相同金额的累计折旧。该固定资产在以后期间不再计提折旧。

企业提取的维简费和其他具有类似性质的费用,比照上述规定处理。

二、专项储备的核算

1. 会计科目

(1)总账科目:"专项储备"。

(2)明细科目:按项目设置明细科目。

"专项储备"科目的贷方核算公司以各项目营业收入为基数,按规定比例计提的安全生产费(专项储备),借方核算公司实际支付的安全生产费,期末余额在贷方,反映公司所属各项目计提未使用的安全生产费。

独立核算各项目的专项储备科目不能出现负数,如某具体项目出现负数(使用大于计提)应补充提取。

集团内部分包的,由分包方计提安全生产费用,总包方不提。分包给集团外部单位的,由总包方计提。部分业务分包给集团内部单位,部分业务分包给集团外部单位的,由总包方计提分包给集团外部单位的部分。

2. 会计事项

➢ 安全生产费的计提、使用、冲回

(1)安全生产费的计提

各单位需在每季度末以各项目营业收入为基数,按规定比例计提安全生产费用,扣除以前年度已计提后的差额计入当期相应项目或产品的成本或费用。

借:工程施工(管理费用、在建工程)
　　贷:专项储备(按项目设明细核算)

(2)安全生产费的使用

各单位按规定范围使用安全生产费支付安全生产检查与评价支出、安全技能培训及进行应急救援演练支出等费用性支出时,直接冲减专项储备。会计分录如下:

借:专项储备—××项目
　　贷:银行存款等

企业使用提取的安全生产费形成固定资产的,应当通过"在建工程"科目归集所发生的支出,会计分录如下:

借:在建工程
　　贷:银行存款等

待安全项目完工达到预定可使用状态时确认为固定资产;同时,按照形成固定资产的成本冲减专项储备,并确认相同金额的累计折旧。该固定资产在以后期间不再计提折旧。会计分录如下:

借:固定资产
　　贷:在建工程
借:专项储备—××项目
　　贷:累计折旧

(3)安全生产费的冲回

项目完工验收后,该项目计提的尚未使用完的安全生产费结余要冲减项目成本,并转回递延所得税资产的余额。会计分录如下:

借:专项储备—××项目
　　贷:工程施工(管理费用等)
借:工程施工—合同毛利
　　贷:主营业务成本
借:所得税费用
　　贷:递延所得税资产

第八章 收 入

收入是指公司在日常活动中形成的、会导致所有者权益增加的、与所有者投入资本无关的经济利益的总流入,包括主营业务收入和其他业务收入。收入不包括为第三方或者客户代收的款项。公司应当根据收入的性质,按照收入确认的原则,合理地确认和计量各项收入。在确认收入时,还应考虑价款收回的可能性,估计价款不能收回的,不应确认收入;已经收回部分价款的,只将收回的部分确认为收入。

第一节 主营业务收入

主营业务收入是指经营主营业务而取得的收入,一般包括建造合同、BT 合同、BOT 合同、销售商品(除房地产外)、提供劳务及销售房地产、物业经营等所取得的收入。不同性质的公司主营业务的内容也不相同。主营业务收入一般占公司营业收入的比重较大。

一、主营业务收入核算的规定

(一)建造合同收入

1. 建造合同的结果能够可靠地估计

(1)建造合同的结果能够可靠地估计的,应当根据完工百分比法确认合同收入及费用。不同建造合同的结果能够可靠地估计的标准如下:

①固定造价合同需同时满足条件:合同总收入能可靠地计量、与合同相关的经济利益很可能流入公司、实际发生的合同成本能够清楚地区分和可靠地计量、合同完工进度和为完成合同尚需发生的成本能够可靠地确定。

②成本加成合同需同时满足条件:与合同相关的经济利益很可能流入公司、实际发生的合同成本能够清楚地区分和可靠地计量。

(2)建造合同采用完工百分比法确认收入与成本的计算步骤:

$$完工进度 = 累计实际发生的合同成本 \div 合同预计总成本 \times 100\%$$
$$= 已经完成的合同工作量 \div 合同预计总工作量 \times 100\%$$

或 按节点确认的累计完工百分比。

本期确认的合同收入 = 合同总收入 × 本期末止完工进度 − 以前期间已确认的收入

本期确认的合同成本 = 合同总成本 × 本期末止完工进度 − 以前期间已确认的成本

本期确认的合同毛利 = (合同总收入 − 合同预计总成本) × 完工百分比 − 以前年度累计已确认的毛利

合同毛利率 = (预计收入 − 预计成本) ÷ 预计收入 × 100%

2. 建造合同的结果不能可靠地估计

如果建造合同的结果不能可靠地估计,不能采用完工百分比法确认和计量合同收入及费用,应根据合同成本能否收回区别处理。

(1)合同成本能够收回的,合同收入根据能够收回的实际合同成本加以确认,合同成本在其发生的当期确认为合同费用。

(2)合同成本不可能收回的,应在发生时立即确认为合同费用,不确认合同收入。

3.合同预计损失处理

合同预计总成本超过合同总收入的,应当将预计损失确认为当期费用。

4.土地一级开发处理

公司实质进行土地开发的项目,应根据业务的实质判断遵循《企业会计准则第15号——建造合同》或《企业会计准则第14号——收入》准则,对一级土地开发进行会计处理,并确认相关的收入。

(二)BT合同

(1)BT合同日常核算,通过"工程施工—合同成本"归集日常发生的成本费用;通过"工程施工—合同毛利"归集期间确认的毛利。期末确认当期营业收入时,通过"长期应收款—BT合同"结转已完工程当期应收业主合同款。

BT项目实质上是企业向业主提供信贷并招揽承包业务的一种交易方式,即垫资业务和建造业务。会计处理上:

①公司应按照合同或协议的公允价值(一般指不含利息的协议价)确认预计总收入,并根据完工进度确认各期营业收入,相应确认"长期应收账款"。

预计总收入一般以中标总价款(完工后可收到的款项),根据合同约定的不同情况采用内含报酬率、合同利率或市场利率,对中标总价款折现后的金额确认。

②对于合同总收入与合同总价款的差异,采用上述相关利率,在合同期内分期确认为财务费用—利息收入。

(2)当期发生的成本和当期确认的毛利作为应收款反映,在"长期应收款"科目核算;期末应按实际利率对应收款账面价值进行重新确认,按摊余成本调整应收款账面价值,其调整差额作为财务费用的抵减处理。

中期报告需确认应收款的,"长期应收款"折现期限应以半年为期,以每年的6月30日和12月31日两个时点进行长期应收款的折现转回。

(3)BT合同涉及长期应收款,在按照摊余成本对长期应收款进行后续计量时,应确认相关的递延所得税负债,在实际结算工程款时将递延所得税负债予以转回。

(三)BOT合同

1.BOT合同的范围

BOT合同是以获取经营期收益为主要目的的自建项目,从项目经历过程看,分为建设过程、经营过程和移交过程。

如果经营过程收入能够准确确定,即项目建成后业主或政府按期归还项目投资,项目收入归业主或政府所有,则该项目不按BOT合同核算,其具体核算办法应参照BT合同核算办法执行。

2.BOT合同收入和成本的确定和计量

(1)BOT合同收入的确定。

①建造期间,项目公司对于所提供的建造服务应当按照《企业会计准则第15号——建造合同》确认相关的收入和费用。基础设施建成后,项目公司应当按照《企业会计准则第14号——收入》确认与后续经营服务相关的收入。

建造合同收入应当按照收取或应收对价的公允价值计量,并分别在以下情况确认收入的同时,确认金融资产或无形资产：

A. 合同规定基础设施建成后的一定期间内，项目公司可以无条件地自合同授予方收取确定金额的货币资金或其他金融资产的；或在项目公司提供经营服务的收费低于某一限定金额的情况下，合同授予方按照合同规定负责将有关差价补偿给项目公司的，应当在确认收入的同时确认金融资产，并按照《企业会计准则第22号——金融工具确认和计量》的规定处理。

B. 合同规定项目公司在有关基础设施建成后，从事经营的一定期间内有权利向获取服务的对象收取费用，但收费金额不确定的，该权利不构成一项无条件收取现金的权利，项目公司应当在确认收入的同时确认无形资产。

建造过程如发生借款利息，应当按照《企业会计准则第17号——借款费用》的规定处理。

②项目公司未提供实际建造服务，将基础设施建造发包给其他方的，不应确认建造服务收入，应当按照BOT合同所规定的基础设施建成后收取经营收入的方式，分别确认为金融资产或无形资产。

(2)建造阶段(B阶段)，项目公司提供实际建造服务的收入和成本的确定和计量。

对于实际提供建造服务的预计总收入应按一般可比建造投标报价金额即按公允价值确认，公允价值无法确认时应按预计可补偿成本确认收入；由于经营收入具有不确定性，所以一般项目不确认预计损失；形成无形资产的内容应与移交资产的内容相符，预计总成本应与预计总收入相匹配。

日常发生的成本费用通过"工程施工—合同成本"科目归集，期间建造利润通过"工程施工—合同毛利"科目确认；"工程施工"科目期末累计发生额确认为无形资产，并通过"无形资产—特许经营权"科目核算。在项目未完工或未投入运营期间，无形资产不摊销。

BOT合同一般都是以法人形式存在，但建造期间的支出应予以资本化，不应确认为期间费用；如是自建项目，营业税金及附加应在工程项目成本反映，不作为损益独立确认；所得税应参照BT项目核算办法确认递延税费，实际缴纳的税金通过"应交税费"借方反映，并在经营阶段中转回。

(3)经营阶段(O阶段)，应根据实际或应收到的金额确定和计量BOT项目的收入及成本。经营过程所确认的主营业务成本包括项目维护成本、项目经营人员职工薪酬和无形资产摊销费用等。期间费用应单独确认，包括管理人员所发生的费用、管理用固定资产折旧费用和银行贷款利息等。

(4)移交阶段(T阶段)，应根据公司清算要求，清理债权债务，编制有关公司清算报告，办理工商税务注销手续，资产清理净收入或净损失作为利得或损失。

3. BOT合同的资产管理

BOT合同最终形成资产的所有权归业主或政府所有，有特定期限的经营权归投资人所有。BOT业务所建造基础设施不应作为项目公司的固定资产，在建造过程中形成的只用于BOT合同经营期间的资产，不属于移交范围的实物资产，应作为固定资产或存货管理，不应构成无形资产内容。

(四)提供劳务

1. 提供劳务交易能够可靠估计

在资产负债表日提供劳务交易的结果能够可靠估计的，采用完工百分比法确认提供劳务收入。

(1)提供劳务交易能够可靠估计，是指同时满足下列条件：

①收入的金额能够可靠计量。
②相关经济利益很可能流入公司。
③交易的完工程度能够可靠地确定。
④交易中已发生和将发生的成本能可靠计量。

(2)完工百分比法的应用。完工百分比法是指按照提供劳务交易的完工进度确认收入与费用的方法。可以选用下列方法：

①已完工作的测量。

②已经提供的劳务占应提供劳务总量的比例。

③已经发生的成本占估计总成本的比例。

本期确认的收入＝劳务总收入×本期末止劳务完工进度－以前期间已确认的收入

本期确认的费用＝劳务总成本×本期末止劳务完工进度－以前期间已确认的费用

(3)勘察设计劳务项目

①如果在一个会计年度内完成的,应于项目验收交付时确认收入;跨期(即超过一个会计年度)的项目,应按完工百分比确认收入。

②完工百分比应根据各单位的具体情况,分别选用下列方法:已经发生的成本占估计总成本的比例;已经提供的劳务占应提供劳务总量的比例;已完工作的测量。

公司业务部门应于每个报告期末,给财务资金部提供当期《收入、成本的计算表》中的相关数据和相关的支持性证明文件。

财务人员根据完工百分比计算的收入和完工进度与业务部门确认的进度、提供的资料进行核对,核对相符后确认各项目的收入、成本。

《收入、成本的计算表》中至少应包括:项目名称、年度、合同编号、合同金额、合同总成本、合同执行阶段、累计完工进度、以前年度确认收入、本期确认收入、以前年度确认成本、本期确认成本、本期应收账款余额、项目经理等。同时《收入、成本的计算表》须经以下人员盖章或签字:

A.经营部门及负责人;

B.合约预算管理部门及负责人;

C.财务资金部负责人。

支持性证明文件是指能够证明项目完工百分比的相关证据,如设计文件或报告的签收单/审批单、业主的完工进度确认单、相关评审委员会的审阅和批准等资料。当期收入较大的项目应当要提供与完工百分比相对应的支持性证明文件。

2.提供劳务交易不能可靠估计

在资产负债表日提供劳务交易结果不能够可靠估计的,应当分别按下列情况处理:

①已经发生的劳务成本预计能够得到补偿的,按照已经发生的劳务成本金额确认提供劳务收入,并按相同金额结转劳务成本。

②已经发生的劳务成本预计部分能够得到补偿的,应按能够得到补偿的劳务成本确认提供劳务收入,并结转已经发生的劳务成本。

③已经发生的劳务成本预计全部不能够得到补偿的,应当将已经发生的劳务成本计入当期损益,不确认提供劳务收入

3.提供劳务成本计量

提供劳务时应对已发生和将发生的成本进行可靠计量,企业应当建立完善的内部成本核算制度和有效的内部财务预算及报告制度,准确地提供每期发生的成本,并对完成剩余劳务将要发生的成本作出科学、合理地估计。同时应随着劳务的不断提供或外部情况的不断变化,随时对将要发生的成本进行修订。

不同劳务合同的成本应按项目单独核算,以便反映项目已发生的劳务成本。对工程发生的成本费用要采用合理的方法分摊,计入项目成本费用。

4.同时销售商品和提供劳务交易

公司与其他公司签订的合同或协议包括销售商品和提供劳务时,销售商品部分和提供劳务部分能够区分且能够单独计量的,将销售商品的部分作为销售商品处理,将提供劳务部分作为提供劳务处理。

销售商品部分和提供劳务部分不能够区分,或虽能区分但不能够单独计量的,将销售商品部分和提供劳务部分全部作为销售商品处理。

5.其他核算要求

合同金额在300万元以上的劳务合同,该合同项目必须独立核算。

(五)商品销售

1.销售商品收入确认条件

(1)销售商品收入同时满足下列条件的,按从购货方已收或应收的合同或协议价款的金额确认销售商品收入:

①公司已将商品所有权上的主要风险和报酬转移给购货方。
②公司既没有保留通常与所有权相联系的继续管理权,也没有对已售出的商品实施有效控制。
③收入的金额能够可靠地计量。
④相关的经济利益很可能流入公司。
⑤相关的已发生或将发生的成本能够可靠地计量。

2.销售商品收入确认条件的具体应用形式

①采用托收承付方式的,在办妥托收手续时确认收入。
②采用预收款方式的,在发出商品时确认收入,预收的货款确认为负债。
③需要安装和检验的,在购买方接受商品以及安装和检验完毕前,不确认收入,待安装和检验完毕时确认收入。如果安装程序比较简单,可在发出商品时确认收入。
④采用以旧换新方式的,销售的商品应当按照销售商品收入确认条件确认收入,回收的商品作为购进商品处理。
⑤对于订货销售,应在发出商品时确认收入,在此之前预收的货款应确认为负债。
⑥采用支付手续费方式委托代销的,在收到代销清单时确认收入。
⑦采用售后回购方式销售商品的,收到的款项应确认为负债;回购价格大于原售价的,差额应在回购期间按期计提利息,计入财务费用。有确凿证据表明售后回购交易满足销售商品收入确认条件的,销售的商品按售价确认收入,回购的商品作为购进商品处理。
⑧采用售后租回方式销售商品的,收到的款项应确认为负债。售价与资产账面价值之间的差额,应当采用合理的方法进行分摊,作为折旧费用或租金费用的调整。有确凿证据表明,认定为经营租赁的售后租回交易是按照公允价值达成的,销售的商品按售价确认收入,并按账面价值结转成本。

3.销售商品收入的会计处理

公司按照从购货方已收或应收的合同或协议价款确定销售商品收入金额,但已收或应收的合同或协议价款不公允的除外。

应收的合同或协议价款的收取采用递延方式(如分期收款销售商品),实际上具有融资性质的,按照应收的合同或协议价款的公允价值确定销售商品收入金额。应收的合同或协议价款与其公允价值之间差额,确认为未实现融资收益,在合同或协议期间内采用实际利率法进行摊销,计入当期损益。如按照实际利率法摊销与直线法摊销结果相差不大的,也可采用直线法进行摊销。

4.销售商品涉及现金折扣、商业折扣、销售折让的处理

(1)现金折扣,是指债权人为鼓励债务人在规定的期限内付款而向债务人提供的债务扣除。销售商品涉及现金折扣的,按照扣除现金折扣前的金额确定销售商品收入金额。现金折扣在实际发生时计入财务费用。

(2)商业折扣,是指公司为促进商品销售而在商品标价上给予的价格扣除。销售商品涉及商业折扣的,按照扣除商业折扣后的金额确定销售商品收入金额。

(3)销售折让,是指公司因售出商品的质量不合格等原因而在售价上给予的减让。对于商业折让应分别情况处理:

①公司已经确认销售商品收入的售出商品发生销售折让的,在发生时冲减当期销售商品收入。
②销售折让属于资产负债表日后事项的,适用资产负债表日后事项准则的有关规定。

5. 销售退回及附有销售退回条件的商品销售的处理

(1)销售退回

销售退回是指公司售出的商品由于质量、品种不符合要求等原因而发生的退货。对于销售退回应分别情况处理:

①公司已经确认销售商品收入的售出商品发生销售退回的,在发生时冲减当期销售商品收入。
②销售退回属于资产负债表日后事项的,适用资产负债表日后事项准则的有关规定。

(2)附有销售退回条件的商品销售

附有销售退回条件的商品销售是指购买方依照协议有权退货的方式,公司根据以往经验能够合理估计退货可能性且确认与退货相关负债的,应在发出商品时确认收入;不能合理估计退货可能性的,应在售出商品退货期满时确认收入。

(六)房地产业务

1. 收入的确认范围

房地产销售收入是指房地产开发公司开发的房地产在市场上进行销售获得的收入,包括土地使用权转让收入、商品房销售收入、保障性住房销售收入。

房地产开发公司出售自用的作为固定资产核算的房产不是"房地产销售收入"的核算对象。

2. 收入的确认

企业自行建造或通过分包商建造房地产,应当根据房地产建造协议条款和实际情况,判断确认收入应适用的会计准则。

房地产购买方在建造工程开始前能够规定房地产设计的主要结构要素,或者能够在建造过程中决定主要结构变动的,房地产建造协议符合建造合同定义,企业应当遵循《企业会计准则第15号——建造合同》确认收入。

房地产购买方影响房地产设计的能力有限(如仅能对基本设计方案做微小变动)的,企业应当遵循《企业会计准则第14号——收入》中有关商品销售收入的原则确认收入。同时满足以下条件:

(1)已办妥竣工备案手续。
(2)签订正式房屋销售合同,并报政府房管部门登记备案。
(3)房屋的成本能够可靠计量或合理预估。
(4)取得了买方按销售合同约定交付房产的付款证明(通常收到销售合同首期款及已确认余下房款时付款安排)。
(5)购房人已办理房屋交付及入住手续,或已向购房人发出书面通知、购房人无正当理由拒绝接收的,于书面交房通知确定的交付时限结束后即确认收入的实现。

3. 土地一级开发处理

公司实质进行一级土地开发的项目,应根据业务的实质判断遵循《企业会计准则第14号——收入》(区分商品销售收入、提供劳务收入)、《企业会计准则第15号——建造合同》准则,对一级土地开发进行会计处理,并确认相关的收入。

一级开发采用招投标方式,公司筹集资金,土地转让后收取资金,未来采用成本加成或收益分成等方式获取收益的,一般认为公司承担主要风险,应采用全额法确认收入。

一级开发采用委托方式,政府负责筹集开发资金,未来一般采用成本加成方式获取收益,一般认为公司属于代建,应采用提供劳务(净额法)来确认收入。

(七)物业收入

1. 收入的确认范围

物业收入是指物业公司为业主提供相应的劳务,或经营公司物业所获得的收入,具体包括物业服务收入、物业经营收入。

2. 收入的确认

物业服务收入分为公共性服务收入和特约服务收入两部分。公共性服务是指为物业产权人、使用人提供公共卫生清洁、公共设施的维修保养和保安、绿化而收取的公共性服务费;特约服务收入是指物业公司向物业产权人、使用人提供特约服务而收取的服务费。公共性服务收入应予提供公共性服务期间且符合收入确认条件时进行确认,特约服务收入在提供劳务时确认收入。

物业经营收入指出租自有投资性房地产或受托代管房产所收取的房租及服务费,应于房租及服务费所属期间按照权责发生制原则确认收入。

(八)让渡资产使用权

让渡资产使用权收入主要包括:

(1)利息收入,按照他人使用本公司货币资金的时间和实际利率计算确定。主要指金融企业对外贷款形成的利息收入,以及同业之间发生往来形成的利息收入等。

(2)使用费收入,按照有关合同或协议约定的收费时间和方法确定。主要指企业转让或出租无形资产(如商标权、专利权、专营权、软件、版权)等资产使用权形成的使用费收入。

企业对外出租资产收取的租金、进行债权投资收取的利息、进行股权投资取得的现金股利,也构成让渡资产使用权收入,有关会计处理,参照有关租赁、金融工具确认和计量、长期股权投资等内容。

让渡资产使用权收入同时满足:

(1)相关的经济利益很可能流入企业。

(2)收入的金额能够可靠地计量。

二、主营业务收入核算

1. 会计科目

(1)总账科目:"主营业务收入"。

(2)明细科目:"主营业务收入"科目设置①内部收入、②外部收入二级明细科目,同时设置建造合同收入、劳务合同收入、销售商品收入、房地产销售收入、让渡资产使用权收入等三级科目。

"主营业务收入"科目的贷方核算公司已实现的主营业务收入,借方核算已结转的主营业务收入,期末结转后无余额。

2. 会计事项

(1)建造合同

> **建造合同结果能可靠估计**

公司20*7年1月1日中标后与业主签订A工程固定造价合同,合同金额为1,000万元,预计工程成本为800万元,预计毛利率为20%,该合同结果能够可靠估计。

20*7年1月31日:已完工工程实际支出为50万元,其中:人工费10万元、材料费10万元、机械使用费10万元、其他直接费10万元和间接费用10万元。

假设工程部门对该工程的预计总收入、预计工程总成本维持原先预测,营业税税率为5%,城建及教育费附加合计为10%。则:

完工百分比=50÷800×100%=6.25%

本期营业收入＝1000×6.25％－0＝62.50(万元)

本期工程毛利＝62.50×20％－0＝12.50(万元)

本期营业成本＝62.50－12.50＝50(万元)

税金及附加＝62.50×5％×(1＋10％)＝3.4375(万元)

期末会计处理：

借:主营业务成本	500,000	
工程施工—合同毛利(A工程)	125,000	
贷:主营业务收入		625,000
借:营业税金及附加	34,375	
贷:应交税费		34,375

注：营业税费按本年营业额确认，工程实际缴纳税金应按工程结算额确认。

◇ 调整工程预计毛利率的会计处理

承上例，20＊7年2月28日，本月已完工工程实际支出为成本100万元，累计已完工程成本为150万元，本月已确认的工程结算款90万元，本月实际收到工程款100万元。

假设工程部门对该工程的预计收入不变，但预计工程总成本为850万元，或工程毛利率调整为15％，则：

完工百分比＝150÷850×100％＝17.65％

本期营业收入＝1 000×17.65％－(50＋12.50)

　　　　　＝176.50－62.50＝114.00(万元)

本期工程毛利＝114.00－100.00＝14.00(万元)

本期营业成本＝100.00(万元)

税金及附加＝114.00×5.5％＝6.27(万元)

期末会计处理：

借:主营业务成本	1,000,000	
工程施工—合同毛利(A工程)	140,000	
贷:主营业务收入		1,140,000
借:营业税金及附加	62,700	
贷:应交税费		62,700

➢ **建造合同结果不能可靠估计**

建造合同的结果不能可靠估计，但成本能收回，可按当期发生的实际成本确认为合同收入和合同成本；如果实际发生的成本已收不回来，不确认收入，发生的实际成本在发生时即可确认为费用。

①公司20＊7年承建甲公司宿舍一栋，预计20＊9年全部完工，20＊7年实际发生成本500,000元。到20＊7年12月31日该项合同的金额无法确定，工程款项500,000元已收到或合理预计可以收到。公司按实际发生的成本确认收入和成本。

借:主营业务成本	500,000	
贷:主营业务收入		500,000

②公司20＊7年承建甲公司厂房一栋，预计20＊9年全部完工，20＊7年实际发生成本1,800,000元。该工程已经发生的合同成本由于甲公司无法持续经营，只能收回1,500,000元。

借:主营业务成本	1,800,000	
贷:主营业务收入		1,500,000
工程施工—合同毛利		300,000

➢ **建造合同的分包工程**

参见本核算办法之"负债"之"应付款项"部分。

（2）BT 合同

> **BT 合同建造阶段**（B 阶段）

例：20*7 年 1 月 1 日中标 BT 合同，合同移交受让款由①合同价格、②合同价格的调整（或变更）、③投资回报、④合同约定其他可调整的费用组成。

合同价格：28 亿元，包括：前期工作配套费用为 9 亿元；建安工程费、监理费、建设单位管理费等，暂定为 19 亿元。

投资回报（即业主给的利息收入）：投资回报以项目公司专用账户收到的实际投资额（包括投入的资本金与银行贷款），按实际到账时间结合相应的投资回报率计算，投资回报率为 5 年期同期银行贷款利率计算。不同 BT 合同约定的条款不同，如：利率不同、计息期不同、投资的资金中部分不能计算投资回报等。

初始确认合同预计总成本应为 25 亿元；期末应调整合同预计总成本，从而确认项目预计毛利，假设合同预计总成本不变；按实际成本法确认的完工百分比 2007 年 12 月 31 日和 2008 年 12 月 31 日分别为 10% 和 40%。

①2007 年 12 月 31 日，确认营业收入为 28×10%＝2.8 亿元，营业成本为 25×10%＝2.5 亿元，毛利为 2.8－2.5＝0.3 亿元，筹资利息支出 0.8 亿元，业主给的投资回报 0.9 亿元。

会计处理：

A. 毛利

借：主营业务成本　　　　　　　　　　　　　250,000,000
　　工程施工—合同毛利　　　　　　　　　　 30,000,000
　　贷：主营业务收入　　　　　　　　　　　　　280,000,000

注：根据税法规定，建造合同的利润要交纳企业所得税的。

B. 流转税（税率为 3.22%，包括营业税和城建税等）

借：营业税金及附加　　　　　　　　　　　　　9,016,000
　　贷：应交税费　　　　　　　　　　　　　　　9,016,000

注：应收到款项时才交纳流转税。

C. 结转合同成本及毛利

借：长期应收款—BT 合同　　　　　　　　　　280,000,000
　　贷：工程结算　　　　　　　　　　　　　　　280,000,000

D. 确认利息收入、支出

借：财务费用—利息支出　　　　　　　　　　　80,000,000
　　贷：银行存款　　　　　　　　　　　　　　　80,000,000

借：长期应收款—BT 合同—（业主）　　　　　　90,000,000
　　贷：财务费用—利息收入　　　　　　　　　　90,000,000

E. 2007 年财务费用的利息收入形成递延所得税资产（税率为 25%）

借：所得税费用　　　（9,000×25%）　　　　　22,500,000
　　贷：递延所得税负债　　　　　　　　　　　　22,500,000

F. 交纳企业所得税

借：应交税金—企业所得税　［(300－100)×25%］　500,000
　　贷：银行存款　　　　　　　　　　　　　　　　　500,000

注：合同毛利 300 万元、扣除 100 万元的管理费用后，应交企业所得税为 50 万元。

②2008 年的分录同上。

> **BT 合同移交阶段**（T 阶段）

2010 年 1 月，工程结算与工程施工进行清理。

借：工程结算　　　　　　　　　　　　　　　2,800,000,000

贷:工程施工——合同成本　　　　　　　　　　　　　　　　2,500,000,000
　　　　——合同毛利　　　　　　　　　　　　　　　　　　　300,000,000

例:2007年1月1日中标BT合同价款21,000万元,其中垫资利息1,000万元;合同预计总成本为18,000万元;工期3年,完工一次支付价款。2007年发生成本费用1,800万元,2007年发生利息支出200万元,2008年发生成本费用7,200万元,2008年发生利息支出400万元。则:

合同总收入:按实际利率8.22%对21,000万元折现后20,000万元确认,或当合同约定利率(如未考虑时间价值或采用单利计息等)与实际利率不一致但对会计核算的影响较小时,可近似使用合同约定利率,则合同总收入按合同价款扣除业主补偿的信贷利息(按合同约定利率计算)后的金额确认,即21,000万元-1,000万元=20,000万元。

用插补法解:$2000(1+r)^2+8,000(1+r)+10,000=21,000$,实际利率$r=8.22\%$。

初始确认合同预计总成本应为18,000万元;期末应调整合同预计总成本,从而确认项目预计毛利,假设合同预计总成本不变;按实际成本法确认的完工百分比2007年12月31日和2008年12月31日分别为10%和40%。

①2007年12月31日,确认营业收入为20,000×10%=2,000(万元),营业成本为18,000×10%=1,800(万元),毛利为2,000-1,800=200(万元)。

会计处理:

A. 毛利
借:主营业务成本　　　　　　　　　　　　　　　　　　　　18,000,000
　　工程施工——合同毛利　　　　　　　　　　　　　　　　2,000,000
　　贷:主营业务收入　　　　　　　　　　　　　　　　　　　20,000,000

B. 流转税(税率为3.22%,包括营业税和城建税等)
借:营业税金及附加　　　　　　　　　　　　　　　　　　　　644,000
　　贷:应交税费　　　　　　　　　　　　　　　　　　　　　　644,000

C. 结转合同成本及毛利
借:长期应收款——BT合同(业主)　　　　　　　　　　　　20,000,000
　　贷:工程结算　　　　　　　　　　　　　　　　　　　　　20,000,000

D. 支付利息
借:财务费用——利息支出　　　　　　　　　　　　　　　　　2,000,000
　　贷:银行存款　　　　　　　　　　　　　　　　　　　　　　2,000,000

E. 核实长期应收款账面价值

2007年12月31日确认应收业主工程款为2,000万元,按折现金额确定利息收入为164.4万元,假设预计项目按完工百分比确认每期营业收入见下表:

时　　点	当期收入(万元)	累计利息收入(万元)
2007年12月31日	2,000	164.40
2008年12月31日	8,000	164.40+177.91=342.31
2009年12月31日	10,000	164.40+177.91+657.69=1,000

借:长期应收款　　　　　　　　　　　　　　　　　　　　　　1,644,000
　　贷:财务费用——利息收入　　　　　　　　　　　　　　　1,644,000

F. 2007年利息收入164.4万元,形成递延所得税负债
借:所得税费用——递延所得税费用　　　　　　　　　　　　　411,000
　　贷:递延所得税负债　　　　　　　　　　　　　　　　　　　411,000

②2008年12月31日,确认营业收入为20,000×50%-2,000=8,000(万元),营业成本为18,000×50%-1,800=7,200(万元),毛利为8000-7,200=800(万元)。

会计处理:
A. 毛利
借:主营业务成本　　　　　　　　　　　　　　　　72,000,000
　　工程施工—合同毛利　　　　　　　　　　　　　8,000,000
　　贷:主营业务收入　　　　　　　　　　　　　　　　　　　80,000,000
B. 流转税(税率为3.22%,包括营业税和城建税等)
借:营业税金及附加　　　　　　　　　　　　　　　　2,576,000
　　贷:应交税费　　　　　　　　　　　　　　　　　　　　　2,576,000
C. 结转合同成本及毛利
借:长期应收款—BT合同(业主)　　　　　　　　　80,000,000
　　贷:工程结算　　　　　　　　　　　　　　　　　　　　80,000,000
D. 支付利息
借:财务费用—利息支出　　　　　　　　　　　　　4,000,000
　　贷:银行存款　　　　　　　　　　　　　　　　　　　　4,000,000
E. 核实长期应收款账面价值
2008年12月31日确认应收业主工程款为2,000万元,在2008年的折现利息收入177.91万元。
借:长期应收款　　　　　　　　　　　　　　　　　1,779,100
　　贷:财务费用—利息收入　　　　　　　　　　　　　　　1,779,100
F. 2008年利息收入177.91万元,形成递延所得税负债
借:所得税费用—递延所得税费用　　　　　　　　　444,800
　　贷:递延所得税负债　　　　　　　　　　　　　　　　　444,800

③2009年按预期完工,预计2010年1月份收到工程款。
会计处理:
A. 毛利
借:主营业务成本　　　　　　　　　　　　　　　　90,000,000
　　工程施工—合同毛利　　　　　　　　　　　　　10,000,000
　　贷:主营业务收入　　　　　　　　　　　　　　　　　　100,000,000
B. 流转税(税率为3.22%,包括营业税和城建税等)
借:营业税金及附加　　　　　　　　　　　　　　　　3,220,000
　　贷:应交税费　　　　　　　　　　　　　　　　　　　　　3,220,000
C. 结转合同成本及毛利
借:长期应收款—BT合同　　　　　　　　　　　　100,000,000
　　贷:工程结算　　　　　　　　　　　　　　　　　　　100,000,000
D. 核实长期应收款账面价值
借:长期应收款　　　　　　　　　　　　　　　　　6,576,900
　　贷:财务费用—利息收入　　　　　　　　　　　　　　　6,576,900
E. 2009年利息收入657.69万元,形成递延所得税费用
借:所得税费用　　　　　　　　　　　　　　　　　1,644,200
　　贷:递延所得税负债　　　　　　　　　　　　　　　　1,644,200

④缴纳税款。
2010年1月收到工程款的处理及实际交纳税款的处理:
A. 流转税的交纳(税率为3.22%,包括营业税和城建税等)
借:应交税费　　　(21,000×3.22%)　　6,762,000

贷：银行存款　　　　　　　　　　　　　　　　　　　6,762,000
　　B.所得税的结转和交纳（利息收入）
　　借：递延所得税负债　　　　　　　　　　　　　　　　　2,500,000
　　　贷：应交税费—所得税　　　　　　　　　　　　　　　　2,500,000
　　借：应交税费—所得税　　　　　　　　　　　　　　　　　2,500,000
　　　贷：银行存款　　　　　　　　　　　　　　　　　　　2,500,000
　⑤2010年1月，工程结算与工程施工进行清理。
　　借：工程结算　　　　　　　　　　　　　　　　　　　200,000,000
　　　贷：工程施工—合同成本　　　　　　　　　　　　　180,000,000
　　　　　　　—合同毛利　　　　　　　　　　　　　　　20,000,000

（3）BOT合同

> **BOT合同建造阶段（B阶段）**

案例参见本核算办法之"无形资产、商誉与长期待摊费用"之"无形资产"之"BOT合同项目形成的特许经营权"。

> **BOT合同运营阶段（O阶段）**

①按照工作量法或直线法摊销无形资产，特许经营权中属于设备的资产，其使用年限较特许经营权的期限短，则摊销年限可参照同类固定资产的使用年限确定，该设备资产更新时，应重新调整特许经营权的账面价值。

②特许经营权的现金流入为O阶段收入，维护费用为当期的成本或者费用。
　　借：银行存款
　　　贷：主营业务收入
　　借：主营业务成本
　　　　管理费用
　　　贷：累计摊销—特许经营权
　　　　　银行存款

③更新设备。
　A.清理
　　借：固定资产清理
　　　　累计摊销—特许经营权
　　　贷：无形资产—特许经营权—设备
　　借：营业外支出（可能是营业外收入）
　　　　现金（清理废品收入）
　　　贷：固定资产清理
　B.更新设备
　　借：无形资产—特许经营权—设备
　　　贷：银行存款（等）

> **BOT合同移交阶段（T阶段）**

应根据公司清算要求，清理债权债务，编制有关公司清算报告，办理工商税务注销手续，资产清理净收入或净损失作为利得或损失。

案例参见本核算办法之"无形资产、商誉与长期待摊费用"之"无形资产"之"BOT合同项目的移交"。

（4）提供劳务

> **劳务交易结果能否可靠估计**

例：设计院于20*7年12月1日为一客户的交通工程项目提供设计咨询,合同总额150万元,合同期限3个月。至20*7年12月31日已发生成本60万元,预计完成合同还将发生成本40万元。预收账款80万元。12月31日,经专业测定,工作量完成40%。

本合同符合劳务收入的确认条件,该单位为A客户提供设计咨询始于12月,到次年才能完成,属于收入的确认分属于不同会计年度的问题。且由于资产负债表日能够可靠估计劳务的结果,应采用完工百分比法确认收入。

本例提供了两种完工百分比可选用的方法:一是已完工作的测量;二是已经发生的成本占估计总成本的比例。"当同一种劳务可以选用一种以上的方法来确定完成程度时,应以采用何种标准更准确为原则",本例中,工作量测定更直接反映了工作的完成程度,因此,应选用工作测量法。

12月31日,专业测量工作量完成40%,因此其完工程度为40%,2007年应确认劳务收入:150×40%=60(万元),应确认相关成本:(60+40)×40%=40(万元)。

①劳务成本的归集
借:劳务成本—合同成本　　　　　　　　　　600,000
　贷:应付工资、原材料、折旧等　　　　　　　600,000

②收到的工程价款的处理
借:银行存款　　　　　　　　　　　　　　　800,000
　贷:应收账款—A客户　　　　　　　　　　　800,000

③当期收入的确认
根据合同总收入和完工百分比确认合同劳务收入,并根据上述结果确认劳务成本和合同毛利。
借:主营业务成本　　　　　　　　　　　　　400,000
　贷:劳务成本—合同成本　　　　　　　　　　400,000
借:应收账款(A客户)　　　　　　　　　　　600,000
　贷:主营业务收入　　　　　　　　　　　　　600,000

④营业税金的确认
根据配比原则,按完工百分比确认当期主营业务收入的同时应确认营业税金及附加。假如相关营业税金的征收比例为3.3%。
借:营业税金及附加　(600,000×3.3%)　　　19,800
　贷:应交税费　　　　　　　　　　　　　　　19,800

注:营业税费按本年营业额(扣除可以抵扣的分包成本)确认,实际缴纳的流转税金是按照实际收到的结算款扣除可以抵扣并已开具发票的成本计算缴纳。

⑤缴纳公司流转税
借:应交税费　　(800,000×3.3%)　　　　　26,400
　贷:银行存款　　　　　　　　　　　　　　　26,400

注:年末"应收账款—A客户"科目余额为60-80=-20(万元)(贷方),属于该项目的预收账款,出现应交税金的借方余额26,400-19,800=6,600(元)。

➢ 同时销售商品和提供劳务交易

公司20*7年1月24日销售给立新公司设备一台,增值税发货票上注明货款5,200,000元,增值税款为884,000元,销售货款中包括:售后服务费52000元,服务期为2年。

①1月24日确认商品销售收入
借:应收账款　　　　　　　　　　　　　　6,032,000
　贷:主营业务收入—外部收入　　　　　　　5,148,000
　　　应交税费—应交增值税—销项税额　　　884,000

②20*7年12月31日确认劳务收入

借:应收账款　　　　　(52,000÷2)　　26,000
　　贷:主营业务收入—外部收入　　　　　　26,000

(5)商品销售

> **正常销售**

公司 20＊7 年 6 月 27 日出售给乙公司的 A 产品,不含税价款为 100,000 元,增值税款 17,000 元,款到发货。

　　借:银行存款　　　　　　　　　　　　117,000
　　　贷:主营业务收入—自营收入　　　　　100,000
　　　　应交税费—应交增值税—销项税额　　17,000

> **售后回购**

公司于 5 月 1 日向乙公司销售商品,不含税价格为 100 万元,增值税 17 万元,成本为 80 万元。公司应于 9 月 30 日以 110 万元购回。

①销售时,编制如下会计分录:

　　借:银行存款　　　　　　　　　　　　1,170,000
　　　贷:库存商品　　　　　　　　　　　　800,000
　　　　应交税费—应交增值税(销项税额)　　170,000
　　　　其他应付款　　　　　　　　　　　　200,000

②每月(5～8 月份)末计提利息时,编制如下会计分录:

　　借:财务费用　　　　　　　　　　　　20,000
　　　贷:其他应付款　　　　　　　　　　　20,000

③回购时,编制如下会计分录:

　　借:库存商品　　　　　　　　　　　　1,100,000
　　　应交税费—应交增值税—进项税额　　187,000
　　　贷:银行存款　　　　　　　　　　　　1,287,000
　　借:其他应付款　　　　　　　　　　　280,000
　　　财务费用　　　　　　　　　　　　　20,000
　　　贷:库存商品　　　　　　　　　　　　300,000

> **分期收款销售**

例: 20＊5 年公司售出设备一套,协议约定采用分期收款方式,从销售当年末分 5 年分期收款,每年 400 万元,合计 2,000 万元,该设备成本 1,560 万元,在现销方式下销售价格为 1,600 万元。开具增值税专用发票,注明增值税额 340 万元,并于当天收到增值税额 340 万元。

分析: 应当确认销售收入为 1,600 万元。

未来 5 年收款额的现值＝现销方式下应收款项金额

$400 \times (P/A, r, 5) + 340 = 1,600 + 340 = 1,940$(万元)

在多次测试基础上,用插值法计算折现率。

当 $r = 7\%$ 时,$400 \times 4.1002 + 340 = 1,980.08 > 1,940$

当 $r = 8\%$ 时,$400 \times 3.9927 + 340 = 1,937.08 < 1,940$

因此,$7\% < r < 8\%$。用插值法计算如下:

现值(万元)	利　率
1,980.08	7%
1,940	r
1,937.08	8%

$(1,980.08 - 1,940) \div (1,980.08 - 1,937.08) = (7\% - r) \div (7\% - 8\%)$

$r = 7.93\%$

每期计入财务费用的金额如下：

日　期 t	未收本金(万元) $A_{t-1} - D_{t-1}$	财务费用(万元) $B = A \times 7.93\%$	收现总额(万元) C	已收本金(万元) $D = C - B$
20＊5年1月1日	1,600.00			
20＊5年12月31日	1,600.00	126.88	400.00	273.12
20＊6年12月31日	1,326.88	105.22	400.00	294.78
20＊7年12月31日	1,032.10	81.85	400.00	318.15
20＊8年12月31日	713.95	56.62	400.00	343.38
20＊9年12月31日	370.57	29.43	400.00	370.56
总额		400.00	2,000.00	1,600.00

注：20＊9年12月31日的29.43万元系尾数调整数。

根据上表计算结果，公司各期分录如下：

①20＊5年1月1日销售实现时

借：长期应收款	20,000,000	
银行存款	3,400,000	
贷：主营业务收入		16,000,000
应交税费—应交增值税—销项税额		3,400,000
未实现融资收益		4,000,000
借：主营业务成本	15,600,000	
贷：库存商品		15,600,000

②20＊5年12月31日收取货款时

借：银行存款　　　　　　　　　　　　　　4,000,000
　　贷：长期应收款　　　　　　　　　　　　　　4,000,000
借：未实现融资收益　　　　　　　　　　　1,268,800
　　贷：财务费用　　　　　　　　　　　　　　　1,268,800

③20＊6年12月31日收取货款时

借：银行存款　　　　　　　　　　　　　　4,000,000
　　贷：长期应收款　　　　　　　　　　　　　　4,000,000
借：未实现融资收益　　　　　　　　　　　1,052,200
　　贷：财务费用　　　　　　　　　　　　　　　1,052,200

④20＊7年12月31日收取货款时

借：银行存款　　　　　　　　　　　　　　4,000,000
　　贷：长期应收款　　　　　　　　　　　　　　4,000,000
借：未实现融资收益　　　　　　　　　　　818,500
　　贷：财务费用　　　　　　　　　　　　　　　818,500

⑤20＊8年12月31日收取货款时

借：银行存款　　　　　　　　　　　　　　4,000,000
　　贷：长期应收款　　　　　　　　　　　　　　4,000,000
借：未实现融资收益　　　　　　　　　　　566,200
　　贷：财务费用　　　　　　　　　　　　　　　566,200

⑥20＊9年12月31日收取货款时

借：银行存款　　　　　　　　　　　　　　4,000,000

贷:长期应收款		4,000,000
借:未实现融资收益	294,300	
贷:财务费用		294,300

> **销售退回及附有退回条件**

①公司20*7年6月27日出售给乙公司的A产品,其中有部分因质量不合格,对方提出退货,公司同意收回,货款合计为100,000元,增值税款17,000元,公司于1月29日将款项退给甲公司。

借:主营业务收入—自营收入	100,000	
应交税费—应交增值税—销项税额	17,000	
贷:银行存款		117,000

②公司20*7年12月18日销售给甲公司商品一批售价50,000元,增值税额8,500元,成本26,000元。20*8年3月20日在公司财务报表尚未经董事会批准之前该批产品因质量严重不合格被退回,并将款项汇付甲公司,该公司的所得税率为25%。

调整销售收入:

借:以前年度损益调整	50,000	
应交税费—应交增值税—销项税额	8,500	
贷:银行存款		58,500

调整销售成本:

借:库存商品	26,000	
贷:以前年度损益调整		26,000

调整应交的所得税:

借:应交税费—应交所得税	6,000	
贷:以前年度损益调整		6,000

将"以前年度损益调整"科目余额结转:

借:利润分配—未分配利润	18,000	
贷:以前年度损益调整		18,000

③公司20*7年1月1日售出5,000件商品,单位价格500元,单位成本400元,增值税发票已开出。协议约定,购货方应于2月1日前付款;6月30日前有权退货。公司根据经验,估计退货率为20%,在销售退回实际发生时可冲减增值税额。

A.1月1日销售成立

借:应收账款	2,925,000	
贷:主营业务收入—自营收入		2,500,000
应交税费—应交增值税—销项税额		425,000
借:主营业务成本	2,000,000	
贷:库存商品		2,000,000

B.2月1日收到货款

借:银行存款	2,925,000	
贷:应收账款		2,925,000

C.6月30日退回1,000件

借:主营业务收入	500,000	
应交税费—应交增值税—销项税额	85,000	
贷:银行存款		585,000
借:库存商品	400,000	
贷:主营业务成本		400,000

④公司20*7年1月1日售出5,000件商品,单位价格500元,单位成本400元,增值税发票已开出。协议约定,购货方应于2月1日前付款;6月30日前有权退货。公司无法根据经验估计退货率,在销售退回实际发生时可冲减增值税额。

A.1月1日发出商品

借:应收账款　　　　　　　　　　　　　　　425,000
　　贷:应交税费—应交增值税—销项税额　　　425,000
借:发出商品　　　　　　　　　　　　　　　2,000,000
　　贷:库存商品　　　　　　　　　　　　　　2,000,000

B.2月1日收到货款

借:银行存款　　　　　　　　　　　　　　　2,925,000
　　贷:应收账款　　　　　　　　　　　　　　425,000
　　　　预收账款　　　　　　　　　　　　　2,500,000

C.6月30日没有退货

借:预收账款　　　　　　　　　　　　　　　2,500,000
　　贷:主营业务收入—自营收入　　　　　　　2,500,000
借:主营业务成本—自营成本　　　　　　　　2,000,000
　　贷:发出商品　　　　　　　　　　　　　　2,000,000

如6月30日退货2,000件:

借:预收账款　　　　　　　　　　　　　　　2,500,000
　　应交税费—应交增值税—销项税额　　　　170,000
　　贷:主营业务收入　　　　　　　　　　　　1,500,000
　　　　银行存款　　　　　　　　　　　　　1,170,000
借:主营业务成本　　　　　　　　　　　　　1,200,000
　　库存商品　　　　　　　　　　　　　　　800,000
　　贷:发出商品　　　　　　　　　　　　　　2,000,000

> **商业折扣、销售折让与现金折扣**

①公司20*7年1月21日销售给甲公司商品一批,增值税发票上注明的不含税货款为80,000元,增值税为13,600元。货到后知悉购货方20*7年2月5日发现商品质量不合格,要求在价格上给予10%的折让。假定已获得税务部门开具的索取折让证明单,并开具了红字增值税专用发货票。

A.1月21日商品发出确认收入

借:应收账款(甲公司)　　　　　　　　　　93,600
　　贷:主营业务收入　　　　　　　　　　　　80,000
　　　　应交税费—应交增值税—销项税额　　13,600

B.2月5日取得税务部门开具的折让证明单。

借:应收账款(甲公司)　　　　　　　　　　－9,360
　　贷:主营业务收入　　　　　　　　　　　　－8,000
　　　　应交税费—应交增值税—销项税额　　－1,360

②公司20*7年1月1日销售给乙公司商品200件,增值税专用发货票上注明的不含税货款20,000元,增值税额3,400元。公司为了及早收回货款而在合同中规定符合现金折扣的条件为:2/10、1/20、N/30。

1月1日商品发出确认收入。

借:应收账款(乙公司)　　　　　　　　　　23,400
　　贷:主营业务收入　　　　　　　　　　　　20,000
　　　　应交税费—应交增值税—销项税额　　3,400

③公司于20*7年1月9日收到乙公司支付的款项23,000元。

借:银行存款　　　　　　　　　　　　　　　　　　23,000
　　财务费用——其他　　　　　　　　　　　　　　　400
　　贷:应收账款(乙公司)　　　　　　　　　　　　　　　23,400

(6)房地产销售

> **银行按揭方式销售开发产品**

房地产开发公司开发项目在满足收入确认条件前,所收到的房款记入"预收账款"科目;房地产开发公司在售房时收取的购房意向金等款项,在"其他应付款"科目核算。项目完工经验收合格、竣工决算后,按照购销合同规定将合格的房地产产品移交给购买方,办妥移交手续后可以确认销售收入的实现,借记"预收账款""应收账款"等科目,贷记"主营业务收入"科目。

因预收房地产款而交纳的营业税费等在"应交税费——应交营业税"等科目核算;因预收房地产款先按规定的预计计税毛利率计算出预计毛利额,计入当期应纳税所得额统一计算缴纳企业所得税,待开发产品完工时再进行结算调整。

预售开发产品完工后,在计算已实现的销售收入,同时按规定结转其对应的销售成本,计算出已实现的利润(或亏损)额,经纳税调整后再计算出其与该项开发产品全部预计毛利额之间的差额,计入当期应纳税所得额。

例:公司为房地产开发公司,20*5年年初开发"普通住宅"项目,20*6年项目竣工并全部售出,且符合收入确认标准。开发公司采取银行按揭方式销售开发产品,销售总价1,800万元,其中收取首付款720万元,银行按揭款1,080万元,按10%缴纳银行按揭保证金,并按税收法规规定计算交纳了预售收入应该缴纳的相关税费。

该项目有关的实际支出包括:土地价款200万元、房屋开发成本850万元(含不能转让的配套设施费50万元)、管理费用25万元、销售费用50万元、财务费用利息支出90万元(未超过商业银行同类同期贷款利率,能按转让项目计算分摊并提供金融机构的贷款证明)和延期还款罚息3万元。

该公司所在地政府规定的其他房地产开发费用计算扣除比例为5%,适用的营业税税率5%,城市维护建设税5%,应交教育费附加征收率3%;土地增值税预征率0.5%,计税毛利率10%,企业所得税税率25%。假设20*5年没有开发其他项目,也未发生其他经济业务事项和纳税调整项目。根据上述资料,会计处理如下:

①收到售房款。

借:其他货币资金——按揭保证金　　　　　　　　　　　1,080,000
　　银行存款　(7,200,000+10,800,000×0.9)　　　16,920,000
　　贷:预收账款——售房款　　　　　　　　　　　　　　　18,000,000

②计算预缴营业税及附加:972,200元(18,000,000×5.4%),其中:应交营业税:900,000元,应交城建税:45,000元,应交教育费附加:27,000元。

③计算预缴土地增值税:9.00万元(1,800×0.5%)。

④计算预缴企业所得税:(1,800×10%-97.22-9.00)×25%=18.45(万元)。

⑤预交各种税费。

借:应交税费——应交营业税　　　　　　　　　　　　　900,000
　　　　　　——应交城建税　　　　　　　　　　　　　45,000
　　　　　　——应交教育费附加　　　　　　　　　　　27,000
　　　　　　——应交土地增值税　　　　　　　　　　　90,000
　　　　　　——应交企业所得税　　　　　　　　　　　184,500
　　贷:银行存款　　　　　　　　　　　　　　　　　　1,246,500

⑥确认收入实现。

借:预收账款—售房款　　　　　　　　　　　　　18,000,000
　　贷:主营业务收入　　　　　　　　　　　　　　　　18,000,000
⑦结转已售开发产品成本 1,050 万元(200+850)。
借:主营业务成本　　　　　　　　　　　　　　10,500,000
　　贷:开发产品　　　　　　　　　　　　　　　　　　10,500,000
⑧计提营业税及附加。
营业税及附加税费=1,800×5.4%=97.2(万元)
借:营业税金及附加　　　　　　　　　　　　　　972,000
　　贷:应交税费—应交营业税　　　　　　　　　　　　900,000
　　　　　　—应交城市维护建设税　　　　　　　　　　45,000
　　　　　　—应交教育费附加　　　　　　　　　　　　27,000
⑨工程竣工,结算应交土地增值税。
允许扣除项目金额=200+850+90+(200+850)×5%+97.20+(200+850)×20%
　　　　　　　　=1,499.7(万元)
增值额=1,800－1,499.7=300.3(万元)
增值率=300.3/1,499.7×100%=20.02%(普通住宅超过增值税率20%)
应交土地增值税=300.3×30%=90.09(万元)
应补交土地增值税=90.09－9.0=81.09(万元)
借:营业税金及附加　　　　　　　　　　　　　　900,900
　　贷:应交税费—应交土地增值税　　　　　　　　　　900,900
⑩年底结算应交企业所得税
应纳税所得额=1,800－1,050－97.20－90.09－25－50－90－3
　　　　　　=394.71(万元)
应交企业所得税=394.71×25%=98.6775(万元)
应补交企业所得税=98.6775－18.45=80.2275(万元)
借:所得税—当期所得税费用　　　　　　　　　　986,775
　　贷:应交税费—应交企业所得税　　　　　　　　　　986,775
⑪补交各种税费时
借:应交税费—应交土地增值税　　　　　　　　　810,900
　　　　　　—应交企业所得税　　　　　　　　　802,275
　　贷:银行存款　　　　　　　　　　　　　　　　　　1,613,175
如果是收到税务机关退回多交的税款时,则做相反的分录。
➤ **全额收款方式销售开发产品**
公司销售给甲公司一栋商品房,销售总价为 9,000,000 元,实际成本为 6,000,000 元,双方签订销售合同规定,采用一次性全额收款方式结清,已办妥相关交接手续。
①该商品房交付时
借:主营业务成本　　　　　　　　　　　　　　6,000,000
　　贷:开发产品　　　　　　　　　　　　　　　　　　6,000,000
②收到价款并确认收入
借:银行存款　　　　　　　　　　　　　　　　9,000,000
　　贷:主营业务收入　　　　　　　　　　　　　　　　9,000,000
(7)物业收入
➤ **物业服务收入的核算**

物业服务收入分为公共性服务收入和特约服务收入。

①定义

公共性服务是指为物业产权人、使用人提供公共卫生清洁、公共设施的维修保养和保安、绿化而收取的公共性服务费。

特约服务是指物业公司向物业产权人、使用人提供特约服务而收取的服务费。

②核算方法

A. 公共服务费收入的核算

两种收取方法：按月收取；定期预收，按规定可以12个月收取，分月度确认营业收入。

a. 按月收取

某物业服务企业收取1月份公共服务费，3号楼1门业主建筑面积为100平方米。每月每平方米收费标准3.00元，则房屋业主当月公共性服务费为300元。

借：现金　　　　　　　　　　　　　　　　　　　　300
　　贷：主营业务收入—物业服务收入—公共服务费　　300

b. 定期预收

某物业服务企业收取1~12月份公共性服务费。10号楼2门业主建筑面积120平方米，每月每平方米收费标准3.00元，则房屋业主预付公共服务费4,320元。

借：现金　　　　　　　　　　　　　　　　　　　　4,320
　　贷：预收账款—物业服务费(10-2)　　　　　　　4,320

每月结转收入时：

借：预收账款—物业服务费(10-2)　　　　　　　　　360
　　贷：主营业务收入—物业服务收入—公共服务费　　360

B. 特约服务收入的核算

两种收取方法：按次收取；根据特约服务合同约定预收，分月度确认营业收入。

> 物业经营收入的核算

某物业服务企业接受亿达房地产开发公司委托，代管10-5-2、10-5-1室房产，按照合同规定，每月收取这两套房管理服务费120元，同样向租住户收取房租，两套房共计每月180元。收到房租及管理费时，

借：现金　　　　　　　　　　　　　　　　　　　　300
　　贷：主营业务收入—让渡资产使用权—物业经营收入　300

某物业服务企业当月停车场收入7,600元，网球场收入500元。

借：银行存款　　　　　　　　　　　　　　　　　　8,100
　　贷：主营业务收入—让渡资产使用权—物业经营收入　8,100

(8) 让渡资产使用权

使用费收入应按照有关合同或协议约定的收费时间和方法计算确定。不同的使用费收入，收费时间和方法各不相同。有一次性收取一笔固定金额的，如一次收取10年的场地使用费；有在合同或协议规定的有效期内分期等额收取的，如合同或协议规定在使用期内每期收取一笔固定的金额；也有分期不等额收取的，如合同或协议规定按资产使用方每期销售额的百分比收取使用费等。

如果合同或协议规定一次性收取使用费，且不提供后续服务的，应当视同销售该项资产一次性确认收入；提供后续服务的，应在合同或协议规定的有效期内分期确认收入。如果合同或协议规定分期收取使用费的，应按合同或协议规定的收款时间和金额或规定的收费方法计算确定的金额分期确认收入。

> 让渡资产使用权

例：甲公司向丁公司转让其商品的商标使用权，约定丁公司每年年末按年销售收入的10%支付使用费，使用期10年。第一年，丁公司实现销售收入1,000,000元；第二年，丁公司实现销售收入1,500,000元。假定甲公司均于每年年末收到使用费，不考虑其他因素。甲公司的会计处理如下：

①第一年年末确认使用费收入时
借:银行存款　　　　　　　　　　　　　　　　100,000
　　贷:主营业务收入　　　　　　　　　　　　　　　100,000
使用费收入金额＝1,000,000×10％＝100,000(元)
②第二年年末确认使用费收入时
借:银行存款　　　　　　　　　　　　　　　　150,000
　　贷:主营业务收入　　　　　　　　　　　　　　　150,000
使用费收入金额＝1,500,000×10％＝150,000(元)

第二节　其他业务收入

一、其他业务收入包括的内容

其他业务收入是指除主营业务收入以外的其他销售或其他业务的收入,如材料销售收入、代购代销收入、无形资产与包装物出租等收入。其他业务收入的确认,与主营业务收入确认相同。

二、其他业务收入核算

1. 会计科目

(1)总账科目:"其他业务收入"。
(2)明细科目:①材料销售、②产品销售、③劳务收入、④出租收入、⑤物业管理、⑥技术、服务咨询等科目。本科目贷方核算实际取得的其他业务收入,借方核算已结转的其他业务收入,期末结转后无余额。

2. 会计事项

> 确认的其他业务收入

发生的其他业务收入如:材料销售、固定资产出租、物业管理等,按售价和应交的税金,借记"银行存款"、"应收账款"等科目,按实现的营业收入,贷记"其他业务收入"科目,按应交税费,贷记"应交税费"科目。

(1)公司20*7年8月16日出售钢材4吨,价款16,000元,增值税税款2,720元,款已全部收妥入账。该批钢材的实际成本为15,000元。
借:银行存款　　　　　　　　　　　　　　　　18,720
　　贷:其他业务收入—材料销售　　　　　　　　　　16,000
　　　　应交税费—应交增值税—销项税额　　　　　　2,720
借:其他业务成本—材料销售　　　　　　　　　　15,000
　　贷:原材料—材料　　　　　　　　　　　　　　　15,000
(2)公司20*7年8月25日出租经营性固定资产收到租金14,040元,应交纳的营业税为702元。
借:银行存款　　　　　　　　　　　　　　　　14,040
　　贷:其他业务收入—固定资产出租　　　　　　　　13,338
　　　　应交税费—应交营业税　　　　　　　　　　　702
(3)公司20*7年8月30日应收取代甲公司销售商品的手续费30,000元。
借:应收账款(甲公司)　　　　　　　　　　　　30,000
　　贷:其他业务收入—劳务收入　　　　　　　　　　30,000
(4)公司20*7年8月18日以银行存款收取丙公司技术转让费600,000元。
借:银行存款　　　　　　　　　　　　　　　　702,000

贷:其他业务收入—技术转让	672,000
应交税费—应交营业税	30,000

➢ 期末结转其他业务收入

期末将其他业务收入进行结转,借记"其他业务收入"科目,贷记"本年利润"科目。

例: 公司 20*7 年 8 月末将其他业务收入 658,000 元结转到本年利润。

借:其他业务收入	658,000
贷:本年利润	658,000

第九章 结 算

一、结算核算的规定

施工企业根据工程施工合同的完工进度应向业主开出工程价款结算单办理结算的价款,向业主累计开出的工程价款结算金额,反映根据工程施工合同完工进度情况已向业主办理结算的工程价款。

工程价款的确认与计量办法参见本核算办法之"收入"。

二、结算的核算

1. 会计科目

(1)总账科目:"工程结算"。

(2)明细科目:按项目合同设置明细科目核算。

"工程结算"科目贷方核算已结算的工程价款,借方核算合同竣工后结转的合同成本和合同毛利;期末余额在贷方,反映公司尚未完工建造合同已办理结算的累计金额。工程竣工结转施工成本和毛利后期末无余额。

"工程结算"科目用于建造合同等收入的核算。

各种形式的业主奖励资金应作为"工程结算"收入的一部分,应及时调整工程预计总收入,发放奖励金时,应通过成本列支。

期末财务报表的反映记录:

①在建施工合同的"工程施工"科目余额大于"工程结算"科目余额时,在资产负债表中的"存货"项目下,增加"其中:已完工尚未结算款"项目,反映施工公司在建施工合同已完工部分但尚未办理结算的价款,根据在建施工合同的"工程施工"科目余额与"工程结算"科目余额的差额填列。

②在建施工合同的"工程施工"科目余额小于"工程结算"科目余额时,在资产负债表中的"预收账款"项目下,增加"已结算尚未完工工程"项目,反映施工公司在建施工合同未完工部分已办了结算的价款,根据在建施工合同的"工程结算"科目余额与"工程施工"科目余额的差额填列。

③在会计报表附注中披露下列信息:在建施工合同累计已发生的成本、累计已确认的毛利以及累计已结算的价款。

2. 会计事项

案例参见本核算办法之"收入"的相关部分。

第十章 成本和费用

费用是指公司在日常活动中发生的、会导致所有者权益减少的、与向所有者分配利润无关的经济利益的总流出。费用只有在经济利益很可能流出从而导致公司资产减少或者负债增加、且经济利益的流出额能够可靠计量时才能予以确认。

公司为生产产品、提供劳务等发生的可归属于产品成本、劳务成本等的费用,应当在确认产品销售收入、劳务收入等时,将已销售产品、已提供劳务的成本等计入当期损益。公司发生的支出不产生经济利益的,或者即使能够产生经济利益但不符合或者不再符合资产确认条件的,应当在发生时确认为费用,计入当期损益。公司发生的交易或事项导致其承担了一项负债而又不确认为一项资产的,应当在发生时确认为费用,计入当期损益。

第一节 成 本

一、建造合同成本

(一)成本核算的规定

建造合同成本应按成本核算对象和成本项目归集计量,一般包括在建造过程中实际发生的人工费、材料费、机械使用费、其他直接费、间接费用等。

(1)核算对象:一般应以单项建造合同为成本核算对象。如果建造合同包括数项资产,并同时具备以下条件,可将该合同分立为每项资产作为成本核算对象:

①每项资产均有独立的建造计划,独立的施工图预算。

②在签订合同时建造承包商和客户就每次资产单独进行谈判,双方能够接受或拒绝与每项资产有关的合同条款。

③建造每项资产的收入和成本可以单独辨认。

如果一组建造合同同时具备以下条件,可将该组合同合并作为一个建造合同成本核算对象:

①该组合同按一揽子交易签订。

②该组合同密切相关,每项合同实际上已构成一项综合利润率工程的组成部分。

③该组合同同时或依次履行。

(2)成本项目:

①人工费用;

②材料费;

③施工机械使用费;

④其他直接费;

⑤间接费用。

其中,属于人工费、材料费、机械使用费和其他直接费等直接成本费用,直接计入有关工程成本。

(3)工程项目竣工决算前,应进行利息资本化的计算和归集。

(4)不应在建造合同成本中归集的内容:

①行政管理部门发生的管理费用。

②不符合《企业会计准则第17号——借款费用》资本化规定的建造合同借款费用。

(5)为订立合同发生的差旅费、投标费等,能够单独区分和可靠计量且合同很可能订立的,应当予以归集,待取得合同时计入合同成本;未满足上述条件的,应当计入当期损益。

1. 会计科目

(1)总账科目:"工程施工"。

(2)明细科目:设置"合同成本"、"间接费用"、"合同毛利"三个明细科目进行明细核算。

"工程施工—合同成本"核算各项工程施工合同发生的实际成本,应按成本核算对象和内容进行归集和分配。为便于同类项目的成本分析和有关成本项目的定额编制与管理,上级单位管理费以及为项目筹集周转资金的利息应作为期间费用归集,不构成工程成本费用。

"工程施工—间接费用"核算施工管理机构发生的施工组织和管理费用,月末通过分配确定各成本计算对象应负担的间接费用。

"工程施工—合同毛利"核算各项工程施工合同确认的合同毛利。

"工程施工"期末余额反映尚未完工工程施工合同成本和合同毛利(亏损)。

(3)期间工程毛利的确认。应依据实际发生的累计成本修订工程预算成本,并重新确认工程毛利率,再根据完工百分比法确认累计工程毛利。

①工程毛利率=(预计收入-预计成本)÷预计收入×100%

②完工百分比=实际发生的累计成本÷预计成本

③修订后预计成本=已完工程的累计成本+未完工程的预计成本

④修订后工程毛利率=(预计收入-修订后预计成本)÷预计收入×100%

⑤本期工程毛利=本期累计已完工程毛利(或损失)-上期已确认的累计工程毛利(或损失)

⑥本期累计已完工程毛利(或损失)=本期累计营业收入×工程毛利率,或=本期应确认的累计营业收入-累计工程成本

(4)总包单位对分包单位结算工程价款时,应作如下会计处理:借:工程施工—分包成本,借:营业税金及附加,贷:应付账款。

中交集团合并范围内的总分包核算,对总包单位根据分包单位累计确认收入与实际累计结算金额形成的差额,作暂估入账处理,即:借:工程施工—分包成本,借:营业税金及附加,贷:应付账款—暂估,下月期初将暂估冲回。

2. 会计事项

➤ **材料费的归集与分配**

材料费是指在施工过程中直接用于建筑安装工程所消耗的,构成工程实体或有助于工程形成的各种材料、结构件的实际成本,以及周转材料(如模板、拱架、脚手架和跳板等)的摊销及租赁费。

用于工程所需的原料及主要材料,通常是按照工程项目分别领用的,属于直接费用,应根据领料凭证直接记入各项工程的"工程施工—合同成本—直接材料)"项目。

周转材料的摊销额可根据"周转材料摊销额计算表"的摊销结果记入各项工程的"工程施工—直接材料"项目。

会计处理:

借:工程施工—合同成本—直接材料(A工程)
　　　　　　　　　—直接材料(B工程)

贷:原材料
　　周转材料—周转材料摊销

> **人工费的归集与分配**

人工费是指在施工过程中直接从事建筑安装工程的工人在施工现场直接为工程和结构件运料、配料等工人的工资、奖金、津贴、职工福利费和劳保费等。

(1)对计时工人的工资,根据"工时汇总表"各项工程耗用的作业工时总数和各施工单位的平均工资率计算。

某施工单位的平均工资率＝(月内该施工单位建筑安装工人的工资总额＋月内该施工单位建筑安装工人的职工福利费)/月内该施工单位建筑安装工人作业工时总额

(2)某项工程应分配的人工费＝该项工程耗用工时×施工单位的平均工资率

对计件工人的工资,直接根据"工作任务单"中的工资额汇总记入各项工程的"工程施工—合同成本—人工费",其他津贴等可按占计件工资总额的百分比,计算各项工程人工费。

会计处理:
借:工程施工—合同成本—人工费(A工程)
　　　　　　　　　　　—人工费(B工程)
　贷:应付职工薪酬—工资

> **船机使用费的归集与分配**

船机使用费是指在施工过程中因使用机械而发生的折旧费、大修理费、维修费、燃料动力费、牌照费和管理费、船机安装拆卸费以及机械工具、材料费等。

施工机械所加工各种材料、为施工机械担任运配料和搬运成品的人员工资,不在本项目核算。

一般小型机械多由施工单位直接使用和管理,可按类别或合并计算使用费;大型机械或特种机械,由机械施工单位管理,各土建施工单位根据需要,要求机械施工单位施工或租赁,并支付台班费或租赁费,可按台计算。

船机使用费的分配一般以工作台时(台班)或完成工作量为标准,在各项工程之间分配后计入"工程施工—合同成本—机械使用费"项目。

某项工程应承担船机使用费＝该项工程使用船机的工作台时(台班)或完成工作量×〔船机使用费
　　　　　　　　　　　　合计÷船机工作台时(台班)或完成工作量合计〕

会计处理:
借:工程施工—合同成本—船机使用费(A工程)
　　　　　　　　　　　—船机使用费(B工程)
　贷:银行存款
　　　累计折旧
　　　原材料等

> **其他直接费的核算**

其他直接费是指在工程施工过程中直接发生的冬、雨季等非正常条件下施工所增加的额外支出,以及生产工具用具使用费、检验实验费、工程定位复测费、工程交点费、场地清理费、临时设施摊销费、施工队伍进退场费、绿化费、环境保护费以及其他与施工有关的费用等。

其他直接费凡能直接计入各项工程的应直接计入,不能直接计入的,先汇总再按照一定标准(如人工费、材料费或机械使用费)分配计入各项工程的"工程施工—合同成本—其他直接费"项目。

会计处理:
借:工程施工—合同成本—其他直接费(A工程)
　　　　　　　　　　　—其他直接费(B工程)
　贷:原材料等

➢ 间接费用的归集与分配

间接费用包括为组织和管理工程施工或生产所发生的人工费、办公费、差旅费、保险费、工程维修费、工程排污费、安全生产费、管理用固定资产使用费以及外单位管理费等。

间接费用的归集是根据发生额按明细项目进行分类汇总。

间接费用按间接费用定额比例法分配计入"工程施工—合同成本—间接费用"项目。间接费用定额是根据历史数据或过去预算定额,测算的建筑工程与安装工程的间接费用占直接费比例。

某项工程应承担间接费用=该项工程本月实际发生直接费或人工费×该项工程规定的间接费用定额×本月实际发生间接费用÷∑(各项工程本月实际发生直接费或人工费×各项工程规定的间接费用定额)

会计处理:

借:工程施工—合同成本—间接费用(A 工程)
　　　　　　　　　　—间接费用(B 工程)
　　贷:原材料等

➢ 主营业务成本的确认

公司 20*7 年 1 月 1 日中标后与业主签订 A 工程固定造价合同,合同金额为 1,000 万元,预计工程成本为 800 万元,预计毛利率为 20%,该合同结果能够可靠估计。

20*7 年 1 月 31 日已完工工程实际支出为 50 万元。假设工程部门对该工程的预计总收入、预计工程总成本维持原先预测,营业税税率为 5%,城建及教育费附加合计为 10%。则:

完工百分比=50÷800×100%=6.25%

本期营业收入=1,000×6.25%-0=62.50(万元)

本期合同毛利=62.50×20%-0=12.50(万元)

税金及附加=62.50×5%×(1+10%)=3.4375(万元)

会计处理:

借:主营业务成本	500,000	
工程施工—合同毛利(A 工程)	125,000	
贷:主营业务收入		625,000
借:营业税金及附加	34,375	
贷:应交税费—营业税等		34,375

二、机械作业

(一)机械作业核算规定

核算施工公司及其内部独立核算的施工单位、机械站和运输队使用自有施工机械和运输设备进行机械作业(包括机械化施工和运输作业等)所发生的各项费用。

施工公司内部独立核算的机械单位、运输单位使用自有施工机械或运输设备进行机械作业所发生的各项费用,应按成本核算对象和成本项目进行归集。

成本核算对象:一般应以施工机械和运输设备的种类确定。

成本核算项目:人工费、燃料及动力费、折旧及修理费、其他直接费、间接费用(为组织和管理机械作业生产所发生的费用)。

(二)机械作业核算

1. 会计科目

(1)总账科目:"机械作业"。

(2)明细科目:按施工机械或运输设备的种类等成本核算对象设置明细账,并按规定的成本项目分设专栏,进行明细核算。

施工公司及其内部独立核算的施工单位,从外单位或本公司其他内部独立核算的机械站租入施工机械,按照规定的台班费定额支付的机械租赁费,直接记入"工程施工"科目,不通过本科目核算。

施工公司及其内部独立核算的施工单位、机械站和运输队为本单位承包的工程进行机械化施工和运输作业的成本,应转入承包工程的成本,借记"工程施工"科目,贷记本科目。

对外单位、本公司其他内部独立核算单位以及专项工程等提供机械作业(包括运输设备)的成本,借记"其他业务成本"科目,贷记本科目。

2.会计事项

"机械作业"成本核算参照"工程施工"核算方法。

三、劳务成本

劳务成本是公司对外提供劳务所发生的各种耗费。

(一)成本核算的规定

勘察设计单位承接项目后,由财务资金部会同市场部、设计所制定项目总预算,确定项目总成本及毛利率。公司发生的项目成本在"劳务成本"科目中归集。该科目设置"合同成本"二级明细科目,在"合同成本"科目项下再设置成本明细三级科目(人工费、工资附加费、材料费、差旅费、办公费、分包费、出版费、间接费等),同时按工程项目归集成本。根据确认完工百分比后,据以进一步确认当期的合同收入、合同成本。

当期确认的合同收入＝合同总收入×完工进度－以前会计期间累计已确认的收入
当期确认的合同成本＝合同预计总成本×完工进度－以前会计期间累计已确认的成本

(二)成本核算

1.会计科目

(1)总账科目:"劳务成本"。
(2)明细科:"劳务成本"科目按"合同成本"、"辅助劳务成本"设置二级明细科目。

"劳务成本"科目核算工程项目实际发生的合同成本、辅助劳务成本,借方核算公司实际发生的各项劳务成本,贷方核算已完成结转的劳务成本。期末余额在借方,反映未完成劳务成本或未结转的劳务成本。

2.会计事项

➢ **勘察设计单位承接项目发生的劳务成本**
案例参见本核算办法之"收入"之"劳务收入"。

➢ **发生各项劳务成本**
公司发生各项劳务支出,借记"劳务成本"科目,贷记"原材料"、"银行存款"、"应付职工薪酬"等科目。

(1)公司20＊7年8月2日接受一项设备检修任务,检修期为一个月。8月10日领用检修材料成本7,000元。

借:劳务成本—合同成本　　　　　　　　　7,000
　　贷:原材料　　　　　　　　　　　　　　　　　7,000

(2)公司20＊7年8月4日以银行存款为检修人员购买劳保用品2,100元。

借:劳务成本—合同成本　　　　　　　　　2,100

贷:银行存款　　　　　　　　　　　　　　　2,100
　(3)公司20*7年8月30日工资分配,其中提供劳务人员工资12,000元。
　　借:劳务成本—合同成本　　　　　　　　　　12,000
　　贷:应付职工薪酬—工资　　　　　　　　　　　　12,000

> **期末结转劳务成本**

期末结转劳务成本时,借记"主营业务成本"、"其他业务成本"科目,贷记"劳务成本"科目。

例:公司所承担的上述检修任务于20*7年8月25日完工,结转本月劳务成本22,780元、劳务收入24,780元。

　　借:主营业务成本　　　　　　　　　　　　　22,780
　　贷:劳务成本—合同成本　　　　　　　　　　　　22,780
　　借:应收账款　　　　　　　　　　　　　　　24,780
　　贷:主营业务成本—自营　　　　　　　　　　　　24,780

注:上例劳务成本是指主营业务,如属其他业务,月末应结转到"其他业务成本"科目。

四、制造企业成本

(一)成本核算的规定

产品生产成本按实际成本归集计量,包括材料费用、人工费用、外购动力费用、制造费用等。

公司按照权责发生制和分期计量要求,按月归集分配当月相关产品的生产成本费用。

产品生产耗用的直接材料、直接人工及其他直接费用,应在月末或发生时确认为相关产品成本。

产品生产发生的间接费用,应根据合理的分配原则和方法,在月末分配计入相关产品成本。

非生产经营活动的费用不能计入产品成本。

(二)成本核算

1. 会计科目

(1)总账科目:"生产成本"、"制造费用"。

(2)明细科目:"生产成本"科目设置"基本生产成本"、"辅助生产成本"等明细科目;"制造费用"科目设置"职工工资"、"职工福利费"、"劳动保护费"、"办公费"、"差旅交通费"、"水电费"、"绿化保洁费"、"固定资产使用费"、"辅助材料费用"、"动力费"及"其他"等明细科目。

"制造费用"科目借方核算实际发生的制造费用,贷方核算分配结转的制造费用,除季节性生产公司外,期末结转后无余额。

2. 会计事项

> **材料费用的归集与分配**

(1)能够直接对应产品核算对象的,直接计入产品成本和期间费用。

用于产品生产的原料及主要材料,通常是按照产品分别领用的,属于直接费用,应根据领料凭证直接记入各种产品成本的"直接材料"项目。

凡用于产品生产、能够直接计入产品成本的辅助材料、如专用包装材料等,其费用应根据领料凭证直接计入。

(2)共同耗用的材料费用,分配计入产品成本和期间费用。

几批或几种产品共同耗用的材料费用,属于间接费用,则要采用简便的分配方法,分配计入各种产品成本。在消耗定额比较准确的情况下,通常采用材料定额消耗量比例或材料定额成本的比例进行分配,计算公式如下:

分配率＝材料实际总消耗量(或实际成本)÷各种产品材料定额消耗量(或定额成本)之和

某种产品应分配的材料数量(费用)＝该种产品的材料定额消耗量(或定额成本)×分配率

(3)会计处理月末或批生产结束后,应根据归类后的领料凭证,按照材料的用途和类别编制"材料费用分配表",反映材料的实际消耗和分配情况,据以进行相应的会计处理。

上述耗用的基本生产产品的材料费用,应记入"生产成本"科目及所属明细账的借方,在明细账中还要按"直接材料"、"燃料和动力"项目分别反映。用于辅助生产的材料费用、用于生产车间和行政管理部门为管理和组织生产所发生的材料费用,应分别记入"生产成本—辅助生产成本"、"制造费用"、"管理费用"等科目及其明细账的借方。用于非生产用的材料费用,则应记入其他有关科目。

根据"材料费用分配表"分配材料费用记入有关科目,其会计分录如下：

借：生产成本—基本生产成本(直接材料)

　　生产成本—基本生产成本(燃料和动力)

　　生产成本—辅助生产成本

　　制造费用—基本车间

　　管理费用

　　贷：原材料等

> **燃料和动力费用的归集与分配**

(1)公司发生的外购燃料和动力(如煤、蒸汽),应按用途和使用部门分配。在有仪表的情况下,应根据仪表所示耗用数量及单价计算；无仪表的情况下,也可以按生产工时、定额消耗量比例、机器功率时数比例等进行分配。

(2)分配时,可编制"动力费用分配表",据以进行明细核算和总分类核算。直接用于产品生产的动力费用,列入"燃料和动力"成本项目,记入"生产成本"科目及其明细账；属于照明、取暖等用途的动力费用,则按其使用部门分别记入"制造费用"、"管理费用"、"销售费用"等。

(3)会计处理

借：生产成本—基本生产成本—燃料和动力

　　　　　　—辅助生产成本—外购电费

　　制造费用—工资

　　　　　　—福利费

　　　　　　—水电费

　　管理费用

　　销售费用

　　贷：应付账款

> **人工费用的归集与分配**

(1)直接从事产品生产人员的薪酬费用直接计入产品成本。

在计件工资制下,生产工人工资通常是根据产量凭证计算工资并直接计入产品成本。

(2)在计时工资制下,如果只生产一种产品,生产人员工资属于直接费用,可直接计入该种产品成本；如果生产多种产品,这就要求采用一定的分配方法在各种产品之间进行分配。通常采用按产品实用工时比例分配的方法。其计算公式如下：

分配率＝生产工人薪酬总额÷各种产品实用工时之和

某种产品应分配的人工费用＝该种产品实用工时×分配率

按照实用工时比例分配人工费用时,需要注意从工时上分清应计入与不应计入产品成本的工时记录及相应的薪酬费用界限。生产工人为生产之外的工程施工、安装调试等服务的工时所分配的薪酬费用应计入相应固定资产成本,不得计入产品成本。

车间管理人员的薪酬费用计入制造费用,非生产人员的薪酬费用根据其业务性质分别计入管理费用、销售费用等。

(3)会计处理

为了按薪酬的用途和发生地点、成本对象归集并分配薪酬费用,月末或批生产结束后应根据工资结算单和有关的生产工时记录编制"薪酬费用分配表"和"薪酬费用分配汇总表",据以进行会计处理:

借:生产成本—基本生产成本—直接人工
　　　　　　—辅助生产成本
　　制造费用—基本车间
　　　　　　—供电车间
　　　　　　—锅炉车间
　　管理费用
　　销售费用
　　贷:应付职工薪酬

➢ **制造费用的归集与分配**

制造费用是指公司各生产单位为组织和管理生产而发生的各项间接费用,包括工资和福利费、折旧费、修理费、办公费、水电费、机物料消耗、劳动保护费、租赁费、保险费、排污费、存货盘亏费(减盘盈)及其他制造费用。

公司发生的各项制造费用,按其用途和发生地点,通过"制造费用"科目进行归集和分配。根据管理的需要,"制造费用"科目可以按生产车间开设明细账,账内按照费用项目开设专栏,进行明细核算。

费用发生时,根据支出凭证借记"制造费用"科目及其所属有关明细账,但材料、工资、折旧以及待摊和预提费用等,要在月末时,根据汇总编制的各种费用分配表记入。材料、产品等存货的盘盈、盘亏数,则应根据盘点报告表登记。归集在"制造费用"科目借方的各项费用,月末时应全部分配转入"生产成本"科目,计入产品成本。"制造费用"科目一般月末没有余额。

(1)在生产一种产品的车间中,制造费用可直接计入其产品成本。在生产多种产品的车间中,要采用合理简便的分配方法,将制造费用分配计入各种产品成本。常用的有按生产工时、定额工时、机器工时、直接人工费等比例分配的方法。

(2)具有产品实用工时统计资料的,可按生产工时比例分配制造费用;没有实用工时统计资料,而制定有比较准确的产品工时定额,也可采用产品定额工时比例进行分配;在机械化程度较高的车间中,制造费用也可按机器工时比例分配。

制造费用分配率＝制造费用总额÷各种产品实用(定额、机器)工时之和
某产品应负担的制造费用＝该种产品实用(定额、机器)工时数×分配率

(3)会计处理

费用发生时,根据支出凭证借记"制造费用"科目及其所属有关明细账。

借:制造费用
　　贷:银行存款等

材料费用、人工费用、折旧及摊销、待摊及预提费用等,月末汇总分配记入制造费用,借记"制造费用"科目及其所属有关明细账。

借:制造费用
　　贷:原材料等
　　　　应付职工薪酬
　　　　应付账款
　　　　累计折旧
　　　　累计摊销
　　　　长期待摊费用

预提费用

(4)具体事例

①公司20*7年7月末分配工资,其中:发生在第二生产车间管理人员的工资10,000元。

借:制造费用　　　　　　　　　　　　　　10,000
　　贷:应付职工薪酬—工资　　　　　　　　　　　10,000

②公司20*7年7月计提固定资产折旧,其中第二生产车间折旧为50,000元。

借:制造费用　　　　　　　　　　　　　　50,000
　　贷:累计折旧　　　　　　　　　　　　　　　　50,000

③公司第二生产车间20*7年7月18日以银行存款支付固定资产修理费2,500元。

借:制造费用　　　　　　　　　　　　　　2,500
　　贷:银行存款　　　　　　　　　　　　　　　　2,500

④公司第二生产车间20*7年7月18日从材料库领用机物料成本6,200元。

借:制造费用　　　　　　　　　　　　　　6,200
　　贷:原材料　　　　　　　　　　　　　　　　　6,200

⑤公司第二生产车间20*7年7月19日从仓库领用劳动保护用品,成本780元。

借:制造费用　　　　　　　　　　　　　　780
　　贷:原材料　　　　　　　　　　　　　　　　　780

⑥公司第二生产车间20*7年7月28日开出转账支票一张1,480元,用以支付该车间的水费。

借:制造费用　　　　　　　　　　　　　　1,480
　　贷:银行存款　　　　　　　　　　　　　　　　1,480

⑦公司第二生产车间20*7年7月29日购买计算机打印纸,支付现金560元。

借:制造费用　　　　　　　　　　　　　　560
　　贷:库存现金　　　　　　　　　　　　　　　　560

⑧公司第二生产车间20*7年7月22~28日因机器修理造成生产停工,发生生产工人的工资13,200元。

借:制造费用　　　　　　　　　　　　　　13,200
　　贷:应付职工薪酬—工资　　　　　　　　　　　13,200

会计期末时,应将归集的制造费用采用一定的分配方法分配计入有关成本核算对象,借记"生产成本(基本生产成本、辅助生产成本)"、"劳务成本"等科目,贷记"制造费用"科目。

例:制造公司第二生产车间生产甲、乙两种产品,甲产品生产工人工时为600小时,乙产品生产工人工时为400小时,20*7年7月末按生产工人工时比例分配本月发生的制造费用86,306元。

借:生产成本—基本生产成本(甲产品)　　　51,784
　　　　　—基本生产成本(乙产品)　　　　34,522
　　贷:制造费用　　　　　　　　　　　　　　　　86,306

五、房地产开发成本

(一)房地产开发成本的分类

房地产开发成本费用核算是指企业将开发一定数量的开发产品所支出的全部费用按成本项目进行归集和分配,最终计算出开发项目总成本和单位成本的过程。

根据开发产品的类别,核算分为如下七大主要成本项目:

(1)土地费用。指为取得土地开发使用权(或开发权)而发生的各项费用,主要包括土地买价或出让金、大市政配套费、契税、土地使用费、土地变更用途和超面积补交的地价及相关税章、拆迁补偿支出、安置及动迁支出、回迁房建造支出、农作物补偿费、危房补偿费等。

(2)前期工程费。指房地产开发项目前期工程所发生的各项费用,包括规划、设计、项目可行性研究、水文、地质、勘察、测绘、场地通平等支出。

(3)建筑安装工程费。指房地产开发按项目在开发过程中按建筑安装工程施工图施工所发生的各项建筑安装费用,包括房地产开发企业以承包方式支付给承包单位的建筑安装工程费,以自营方式发生的列入开发项目工程施工预算内的各项费用。

(4)基础设施费。指房地产开发项目在开发过程中所发生的各项基础设施支出,包括开发小区内道路、供水、供电、供气、排污、排洪、通信、照明、绿化、环卫设施等基础设施费用。

(5)公共配套设施费。指房地产开发按项目内发生的、独立的、非营利性的,且产权属于全体业主的,或无偿赠与地方政府、政府公用事业单位的公共配套设施支出。如居委会、派出所、幼儿园、消防、锅炉房、水塔、自行车棚、公共厕所等设施支出。

(6)开发间接费。指公司为直接组织和管理开发项目所发生的,且不能将其归属于特定成本对象的成本费用性支出,包括管理人员工资、职工福利费、折旧费、修理费、办公费、水电费、劳动保护费等。

(7)资本化融资费用。指公司在开发期间发生的为筹集和使用资金而付出的成本,包括资金筹集费用和资金占用费用两部分。

(二)房地产开发成本核算

1.会计科目

(1)总账科目:"开发成本"。

(2)明细科目:设置"土地费用"、"前期工程费"、"建筑安装工程费"、"基础设施费"、"公共配套设施费"、"开发间接费"等二级科目分别核算。

"开发成本"科目借方核算公司在开发过程中所发生的各项费用,贷方登记开发完成已竣工验收的开发产品的实际成本。借方余额反映未完开发项目的实际成本。

2.会计事项

"开发成本"按可明确核算对象进行归集。

> **土地费用的归集与分配**

(1)土地费用的归集

①能分清成本核算对象的成本费用,应直接计入有关成本核算对象的开发成本。

②不能分清成本核算对象的,应由两个或两个以上成本核算对象负担的成本费用,其支出可先通过"开发成本—土地费用—待分摊成本"科目归集,待结转完工开发产品成本时,将公共成本按对象将其分配计入各成本核算对象的开发成本。

(2)土地费用的分配

①土地出让金按土地出让合同中明确的对象直接进行成本核算,同一成本核算对象内的土地出让金按土地出让合同中明确的对象直接计入开发产品成本;无法依据合同明确划分的,一般按照占地面积进行分配。

②土地费用中的公共成本(不包括土地出让金)按各成本核算对象的土地出让金分配比例分摊。

③为准确核算各公共配套设施的实际成本,对于不能有偿转让的公共配套设施,也应分配土地成本,其分配过程如下:

$$公建用地成本 = 占地面积 \times 单位土地费用$$

$$单位土地费用 = 土地公共成本 \div 总土地面积$$

> **前期工程费、基础设施费的归集与分配**

(1)前期工程费、基础设施费的归集

①能分清成本核算对象的成本费用,应直接计入有关成本核算对象的开发成本。

②不能分清成本核算对象的,应由两个或两个以上成本核算对象负担的成本费用,其支出可先通过"开发成本—前期费用—待分摊成本"或"开发成本—基础设施费—待分摊成本"科目归集,待结转完工开发产品成本时,按标准分配计入各成本核算对象的开发成本。

(2)前期工程费、基础设施费的分配

①能分清成本核算对象的成本费用,采用个别认定法,直接计入成本核算对象。

②应由两个或两个以上成本核算对象负担的成本费用,按各成本核算对象的可售建筑面积分配各成本核算对象应负担的成本。

> **公共配套设施费的归集与分配**

(1)公共配套设施费的归集

①对发生的全部配套设施费按成本核算对象的划分原则,先通过"开发成本—配套设施费—成本项目"科目归集,待结转完工开发产品成本时,将不能有偿转让或出租的配套设施支出按标准分配或直接结转入"开发成本—配套设施费—××成本核算对象"科目归集,能有偿转让或出租的配套设施转入"开发产品—××配套设施"。

②预提的配套设施费在结转完工开发产品成本时通过预提项目的"开发成本—配套设施费—成本项目"科目预提,待配套设施完工时,按实际成本调整预提的配套设施费。

(2)公共配套设施费的分配

①能分清成本核算对象的配套设施费,采用个别认定法,直接计入成本核算对象。

②应由两个或两个以上成本核算对象负担的建筑安装工程费,按各成本核算对象的可售建筑面积分配各成本核算对象应负担的成本。

> **建筑安装工程费的归集与分配**

(1)建筑安装工程费的归集

①能分清成本核算对象的成本费用,应直接计入有关成本核算对象的开发成本。

②不能分清成本核算对象的,应由两个或两个以上成本核算对象负担的成本费用,其支出可先通过"开发成本—建筑安装工程费—待分摊成本"科目归集,待结转完工开发产品成本时,将公共成本按标准分配计入各成本核算对象的开发成本。

(2)建筑安装工程费的分配

①能分清成本核算对象的建筑安装工程费,采用个别认定法,直接计入成本核算对象。

②应由两个或两个以上成本核算对象负担的建筑安装工程费,按各成本核算对象的可售建筑面积分配各成本核算对象应负担的成本。

> **开发间接费的归集与分配**

(1)开发间接费的归集

先在"开发间接费用"科目中归集,在结转完工开发产品成本时,按标准将其分配计入有关开发产品的成本。

(2)开发间接费的分配

应由两个或两个以上成本核算对象负担的开发间接费,按各成本核算对象的可售建筑面积进行分配。

> **资本化融资费用的归集与分配**

(1)资本化融资费用的归集

先在"资本化融资费用"科目中归集,在结转完工开发产品成本时,按标准将其分配计入有关开发产品的成本。

(2)资本化融资费用的分配

属于不同成本对象共同负担的,按直接成本法或按预算造价法进行分配。

➤ 开发成本的预估及调整方法

开发产品建造过程中发生的各项支出,当期实际发生的,应按权责发生制的原则计入成本对象,但是在开发产品完工时,由于客观原因部分已发生或者将要发生的成本支出无法可靠计量,因此,为保证开发产品成本按权责发生制原则核算,并符合开发产品成本的完整性要求,对于此部分已发生或者将要发生的开发产品成本需进行预估。

(1)预估成本的情况

①工程结算滞后,即开发产品完工后,有部分工程尚未结算完毕(不包括施工合同为固定造价的工程成本支出),此部分工程成本应预估计入开发产品成本。

②配套设施(不能有偿转让)与房屋等开发产品开发不同步,即部分开发产品已完成,但相关的配套设施尚未完工,无实际成本,此部分公共配套设施的开发成本应分配计入开发产品成本。

③应向政府上交但尚未上交的报批报建费用、物业启动费可以按规定预提,并根据费用性质计入相关成本项目。

(2)预估成本的依据

①未结算工程成本

A. 工程施工合同;

B. 施工单位工程报量;

C. 工程预(概)算;

D. 内部已发生未结算部分工程报量。

②未完工配套设施成本

A. 项目总规划图;

B. 项目预(概)算或已签订的施工合同(包括已发生的)。

在预估成本时,工程的预(概)算应得到开发项目工程管理部门及相关人员签字确认。

③未发生但必须发生的成本

A. 该项成本支出必须发生的文件依据;

B. 该项成本支出的收费文件或工程预(概)算。

(3)确定预估成本的时间

①已发生未结算的部分,应在每期末进行暂估,下月冲回。

施工合同中约定付款节点,在资产负债表日对已施工未到付款节点的部分应进行暂估入账:

借:开发成本　　　　　　　　　　　　70,000.000
　　贷:应付账款—暂估(×××供应商)　70,000.000

注:暂估应根据内部职能部门提供的资料进行暂估,并尽可能提供外部辅助证据,如监理公司的资料。暂估时应根据供应商暂估。

下月初冲回暂估调整,按实际结算金额入账:

借:开发成本　　　　　　　　　　　　－70,000.000
　　贷:应付账款—暂估(×××供应商)　－70,000.000

②已完工项目对未施工配套部分暂估

项目部分已完工,成本核算对象已经达到可交付使用或者可销售状态,对将结转"开发产品"对应的未发生配套项目需要负担的预估成本进行暂估,以此结转"开发产品",并相应根据收入配比结转销售成本。

(4)确定预估成本金额

开发过程中,可分不同情况进行预估成本并结转开发产品成本:

①未结算工程成本或者未发生但必须发生的成本

此部分预估成本按施工单位工程报量金额或者工程预(概)算金额确定计入开发产品成本。

② 未完工配套设施成本

开发产品完工结转成本时,可按配套设施的预算成本金额作为预提配套设施项目开发成本。

(5)预估成本的调整

预估成本属于会计估计事项,如预估成本金额与实际成本金额存在差异,其调整应采用未来适用法,在当期进行调整:

① 对于已发生未结算工程预估成本的调整,一般是每期末进行暂估,下月冲回;如开发产品已全部售出,则直接计入当期销售成本;如开发产品未售出,则直接未售出部分开发产品的成本。

② 对于未施工配套设施成本的调整,如开发产品已售出,则直接计入当期销售成本;如开发产品未售出,则直接调整未售出部分开发产品的成本。

➢ **房屋开发具体案例**

某房地产 2007 年 12 月开始开发某商品房住宅项目,分两期开发,一期于 2008 年 1 月开工(包括地下车库),二期于 2008 年 12 月开工。2009 年 12 月一期竣工并办妥备案手续。2010 年 6 月二期竣工并办妥备案手续。

开发期间对项目成本项目进行归集:

一、土地费用

1. 土地费用的归集

内 容	合 同 额(万元)	结 算 价(万元)	已支付金额(万元)	未 付 金 额(万元)
合计	12,532.01	12,532.01	12,532.01	0.00
土地出让金	12,167.00	12,167.00	12,167.00	0.00
契税	365.01	365.01	365.01	0.00

2. 对土地费用进行分配

期 数	占 地 面 积(平方米)	分 配 率(%)	成 本 总 额(万元)
一期	22,427.62	27.65	3,465.24
二期	58,681.72	72.35	9,066.77
合计	81,109.34	100.00	12,532.01

取得土地时的会计处理:

(1)支付土地出让金

借:开发成本—土地费用—一期　　　　　　　　　　33,641,800
　　开发成本—土地费用—二期　　　　　　　　　　88,028,200
　　贷:银行存款　　　　　　　　　　　　　　　　　　121,670,000

(2)支付契税

借:开发成本—土地费用—一期　　　　　　　　　　1,009,300
　　开发成本—土地费用—二期　　　　　　　　　　2,640,800
　　贷:银行存款　　　　　　　　　　　　　　　　　　3,650,100

(3)支付印花税

借:管理费用—税金　　　　　　　　　　　　　　　　60,800
　　贷:银行存款　　　　　　　　　　　　　　　　　　60,800

二、前期工程费

1. 前期工程费的归集

序号	对方单位名称	期数	内容	标的（万元）	结算价（万元）	已支付金额（万元）	未付金额
	合计			1,035.80	1,033.80	1,033.80	
1	A公司	公共成本	室外管线设计费	35.00	36.00	36.00	
2	B公司	公共成本	一、二期施工图设计	185.00	175.00	175.00	
3	……	……	……	……	……	……	……

2.对前期工程费进行分配

期数	可售面积(平方米)	分配率(%)	成本总额(万元)
一期	60,333.00	41.11	424.97
二期	86,436.00	58.89	608.83
合计	146,769.00	100.00	1,033.80

3.前期工程费的会计处理

(1)预付部分前期工程费未取得发票

借:预付账款—工程款—A公司　　　　　　　　10

　　贷:银行存款　　　　　　　　　　　　　　　　10

(2)取得前期工程费发票结转成本

借:开发成本—前期工程费　　　　　　　　　　10

　　贷:预付账款—工程款—A公司　　　　　　　　10

(3)支付前期工程费直接取得发票

借:开发成本—前期工程费　　　　　　　　　　10

　　贷:银行存款　　　　　　　　　　　　　　　　10

三、基础设施费的归集、分配及会计处理方法参照前期工程费相关内容

四、公共配套设施费

1.公共配套设施费的归集

序号	对方单位名称	期数	内容	标的（万元）	结算价（万元）	已支付金额（万元）	未付金额
	合计			330.00	318.98	318.98	—
1	财政局	公共成本	公共配套设施费	100.00	100.00	100.00	—
2	D公司	公共成本	学校施工成本	200.00	175.00	175.00	—
3	……	……	……	……	……	……	……

2.对公共配套设施费进行分配

性质	期数	建筑面积(平方米)	分配率(%)	成本总额(万元)
直接成本	一期			78.08
	二期			165.24
	小计			243.32

续上表

性　质	期　数	建筑面积(平方米)	分配率(%)	成本总额(万元)
间接成本	一期	60,333.00	41.11	31.10
	二期	86,436.00	58.89	44.56
小计		146,769.00	100.00	75.66
一期				109.18
二期				209.80
合计				318.98

3. 公共配套设施费的会计处理

(1) 预付部分公共配套设施费未取得发票

借：预付账款—工程款(D公司)　　　　　500,000
　　贷：银行存款　　　　　　　　　　　　　　　500,000

(2) 取得公共配套设施费发票结转成本

借：开发成本—公共配套设施费　　　　　500,000
　　贷：预付账款—工程款(D公司)　　　　　　　500,000

(3) 支付公共配套设施费直接取得发票

借：开发成本—公共配套设施　　　　　1,000,000
　　贷：银行存款　　　　　　　　　　　　　　1,000,000

五、建筑安装工程费

1. 建筑安装工程费的归集

序号	对方单位名称	期　数	内　容	标的(万元)	结算价(万元)	已支付金额(万元)	未付金额
	合计			18,140.73	18,141.23	18,141.23	—
1	E施工单位	公共成本	一、二期主体施工工程	13,916.35	12,959.86	12,959.86	—
2	F装饰公司	公共成本	一、二期外层装饰合同	115.00	112.15	112.15	—
3	……	……	……	……	……	……	……

2. 建筑安装工程费的分配

性　质	期　数	建筑面积(平方米)	分配率(%)	成本总额(万元)
直接成本	一期			1,186.31
	二期			1,557.07
	车库成本			933.83
小计				3,677.21
间接成本	一期	60,333.00	41.11	5,945.79
	二期	86,436.00	58.89	8,518.23
小计		146,769.00	100.00	14,464.02
一期				7,132.10
二期				10,075.30
车库成本				933.83
合计				18,141.23

3.会计处理
(1)预付部分建筑安装工程费未取得发票
借:预付账款—工程款(E公司) 1,000,000
　　贷:银行存款 1,000,000
(2)取得建筑安装工程费发票结转成本
借:开发成本—建筑安装工程费 1,000,000
　　贷:预付账款—工程款(E公司) 1,000,000
(3)支付建筑安装工程费直接取得发票
借:开发成本—建筑安装工程费 5,000,000
　　贷:银行存款 5,000,000
(4)办妥竣工备案手续,对于未办妥竣工决算的成本项目进行暂估
借:开发成本—建筑安装工程费 1,000,000
　　贷:应付账款—暂估成本—E施工单位 1,000,000

注:每月末对于已施工已付款未取得发票、已施工未结算的部分进行暂估,同时在下月冲回;对于已转开发产品,对应未施工的配套部分也要进行暂估。

六、开发间接费

1. 开发间接费的归集

成本项目	2008年1月至2008年11月	2008年12月至2009年12月	2010年1月至2010年6月	合计金额(万元)
合计	80.00	100.00	70.56	250.56
职工薪酬	50.00	50.00	85.19	185.19
办公费	3.00	5.00	4.70	12.70
……	……	……	……	……

2. 开发间接费的分配

性　质	期　数	可售面积(平方米)	分　配　率(%)	成本总额(万元)
直接成本	一期			80.00
	二期			70.56
小计				150.56
间接成本	一期	60,333.00	41.11	41.11
	二期	86,436.00	58.89	58.89
小计		146,769.00	100.00	100.00
一期				121.11
二期				129.45
合计				250.56

会计处理:
(1)计提工资
借:开发间接费—职工薪酬 210,000
　　贷:应付职工薪酬—工资 100,000
　　　　应付职工薪酬—奖金 30,000
　　　　应付职工薪酬—津贴 20,000

应付职工薪酬—职工福利费	10,000
应付职工薪酬—工会经费	20,000
应付职工薪酬—劳动保护费	30,000

(2)折旧费

借:开发间接费—折旧费	100,000
贷:累计折旧	100,000

(3)办公费

借:开发间接费—办公费	200,000
贷:银行存款	200,000

七、资本化融资费用

性　　质	期　　数	占用天数	分配率(%)	成本总额(万元)
直接成本	一期	360	66.67	20
	二期	180	33.32	10
合计				30

会计处理:

借:开发成本—资本化融资费用—一期	200,000
开发成本—资本化融资费用—二期	100,000
贷:银行存款	300,000

八、开发期间各项成本

经过上述成本项目的归集和分配,开发期间各项成本如下表所示:

成本项目	一　期	二　期	合　计
土地费用(万元)	3,465.24	9,066.77	12,532.01
前期工程费(万元)	424.97	608.83	1,033.80
公共配套设施费(万元)	109.18	209.80	318.98
基础工程费(万元)	1,966.85	3,344.18	5,311.04
建安工程费(万元)	7,132.10	10,075.30	17,207.40
开发间接费(万元)	121.11	129.45	250.56
资本化融资费用(万元)	20.00	10.00	30.00
小计(万元)	13,239.45	23,444.33	36,683.79
车库成本(万元)	933.83	—	933.83
合计(万元)	14,173.28	23,444.33	37,617.62

注:房屋一般按建造面积分配成本,如出现车库分配成本大于预计收入,可以考虑按本项目的综合毛利率预留该车库成本,其他可售房屋按剩余面积、剩余成本分配。如车库仅有使用权而没有产权,则按建安成本分配预留车库成本。

1.结转开发成本的会计处理

结转完工成本:

借:开发产品—一期	132,394,500
开发产品—二期	234,443,300
开发产品—车库成本	9,338,300
贷:开发成本—土地费用	125,320,000

开发成本—前期工程费　　　　　　　　　　　　　10,338,000
开发成本—公共配套设施费　　　　　　　　　　　 3,189,800
开发成本—基础工程费　　　　　　　　　　　　　62,448,700
开发成本—建筑安装工程费　　　　　　　　　　 172,074,000
开发成本—开发间接费　　　　　　　　　　　　　 2,505,600
开发成本—资本化融资费用　　　　　　　　　　　 300,000

根据2010年7月份销售的面积结转主营业务成本,计算过程如下表所示：

项　目	一　期	二　期	合　计
住宅成本（万元）	13,239.45	23,444.33	36,683.79
可销售面积（平方米）	60,333.00	86,436.00	146,769.00
每平方米单位成本（万元/平方米）	0.2194	0.2712	—
结转销售面积（平方米）	17,744.49	4,626.99	22,371.48
结转销售成本（万元）	3,893.14	1,254.84	5,147.98
车库总成本（万元）	933.83	车库总个数	167.00
车库单位成本（万元/个）	5.59	结转车库个数	2.00
结转车库成本（万元）	11.18		

结转主营业务成本的会计处理：
借：主营业务成本—房地产销售成本　　　　　　51,591,600
　　贷：开发产品—一期　　　　　　　　　　　38,931,400
　　　　开发产品—二期　　　　　　　　　　　12,548,400
　　　　开发产品—车库成本　　　　　　　　　 111,800

六、研究开发支出

（一）研究开发支出核算规定

(1)公司研发费用（即原"技术开发费"），指公司在产品、技术、材料、工艺、标准的研究、开发过程中发生或按标准计提的各项费用。包括：

①研发活动直接消耗的材料、燃料和动力费用。

②公司在职直接从事研发人员的工资、奖金、津贴、补贴、及按照依照国务院有关主管部门或者省级人民政府规定的范围和标准为在职直接从事研发活动人员缴纳的基本养老保险费、基本医疗保险费、失业保险费、工伤保险费、生育保险费和住房公积金等人工费用以及外聘研发人员的劳务费用。

③用于研发活动的仪器、设备、房屋等固定资产的折旧费或租赁费以及专门用于研发活动的仪器、设备的运行维护、调整、检验、维修等费用。

④用于研发活动的软件、专利权、非专利技术等无形资产的摊销费用。

⑤用于中间试验和产品试制的模具、工艺装备开发及制造费，设备调整及检验费，不构成固定资产的样品、样机及一般测试手段购置费，新药研制的临床试验费，研发成果的鉴定费用，试制产品的检验费等。

⑥研发成果的论证、评审、验收、评估以及知识产权的申请费、注册费、代理费等费用。

⑦通过外包、合作研发等方式，委托其他单位、个人或者与之合作进行研发而支付的费用。

⑧与研发活动直接相关的其他费用,包括技术图书资料费、资料翻译费、会议费、差旅费、办公费、外事费、研发人员培训费、培养费、专家咨询费、高新科技研发保险费用等。

(2)自行进行的研究开发项目,区分为研究阶段与开发阶段。

研究阶段的支出全部费用化,计入当期损益(管理费用);开发阶段的支出符合资本化条件以后至达到预定用途前发生的支出应当资本化作为无形资产的成本;不符合资本化条件的计入当期损益(管理费用)。无法区分研究阶段支出和开发阶段支出,应当将其所发生的研发支出全部费用化,计入当期损益(管理费用)。

内部开发项目发生开发支出同时满足下列条件的,应当确认为无形资产:

①完成该无形资产以使其能够使用或出售在技术上具有可行性。
②具有完成该无形资产并使用或出售的意图。
③无形资产产生经济利益的方式。
④有足够的技术、财务资源和其他资源支持,以完成该无形资产的开发,并有能力使用或出售该无形资产。
⑤归属于该无形资产开发阶段的支出能够可靠地计量。

(3)公司依法取得知识产权后,在境内外发生的知识产权维护费、诉讼费、代理费、"打假"及其他相关费用支出,从管理费用据实列支,不应纳入研发费用。公司研发机构发生的各项开支纳入研发费用管理,但同时承担生产任务的,要合理划分研发与生产费用。

(4)公司在所属全资及控股公司范围内集中使用研发费用,集中使用的研发费用总额,原则上不超过合并会计报表年营业收入的2%。使用后的年末余额连续3年超过当年集中总额20%或者出现赤字的,公司应当调整集中的标准。

①下属公司根据公司的相关规定,将应上缴的研发费用列入管理费用,并上缴。
②下属公司研发项目列入公司研发计划后公司给予拨款,发生的费用化支出,报公司批准后冲减公司拨款;发生的资本支出,计入资本公积。
③公司与下属公司之间研发费用的往来通过"其他应付款"科目核算。

(5)公司应当在年度财务会计报表中,按规定披露研发费用相关财务信息,包括研发费用支出规模及其占销售收入的比例,集中收付研发费用情况等。

(二)研究开发支出核算

1. 会计科目

(1)总账科目:"研发支出"。
(2)明细科目:设置"费用化支出"和"资本化支出"明细,按照研究开发项目分别进行明细核算。

"研发支出"科目借方核算公司自行开发无形资产、以其他方式取得的正在进行中的研究开发项目以及以后发生的研发支出;贷方核算研究开发项目按规定形成无形资产而结转的研发支出;期末借方余额反映公司正在进行中的研究开发项目中满足资本化条件的支出。

2. 会计事项

➢ **公司自行开发无形资产**

公司自行开发无形资产发生的研发支出,不满足资本化条件的,借记"研发支出—费用化支出"科目,满足资本化条件的,借记"研发支出—资本化支出"科目,贷记"原材料"、"银行存款"、"应付职工薪酬"等科目。

例: 公司自行研究开发一项新产品专利技术,在研发过程中发生材料费5,000,000元,工资1,000,000元,其他费用3,000,000元,总计9,000,000元,其中符合资本化条件的支出7,000,000元。

借:研发支出—费用化支出   2,000,000

研发支出—资本化支出	7,000,000
贷：原材料	5,000,000
应付职工薪酬	1,000,000
银行存款	3,000,000

> **公司以其他方式取得正在进行中研究开发项目**

公司以其他方式取得正在进行中研究开发项目，按确定的金额，借记"研发支出—资本化支出"科目，贷记"银行存款"等科目。以后发生的研发支出，比照自行开发无形资产处理。

例：假定上例所述专利技术前期非自行开发，为3月15日购入B公司正在进行中的研发项目，购买价4,000,000元，购入后发生上述费用。

借：研发支出—资本化支出	4,000,000
研发支出—费用化支出	2,000,000
研发支出—资本化支出	7,000,000
贷：原材料	5,000,000
应付职工薪酬	1,000,000
银行存款	7,000,000

> **研究开发项目达到预定用途形成无形资产**

研究开发项目达到预定用途形成无形资产的，按照"研发支出—资本化支出"科目的余额，借记"无形资产"科目，贷记"研发支出—资本化支出"科目。

期末，按"研发支出—费用化支出"科目归集的金额，借记"管理费用"科目，贷记"研发支出—费用化支出"科目。

(1) 上例所述专利技术在3月31日尚未开发完毕。

借：管理费用	2,000,000
贷：研发支出—费用化支出	2,000,000

(2) 4月12日，发生符合资本化条件的支出500,000元，4月21日该项专利技术开发完毕，达到预定用途。

借：研发支出—资本化支出	500,000
贷：银行存款	500,000
借：无形资产	11,500,000
贷：研发支出—资本化支出	11,500,000

第二节　营业税金及附加

营业税金及附加指公司经营活动发生的营业税、消费税、城市维护建设税、资源税和教育费附加等相关税费以及投资性房地产相关的房产税、土地使用税。

一、营业税金及附加核算的规定

营业税金及附加包括营业税、消费税、资源税，及按"营业税、消费税、增值税"（本节以下简称"三税"）的一定比例提取的城市维护建设税和教育费附加以及投资性房地产相关的房产税、土地使用税等。

(1) 营业税金及附加包括内容的征收核算规定见本核算办法"负债"之"应付款项"之"应交税费"。

(2) 房产税、车船使用税、土地使用税、印花税在"管理费用"等科目核算，不在本科目核算。

(3)公司"其他业务收入"所对应的营业税金及附加也在本处核算。

二、营业税金及附加的核算

1. 会计科目

(1)总账科目:"营业税金及附加"。

(2)明细科目:按"主营业务"、"其他业务"设置二级科目,在根据税种"营业税"、"消费税"、"城市维护建设税"、"资源税"、"土地增值税"、"教育费附加"等设置三级明细科目。

公司按规定计算缴纳确定的与经营活动相关的税费,借记本科目,贷记"应交税费"等科目。

公司收到的返还的消费税、营业税等原记入本科目的各种税金,应按实际收到的金额,借记"银行存款"科目,贷记本科目。

期末,应将本科目余额转入"本年利润"科目,结转后本科目应无余额。

2. 会计事项

➢ 营业税金日常核算

公司20*6年6月30日发生经济业务而应交营业税100,000元,城市维护建设税和教育费附加征收率为7%和3%,则:

应交城市维护建设税=100,000×7%=7,000(元)

应交教育费附加=100,000×3%=3,000(元)

借:营业税金及附加——主营业务——营业税　　　　110,000
　　贷:应交税金——应交营业税　　　　　　　　　　　100,000
　　　　　　　——应交城市维护建设税　　　　　　　　　7,000
　　　　　　　——应交教育费附加　　　　　　　　　　　3,000

➢ 营业税金期末结转

期末结转营业税金及附加时,借记"本年利润"科目,贷记"营业税金及附加"科目。

第三节　销售费用、管理费用与财务费用

一、销售费用

销售费用是指公司在销售商品和材料、提供劳务的过程中发生的各项费用,包括运输费、装卸费、包装费、保险费、展览费和广告费、商品维修费、预计产品质量保证损失以及为销售本公司商品而专设的销售机构发生的职工薪酬、业务费、折旧费等经营费用。

招投标费用不在本科目核算,应在"管理费用"科目核算。

1. 会计科目

(1)总账科目:"销售费用"。

(2)明细科目:设置"职工薪酬"、"办公费"、"差旅费"、"业务费"、"折旧费"、"装卸费"、"广告宣传费"等二级明细科目。

"销售费用"科目借方核算公司实际发生的各项销售费用,贷方核算已结转的销售费用,期末结转后无余额。

2. 会计事项

➢ 日常发生的销售费用

公司在销售商品过程中发生的运输费、装卸费、包装费、保险费、展览费和广告费等,借记"销售费用"科目,贷记"银行存款"等科目。

公司发生的为销售本公司商品而专设的销售机构的职工工资、业务费等费用,借记"销售费用"科目,贷记"应付职工薪酬"、"银行存款"等科目。

(1)公司20*7年5月份分配工资,其中专设销售机构销售人员工资4,750元。

借:销售费用—职工薪酬—工资　　　　　　　　4,750
　　贷:应付职工薪酬—工资　　　　　　　　　　　　4,750

(2)工程公司20*7年5月12日以银行存款支付商品运输费7,650元,装卸费850元。

借:销售费用—运输费　　　　　　　　　　　　　7,650
　　销售费用—装卸费　　　　　　　　　　　　　　850
　　贷:银行存款　　　　　　　　　　　　　　　　　8,500

(3)公司20*7年5月18日发生以现金支付商品包装费470元。

借:销售费用—包装费　　　　　　　　　　　　　　470
　　贷:库存现金　　　　　　　　　　　　　　　　　470

(4)公司20*7年5月20日为甲商品办理货物保险开出转账支票一张,金额8,760元。

借:销售费用—保险费　　　　　　　　　　　　　8,760
　　贷:银行存款　　　　　　　　　　　　　　　　8,760

(5)公司20*7年5月15日为乙产品支付展览费10,000元,为甲产品作宣传广告支付5,000元,均以银行存款支付。

借:销售费用—展览费　　　　　　　　　　　　　10,000
　　销售费用—广告宣传费　　　　　　　　　　　　5,000
　　贷:银行存款　　　　　　　　　　　　　　　　15,000

(6)公司20*7年5月27日发生业务费7,340元,用转账支票支付。

借:销售费用—业务费　　　　　　　　　　　　　7,340
　　贷:银行存款　　　　　　　　　　　　　　　　7,340

➤ **期末结转销售费用**

期末结转销售费用时,借记"本年利润"科目,贷记"销售费用"科目。

二、管理费用

管理费用是指公司为组织和管理生产经营所发生的管理费用,包括公司在筹建期间内发生的开办费、董事会和行政管理部门在公司的经营管理中发生的或者应由公司统一负担的公司经费(包括行政管理部门职工工资及福利费、物料消耗、低值易耗品摊销、办公费和差旅费等)、工会经费、董事会费(包括董事会成员津贴、会议费和差旅费等)、聘请中介机构费、咨询费(含顾问费)、诉讼费、业务招待费、房产税、车船使用税、土地使用税、印花税、技术转让费、矿产资源补偿费、研发费用、排污费等。

公司在所属全资及控股公司范围内集中使用研发费用:①下属公司根据公司的相关规定,将应上缴的研发费用列入管理费用,并上缴;②下属公司研发项目列入公司研发计划后公司给予拨款,发生的费用化支出,报公司批准后冲减公司拨款;发生的资本支出,计入资本公积;③公司与下属公司之间研发费用的往来通过"其他应付款"科目核算。

1.会计科目

(1)总账科目:"管理费用"。

(2)明细科目:按规定的费用项目设置。

"管理费用"科目借方核算公司实际发生的各项管理费用,贷方核算已结转的管理费用,期末结转后无余额。

2. 会计事项

> 筹建期间发生的开办费

公司在筹建期间内发生的开办费,包括人员工资、办公费、培训费、差旅费、印刷费、注册登记费以及不计入固定资产成本的借款费用等在实际发生时,借记"管理费用"科目(开办费),贷记"银行存款"等科目。

例: 公司20*7年3月19日以银行存款支付筹建期间发生的人员工资385,000元、培训费70,000元、印刷费12,200元,合计金额467,200元。

借:管理费用—开办费　　　　　　　　　　467,200
　　贷:银行存款　　　　　　　　　　　　　　　467,200

> 公司经费

公司经费包括管理部门职工薪酬、折旧及修理费、领用的低值易耗品、办公费、差旅费等。借记"管理费用"科目,贷记"应付职工薪酬"、"累计折旧"、"原材料"等科目。

(1) 公司20*7年10月份分配工资,其中行政管理部人员的工资15,000元

借:管理费用—职工薪酬—工资　　　　　15,000
　　贷:应付职工薪酬—工资　　　　　　　　　15,000

(2) 公司20*7年10月份计提行政管理部门固定资产折旧费24,000元。

借:管理费用—折旧　　　　　　　　　　24,000
　　贷:累计折旧　　　　　　　　　　　　　　24,000

(3) 公司20*7年10月以银行存款支付复印机等修理费1,400元。

借:管理费用—修理费　　　　　　　　　1,400
　　贷:银行存款　　　　　　　　　　　　　　1,400

(4) 公司20*7年10月29日摊销无形资产专利权12,000元。

借:管理费用—无形资产摊销　　　　　　12,000
　　贷:累计摊销　　　　　　　　　　　　　　12,000

(5) 公司20*7年10月10日以现金200元购买办公用品。

借:管理费用—办公费　　　　　　　　　200
　　贷:库存现金　　　　　　　　　　　　　　200

(6) 公司管理人员王辉20*7年10月18日报销公出差旅费584元,以现金支付。

借:管理费用—差旅费　　　　　　　　　584
　　贷:库存现金　　　　　　　　　　　　　　584

> 计提的各种保险、住房公积金、工会经费、职工教育经费

公司应付给职工的待业保险、劳动保险、住房公积金、工会经费、职工教育经费等,借记"生产成本"、"管理费用"、"在建工程"等科目,贷记"应付职工薪酬"科目。

(1) 公司20*7年10月份计提管理人员待业保险费30,000元。

借:管理费用—职工薪酬—待业保险费　　30,000
　　贷:应付职工薪酬—待业保险　　　　　　30,000

(2) 公司20*7年10月计提管理人员养老保险费300,000元。

借:管理费用—职工薪酬—养老保险费　　300,000
　　贷:应付职工薪酬—养老保险费　　　　　300,000

(3) 公司20*7年10月计提管理人员工会经费20,000元、职工教育经费25,000元。

借:管理费用—职工薪酬—工会经费　　　20,000

	—职工教育经费	25,000
贷:应付职工薪酬—工会经费		20,000
	—职工教育经费	25,000

(4)公司20*7年10月计提管理人员住房公积金120,000元。

借:管理费用—职工薪酬—住房公积金　　　　120,000
　　贷:应付职工薪酬—住房公积金　　　　　　　120,000

➤ **董事会费**

公司发生的董事会会费主要包括董事会成员津贴、会议费和差旅费等,发生董事会费时,借记"管理费用"科目,贷记"银行存款"等科目。

例:公司20*7年10月用银行存款支付董事会会议费20,000元。

借:管理费用—董事会费　　　　　　　　　20,000
　　贷:银行存款　　　　　　　　　　　　　20,000

➤ **应计入管理费用的税金**

公司按规定计算出应交的房产税、车船使用税、土地使用税,借记"管理费用"科目,贷记"应交税费"科目,交纳的印花税,借记"管理费用"科目,贷记"银行存款"科目。

(1)公司20*7年10月18日用银行存款购印花税票2,000元。

借:管理费用—印花税　　　　　　　　　　2,000
　　贷:银行存款　　　　　　　　　　　　　2,000

(2)公司20*7年10月末应交纳的房产税6,000元、车船使用税1,000元、土地使用税800元。

借:管理费用—房产税　　　　　　　　　　6,000
　　管理费用—车船使用税　　　　　　　　1,000
　　管理费用—土地使用税　　　　　　　　800
　　贷:应交税费—应交房产税　　　　　　　6,000
　　　　应交税费—应交车船使用税　　　　　1,000
　　　　应交税费—应交土地使用税　　　　　800

➤ **经批准处理的存货盘盈与盘亏**

经批准处理盘盈的存货,应冲减当期的管理费用,借记"待处理财产损溢"科目,贷记"管理费用"科目,盘亏的存货,在减去过失人或者保险公司等赔款和残料价值之后,计入当期管理费用,借记"管理费用"科目,贷记"待处理财产损溢"。中期或年度末,"待处理财产损溢"应无余额。

例:公司20*7年12月末按规定管理权限报经批准对盘盈、盘亏的库存材料进行处理,盘盈的甲种材料8,000元,盘亏的乙种材料5,000元,原材料的盘盈盘亏都是由于计量的错误所造成。

①盘盈的材料

借:待处理财产损溢—原材料　　　　　　　8,000
　　贷:管理费用—存货盘亏与盘盈　　　　　8,000

②盘亏的材料

借:管理费用—存货盘亏与盘盈　　　　　　5,000
　　贷:待处理财产损溢—原材料　　　　　　5,000

➤ **管理费用中的其他支出**

支付业务招待费、聘请中介机构费、咨询费、诉讼费、技术转让费、研制开发费等费用时,借记"管理费用"科目,贷记"银行存款"等科目。

(1)公司20*7年10月18日用银行存款支付业务招待费1,790元、技术咨询费10,000元。

借:管理费用—业务招待费　　　　　　　　1,790
　　管理费用—咨询费　　　　　　　　　　10,000

贷:银行存款　　　　　　　　　　　　　　　　　　　　　　11,790
(2)公司20*7年10月19日用银行存款支付诉讼费8,000元。
　借:管理费用—诉讼费　　　　　　　　　　　　　　　　　　8,000
　　贷:银行存款　　　　　　　　　　　　　　　　　　　　　　8,000
(3)公司20*7年10月用银行存款支付技术转让费9,000元。
　借:管理费用—技术转让费　　　　　　　　　　　　　　　　9,000
　　贷:银行存款　　　　　　　　　　　　　　　　　　　　　　9,000

➤ **期末结转管理费用**

期末结转管理费用时,借记"本年利润"科目,贷记"管理费用"科目。

三、财务费用

财务费用,是指公司为筹集生产经营所需资金而发生的费用,包括应当作为期间费用的利息支出(减利息收入)、汇兑损失(减汇兑收益)以及相关的手续费、公司发生的现金折扣或收到的现金折扣、贴(折)息等。

为购建或生产满足资本化条件的资产发生的应予资本化的借款费用,在"在建工程"、"生产成本"、"工程施工"、"制造费用"等科目核算。

一般借款的利息支出日常在"财务费用"科目核算,至少每季度进行利息资本化计算并相应从本科目结转。

工程项目竣工决算前,必须进行利息费用资本化的计算和归集。

1. 会计科目

(1)总账科目:"财务费用"。
(2)明细科目:①利息净支出、②汇兑损益、③金融机构手续费、④贴现息、⑤其他。

"财务费用"科目借方核算利息费用、银行手续费以及汇兑损失等,贷方核算利息收入、汇兑收益等;期末结转后无余额。

2. 会计事项

➤ **利息支出与利息收入**

公司发生利息支出,借记"财务费用"科目,贷记"银行存款"等科目。

发生的应冲减财务费用的利息收入,借记"银行存款"等科目,贷记"财务费用"科目。

(1)公司20*7年12月30日计算短期借款利息21,500元。
　借:财务费用—利息支出　　　　　　　　　　　　　　　　21,500
　　贷:应付利息　　　　　　　　　　　　　　　　　　　　　21,500
(2)公司20*7年12月21日收到银行存款利息13,000元。
　借:银行存款　　　　　　　　　　　　　　　　　　　　　　13,000
　　贷:财务费用—利息收入　　　　　　　　　　　　　　　　13,000

➤ **支付银行的手续费**

公司办理银行业务而应支付银行的手续费,借记"财务费用"科目,贷记"银行存款"等科目。

公司20*7年12月22日支付银行承兑汇票手续费1,450元。
　借:财务费用—银行手续费　　　　　　　　　　　　　　　　1,450
　　贷:银行存款　　　　　　　　　　　　　　　　　　　　　　1,450

➤ **期末结转财务费用**

期末结转财务费用时,借记"本年利润"科目,贷记"财务费用"科目。

第四节 借款费用

借款费用是指公司因借款而发生的利息及其他相关成本。借款费用包括借款利息、折价或者溢价的摊销、辅助费用以及因外币借款而发生的汇兑差额等。

一、借款费用核算的规定

1. 借款费用的确认和判定

（1）借款包括专门借款和一般借款。专门借款是指为购建或者生产符合资本化条件的资产而专门借入的款项。专门借款通常应当有明确的用途，即为购建或者生产某项符合资本化条件的资产而专门借入的，并通常应当具有标明该用途的借款合同。一般借款是指除专门借款之外的借款，相对于专门借款而言，一般借款在借入时，其用途通常没有特指用于符合资本化条件的资产的购建或者生产。

（2）借款利息是借款费用的组成部分之一，包括公司向银行、结算中心或者其他金融机构等借入资金发生的利息、发行公司债务发生的利息，以及为购建或者生产符合资本化条件的资产而发生的带息债务所承担的利息等。

2. 借款费用资本化的范围

符合资本化条件的资产是指需要经过相当长时间的购建或者生产活动才能达到预定可使用或可销售状态的固定资产、投资性房地产和存货等资产。建造合同成本、确认为无形资产的开发支出等在符合条件的情况下，也可以认定为符合资本化条件的资产。符合资本化条件的存货，主要包括房地产开发企业开发的用于对外出售的房地产开发产品、企业制造的用于对外出售的大型机器设备等。这类存货通常需要经过相当长时间的建造或者生产过程，才能达到预定可销售状态。其中，"相当长时间"应当是指为资产的购建或者生产所必需的时间，通常为一年以上（含一年）。

3. 借款费用资本化的条件

（1）资产支出已经发生，资产支出包括为购建或者生产符合资本化条件的资产而以支付现金、转移非现金资产或者承担带息债务形式发生的支出。

（2）借款费用已经发生。

（3）为使资产达到预定可使用或者可销售状态所必要的购建或者生产活动已经开始。

只有在上述三个条件同时满足的情况下，有关借款费用才可开始资本化，只要其中有一个条件没有满足，借款费用就不能开始资本化。

如果由于人为或者故意等非正常因素导致资产的购建或者生产时间超出一年（含一年），该资产不属于符合资本化条件的资产。购入即可使用的资产，或者购入后需要安装但所需安装时间较短的资产，或者需要建造或者生产但所需要建造或者生产时间较短的资产，均不属于符合资本化条件的资产。

4. 借款利息资本化金额的确定

在资本化期间内，每一会计期间的利息（包括折价或溢价的摊销）资本化金额，应当按照下列规定确定：

（1）为购建或者生产符合资本化条件的资产而借入专门借款的，应当以专门借款当期实际发生的利息费用，减去将尚未动用的借款资金存入银行取得的利息收入或进行暂时性投资取得的投资收益后的金额确定。

专门借款，是指为购建或者生产符合资本化条件的资产而专门借入的款项。

（2）为购建或者生产符合资本化条件的资产而占用了一般借款的，公司应根据累计资产支出超过专门借款部分的资产支出加权平均数乘以所占用一般借款的资本化率,计算确定一般借款应予资本化的利息金额。资本化率应当根据一般借款加权平均利率计算确定。资本化期间,是指从借款费用开始资本化时点到停止资本化时点的期间,借款费用暂停资本化的期间不包括在内。

一般借款应予资本化的利息金额应当按照下列公式计算:

$$\frac{一般借款利息}{费用资本化金额} = \frac{累计资产支出超过专门借款}{部分的资产支出加权平均数} \times \frac{所占用一般借}{款的资本化率}$$

$$\frac{所占用一般借}{款的资本化率} = \frac{所占用一般借款}{加权平均利率} \div \frac{所占用一般借款当前实际}{发生的利息之和} \div \frac{所占用一般借款}{本金加权平均数}$$

$$\frac{所占用一般借款}{本金加权平均数} = \sum \left(\frac{所占用每笔}{一般借款本金} \times \frac{每一笔一般借款在}{当期所占用的天数} \div \frac{当期}{天数} \right)$$

5. 借款费用暂停资本化

符合资本化条件的资产在购建或者生产过程中发生非正常中断、且中断时间连续超过3个月的,应当暂停借款费用的资本化。在中断期间发生的借款费用应当确认为费用,计入当期损益,直至资产的购建或者生产活动重新开始。如果中断是所购建或者生产的符合资本化条件的资产达到预定可使用或者可销售状态必要的程序,借款费用的资本化应当继续进行。

6. 借款费用停止资本化

购建或者生产符合资本化条件的资产达到预定可使用或者可销售状态时,借款费用应当停止资本化。在符合资本化条件的资产达到预定可使用或者可销售状态之后所发生的借款费用,应当在发生时根据其发生额确认为费用,计入当期损益。

购建或者生产符合资本化条件的资产达到预定可使用或者可销售状态,可从下列几个方面进行判断:

(1)符合资本化条件的资产的实体建造(包括安装)或者生产工作已经全部完成或者实质上已经完成。

(2)所购建或者生产的符合资本化条件的资产与设计要求、合同规定或者生产要求相符或者基本相符,即使有极个别与设计、合同或者生产要求不相符的地方,也不影响其正常使用或者销售。

(3)继续发生在所购建或生产的符合资本化条件的资产上的支出金额很少或者几乎不再发生。

购建或者生产符合资本化条件的资产需要试生产或者试运行的,在试生产结果表明资产能够正常生产出合格产品、或者试运行结果表明资产能够正常运转或者营业时,应当认为该资产已经达到预定可使用或者可销售状态。

购建或者生产的符合资本化条件的资产的各部分分别完工,且每部分在其他部分继续建造过程中可供使用或者可对外销售,且为使该部分资产达到预定可使用或可销售状态所必要的购建或者生产活动实质上已经完成的,应当停止与该部分资产相关的借款费用的资本化。

购建或者生产的资产的各部分分别完工,但必须等到整体完工后才可使用或者可对外销售的,应当在该资产整体完工时停止借款费用的资本化。

7. 借款费用的计算和归集

一般借款的利息费用日常在"财务费用"科目核算,至少每一季度末对一般借款利息费用资本化进行一次计算并结转至相应的成本科目。专门借款在建造期间,发生的利息支出直接计入符合资本化条件的资产。

工程项目竣工决算前,必须进行利息费用资本化的计算和归集。

二、借款费用的核算

1. 会计科目

参见本核算办法之"应付利息"、"长期借款"、"应付债券"、"固定资产"、"研发支出"、"工程施工"、"开发成本"、"财务费用"等内容。

2. 会计事项

➢ 借款费用开始资本化的时点

只有在下述三个条件同时满足的情况下,有关借款费用才可开始资本化,只要其中有一个条件没有满足,借款费用就不能开始资本化。

(1)资产支出已经发生的界定

①支付现金,是指用货币资金支付符合资本化条件的资产的购建或者生产支出。

例:某公司用现金或者银行存款购买为建造或者生产符合资本化条件的资产所需用材料,支付有关职工薪酬,向工程承包商支付工程进度款等,这些支出均属于资产支出。

②转移非现金资产,是指公司将自己的非现金资产直接用于符合资本化条件的资产的购建或者生产。

例:某公司将自己生产的产品,包括自己生产的水泥、钢材等,用于符合资本化条件的资产的建造或者生产,公司同时还将自己生产的产品向其他公司换取用于符合资本化条件的资产的建造或者生产所需用工程物资的,这些产品成本均属于资产支出。

③承担带息债务,是指公司为了购建或者生产符合资本化条件的资产所需用物资等而承担的带息应付款项(如带息应付票据)。如果公司赊购这些物资承担的是不带息债务,就不应当将购买价款计入资产支出,因为该债务在偿付前不需要承担利息,也没有占用借款资金。如果公司赊购物资承担的是带息债务,则公司要为这笔债务付出代价,支付利息,与公司向银行借入款项用以支付资产支出在性质上是一致的。所以,公司为购建或者生产符合资本化条件的资产而承担的带息债务应当作为资产支出,当该带息债务发生时,视同资产支出已经发生。

(2)借款费用已经发生的界定

例:某公司于20*7年1月1日为建造一幢建设期为2年的厂房从银行专门借入款项9,000万元,当日开始计息。在20*7年1月1日即应当认为借款费用已经发生。

(3)为使资产达到预定可使用或者可销售状态所必要的购建或生产活动已经开始,是指符合资本化条件的资本的实体建造或者生产工作已经开始,它不包括仅仅持有资产、但没有发生为改变资产形态而进行的实质上建造或者生产活动。

例:某公司为了建设写字楼购置了建筑用地,但是尚未开工兴建房屋,有关房屋实体建造活动也没有开始,在这种情况下即使公司为了购置建筑用地已经发生了支出,也不应当将其认为为使资产达到预定可使用状态所必要的购建活动已经开始。

➢ 借款费用暂停资本化的时间

符合资本化条件的资产在购建或者生产过程中发生非正常中断、且中断时间连续超过3个月的,应当暂停借款费用的资本化。中断的原因必须是非正常中断,属于正常中断的,相关借款费用仍可资本化。

例:某公司于20*7年1月1日利用专门借款开工兴建一幢办公楼,支出已经发生,因此借款费用从当日起开始资本化。工程预计于2008年3月完工。

20*7年5月15日,由于工程施工发生了安全事故,导致工程中断,直到9月10日才复工。

该中断就属于非正常中断,因此,上述专门借款在5月15日至9月10日间所发生的借款费用不应资本化,而应作为财务费用计入当期损益。

非正常中断,通常是由于公司管理决策上的原因或者其他不可预见的原因等所导致的中断。比如,公司因与施工方发生了质量纠纷,或者工程、生产用料没有及时供应,或者资金周转发生了困难,或者施工、生产发生了安全事故,或者发生了与资产购建、生产有关的劳动纠纷等原因,导致资产购建或者生产活动发生中断均属于非正常中断。

正常中断通常仅限于因购建或者生产符合资本化条件的资产达到预定可使用或者可销售状态所必要的程序,或者事先可预见的不可抗力因素导致的中断。某些地区的工程在建造过程中,由于可预见的不可抗力因素(如雨季或冰冻季节等原因)导致施工出现停顿,也属于正常中断。

➢ 借款费用停止资本化的时点

购建或者生产符合资本化条件的资产达到预定可使用或者可销售状态时,借款费用应当停止资本化。

所购建或者生产的符合资本化条件的资产的各部分分别完工,且每部分在其他部分继续建造或者生产过程中可供使用或者可对外销售,且为使该部分资产达到预定可使用或可销售状态所必要的购建或者生产活动实质上已经完成的,应当停止与该部分资产相关的借款费用的资本化。

例:某公司利用借入资金建造由若干幢厂房组成的生产车间,每幢厂房完工时间不一样,但每幢厂房在其他厂房继续建造期间均可单独使用。

在这种情况下,当其中的一幢厂房完工并达到预定可使用状态时,公司应当停止该幢厂房相关借款费用的资本化。

例:ABC公司借入一笔款项,于20*7年2月1日采用出包方式开工兴建一幢办公楼。20*8年10月10日工程全部完工,达到合同要求。10月30日工程验收合格,11月15日办理工程竣工结算,11月20日完成全部资产移交手续,12月1日办公楼正式投入使用。

在本例中,公司应当将20*8年10月10日确定为工程达到预定可使用状态的时点,作为借款费用停止资本化的时点。

如果公司购建或者生产的资产的各部分分别完工,但必须等到整体完工后才可使用或者对外销售的,应当在该资产整体完工时停止借款费用的资本化。在这种情况下,即使各部分资产已经完工,也不能够认为该部分资产已经达到了预定可使用或者可销售状态,公司只能在所购建固定资产整体完工时,才能认为资产已经达到了预定可使用或者可销售状态,借款费用方可停止资本化。

例:某公司在建设某一涉及数项工程的钢铁冶炼项目时,每个单项工程都是根据各道冶炼工序设计建造的,因此只有在每项工程都建造完毕后,整个冶炼项目才能正式运转,达到生产和设计要求,所以每一个单项工程完工后不应认为资产已经达到了预定可使用状态,公司只有等到整个冶炼项目全部完工,达到预定可使用状态时,才停止借款费用的资本化。

➢ 借款利息资本化金额的确定

公司采用合同约定的名义利率计算确定利息费用时,应按合同约定的名义利率计算确定的应付利息的金额,借记"在建工程"、"工程施工——合同成本——资本化利息"、"财务费用"、"研发支出"等科目,贷记"应付利息"科目。

(1)**例1**:ABC公司于20*7年1月1日正式动工兴建一幢办公楼,工期预计为1年零6个月,工程采用出包方式,分别于20*7年1月1日、20*7年7月1日和20*8年1月1日支付工程进度款。

公司为建造办公楼于20*7年1月1日专门借款2,000万元,借款期限为3年,年利率为6%。另外在20*7年7月1日又专门借款4,000万元,借款期限为5年,年利率为7%。借款利息按年支付(如无特别说明,本章例题中名义利率与实际利率均相同)。

闲置借款资金均用于固定收益债券短期投资,该短期投资月收益率为0.5%。

办公楼于20*8年6月30日完工,达到预定可使用状态。

公司为建造该办公楼的支出金额如下表所示:

日 期	每期资产支出金额(万元)	累计资产支出金额(万元)	闲置借款资金用于短期投资金额(万元)
20*7年1月1日	1,500	1,500	500
20*7年7月1日	2,500	4,000	2,000
20*8年1月1日	1,500	5,500	500
总计	5,500		3,000

由于ABC公司使用了专门借款建造办公楼,而且办公楼建造支出没有超过专门借款金额,因此公司20*7年、20*8年为建造办公楼应予资本化的利息金额计算如下:

①确定借款费用资本化期间为20*7年1月1日至20*8年6月30日。

②计算在资本化期间内专门借款实际发生的利息金额:

20*7年专门借款发生的利息金额=2,000×6%+4,000×7%×6/12=260(万元)

20*8年1月1日至6月30日专门借款发生的利息金额=2,000×6%×6/12+4,000×7%×6/12=200(万元)

③计算在资本化期间内利用闲置的专门借款资金进行短期投资的收益:

20*7年短期投资收益=500×0.5%×6+2,000×0.5%×6=75(万元)

20*8年1月1日至6月30日短期投资收益=500×0.5%×6=15(万元)

④由于在资本化期间内,专门借款利息费用的资本化金额应当以其实际发生的利息费用减去将闲置的借款资金进行短期投资取得的投资收益后的金额确定,因此:

公司20*7年的利息资本化金额=260-75=185(万元)

公司20*8年的利息资本化金额=200-15=185(万元)

有关会计处理如下:

20*7年12月31日:

借:在建工程　　　　　　　　　　　　　　　　1,850,000
　　应收利息(或银行存款)　　　　　　　　　　　750,000
　　贷:应付利息　　　　　　　　　　　　　　　2,600,000

20*8年6月30日:

借:在建工程　　　　　　　　　　　　　　　　1,850,000
　　应收利息(或银行存款)　　　　　　　　　　　150,000
　　贷:应付利息　　　　　　　　　　　　　　　2,000,000

(2)**例2**:同上例,假定ABC公司建造办公楼没有专门借款,占用的都是一般借款。

ABC公司为建造办公楼占用的一般借款有两笔,具体如下:

①向A银行长期贷款2,000万元,期限为20*6年12月1日至20*9年12月1日,年利率为6%,按年支付利息。

②发行公司债券1亿元,于20*6年1月1日发行,期限为5年,年利率为8%,按年支付利息。

假定这两笔一般借款除了用于办公楼建设外,没有用于其他符合资本化条件的资产的购建或者生产活动(实务中要有充分的证据证明使用了一般借款而不是自有资金,如借款专用账户直接支付等)。

假定全年按360天计算,其他资料沿用上例。

①计算所占用一般借款资本化率:

一般借款资本化率(年)=(2,000×6%+10,000×8%)/(2,000+10,000)=7.67%

②计算累计资产支出加权平均数:

20*7年累计资产支出加权平均数:

1,500×360/360+2,500×180/360=2,750(万元)

20*8年累计资产支出加权平均数:

(4,000+1,500)×180/360=2,750(万元)
③计算每期利息资本化金额：
20*7年为建造办公楼的利息资本化金额=2,750×7.67%=210.93(万元)
20*7年实际发生的一般借款利息费用=2,000×6%+10,000×8%=920(万元)
20*8年为建造办公楼的利息资本化金额=2,750×7.67%=210.93(万元)
20*8年1月1日至6月30日实际发生的一般借款利息费用：
2,000×6%×180/360+10,000×8%×180/360=460(万元)
④根据上述计算结果，会计处理如下：
20*7年12月31日：

借：在建工程   2,109,300
    财务费用   7,090,700
  贷：应付利息   9,200,000

20*8年6月30日：

借：在建工程   2,109,300
    财务费用   2,490,700
  贷：应付利息   4,600,000

(3)沿用上述例1、例2资料，假定ABC公司为建造办公楼于20*7年1月1日专门借款2,000万元，借款期限为3年，年利率为6%。除此之外，没有其他专门借款。在办公楼建造过程中所占用的一般借款仍为两笔，一般借款有关资料沿用例2，其他相关资料均同例1、例2。

在这种情况下，公司应当首先计算专门借款利息的资本化金额，然后计算所占用一般借款利息的资本化金额。具体如下：
①计算专门借款利息资本化金额：
20*7年专门借款利息资本化金额=2,000×6%−500×0.5%×6=105(万元)
20*8年专门借款利息资本化金额=2,000×6%×180/360=60(万元)
②计算一般借款资本化金额：
20*7年占用了一般借款的资产支出加权平均数=2,000×180/360=1,000(万元)
由于一般借款利息资本化率与例2相同，即为7.67%。所以：
20*7年应予资本化的一般借款利息金额=1,000×7.67%=76.70(万元)
20*8年占用了一般借款的资产支出平均数=(2,000+1,500)×180/360=1,750(万元)
则20*8年应予资本化的一般借款利息金额=1,750×7.67%=134.23(万元)
③根据上述计算结果，公司建造办公楼应予资本化的利息金额如下：
20*7年利息资本化金额=105+76.70=181.70(万元)
20*8年利息资本化金额=60+134.23=194.23(万元)
④有关会计处理如下：
20*7年12月31日：

借：在建工程   1,817,000
    财务费用   8,433,000
    应收利息(或银行存款)   150,000
  贷：应付利息   10,400,000

注：20*7年借款利息=2,000×6%+2,000×6%+10,000×8%=1,040(万元)。
20*8年6月30日：

借：在建工程   1,942,300
    财务费用   3,257,700

贷:应付利息　　　　　　　　　　　　　　　　　　　5,200,000

注:20*8年1月1日至6月30日的实际借款利息=1,040/2=520(万元)。

(4)MN公司拟在厂区内建造一幢新厂房,有关资料如下:

①20*7年1月1日向银行专门借款5,000万元,期限为3年,年利率为6%,每年1月1日付息。

②除专门借款外,公司只有一笔其他借款,为公司于20*6年12月1日借入的长期借款6,000万元,期限为5年,年利率为8%,每年12月1日付息。

③由于审批、办手续等原因,厂房于20*7年4月1日才开始动工兴建,当日支付工程款2,000万元。工程建设期间的支出情况如下:

20*7年6月1日:1,000万元;
20*7年7月1日:3,000万元;
20*8年1月1日:1,000万元;
20*8年4月1日:500万元;
20*8年7月1日:500万元。

工程于20*8年9月30日完工,达到预定可使用状态。其中,由于施工质量问题工程于20*7年9月1日至12月31日停工4个月。

④专门借款中未支出部分全部存入银行,假定月利率为0.25%。假定全年按照360天算,每月按照30天算。

根据上述资料,有关利息资本化金额的计算和利息会计处理如下:

①计算20*7年、20*8年全年发生的专门借款和一般借款利息费用:

20*7年专门借款发生的利息金额=5,000×6%=300(万元)
20*7年一般借款发生的利息金额=6,000×8%=480(万元)
20*8年专门借款发生的利息金额=5,000×6%=300(万元)
20*8年一般借款发生的利息金额=6,000×8%=480(万元)

②计算20*7年借款利息资本化金额和应计入当期损益金额及其会计处理:

A.计算20*7年专门借款应予资本化的利息金额。

20*7年1～3月和9～12月:

专门借款发生的利息费用=5,000×6%×210/360=175(万元)

20*7年专门借款转存入银行取得的利息收入=5,000×0.25%×3+3,000×0.25%×2+2,000×0.25%×1=57.5(万元)。其中在资本化期间内取得的利息收入=3,000×0.25%×2+2,000×0.25%×1=20(万元)。

公司在20*7应予资本化的专门借款利息金额=300-175-20=105(万元)

公司在20*7年应当计入当期损益(财务费用)的专门借款利息金额(减利息收入)=300-105-57.5=137.5(万元)

B.计算20*7年一般借款应予资本化的利息金额。

公司在20*7年占用了一般借款资金的资产支出加权平均数=1,000×60/360=166.67(万元)

公司在20*7年应当计入当期损益的一般借款应予资本化的利息金额166.67×8%=13.33(万元)

公司在20*7年应当计入当期损益的一般借款利息金额=480-13.33=466.67(万元)

C.计算20*7年应予资本化和应计入当期损益的利息金额。

公司在20*7年应予资本化的借款利息金额=105+13.33=118.33(万元)

公司在20*7应当计入当期损益的借款利息金额=137.5+466.67=604.17(万元)

D.20*7年有关会计分录如下:

借:在建工程　　　　　　　　　　　　　　　　　　1,183,300

财务费用	6,041,700
应收利息或银行存款	575,000
贷:应付利息	7,800,000

③计算 20*8 年借款利息资本化金额和应计入当期损益金额及其会计处理:

A.计算 20*8 年专门借款应予资本化的利息金额:

公司在 20*8 年应予以资本化的专门借款利息金额=5,000×6%×270/360=225(万元)

公司在 20*8 年应当计入当期损益的专门借款利息金额=300-225=75(万元)

B.计算 20*8 年一般借款应予资本化的利息金额:

公司在 20*8 年占用了一般借款资金的资产支出加权平均数:

2,000×270/360+500×180/360+500×90/360=1,875(万元)

公司在 20*8 年一般借款应予资本化的利息金额=1,875×8%=150(万元)

公司在 20*8 年应当计入当期损益的一般借款利息金额=480-150=330(万元)

C.计算 20*8 年应予资本化和应计入当期损益的利息金额:

公司在 20*8 年应予资本化的借款利息金额=150+225=375(万元)

公司在 20*8 年应当计入当期损益的借款利息金额=75+330=405(万元)

D.20*8 年有关会计分录如下:

借:在建工程	3,750,000
财务费用	4,050,000
贷:应付利息	7,800,000

> **外币专门借款汇兑差额资本化金额的确定**

例:甲公司于 20*7 年 1 月 1 日,为建造某工程项目公司发行美元债券 1,000 万元,年利率为 8%,期限为 3 年,假定不考虑与发行债券有关的辅助费用,未支出专门借款的利息收入或投资收益。合同约定,每年 1 月 1 日支付利息,到期还本。

工程与 20*7 年 1 月 1 日开始实体建造,20*8 年 6 月 30 日完工,达到预定可使用状态,期间发生的资产支出如下:

20*7 年 1 月 1 日,支出 200 万美元;

20*7 年 7 月 1 日,支出 500 万美元;

20*8 年 1 月 1 日,支出 300 万美元。

公司的记账本位币为人民币,外币业务采用外币业务发生时当日的市场汇率折算,相关汇率如下:

20*7 年 1 月 1 日市场汇率为 1 美元=7.70 元人民币;

20*7 年 12 月 31 日市场汇率为 1 美元=7.75 元人民币;

20*8 年 1 月 1 日市场汇率为 1 美元=7.77 元人民币;

20*8 年 6 月 30 日市场汇率为 1 美元=7.80 元人民币。

本例中,公司计算外币借款汇兑差额资本化金额如下:

(1)计算 20*7 年汇兑差额资本化金额

①债券应付利息=1,000×8%×7.75=80×7.75=620(万元)

会计处理为:

借:在建工程	6,200,000
贷:应付利息	6,200,000

②外币债券本金及利息汇兑差额=1,000×(7.75-7.70)+80×(7.75-7.75)=50(万元)

会计处理为:

借:应付利息	500,000
贷:应付债券	500,000

(2)20*8年1月1日实际支付利息时,应当支付80万美元,折算成人民币为621.60万元。该金额与原账面金额之间的差额1.60万元应当接续予以资本化,进入在建工程成本。会计处理为:

借:应付利息　　　　　　　　　　　　　　　6,200,000
　　在建工程　　　　　　　　　　　　　　　　16,000
　　贷:应付债券　　　　　　　　　　　　　　　　6,216,000

(3)计算20*8年6月30日时的汇兑差额资本化金额

①债券应付利息＝80×1/2×7.80＝40×7.80＝312(万元)

会计处理为:

借:在建工程　　　　　　　　　　　　　　　3,120,000
　　贷:应付利息　　　　　　　　　　　　　　　3,120,000

②外币债券本金及利息汇兑差额＝1,000×(7.80－7.75)＋40×(7.80－7.80)＝50(万元)

会计处理为:

借:在建工程　　　　　　　　　　　　　　　500,000
　　贷:应付债券　　　　　　　　　　　　　　　500,000

第五节　资产减值

资产减值是指资产的可收回金额低于其账面价值。当公司资产的可收回金额低于其账面价值时,即表明资产发生了减值,公司应当确认资产减值损失,并把资产的账面价值减记至可收回金额。

一、资产减值核算的规定

(一)范围

本节涉及减值资产的范围通常属于公司的非流动资产,具体包括长期股权投资、固定资产、无形资产、商誉等。

其他资产(如存货和金融资产)减值准备的内容参见本核算办法前文所述的相关资产内容。

(二)资产减值的迹象与测试

1. 资产减值迹象的判断

公司应当在资产负债表日判断资产是否存在可能发生减值的迹象。

因公司合并所形成的商誉和使用寿命不确定的无形资产,无论是否存在减值迹象,每年都应当进行减值测试。

资产存在下列迹象的,表明可能发生了减值:

(1)资产的市价当期大幅度下跌,其跌幅明显高于因时间的推移或者正常使用而预计的下跌。

(2)公司经营所处的经济、技术或者法律等环境以及资产所处的市场在当期或者将在近期发生重大变化,从而对公司产生不利影响。

(3)市场利率或者其他市场投资报酬率在当期已经提高,从而影响公司计算资产预计未来现金流量现值的折现率,导致资产可收回金额大幅度降低。

(4)有证据表明资产已经陈旧过时或者其实体已经损坏。

(5)资产已经或者将被闲置、终止使用或者计划提前处置。

(6)公司内部报告的证据表明资产的经济绩效已经低于或者将低于预期,如资产所创造的净现金流量或者实现的营业利润(或者亏损)远远低于(或者高于)预计金额等。

(7)其他表明资产可能已经发生减值的迹象。

2.资产减值的测试

公司应当在资产负债表日判断资产是否存在减值的迹象。有确凿证据表明资产存在减值迹象的,应当进行减值测试,估计资产的可收回金额。

在估计资产可收回金额时,应当遵循重要性原则。根据这一原则,资产存在下列情况的,可以不估计其可收回金额:

(1)以前报告期间的计算结果表明,资产可收回金额远高于其账面价值,之后又没有发生消除这一差异的交易或者事项的,公司在资产负债表日可以不需重新估计该资产的可收回金额。

(2)以前报告期间的计算与分析表明,资产可收回金额对于资产减值准则中所列示的一种或者多种减值迹象反应不敏感,在本报告期间又发生了这些减值迹象的,在资产负债表日公司可以不需因为上述减值迹象的出现而重新估计该资产的可收回金额。

(三)资产可收回金额的计量

1.资产可收回金额估计的基本方法

资产可收回金额应当根据资产的公允价值减去处置费用后的净额与资产预计未来现金流量的现值两者之间较高者确定。计算确定资产可收回金额应当经过以下步骤:

第一步,计算确定资产的公允价值减去处置费用后的净额。

第二步,计算确定资产预计未来现金流量的现值。

第三步,比较资产的公允价值减去处置费用后的净额和资产预计未来现金流量的现值,取其较高者作为资产的可收回金额。

在下列情况下,可以有例外或者作特殊考虑:

(1)资产的公允价值减去处置费用后的净额与资产预计未来现金流量的现值,只要有一项超过了资产的账面价值,就表明资产没有发生减值,不需再估计另一项金额。

(2)没有确凿证据或者理由表明,资产预计未来现金流量现值显著高于其公允价值减去处置费用后的净额的,可以将资产的公允价值减去处置费用后的净额视为资产的可收回金额。

(3)资产的公允价值减去处置费用后的净额如果无法可靠估计的,应当以该资产预计未来现金流量的现值作为其可收回金额。

2.资产的公允价值减去处置费用后的净额的估计

资产的公允价值减去处置费用后的净额,通常反映的是资产如果被出售或者处置时可以收回的净现金收入。其中,资产的公允价值是指在公平交易中,熟悉情况的交易双方自愿进行资产交换的金额;处置费用是指可以直接归属于资产处置的增量成本,包括与资产处置有关的法律费用、相关税费、搬运费以及为使资产达到可销售状态所发生的直接费用等,但是财务费用和所得税费用等不包括在内。

公司在估计资产的公允价值减去处置费用后的净额时,应当按照下列顺序进行:

(1)应当根据公平交易中资产的销售协议价格减去可直接归属于该资产处置费用的金额确定资产的公允价值减去处置费用后的净额。

(2)在资产不存在销售协议但存在活跃市场的情况下,应当根据该资产的市场价格减去处置费用后的金额确定。

(3)在既不存在资产销售协议又不存在资产活跃市场的情况下,公司应当以可获取的最佳信息为基础,根据在资产负债表日如果处置资产的话,熟悉情况的交易双方自愿进行公平交易愿意提供的交易价格减去资产处置费用后的金额,估计资产的公允价值减去处置费用后的净额。

如果公司按照上述要求仍然无法可靠估计资产的公允价值减去处置费用后的净额的,应当以该资产预计未来现金流量的现值作为其可收回金额。

3. 资产预计未来现金流量的现值的估计

资产预计未来现金流量的现值,应当按照资产在持续使用过程中和最终处置时所产生的预计未来现金流量,选择恰当的折现率对其进行折现后的金额加以确定。因此,预计资产未来现金流量的现值,主要应当综合考虑以下因素:①资产的预计未来现金流量;②资产的使用寿命;③折现率。

资产使用寿命的预计与固定资产、无形资产准则等规定的使用寿命预计方法相同。以下为预计资产未来现金流量和折现率的具体要求。

(1)资产未来现金流量的预计

①预计资产未来现金流量的基础

A. 公司应当以经公司管理层批准的最近财务预算或者预测数据,以及该预算或者预测期之后年份稳定的或者递减的增长率为基础。公司管理层如能证明递增的增长率是合理的,可以以递增的增长率为基础。

B. 在对预算或者预测期之后年份的现金流量进行预计时,所使用的增长率除了公司能够证明更高的增长率是合理的之外,不应当超过公司经营的产品、市场、所处的行业或者所在国家或者地区的长期平均增长率,或者该资产所处市场的长期平均增长率。

C. 建立在预算或者预测基础上的预计现金流量最多涵盖 5 年,公司管理层如能证明更长的期间是合理的,可以涵盖更长的期间。

②资产预计未来现金流量应当包括的内容

A. 资产持续使用过程中预计产生的现金流入。

B. 为实现资产持续使用过程中产生的现金流入所必需的预计现金流出(包括为使资产达到预定可使用状态所发生的现金流出)。该现金流出应当是可直接归属于或者可通过合理和一致的基础分配到资产中的现金流出,后者通常是指那些与资产直接相关的间接费用。

C. 资产使用寿命结束时,处置资产所收到或者支付的净现金流量。该现金流量应当是在公平交易中,熟悉情况的交易双方自愿进行交易时,公司预期可从资产的处置中获取或者支付的、减去预计处置费用后的金额。

③预计资产未来现金流量应当考虑的因素

A. 预计口径一致。如预计折现率时考虑了通货膨胀因素,未来现金流量预计时也应当考虑;折现率如没有考虑该影响因素,预计未来现金流量也不应考虑。

B. 预计假设合理。预计资产未来现金流量,应当分析以前期间现金流量预计数与实际数差异的情况,以评判预计当期现金流量依据假设的合理性。通常应当确保当期预计现金流量依据的假设与前期实际结果相一致。

C. 预计基础合理。资产未来现金流量应当以资产的当前状况为基础,不应包括与将来可能会发生的、尚未作出承诺的重组事项或者与资产改良有关的预计未来现金流量。但未来发生的现金流出是为了维持资产正常运转或者资产原定正常产出水平所必需的,预计资产未来现金流量时应当将其考虑在内。

D. 预计在建工程、开发过程中的无形资产等资产的未来现金流量,应当包括预期为使该类资产达到预定可使用或可销售状态而发生的全部现金流出。

E. 资产的未来现金流量受内部转移价格影响的,应当采用在公平交易的前提下,公司管理层能够达成的最佳的未来价格估计数进行预计。

④预计资产未来现金流量的方法

传统法,即根据资产未来每期通常最有可能产生的现金流量进行预测资产未来现金流量的方法,它使用的是单一的未来每期预计现金流量和单一的折现率计算资产未来现金流量的现值。

期望现金流量法,即根据在各种可能情况下,发生的每期现金流量期望值乘以相应发生概率加总计算进行预计资产未来现金流量的方法。

实务中,有时影响资产未来现金流量的因素较多,情况较为复杂,带有很大的不确定性,为此,使用单一的现金流量可能并不会如实反映资产创造现金流量的实际情况。这样,公司应当采用期望现金流量法预计资产未来现金流量。

(2)折现率的预计

折现率是反映当前市场货币时间价值和资产特定风险的税前利率,是公司在购置或者投资资产时所要求的必要报酬率。

折现率的确定应当以该资产的市场利率为依据。该资产的利率无法从市场获得的,可以使用替代利率估计折现率。替代利率可以根据加权平均资金成本、增量借款利率或者其他相关市场借款利率作适当调整后确定。调整时,应当考虑与资产预计现金流量有关的特定风险以及其他有关政治风险、货币风险和价格风险等。

如果预计资产的未来现金流量时已经对资产特定风险的影响作了调整的,估计折现率不需要考虑这些特定风险。如果用于估计折现率的基础是税后的,应当将其调整为税前的折现率。

(3)资产未来现金流量现值的预计

根据资产的预计未来现金流量和预计折现率,资产未来现金流量现值的计算公式如下:

$$P = \sum_{i=1}^{n} R_i / (1+r)^i$$

式中,P 资产未来现金流量现值;R_i 为公司第 i 年的现金流量;r 为折现率;i 为现金流量计算年(如预测未来现金流量 5 年,则 $1 \leqslant i \leqslant 5$)。

(4)外币未来现金流量及其现值的预计

①应当以该资产所产生的未来现金流量的结算货币为基础预计其未来现金流量,并按照该货币适用的折现率计算资产的现值。

②将该外币现值按照计算资产未来现金流量现值当日的即期汇率进行折算,从而折现成按照记账本位币表示的资产未来现金流量的现值。

③在该现值基础上,比较资产公允价值减去处置费用后的净额以及资产的账面价值,以确定是否需要确认减值损失以及确认多少减值损失。

(四)资产减值损失的确认与计量

资产的可收回金额低于其账面价值的,应当将资产的账面价值减记至可收回金额,减记的金额确认为资产减值损失,计入当期损益,同时,计提相应的资产减值准备。

资产减值损失确认后,减值资产的折旧或者摊销费用应当在未来期间作相应调整,以使该资产在剩余使用寿命内,系统地分摊调整后的资产账面价值(扣除预计净残值)。比如,固定资产计提了减值准备后,固定资产账面价值将根据计提的减值准备相应抵减,因此,固定资产在未来计提折旧时,应当按照新的固定资产账面价值为基础计提每期折旧。

资产减值损失一经确认,在以后会计期间不得转回。以前期间计提的资产减值准备,需要等到资产处置时才可予以转销。

(五)资产组的认定及减值处理

1. 资产组的认定

在公司难以对单项资产的可收回金额进行估计的情况下,应当以该资产所属的资产组为基础确定资产组的可收回金额。

(1)资产组的定义

资产组是公司可以认定的最小资产组合,其产生的现金流入应当基本上独立于其他资产或者资产组。资产组应当由创造现金流入相关的资产组成。

(2)认定资产组应当考虑的因素

①应当以资产组产生的主要现金流入是否独立于其他资产或者资产组的现金流入为依据。因此,资产组能否独立产生现金流入是认定资产组的最关键因素。

②应当考虑公司管理层对生产经营活动的管理或者监控方式(如是按照生产线、业务种类还是按照地区或者区域等)和对资产的持续使用或者处置的决策方式等。

(3)资产组认定后不得随意变更

资产组一经确定后,在各个会计期间应当保持一致,不得随意变更。但如果由于公司重组、变更资产用途等原因,导致资产组构成确需变更的,公司可以进行变更,但公司管理层应当证明该变更是合理的,并应当在附注中作相应说明。

2. 资产组减值测试

如果资产组的可收回金额低于其账面价值的,表明资产组发生了减值损失,应当予以确认。

(1)资产组账面价值和可收回金额的确定

资产组的可收回金额应当按照该资产组的公允价值减去处置费用后的净额与其预计未来现金流量的现值两者之间较高者确定。

资产组的账面价值包括可直接归属于资产组与可以合理和一致地分摊至资产组的资产账面价值,通常不应当包括已确认负债的账面价值,但如不考虑该负债金额就无法确定资产组可收回金额的除外。

(2)资产组减值的分摊

根据减值测试的结果,资产组(包括资产组组合)的可收回金额如低于其账面价值的,应当确认相应的减值损失。减值损失金额应当按照以下顺序进行分摊:

①抵减分摊至资产组中商誉的账面价值。

②根据资产组中除商誉之外的其他各项资产的账面价值所占比重,按比例抵减其他各项资产的账面价值。

以上资产账面价值的抵减,应当作为各单项资产(包括商誉)的减值损失处理,计入当期损益,抵减后的各资产的账面价值按照本节下文所述的"总部资产减值测试与处理"中"减值损失处理原则"的规定处理。

(六)总部资产减值测试与处理

公司总部资产包括公司集团或其事业部的办公楼、电子数据处理设备等资产。

总部资产的显著特征是难以脱离其他资产或者资产组产生独立的现金流入,而且其账面价值难以完全归属于某一资产组。

有迹象表明某项总部资产可能发生减值的,公司应当计算确定该总部资产所归属的资产组或者资产组组合的可收回金额,然后将其与相应的账面价值相比较,据以判断是否需要确认减值损失。

资产组组合,是指由若干个资产组组成的最小资产组组合,包括资产组或者资产组组合,以及按合理方法分摊的总部资产部分。

(1)公司对某一资产组进行减值测试,应当先认定所有与该资产组相关的总部资产,再根据相关总部资产能否按照合理和一致的基础分摊至该资产组分别下列情况处理。

①对于相关总部资产能够按照合理和一致的基础分摊至该资产组的部分,应当将该部分总部资产的账面价值分摊至该资产组,再据以比较该资产组的账面价值(包括已分摊的总部资产的账面价值部分)和可收回金额,并按照下述"减值损失处理原则"的规定处理。

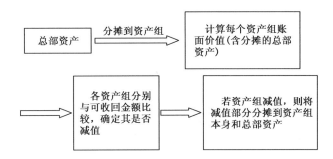

②对于相关总部资产中有部分资产难以按照合理和一致的基础分摊至该资产组的,应当按照下列步骤处理:

首先,在不考虑相关总部资产的情况下,估计和比较资产组的账面价值和可收回金额,并按照下述"减值损失处理原则"的规定处理。

其次,认定由若干个资产组组成的最小的资产组组合,该资产组组合应当包括所测试的资产组与可以按照合理和一致的基础将该部分总部资产的账面价值分摊其上的部分。

最后,比较所认定的资产组组合的账面价值(包括已分摊的总部资产的账面价值部分)和可收回金额,并按照下述"减值损失处理原则"的规定处理。

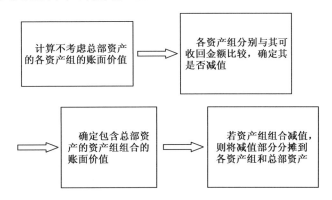

(2)减值损失处理原则

资产组或者资产组组合的可收回金额低于其账面价值的(总部资产和商誉分摊至某资产组或者资产组组合的,该资产组或者资产组组合的账面价值应当包括相关总部资产和商誉的分摊额),应当确认相应的减值损失。减值损失金额应当先抵减分摊至资产组或者资产组组合中商誉的账面价值,再根据资产组或者资产组组合中除商誉之外的其他各项资产的账面价值所占比重,按比例抵减其他各项资产的账面价值。

以上资产账面价值的抵减,应当作为各单项资产(包括商誉)的减值损失处理,计入当期损益。抵减后的各资产的账面价值不得低于以下三者之中最高者:该资产的公允价值减去处置费用后的净额(如可以确定)、该资产预计未来现金流量的现值(如可以确定)和零。

因此而导致的未能分摊的减值损失金额,应当按照相关资产组或者资产组组合中其他各项资产的账面价值所占比重进行分摊。

(七)商誉减值测试与处理

公司合并所形成的商誉,至少应当在每年年度终了进行减值测试。商誉应当结合与其相关的资产组或者资产组组合进行减值测试。

(1)对于因公司合并形成的商誉的账面价值,应当自购买日起按照合理的方法分摊至相关的资产组;难以分摊至相关的资产组的,应当将其分摊至相关的资产组组合。

在将商誉的账面价值分摊至相关的资产组或者资产组组合时,应当按照各资产组或者资产组组合的公允价值占相关资产组或者资产组组合公允价值总额的比例进行分摊。公允价值难以可靠计量的，按照各资产组或者资产组组合的账面价值占相关资产组或者资产组组合账面价值总额的比例进行分摊。

公司因重组等原因改变了其报告结构，从而影响到已分摊商誉的一个或者若干个资产组或者资产组组合构成的，应当按照上述规定相似的分摊方法，将商誉重新分摊至受影响的资产组或者资产组组合。

（2）在对包含商誉的相关资产组或者资产组组合进行减值测试时，如与商誉相关的资产组或者资产组组合存在减值迹象的，应当先对不包含商誉的资产组或者资产组组合进行减值测试，计算可收回金额，并与相关账面价值相比较，确认相应的减值损失。再对包含商誉的资产组或者资产组组合进行减值测试，比较这些相关资产组或者资产组组合的账面价值（包括所分摊的商誉的账面价值部分）与其可收回金额，如相关资产组或者资产组组合的可收回金额低于其账面价值的，应当确认商誉的减值损失，并按照本节前文"总部资产减值测试与处理"中的"减值损失处理原则"的规定处理。

（3）在对与商誉相关的资产组或者资产组组合进行减值测试时，公司应当调整资产组的账面价值，将归属于少数股东权益的商誉包括在内，再根据调整后的资产组账面价值与其可收回金额进行比较，以确定资产组（包括商誉）是否发生了减值。确定发生减值的，应当将商誉减值损失在可归属于母公司和少数股东权益之间按比例进行分摊，以确认归属于母公司的商誉减值损失。

二、资产减值的核算

1. 会计科目

（1）总账科目："资产减值损失"。

（2）明细科目：设置"坏账损失"、"存货跌价准备"、"存货跌价准备－合同预计损失"、"长期投资减值损失"、"固定资产减值损失"、"无形资产减值损失"、"在建工程减值损失"、"工程物资减值损失"、"可供出售金融资产减值损失"、"持有至到期投资减值损失"、"商誉减值损失"、"投资性房地产减值损失"等资产减值损失的项目进行明细核算。

"资产减值损失"科目核算核算公司根据资产减值等准则计提各项资产减值准备所形成的损失。

公司根据资产减值等准则确定资产发生的减值的，按应减记的金额，借记"资产减值损失"，贷记"坏账准备"等科目。

公司计提坏账准备、存货跌价准备、持有至到期投资减值准备等后，相关资产的价值又得恢复，应在原已计提的减值准备金额内，按恢复增加的金额，借记"坏账准备"、"存货跌价准备"、"持有至到期投资减值准备"等科目，贷记"资产减值损失"。

期末，应将"资产减值损失"余额转入"本年利润"科目，结转后"资产减值损失"无余额。

2. 会计事项

➢ **采用传统法对资产未来现金流量的预计**

例：公司某固定资产剩余使用年限为3年，公司预计未来3年里在正常的情况下，该资产每年可为公司产生的净现金流量分别为100万元、50万元、10万元。

则：该现金流量通常即为最有可能产生的现金流量，公司应以该现金流量的预计数为基础计算资产的现值。

➢ **采用期望现金流量法对资产未来现金流量的预计**

同上例，假定利用固定资产生产的产品受市场行情波动影响大，公司预计未来3年每年的现金流量概率分布及发生情况如下表所示。

年　份	产品行情好(30%可能性)	产品行情一般(60%可能性)	产品行情差(10%可能性)
第一年	150 万元	100 万元	50 万元
第二年	80 万元	50 万元	20 万元
第三年	20 万元	10 万元	0

公司应当计算资产每年的预计未来现金流量如下：

第 1 年的预计现金流量（期望现金流量）：

$150 \times 30\% + 100 \times 60\% + 50 \times 10\% = 110$（万元）

第 2 年的预计现金流量（期望现金流量）：

$80 \times 30\% + 50 \times 60\% + 20 \times 10\% = 56$（万元）

第 3 年的预计现金流量（期望现金流量）：

$20 \times 30\% + 10 \times 60\% + 0 \times 10\% = 12$（万元）

> **预计资产未来现金流量因素剔除**

例： XYZ 航运公司于 20*0 年末对一艘远洋运输船只进行减值测试。该船舶账面价值为 1.6 亿元，预计尚可使用年限为 8 年。

该船舶的公允价值减去处置费用后的净额难以确定，因此，公司需要通过计算其未来现金流量的现值确定资产的可收回金额。假定公司当初购置该船舶用的资金是银行长期借款资金，借款年利率为 15%，公司认为 15% 是该资产的最低必要报酬率，已考虑了与该资产有关的货币时间价值和特定风险。因此，在计算其未来现金流量现值时，使用 15% 作为其折现率（税前）。

公司管理层批准的财务预算显示：公司将于 20*5 年更新船舶的发动机系统，预计为此发生资本性支出 1,500 万元，这一支出将降低船舶运输油耗、提高使用效率等，因此，将提高资产的运营绩效。

为了计算船舶在 20*0 年末未来现金流量的现值，公司首先必须预计其未来现金流量。假定公司管理层批准的 20*0 年末的该船舶预计未来现金流量如下表所示：

年　份	预计未来现金流量（万元）(不包括改良的影响金额)	预计未来现金流量（万元）(包括改良的影响金额)
20*1 年	2,500	
20*2 年	2,460	
20*3 年	2,380	
20*4 年	2,360	
20*5 年	2,390	
20*6 年	2,470	3,290
20*7 年	2,500	3,280
20*8 年	2,510	3,300

根据资产减值准则的规定，在 20*0 年末预计资产未来现金流量时，应当以资产当时的状况为基础，不应包括与将来可能会发生的、尚未作出承诺的重组事项或者与资产改良有关的预计未来现金流量。各年现值的计算如下表所示：

年　份	预计未来现金流量（万元）(不包括改良的影响金额)	以折现率为 15% 的折现系数	预计未来现金流量的现值（万元）
20*1 年	2,500	0.8696	2,174
20*2 年	2,460	0.7561	1,860
20*3 年	2,380	0.6575	1,565
20*4 年	2,360	0.5718	1,349

续上表

年 份	预计未来现金流量(万元)(不包括改良的影响金额)	以折现率为15%的折现系数	预计未来现金流量的现值(万元)
20＊5年	2,390	0.4972	1,188
20＊6年	2,470	0.4323	1,068
20＊7年	2,500	0.3759	940
20＊8年	2,510	0.3269	821
合计			10,965

由于在20＊0年末,船舶的账面价值(尚未确认减值损失)为16,000万元,而其可收回金额为10,965万元,账面价值高于其可收回金额,因此,应当确认减值损失,并计提相应的资产减值准备。应确认的减值损失为:16,000－10,965＝5,035(万元)。

20＊5年发生了1,500万元的资本性支出,改良了资产绩效,导致其未来现金流量增加,但由于我国资产减值准则不允许将以前期间已经确认的资产减值损失予以转回,因此,在这种情况下,也不必计算其可收回金额。

> **资产组的认定**

认定资产组应当考虑的因素:

(1)应当以资产组产生的主要现金流入是否独立于其他资产或者资产组的现金流入为依据。因此,资产组能否独立产生现金流入是认定资产组的最关键因素。

例:某矿业公司拥有一个煤矿,与煤矿的生产和运输相配套,建有一条专用铁路。该铁路除非报废出售,其在持续使用中,难以脱离煤矿相关的其他资产而产生单独的现金流入,因此,公司难以对专用铁路的可收回金额进行单独估计,专用铁路和煤矿其他相关资产必须结合在一起,成为一个资产组,以估计该资产组的可收回金额。

例:甲公司生产某单一产品,并且只拥有A、B、C三家工厂。三家工厂分别位于三个不同的国家,而三个国家又位于三个不同的洲。工厂A生产一种组件,由工厂B或者C进行组装,最终产品由B或者C销往世界各地,比如工厂B的产品可以在本地销售,也可以在C所在洲销售(如果将产品从B运到C所在洲更加方便的话)。

B和C的生产能力合在一起尚有剩余,并没有被完全利用。B和C生产能力的利用程度依赖于甲公司对于销售产品在两地之间的分配。以下分别认定与A、B、C有关的资产组。

假定A生产的产品(即组件)存在活跃市场,则A很可能可以认定为一个单独的资产组,原因是它生产的产品尽管主要用于B或者C,但是,由于该产品存在活跃市场,可以带来独立的现金流量,因此,通常应当认定为一个单独的资产组。

对于B和C而言,即使B和C组装的产品存在活跃市场,由于B和C的现金流入依赖于产品在两地之间的分配,B和C的未来现金流入不可能单独地确定。因此,B和C组合在一起是可以认定的、可产生基本上独立于其他资产或者资产组的现金流入的资产组合。B和C应当认定为一个资产组。

(2)应当考虑公司管理层对生产经营活动的管理或者监控方式和对资产的持续使用或者处置的决策方式等。

例:MM家具制造有限公司有A和B两个生产车间,A车间专门生产家具部件,生产完后由B车间负责组装并对外销售,该公司对A车间和B车间资产的使用和处置等决策是一体的,在这种情况下,A车间和B车间通常应当认定为一个资产组。

> **资产组的减值测试**

(1)资产组(包括资产组组合)减值损失金额分摊顺序:首先,抵减分摊至资产组中商誉的账面价值;然后,根据资产组中除商誉之外的其他各项资产的账面价值所占比重,按比例抵减其他各项资产的账面

第十章 成本和费用

价值。

资产组(包括资产组组合)减值损失原则:应当作为各单项资产(包括商誉)的减值损失处理,计入当期损益。抵减后的各资产的账面价值不得低于以下三者之中最高者:该资产的公允价值减去处置费用后的净额(如可确定的)、该资产预计未来现金流量的现值(如可确定的)和零。因此而导致的未能分摊的减值损失金额,应当按照相关资产组中其他各项资产的账面价值所占比重进行分摊。

例:XYZ公司有一条甲生产线,该生产线生产光学器材,由A、B、C三部机器构成,成本分别为400,000元、600,000元、1,000,000元。使用年限为10年,净残值为零,以年限平均法计提折旧。各机器均无法单独产生现金流量,但整条生产线构成完整的产销单位,属于一个资产组。2005年甲生产线所生产的光学产品有替代产品上市,到年底,导致公司光学产品的销路锐减40%,因此,对甲生产线进行减值测试。

20*5年12月31日,A、B、C三部机器的账面价值分别为200,000元、300,000元、500,000元。估计A机器的公允价值减去处置费用后的净额为150,000元,B、C机器都无法合理估计其公允价值减去处置费用后的净额以及未来现金流量的现值。

整条生产线预计尚可使用5年。经估计其未来5年的现金流量及其恰当的折现率后,得到该生产线预计未来现金流量的现值为600,000元。由于A机器的公允价值减去处置费用后的净额为150,000元,因此,A机器分摊了减值损失后的账面价值不应低于150,000元。具体分摊过程如下表所示:

项 目	机器A	机器B	机器C	整个生产线(资产组)
账面价值(元)	200,000	300,000	500,000	1,000,000
可收回金额(元)				600,000
减值损失(元)				400,000
减值损失分摊比例(%)	20	30	50	
分摊减值损失(元)	50,000	120,000	200,000	370,000
分摊后账面价值(元)	150,000	180,000	300,000	
尚未分摊的减值损失(元)				30,000
二次分摊比例(%)		37.5	62.5	
二次分摊减值损失(元)		11,250	18,750	30,000
二次分摊后应确认减值损失总额(元)		131,250	218,750	
二次分摊后账面价值(元)	150,000	168,750	281,250	600,000

根据上述计算和分摊结果,构成甲生产线的机器A、机器B和机器C应当分别确认减值损失50,000元、131,250元和218,750元,会计处理如下:

```
借:资产减值损失—固定资产减值损失        50,000
          —固定资产减值损失           131,250
          —固定资产减值损失           218,750
  贷:固定资产减值准备—生产设备—A机器        50,000
              —生产设备—B机器       131,250
              —生产设备—C机器       218,750
```

(2)资产组在处置时要求购买者承担一项负债(如环境恢复负债)、该负债金额已经确认并计入相关资产账面价值,而且公司只能取得包括上述资产和负债在内的单一公允价值减去处置费用后的净额的,为了比较资产组的账面价值和可收回金额,在确定资产组的账面价值及其预计未来现金流量的现值时,应当将已确认的负债金额从中扣除。

例:MN公司在某山区经营一座某有色金属矿山,根据规定,公司在矿山完成开采后应当将该地区恢复原貌。恢复费用主要为山体表层复原费用(比如恢复植被等),因为山体表层必须在矿山开发前挖走。因此,公司在山体表层挖走后,就应当确认一项预计负债,并计入矿山成本,假定其金额为500万元。

20*7年12月31日,随着开采进展,公司发现矿山中的有色金属储量远低于预期,因此,公司对该矿山进行了减值测试。考虑到矿山的现金流量状况,整座矿山被认定为一个资产组。该资产组在20*7年末的账面价值为1,000万元(包括确认的恢复山体原貌的预计负债)。

矿山(资产组)如于20*7年12月31对外出售,买方愿意出价820万元(包括恢复山体原貌成本,即已经扣减这一成本因素),预计处置费用为20万元,因此,该矿山的公允价值减去处置费用后的净额为800万元。

矿山的预计未来现金流量的现值为1,200万元,不包括恢复费用。

根据上述资料,为了比较资产组的账面价值和可收回金额,在确定资产组的账面价值及其预计未来现金流量的现值时,应当将已确认的负债金额从中扣除。

本例中,资产组的公允价值减去处置费用后的净额为800万元,该金额已经考虑了恢复费用。该资产组预计未来现金流量的现值在考虑了恢复费用后为700(1,200－500)万元。因此,该资产组的可收回金额为800万元。资产组的账面价值在扣除了已确认的恢复原貌预计负债后的金额为500(1,000－500)万元。这样,资产组的可收回金额大于其账面价值,所以,资产组没有发生减值,不必确认减值损失。

➢ **总部资产的减值测试**

例:ABC高科技公司拥有A、B和C三个资产组,在20*0年末,这三个资产组的账面价值分别为200万元、300万元和400万元,没有商誉。这三个资产组为三条生产线,预计剩余使用寿命分别为10年、20年和20年,采用直线法计提折旧。由于ABC公司的竞争对手通过技术创新推出了更高技术含量的产品,并且受到市场欢迎,从而对ABC公司产品产生了重大不利影响,为此,ABC公司于20*0年末对各资产组进行了减值测试。

在对资产组进行减值测试时,首先应当认定与其相关的总部资产。ABC公司的经营管理活动由总部负责,总部资产包括一栋办公大楼和一个研发中心,其中办公大楼的账面价值为300万元,研发中心的账面价值为100万元。办公大楼的账面价值可以在合理和一致的基础上分摊至各相关资产组。对于办公大楼的账面价值,公司根据各资产组的账面价值和剩余使用寿命加权平均计算的账面价值分摊比例进行分摊,各资产组账面价值如下表所示:

项 目	资产组A	资产组B	资产组C	合 计
各资产组账面价值(万元)	200	300	400	900
各资产组剩余使用寿命(年)	10	20	20	
按使用寿命计算的权重	1	2	2	
加权计算后的账面价值(万元)	200	600	800	1,600
办公大楼分摊比例(各资产组加权计算后的账面价值/各资产组加权平均计算后的账面价值合计)(%)	12.5	37.5	50	100
办公大楼账面价值分摊到各资产组的金额(万元)	37.5	112.5	150	300
包括分摊的办公大楼账面价值部分的各资产组账面价值(万元)	237.5	412.5	550	1,200

公司随后应当确定各资产组的可收回金额,并将其与账面价值(包括已分摊的办公大楼的账面价值部分)相比较,以确定相应的减值损失。考虑到研发中心的账面价值难以按照合理和一致的基础分摊至资产组,因此,确定由A、B、C三个资产组组成最小资产组组合(即为ABC整个公司),通过计算该资产组组合的可收回金额,并将其与账面价值(包括已分摊的办公大楼账面价值和研发中心的账面价值)相比较,以确定相应的减值损失。假定各资产组和资产组组合的公允价值减去处置费用后的净额难以确

定,公司根据它们的预计未来现金流量的现值来计算其可收回金额,计算现值所用的折现率为15%,计算过程如下表所示:

项 目	资产组A		资产组B		资产组C		包括研发中心在内的最小资产组组合(ABC公司)	
年份	未来现金流量(万元)	现值(万元)	未来现金流量(万元)	现值(万元)	未来现金流量(万元)	现值(万元)	未来现金流量(万元)	现值(万元)
1	36	32	18	16	20	18	78	68
2	62	46	32	24	40	30	144	108
3	74	48	48	32	68	44	210	138
4	84	48	58	34	88	50	256	146
5	94	48	64	32	102	50	286	142
6	104	44	66	28	112	48	310	134
7	110	42	68	26	120	44	324	122
8	110	36	70	22	126	42	332	108
9	106	30	70	20	130	36	334	96
10	96	24	70	18	132	32	338	84
11			72	16	132	28	264	56
12			70	14	132	24	262	50
13			70	12	132	22	262	42
14			66	10	130	18	256	36
15			60	8	124	16	244	30
16			52	6	120	12	230	24
17			44	4	114	10	216	20
18			36	2	102	8	194	16
19			28	2	86	6	170	12
20			20	2	70	4	142	8
合计		398		328		542		1,440

根据上述资料,资产组A、B、C的可收回金额分别为398万元、328万元和542万元,相应的账面价值(包括分摊的办公大楼账面价值)分别为237.5万元、412.5万元和550万元,资产组B和C的可收回金额均低于其账面价值,应当分别确认84.5万元和8万元减值损失,并将该减值损失在办公大楼和资产组之间进行分摊。根据分摊结果,因资产组B发生减值损失84.5万元而导致办公大楼减值23.05万元(84.5×112.5/412.5),导致资产组B中所包括资产发生减值61.45万元(84.5×300/412.5);因资产组C发生减值损失8万元而导致办公大楼减值2万元(8×150/550),导致资产组C中所包括资产发生减值6万元(8×400/550)。

经过上述减值测试后,资产组A、B、C和办公大楼的账面价值分别为200万元、238.55万元、394万元和274.95万元,研发中心的账面价值仍为100万元,由此包括研发中心在内的最小资产组组合(即ABC公司)的账面价值总额为1,207.50万元(200万元+238.55万元+394万元+274.95万元+100万元),但其可收回金额为1,440万元,高于其账面价值,因此,公司不必再进一步确认减值损失(包括研发中心的减值损失)。

例: 长江公司在A、B、C三地拥有三家分公司,这三家分公司的经营活动由一个总部负责运作。由于A、B、C三家分公司均能产生独立于其他分公司的现金流入,所以该公司将这三家分公司确定为三个资产组。20*7年12月1日,公司经营所处的技术环境发生了重大不利变化,出现减值迹象,需要进行减值测试。假设总部资产的账面价值为200万元,能够按照各资产组账面价值的比例进行合理分摊,A、B、C分公司和总部资产的使用寿命均为20年。减值测试时,A、B、C三个资产组的账面价值分别为320万元、160万元和320万元。长江公司计算得出A分公司资产的可收回金额为420万元,B分公司资产的可收回金额为160万元,C分公司资产的可收回金额为380万元。

要求:计算A、B、C三个资产组和总部资产计提的减值准备。

(1)将总部资产分配至各资产组

总部资产应分配给A资产组的数额=200×320/800=80(万元)

总部资产应分配给B资产组的数额=200×160/800=40(万元)

总部资产应分配给C资产组的数额=200×320/800=80(万元)

分配后各资产组的账面价值为:

A资产组的账面价值=320+80=400(万元)

B资产组的账面价值=160+40=200(万元)

C资产组的账面价值=320+80=400(万元)

(2)进行减值测试

A资产组的账面价值=400万元,可收回金额=420万元,没有发生减值。

B资产组的账面价值=200万元,可收回金额=160万元,发生减值40万元。

C资产组的账面价值=400万元,可收回金额=380万元,发生减值20万元。

将各资产组的减值额在总部资产和各资产组之间分配:

B资产组减值额分配给总部资产的数额=40×40/200=8(万元),分配给B资产组本身的数额=40×160/200=32(万元)。

C资产组减值额分配给总部资产的数额=20×80/400=4万元,分配给C资产组本身的数额=20×320/400=16(万元)。

A资产组没有发生减值,B资产组发生减值32万元,C资产组发生减值16万元,总部资产发生减值=8+4=12(万元)。

> **商誉的减值测试**

◇ 包含商誉的相关资产组或者资产组组合减值测试

首先对不包含商誉的资产组或者资产组组合进行减值测试,计算可收回金额,并与相关账面价值相比较,确认相应的减值损失。然后,再对包含商誉的资产组或者资产组组合进行减值测试,比较这些相关资产组或者资产组组合的账面价值与其可收回金额,如相关资产组或者资产组组合的可收回金额低于其账面价值的,应当就其差额确认减值损失,减值损失金额应当先抵减分摊至资产组或者资产组组合中商誉的账面价值;然后,根据资产组或者资产组组合中除商誉之外的其他各项资产的账面价值所占比重,按比例抵减其他各项资产的账面价值。

例:甲公司有关商誉及其他资料如下:

(1)甲公司在20*6年12月1日,以1,600万元的价格吸收合并了乙公司。在购买日,乙公司可辨认资产的公允价值为2,500万元,负债的公允价值为1,000万元,甲公司确认了商誉100万元。乙公司的全部资产划分为两条生产线——A生产线(包括有X、Y、Z三台设备)和B生产线(包括有S、T两台设备),A生产线的公允价值为1,500万元(其中:X设备为400万元、Y设备500万元、Z设备为600万元),B生产线的公允价值为1,000万元(其中:S设备为300万元、T设备为700万元),甲公司在合并乙公司后,将两条生产线认定为两个资产组。两条生产线的各台设备预计尚可使用年限均为5年,预计净残值均为0,采用直线法计提折旧。

(2)甲公司在购买日将商誉按照资产组的入账价值的比例分摊至资产组,即A资产组分摊的商誉价值为60万元,B资产组分摊的商誉价值为40万元。

(3)20*7年,由于A、B生产线所生产的产品市场竞争激烈,导致生产的产品销路锐减,因此,甲公司于年末进行减值测试。

(4) 20*7年末,甲公司无法合理估计A、B两生产线公允价值减去处置费用后的净额,经估计A、B生产线未来5年现金流量及其折现率,计算确定的A、B生产线的现值分别为1,000万元和820万元。甲公司无法合理估计X、Y、Z和S、T的公允价值减去处置费用后的净额以及未来现金流量的现值。

会计要求:

(1)分别计算确定甲公司的商誉、A生产线和B生产线及各设备的减值损失;

(2)编制计提减值准备的会计分录。

测试计算过程:

(1)计算A、B资产组和各设备的账面价值

A资产组不包含商誉的账面价值＝1,500－1,500/5＝1,200(万元)

其中：X设备的账面价值＝400－400/5＝320(万元)

　　　Y设备的账面价值＝500－500/5＝400(万元)

　　　Z设备的账面价值＝600－600/5＝480(万元)

B资产组不包含商誉的账面价值＝1,000－1,000/5＝800(万元)

其中：S设备的账面价值＝300－300/5＝240(万元)

　　　T设备的账面价值＝700－700/5＝560(万元)

(2)对不包含商誉的资产组进行减值测试,计算可收回金额和减值损失。

①A资产组的可收回金额为1,000万元小于其不包含商誉的账面价值1,200万元,应确认资产减值损失200万元。

②B资产组的可收回金额为820万元,大于其不包含商誉的账面价值800万元,不确认减值损失。

(3)对包含商誉的资产组进行减值测试,计算可收回金额和减值损失。

①A资产组包含商誉的账面价值＝1,500－1,500/5＋60＝1,260(万元),A资产组的可收回金额为1,000万元,A资产组的可收回金额1,000万元小于其包含商誉的账面价值1,260万元,应确认资产减值损失260万元。

减值损失260万元应先抵减分摊到资产组的商誉的账面价值60万元,其余减值损失200万元再在X、Y、Z设备之间按账面价值的比例进行分摊。

X设备分摊的减值损失＝200×320/1,200＝53.33(万元)

Y设备应分摊的减值损失＝200×400/1,200＝66.67(万元)

Z设备应分摊的减值损失＝200×480/1,200＝80(万元)

②B资产组包含商誉的账面价值＝1,000－1,000/5＋40＝840(万元)

B资产组的可收回金额为820万元。B资产组的可收回金额820万元小于其包含商誉的账面价值840万元,应确认资产减值损失20万元。抵减分摊到资产组的商誉的账面价值20万元,B资产组未发生减值损失。

会计分录的编制：

借：资产减值损失——商誉减值损失　　(600,000＋200,000)　　800,000

　　贷：商誉减值准备　　　　　　　　　　　　　　　　　　　800,000

借：资产减值损失——固定资产损失　　　　　　　　　　　　2,000,000

　　贷：固定资产减值准备——生产设备——X设备　　533,300

　　　　　　　　　　　　——生产设备——Y设备　　666,700

　　　　　　　　　　　　——生产设备——Z设备　　800,000

◇ 商誉减值损失在母公司和少数股东权益之间的分摊

在对与商誉相关的资产组或者资产组组合进行减值测试时,由于其可收回金额的预计包括归属于少数股东的商誉价值部分,为了使减值测试建立在一致的基础上,公司应当调整资产组的账面价值,将

归属于少数股东权益的商誉包括在内,然后,根据调整后的资产组账面价值与其可收回金额进行比较,以确定资产组(包括商誉)是否发生了减值。

因此,应当将商誉减值损失在可归属于母公司和少数股东权益之间按比例进行分摊,以确认归属于母公司的商誉减值损失。

例:甲公司在20*7年1月1日以1,600万元的价格收购了乙公司80%股权。在收购日,乙公司可辨认资产的公允价值为1,500万元,没有负债和或有负债。因此,甲公司在其合并财务报表中确认商誉400万元(1,600-1,500×80%)、乙公司可辨认净资产1,500万元和少数股东权益300万元(1,500×20%)。

假定乙公司的所有资产被认定为一个资产组。在20*7年末,甲公司确定该资产组的可收回金额为1,000万元,可辨认净资产的账面价值为1,350万元。

由于乙公司作为一个单独的资产组的可收回金额1,000万元中,包括归属于少数股东权益在商誉价值中享有的部分。因此,出于减值测试的目的,在与资产组的可收回金额进行比较之前,必须对资产组的账面价值进行调整,使其包括归属于少数股东权益的商誉价值100万元[(1,600/80%-1,500)×20%]。然后,再据以比较该资产组的账面价值和可收回金额,确定是否发生了减值损失。其测试过程如下表所示:

20*7年末	商　　誉(万元)	可辨认资产(万元)	合　　计(万元)
账面价值	400	1,350	1,750
未确认归属于少数股东权益的商誉价值	100		100
调整后账面价值	500	1,350	1,850
可收回金额			1,000
减值损失			850

以上计算出的减值损失850万元应当首先冲减商誉的账面价值,然后,再将剩余部分分摊至资产组中的其他资产。在本例中,850万元减值损失中有500万元应当属于商誉减值损失,其中,由于确认的商誉仅限于甲公司持有乙公司80%股权部分,因此,甲公司只需要在合并报表中确认归属于甲公司的商誉减值损失,即500万元商誉减值损失的80%,即400万元。剩余的350万元(850-500)减值损失应当冲减乙公司可辨认资产的账面价值,作为乙公司可辨认资产的减值损失。减值损失的分摊过程如下表所示:

20*7年末	商　　誉(万元)	可辨认资产(万元)	合　　计(万元)
账面价值	400	1,350	1,750
确认的减值损失	(400)	(350)	(750)
确认减值损失后的账面价值	0	1,000	1,000

第六节　所　得　税

我国所得税会计采用资产负债表债务法,要求公司从资产负债表出发,通过比较资产负债表上列示的资产、负债按照会计准则规定确定的账面价值与按照税法规定确定的计税基础,对于两者之间的差异分别按应纳税暂时性差异与可抵扣暂时性差异分别确认递延所得税负债和递延所得税资产,并在此基础上确定每一会计期间利润表中的所得税费用(递延所得税费用)。

公司的所得税采用资产负债表债务法核算。步骤如下：

采用资产负债表债务法核算所得税的情况下，企业一般应于每一资产负债表日进行所得税的核算。发生特殊交易或事项时，如企业合并，在确认因交易或事项取得的资产、负债时即应确认相关的所得税影响。企业进行所得税核算一般应遵循以下程序：

(1)按照相关会计准则规定确定资产负债表中除递延所得税资产和递延所得税负债以外的其他资产和负债项目的账面价值。其中资产、负债的账面价值，是指企业按照相关会计准则的规定进行核算后在资产负债表中列示的金额。例如：企业持有的应收账款账面余额为2,000万元，企业对该应收账款计提了100万元的坏账准备，其账面价值为1,900万元，为该应收账款在资产负债表中的列示金额。

(2)按照准则中对于资产和负债计税基础的确定方法，以适用的税收法规为基础，确定资产负债表中有关资产、负债项目的计税基础。

(3)比较资产、负债的账面价值与其计税基础，对于两者之间存在差异的，分析其性质，除准则中规定的特殊情况外，分别应纳税暂时性差异与可抵扣暂时性差异并乘以所得税税率，确定资产负债表日递延所得税负债和递延所得税资产的应有金额，并与期初递延所得税负债和递延所得税资产的余额相比，确定当期应予进一步确认的递延所得税资产和递延所得税负债金额或应予转销的金额，作为构成利润表中所得税费用的其中一个组成部分——递延所得税。

(4)按照适用的税法规定计算确定当期应纳税所得额，将应纳税所得额与适用的所得税税率计算的结果确认为当期应交所得税，作为利润表中应予确认的所得税费用的另外一个组成部分——当期所得税。

(5)确定利润表中的所得税费用。利润表中的所得税费用包括当期所得税和递延所得税两个组成部分，企业在计算确定了当期所得税和递延所得税后，两者之和（或之差），是利润表中的所得税费用。

一、计税基础

1. 资产的计税基础

资产的计税基础，是指公司收回资产账面价值过程中，计算应纳税所得额时按照税法规定可以自应税经济利益中抵扣的金额，即某一项资产在未来期间计税时按照税法规定可以税前扣除的金额。

资产在初始确认时，其计税基础一般为取得成本，即公司为取得某项资产支付的成本在未来期间准予税前扣除。在资产持续持有的过程中，其计税基础是指资产的取得成本减去以前期间按照税法规定已经税前扣除的金额后的余额。

(1)固定资产

初始确认时按照会计准则规定确定的入账价值基本上是被税法认可的，即取得时其账面价值一般等于计税基础。

固定资产在持有期间进行后续计量时：

①折旧方法、折旧年限的差异。会计准则规定，可以按年限平均法计提折旧，也可以按照双倍余额递减法、年数总和法等计提折旧。税法中除某些按照规定可以加速折旧的情况外，基本上可以税前扣除的是按照年限平均法计提的折旧；另外，税法还就每一类固定资产的折旧年限作出了规定。

②因计提固定资产减值准备产生的差异。因税法规定公司计提的资产减值准备在发生实质性损失前不允许税前扣除，也会造成固定资产的账面价值与计税基础的差异。即：

账面价值＝实际成本－累计折旧－减值准备

计税基础＝实际成本－累计折旧

例：A公司于20*6年12月20日(下月提折旧)取得的某项环保用固定资产,原价为750万元,使用年限为10年,会计上采用年限平均法计提折旧,净残值为零。税法规定该类环保用固定资产采用加速折旧法计提的折旧可予税前扣除,该公司在计税时采用双倍余额递减法计提折旧,净残值为零。20*8年12月31日(第二年末),公司估计该项固定资产的可收回金额为550万元。

分析：20*8年12月31日,该项固定资产的账面余额＝750－75×2＝600(万元),该账面余额大于其可收回金额550万元,两者之间的差额应计提50万元的固定资产减值准备。

账面价值＝750－75×2－50＝550(万元)

计税基础＝750－750×20％－600×20％＝480(万元)

资产账面价值＞计税基础,产生应纳税暂时性差异。

账面价值550万元－计税基础480万元＝70万元,产生应纳税暂时性差异,将于未来期间计入公司的应纳税所得额。

例：B公司于20*5年年末以750万元购入一项生产用固定资产,按照该项固定资产的预计使用情况,B公司在会计核算时估计其使用寿命为10年,按照税法规定,其折旧年限为20年,假定会计与税法均按年限平均法计提折旧,净残值均为零。20*6年该项固定资产按照12个月计提折旧。本例中假定固定资产未发生减值。

分析：账面价值＝750－750÷10＝675(万元)

计税基础＝750－750÷20＝712.5(万元)

资产账面价值＜计税基础,产生可抵扣暂时性差异。

账面价值675万元－计税基础712.5万元＝－37.5万元,产生可抵扣暂时性差异,在未来期间会减少公司的应纳税所得额。

(2)无形资产

无形资产的差异主要产生于内部研究开发形成的无形资产以及使用寿命不确定的无形资产。

①内部研究开发形成的无形资产,会计准则规定有关内部其成本为开发阶段符合资本化条件以后至达到预定用途前发生的支出应当资本化作为无形资产的成本,除此之外,研究开发过程中发生的其他支出应予费用化计入损益。

税法规定,企业为开发新技术、新产品、新工艺发生的研究开发费用,未形成无形资产计入当期损益的,在按照规定据实扣除的基础上,按照研究开发费用的50％加计扣除;形成无形资产的按照无形资产成本的150％计算每期摊销额。

如该无形资产的确认不是产生于企业合并交易,同时在确认时即不影响会计利润也不影响应纳税所得额,则按照所得税准则的规定,不确认有关暂时性差异的所得税影响。

②无形资产在后续计量时,会计与税收的差异主要产生于是否需要摊销及无形资产减值准备的提取。

会计准则规定,对于使用寿命不确定的无形资产,不要求摊销,但持有期间每年应进行减值测试。

税法规定,公司取得的无形资产成本,应在一定期限内摊销,即税法没有界定使用寿命不确定的无形资产,除外购商誉外所有的无形资产成本均应在一定期限内摊销。对于使用寿命不确定的无形资产,会计处理时不予摊销,但计税时其按照税法规定的确定摊销额允许税前扣除,造成该类无形资产的账面价值与计税基础的差异。

在对无形资产计提减值准备情况下,因税法规定计提的无形资产减值准备在转变为实质性损失前不允许税前扣除,既无形资产的计税基础不会随减值准备的提取发生变化,但其账面价值会因资产减值准备的提取而下降,从而造成无形资产的账面价值与计税基础的差异。即:

账面价值＝实际成本－累计摊销－减值准备

(使用寿命不确定的,账面价值＝实际成本－减值准备)

计税基础＝实际成本－累计摊销

例：某项无形资产取得成本为160万元，因使用寿命无法合理估计，会计上视为使用寿命不确定的无形资产，不予摊销；但税法规定按不短于10年期限摊销。取得该项无形资产1年后：

账面价值＝160万元

计税基础＝144万元

（3）以公允价值计量且其变动计入当期损益的金融资产

以公允价值计量且其变动计入当期损益的金融资产于某一会计期末的账面价值为公允价值；税法规定资产在持有期间公允价值变动不计入应纳税所得额，待处置时一并计算计入应纳税所得额，该类金融资产在某一会计期末的计税基础为其取得成本。

例：20＊6年10月20日，甲公司自公开市场取得一项权益性投资，支付价款2,000万元，作为交易性金融资产核算。20＊6年12月31日，该投资的市价为2,200万元。

分析：该项交易性金融资产的期末市价为2,200万元，其按照会计准则规定进行核算的、在20＊6年资产负债表日的账面价值为2,200万元。

因税法规定交易性金融资产在持有期间的公允价值变动不计入应纳税所得额，其在20＊6年资产负债表日的计税基础应维持原取得成本不变，为2,000万元。

资产账面价值＞计税基础，产生应纳税暂时性差异。

账面价值2,200万元－计税基础2,000万元＝200万元，产生暂时性差异，该暂时性差异在未来期间转回时会增加未来期间的应纳税所得额。

例：20＊6年11月8日，甲公司自公开的市场上取得一项基金投资，作为可供出售金融资产核算，该投资的成本为1,500万元，20＊6年12月31日，其市价为1,575万元。

按照会计准则规定，该项金融资产在会计期末应以公允价值计量，其账面价值应为期末公允价值1,575万元。

因税法规定资产在持有期间公允价值变动不计入应纳税所得额，则该项可供出售金融资产的期末计税基础应维持其原取得成本不变，即1,500万元。

资产账面价值＞计税基础，产生应纳税暂时性差异。

账面价值1,575万元－计税基础1,500万元＝75万元，产生暂时性差异，将会增加未来该资产处置期间的应纳税所得额。

（4）BT合同

长期应收款采用实际利率法按照摊余成本计量，后续计量时根据合同确定的利息收入，属于计税基础与账面价值的差异，应确认相关的递延所得税负债，在实际结算工程款时将递延所得税负债予以转回。

具体案例分析参见本核算办法之"收入"之"BT合同销售收入"。

（5）长期股权投资

①初始投资成本的调整

采用权益法核算的长期股权投资，取得时应比较其初始投资成本与按照持股比例计算应享有被投资单位可辨认净资产公允价值的份额，在初始投资成本小于按照持股比例计算应享有被投资单位可辨认净资产公允价值份额的情况下，应当调整长期股权投资的账面价值，同时确认为当期损益（营业外收入），该损益的确认使长期股权投资的账面价值与计税基础产生差异。

在企业合并中，购买方取得被购买方的可抵扣暂时性差异，在购买日不符合递延所得税资产确认条件的，不应予以确认。购买日后12个月内，如取得新的或进一步的信息表明相关情况在购买日已经存在，预期被购买方在购买日可抵扣暂时性差异带来的经济利益能够实现的，应当确认相关的递延所得税资产，同时减少商誉，商誉不足冲减的，差额部分确认为当期损益（所得税费用）；除上述情况以外，确认与企业合并相关的递延所得税资产，应当计入当期损益（所得税费用），不得调整商誉金额。

②投资收益的确认

对联营、合营企业的长期股权投资，采用按权益法核算时，使长期股权投资的账面价值与计税基础产生差异。根据税法规定,居民企业直接投资于其他居民企业取得的投资收益免税,在持续持有的情况下,该部分差额对未来期间不会生产计税影响。

③被投资单位其他权益的变化

采用按权益法核算时,对联营、合营企业除净损益外的其他权益变化,也要调整长期股权投资的账面价值,但计税基础不变。

(6)计提资产减值准备的各项资产

对于计提资产减值准备的各项资产,税法规定在发生实质性损失之前,不允许税前扣除,即其计税基础不会因减值准备的提取而变化。

例: A公司20*6年购入原材料成本为5,000万元,因部分生产线停工,当年未领用任何原材料,20*6年资产负债表日估计该原材料的可变现净值为4,000万元。假定该原材料在20*6年的期初余额为零。

分析: 该项原材料因期末可变现净值低于成本,应计提的存货跌价准备=5,000-4,000=1,000万元。计提该存货跌价准备后,该项原材料的账面价值为4,000万元。

该项原材料的计税基础不会因存货跌价准备的提取而发生变化,其计税基础为5,000万元不变。

资产账面价值<计税基础,产生可抵扣暂时性差异。

账面价值4,000-计税基础5,000=-1,000万元,产生可抵扣暂时性差异,该差异会减少公司在未来期间的应纳税所得额。

例: 甲公司20*6年12月31日应收账款余额为7,500万元,该公司期末对应收账款计提了750万元的坏账准备。税法规定计提的坏账准备不允许税前列支。(期初坏账准备的余额为零)

分析: 账面价值为6,750万元(7,500-750)

计税基础=7,500万元

账面价值6,750-计税基础7,500=-750万元,产生暂时性差异,在应收账款发生实质性损失时,会减少未来期间的应纳税所得额。

2. 负债的计税基础

负债的计税基础是指负债的账面价值减去未来期间计算应纳税所得额时按照税法规定可予抵扣的金额。即:

$$负债的计税基础=账面价值-未来可税前列支的金额$$

一般情况下,如短期借款、应付票据、应付账款、其他应付款等负债的确认和清偿不影响所得税计算,不会对当期损益和应纳税所得额产生影响,其计税基础即为账面价值。

差异主要由费用中提取的负债产生。某些情况下,负债的确认可能会涉及损益,进而影响不同期间的应纳税所得额,使得其计税基础与账面价值之间产生差异。

(1)预计负债

如公司因销售商品提供售后服务等原因确认的预计负债。公司对于预计提供售后服务将发生的支出在满足有关确认条件时,销售当期即应确认为费用,同时确认预计负债。税法规定,与销售产品相关的支出应于发生时税前扣除。因该类事项产生的预计负债在期末的计税基础为其账面价值与未来期间可税前扣除的金额之间的差额,即为零。

例: 甲公司20*6年因销售产品承诺提供3年的保修服务,在当年度利润表中确认了500万元的销售费用,同时确认为预计负债,当年度未发生任何保修支出。按照税法规定,与产品售后服务相关的费用在实际发生时允许税前扣除。

分析: 账面价值为500万元。

计税基础=账面价值-未来期间计算应纳税所得额时按照税法规定可予抵扣的金额=500-500=0。

账面价值500-计税基础0=500(万元),产生暂时性差异,会减少公司在未来期间的应纳税所得额。

(2)预收账款

公司在收到客户预付的款项时,因不符合收入确认条件,会计上将其确认为负债。税法中对于收入的确认原则一般与会计规定相同,即会计上未确认收入时,计税时一般亦不计入应纳税所得额,该部分经济利益在未来期间计税时可予税前扣除的金额为零,计税基础等于账面价值。

某些情况下,因不符合会计准则规定的收入确认条件,但未确认为收入的预收款项,按照税法规定应计入当期应纳税所得额时,有关预收账款的计税基础为零,即因其产生时已经计算交纳所得税,未来期间可全额税前扣除。

例:A公司于20*6年12月20日自客户收到一笔合同预付款,金额为2,500万元,作为预收账款核算。按照适用税法规定,该款项应计入取得当期应纳税所得额计算交纳所得税。

分析:账面价值为2,500万元。

计税基础=账面价值2,500-未来期间计算应纳税所得额时按照税法规定可予抵扣的金额2,500=0。

账面价值2,500-计税基础0=2,500(万元),产生暂时性差异,会减少公司于未来期间的应纳税所得额。

(3)应付职工薪酬

会计准则规定,公司为获得职工提供的服务给予的各种形式的报酬以及其他相关支出均应作为公司的成本费用,在未支付之前确认为负债。税法规定企业发生的合理的工资薪金支出,准予扣除。

例:甲公司20*6年12月计入成本费用的职工工资总额为4,000万元,至20*6年12月31日1,000万元尚未支付。按照适用税法规定,当期计入成本费用的4,000万元工资支出中,可予税前扣除的金额为3,000万元。

分析:账面价值为1,000万元。

计税基础=账面价值1,000-未来期间计算应纳税所得额时按照税法规定可予抵扣的金额1,000=0。

账面价值≠计税基础,形成暂时性差异。

(4)其他负债

其他负债如公司应交的罚款和滞纳金等,在尚未支付之前按照会计规定确认为费用,同时作为负债反映。税法规定,罚款和滞纳金不能税前扣除,即该部分费用无论是在发生当期还是在以后期间均不允许税前扣除。

例:A公司20*6年12月因违反当地有关环保法规的规定,接到环保部门的处罚通知,要求其支付罚款500万元。税法规定,公司因违反国家有关法律法规支付的罚款和滞纳金,计算应纳税所得额时不允许税前扣除。至20*6年12月31日,该项罚款尚未支付。

分析:账面价值为500万元。

计税基础=账面价值500-未来期间计算应纳税所得额时按照税法规定可予抵扣的金额0=500(万元)。

账面价值=计税基础,不形成暂时性差异。

3.特殊交易或事项中产生资产、负债计税基础的确定

对于非同一控制下的公司合并,合并中取得的有关资产、负债应按其在购买日的公允价值计量。

对于企业合并的税收处理,通常情况下,被合并企业应视为按公允价值转让、处置全部资产,计算资产的转让所得,依法缴纳所得税。合并企业接受被合并企业的有关资产,计税时可以按经评估确认的价值确定计税成本。另外,在考虑有关于企业合并是应税合并还是免税合并时,还需要考虑在合并中涉及的非股权支付的比例,具体划分标准和条件应遵从税法规定。

由于会计准则与税收法规对公司合并的划分标准不同,处理原则不同,某些情况下,会造成公司合并中取得的有关资产、负债的入账价值与其计税基础的差异。

二、暂时性差异

暂时性差异是指资产、负债的账面价值与其计税基础不同产生的差额。

根据暂时性差异对未来期间应纳税所得额的影响,分为应纳税暂时性差异和可抵扣暂时性差异。

1. 应纳税暂时性差异

是指在确定未来收回资产或清偿负债期间的应纳税所得额时,将导致产生应税金额的暂时性差异,即在未来期间不考虑该事项影响的应纳税所得额基础上,由于该暂时性差异的转回,会进一步增加转回期间的应纳税所得额和应交所得税金额,在其产生当期应当确认相关的递延所得税负债。

应纳税暂性差异通常产生于以下情况:

(1)资产的账面价值大于其计税基础。该项资产未来期间产生的经济利益不能全部税前抵扣,两者之间的差额需要交税,产生应纳税暂时性差异。

(2)负债的账面价值小于其计税基础。其计税基础代表的是账面价值在扣除税法规定未来期间允许税前扣除金额之后的差额。

负债的账面价值小于其计税基础,意味着该项负债在未来期间可以税前抵扣的金额为负数,即应在未来期间调增应纳税所得额和应交所得税金额,产生应纳税暂时性差异,应确认相关的递延所得税负债。

2. 可抵扣暂时性差异

是指在确定未来收回资产或清偿负债期间的应纳税所得额时,将导致产生可抵扣金额的暂时性差异。在可抵扣暂时性差异产生当期,符合确认条件时,应当确认相关的递延所得税资产。可抵扣暂时性差异一般产生于以下情况:

(1)资产的账面价值小于其计税基础。公司在未来期间可以减少应纳税所得额并减少应交所得税,符合有关条件时,应当确认相关的递延所得税资产。

(2)负债的账面价值大于其计税基础。负债产生的暂时性差异实质上是税法规定就该项负债可以在未来期间税前扣除的金额。即:

账面价值-计税基础=未来期间计税时按照税法规定可予税前扣除的金额

负债的账面价值大于其计税基础,意味着未来期间按照税法规定与负债相关的全部或部分支出可以从未来应税经济利益中扣除,减少未来期间的应纳税所得额和应交所得税。符合有关确认条件时,应确认相关的递延所得税资产。

例:公司取得一批库存商品,初始入账价值为100万元,在资产负债表日该存货计提10万元存货跌价准备,存货的账面价值为90万元,但税法规定,提取的存货跌价准备不能税前扣除,该存货的计税基础仍是100万元,账面价值小于计税基础10万元,即为可抵扣暂时性差异。

例:公司对一项未决诉讼案件估计败诉的可能性很大,按规定确认一项预计负债200万元,该预计负债的账面价值为200万元,计税基础为0万元,因此,产生可抵扣暂时性差异200万元。

3. 特殊项目产生的暂时性差异

(1)未作为资产、负债确认的项目产生的暂时性差异。某些交易或事项发生以后,因为不符合资产、负债确认条件而未体现为资产负债表中的资产或负债,但按照税法规定能够确定其计税基础的,其账面价值(零)与计税基础之间的差异也构成暂时性差异。

例:A公司在开始正常生产经营活动之前发生了1,250万元的筹建费用,在发生时已计入当期损益,税法规定公司在筹建期间发生的费用允许在开始正常生产经营活动之后5年内分期税前扣除。

分析:该项费用支出在发生时已计入当期损益,不体现为资产负债表中的资产,如果将其视为资产,账面价值为零。

假定公司在20*6年开始正常生产经营活动,当期税前扣除了250万元,则与该笔费用相关,其于未来期间可税前扣除的金额为1,000万元,即其在20*6年12月31日的计税基础为1,000万元。

账面价值0－计税基础1,000万元＝1,000万元,产生暂时性差异,该暂时性差异在未来期间可减少公司的应纳税所得额。

(2)可抵扣亏损及税款抵减产生的暂时性差异。按照税法规定可以结转以后年度的未弥补亏损及税款抵减,虽不是因资产、负债的账面价值与计税基础不同产生的,但与可抵扣暂时性差异具有同样的作用,均能够减少未来期间的应纳税所得额,进而减少未来期间的应交所得税,会计处理上视同可抵扣暂时性差异,符合条件的情况下,应确认与其相关的递延所得税资产。

例:甲公司于20*6年因政策性原因发生经营亏损2,000万元,按照税法规定,该亏损可用于抵减以后5个年度的应纳税所得额。该公司预计其于未来5年期间能够产生足够的应纳税所得额弥补该亏损。

分析:该经营亏损不是资产、负债的账面价值与其计税基础不同产生的,但从性质上看可以减少未来期间的应纳税所得额和应交所得税,属于可抵扣暂时性差异。公司预计未来期间能够产生足够的应纳税所得额,应确认相关的递延所得税资产。

三、递延所得税负债及递延所得税资产的确认

递延所得税负债和递延所得税资产确认总结见下表:

暂时性差异	资 产	负 债
账面价值＞计税基础	产生应纳税暂时性差异 确认递延所得税负债	产生可抵扣暂时性差异 确认递延所得税资产
账面价值＜计税基础	产生可抵扣暂时性差异 确认递延所得税资产	产生应纳税暂时性差异 确认递延所得税负债

1.递延所得税负债的确认和计量

(1)递延所得税负债的确认

①除所得税准则中明确规定可不确认递延所得税负债的情况以外,公司对于所有的应纳税暂时性差异均应确认相关的递延所得税负债。除与直接计入所有者权益的交易或事项以及公司合并中取得资产、负债相关的以外,在确认递延所得税负债的同时,应增加利润表中的所得税费用。

例:A公司于20*6年12月6日购入某项环保设备,取得成本为500万元,会计上采用年限平均法计提折旧,使用年限为10年,净残值为零,计税时按双倍余额递减法计提折旧,使用年限及净残值与会计规定相同。A公司适用的所得税税率为25%。假定该公司不存在其他会计与税收处理的差异。

分析:20*7年资产负债表日,该项固定资产按照会计规定计提的折旧额为50万元,计税时允许扣除的折旧额为100万元,则该固定资产的账面价值450万元与其计税基础400万元的差额构成应纳税暂时性差异,公司应确认相关的递延所得税负债。

例:甲公司于20*0年12月底购入一台机器设备,成本为525,000元,预计使用年限为6年,预计净残值为零。会计上按直线法计提折旧,因该设备符合税法规定的税收优惠条件,计税时可采用年数总和法计提折旧,假定税法规定的使用年限及净残值均与会计规定相同。本例中假定该公司各会计期间均未对固定资产计提减值准备,除该项固定资产产生的会计与税收之间的差异外,不存在其他会计与税收的差异。

该公司每年因固定资产账面价值与计税基础不同应予确认的递延所得税情况如下表所示:

项　　目	20*1年	20*2年	20*3年	20*4年	20*5年	20*6年
实际成本(元)	525,000	525,000	525,000	525,000	525,000	525,000
累计会计折旧(元)	87,500	175,000	262,500	350,000	437,500	525,000
账面价值(元)	437,500	350,000	262,500	175,000	87,500	0
累计计税折旧(元)	150,000	275,000	375,000	450,000	500,000	525,000
计税基础(元)	375,000	250,000	150,000	75,000	25,000	0
暂时性差异(元)	62,500	100,000	112,500	100,000	62,500	0
适用税率(%)	25	25	25	25	25	25
递延所得税负债余额(元)	15,625	25,000	28,125	25,000	15,625	0

分析：该项固定资产各年度账面价值与计税基础确定如下：

20*1年资产负债表日：

账面价值＝实际成本－会计折旧＝525,000－87,500＝437,500(元)

计税基础＝实际成本－税前扣除的折旧额＝525,000－150,000＝375,000(元)

因账面价值437,500大于其计税基础375,000,两者之间产生的62,500元差异会增加未来期间的应纳税所得额和应交所得税,属于应纳税暂时性差异,应确认与其相关的递延所得税负债(62,500×25%)15,625元。

20*2年资产负债表日：

账面价值＝525,000－87,500－87,500＝350,000(元)

计税基础＝实际成本－累计已税前扣除的折旧额
　　　　＝525,000－275,000＝250,000(元)

因资产的账面价值35万元大于其计税基础10万元,两者之间的差异为应纳税暂时性差异,应确认与其相关的递延所得税负债25,000元,但递延所得税负债的期初余额为15,625元,当期应进一步确认递延所得税负债9,375元。

20*3年资产负债表日：

账面价值＝525,000－262,500＝262,500(元)

计税基础＝525,000－375,000＝150,000(元)

因账面价值26.25万元大于其计税基础15万元,两者之间的差异为应纳税暂时性差异,应确认与其相关的递延所得税负债28,125元,但递延所得税负债的期初余额为25,000元,当期应进一步确认递延所得税负债3,125元。

20*4年资产负债表日：

账面价值＝525,000－350,000＝175,000(元)

计税基础＝525,000－450,000＝75,000(元)

因其账面价值175,000大于计税基础75,000,两者之间的差异为应纳税暂时性差异,应确认与其相关的递延所得税负债25,000元,但递延所得税负债的期初余额为28,125元,当期应转回原已确认的递延所得税负债3,125元。

20*5年资产负债表日：

账面价值＝525,000－437,500＝87,500(元)

计税基础＝525,000－500,000＝25,000(元)

因其账面价值87,500元大于计税基础25,000元,两者之间的差异为应纳税暂时性差异,应确认与其相关的递延所得税负债15,625元,但递延所得税负债的其初余额为25,000元,当期应转回递延所得税负债9,375元。

20*6年资产负债表日：

该项固定资产的账面价值及计税基础均为零,两者之间不存在暂时性差异,原已确认的与该项资产相关的递延所得税负债应予全额转回。

②不确认递延所得税负债的特殊情况

A.商誉的初始确认。

非同一控制下的公司合并中,公司合并成本大于合并中取得的被购买方可辨认净资产公允价值份额的差额,按照会计准则规定应确认为商誉。会计上作为非同一控制下的公司合并但按照税法规定计税时作为免税合并的情况下,商誉的计税基础为零,其账面价值与计税基础形成应纳税暂时性差异,准则中规定不确认与其相关的递延所得税负债。

例: A公司以增发市场价值为15,000万元的自身普通股为对价购入B公司100%的净资产,对B公司进行吸收合并,合并前A公司与B公司不存在任何关联方关系。假定该项合并符合税法规定的免税合并条件,购买日B公司各项可辨认资产、负债的公允价值及其计税基础如下表所示:

项　　　目	公允价值(万元)	计税基础(万元)	暂时性差异(万元)
固定资产	6,750	3,875	2,875
应收账款	5,250	5,250	0
存货	4,350	3,100	1,250
其他应付款	(750)	0	(750)
应付账款	(3,000)	(3,000)	0
不包括递延所得税的可辨认资产、负债的公允价值	12,600	9,225	3,375

分析: B公司适用的所得税税率为25%,该项交易中应确认递延所得税负债及商誉的金额计算如下:

可辨认净资产公允价值　　　　　12,600
递延所得税资产　　　　　　　　(750×25%)187.50
递延所得税负债　　　　　　　　(4,125×25%)1,031.25
考虑递延所得税后
可辨认资产、负债的公允价值　　11,756.25(12,600+187.5-1,031.25)
商誉　　　　　　　　　　　　　3,243.75(倒挤)
公司合并成本　　　　　　　　　15,000

因该项合并符合税法规定的免税合并条件,当事各方选择进行免税处理的情况下,购买方在免税合并中取得的被购买方有关资产、负债应维持其原计税基础不变。被购买方原账面上未确认商誉,即商誉的计税基础为零。

该项合并中所确认的商誉金额3,243.75万元与其计税基础零之间产生的应纳税暂时性差异,按照准则中规定,不再进一步确认相关的所得税影响

B.除公司合并以外的其他交易或事项中,如果该项交易或事项发生时既不影响会计利润,也不影响应纳税所得额,则所产生的资产、负债的初始确认金额与其计税基础不同,形成应纳税暂时性差异的,交易或事项发生时不确认相应的递延所得税负债。

(2)递延所得税负债的计量

资产负债表日,对于递延所得税负债,应当根据适用税法规定,按照预期收回该资产或清偿该负债期间的适用税率计量。即递延所得税负债应以相关应纳税暂时性差异转回期间按照税法规定适用的所得税税率计量。无论应纳税暂时性差异的转回期间如何,相关的递延所得税负债不要求折现。

2.递延所得税资产的确认和计量

(1)递延所得税资产的确认

①确认的一般原则

递延所得税资产产生于可抵扣暂时性差异。确认因可抵扣暂时性差异产生的递延所得税资产应以未来期间可能取得的应纳税所得额为限。公司有明确的证据表明其于可抵扣暂时性差异转回的未来期间能够产生足够的应纳税所得额,进而利用可抵扣暂时性差异的,则应以可能取得的应纳税所得额为限,确认相关的递延所得税资产。

对于按照税法规定可以结转以后年度的未弥补亏损和税款抵减,应视同可抵扣暂时性差异处理。应当以很可能取得的应纳税所得额为限,确认相应的递延所得税资产,同时减少确认当期的所得税费用。

②不确认递延所得税资产的情况

公司发生的某项交易或事项不属于公司合并,并且交易发生时既不影响会计利润也不影响应纳税所得额,且该项交易中产生的资产、负债的初始确认金额与其计税基础不同,产生可抵扣暂时性差异的,所得税准则中规定在交易或事项发生时不确认相应的递延所得税资产。

例: 甲公司当期以融资租赁方式租入一项固定资产,该项固定资产在租赁日的公允价值为3,000万元,最低租赁付款额的现值为2,940万元。租赁合同中约定,租赁期内总的付款额为3,300万元。假定不考虑在租入资产过程中发生的相关费用。

分析: 甲公司该融资租入固定资产的入账价值应为2,940万元。其计税成本应为3,300万元。

租入资产的入账价值2,940万元与其计税基础3,300万元之间的差额,在取得资产时既不影响会计利润,也不影响应纳税所得额,如果确认相应的所得税影响,直接结果是减记资产的初始计量金额,准则中规定该种情况下不确认相应的递延所得税资产。

(2)递延所得税资产的计量

同递延所得税负债的计量原则相一致,确认递延所得税资产时,应当以预期收回该资产期间的适用所得税税率为基础计算确定。无论相关的可抵扣暂时性差异转回期间如何,递延所得税资产均不要求折现。

如果未来期间很可能无法取得足够的应纳税所得额用以利用可抵扣暂时性差异带来的利益,应当减记递延所得税资产的账面价值。

因无法取得足够的应纳税所得额利用可抵扣暂时性差异而减记递延所得税资产账面价值的,继后期间根据新的环境和情况判断能够产生足够的应纳税所得额利用可抵扣暂时性差异,使得递延所得税资产包含的经济利益能够实现的,应相应恢复递延所得税资产的账面价值。

3.适用税率变化对已确认递延所得税资产和递延所得税负债的影响

因税收法规的变化,导致公司在某一会计期间适用的所得税税率发生变化的,公司应对已确认的递延所得税资产和递延所得税负债按照新的税率进行重新计量。适用税率变动的情况下,应对原已确认的递延所得税资产及递延所得税负债的金额进行调整。

除直接计入所有者权益的交易或事项产生的递延所得税资产及递延所得税负债,相关的调整金额应计入所有者权益以外,其他情况下产生的调整金额应确认为税率变化当期的所得税费用(或收益)。

四、所得税费用的确认与计量

所得税费用(所得税收益)指根据某一会计期间的应税利润(可抵扣亏损)计算的应付(可收回)所得税金额。

在按照资产负债表债务法核算所得税的情况下,利润表中的所得税费用包括当期所得税费用和递延所得税费用两个部分。

1.当期所得税

当期所得税是指公司按照税法规定计算确定的针对当期发生的交易和事项,应交纳给税务部门的所得税金额,即当期应交所得税。

应在会计利润的基础上,按照适用税收法规的规定进行调整,计算出当期应纳税所得额,按照应纳税所得额与适用所得税税率计算确定当期应交所得税。一般情况下,应纳税所得额可在会计利润的基础上,考虑会计与税收之间的差异,按照以下公式计算确定:

会计利润+按照会计准则规定计入利润表但计税时不允许税前扣除的费用+(一)计入利润表的费用与按照税法规定可予税前抵扣的金额之间的差额+(一)计入利润表的收入与按照税法规定应计入应纳税所得额的收入之间的差额-税法规定的不征税收入+(一)其他需要调整的因素=应纳税所得额。

2. 递延所得税

递延所得税是指按照所得税准则规定当期应予确认的递延所得税资产和递延所得税负债金额,即递延所得税资产及递延所得税负债当期发生额的综合结果,但不包括计入所有者权益的交易或事项的所得税影响。用公式表示即为:

递延所得税=(递延所得税负债的期末余额-递延所得税负债的期初余额)-(递延所得税资产的期末余额-递延所得税资产的期初余额)

公司因确认递延所得税资产和递延所得税负债产生的递延所得税,一般应当记入所得税费用,但以下两种情况除外:

(1)某项交易或事项按照会计准则规定应计入所有者权益的,由该交易或事项产生的递延所得税资产或递延所得税负债及其变化亦应计入所有者权益,不构成利润表中的递延所得税费用。

例:甲公司持有的某项可供出售金融资产,成本为500万元,会计期末,其公允价值为600万元,该公司适用的所得税税率为25%。除该事项外,该公司不存在其他会计与税收之间的差异,且递延所得税资产和递延所得税负债不存在期初余额。

会计期末在确认100万元的公允价值变动时,会计处理为:
借:可供出售金融资产　　　　　　　　　1,000,000
　　贷:资本公积—其他资本公积　　　　　　1,000,000
确认应纳税暂时性差异的所得税影响时,会计处理为:
借:资本公积—其他资本公积　　　　　　　250,000
　　贷:递延所得税负债　　　　　　　　　　250,000

(2)公司合并中取得的资产、负债,其账面价值与计税基础不同,应确认相关递延所得税的,递延所得税的确认影响合并中产生的商誉或是记入当期损益的金额,不影响所得税费用。

有关举例见本节"递延所得税负债的确认"之"不确认递延所得税负债的特殊情况"之"商誉的初始确认"。

3. 所得税费用

计算确定了当期所得税及递延所得税以后,利润表中应予确认的所得税费用为两者之和,即:
所得税费用=当期所得税+递延所得税

五、所得税费用的核算

1. 会计科目

(1)总账科目:"所得税费用"、"递延所得税资产"、"递延所得税负债"。

(2)明细科目:"所得税费用"设置①当期所得税费用、②递延所得税费用等两个明细科目;"递延所得税资产"设置"资产减值准备"、"无形资产摊销"、"固定资产折旧"、"可抵扣亏损"、"可供出售金融资产价值变动"、"交易性金融资产(负债)价值变动"等明细科目;"递延所得税负债"设置"可供出售金融资产价值变动"、"交易性金融资产(负债)价值变动"、"长期股权投资"、"固定资产折旧"、"无形资产摊销"等明细科目。

"所得税费用"科目借方核算按照税法计算确定的本期应交所得税金额,本期应予确认的递延所得税负债,以及以前期间确认的递延所得税资产的本期转销额;贷方核算本期应予确认的递延所得税资产,以及以前期间确认的递延所得税负债的本期转销额;期末结转后无余额。

"递延所得税资产"科目借方核算本期应予确认的递延所得税资产;贷方核算本期应予转回的递延所得税资产,或者预计未来期间很可能无法获得足够的应纳税所得额用以抵扣可抵扣暂时性差异而冲销的递延所得税资产;余额在借方,反映公司已确认的递延所得税资产的余额。

"递延所得税负债"科目贷方核算公司根据所得税准则确认的应纳税暂时性差异产生的所得税负债;借方核算资产负债表日公司根据所得税准则应予确认的递延所得税负债小于本科目余额的差额;期末余额在贷方,反映公司已确认的递延所得税负债的余额。

2.会计事项

(1)资产负债表日,公司按照税法计算确定的当期应交所得税金额,借记"所得税费用—当期所得税费用"科目,贷记"应交税费—应交所得税"科目。

(2)在确认相关资产、负债时,根据所得税准则应于确认的递延所得税资产,借记"递延所得税资产"科目,贷记"所得税费用—递延所得税费用"、"资本公积—其他资本公积"等科目,应予确认的递延所得税负债,借记"所得税费用—递延所得税费用"、"资本公积—其他资本公积"等科目,贷记"递延所得税负债"科目。

(3)资产负债表日,根据所得税准则,应予确认的递延所得税资产大于"递延所得税资产"科目余额的差额,借记"递延所得税资产"科目,贷记"所得税费用—递延所得税费用"、"资本公积—其他资本公积"等科目;应予确认的递延所得税资产小于"递延所得税资产"科目余额的差额,做相反会计分录。

应予确认的递延所得税负债的变动,比照上述原则调整"递延所得税负债"科目。

➢ 资产的账面价值与计税基础之间的暂时性差异

当资产的账面价值大于计税基础时,会产生应纳税暂时性差异,通常应确认"递延所得税负债";当资产的账面价值小于计税基础时,会产生可抵扣暂时性差异,通常应确认"递延所得税资产"

◇ 交易性金融资产
会计:账面价值=资产负债表日的公允价值
税法:计税基础=初始成本
会计处理:
①账面价值大于计税基础
借:所得税费用—递延所得税费用
　　贷:递延所得税负债—交易性金融资产价值变动
转回时:
借:递延所得税负债—交易性金融资产价值变动
　　贷:所得税费用—递延所得税费用
②账面价值小于计税基础
借:递延所得税资产
　　贷:所得税费用—递延所得税费用
转回时:
借:所得税费用—递延所得税费用
　　贷:递延所得税资产
◇ 可供出售金融资产
会计:账面价值=资产负债表日的公允价值
税法:计税基础=初始成本
会计处理:
①账面价值大于计税基础

借:资本公积—其他资本公积
　　贷:递延所得税负债
②账面价值小于计税基础
借:递延所得税资产
　　贷:资本公积—其他资本公积

◇ 投资性房地产(成本模式)
与固定资产处理方式相同。

◇ 固定资产

$$账面价值=固定资产原值-累计折旧-减值准备$$
$$计税基础=固定资产原值-累计折旧(税法口径)$$

①会计与税法在折旧年限及净残值上的差异

会计上确认的折旧年限小于税法规定的折旧年限及会计上确定的净残值小于税法确定的净残值时使会计的账面价值小于计税基础,从而产生递延所得税资产,待会计估计的折旧年限结束或固定资产处置或报废时转出。

②会计上确认的折旧方法与税法确定的折旧方法的差异

会计上可选用的折旧方法包括年限平均法、工作量法、双倍余额递减法和年数总和法等。固定资产的折旧方法一经确定,不得随意变更。而按税法的规定公司采用除年限平均法以外的其他方法计提折旧的,必须报请主管税务机关审核确定。当会计上采用双倍余额递减法或年数总和法,而税收只允许按直线法或工作量法时,公司的固定资产账面价值在前期小于计税基础,从而产生递延所得税资产,待后期时逐步转回。

会计处理:
①会计上确认的折旧年限或净残值小于税法规定的折旧年限或净残值
借:递延所得税资产
　　贷:所得税费用—递延所得税费用
②会计上确认的折旧方法与税法确定的折旧方法的差异
借:递延所得税资产
　　贷:所得税费用—递延所得税费用

◇ 无形资产

通常,无形资产的账面价值=实际成本-累计摊销-减值准备;对于使用寿命不确定的无形资产,账面价值=实际成本-减值准备,计税基础=实际成本-累计摊销。

会计上按该项无形资产有关的经济利益的预期实现方式选择相应的摊销方法。无法可靠确定预期实现方式的,应当采用直线法摊销。使用寿命不确定的无形资产不应摊销;而《中华人民共和国企业所得税法》中没有使用寿命不确定无形资产的概念,由于会计与税法摊销方法的不一致导致无形资产的账面价值与其计税基础可能不一致从而产生暂时性差异。

会计处理:
①账面价值大于计税基础
借:所得税费用—递延所得税费用
　　贷:递延所得税负债
　　　　递延所得税资产(前期确认本期转回时)
②账面价值小于计税基础
借:递延所得税资产
　　贷:所得税费用—递延所得税费用

◇ 开办费

账面价值＝0

计税基础＝实际成本－累计摊销

会计上开办费应在开始生产经营当月一次性计入当期损益，账面价值为0；税法规定，开办费必须在开始生产经营次月起不少于5年摊销，计入应纳税所得额。

会计处理：

借：递延所得税资产

　　贷：所得税费用—递延所得税费用

◇ 固定资产、存货等的盘亏、毁损及其他净损失

账面价值＝0

计税基础＝在税务尚未审核确认时为实际损失数

公司在实际发生固定资产、存货等盘亏、毁损及其他损失情况时，直接确认为当期损失，但税法规定必须经主管税务机关审核后才能扣除，由于税务机关审核的滞后性从而产生暂时性差异。

会计处理：

借：递延所得税资产

　　贷：所得税费用—递延所得税费用

◇ BT合同

BT合同在建设阶段形成的利息收入，属于计税基础与账面价值的差异，应确认递延所得税负债，并在实际结算工程款项时予以转回。

具体案例分析参见本核算办法之"收入"之"BT合同销售收入"。

◇ 计提减值准备的各项资产

应收款项计提的减值准备。税法规定不允许计提坏账准备，而会计上一般按账龄分析法或余额百分比法等计提坏账准备，由此导致会计上实际计提的坏账准备高于税法规定计提的金额，从而产生递延所得税资产，在该部分坏账损失实际发生时转出。

存货、长期股权投资、持有至到期投资、固定资产、在建工程、无形资产等资产计提减值准备。

会计上如上述资产发生减值，应当确认为资产减值损失，同时计提相应的资产减值准备。税法规定：对于国家税收法规规定可提取准备金之外的任何形式的准备金，均不得在当期所得税前扣除。因此在公司实际计提该部分资产减值准备时产生递延所得税资产。

会计处理：

①应收款项计提的坏账准备。

借：递延所得税资产

　　贷：所得税费用—递延所得税费用

②存货、长期股权投资、持有至到期投资、固定资产、在建工程、无形资产等资产计提减值准备。

借：递延所得税资产

　　贷：所得税费用—递延所得税费用

➤ **负债的账面价值与计税基础之间的暂时性差异**

◇ 预收账款

企业在收到客户预付的款项时，因不符合收入确认条件，会计上将其确认为负债。税法中对于收入的确认原则一般与会计规定相同，即会计上未确认收入时，计税时一般亦不计入应纳税所得额，该部分经济利益在未来期间计税时可予税前扣除的金额为零，计税基础等于账面价值。

某些情况下，因不符合会计准则规定的收入确认条件，未确认为收入的预收款项，按照税法规定应计入当期应纳税所得额时，有关预收账款的计税基础为零，即因其产生时已经计算交纳所得税，未来期间可全额税前扣除。

会计处理：

借:递延所得税资产
　　贷:所得税费用—递延所得税费用

◇ 预计负债

账面价值按《企业会计准则第13号——或有负债》判断,对估计将支付的金额确认预计负债。

计税基础:因为确认预计负债所产生的费用能否税前扣除,取决于产生预计负债的事项是否与公司正常的生产经营活动相关,另外,取决于实际的损失是否已经发生。

会计上按《企业会计准则第13号——或有负债》的要求,对符合条件的未决诉讼或仲裁、债务担保、产品质量保证(含产成品安全保证)、承诺、亏损合同、重组义务、商业承兑汇票背书转让或贴现等确认为预计负债。税法上不确认预计负债,只有在该部分损失实际发生并与公司的正常生产经营活动相关时才能税前扣除,因此在公司确认预计负债时就会产生递延所得税资产,待该部分预计损失实际发生时,再抵减实际发生当期的所得税费用。(注:由于税法规定与取得收入无关的各项其他支出不得税前扣除,因此公司对外提供与本公司应纳税收入无关的担保损失不允许税前扣除,因此该损失为永久性差异)

会计处理:

预计负债产生的暂时性差异

借:递延所得税资产
　　贷:所得税费用—递延所得税费用

◇ 应付职工薪酬

　　账面价值＝公司已计提但截至资产负债表日尚未支付给职工的余额
　　计税基础＝账面价值－未来可从经济利益中扣除的金额

会计上对于经有关部门批准实行工资、薪金总额与经济效益挂钩办法的公司,对其按工效挂钩办法实际计提的工资,无论其是否支付均计入计提当期的费用中。而税收上,对于公司按批准的工效挂钩办法提取的工资、薪金额超过实际发放的工资、薪金部分,不得在企业所得税前扣除,超过部分用于建立工资储备基金。在以后年度实际发放时,经主管税务机关审核,在实际发放年度企业所得税前据实扣除。因此对于公司实际计提超过实际发放部分的工资、薪金在当期形成递延所得税资产,待以后年度实际发放时再抵减发放当期的所得税费用并转出前期确认的递延所得税资产。

会计处理:

应付职工薪酬产生的暂时性差异

借:递延所得税资产
　　贷:所得税费用—递延所得税费用

➢ **营业亏损**

根据企业所得税法,公司发生的年度营业亏损,可以用下一纳税年度的所得弥补,下一纳税年度所得不足弥补的,可以逐年延续弥补,但延续弥补的期限最长不超过5年。5年内不论纳税人是盈利还是亏损,都应连续计算弥补的年限。先亏先补,按顺序连续计算弥补亏损。

《企业会计准则第18号——所得税》要求公司对能够结转后期的尚可抵扣的亏损,应当以很可能取得用来抵扣暂时性差异的应纳税所得额为限,确认由可抵扣暂时性差异产生的递延所得税资产。

会计处理:

借:递延所得税资产
　　贷:所得税—递延所得税费用

➢ **所得税**

计算确定了当期所得税及递延所得税以后,利润表中应予确认的所得税费用为两者之和,即:

　　所得税费用＝当期所得税费用＋递延所得税费用

例：A公司20*7年度利润表中利润总额为2,400万元，该公司适用的所得税税率为25%。递延所得税资产及递延所得税负债不存在期初余额。

与所得税核算有关的情况如下：

20*7年发生的有关交易和事项中，会计处理与税收处理存在差别的有：

(1)20*7年1月开始计提折旧的一项固定资产，成本为1,200万元，使用年限为10年，净残值为0，会计处理按双倍余额递减法计提折旧，税收处理按直线法计提折旧。假定税法规定的使用年限及净残值与会计规定相同。

(2)期末对持有的存货计提了60万元的存货跌价准备。

(3)当年度发生新产品研究开发支出1,000万元，其中600万元资本化计入无形资产成本。税法规定按照研究开发费用的50%加计扣除；形成无形资产的，按照无形资产成本的150%计算每期摊销额。假定所开发支出资本化形成的无形资产于当年11月达到预定使用状态，并按10年摊销。

(4)违反环保法规定应支付罚款200万元。

(5)向关联公司捐赠现金500万元。假定按照税法规定，公司向关联方的捐赠不允许税前扣除。

分析：(1)20*7年度当期应交所得税

应纳税所得额＝2,400＋120＋60－400×50%－600×50%×2/(10×12)＋200＋500＝3,075（万元）

应交所得税＝3,075×25%＝768.75（万元）

(2)20*7年度递延所得税

递延所得税资产＝180×25%＝45（万元）

(3)利润表中应确认的所得税

所得税费用＝745－120＝625（万元），确认所得税的会计处理如下：

借：所得税费用　　　　　　　　　　　7,237,500
　　递延所得税资产　　　　　　　　　　450,000
　　贷：应交税费——应交所得税　　　　　　7,687,500

该公司20*7年资产负债表相关项目金额及其计税基础如下表所示：

项　目	账面价值（万元）	计税基础（万元）	差　异（万元）	
			应纳税暂时性差异	可抵扣暂时性差异
存货	1,600	1,660		60
固定资产：				
固定资产原价	1,200	1,200		
减：累计折旧	240	120		
减：固定资产减值准备				
固定资产账面价值	960	1,080		120
无形资产	600	600		
其他应付款	200	200		
总计	—	—		180

同上有关资料，假定A公司20*8年当期应交所得税为924万元。资产负债表中有关资产、负债的账面价值与其计税基础相关资料如下表所示，除所列项目外，其他资产、负债项目不存在会计基础和计税基础的差异。

项 目	账面价值(万元)	计税基础(万元)	差 异(万元)	
			应纳税暂时性差异	可抵扣暂时性差异
存货	3,200	3,360		160
固定资产:				
固定资产原价	1,200	1,200		
减:累计折旧	432	240		
减:固定资产减值准备	40	0		
固定资产账面价值	728	960		232
无形资产	540	540		
预计负债	200	0		200
总计	—	—		592

分析:(1)当期所得税＝当期应交所得税＝924(万元)

(2)递延所得税

①期末递延所得税资产　　(592×25%)148

　期初递延所得税资产　　　　　　　120

　递延所得税资产增加　　　　　　　 28

(3)确认所得税

所得税＝924－28＝895(万元),确认所得税会计处理如下:

借:所得税费用　　　　　　　　　　　　　　8,950,000

　　递延所得税资产　　　　　　　　　　　　 280,000

　　贷:应交税费——应交所得税　　　　　　　　9,240,000

第十一章 利 润

利润是指公司在一定会计期间的经营成果。利润包括收入减去费用后的净额、直接计入当期利润的利得和损失等。

直接计入当期利润的利得和损失,是指应当计入当期损益、会导致所有者权益发生增减变动的、与所有者投入资本或者向所有者分配利润无关的利得或者损失。

利润金额取决于收入和费用、直接计入当期利润的利得和损失金额的计量。

第一节 投 资 收 益

一、投资收益核算的规定

"投资收益"科目核算企业确认的投资收益或投资损失。通常包括:
①根据长期股权投资准则确认的投资收益或投资损失;
②公司的交易性金融资产、交易性金融负债、可供出售金融资产和持有至到期投资在持有期间取得的投资收益和处置损益。

二、投资收益的核算

1. 会计科目

(1)总账科目:"投资收益"。

(2)明细科目:设置"长期股权投资"、"交易性金融资产"、"交易性金融负债"、"可供出售金融资产"、"持有至到期投资"二级明细科目核算。

期末,应将本科目余额转入"本年利润"科目,本科目结转后应无余额。

2. 会计事项

参见本核算办法之"长期股权投资"、"交易性金融资产"、"交易性金融负债"、"可供出售金融资产"、"持有至到期投资"。

第二节 营业外收入与营业外支出

一、营业外收入

(一)营业外收入包括的内容

营业外收入主要包括非流动资产处置利得、非货币性资产交换利得、债务重组利得、政府补助、盘盈利得、捐赠利得、无法支付的应付账款等。

(二)营业外收入核算

1. 会计科目

(1)总账科目:"营业外收入"。

(2)明细科目:处置固定资产利得、处置无形资产利得、处置临时设施利得、非货币性资产交换利得、债务重组利得、罚没利得、政府补助利得、税费返还、销售废弃物料、保险赔款收入、固定资产盘盈、存货盘盈等明细科目。

"营业外收入"科目贷方核算发生的各项营业外收入,借方核算期末结转至"本年利润"科目的营业外收入,结转后期末无余额。

2. 会计事项

> **处置固定资产的净收益**

公司在生产经营期间,固定资产清理所取得的收益,借记"固定资产清理"科目,贷记"营业外收入——处置固定资产利得"科目。

例:公司20*7年8月2日出售固定资产净收益8,000元,转入营业外收入。

借:固定资产清理　　　　　　　　　　　　8,000
　　贷:营业外收入——处置固定资产利得　　　　8,000

> **教育费附加返回与罚款净收入**

公司收到的教育费附加返还,借记"银行存款"科目,贷记"营业外收入——税费返还"科目。

公司取得的罚款净收入,借记"银行存款"等科目,贷记"营业外收入——罚没利得"科目。

例:公司20*7年8月18日取得罚款净收入5,000元。

借:银行存款　　　　　　　　　　　　　　5,000
　　贷:营业外收入——罚没利得　　　　　　　　5,000

> **出售无形资产净收益**

出售无形资产时,应按实际收到的金额,借记"银行存款"等科目,按已计提的累计摊销,借记"累计摊销"科目,原已计提减值准备的,借记"无形资产减值准备"科目,按应支付的相关税费,贷记"应交税费"等科目,按其账面余额,贷记"无形资产"科目,按其差额,贷记"营业外收入——处置无形资产利得"科目。

例:公司20*7年8月22日将拥有的一项专利权出售,取得收入150,000元,应交的营业税为7,500元。该专利权的账面余额为123,760元,已计提的减值准备为4,500元。

借:银行存款　　　　　　　　　　　　　　150,000
　　无形资产减值准备　　　　　　　　　　　4,500
　　贷:无形资产——专利权　　　　　　　　　123,760
　　　　营业外收入——处置无形资产利得　　　23,240
　　　　应交税费——应交营业税　　　　　　　　7,500

二、营业外支出

(一)营业外支出包括的内容

营业外支出包括非流动资产处置损失、非货币性资产交换损失、债务重组损失、捐赠支出、非常损失、盘亏损失等。

(二)营业外支出核算

1.会计科目

(1)总账科目:"营业外支出"。

(2)明细科目:处置固定资产净损失、处置无形资产净损失、处置临时设施净损失、非货币性资产交换损失、债务重组损失、罚没及滞纳金支出、捐赠支出、非常损失、固定资产盘亏等明细科目。

"营业外支出"科目借方核算发生的各项营业外支出,贷方核算期末结转至"本年利润"科目的营业外支出,结转后期末无余额。

2.会计事项

> **处置固定资产与盘亏固定资产的净损失**

公司在生产经营期间,固定资产清理所发生的净损失,借记"营业外支出—处置固定资产净损失"科目,贷记"固定资产清理"科目。

公司在清查财产过程中,查明固定资产盘亏,按规定管理权限报经批准后,借记"营业外支出—固定资产盘亏"科目,贷记"待处理财产损溢—固定资产"科目。

(1)公司 20*7 年 9 月 2 日报废的固定资产处理后产生净损失 3,200 元,按规定管理权限报经批准后予以转销。

借:营业外支出—处置固定资产净损失　　　　3,200
　　贷:固定资产清理　　　　　　　　　　　　3,200

(2)公司 20*7 年 9 月 6 日固定资产盘亏净损失 4,500 元,按规定管理权限报经批准后予以转销。

借:营业外支出—固定资产盘亏　　　　　　　4,500
　　贷:待处理财产损溢—固定资产　　　　　　4,500

> **出售无形资产净损失**

出售无形资产时,应按实际收到的金额,借记"银行存款"等科目,按已计提的累计摊销,借记"累计摊销"科目,原已计提减值准备的,借记"无形资产减值准备"科目,按应支付的相关税费,贷记"应交税费"等科目,按其账面余额,贷记"无形资产"科目,按其差额,借记"营业外支出—处置无形资产净损失"科目。

例:公司 20*7 年 9 月 8 日将拥有的一项专利权出售,取得收入 100,000 元,应交的营业税为 5,000 元。该专利权的账面余额为 123,760 元,已计提的减值准备为 4,500 元。

借:银行存款　　　　　　　　　　　　　　　100,000
　　无形资产减值准备　　　　　　　　　　　4,500
　　营业外支出—处置无形资产净损失　　　　24,260
　　贷:无形资产—专利权　　　　　　　　　　123,760
　　　　应交税费—应交营业税　　　　　　　　5,000

> **捐赠支出与罚款支出**

公司发生的公益性捐赠支出、罚款支出,借记"营业外支出—捐赠支出"等科目,贷记"银行存款"等科目。

(1)公司 20*7 年 9 月 18 日支援希望工程,由银行信汇通过公益性组织,补助光明村小学 380,000 元建设教学房屋。

借:营业外支出—捐赠支出　　　　　　　　　380,000
　　贷:银行存款　　　　　　　　　　　　　　380,000

(2)公司 20*7 年 9 月 20 日因非法经营某种商品按规定被处以罚款 5,000 元。

借:营业外支出—罚没及滞纳金支出　　　　　5,000
　　贷:银行存款　　　　　　　　　　　　　　5,000

第三节 本年利润

一、利润的构成

利润是指公司在一定会计期间的经营成果。利润包括收入减去费用后的净额和直接计入当期利润的利得和损失等。计算公式如下：

营业利润＝营业收入－营业成本－营业税金及附加－销售费用－管理费用－财务费用－资产减值损失＋公允价值变动净收益＋投资净收益

利润总额＝营业利润＋营业外收入－营业外支出

净利润＝利润总额－所得税费用

二、本年利润结转

本年利润是指公司当年实现的净利润（或净亏损）。

1. 会计科目

(1) 总账科目："本年利润"。

(2) 明细科目：不设明细科目。

"本年利润"科目贷方核算转入的各项收入与收益，借方核算转入的各项成本、费用和支出，余额在贷方，反映本年累计实现的利润，余额在借方，反映本年累计发生的亏损。年度终了，将其余额转入"利润分配—未分配利润"科目，结转后期末无余额。

2. 会计事项

➤ **本年各项收入、收益的结转**

期末结转利润时，应将"主营业务收入"、"其他业务收入"、"营业外收入"等科目的期末余额，分别转入本科目，借记"主营业务收入"、"其他业务收入"、"公允价值变动损益"、"营业外收入"、"投资收益"等科目，贷记"本年利润"科目。

➤ **本年各项成本、费用与支出的结转**

期末结转利润时，应将"主营业务成本"、"营业税金及附加"、"其他业务成本"、"销售费用"、"管理费用"、"财务费用"、"资产减值损失"、"营业外支出"、"所得税费用"等科目的期末余额，分别转入本科目，借记"本年利润"科目，贷记"主营业务成本"、"营业税金及附加"、"其他业务成本"、"销售费用"、"管理费用"、"财务费用"、"资产减值损失"、"营业外支出"、"所得税费用"等科目。如投资与公允价值变动存在净损失，借记"本年利润"科目，贷记"投资收益"、"公允价值变动损益"科目。

➤ **年末结转本年利润**

年度终了，应将本年收入和支出相抵后结出的本年实现的净利润，转入"利润分配"科目，借记"本年利润"科目，贷记"利润分配—未分配利润"科目；如为净亏损，做相反的会计分录。结转后"本年利润"科目应无余额。

第四节 利润分配

一、利润分配的规定

公司当期实现的净利润，加上年初未分配利润（或减去年初未弥补亏损）和其他转入后的余额，为可供分配的利润。可供分配的利润减去提取的法定盈余公积后,为可供投资者分配的利润。可供投资者分配的利润(指母公司的可供分配利润),按下列顺序分配:

(1)提取法定盈余公积。
(2)提取任意盈余公积,是指公司按规定提取的任意盈余公积。
(3)应付股东的普通股股利,是指公司按照利润分配方案分配给普通股股东的现金股利。
(4)转作股本的普通股股利,是指公司按照利润分配方案以分派股票股利的形式转作的股本。

未分配利润可留待以后年度进行分配。公司如发生亏损,可以按规定由以后年度利润进行弥补。
公司未分配的利润(或未弥补的亏损)应当在资产负债表的所有者权益项目中单独反映。

二、利润分配核算

1. 会计科目
(1)总账科目:"利润分配"。
(2)明细科目:设置"提取法定盈余公积"、"提取任意盈余公积"、"转作股本的股利"、"应付现金股利"、"提取职工奖励及福利基金"、"未分配利润"等明细科目。

上述明细科目中的"提取储备基金"、"提取企业发展基金"、"提取职工奖励及福利基金"为外商投资公司使用。

"利润分配"科目借方核算按规定进行分配的利润,如提取法定盈余公积和分配股利等,贷方核算本年利润的结转及用盈余公积弥补的亏损等。

年度终了,公司应将本年实现的净利润,自"本年利润"科目转入"利润分配—未分配利润";同时,将"利润分配"科目所属其他明细科目的余额转入"利润分配—未分配利润"明细科目;期末余额在贷方,反映公司历年积存的未分配利润,年末余额在借方,反映公司历年积存的未弥补亏损。

2. 会计事项
> 利润分配及利润结转

(1)公司用盈余公积弥补亏损,借记"盈余公积—盈余公积补亏"科目,贷记"利润分配—盈余公积补亏"科目。

(2)按规定从净利润中提取法定盈余公积时,借记"利润分配—提取法定盈余公积"科目,贷记"盈余公积—法定盈余公积"科目。

(3)公司应提取的任意盈余公积,借记"利润分配—提取任意盈余公积"科目,贷记"盈余公积—任意盈余公积"科目。

(4)应当分配给普通股股东的现金股利,借记"利润分配—应付现金股利"科目,贷记"应付股利"科目。

(5)公司经股东大会或类似机构批准分派股票股利,应在办理增资手续后,借记"利润分配—转作股本的股利"科目,贷记"股本"科目。如实际发放的股票股利的金额与股票票面金额不一致,应按其差额,贷记"资本公积—股本溢价"科目。

外商投资公司从净利润中提取的职工奖励及福利基金,借记"利润分配—提取职工奖励及福利基金"科目,贷记"应付职工薪酬"科目;外商投资公司提取的储备基金,借记"利润分配—提取储备基金"科目,贷记"盈余公积—提取储备基金"科目;外商投资公司提取的企业发展基金,借记"利润分配—企业发展基金"科目,贷记"盈余公积—企业发展基金"科目。

举例如下:
①公司 20*7 年 12 月 31 日从税后利润中提取 10%的法定盈余公积 10,749,000 元。
  借:利润分配—提取法定盈余公积   10,749,000
    贷:盈余公积—法定盈余公积   10,749,000

②公司20*8年4月5日根据股东大会决议,分派普通股股利3,500,000元,提取任意盈余公积3,000,000元。

借:利润分配—应付现金股利　　　　　　　3,500,000
　　利润分配—提取任意盈余公积　　　　　3,000,000
　　贷:应付股利　　　　　　　　　　　　　　　　3,500,000
　　　　盈余公积—任意盈余公积　　　　　　　　　3,000,000

第五节　以前年度损益调整

一、以前年度损益调整事项

以前年度损益调整事项指公司本年度发生的调整以前年度损益的事项,包括本年度发现的重大前期差错更正,以及公司在资产负债表日至财务报告批准报出日之间发生的需要调整报告年度损益的事项。如已证实资产发生了减损、销售退回、已确定获得或支付的赔偿等事项。

已证实资产发生了减损是指在资产负债表日,根据当时资料判断某项资产可能发生了损失或永久性减值,但没有最后确定是否会发生,因而按照当时最好的估计金额反映在会计报表中。但在年度资产负债表日至财务报告批准报出日之间,所取得新的或进一步的证据能证明该事实成立,即某项资产已经发生了损失或永久性减值,则应对资产负债表日所作的估计予以修正。

资产负债表日及之前售出的商品在资产负债表日至财务会计报告批准报出日之间发生退回的,应当作为资产负债日后事项的调整事项处理,调整报告年度的收入、成本等。如果该项销售在资产负债表日及之前已经发生现金折扣的,还应同时冲减报告年度的现金折扣。

已确定获得或支付的赔偿是指在资产负债表日以前,或资产负债表日已经存在的赔偿事项,资产负债表日至财务报告批准报出日之间提供了新的证据,表明公司能够收到赔偿款或需要支付赔偿款,这一新的证据如果对资产负债表日所作的估计需要调整的,应对会计报表进行调整。

二、以前年度损益调整的核算

1. 会计科目
(1)总账科目:"以前年度损益调整"。
(2)明细科目:可不设明细科目。

"以前年度损益调整"科目贷方核算公司调整增加以前年度的利润或调整减少以前年度的亏损,借方核算公司调整减少以前年度的利润或调整增加以前年度的亏损,期末余额转入"利润分配—未分配利润"科目,结转后无余额。不涉及损益调整的事项与需调整利润分配的事项,不通过本科目核算。

因资产减值准备计提因素而影响"以前年度损益调整"事项只涉及递延所得税资产或负债。

2. 会计核算要求

公司发生的会计事项涉及"以前年度损益调整"的,本年度调整相应的会计核算科目,上年度只调整会计报表的相关项目数据。

3. 会计事项

➤ 调整增加的以前年度利润或调整减少的以前年度亏损

公司调整增加的以前年度利润或调整减少的以前年度亏损,借记有关科目,贷记"以前年度损益调整"科目;由于调整增加或减少以前年度利润或亏损而相应增加的所得税费用,借记"以前年度损益调整"科目,贷记"应交税费—应交所得税"科目。

经过调整后,应将"以前年度损益调整"科目的余额转入"利润分配—未分配利润"科目。本科目如为贷方余额,借记"以前年度损益调整"科目,贷记"利润分配—未分配利润"科目;如为借方余额,借记"利润分配—未分配利润"科目,贷记"以前年度损益调整"科目。同时根据公司提取法定盈余公积的比例,增减盈余公积。

例:公司对20*7年的年报进行财务自查后发现多提坏账准备100,000元,假设公司按净利润的10%提取法定盈余公积,20*8年1月20日对该事项进行处理。

借:坏账准备	100,000	
贷:以前年度损益调整		100,000
借:以前年度损益调整	25,000	
贷:递延所得税负债		25,000
借:以前年度损益调整	75,000	
贷:利润分配—未分配利润		75,000
借:利润分配—未分配利润	7,500	
贷:盈余公积—法定盈余公积		7,500

> **调整减少的以前年度利润或调整增加的以前年度亏损**

公司调整减少的以前年度利润或调整增加的以前年度亏损,借记"以前年度损益调整"科目,贷记有关科目。由于调整减少或增加以前年度利润或亏损而相应减少的所得税费用,借记"应交税费—应交所得税"科目,贷记"以前年度损益调整"科目。

例:公司对20*7年的年报进行审计后发现少提固定资产折旧100,000元,20*8年1月20日对该事项进行处理。假设公司按净利润的10%提取法定盈余公积。

借:以前年度损益调整	100,000	
贷:累计折旧		100,000
借:应交税费—应交所得税	25,000	
贷:以前年度损益调整		25,000
借:利润分配—未分配利润	75,000	
贷:以前年度损益调整		75,000
借:盈余公积—法定盈余公积	7,500	
贷:利润分配—未分配利润		7,500

第十二章 外币折算

记账本位币以外的货币称为外币。以外币计价或者结算的交易称为外币交易,以外币反映的财务报表称为外币财务报表。将外币交易或外币财务报表折算为记账本位币反映的过程称为外币折算。

一、外币折算的规定

(一)记账本位币

记账本位币是指企业经营所处的主要经济环境中的货币。通常这一货币是企业主要收、支现金的经济环境中的货币。

1.记账本位币的确定

企业选定记账本位币应当综合考虑:

①该货币主要影响商品和劳务销售价格,通常以该货币进行商品和劳务销售价格的计价和结算;

②该货币主要影响商品和劳务所需人工、材料和其他费用,通常以该货币进行上述费用的计价和结算;

③融资活动获得的资金以及保存从经营活动中收取款项时所使用的货币。

记账本位币一经确定,不得改变,除非与确定记账本位币相关的企业经营所处的主要经济环境发生了重大变化。

2.境外经营记账本位币的确定

境外经营有两方面含义:一是指企业在境外的子公司、合营企业、联营企业、分支机构;二是当企业在境内的子公司、联营企业、合营企业或者分支机构,选定的记账本位币不同于企业的记账本位币时,也应当视同境外经营。

是否属于境外经营,不是以位置是否在境外为判定标准,而以其选定的记账本位币是否与企业相同。

企业选定境外经营的记账本位币,除考虑上述因素外,还应考虑:

①境外经营对其所从事的活动是否拥有很强的自主性;

②境外经营活动中与企业的交易是否在境外经营活动中占有较大比重;

③境外经营活动产生的现金流量是否直接影响企业的现金流量、是否可以随时汇回;

④境外经营活动产生的现金流量是否足以偿还其现有债务和可预期的债务。

3.记账本位币的变更

企业经营所处的与确定记账本位币相关的主要经济环境发生了重大变化时可以变更记账本位币。主要经济环境发生重大变化,通常指企业主要产生和支出现金的环境发生重大变化,使用该环境中的货币最能反映企业的主要交易业务的经济结果。

企业因经营所处的主要经济环境发生重大变化,确需变更记账本位币的,应当采用变更当日的即期汇率将所有项目折算为变更后的记账本位币,折算后的金额作为新的记账本位币的历史成本。由于采用同一即期汇率进行折算,不会产生汇兑差额。企业需要提供确凿的证据证明企业经营所处的主要经济环境确实发生了重大变化,并应当在附注中披露变更的理由。

企业记账本位币发生变更的,其比较财务报表应当以可比当日的即期汇率折算所有资产负债表和利润表项目。

(二)外币交易的会计处理

1. 涉及的主要环节

(1)在交易日对外币交易进行初始确认,将外币金额折算为记账本位币金额。

(2)在资产负债表日对相关项目进行折算,因汇率变动产生的差额记入当期损益。

2. 折算汇率

(1)折算汇率包括即期汇率和即期汇率的近似汇率。

①即期汇率,通常指中国人民银行公布的当日人民币外汇牌价的中间价。企业发生的外币兑换业务或涉外币兑换的交易事项,应当按照交易实际采用的汇率(即银行买入价或卖出价)折算。

②即期汇率的近似汇率,是指按照系统合理的方法确定的、与交易发生日即期汇率近似的汇率,通常采用当期平均汇率或加权平均汇率等。

(2)采用汇率的折算方法应前后各期保持一致。公司采用即期汇率进行折算,汇率波动不大的,也可采用即期汇率的近似汇率进行折算。

3. 交易日的会计处理

外币交易应当在初始确认时,采用发生日的即期汇率将外币金额折算为记账本位币金额。

4. 会计期末或结算日对外币交易余额的会计处理

资产负债表日,企业应当分外币货币性项目和外币非货币性项目进行处理。

(1)外币货币性项目的处理

货币性项目,是指公司持有的货币资金和将以固定或可确定的金额收取的资产或者偿付的负债。货币性项目分为货币性资产和货币性负债。货币性资产包括库存现金、银行存款、应收账款、其他应收款、长期应收款等;货币性负债包括短期借款、应付账款、其他应付款、长期借款、应付债券、长期应付款等。

对于外币货币性项目,因结算或采用资产负债表日的即期汇率折算而产生的汇兑差额,计入当期损益,同时调增或调减外币货币性项目的记账本位币金额。

(2)外币非货币性项目的处理

非货币性项目,是指货币性项目以外的项目,包括存货、长期股权投资、交易性金融资产(股票、基金)、固定资产、无形资产等。

以历史成本计量的外币非货币性项目,由于已在交易发生日按当日即期汇率折算,资产负债表日不应改变其原记账本位币金额,不产生汇兑差额。

以公允价值计量的股票、基金等外币非货币性项目,采用公允价值确定日的即期汇率折算,折算后的记账本位币金额与原记账本位币金额的差额,作为公允价值变动(含汇率变动)处理,计入当期损益。如属于可供出售外币非货币性项目的,形成的汇兑差额,计入资本公积。

5. 外币投入资本

公司收到投资者以外币投入的资本,应当采用交易发生日即期汇率折算,不得采用合同约定汇率和即期汇率的近似汇率折算,外币投入资本与相应的货币性项目的记账本位币金额之间不产生外币资本折算差额。

6. 外币交易的记账方法

(1)外币统账制和外币分账制

外币统账制是指公司在发生外币交易时,即折算记账本位币入账。

外币分账制是指公司在日常核算时分别币种记账,资产负债表日,分别货币性项目和非货币性项目进行调整,货币性项目按资产负债表日即期汇率折算,非货币性项目按交易日即期汇率折算,产生的汇兑差额计入当期损益。

(2)分账制和统账制记账方法的处理结果

分账制和统账制记账方法,会计处理程序不同但结果相同,即计算出的汇兑差额相同,会计处理也相同,均计入当期损益。

一般外币业务交易频繁,涉及外币币种较多的公司(如以境外经营为主的子公司)可以采用分账制记账方法进行日常核算。

(三)外币财务报表的折算

1. 境外经营财务报表的折算

折算前应当调整境外经营的会计期间和会计政策,使之与企业会计期间和会计政策相一致。根据调整后的会计政策及会计期间编制相应货币(记账本位币以外的货币)的财务报表,再按照以下方法对境外经营财务报表进行折算:

(1)资产负债表中的资产和负债项目,采用资产负债表日的即期汇率折算,所有者权益项目除"未分配利润"项目外,其他项目采用发生时的即期汇率折算。

(2)利润表中的收入和费用项目,采用交易发生日的即期汇率折算。

(3)产生的外币财务报表折算差额,在编制合并财务报表时,应在合并资产负债表中所有者权益项目下单独作为"外币报表折算差额"项目列示。

2. 境外经营的处置

企业可能通过出售、清算、返还股东或放弃全部或部分权益等方式处置其在境外经营中的利益。

企业在处置境外经营的当期,将已列入合并财务报表所有者权益的外币报表折算差额中与该境外经营相关部分,自所有者权益项目转入处置当期损益。如果是部分处置境外经营,应当按处置的比例计算处置部分的外币报表折算差额,转入处置当期损益。

二、外币折算的核算

1. 会计科目

(1)总账科目:分账制核算时设"货币兑换"科目。

(2)明细科目:按不同的币种设置。

2. 会计事项

> **统账制记账方法的外币折算**

◇ 交易日的会计处理

(1)货币兑换

公司从银行买卖外币,按规定采用的外币折合率折合为人民币金额,借记或贷记"银行存款—外币"科目,按实际支付或收到的人民币金额,贷记或借记"银行存款—人民币"科目,按两者的差额,借记或贷记"财务费用"科目。

公司20*7年2月5号从银行买入10,000美元准备用于支付进口发电设备款,买入时实际支付的人民币金额81,000元,当日的即期汇率1美元=8.00元人民币。

  借:银行存款—外币　(10,000美元×8.0)　　　　80,000
    财务费用—汇兑损益　　　　　　　　　　　　　1,000
   贷:银行存款—人民币　　　　　　　　　　　　　　81,000

(2)采购业务

公司的记账本位币为人民币,属于建筑行业企业。20*7年5月12日,从国外购入某原材料,共计50,000美元,当日的即期汇率为1美元=7.8元人民币,按照规定计算应缴纳的进口关税为39,000元人民币,货款尚未支付,进口关税已由银行存款支付。

借:原材料 (50,000美元×7.8+39,000) 429,000
　　贷:应付账款—美元 390,000
　　　　银行存款—人民币 39,000

(3)以外币投入的资本

根据规定,外商投资公司的注册资本只能采用收到出资当日的即期汇率,不再使用合同汇率也不使用与即期汇率近似的汇率。与其相对应的资产类科目也不使用与即期汇率近似的汇率,这样,外币投入资本不会产生汇兑差额,资产类科目在期末仍分别货币性项目与非货币性项目处理。

虽然"股本(或实收资本)"账户的金额不能反映股权比例。但并不改变企业分配和清算的约定比例;这一约定比例通常已经包括在合同中。

例: 甲股份有限公司的记账本位币为人民币,对外币交易采用交易日的即期汇率折算。根据其与外商签订的投资合同,外商将分两次投入外币资本,投资合同约定的汇率是1美元=8.00元人民币。20*6年7月1日,甲股份有限公司第一次收到外商投入资本300,000美元,当日即期汇率为1美元=7.8元人民币;20*7年2月3日,第二次收到外商投入资本300,000美元,当日即期汇率为1美元=7.6元人民币。相关会计分录如下:

20*6年7月1日,第一次收到外币资本时:

借:银行存款—美元(300,000×7.8) 2,340,000
　　贷:股本 2,340,000

20*7年2月3日,第二次收到外币资本时:

借:银行存款—美元(300,000×7.6) 2,280,000
　　贷:股本 2,280,000

◇ 会计期末或结算日对外币交易余额的会计处理

(1)外币货币性项目的处理

例: 国内甲公司的记账本位币为人民币。20*7年12月4日,向国外乙公司出口商品一批,货款共计80,000美元,货款尚未收到,当日即期汇率为1美元=7.8元人民币。假定20*7年12月31日的即期汇率为1美元=7.9元人民币(假定不考虑相关税费),则:

对该笔交易产生的外币货币性项目"应收账款"采用20*7年12月31日的即期汇率1美元=7.9元人民币折算为记账本位币为632,000元人民币(80,000×7.9),与其交易日折算为记账本位币的金额624,000元人民币的差额为8,000元人民币,应当计入当期损益,同时调整货币性项目的原记账本位币金额。相应的会计分录为:

借:应收账款 8,000
　　贷:财务费用—汇兑损益 8,000

假定20*8年1月31日收到上述货款(即结算日),当日的即期汇率为1美元=7.85元人民币,甲公司实际收到的货款80,000美元折算为人民币应当是628,000(80,000×7.85)元人民币,与当日应收账款中该笔货币资金的账面金额632,000元,人民币的差额为-4,000元人民币。

借:银行存款—人民币 628,000
　　财务费用—汇兑损益 4,000
　　贷:应收账款 632,000

例: 国内A公司的记账本位币为人民币。20*7年8月24日,向国外B供货商购入商品一批,商品已经验收入库。根据双方供货合同,货款共计100,000美元,货到后10日内A公司付清所有货款。当日即期汇率为1美元＝7.8元人民币。假定20＊7年8月31日的即期汇率为1美元＝7.9元人民币（假定不考虑相关税费），则：

对该笔交易产生的外币货币性项目"应付账款"采用8月31日即期汇率1美元＝7.9元人民币折算为记账本位币为790,000元人民币(100,000×7.9)，与其交易日折算为记账本位币的金额780,000元人民币(100,000×7.8)的差额为10,000元人民币，应计入当期损益：

借：财务费用—汇兑损益　　　　　　　　　　　　10,000
　　贷：应付账款　　　　　　　　　　　　　　　　　　10,000

9月3日，A公司根据供货合同以自有美元存款付清所有货款（即结算日）。当日的即期汇率为1美元＝7.85元人民币。A公司应作会计分录：

借：应付账款　　　　　　　　　　　　　　　　　790,000
　　贷：银行存款　　　　　　　　　　　　　　　　　　785,000
　　　　财务费用—汇兑损益　　　　　　　　　　　　5,000

(2)外币非货币性项目的处理

①以历史成本计量的外币非货币性项目

例：企业的记账本位币是人民币。20＊7年8月15日，进口一台机器设备，设备价款500,000美元，尚未支付，当日的即期汇率为1美元＝7.8元人民币。20＊7年8月31日的即期汇率为1美元＝7.9元人民币。假定不考虑其他相关税费，该项设备属于企业的固定资产，在购入时已按当日即期汇率折算为人民币3,900,000元。由于"固定资产"属于非货币性项目，因此，20＊7年8月31日，不需要按当日即期汇率进行调整。

例：公司记账本位币为人民币。20＊7年11月20日以每台2,000美元的价格从美国某供货商手中购入国际最新型号H商品10台，并于当日支付了相应货款（假定甲公司有美元存款）。20＊7年12月31日，已售出H商品2台，国内市场仍无H商品供应，但H商品在国际市场的价格已降至每台1,950美元。

由于存货在资产负债表日采用成本与可变现净值孰低计量，因此，在以外币购入存货并且该存货在资产负债表日的可变现净值以外币反映的情况下，在计提存货跌价准备时应当考虑汇率变动的影响。

11月20日的即期汇率是1美元＝7.8元人民币，12月31日的汇率是1美元＝7.9元人民币。假定不考虑增值税等相关税费。

11月20日，购入H商品：

借：库存商品—H　　　　　　　　　　　　　　　156,000
　　贷：银行存款　　　　　　　　　　　　　　　　　　156,000

12月31日，由于库存8台H商品市场价格下跌，表明其可变现净值低于成本，应计提存货跌价准备。

借：资产减值损失—存货减值损失　　　　　　　　1,560
　　贷：存货跌价准备(2,000×8×7.8－1,950×8×7.9)　1,560

注意：本例期末在计算库存商品—H商品的可变现净值时，在国内没有相应产品的价格，只能依据H商品的国际市场价格为基础确定其可变现净值，但需要考虑汇率变动的影响，期末以国际市场价格为基础确定的可变现净值应按照期末汇率折算，再与库存H商品的记账本位币成本相比较，确定其应提的跌价准备。

②对于以公允价值计量的股票、基金等非货币性项目

例：国内甲公司的记账本位币为人民币。20＊8年12月5日以每股1.5美元的价格购入乙公司B股10,000股作为交易性金融资产，当日即期汇率为1美元＝7.8元人民币，款项已付。20＊8年12月31日，由于市价变动，当月购入的乙公司B股的市价变为每股2美元，当日即期汇率为1美元＝7.6元人民币。假定不考虑相关税费的影响。

20*8年12月5日,该公司对上述交易应做以下财务处理:
借:交易性金融资产　　　　　　　　　　　　　　117,000
　贷:银行存款　　　　　　　　　　　　　　　　　117,000

根据《企业会计准则第22号——金融工具》规定,交易性金融资产以公允价值计量。由于该项交易性金融资产是以外币计价,在资产负债表日,不仅应考虑美元市价的变动,还应一并考虑美元与人民币之间汇率变动的影响,上述交易性金融资产在资产负债表日的人民币金额为152,000(即2×10,000×7.6)元,与原账面价值117,000元(即1.5×10,000×7.8)的差额为35,000元人民币,应计入公允价值变动损益。

借:交易性金融资产　　　　　　　　　　　　　　35,000
　贷:公允价值变动损益　　　　　　　　　　　　　35,000

35,000元人民币既包含甲公司所购乙公司B股股票公允价值变动的影响,又包含人民币与美元之间汇率变动的影响。

20*9年2月27日,甲公司将所购乙公司B股股票按当日市价每股2.2美元全部售出(即结算日),所得价款为22,000美元,按当日汇率为1美元＝7.4元人民币折算为人民币金额为162,800元,与其原账面价值人民币金额152,000元的差额为10,800元人民币,对于汇率的变动和股票市价的变动不进行区分,均作为投资收益进行处理。售出当日,甲公司应做会计分录为:

借:银行存款　　　　　　　　　　　　　　　　　162,800
　贷:交易性金融资产　　　　　　　　　　　　　　152,000
　　　投资收益　　　　　　　　　　　　　　　　　10,800

◇ 期末汇兑损益的计算与处理

例:公司20*7年11月末有关外币业务的资料如下:
①银行存款2,000美元,人民币账面金额17,000元。
②应收账款(艾伦公司)1,000美元,人民币账面金额8,500元。
③应付账款(爱伦公司)800美元,人民币账面金额6,800元。
④长期借款25,000美元,人民币账面金额212,500元。该美元借款为进口设备进行技术改造的专门借款,该设备尚未改造完成。
⑤11月末美元对人民币的即期汇率为9元。

该公司月末汇兑损益计算见下表:

项　目	原账面人民币金额 (元)	按月末市场汇价折合人民币金额 (元)	汇　兑　损　益 (元)
银行存款—外币	17,000	18,000	(＋)1,000
应收账款—外币	8,500	9,000	(＋)500
应付账款—外币	6,800	7,200	(－)400
长期借款—外币	212,500	225,000	(－)12,500

借:银行存款—外币　　　　　　　　　　　　　　1,000
　　应收账款(外币户)　　　　　　　　　　　　　　500
　　在建工程—技改工程支出　　　　　　　　　　12,500
　贷:应付账款(外币户)　　　　　　　　　　　　　400
　　　长期借款—＊＊银行(外币)　　　　　　　　12,500
　　　财务费用—汇兑损益　　　　　　　　　　　　1,100

➤ **分账制记账方法的外币折算**

◇ 日常核算均通过"货币兑换"科目处理

(1)企业发生的外币交易同时涉及货币性项目和非货币性项目的,按相同外币金额同时记入货币性项目和"货币兑换(外币)"科目,同时,按以交易发生日即期汇率折算为记账本位币的金额,记入非货币性项目和"货币兑换(记账本位币)"科目。

(2)企业发生的交易仅涉及记账本位币外的一种货币反映的货币性项目的,按相同币种金额入账,不需要通过"货币兑换"科目核算;如果涉及两种以上货币,按相同币种金额记入相应货币性项目和"货币兑换(外币)"科目。

(3)期末,应将所有以记账本位币以外的货币反映的"货币兑换"科目余额按期末汇率折算为记账本位币金额,并与"货币兑换(记账本位币)"科目余额相比较,其差额转入"汇兑损益"科目:如为借方差额,借记"汇兑损益"科目,贷记"货币兑换(记账本位币)"科目;如为贷方差额,借记"货币兑换(记账本位币)"科目,贷记"汇兑损益"科目。

(4)结算外币货币性项目产生的汇兑差额计入"汇兑损益"。

例:假定甲公司采用分账制记账方法,选定的记账本位币为人民币并以人民币列报财务报表。20*7年9月发生以下交易:

①9月5日,收到投资者投入的货币资本100,000美元,无合同约定汇率,当日汇率为1美元=7.8元人民币。

借:银行存款—美元　　　　　　　　　　　100,000
　　贷:货币兑换—美元　　　　　　　　　　　　100,000
借:货币兑换—人民币　　　　　　　　　　780,000
　　贷:实收资本　　　　　　　　　　　　　　　780,000

②9月28日,以2,000美元购入一台固定资产,当日汇率为1美元=7.75元人民币。

借:固定资产　　　　　　　　　　　　　　15,500
　　贷:货币兑换—人民币　　　　　　　　　　　15,500
借:货币兑换—美元　　　　　　　　　　　2,000
　　贷:银行存款—美元　　　　　　　　　　　　2,000

③月末,"货币兑换—美元"账户贷方余额98,000元,折算为人民币为784,000元(98,000×8);

"货币兑换—人民币"账户借方余额764,500元;

"货币兑换"账户借方余额合计人民币764,500元,贷方余额合计为人民币784,000元,借贷方差额为人民币-19,500元,即为当期汇兑差额,应计入当期损益。

借:货币兑换—人民币　　　　　　　　　　19,500
　　贷:财务费用—汇兑损益　　　　　　　　　　19,500

◇ 仅资产负债表日结转汇兑损益时通过"货币兑换"处理

在外币交易发生时直接以发生的币种进行会计处理,期末所有以外币反映的账户余额均需要折算为记账本位币余额,其中:货币性项目以资产负债表日即期汇率折算;非货币性项目以交易日即期汇率折算。折算后,所有账户借方余额之和与所有账户贷方余额之和的差额即为当期汇兑差额,应当计入当期损益。

同上例,日常核算相应会计分录如下:

①9月5日收到美元

借:银行存款—美元　　　　　　　　　　　100,000
　　贷:实收资本　　　　　　　　　　　　　　　100,000

②9月10日以美元购入固定资产

借:固定资产　　　　　　　　　　　　　　2,000
　　贷:银行存款—美元　　　　　　　　　　　　2,000

③资产负债表日,编制账户科目余额(人民币)调节表如下:外币货币性项目以资产负债表日即期汇率折算,外币非货币性项目以交易日即期汇率折算。

借方余额账户	币种	外币余额	汇率	人民币余额(元)	贷方余额账户	币种	外币余额	汇率	人民币余额(元)
银行存款	美元	98,000	8	784,000	实收资本	美元	100,000	7.8	780,000
固定资产	美元	2,000	7.75	15,500					
人民币余额合计(元)				799,500	人民币余额合计(元)				780,000
汇兑损益(元)				19,500					

相应会计处理:

借:货币兑换—人民币　　　　　　　　　19,500
　　贷:财务费用—汇兑损益　　　　　　　19,500

➢ **外币财务报表的折算**

例: 国内甲公司的记账本位币为人民币,该公司仅有一全资子公司乙公司,除此之外,无其他境外经营。乙公司设在美国,自主经营,所有办公设备及绝大多数人工成本等均以美元支付,除极少量的商品购自甲公司外,其余的商品采购均来自当地,乙公司对所需资金自行在当地融资、自担风险。根据记账本位币的选择确定原则,乙公司的记账本位币应为美元。20*7年12月31日,甲公司准备编制合并财务报表,需要先将乙公司的美元财务报表折算为人民币表述。乙公司的有关资料如下:

20*7年12月31日的即期汇率为1美元=8元人民币,20*7年的平均汇率为1美元=8.2元人民币,实收资本为125,000美元,发生日的即期汇率为1美元=8.3元人民币,20*6年12月31日的即期汇率为1美元=8.25元人民币,累计盈余公积为11,000美元,折算为人民币90,300元,累计未分配利润为20,000美元,折算为人民币166,000元,乙公司在年末提取盈余公积6,000美元。该公司的资产负债表、利润表和所有者权益变动表如下:

资　产	期末数(美元)	汇率	折算为人民币金额(元)	负债和股东股东权益	期末数(美元)	汇率	折算为人民币金额(元)
流动资产:				流动负债:			
货币资金	20,000	8	160,000	短期借款	10,000	8	80,000
交易性金融资产	10,000	8	80,000	应付票据	2,000	8	16,000
应收票据	8,000	8	64,000	应付账款	15,000	8	120,000
应收账款	22,000	8	176,000	应付职工薪酬	12,000	8	96,000
存货	40,000	8	320,000	应交税费	3,000	8	24,000
流动资产合计	100,000		800,000	流动负债合计	42,000		336,000
非流动资产:				非流动负债:			
固定资产	120,000	8	960,000	长期借款	12,000	8	96,000
无形资产	30,000	8	240,000	长期应付款	20,000	8	160,000
非流动资产合计	150,000		1,200,000	非流动负债合计	32,000		256,000
				所有者权益:			
				实收资本	125,000	8.3	1,037,500
				盈余公积	17,000		139,500

续上表

资　　产	期末数（美元）	汇率	折算为人民币金额(元)	负债和股东股东权益	期末数（美元）	汇率	折算为人民币金额(元)
				未分配利润	34,000		280,800
				报表折算差额			−49,800
				所有者权益合计	176,000		1,408,000
资产总计	250,000		2,000,000	负债和所有者权益总计	250,000		2,000,000

项　　目	本年累计数（美元）	汇率	折算为人民币金额（元）
一、营业总收入	105,000	8.2	861,000
二、营业总成本	76,000		623,200
其中:营业成本	40,000	8.2	328,000
营业税金及附加	6,000	8.2	49,200
销售费用	8,000	8.2	65,600
管理费用	12,000	8.2	98,400
财务费用	10,000	8.2	82,000
三、营业利润	29,000		237,800
加:营业外收入	5,000	8.2	41,000
减:营业外支出	4,000	8.2	32,800
四、利润总额	30,000		246,000
减:所得税费用	10,000	8.2	82,000
五、净利润	20,000		164,000
六、每股利益			

项　　目	实收资本			盈余公积			未分配利润		外币报表折算差额	所有者权益合计
	美元	汇率	人民币元	美元	汇率	人民币元	美元	人民币元		人民币元
一、本年年初余额	125,000	8.3	1,037,500	11,000		90,300	20,000	166,000		1,293,800
二、本年增减变动金额										
（一）净利润							20,000	164,000		164,000
（二）直接计入所有者权益的利得和损失									−49,800	−49,800
（二）利润分配										
1.提取盈余公积				6,000	8.2	49,200	−6,000	−49,200		
三、本年年末余额	125,000	8.3	1,037,500	17,000		139,500	34,000	280,800	−49,800	1,408,000

第十三章 债务重组

债务重组,指在债务人发生财务困难的情况下,债权人按照其与债务人达成的协议或者法院的裁定作出让步的事项。

债务重组涉及债权人与债务人,对债权人是"债权重组",对债务人是"债务重组",统称"债务重组"。

一、债务重组核算的规定

(1)"债务人发生财务困难"是指因债务人出现资金周转困难、经营陷入困境或者其他原因,导致其无法或者没有能力按原定条件偿还债务。

"债权人作出让步",是指债权人同意发生财务困难的债务人现在或者将来以低于重组债务账面价值的金额或者价值偿还债务。债权人作出让步的情形包括债权人减免债务人部分债务本金或者利息、降低债务人应付债务的利率等。

(2)主要包括:以资产清偿债务、将债务转为资本、修改其他债务条件以及以上三种方式的组合等。

①以资产清偿债务,是指债务人转让其资产给债权人以清偿债务的方式。债务人用于清偿债务的资产包括现金资产和非现金资产,主要有:现金、存货、各种投资(包括股票投资、债券投资、基金投资、权证投资等)、固定资产、无形资产等。

②将债务转为资本,是指债务人将债务转为资本,同时,债权人将债权转为股权的方式。债务转为资本时,对股份有限公司是将债务转为股本,对其他企业是将债务转为实收资本。结果是债务人因此而增加股本(或实收资本),债权人因此而增加长期股权投资。

③修改其他债务条件,是指不包括上述两种方式在内的修改其他债务条件的方式,如减少债务本金、减少或免去债务利息等。

④以上三种方式的组合,是指采用以上三种方式共同清偿债务的方式。其组合偿债方式可能是:债务的一部分以资产清偿,一部分转为资本,另一部分则修改其他债务条件。

(3)债务人根据转换协议将应付可转换公司债券转为资本,属于正常情况转换,不作为债务重组处理。

二、债务重组的核算

1. 会计科目

(1)总账科目:未专设总账科目。

(2)明细科目:无明细科目。

2. 会计事项

➤ 以资产清偿债务

◇ 以现金清偿债务

债务人应将重组债务的账面价值与实际支付现金之间的差额,确认为债务重组利得,计入营业外收

第十三章 债务重组

入。重组债务的账面价值,一般为债务的面值或本金、原值,如应付账款;如有利息的,还应加上应计未付利息,如长期借款等。

债权人应将重组债权的账面余额与收到的现金之间的差额,确认为债务重组损失,计入营业外支出。债权人已对债权计提减值准备的,应当先将该差额冲减减值准备,冲减后尚有余额的,计入营业外支出;冲减后减值准备仍有余额的,应予转回并抵减当期资产减值损失。未对债权计提减值准备的,直接将该差额确认为债务重组损失。

◇ 以非现金资产清偿债务

(1)债务人的处理

以非现金资产清偿债务的,债务人应分清债务重组利得与资产转让损益的界限,并于债务重组当期予以确认。

债务重组利得是指重组债务的账面价值超过非现金资产(即抵债资产)的公允价值之间的差额,应计入营业外收入。

资产转让损益,是指抵债的非现金资产的公允价值与其账面价值之间的差额。处理:①非现金资产为存货的,作为销售处理。②非现金资产为固定资产的,视同固定资产处置。③非现金资产为无形资产的,视同无形资产处置。④非现金资产为企业投资的,非现金资产的公允价值扣除投资的账面价值(对投资计提减值准备的,还应将相关的减值准备予以结转)及直接相关费用之后的余额确认为转让资产损益,计入投资收益。

(2)债权人的处理

以非现金资产清偿债务的,债权人应对受让的非现金资产按其公允价值入账,重组债权的账面余额与受让的非现金资产的公允价值之间的差额,确认为债务重组损失,计入营业外支出。

重组债权已经计提了减值准备的:①债权人对重组债权个别计提减值准备的,只需要将上述差额冲减已计提的减值准备,减值准备不足以冲减的部分作为债务重组损失,计入营业外支出;如果减值准备冲完该差额后仍有余额,应予转回并抵减当期资产减值损失,不再确认债务重组损失。②债权人对重组债权是采取组合计提减值准备的,应将对应于该债务人的损失准备倒算出来,再确定是否确认债务重组损失。

例:20*6年11月5日,乙公司销售一批材料给甲公司,含税价为2,340,000元。因甲公司发生财务困难,无法按合同规定偿还债务,20*7年9月10日,与乙公司协商进行债务重组。双方达成的债务重组协议:乙公司同意甲公司用其存货、固定资产抵偿该账款。其中:用于抵债的产品市价为800,000元,增值税率为17%,产品成本为700,000元;抵债设备的账面原价为1,200,000元,累计折旧为300,000元,评估确认的净值为850,000元。抵债资产均已转让完毕。甲公司发生的资产评估费用为6,500元。假定乙公司已对该项债权计提坏账准备18,000元,乙公司在接受抵债资产时,安装设备发生的安装成本为15,000元。不考虑其他相关税费。

债务人:甲公司的会计处理

①计算

A. 重组债务应付账款的账面价值与抵债资产公允价值及增值税销项税额之间的差额
=2,340,000-[800,000×(1+17%)+850,000]
=554,000(元)

差额554,000元为债务重组利得,计入营业外收入。

B. 抵债资产公允价值与账面价值之间的差额
=(800,000-700,000)+[850,000-(1,200,000-300,000)]
=50,000(元)

差额50,000元,扣除转让资产过程中发生的相关税费(本例中为资产评估费用)6,500元后的数额为43,500元,为资产转让收益。

C. 各种非现金资产的转让损益计算

抵债产品的公允价值800,000元与其账面价值700,000元(若计提了存货跌价准备,应扣除计提的存货跌价准备)的差额100,000元,为转让存货收益,体现在营业利润中。

抵债设备的公允价值850,000元与其账面价值900,000元(账面原价－累计折旧－计提的减值准备,即 1,200,000－300,000－0)的差额为－50,000元,扣除6,500元的资产评估费等费用后为－56,500元,为转让固定资产损失,计入营业外支出。

②会计分录

A. 将固定资产净值转入固定资产清理

借:固定资产清理	900,000
累计折旧	300,000
贷:固定资产	1,200,000

B. 支付清理费用

借:固定资产清理	6,500
贷:银行存款	6,500

C. 结转债务重组利得及转让资产损益

借:应付账款—乙公司	2,340,000
贷:主营业务收入	800,000
应交税费—应交增值税(销项税额)	136,000
固定资产清理	850,000
营业外收入—债务重组利得	554,000
借:主营业务成本	700,000
贷:库存商品	700,000
借:营业外支出—处置非流动资产损失	56,500
贷:固定资产清理	56,500

债权人:乙公司的会计处理

①计算

A. 重组债权应收账款的账面余额与受让资产的公允价值及增值税进项税额之间的差额
=2,340,000－[1,800,000×(1+17%)+850,000]
=554,000(元)

差额554,000元扣除计提的减值准备18,000元后的余额536,000元,作为债务重组损失,计入营业外支出。

②会计分录

A. 结转债务重组损失

借:库存商品	800,000
应交税费—应交增值税(进项税额)	136,000
在建工程—在安装设备	850,000
坏账准备	18,000
营业外支出—债务重组损失	536,000
贷:应收账款—甲公司	2,340,000

B. 支付安装成本

借:在建工程—在安装设备	15,000
贷:银行存款	15,000

C. 安装完毕达到可使用状态

借:固定资产　　　　　　　　　　　　　　　　865,000
　　贷:在建工程—在安装设备　　　　　　　　　　　865,000

> **以债务转为资本**

(1)对债务人,应当将债权人放弃债权而享有股份的面值总额(或者股权份额)确认为股本(或者实收资本),股份(或者股权)的公允价值总额与股本(或者实收资本)之间的差额确认为股本溢价(或者资本溢价)计入资本公积。

重组债务账面价值超过股份的公允价值总额(或者股权的公允价值)的差额,确认为债务重组利得,计入当期营业外收入。

发生的相关税费,与股票发行直接相关的手续费等抵减资本公积,其他税费可以直接计入当期损益(如印花税等)。

(2)对债权人,应当将因放弃债权而享有股份的公允价值确认为对债务人的投资,重组债权的账面余额与股份的公允价值之间的差额,确认为债务重组损失,计入营业外支出。债权人已对债权计提减值准备的,应先将该差额冲减减值准备,减值准备不足以冲减部分,确认为债务重组损失计入营业外支出。

发生的相关税费,分别按照长期股权投资或者金融工具确认和计量等准则的规定进行处理。

例:20＊7年2月10日,乙公司销售一批材料给甲公司,应收账款100,000元,合同约定6个月后结清款项。6个月后,由于甲公司发生财务困难,无法支付货款,与乙公司协商进行债务重组。经双方协议,乙公司同意甲公司以其股权抵偿该账款。乙公司对该项应收账款计提了坏账准备5,000元。假设转账后甲公司注册资本为5,000,000元,净资产的公允价值为7,600,000元,抵债股权占甲公司注册资本的1%。相关手续已办理完毕。假定不考虑其他相关税费。

债务人:甲公司的会计处理

①计算

重组债务应付账款的账面价值与所转股权的公允价值之间差额:
=100,000－7,600,000×1%
=24,000(元)

差额24,000元作为债务重组利得,所转股份的公允价值76,000元与实收资本50,000元(5,000,000×1%)的差额26,000元作为资本公积。

②会计分录

借:应付账款　　　　　　　　　　　　　　　　100,000
　　贷:实收资本　　　　　　　　　　　　　　　　　50,000
　　　　资本公积—资本溢价　　　　　　　　　　　26,000
　　　　营业外收入—债务重组利得　　　　　　　　24,000

债权人:乙公司的会计处理

①计算

重组债权应收账款账面余额与所转让股权的公允价值之间差额:
=100,000－7,600,000×1%
=24,000(元)

差额24,000元,扣除坏账准备5,000元,计19,000元,作为债务重组损失,计入营业外支出。

②会计分录

借:长期股权投资—甲公司　　　　　　　　　　76,000
　　营业外支出—债务重组损失　　　　　　　　　19,000
　　坏账准备　　　　　　　　　　　　　　　　　5,000
　　贷:应收账款　　　　　　　　　　　　　　　　100,000

> **以修改其他债务条件清偿债务**

◇ 不涉及或有应付金额的债务重组

(1)对债务人,如修改后的债务条款中不涉及或有应付金额,则重组债务的账面价值大于重组后债务的入账价值(即修改其他债务条件后债务的公允价值)的差额为债务重组利得,计入营业外收入。

(2)对债权人,如修改后的债务条款中不涉及或有应收金额,则债权人应当将修改其他债务条件后的债权的公允价值作为重组后债权的账面价值,重组债权的账面余额与重组后债权的账面价值之间的差额为债务重组损失,计入营业外支出。如债权人已对该债权计提减值准备的,应当先将该差额冲减减值准备,减值准备不足以冲减的部分,作为债务重组损失,计入营业外支出。

◇ 涉及或有应付金额的债务重组

(1)对债务人,修改后的债务条款如涉及或有应付金额,且该或有应付金额符合或有事项准则中有关预计负债确认条件的,债务人应当将该或有应付金额确认为预计负债;重组债务的账面价值与重组后债务的入账价值(即重组后债务的公允价值)和预计负债金额之和的差额,作为债务重组利得,计入营业外收入。

例:债务重组协议规定,债务人在债务重组后一定时间里,其业绩改善到一定程度或者符合一定要求(如扭亏为盈、摆脱财务困境等),应向债权人额外支付一定款项,当债务人承担的或有应付金额符合预计负债确认条件时,应当将该或有应付金额确认为预计负债。

上述或有应付金额在随后会计期间没有发生的,企业应当冲销已确认的预计负债,同时确认营业外收入。

(2)对债权人,修改后的债务条款中涉及或有应收金额的,不应当确认或有应收金额,不得将其计入重组后债权的账面价值。根据谨慎性原则,或有应收金额属于或有资产,或资产不予确认。只有在或有应收金额实际发生时,才计入当期损益。

➢ **以组合方式清偿债务**

(1)债务人的处理

债务重组以现金、非现金资产、债务转为资本、修改其他债务条件等方式组合进行的,对债务人来说,应当依次以支付的现金、转让的非现金资产公允价值、债权人享有股份的公允价值冲减重组债务的账面价值,修改其他债务条件的,应当将修改其他债务条件后债务的公允价值作为重组后债务的入账价值。重组债务的账面价值与重组后债务的入账价值之间的差额,作为债务重组利得,计入营业外收入。修改后的债务条款如涉及或有应付金额,且该或有应付金额符合预计负债确认条件的,债务人应当将该或有应付金额确认为预计负债。重组债务的账面价值,与重组后债务的入账价值和预计负债金额之和的差额,计入营业外收入。以上所产生的债务重组利得、资产转让损益等均于债务重组当期确认。

(2)债权人的处理

债务重组采用以现金、非现金资产、债务转为资本、修改其他债务条件等方式组合进行的,对债权人来说,应先以收到的现金、受让非现金资产的公允价值、因放弃债权而享有的股权的公允价值冲减重组债权的账面余额,差额与将来应收金额进行比较,据此计算债务重组损失。债权人已对债权计提减值准备的,应当先将该差额冲减减值准备,减值准备不足以冲减的部分,作为债务重组损失,计入营业外支出。以上产生的债务重组损失于债务重组当期确认。

第十四章 会计调整

会计调整，是指公司因按照国家法律、行政法规和会计制度的要求，或者因特定情况下按照会计准则规定对公司原采用的会计政策、会计估计，以及前期差错、发生的资产负债表日后事项等所作的调整。

会计政策，是指公司在会计确认、计量和报告中所采用的原则、基础和会计处理方法。

会计估计变更，是指由于资产和负债的当前状况及预期经济利益和义务发生了变化，从而对资产或负债的账面价值或者资产的定期消耗金额进行调整。

前期差错，是指由于没有运用或错误运用下列两种信息，而对前期财务报表造成省略或错报。

(1)编报前期财务报表时预期能够取得并加以考虑的可靠信息。

(2)前期财务报告批准报出时能够取得的可靠信息。

前期差错通常包括计算错误、应用会计政策错误、疏忽或曲解事实以及舞弊产生的影响以及存货、固定资产盘盈等。

资产负债表日后事项，是指资产负债表日至财务报告批准报出日之间发生的有利或不利事项。财务报告批准报出日，是指董事会或类似机构批准财务报告报出的日期。

资产负债表日后事项包括资产负债表日后调整事项和资产负债表日后非调整事项。

资产负债表日后调整事项，是指对资产负债表日已经存在的情况提供了新的或进一步证据的事项。公司发生的资产负债表日后调整事项，调整资产负债表日的财务报表。

资产负债表日后非调整事项，是指表明资产负债表日后发生的情况的事项。公司发生的资产负债表日后非调整事项，不调整资产负债表日的财务报表。

第一节 会计政策变更、会计估计变更与前期差错更正

一、会计政策变更

会计政策，是指企业在会计确认、计量和报告中所采用的原则、基础和会计处理的方法。

会计政策变更是指公司对相同的交易或事项由原来采用的会计政策改用另一会计政策的行为。也就是说，在不同的会计期间执行不同的会计政策。企业应当以变更事项的会计确认、计量基础和列报项目发生变更作为判断依据。如长期股权投资核算由成本法改为权益法，发出存货实际成本的计价由先进先出法改为加权平均法等。

(一)会计政策变更核算的规定

1.会计政策变更的条件

公司采用的会计政策，在每一会计期间和前后各期应当保持一致，不得随意变更。但是，满足下列

条件之一的,可以变更会计政策:
(1)法律、行政法规或者国家统一的会计制度等要求变更。
(2)会计政策变更能够提供更可靠、更相关的会计信息。

在会计实务中,公司应当分清哪些情形属于会计政策变更,哪些情形不属于会计政策变更。

下列各项不属于会计政策变更:
(1)本期发生的交易或者事项与以前相比具有本质差别而采用新的会计政策。
(2)对初次发生的或不重要的交易或者事项采用新的会计政策。

公司应当对相同或者相似的交易或者事项采用相同的会计政策进行处理。但是,其他会计准则另有规定的除外。

2.会计政策变更的累积影响数

会计政策变更能够提供更可靠、更相关的会计信息的,应当采用追溯调整法处理,将会计政策变更累积影响数调整列报前期最早期初留存收益,其他相关项目的期初余额和列报前期披露的其他比较数据也应当一并调整,但确定该项会计政策变更累积影响数不切实可行的除外。

追溯调整法,是指对某项交易或事项变更会计政策,视同该项交易或事项初次发生时即采用变更后的会计政策,并以此对财务报表相关项目进行调整的方法。

会计政策变更累积影响数,是指按照变更后的会计政策对以前各期追溯计算的列报前期最早期初留存收益应有金额与现有金额之间的差额。

累积影响数的计算步骤:
第一步,根据新的会计政策重新计算受影响的前期交易或事项;
第二步,计算两种会计政策的差异;
第三步,计算差异的所得税影响金额;
第四步,确定前期中的每一期的税后差异;
第五步,计算会计政策变更的累积影响数。

(二)会计政策变更的会计处理

公司发生会计政策变更时,有两种会计处理方法,即追溯调整法和未来适用法,这两种方法适用于不同情形。

1.追溯调整法

在编制比较会计报表时,对于比较会计报表期间的会计政策变更,应调整各该期间的净损益和其他相关项目,视同该政策在比较会计报表期间一直采用。对于比较会计报表可比期间以前的会计政策变更的累积影响数,应调整比较会计报表最早期间的期初留存收益,会计报表其他相关项目的数字也应一并调整。

追溯调整法的运用通常由以下几步构成:
第一步,计算会计政策变更的累积影响数;
第二步,进行相关的会计处理;
第三步,调整会计报表相关项目;
第四步,附注说明。

会计事项

➤ **会计政策变更的处理**

ABC 股份有限公司从 20 * 7 年起对其以交易为目的从股票市场购入的股票由成本与市价孰低改为公允价值计量,该公司保存的会计资料比较齐备,可以通过会计资料追溯计算。假设所得税税率为 33%,税法按完工百分比法计算收入并计入应纳税所得额。该公司按净利润的 10% 提取法定盈余公

第十四章 会计调整

积,按净利润的5%提取任意盈余公积。该公司发行股票份额为4,500万股。两种方法计算的税前会计利润见下表:

会计政策 年份	成　本(元)	市　价(元)	成本与市价孰低(元)	公 允 价 值(元)
20*5年	4,500,000	5,100,000	4,500,000	5,100,000
20*6年	1,100,000	1,300,000	1,100,000	1,300,000

根据上述资料,ABC公司的会计处理如下:

(1)计算改变交易性金融资产计量方法后的累积影响数,见下表:

会计政策 年份	公 允 价 值(元)	成本与市价孰低(元)	税 前 差 异(元)	税 后 差 异(元)
20*5年	5,100,000	4,500,000	600,000	402,000
20*6年	1,300,000	1,100,000	200,000	134,000
总计	6,400,000	5,600,000	800,000	536,00

ABC公司20*7年12月31日的比较财务报表最早期初为20*6年1月1日。

ABC公司在20*5年按公允价值计算的税前利润为5,100,000元,按成本与市价孰低计算的税前利润为4,500,000元,两者的所得税影响为198,000元,两者差异的税后净影响额为402,000元,即为该公司20*6年期初由成本与市价孰低改为公允价值的累积影响数。

ABC公司在20*6年按公允价值计算的税前利润为6,400,000元,按成本与市价孰低计算的税前利润为5,600,000元,两者的所得税影响为264,000元,两者差异的税后净影响额为536,000元,其中,402,000元是调整20*6年累积影响数,134,000元是调整20*6年当期金额。

(2)编制有关项目的调整分录。

①20*6年年初有关项目的调整分录

A. 调整会计政策变更累积影响数

借:交易性金融资产　　　　　　　　　　600,000
　　贷:利润分配—未分配利润　　　　　　　402,000
　　　　递延所得税负债　　　　　　　　　　198,000

B. 调整利润分配

借:利润分配—未分配利润(402,000×15%)　　60,300
　　贷:盈余公积　　　　　　　　　　　　　　60,300

②20*7年年初有关项目的调整分录

A. 调整交易性金融资产

借:交易性金融资产　　　　　　　　　　800,000
　　贷:利润分配—未分配利润　　　　　　　536,000
　　　　递延所得税负债　　　　　　　　　　264,000

B. 调整利润分配

借:利润分配—未分配利润(536,000×15%)　　80,400
　　贷:盈余公积　　　　　　　　　　　　　　80,400

(3)财务报表调整和重述(财务报表略)。

ABC公司在列报20*7年度的财务报表时,应调整资产负债表和20*7年年初数;利润表及股东权益变动表的上年数也应作相应调整。下表列示资产负债表年初数栏调整前和调整后的数字、利润表及股东权益变动表上年数栏调整前和调整后的数字的有关资料。20*7年12月31日资产负债表的期末数栏和利润表及股东权益变动表上本年累计数栏的年初未分配利润应按调整后的数字为基础编制。

①资产负债表项目的调整：

调增20*7年交易性金融资产年初数800,000元；调增20*7年度递延所得税负债264,000元；调增盈余公积80,400元；调增未分配利润455,600元。

②利润表项目的调整：

调增20*7年公允价值变动收益200,000元；调增所得税费用66,000元；调增净利润134,000元；调增基本每股收益0.003元。

③股东权益变动表项目的调整：

调增盈余公积项目下会计政策变更影响数80,400元；调增未分配利润项目下会计政策变更影响数455,600元。

(4)附注说明。

20*7年ABC公司按照会计制度规定，对交易性金融资产计量由成本与市价孰低改为以公允价值计量。此项会计政策变更采用追溯调整法，20*6年的比较财务报表已重新表述。20*6年期初运用新会计政策追溯计算的会计政策变更累积影响数为402,000元。调增20*6年的期初留存收益402,000元，其中调增未分配利润341,700元。会计政策变更对20*7年度报告的损益的影响为增加净利润134,000元。

2.未来适用法

确定会计政策变更对列报前期影响数不切实可行的，应当从可追溯调整的最早期间期初开始应用变更后的会计政策。

在当期期初确定会计政策变更对以前各期累积影响数不切实可行的，应当采用未来适用法处理。

未来适用法，是指将变更后的会计政策应用于变更日及以后发生的交易或者事项，或者在会计估计变更当期和未来期间确认会计估计变更影响数的方法。

二、会计估计变更

会计估计变更，是指由于资产和负债的当前状况及预期经济利益和义务发生了变化，从而对资产或负债的账面价值或者资产的定期消耗金额进行调整。

(一)会计估计变更核算的规定

公司据以进行估计的基础发生了变化，或者由于取得新信息、积累更多经验以及后来的发展变化，可能需要对会计估计进行修订。会计估计变更的依据应当真实、可靠。

公司对会计估计变更应当采用未来适用法处理。

会计估计变更仅影响变更当期的，其影响数应当在变更当期予以确认；既影响变更当期又影响未来期间的，其影响数应当在变更当期和未来期间予以确认。

公司难以对某项变更区分为会计政策变更或会计估计变更的，应当将其作为会计估计变更处理。

(二)会计估计变更的会计处理

会计估计变更应采用未来适用法，其处理方法为：

(1)如果会计估计的变更仅影响变更当期，有关估计变更的影响应于当期确认。

(2)如果会计估计的变更既影响变更当期又影响未来期间，有关估计变更的影响在当期及以后各期确认。例如：可计提折旧固定资产，其有效使用年限或预计净残值的估计发生的变更，常影响变更当期及资产以后使用年限内各个期间的折旧费用。因此，这类会计估计的变更，应于变更当期及以后各期确认。

> **会计估计变更的处理**

例：公司于20*3年1月1日起计提折旧的管理用设备一台,价值94,000元,估计使用年限为9年,净残值为4,000元,按年限平均法计提折旧。至20*7年1月1日,由于新技术的发展等原因,需要对原估计的使用年限和净残值作出修正,修改后该设备的耐用年限为6年,净残值为2,000元。

公司对上述估计变更的处理方式如下：

①不调整以前各期折旧,也不计算累积影响数。

②变更日以后发生的经济业务改按新估计使用年限提取折旧。

按原估计,每年折旧额为10,000元,已提折旧4年,共计40,000元,固定资产净值为54,000元,则第五年相关科目的期初余额如下：

固定资产　　　　　　　　　　　　94,000
累计折旧　　　　　　　　　　　　40,000
固定资产净值　　　　　　　　　　54,000

改变估计使用年限后,20*7年起每年计提的折旧费用为26,000元[(54,000－2,000)÷(6－4)]。20*7年不必对以前年度已提折旧进行调整,只需按重新预计的使用年限和净残值计算确定的年折旧费用,编制会计分录如下：

借：管理费用—折旧　　　　　　　26,000
　　贷：累计折旧　　　　　　　　　　26,000

公司在会计报表附注中的说明如下：

本公司一台管理用设备,原始价值94,000元,原估计使用年限为9年,预计净残值4,000元,按年限平均法计提折旧。由于新技术的发展,该设备已不能按原估计使用年限计提折旧,本公司于20*7年1月1日变更该设备的耐用年限为6年,预计净残值为2,000元,以反映该设备的真实耐用年限和净残值。此估计变更影响本年度净利润减少数为12,000元[(26,000－10,000)×(1－25%)]。

三、前期差错更正

前期差错通常包括计算错误、应用会计政策错误、疏忽或曲解事实以及舞弊产生的影响以及存货、固定资产盘盈等;重要的前期差错应当采用追溯重述法进行更正。

(一)前期差错更正核算的规定

(1)前期差错的重大程度,应根据差错的性质和金额加以具体判断。例如:公司的存货盘盈,应将盘盈的存货计入当期损益。

(2)公司采用追溯重述法更正重大的前期差错,但确定前期差错累积影响数不切实可行的除外。

追溯重述法,是指在发现前期差错时,视同该项前期差错从未发生过,从而对财务报表相关项目进行更正的方法。追溯重述法的会计处理与追溯调整法相同。

(3)对于不重大且非故意造成的前期差错,可以采用未来适用法。

(4)确定前期差错影响数不切实可行的,可以从可追溯重述的最早期间开始调整留存收益的期初余额,财务报表其他相关项目的期初余额也应当一并调整,也可以采用未来适用法。

公司应当在重大的前期差错发现当期的财务报表中,调整前期比较数据。

(二)前期差错更正的会计处理

> **重大的前期差错更正**

(1)公司于20*8年2月1日发现(注:属资产负债表日后事项),20*7年公司漏记一项固定资产的折旧费用2,000万元,但在所得税申报表中扣除了该项折旧,公司20*7年适用所得税税率为25%,该公司按净利润的10%提取法定盈余公积。

①补提折旧
借:以前年度损益调整　　　　　　　　　　20,000,000
　　贷:累计折旧　　　　　　　　　　　　　　　20,000,000
②调整应交税费
借:应交税费—应交所得税　　　　　　　　　5,000,000
　　贷:以前年度损益调整　　　　　　　　　　　5,000,000
③将"以前年度损益调整"科目的余额转入利润分配
借:利润分配—未分配利润　　　　　　　　　15,000,000
　　贷:以前年度损益调整　　　　　　　　　　　15,000,000
④调整利润分配有关数字
借:盈余公积　　　　　　　　　　　　　　　1,500,000
　　贷:利润分配—未分配利润　　　　　　　　　1,500,000

本例在会计报表附注中的说明如下:

20＊7年漏记固定资产折旧2,000万元,在编制20＊8年与20＊7年可比的会计报表时,已对该项差错进行了更正。由于此项错误的影响,20＊7年虚增净利润1,500万元,少计所得税500万元。

(2)公司于20＊8年4月10日发现在20＊7年已经出售的一批商品(成本已结转),没有将预收账款结转收入,金额为500万元,占当年公司总销售收入的51%。所得税率为25%,该公司按净利润的10%提取法定盈余公积。

①结转收入
借:预收账款　　　　　　　　　　　　　　　5,000,000
　　贷:以前年度损益调整　　　　　　　　　　　5,000,000
②调整所得税
借:以前年度损益调整　　　　　　　　　　　1,250,000
　　贷:应交税费—应交所得税　　　　　　　　　1,250,000
③将"以前年度损益调整"科目的余额转入利润分配
借:以前年度损益调整　　　　　　　　　　　3,750,000
　　贷:利润分配—未分配利润　　　　　　　　　3,750,000
④调整利润分配有关数字
借:利润分配—未分配利润　　　　　　　　　375,000
　　贷:盈余公积　　　　　　　　　　　　　　　375,000

本例在会计报表附注中的说明如下:

本年度发现20＊7年未结转主营业务收入500万元,在编制20＊8年与20＊7年可比会计报表时,已对该项差错进行了更正。由于此项错误的影响,20＊7年虚减净利润375万元,虚增预收账款500万元。

(3)公司于20＊8年3月15日发现在20＊7年已经出售的一批商品,在将其预收账款结转收入时多结转金额500万元,占当年公司总销售收入的51%。所得税率为25%,该公司按净利润的10%提取法定盈余公积。

①补转成本
借:以前年度损益调整　　　　　　　　　　　5,000,000
　　贷:预收账款　　　　　　　　　　　　　　　5,000,000
②调整所得税
借:应交税费—应交所得税　　　　　　　　　1,250,000
　　贷:以前年度损益调整　　　　　　　　　　　1,250,000

③将"以前年度损益调整"科目的余额转入利润分配
借:利润分配—未分配利润　　　　　　　3,750,000
　　贷:以前年度损益调整　　　　　　　　　　3,750,000
④调整利润分配有关数字
借:盈余公积　　　　　　　　　　　　　375,000
　　贷:利润分配—未分配利润　　　　　　　　　375,000

本例在会计报表附注中的说明如下:

本年度发现 20*7 年多结转主营业务收入 5,000,000 元,在编制 20*8 年与 20*7 年可比会计报表时,已对该项差错进行了更正。由于此项错误的影响,20*7 年虚增净利润及留存收益 3,750,000 元,虚减预收账款 5,000,000 元。

第二节　资产负债表日后事项

资产负债表日后事项,是指资产负债表日至财务报告批准报出日之间发生的有利或不利事项。财务报告批准报出日,是指董事会或类似机构批准财务报告报出的日期。

公司发生的资产负债表日后调整事项,通常包括下列各项:

(1)资产负债表日后诉讼案件结案,法院判决证实了公司在资产负债表日已经存在现时义务,需要调整原先确认的与该诉讼案件相关的预计负债,或确认一项新负债。

(2)资产负债表日后取得确凿证据,表明某项资产在资产负债表日发生了减值或者需要调整该项资产原先确认的减值金额。

(3)资产负债表日后进一步确定了资产负债表日前购入资产的成本或售出资产的收入。

(4)资产负债表日后发现了财务报表舞弊或差错。

资产负债表日后,公司利润分配方案中拟分配的以及经审议批准宣告发放的股利或利润,不确认为资产负债表日的负债,但应当在附注中单独披露。

一、资产负债表日后事项核算的规定

(1)资产负债表日后发生的调整事项,应当如同资产负债表所属期间发生的事项一样,作出相关会计处理,并对资产负债表日已编制的会计报表作相应的调整。这里的会计报表包括资产负债表、利润表及其相关附表和现金流量表的补充资料内容,但不包括现金流量表正表。

在财务报表批准报出日之前,发现与原预计数据存在差异且上年会计估计存在错误,可在本年账簿中通过"以前年度损益调整"过渡,实务中很多企业上年账簿未封账,也可以直接调整上年账簿。

在财务报表批准报出日之后,发现原预计数据存在差异,如认为上年会计估计是正确的,差异在今年损益中进行调整;如上年会计估计是错误的,属于重大会计差错应调整上年报表(调整分录如上),不属于重大会计差错计入当年报表。

资产负债表日后发生的调整事项,应当分别以下情况进行会计处理:

①涉及损益的事项,通过"以前年度损益调整"科目核算。调整增加以前年度收益或调整减少以前年度亏损的事项,以及调整减少的所得税,记入"以前年度损益调整"科目的贷方;调整减少以前年度收益或调整增加以前年度亏损的事项,以及调整增加的所得税,记入"以前年度损益调整"科目的借方。"以前年度损益调整"科目的贷方或借方余额,转入"利润分配—未分配利润"科目;

②涉及利润分配调整的事项,直接在"利润分配—未分配利润"科目核算;

③不涉及损益以及利润分配的事项,调整相关科目;

④通过上述会计处理后,还应同时调整会计报表相关项目的数字,包括:

A. 资产负债表日编制的会计报表相关项目的期末数或本年发生数;
B. 当期编制的会计报表相关项目的年初数或上年数;
C. 经过上述调整后,如果涉及会计报表附注内容的,还应当调整会计报表附注相关项目的数字。

(2)公司发生的资产负债表日后非调整事项,通常包括下列各项:
①资产负债表日后发生重大诉讼、仲裁、承诺;
②资产负债表日后资产价格、税收政策、外汇汇率发生重大变化;
③资产负债表日后因自然灾害导致资产发生重大损失;
④资产负债表日后发行股票和债券以及其他巨额举债;
⑤资产负债表日后资本公积转增资本;
⑥资产负债表日后发生巨额亏损;
⑦资产负债表日后发生公司合并或处置子公司;
⑧资产负债表日后企业利润分配方案中拟分配的以及经审议批准宣告发放的股利或利润。

二、资产负债表日后事项的会计处理

➢ 资产负债表日后调整事项

(1)公司于20*7年11月销售给丁公司一批产品,销售收入200,000元(不含应向购买方收取的增值税额),销售成本150,000元,货款于当年12月31日尚未收到。20*7年12月26日接到丁公司通知,丁公司在验收物资时,发现该批产品存在严重的质量问题需要退货。公司希望通过协商解决问题,并与丁公司协商解决办法。公司在12月31日编制资产负债表时,将该应收账款234,000元(包括向购买方收取的增值额)列示于资产负债表的"应收账款"项目内,公司对该应收账款计提了11,700元的坏账准备。20*8年4月15日双方协商未成,公司收到丁公司通知,该批产品已经全部退回。公司于20*8年4月16日收到退回的产品,以及购货方退回的增值税专用发票的发票联和税款抵扣联。

①调整销售收入
借:以前年度损益调整　　　　　　　　　　　200,000
　　应交税费—应交增值税—销项税额　　　　34,000
　　贷:应收账款　　　　　　　　　　　　　　　　　　234,000

②调整坏账准备余额及递延所得税影响
借:坏账准备　　　　　　　　　　　　　　　11,700
　　贷:以前年度损益调整　　　　　　　　　　　　　　11,700
借:以前年度损益调整　　　　　　　　　　　3,861
　　贷:递延所得税负债　　　　　　　　　　　　　　　3,861

③调整销售成本
借:库存商品　　　　　　　　　　　　　　　150,000
　　贷:以前年度损益调整　　　　　　　　　　　　　　150,000

④调整应交所得税
借:应交税费—应交所得税[(200,000－150,000)×33%]　　16,500
　　贷:以前年度损益调整　　　　　　　　　　　　　　　　　　16,500

⑤将"以前年度损益调整"科目余额转入利润分配
借:利润分配—未分配利润　　　　　　　　　25,661
　　贷:以前年度损益调整　　　　　　　　　　　　　　25,661
　(200,000－150,000－11,700＋3,861－16,500)

⑥调整利润分配有关数字
借:盈余公积—提取法定盈余公积　　　　　　2,566.1

贷：利润分配——未分配利润　　　　　　　　　　　　　　2,566.1

根据上述分录，同时调整相关会计报表项目。

(2)公司于20*7年4月1日销售给乙公司一批产品，价款为1,170,000元(含应向购货方收取的增值税额)，乙公司于5月份收到所购物资并验收入库。按合同规定乙公司应于收到所购物资后一个月内付款。由于乙公司财务状况不佳，到20*7年12月31日仍未付款。公司于12月31日编制20*7年度会计报表时，已为该项应收账款提取坏账准备58,500元；该项应收账款已按1,170,000元列入资产负债表"应收账款"项目内。公司于20*8年2月2日收到乙公司通知，乙公司已进行破产清算，无力偿还所欠部分货款，预计公司可收回应收账款的40%。

① 补提坏账准备

应补提的坏账准备＝1,170,000×60%－58,500＝643,500(元)

　　借：以前年度损益调整　　　　　　　　　　　　　　　　643,500
　　　　贷：坏账准备　　　　　　　　　　　　　　　　　　　　643,500

② 调整应交所得税

　　借：应交税费——应交所得税　　　　　　　　　　　　　212,355
　　　　贷：以前年度损益调整　　　　　　　　　　　　　　　212,355

③ 将"以前年度损益调整"科目的余额转入利润分配

　　借：利润分配——未分配利润　　　　　　　　　　　　　431,145
　　　　贷：以前年度损益调整　　　　　　　　　　　　　　　431,145

④ 调整利润分配有关数字

　　借：盈余公积　　　　　　　　　　　　　　　　　　　43,114.5
　　　　贷：利润分配——未分配利润　　　　　　　　　　　　43,114.5

> **资产负债表日后非调整事项**

(1)公司于20*8年2月10日经批准发行三年期债券50,000,000元，面值100元，年利率6%，公司按110元的价格发行，并于20*8年3月18日发行结束。公司应在20*7年度会计报表附注中对这一非调整事项进行披露。

(2)公司于20*8年2月15日，经董事会决定以10,000,000元购买两家公司作为全资子公司，购买工作于20*8年3月15日结束。公司应在20*7年度会计报表附注中对这一非调整事项进行披露。

(3)公司20*7年8月销售给乙公司一批产品，货款为5,000,000元，乙公司收到物资验收入库后开出6个月承兑的商业汇票。公司于20*7年12月31日编制20*7年度会计报表时，将这笔应收票据列入资产负债表"应收票据"项目内。公司20*8年2月20日收到乙公司通知，乙公司由于发生火灾，烧毁了大部分厂房和设备，已无力偿付所欠货款。对于这一非调整事项，公司应在20*7年度会计报表附注中进行披露。

第十五章 财务报告

财务报告是指企业对外提供的反映企业某一特定日期的财务状况和某一会计期间的经营成果、现金流量等会计信息的文件。包括财务报表及其附注和其他应当在财务会计报告中披露的相关信息和资料。

财务报表是对公司财务状况、经营成果和现金流量的结构性表述。财务报表至少应该包括：资产负债表、利润表、现金流量表、所有者权益（或股东权益）变动表和附注，还包括集团报表体系要求填制的附加表（资产类附表、权益类附表、成本类附表、税务类附表、损益类附表、披露补充类附表、合并类附表）、根据国资委和财政部的要求编制的报表。

第一节 财务报表编制的基本要求

一、财务报表编制基础

公司应当以持续经营为基础，根据实际发生的交易和事项，按照《企业会计准则》、《企业会计准则应用指南》和《企业会计准则讲解》进行确认和计量，在此基础上编制财务报表。公司在当期已经决定或正式决定下一个会计期间进行清算或停止营业，表明其处于非持续经营状态，应当采用其他基础编制财务报表，如破产企业的资产应当采用可变现净值计量等，并在附注中声明财务报表未以持续经营为基础列报，披露未以持续经营为基础的原因以及财务报表的编制基础。

二、财务报表编制要求

1. 一致性要求

财务报表项目的列报应当在各个会计期间保持一致，不得随意变更，这一要求不仅只针对财务报表中的项目名称，还包括财务报表项目的分类、排列顺序等方面。

当会计准则要求改变，或企业经营业务的性质发生重大变化后、变更财务报表项目的列报能够提供更可靠、更相关的会计信息时，财务报表项目的列报是可以改变的。

2. 重要性要求

重要性，是指财务报表某项目的省略或错报会影响使用者据此做出经济决策的，该项目具有重要性。重要性应当根据企业所处环境，从项目的性质和金额大小两方面予以判断。

性质或功能类似的项目，一般可以合并列报，但其所属类别具有重要性的，应当按其类别在财务报表中单独列报；性质或功能不同的项目，一般应当在财务报表中单独列报，但是不具有重要性的项目可以合并列报。

判断项目性质的重要性，应当考虑项目的性质是否属于公司的日常活动、是否对公司的财务状况和经营成果具有较大影响等因素；判断项目金额大小的重要性，应当通过单项金额占资产总额、负债总额、所有者权益总额、营业收入总额、净利润等直接相关项目金额的比重加以确定。

3. 可比性要求

当期财务报表的列报,至少应当提供所有列报项目上一可比会计期间的比较数据,以及与理解当期财务报表相关的说明,企业会计准则另有规定的除外。

财务报表项目的列报发生变更的,应当对上期比较数据按照当期的列报要求进行调整,并在附注中披露调整的原因和性质,以及调整的各项目金额。对上期比较数据进行调整不切实可行的,应当在附注中披露不能调整的原因。这里所指的不切实可行,是指公司在做出所有合理努力后仍然无法采用某项规定。

4. 披露要求

公司至少应当按年编制财务报表。年度财务报表涵盖的期间短于一年的,应当披露年度财务报表的涵盖期间,以及短于一年的原因,并应当说明由此引起财务报表项目与比较数据不具可比性这一事实。公司除必须披露资产负债表、利润表、现金流量表、所有者权益(或股东权益)变动表外,公司还应当在财务报表的显著位置披露下列各项:

(1) 编报公司的名称。

(2) 资产负债表日或财务报表涵盖的会计期间。

(3) 人民币金额单位。

(4) 财务报表是合并财务报表的,应当予以标明。

5. 其他要求

财务报表中的资产项目和负债项目的金额、收入项目和费用项目的金额不得相互抵销,企业会计准则另有规定的除外。资产项目按扣除减值准备后的净额列示、非日常活动产生的损益核算中以收入扣减费用后的净额列示,均不属于抵销。

三、报告期间

1. 年度财务报表

公司应当每年编制年度财务报表。

公司会计年度自公历1月1日起至12月31日止。

年度财务报表涵盖的期间短于一年的,公司应当披露年度财务报表的实际涵盖期间及其短于一年的原因,并应当说明由此引起财务报表项目与比较数据不具可比性这一事实。

年度会计报表编报内容包括:编制说明、主表、附表、附注;还包括集团报表体系要求填制的附加表(资产类附表、权益类附表、成本类附表、税务类附表、损益类附表、披露补充类附表、合并类附表)、根据国资委和财政部的要求编制的报表。

2. 中期财务报表

企业除编制年度财务报表外,还应编制半年度、季度、月度财务报表。

中期财务报表实际涵盖的期间与报告期间不一致的,企业应当披露实际涵盖期间与报告期间不一致的原因,并应当说明由此引起财务报表项目与比较数据不具可比性这一事实。编报内容包括:编制说明、主表、附表、附注。

半年度财务报表编制内容与年度财务报表编制内容相同。

季度财务报表报告期间包括本季度期间和年初至本季度末期间,即自公历每季度首月1日至本季度最后一日止的本季度期间,和自公历1月1日起至本季度末最后一日的年初至本季度末期间。编报内容包括:编制说明、主表、附注。

月度财务报表报告期间包括本月度和年初至本月度末期间,即公历每月度期间和自公历1月1日起至本月度末最后一日。编报内容包括:编制说明、主表。

第二节 财务报表

一、资产负债表

(一)资产负债表编制的基本规定

公司的资产负债表应该按资产、负债和所有者权益分类列报,其中资产和负债应按流动性列报,资产可分为流动资产和非流动资产,负债可以分为流动负债和非流动负债。

公司的资产满足下列条件之一的,应当归类为流动资产:

(1)预计在一个正常营业周期中变现、出售或耗用。

(2)主要为交易目的而持有。

(3)预计在资产负债表日起一年内(含一年,下同)变现。

(4)在资产负债表日起一年内,交换其他资产或清偿负债的能力不受限制的现金或现金等价物。

流动资产以外的资产应当归类为非流动资产,并应按其性质分类列示。

公司的负债满足下列条件之一的,应当归类为流动负债:

(1)预计在一个正常营业周期中清偿。

(2)主要为交易目的而持有。

(3)在资产负债表日起一年内到期应予以清偿。

(4)公司无权自主地将清偿推迟至资产负债表日后一年以上。

流动负债以外的负债应当归类为非流动负债,并应按其性质分类列示。

对于在资产负债表日起一年内到期的负债,公司预计能够自主地将清偿义务展期至资产负债表日起一年以上的,应当归类为非流动负债;不能自主地将清偿义务展期的,即使在资产负债表日后、财务报表批准报出日前签订了重新安排清偿计划协议,该项负债仍应归类为流动负债。

公司在资产负债表日或之前违反了长期借款协议或其他债务协议,导致贷款人(债权人)可随时要求清偿的负债,应当归类为流动负债;贷款人(债权人)在资产负债表日或之前同意提供在资产负债表日起一年以上的宽限期,公司能够在此期限内改正违约行为,且贷款人(债权人)不能要求随时清偿,该项负债应当归类为非流动负债。

(二)资产负债表的格式与内容

资 产 负 债 表

会企01表

编制单位:　　　　　　　　　　　　　　　年　月　日　　　　　　　　　　　单位:元

项　目	注　释	年 末 数	年 初 数	项　目	注　释	年 末 数	年 初 数
货币资金				短期借款			
交易性金融资产				交易性金融负债			
应收票据				应付票据			
应收账款				应付账款			
预付款项				预收款项			
△结算备付金				△向中央银行借款			

续上表

项目	注释	年末数	年初数	项目	注释	年末数	年初数
△拆出资金				△吸收存款及同业存放			
应收利息				△拆入资金			
应收股利				应付职工薪酬			
△应收保费				应交税费			
△应收分保账款				应付利息			
△应收分保合同准备金				应付股利			
其他应收款				△卖出回购金融资产款			
△买入返售金融资产				△应付手续费及佣金			
存货				其他应付款			
一年内到期的非流动资产				△应付分保账款			
其他流动资产				△保险合同准备金			
流动资产合计				△代理买卖证券款			
可供出售金融资产				△代理承销证券款			
持有至到期投资				一年内到期的非流动负债			
长期应收款				其他流动负债			
长期股权投资				**流动负债合计**			
投资性房地产				长期借款			
△发放贷款及垫款				应付债券			
固定资产				长期应付款			
在建工程				专项应付款			
工程物资				预计负债			
固定资产清理				递延所得税负债			
生产性生物资产				其他非流动负债			
油气资产				**非流动负债合计**			
无形资产				**负债合计**			
开发支出				实收资本(或股本)			
商誉				资本公积			
长期待摊费用				减:库存股			
递延所得税资产				专项储备			
其他非流动资产				盈余公积			
非流动资产合计				△一般风险准备			
				未分配利润			
				外币报表折算差额			
				归属于母公司所有者权益合计			
				少数股东权益			
				所有者权益合计			
资产总计				**负债和所有者权益总计**			

注:表中加"△"为金融企业专用。

(三)资产负债表编制说明

1. 资产负债表编制方法

(1)本表"年初数"栏内各项数字,应根据上年末资产负债表"年末数"栏内所列数字分析填列。如果本年度资产负债表规定的各个项目的名称和内容同上年度不相一致,应对上年年末资产负债表各项目的名称和数字按照本年度的规定进行调整,填入本表"年初数"栏内。

前期重大差错、会计政策变更等需要调整年初余额的,应采用追溯重述法、追溯调整法进行调整。

(2)表内"年末数"栏内各项数字,应当根据资产、负债和所有者权益期末情况填列。

2. 表内有关指标解释

(1)"货币资金"项目:反映企业库存现金、银行结算账户存款、外埠存款、银行汇票存款、银行本票存款、信用卡存款、信用证保证金存款、存出投资款、结算中心存款以及限制性存款等的合计数。限制性存款包括:信用证保证金存款、银行承兑汇票保证金存款、保函保证金存款、共管账户存款等。

本项目应根据"库存现金"、"银行存款"、"其他货币资金"科目的期末余额合计填列。

(2)"交易性金融资产"项目:反映公司为交易目的所持有的债券投资、股票投资、基金投资、权证投资、衍生工具、套期工具等和直接指定为以公允价值计量且其变动计入当期损益的金融资产。

本项目应根据"交易性金融资产"、"衍生工具"(借方余额)科目的期末余额填列。

(3)"应收票据"项目:反映公司收到的未到期的应收票据(包括已贴现和背书转让的应收票据),包括商业承兑汇票和银行承兑汇票。

本项目应根据"应收票据"科目的期末余额填列。

(4)"应收账款"项目:反映公司因销售商品和提供劳务等而应向购买单位收取的各种款项的账面价值。

公司与同一客户在购销商品结算过程中形成的债权债务关系,除同一公司、同一客户、同一项目、同一性质的债权债务可以相互抵销之外,其他应当单独列示,不应当相互抵销。

本项目应根据"应收账款"和"预收账款"科目所属各明细科目的期末借方余额合计数,减去"坏账准备"科目中有关应收账款计提的坏账准备期末余额后的金额填列。如果"应收账款"科目所属明细科目期末有贷方余额,应重分类在"预收账款"项目内填列。

(5)"预付款项"项目:反映公司按照购货合同规定预付给供应单位的款项的实际价值。

本项目应根据"预付账款"和"应付账款"科目所属各明细科目的期末借方余额填列。如果"预付账款"科目所属有关明细科目期末有贷方余额的,应重分类在"应付账款"项目内填列。"预付账款"科目中有关购建固定资产、无形资产等长期资产而预付的款项(如预付在建工程的工程款、设备款)在"其他非流动资产"项目列示。

(6)"应收利息"项目:反映公司所持有的持有至到期投资、可供出售金融资产、存放金融机构存款等应收取的利息。

本项目应根据"应收利息"科目的期末余额,减去"坏账准备"科目中有关应收利息计提的坏账准备期末余额后的金额填列。公司购入到期一次还本付息的持有至到期投资持有期间确认的利息收入,不包括在本项目内。

(7)"应收股利"项目:反映公司应收取的现金股利和应收取其他单位分配的利润。

本项目应根据"应收股利"科目的期末余额,减去"坏账准备"科目中有关应收股利计提的坏账准备期末余额后的金额填列在"其他流动资产"项目中。

(8)"其他应收款"项目:反映公司对其他单位和个人的应收和暂付的款项。

本项目应根据"其他应收款"科目的期末余额填列,减去"坏账准备"科目中有关其他应收款计提的坏账准备期末余额后的金额填列。

(9)"存货"项目:反映公司期末在库、在途和在加工中的各项存货的可变现净值,包括各种原材料、库存商品、发出商品、周转材料、委托加工物资、低值易耗品、包装物、生产成本、开发成本等。

本项目应根据"物资采购"、"原材料"、"库存商品"、"发出商品"、"开发产品"、"周转材料"、"低值易耗品"、"委托加工物资"、"低值易耗品"与"包装物"等相关科目的期末余额合计,减去"存货跌价准备"科目期末余额后的金额填列。

建筑承包商的"工程施工"期末余额大于"工程结算"期末余额的差额,为已完工未结算工程款,在"存货"项目反映;反之,则为已结算未完工的工程款,在"预收账款"项目反映。

(10)"一年内到期的非流动资产"项目,反映公司将于一年内到期的非流动资产。

本项目应根据有关科目的期末余额分析填列。包括:长期应收款、长期待摊费用等。

(11)"其他流动资产"项目:反映公司除货币资金、交易性金融资产、应收账款、存货等流动资产项目外的其他流动资产。

本项目应根据有关科目的期末余额填列。如应收股利等,应在会计报表附注中披露其内容和金额。

(12)"可供出售金融资产"项目,反映公司持有的划分为可供出售金融资产的证券。

本项目根据"可供出售金融资产"科目的期末余额减去"可供出售金融资产减值准备"科目期末余额后填列。

(13)"持有至到期投资"项目,反映公司持有的划分为持有至到期投资的证券。

本项目根据"持有至到期投资"科目期末余额减去"持有至到期投资减值准备"科目的期末余额后填列。公司的委托贷款,其本金和利息减去已计提的减值准备后的金额,也在本项目反映。

(14)"长期应收款"项目,反映公司持有的长期应收款的可收回金额。

本项目应根据"长期应收款"科目的期末余额,减去"折现"、"坏账准备"科目所属相关明细科目余额,再减去"未确认融资收益"科目期末余额后的金额分析填列。一年内到期的不在本项目列示。

(15)"长期股权投资"项目:反映公司持有的对子公司、联营公司和合营公司等的长期股权投资。

本项目应根据"长期股权投资"科目的期末余额,减去"长期股权投资减值准备"科目期末余额后的金额填列。

(16)"投资性房地产"项目,反映公司持有的投资性房地产,主要包括:已出租的建筑物、已出租的土地使用权、持有并准备增值后转让的土地使用权。

本项目应根据"投资性房地产"科目的期末余额,减去"投资性房地产累计折旧(或累计摊销)"、"投资性房地产减值准备"科目期末余额后的金额,计算填列。

(17)"固定资产"项目:反映公司的各种固定资产期末的实际价值。"临时设施"科目内容在本项目列报。

本项目应根据"固定资产"科目的期末余额,减去"累计折旧"、"固定资产减值准备"科目期末余额后的金额,分析计算填列。

(18)"在建工程"项目:反映公司期末各项未完工程的价值,包括交付安装的设备价值、未完工程已经耗用的材料物资、工资和费用支出款等。

本项目应根据"在建工程"科目的期末余额数额,减去"在建工程减值准备"科目期末余额后的金额,分析计算填列。

(19)"工程物资"项目:反映公司为在建工程准备的各种物资的期末价值,包括工程用材料、尚未安装的设备等。

本项目应根据"工程物资"科目的期末余额,减去减值准备期末余额后的金额,分析计算填列。

(20)"固定资产清理"项目:反映公司因出售、毁损、报废、对外投资、非货币性资产交换、债务重组等原因转入清理但尚未清理完毕的固定资产净值,以及固定资产清理过程中所发生的清理费用和变价收入等各项金额的差额。

本项目应根据"固定资产清理"科目的期末借方余额填列;如"固定资产清理"科目期末为贷方余额,

以"－"号填列。于中期、年末"固定资产清理"科目无余额。

(21)"无形资产"项目：反映公司各项无形资产的期末实际价值，包括专利权、非专利技术、商标权、著作权、土地使用权和特许权等。

本项目应根据"无形资产"科目的期末余额减去"累计摊销"科目与"无形资产减值准备"科目期末余额后的净额填列。

(22)"开发支出"项目：反映企业开发无形资产过程中能够资本化形成无形资产成本的支出部分。

本项目应根据"研发支出"科目中所属的"资本化支出"明细科目期末余额填列。

(23)"商誉"项目：反映公司合并中形成的商誉的价值。

本项目根据"商誉"的科目的期末余额减去"商誉减值准备"科目期末余额后的净额填列。

(24)"长期待摊费用"项目：反映公司尚未摊销的摊销期限在1年以上(不含1年)的各种费用。

本项目应根据"长期待摊费用"科目的期末余额扣除1年内(含1年)摊销的数额后的余额填列。长期待摊费用中在一年内(含一年)摊销的部分，在资产负债表"一年内到期的非流动资产"项目填列。

(25)"递延所得税资产"项目：反映企业确认的可抵扣暂时性差异产生的递延所得税资产。

本项目应根据"递延所得税资产"科目的期末借方余额填列。

(26)"其他非流动资产"项目：反映公司除长期股权投资、固定资产、在建工程、工程物质、无形资产等资产以外的其他非流动资产。

本项目应根据有关科目的期末余额填列。如："预付账款"科目中有关购建固定资产、无形资产等长期资产而预付的款项（如预付在建工程的工程款、设备款）。编制合并资产负债表时，因非同一控制下企业合并形成的对子公司投资相关的股权投资借方差额的余额，即可辨认资产、负债的公允价值大于账面价值的差额(不含商誉)，能够可靠确定购买日被购买方可辨认资产、负债等的公允价值，但无法将该余额分摊至被购买方各项可辨认资产、负债的，尚未摊销完毕的余额在合并资产负债表中也作为"其他非流动资产"列示。

(27)"短期借款"项目：反映公司借入尚未归还的1年期以下(含1年)的借款本金。

本项目应根据"短期借款"科目的期末余额填列。

(28)"交易性金融负债"项目：反映公司承担的交易性金融负债的公允价值。包括公司持有以公允价值计量且其变动计入当期损益的金融负债和直接指定为以公允价值计量且其变动计入当期损益的金融负债，如衍生工具等。

本项目应根据"交易性金融负债"、"衍生工具"(贷方余额)期末余额填列。

(29)"应付票据"项目：反映公司为了偿付货款等而开出、承兑的尚未到期付款的应付票据，包括银行承兑汇票和商业承兑汇票。

本项目应根据"应付票据"科目的期末余额填列。

(30)"应付账款"项目：反映公司购买商品、原材料、或接受劳务供应等而应付给供应单位的款项。

本项目应根据"应付账款"和"预付账款"科目所属各有关明细科目的期末贷方余额合计填列。如"应付账款"科目所属各明细科目期末有借方余额，应在本表"预付账款"项目内填列。

(31)"预收款项"项目：反映公司预收购买单位的账款。

本项目应根据"预收账款"和"应收账款"科目所属各有关明细科目的期末贷方余额合计填列。如"预收账款"科目所属有关明细科目有借方余额的，应在本表"应收账款"项目内填列；建造承包商的"工程施工"期末余额小于"工程结算"期末余额的差额，应在"预收账款"项目中反映。

(32)"应付职工薪酬"项目：反映公司根据有关规定应付给职工的工资、职工福利、社会保险费、住房公积金、工会经费、职工教育经费、非货币性福利、辞退福利等各种薪酬。

本项目应根据"应付职工薪酬"科目期末贷方余额填列。如"应付职工薪酬"科目期末为借方余额，以"－"号填列。

(33)"应交税费"项目：反映公司按照税法规定计算应缴纳的各种税费，包括：增值税、消费税、营业税、所得税、资源税、土地增值税、城市维护建设税、房产税、土地使用税、车船使用税、教育费附加、矿产资源补偿费等。

公司代扣代缴的个人所得税通过本项目列示,公司交纳不需要预提的税金如印花税、耕地占用税等不在本项目列示。本项目应根据"应交税费"科目的期末贷方余额分析填列。

(34)"应付利息"项目:反映公司按照规定应当支付的利息,包括分期付息到期还本的长期借款应支付的利息、公司发行的企业债券应支付的利息等。

本项目应根据"应付利息"科目的期末余额填列。

(35)"应付股利"项目:反映公司尚未支付的现金股利或利润。

本项目应根据"应付股利"科目的期末余额填列在"其他流动负债"项目中。

(36)"其他应付款"项目:反映公司除应付票据、应付账款、预收账款、应付职工薪酬、应付股利、应付利息、应交税费等经营活动以外的其他各项应付、暂收款项。

本项目应根据"其他应付款"科目的期末余额填列。

(37)"一年内到期的非流动负债"项目:反映公司承担的一年内到期的非流动负债。

本项目应根据有关非流动负债科目的期末余额分析填列。

(38)"其他流动负债"项目:反映公司除以上流动负债以外的其他流动负债。

本项目应根据有关科目的期末余额填列。如应付股利等科目。其他流动负债价值较大的,应在会计报表附注中披露其内容及金额。短期融资债券内容在本项目列示。

(39)"长期借款"项目:反映公司借入尚未归还的1年期以上(不含1年)的借款的摊余成本。

本项目应根据"长期借款"科目的期末余额分析填列。

(40)"应付债券"项目:反映公司发行的尚未偿还的各种长期债券的摊余成本。

本项目应根据"应付债券"科目的期末余额填列。

(41)"长期应付款"项目:反映公司除长期借款和应付债券以外的其他各种1年期以上(不含1年)的长期应付款。

本项目应根据"长期应付款"科目的期末余额减去"未确认融资费用"科目期末余额填列。

(42)"专项应付款"项目:反映公司取得国家指定为资本性投入的并有专项或特定用途的款项,如属于工程项目的资本性拨款等。

本项目应根据"专项应付款"的期末余额填列。

(43)"预计负债"项目:反映公司已预计尚未清偿的债务,包括对外提供担保、未决诉讼、产品质量保证、重组义务及亏损性合同等有可能产生的负债。

本项目应根据"预计负债"科目的期末余额填列。

(44)"递延所得税负债"项目:反映企业确认的应纳税暂时性差异产生的递延所得税负债。

本项目应根据"递延所得税负债"科目的期末贷方余额填列。

(45)"其他非流动负债"项目:反映公司除以上的非流动负债以外的其他非流动负债。

本项目应根据有关科目的期末余额填列,如递延收益。其他非流动负债价值较大的,应在附注中披露其内容和金额。

注:上述非流动负债各项目中将于1年内(含1年)到期的非流动负债,应在流动负债类下"一年内到期的非流动负债"项目内单独反映。上述非流动负债各项目均应根据有关科目期末余额扣除该科目中将于1年内(含1年)到期的非流动负债部分后的净额填列。

(46)"实收资本(股本)"项目:反映公司各投资者(股东)实际投入的资本(股本)总额。

本项目应根据"实收资本"或"股本"科目的期末余额填列。其中,中外合作经营公司"实收资本"按扣除"已归还投资"后的净额填列。

(47)"资本公积"项目:反映公司资本公积的期末余额。

本项目应根据"资本公积"科目的期末余额填列。

(48)"专项储备"项目:反映公司专项储备的期末余额。

(49)"盈余公积"项目:反映公司盈余公积的期末余额。

本项目应根据"盈余公积"科目的期末余额填列。

(50)"未分配利润"项目:反映公司尚未分配的利润。

本项目应根据"本年利润"科目和"利润分配"科目的余额计算填列。未弥补的亏损,在本项目内以"一"号填列。

(51)"库存股"项目:反映公司收购的尚未转让或注销的本公司股份金额。

本项目应根据"库存股"科目余额填列。

(52)"外币报表折算差额"项目,用于反映境外经营的资产负债表折算为报告货币表示的资产负债表时所发生的折算差额中归属于母公司所有者权益的部分。

(53)"归属于母公司的权益"项目,反映净资产中由母公司所有者所享有的份额。

(54)"少数股东权益"项目:反映除母公司以外的其他投资者在子公司中拥有的权益总额。本项目为合并报表项目,个别报表不填列。

本项目根据抵销分录的数据分析填列。

二、利润表

利润表是反映公司在一定期间内利润(亏损)的实现情况。通过利润表反映的收入、成本、费用等情况,能够反映公司生产经营的收益和成本耗费情况,反映公司生产经营成果;同时,通过利润表提供的不同时期的比较数字(本年数、上年数),可以分析公司今后利润发展的趋势及获利能力。

(一)利润表的格式与内容

利 润 表

会企02表

编制单位:　　　　　　　　　　　　　　　　年　　　　　　　　　　　　　　　　单位:元

项　目	注　释	本 年 金 额	上 年 金 额
一、营业总收入			
其中:营业收入			
△利息收入			
△已赚保费			
△手续费及佣金收入			
二、营业总成本			
其中:营业成本			
△利息支出			
△手续费及佣金支出			
△退保金			
△赔付支出净额			
△提取保险合同准备金净额			
△保单红利支出			
△分保费用			
营业税金及附加			
销售费用			

续上表

项 目	注 释	本年金额	上年金额
管理费用			
财务费用			
资产减值损失			
加:公允价值变动收益(损失以"－"号填列)			
投资收益(损失以"－"号填列)			
其中:对联营企业和合营企业的投资收益			
汇兑收益(损失以"－"号填列)			
三、营业利润			
加:营业外收入			
减:营业外支出			
其中:非流动资产处置损失			
四、利润总额(损失以"－"号填列)			
减:所得税费用			
五、净利润(损失以"－"号填列)			
归属于母公司所有者的净利润			
少数股东损益			
六、每股收益			
基本每股收益			
稀释每股收益			
七、其他综合收益			
八、综合收益总额			
归属于母公司所有者的综合收益总额			
归属于少数股东的综合收益总额			

注:表中加"△"为金融企业专用。

(二)利润表编制说明

1.编制方法

(1)本表"上年金额"栏内各项数字,应根据上年度利润表"本年金额"栏内所列数字填列。如果上年度利润表规定的各个项目的名称和内容同本年度不相一致,应对上年度利润表各项目的名称和数字按本年度的规定进行调整,填入本表"上年金额"栏内。

(2)本表"本年金额"栏内各项数字一般应当反映各项目自年初起至报告期末止的累计发生数。

(3)本表各项目主要根据各损益科目的发生额分析填列。

2.表内有关指标解释

(1)"营业收入"项目,反映公司经营主要业务和其他业务所确认的收入总额。本项目应根据"主营业务收入"与"其他业务收入"科目的发生额合计填列。

(2)"营业成本"项目,反映公司经营主要业务和其他业务发生的实际成本总额。本项目应根据"主营业务成本"与"其他业务成本"科目的发生额合计填列。

(3)"营业税金及附加"项目,反映公司经营业务应负担的营业税、消费税、城市维护建设税、资源税、土地增值税和教育费附加等。本项目应根据"营业税金及附加"科目的发生额填列。其中包括"其他业务收入"科目对应产生的营业税金及附加。

(4)"销售费用"项目,反映公司在销售商品过程中发生的包装费、广告费等费用和为销售本公司商品而专设的销售机构的职工薪酬、业务费等经营费用。本项目应根据"销售费用"科目的发生额填列。

(5)"管理费用"项目,反映公司为组织和管理生产经营发生的管理费用。本项目应根据"管理费用"科目的发生额填列。

(6)"财务费用"项目,反映公司筹集生产经营所需资金等而发生的筹资费用。本项目应根据"财务费用"科目的发生额填列。

(7)"资产减值损失"项目,反映公司各项资产发生的减值损失。本项目应根据"资产减值损失"科目的发生额填列。

(8)"公允价值变动收益"项目,反映公司按照相关准则规定应当计入当期损益的资产或负债公允价值变动净收益,如交易性金融资产当期公允价值的变动额。如为净损失,以"-"号填列。本项目应根据"公允价值变动损益"科目的发生额分析填列。

(9)"投资收益"项目,反映公司以各种方式对外投资所取得的收益。如为净损失,以"-"号填列。本项目应根据"投资收益"科目的发生额分析填列。

(10)"营业利润"项目,反映公司在一定会计期间经营成果。本项目应根据"营业收入"项目余额,减去"营业成本"项目余额,扣除期间费用和资产减值损失合计数,然后根据"公允价值变动收益(损失)"和"投资收益(损失)"进行增加(减少)后填列。

(11)"营业外收入"项目,反映公司发生的与其经营活动无直接关系的各项收入。本项目应根据"营业外收入"科目的发生额填列。

(12)"营业外支出"项目,反映公司发生的与其经营活动无直接关系的各项支出。其中,处置非流动资产净损失,应当单独列示。本项目应根据"营业外支出"科目的发生额填列。

(13)"利润总额"项目,反映公司实现的利润总额。如为亏损总额,以"-"号填列。

(14)"所得税费用"项目,反映公司根据所得税准则确认的应从当期利润总额中扣除的所得税费用。本项目应根据"所得税费用"科目的发生额填列。

(15)"净利润"反映公司实现的净利润。如为亏损,以"-"号填列。

(16)"归属于母公司的利润"项目,反映净利润中由母公司所有者所享有的份额。本项目为合并报表项目。

(17)"少数股东损益"项目,非全资子公司当期实现的净利润中属于少数股东权益的份额,即不属于母公司享有的份额。本项目为合并报表项目。

(18)"基本每股收益"和"稀释每股收益"项目,应当根据每股收益准则的规定计算的金额填列。

(19)"其他综合收益"项目,反映企业根据企业会计准则规定未在损益中确认的各项利得和损失扣除所得税影响后的净额。

(20)"综合收益总额"项目,反映企业净利润与其他综合收益的合计金额。

(三)基本每股收益及稀释每股收益

每股收益,是指本年净利润与普通股股份总数的比值,是衡量上市公司盈利能力最重要的财务指标之一。其基本的计算公式为:

每股收益=净利润÷普通股股份总额

合并财务报表中,公司应当以合并财务报表为基础计算和列报每股收益。

1. 基本每股收益

公司应当按照归属于普通股股东的当期净利润,除以发行在外普通股(系指扣除回购股份后的数量)加权平均数计算基本每股收益。

基本每股收益=应归属于普通股股东的当期净利润÷发行在外普通股加权平均数

发行在外普通股加权平均数=期初发行在外普通股股数+当期新发行普通股股数×已发行时间÷

报告期时间－当期回购普通股股数×已回购时间÷报告期时间

其中：(1)已发行时间、报告期时间和已回购时间一般按照天数计算；在不影响计算结果合理性的前提下，也可以采用简化的计算方法，按月进行计算。

(2)新发行普通股股数，应当根据发行合同的具体条款，从应收对价之日（一般为股票发行日）起计算确定。通常包括下列情况：

①为收取现金而发行的普通股股数，从应收现金之日起计算。

②因债务转资本而发行的普通股股数，从停计债务利息之日或结算日起计算。

③非同一控制下的公司合并，作为对价发行的普通股股数，从购买日起计算；同一控制下的公司合并，作为对价发行的普通股股数，应当计入各列报期间普通股的加权平均数。

④为收购非现金资产而发行的普通股股数，从确认收购之日起计算。

2.稀释每股收益

公司存在稀释性潜在普通股的，应当分别调整归属于普通股股东的当期净利润和发行在外普通股的加权平均数，并据以计算稀释每股收益。

稀释性潜在普通股，是指假设当期转换为普通股会减少每股收益的潜在普通股。

潜在普通股，是指赋予其持有者在报告期或以后期间享有取得普通股权利的一种金融工具或其他合同，包括可转换公司债券、认股权证、股票期权等。

稀释性潜在普通股应当按照其稀释程度从大到小的顺序计入稀释每股收益，直至稀释每股收益达到最小值。

稀释每股收益＝计算稀释每股收益时归属于普通股股东净利润÷计算稀释每股收益时发行在外普通股的加权平均数

计算稀释每股收益，应当根据下列事项对归属于普通股股东的当期净利润进行调整并且应当考虑相关的所得税影响：

(1)当期已确认为费用的稀释性潜在普通股的利息；

(2)稀释性潜在普通股转换时将产生的收益或费用。

计算稀释每股收益时归属于普通股股东净利润＝应当归属普通股股东的当期净利润＋当期已确认为费用的稀释性潜在普通股的利息＋(或"－")稀释性潜在普通股转换时将产生的收益或费用－计算稀释每股收益时应调整的所得税

计算稀释每股收益时发行在外普通股的加权平均数＝计算基本每股收益时普通股的加权平均数＋假定稀释性潜在普通股转换为已发行普通股而增加的普通股股数的加权平均数

其中：①计算稀释性潜在普通股转换为已发行普通股的加权平均数时，以前期间发行的稀释性潜在普通股，应当假设在当期期初转换；当期发行的稀释性潜在普通股，应当假设在发行日转换。

②认股权证和股票期权等的行权价格低于当期普通股平均市场价格时，应当考虑其稀释性。计算稀释每股收益时，增加的普通股股数按下列公式计算：

增加的普通股股数＝拟行权时转换的普通股股数－行权价格×拟行权时转换的普通股股数÷当期普通股平均市场价格

③公司承诺将回购其股份的合同中规定的回购价格高于当期普通股平均市场价格时，应当考虑其稀释性。计算稀释每股收益时，增加的普通股股数按下列公式计算：

增加的普通股股数＝回购价格×承诺回购的普通股股数÷当期普通股平均市场价格－承诺回购的普通股股数

3.对财务报表的编制要求

发行在外普通股或潜在普通股的数量因派发股票股利、公积金转增资本、拆股而增加或因并股而减少，但不影响所有者权益金额的，应当按调整后的股数重新计算各列报期间的每股收益。上述变化发生于资产负债表日至财务报告批准报出日之间的,应当以调整后的股数重新计算各列报期间的每股收益。按照规定对以前年度损益进行追溯调整或追溯重述的,应当重新计算各列报期间的每股收益。

三、现金流量表

现金流量表是指反映公司在一定会计期间现金和现金等价物流入和流出的报表。

现金及现金等价物现金流量,是指公司现金和现金等价物的流入和流出。公司从银行提取现金、用现金购买短期到期的国库券等现金和现金等价物之间的转换不属于现金流量。

现金,是指公司库存现金以及可以随时用于支付的存款。不能随时用于支取的存款如受到限制性银行存款(如银行承兑汇票、保函保证金)不属于现金。现金等价物,是指公司持有的期限短、流动性强、易于转换为已知金额现金、价值变动风险很小的投资。期限短,一般是指从购买日起三个月内到期。现金等价物通常包括三个月内到期的短期债券投资。权益性投资变现的金额通常不确定,因而不属于现金等价物。

(一) 现金流量表及附注披露的格式及内容

1. 现金流量表的格式

现 金 流 量 表

会企 03 表

编制单位： ＿＿＿＿＿年 单位:元

项　　目	注　释	本 年 金 额	上 年 金 额
一、经营活动产生的现金流量：			
销售商品、提供劳务收到的现金			
收到的税费返还			
收到其他与经营活动有关的现金			
经营活动现金流入小计			
购买商品、接受劳务支付的现金			
支付给职工以及为职工支付的现金			
支付的各项税费			
支付其他与经营活动有关的现金			
经营活动现金流出小计			
经营活动产生的现金流量净额			
二、投资活动产生的现金流量：			
收回投资收到的现金			
取得投资收益收到的现金			
处置固定资产、无形资产和其他长期资产收回的现金净额			
处置子公司及其他营业单位收到的现金净额			
收到其他与投资活动有关的现金			
投资活动现金流入小计			
购建固定资产、无形资产和其他长期资产支付的现金			
投资支付的现金			

续上表

项目	注释	本年金额	上年金额
取得子公司及其他营业单位支付的现金净额			
支付其他与投资活动有关的现金			
投资活动现金流出小计			
投资活动产生的现金流量净额			
三、筹资活动产生的现金流量：			
吸收投资收到的现金			
其中：子公司吸收少数股东投资收到的现金			
取得借款收到的现金			
发行债券收到的现金			
收到其他与筹资活动有关的现金			
筹资活动现金流入小计			
偿还债务支付的现金			
分配股利、利润或偿付利息支付的现金			
其中：子公司支付给少数股东的股利、利润或偿付的利息			
支付其他与筹资活动有关的现金			
筹资活动现金流出小计			
筹资活动产生的现金流量净额			
四、汇率变动对现金及现金等价物的影响			
五、现金及现金等价物净增加额			
加：年初现金及现金等价物余额			
六、年末现金及现金等价物余额			

2. 表内项目解释

➢ **经营活动产生的现金流量**

(1)"销售商品、提供劳务收到的现金"项目，反映公司本期销售商品、提供劳务收到的现金，以及前期销售商品、提供劳务本期收到的现金（包括销售收入和应向购买者收取的增值税销项税额）和本期预收的款项，减去本期销售本期退回的商品和前期销售本期退回的商品支付的现金。公司销售材料和代购代销业务收到的现金，也在本项目反映。

本项目可根据"库存现金"、"银行存款"、"应收票据"、"应收账款"、"预收账款"、"主营业务收入"、"其他业务收入"科目的记录分析填列。

(2)"收到的税费返还"项目，反映公司收到返还的各种税费，如：增值税、营业税、所得税、消费税、关税和教育费附加返还款等。

本项目可根据"库存现金"、"银行存款"、"营业税金及附加"、"营业外收入"等科目的记录分析填列。

(3)"收到其他与经营活动有关的现金"项目，反映公司除上述各项目外，收到的其他与经营活动有关的现金，如罚款收入、经营租赁固定资产收到的现金、投资性房地产收到的租金收入、流动资产损失中由个人赔偿的现金收入、除税费返还外的其他政府补助收入、收到或收回的投标保证金等。其他与经营活动有关的现金流入，金额较大的应当单独列示。

本项目可根据"库存现金"、"银行存款"、"管理费用"、"营业费用"、"其他应付款"、"其他应收款"等科目的记录分析填列。

(4)"购买商品、接受劳务支付的现金"项目，反映公司本期购买材料、商品、接受劳务实际支付的现金(包括增值税进项税额),以及本期支付前期购买商品、接受劳务的未付款项和本期预付款项,减去本期发生的购货退回收到的现金。为购置存货而发生的借款利息资本化部分,应在"分配股利、利润或偿付利息支付的现金"项目中反映。

本项目可根据"库存现金"、"银行存款"、"应付票据"、"应付账款"、"预付账款"、"主营业务成本"、"其他业务成本"等科目的记录分析填列。

(5)"支付给职工以及为职工支付的现金"项目,反映公司本期实际支付给职工的工资、奖金、各种津贴和补贴等职工薪酬以及为职工支付的其他费用,含代扣代缴的个人所得税,但是应由在建工程、无形资产负担的职工薪酬及支付的其他费用除外。

支付应由在建工程、无形资产负担的职工薪酬,在"购建固定资产、无形资产和其他长期资产支付的现金"项目反映;为职工支付的医疗、养老、失业、工伤、生育等社会保险基金、补充养老基金、住房公积金、为职工交纳的商业保险金、因解除与职工劳动关系给予的补偿、现金结算的股份支付以及公司支付给职工或为职工支付的其他福利费用等,应根据职工的工作性质和服务对象,分别在"支付给职工以及为职工支付的现金"项目和"购建固定资产、无形资产和其他长期资产支付的现金"项目反映。

本项目可根据"应付职工薪酬"、"库存现金"、"银行存款"等科目的记录分析填列。

(6)"支付的各项税费"项目,反映公司本期发生并支付的、本期支付以前各期发生的以及预交的教育费附加、印花税、房产税、土地增值税、车船使用税、营业税、增值税、所得税等,计入固定资产、无形资产等非流动资产价值、实际支付的耕地占用税、本期退回的增值税、企业所得税和个人所得税等除外。

计入固定资产、无形资产等非流动资产价值、实际支付的耕地占用税在"购建固定资产、无形资产和其他长期资产支付的现金"项目反映;本期退回的增值税、所得税在"收到的税费返还"项目反映。

本项目可根据"应交税费"、"库存现金"、"银行存款"等科目的记录分析填列。

(7)"支付的其他与经营活动有关的现金"项目,反映公司除上述各项目外,支付的其他与经营活动有关的现金,如罚款支出、捐赠支出、支付的差旅费、业务招待费、保险费、经营租赁支付的现金、支付或退回投标保证金(净额)等,金额较大的应单列项目反映。

本项目可根据有关科目的记录分析填列。

> **投资活动产生的现金流量**

(1)"收回投资收到的现金"项目,反映公司出售、转让或到期收回除现金等价物以外的交易性金融资产、持有至到期投资、可供出售金融资产、长期股权投资、投资性房地产而收到的现金。不包括债权性投资收回的利息、收回的非现金资产,以及处置子公司及其他营业单位收到现金净额。债券性投资收回的本金在本项目反映,债权性投资收回的利息在"取得投资收益收到的现金"项目反映;处置子公司及其他营业单位收到现金净额单设项目反映。

本项目可根据"交易性金融资产"、"持有至到期投资"、"可供出售金融资产"、"长期股权投资"、"投资性房地产"、"库存现金"、"银行存款"等科目的记录分析填列。

(2)"取得投资收益收到的现金"项目,反映公司因股权性投资而分得的现金股利,从子公司、联营公司或合营公司分回利润而收到的现金,因债权性投资而取得的现金利息收入。包括在现金等价物范围内的债权性投资,其利息收入在本项目反映;股票股利不涉及现金不在本项目反映。

本项目可以根据"应收股利"、"应收利息"、"投资收益"、"库存现金"、"银行存款"等科目的记录分析填列。

(3)"处置固定资产、无形资产和其他长期资产收回的现金净额"项目,反映公司出售、报废固定资产、无形资产和其他长期资产所取得的现金(包括因自然灾害等原因造成资产毁损而收到的保险赔偿收入),减去为处置这些资产而支付的有关费用后的净额,但现金净额为负数的除外;现金净额为负数的应在"支付的其他与投资活动有关的现金"项目反映。

本项目可根据"固定资产清理"、"库存现金"、"银行存款"等科目的记录分析填列。

(4)"处置子公司及其他营业单位收到的现金净额"项目,反映公司处置子公司及其他营业单位所取得的现金减去子公司及其他营业单位持有的现金或现金等价物以及相关处置费用后的净额。

本项目根据有关科目的记录分析填列。

(5)"购建固定资产、无形资产和其他长期资产支付的现金"项目,反映公司购买、建造固定资产、取得无形资产和其他长期资产所支付的现金及增值税款、支付的应由在建工程和无形资产负担的职工薪酬现金支出,但为购建固定资产而发生的借款利息资本化部分、融资租入固定资产所支付的租赁费除外。

为购建固定资产而发生的借款利息资本化部分在"分配股利、利润或偿付利息支付的现金"项目反映、融资租入固定资产所支付的租赁费在"支付其他与筹资活动有关的现金"项目反映。

本项目可根据"固定资产"、"在建工程"、"工程物资"、"无形资产"、"库存现金"、"银行存款"等科目的记录分析填列。

(6)"投资支付的现金"项目,反映公司进行权益性投资和债权性投资所支付的现金,包括公司取得除现金等价物以外的交易性金融资产、持有至到期投资、可供出售金融资产而支付的现金,以及支付的佣金、手续费等附加费用。公司购买债券的价款含有债券利息的,以及溢价或折价购入的,均按实际支付的金额反映。

本项目可以根据"交易性金融资产"、"持有至到期投资"、"可供出售金融资产"、"长期股权投资"、"投资性房地产"、"库存现金"、"银行存款"等科目的记录分析填列。

(7)"取得子公司及其他营业单位支付的现金净额"项目,反映公司购买子公司及其他营业单位购买出价中以现金支付的部分,减去子公司及其他营业单位持有的现金和现金等价物后的净额。

本项目根据有关科目的记录分析填列。

(8)"收到其他与投资活动有关的现金"、"支付其他与投资活动有关的现金"项目,反映公司除上述(1)~(7)各项目外收到或支付的其他与投资活动有关的现金流入或流出,金额较大的应当单独列示。

具体如:"收到其他与投资活动有关的现金"——整体购买子公司或其他营业单位,购买出价中以现金支付的部分减去子公司或其他营业单位持有的现金和现金等价物后的净额,如为负数在本项目中反映;

"支付其他与投资活动有关的现金"——处置子公司及其他营业单位收到的现金净额如为负数;企业购买股票和债券时,实际支付的价款中包含的已宣告但尚未领取的现金股利或已到付息期但尚未取的债券利息。

> **筹资活动产生的现金流量**

(1)"吸收投资收到的现金"项目,反映公司以发行股票、债券等方式筹集资金实际收到的款项,减去直接支付给金融公司的佣金、手续费、宣传费、咨询费、印刷费等发行费用后的净额。

以发行股票等方式筹集资金而由公司直接支付的审计、咨询等费用不在本项目核算,而在"支付其他与筹资活动有关的现金"项目反映;由金融企业直接支付的手续费、宣传费、咨询费、印刷费等费用,从发行股票、债券取得的现金收入中扣除,以净额列示。

本项目可以根据"实收资本"、"资本公积"、"库存现金"、"银行存款"等科目的记录分析填列。

(2)"取得借款收到的现金"项目,反映公司举借各种短期、长期借款而收到的现金。

本项目可以根据"短期借款"、"长期借款"、"交易性金融负债"、"应付债券"、"库存现金"、"银行存款"等科目的记录分析填列。

(3)"偿还债务支付的现金"项目,反映公司以现金偿还债务的本金。包括:归还金融企业的借款本金、偿付企业到期的债券本金等。企业偿还的借款利息、债券利息,不在本项目反映,而在"分配股利、利润或偿付利息支付的现金"项目反映。

本项目可以根据"短期借款"、"长期借款"、"交易性金融负债"、"应付债券"、"库存现金"、"银行存款"等科目的记录分析填列。

(4)"分配股利、利润或偿付利息支付的现金"项目,反映公司实际支付的现金股利、支付给其他投资单位的利润或用现金支付的借款利息、债券利息。

不同用途的借款,其利息的开支渠道不同,如在建工程、财务费用等,均在本项目反映。

本项目可以根据"应付股利"、"应付利息"、"利润分配"、"财务费用"、"在建工程"、"制造费用"、"研发支出"、"工程施工"、"库存现金"、"银行存款"等科目的记录分析填列。

(5)"收到其他与筹资活动有关的现金"、"支付其他与筹资活动有关的现金"项目,反映公司除上述(1)~(4)项目外,收到或支付的其他与筹资活动有关的现金流入或流出。

"收到其他与筹资活动有关的现金"项目,具体如:收回购买股票和债券时支付的已宣告但尚未领取的现金股利或已到付息期但尚未领取的债券利息,在本项目中反映;银行承兑票据到期后,原保证金解冻退回,以其他来源的资金支付票据款的,则票据保证金被冻结时,作为"支付的其他与经营活动有关的现金",解冻时作为"收到的其他与经营活动有关的现金";对于政府文件明确要求计入资本公积的某些政策性拨款,应属于国家的资本性投入,计入筹资活动的现金流入。

"支付其他与筹资活动有关的现金"项目,具体如:如以发行股票、债券等方式筹集资金而由企业直接支付的审计、咨询等费用;融资租入固定资产各期支付的现金,以分期付款方式构建固定资产、无形资产等各期支付的现金;注销子公司时分配给少数股东的现金属于筹资活动的现金流量,应填入合并现金流量表的"支付的其他与筹资活动有关的现金"项目中。

> **"汇率变动对现金及现金等价物的影响"项目,反映下列项目的差额**

(1)公司外币现金流量及境外子公司的现金流量折算为记账本位币时,所采用的现金流量发生日的即期汇率确定的金额。

(2)"现金及现金等价物净增加额"中外币现金净增加额按期末即期汇率折算的金额。

(二)现金流量表补充资料披露格式及表内指标解释

为更全面的说明有关现金流量表的内容,在这里对现金流量表附注披露的格式及内容也一并说明。

1.现金流量表补充资料披露格式

公司应当采用间接法在现金流量表附注披露将净利润调节为经营活动现金流量的信息。间接法,是指以净利润为起算点,调整不涉及现金的收入、费用、营业外收支等有关项目,剔除投资活动、筹资活动对现金流量的影响,据此计算出经营活动产生的现金流量。

补充资料	本 年	上 年
1.将净利润调节为经营活动现金流量:		
净利润		
加:资产减值准备		
固定资产折旧		
无形资产摊销		
长期待摊费用摊销		
处置固定资产、无形资产和其他长期资产的损失(收益以"—"号填列)		
固定资产报废损失(收益以"—"号填列)		
公允价值变动损失(收益以"—"号填列)		
财务费用(收益以"—"号填列)		
投资损失(收益以"—"号填列)		
递延所得税资产减少(增加以"—"号填列)		
递延所得税负债增加(减少以"—"号填列)		
存货的减少(增加以"—"号填列)		
经营性应收项目的减少(增加以"—"号填列)		

续上表

补 充 资 料	本 年	上 年
经营性应付项目的增加(减少以"—"号填列)		
其他		
经营活动产生的现金流量净额		
2.不涉及现金收支的重大投资和筹资活动:		
债务转为资本		
一年内到期的可转换公司债券		
融资租入固定资产		
3.现金及现金等价物净变动情况:		
现金的年末余额		
减:现金的年初余额		
加:现金等价物的年末余额		
减:现金等价物的年初余额		
现金及现金等价物净增加额		

2. "将净利润调节为经营活动的现金流量"各项目指标解释

(1)"资产减值准备"项目,反映公司本期计提的坏账准备、存货跌价准备、长期股权投资减值准备、持有至到期投资减值准备、投资性房地产减值准备、固定资产减值准备、在建工程减值准备、无形资产减值准备、商誉减值准备。本项目金额应与利润表"资产减值损失"科目金额保持一致。

(2)"固定资产折旧"项目,反映公司本期计提的固定资产折旧。

(3)"无形资产摊销"、"长期待摊费用摊销"项目,分别反映公司本期计提的无形资产摊销、长期待摊费用摊销。

(4)"处置固定资产、无形资产和其他长期资产的损失(收益以"—"号填列)"项目,反映公司本期处置固定资产、无形资产和其他长期资产发生的损益。

(5)"公允价值变动损失(收益以"—"号填列)"项目,反映公司持有的金融资产、金融负债的公允价值变动损益。本项目金额应与利润表对应项目金额保持一致。

(6)"财务费用(收益以"—"号填列)"项目,反映公司本期发生的财务费用中不属于经营活动的部分。本项目根据"财务费用"科目的借方发生额分析填列。

(7)"投资损失(收益以"—"号填列)"项目,反映公司利润表"投资收益"项目的金额。

(8)"递延所得税资产减少(增加以"—"号填列)"项目,反映公司资产负债表"递延所得税资产"项目的期初余额与期末余额的差额。不包括记入所有者权益的递延所得税资产。

(9)"递延所得税负债增加(减少以"—"号填列)"项目,反映公司资产负债表"递延所得税负债"项目的期初余额与期末余额的差额。不包括记入所有者权益的递延所得税负债。

(10)"存货的减少(增加以"—"号填列)"项目,反映公司本期存货减少(减:增加)。本项目根据资产负债表存货项目期初余额与期末余额的差额填列;期初余额小于期末余额的差额,以"—"号填列。分析填列时应按存货明细项目账面余额,减去相应的存货跌价准备。

(11)"经营性应收项目的减少(增加以"—"号填列)"项目,反映公司本期经营性应收项目(包括应收票据、应收账款、预付账款(非经营性的除外)、长期应收款(非经营性的除外,应与直接法编制口径相一致)和其他应收款中与经营活动有关的部分等,不包括应收股利、应收利息)的期初余额与期末余额的差额。

(12)"经营性应付项目的增加(减少以"—"号填列)"项目,反映公司本期经营性应付项目(包括应付票据、应付账款(非经营性的除外)、预收账款、应付职工薪酬、应交税费、长期应付款、其他应付款中与经营活动有关的部分等,不包括应付股利、应付利息)的期初余额与期末余额的差额。

3."不涉及现金收支的投资和筹资活动"各项目指标解释

"不涉及现金收支的投资和筹资活动"反映公司一定期间内影响资产或负债但不形成该期现金收支的所有投资和筹资活动的信息:

(1)"债务转为资本"项目,反映公司本期转为资本的债务金额。

(2)"一年内到期的可转换公司债券"项目,反映公司一年内到期的可转换公司债券的本息。

(3)"融资租入固定资产"项目,反映公司本期融资租入固定资产的最低租赁付款额扣除应分期计入利息费用的未确认融资费用的净额。

4."现金及现金等价物净变动情况"项目指标解释

"现金及现金等价物净增加额"与直接法现金流量表中的"现金及现金等价物净增加额"项目的金额应当相等。

以总额披露取得或处置子公司及其他营业单位有关信息公司应当在附注中以总额披露当期取得或处置子公司及其他营业单位有关信息:

项　　目	金　　额
一、取得子公司及其他营业单位有关信息	
1.取得子公司及其他营业单位的价格	
2.取得子公司及其他营业单位支付的现金和现金等价物	
减:取得子公司的现金和现金等价物	
3.取得子公司及其他营业单位支付的现金净额	
4.取得子公司的净资产	
其中:流动资产	
非流动资产	
流动负债	
非流动负债	
二、处置子公司及其他经营单位有关信息	
1.处置子公司及其他营业单位的价格	
2.处置子公司及其他营业单位收到的现金和现金等价物	
减:处置子公司的现金和现金等价物	
3.处置子公司及其他营业单位收到的现金净额	
4.处置子公司的净资产	
其中:流动资产	
非流动资产	
流动负债	
非流动负债	

披露现金和现金等价物的有关信息:

公司应当在附注中披露现金和现金等价物的构成、现金和现金等价物在资产负债表中列报项目的相应金额以及公司持有但不能由其母公司或集团内其他子公司使用的大额现金和现金等价物的金额,如国外经营的子公司受当地外汇管制等限制而不能由集团内母公司或其他子公司正常使用的现金和现金等价物等。现金和现金等价物有关信息格式。

项　　目	本年金额	上年金额
一、现金		
其中:库存现金		
可随时用于支付的银行存款		
可随时用于支付的其他货币资金		
二、现金等价物		
其中:交易性债券投资		
三、调整前现金及现金等价物余额		
加:汇率变动对现金及现金等价物的影响		
四、期末现金及现金等价物余额		
五、母公司或集团内子公司使用受限制的现金		

四、所有者权益(股东权益)变动表

所有者权益(股东权益)变动表反映公司年末所有者权益(或股东权益)变动的情况。本表应在一定程度上体现公司综合收益的特点,除列示直接计入所有者权益的利得和损失外,同时包含最终属于所有者权益变动的净利润,从而构成公司的综合收益。

所有者权益(股东权益)变动表编制说明:

所有者权益(股东权益)变动表各项目应当根据当期净利润、直接计入所有者权益的利得和损失项目、所有者投入资本和向所有者分配利润、提取盈余公积等情况分析填列。在表中,直接计入当期损益的利得和损失应包含在净利润中;直接计入所有者权益的利得和损失,主要包括:可供出售金融资产公允价值变动净额、现金流量套期工具公允价值变动净额(有效套期部分)等,单列项目反映。

所有者权益(股东权益)变动表

会企:04 表

编制单位：　　　　　　　　　　　　　年度　　　　　　　　　　　　　　　　　单位:元

项　目	本 年 金 额									少数股东权益	所有者权益合计
	归属于母公司所有者权益										
	实收资本	资本公积	减:库存股	专项储备	盈余公积	一般风险准备	未分配利润	外币报表折算差额	小计		
栏次	1	2	3	4	5	6	7	8		9	10
一、上年年末余额											
加:会计政策变更											
前期差错更正											
二、本年年初余额											
三、本年增减变动金额(减少以"-"号填列)											
(一)净利润											
(二)其他综合收益											
1.可供出售金融资产公允价值变动净额											
2.权益法下被投资单位其他所有者权益变动的影响											

续上表

项　　目	本 年 金 额										
	归属于母公司所有者权益								小计	少数股东权益	所有者权益合计
	实收资本	资本公积	减:库存股	专项储备	盈余公积	一般风险准备	未分配利润	外币报表折算差额			
3.与计入所有者权益项目相关的所得税影响											
4.其他											
综合收益小计											
(三)所有者投入和减少资本											
1.所有者投入资本											
2.股份支付计入所有者权益的金额											
3.其他											
(四)专项储备											
1.提取专项储备											
2.使用专项储备											
(五)利润分配											
1.提取盈余公积											
2.提取一般风险准备											
3.对所有者(或股东)的分配											
4.其他											
(六)所有者权益内部结转											
1.资本公积转增资本(或股本)											
2.盈余公积转增资本(或股本)											
3.盈余公积弥补亏损											
4.其他											
四、本年年末余额											—

第三节　合并财务报表

合并财务报表是指反映母公司和其全部子公司形成的企业集团整体财务状况、经营成果和现金流量的财务报表。母公司应当作为合并财务报表的编制主体。其中:母公司是指有一个或一个以上子公司的公司(或主体,下同)。子公司是指被母公司控制的公司。

合并财务报表至少应当包括下列组成部分:合并资产负债表;合并利润表;合并现金流量表;合并所有者权益(或股东权益,下同)变动表及附注。

一、合并财务报表的合并范围

合并财务报表的合并范围应当以控制为基础加以确定。控制,是指一个公司能够决定另一个公司的财务和经营政策,并能据以从另一个公司的经营活动中获取利益的权力。

母公司直接或通过子公司间接拥有被投资单位半数以上的表决权,表明母公司能够控制被投资单位,应当将该被投资单位认定为子公司,纳入合并财务报表的合并范围。但是,有证据表明母公司不能控制被投资单位的除外。

母公司拥有被投资单位半数或以下的表决权,满足以下条件之一的,视为母公司能够控制被投资单位,应当将该被投资单位认定为子公司,纳入合并财务报表的合并范围;但是,有证据表明母公司不能控制被投资单位的除外:

(1)通过与被投资单位其他投资者之间的协议,拥有被投资单位半数以上的表决权;
(2)根据公司章程或协议,有权决定被投资单位的财务和经营政策;
(3)有权任免被投资单位的董事会或类似机构的多数成员;
(4)在被投资单位的董事会或类似机构占多数表决权。

在确定能否控制被投资单位时,应当考虑公司和其他公司持有的被投资单位的当期可转换的可转换公司债券、当期可执行的认股权证等潜在表决权因素。

母公司应当将其全部可以控制的子公司纳入合并财务报表的合并范围。

二、合并财务报表的程序及要求

合并财务报表应当以母公司和其子公司的财务报表为基础,是根据其他有关资料由母公司对个别财务报表按相关的规定进行调整并简单汇总;根据母子公司的经济业务,以及子公司之间的经济业务编制抵销分录;对简单汇总财务报表进行抵销后的反映公司集团整体财务状况、经营成果、现金流量的财务报表。

(一)合并财务报表的程序

首先,合并财务报表应当以母公司和其子公司的财务报表为基础,是根据其他有关资料由母公司对个别财务报表按相关的规定进行调整并简单汇总。

其次,根据母子公司的经济业务,以及子公司之间的经济业务编制抵销分录;对简单汇总财务报表进行抵销后,反映公司集团整体财务状况、经营成果、现金流量的财务报表。

编制合并报表过程中需要编制合并调整分录和抵销分录等工作底稿,主要对汇总和抵销处理进行适当的记录,以保持合并工作的连续性,并以备内部核查。

(二)合并财务报表的要求

(1)统一母子公司的会计政策

母公司应当统一子公司所采用的会计政策,使子公司采用的会计政策与母公司保持一致。子公司所采用的会计政策与母公司不一致的,要求子公司按照母公司的会计政策另行编报财务报表。

(2)统一母子公司的会计期间

母公司应当统一子公司的会计期间,使子公司的会计期间与母公司保持一致。子公司的会计期间与母公司不一致的,要求子公司按照母公司的会计期间另行编报财务报表。

(3)对属于非同一控制下企业合并中取得的子公司的个别财务报表进行合并时,除了存在与母公司会计政策和会计期间不一致的情况,需要对该子公司的个别财务报表进行调整外,还应当根据母公司设置的备查簿的记录,以记录的子公司各项可辨认资产、负债在购买日的公允价值为基础,通过编制调整分录,对该子公司的个别财务报表进行调整,并相应检查调整后的资产及负债的账面价值与其计税基础是否一致,是否产生新的差异,如存在新的差异,应根据《企业会计准则第19号——所得税》相应确认递延所得税资产或负债。

(4)在合并报表范围内,分析合并报表总体的资金来源与应用情况,在假设公司权益性资金优先用于公司自身的资本性支出(如购置固定资产),一般借款优先用于建造工程支出的基础上,分析纳入合并范围内各企业符合条件的资本支出情况、专门借款使用情况及一般借款的使用情况;合理确定纳入合并范围内各企业占用一般借款的资本支出,重新计算合并报表内统一的一般借款的资本化率,据以重新计算纳入合并范围内各企业借款费用的资本化金额,相应调整合并财务报表。

(5)母公司对子公司的长期股权投资按权益法调整

长期股权投资准则规定,母公司对能够控制的子公司的长期股权投资按照成本法核算,但是在合并财务报表时母公司长期股权投资账面值与享有子公司的相应权益不能完全抵销情况下,在合并财务报表时应该将母公司能够控制的子公司按成本法核算的长期股权投资调整为按照权益法核算的长期股权投资。

(6)在编制合并财务报表时,子公司除了应当向母公司提供财务报表外,还应当向母公司提供下列有关资料:

①采用的与母公司的不一致的会计政策及其影响金额;

②与母公司不一致的会计期间的说明;

③借款费用资本化计算明细表,详细说明符合条件的资产支出明细、专门借款明细及其用途、一般借款的明细情况;

④与母公司、其他子公司之间发生的所有内部交易的相关资料:

子公司所提供的与母公司、其他子公司之间发生的所有内部交易和内部往来余额的资料,必须与交易及往来的对方单位对账清楚后方可上报。如果对账差异原因为两方存在入账时间差的,应尽可能保证两方沟通顺畅,均做到及时且不跨期入账;但是,如果对账差异原因为某方入账依据确实不足的,应在报送材料中单独说明,以报母公司协调处理或在合并报表层面作相应调整;

⑤股权变动的相关资料(包括股权变动时的财务报表);

⑥所有者权益变动的有关资料;

⑦编制合并财务报表所需要的其他资料。

三、合并财务报表格式及应抵销的项目与抵销分录

(一)合并资产负债表格式及应抵销的项目与抵销分录

合并资产负债表应当以母公司和子公司的资产负债表为基础,在抵销母公司与子公司、子公司相互之间发生的内部交易对合并资产负债表的影响后,由母公司合并编制。合并资产负债表格式与资产负债表格式相同。

1.集团内部中母公司的长期股权投资与子公司所有者权益项目的抵销

母公司对子公司进行长期股权投资,一方面反映长期股权投资以外的其他资产的减少,另一方面反映为长期股权投资的增加,在母公司个别资产负债表中作为资产类项目中的长期股权投资项目列示。子公司接受这一投资时,一方面增加资产的数额,另一方面作为实收资本处理,在个别资产负债表中一方面反映为实收资本的增加,另一方面反映为相应的资产增加。

从企业集团整体来看,母公司对子公司的长期股权投资实际上相当于母公司将资产拨付下属核算单位,并不引起整个集团的资产、负债和所有者权益的增减变动。

因此,编制合并报表时,母公司对子公司的长期股权投资与母公司在子公司所有者权益中所享有的份额应当相互抵销,同时抵销相应的长期股权投资减值准备。

在购买日,购买方对合并成本大于合并中取得的被购买方可辨认净资产公允价值份额的差额确认为商誉,应当在商誉项目列示,商誉发生减值的,应当按照经减值测试后的金额列示。各子公司之间的长期股权投资以及子公司对母公司的长期股权投资,应当比照此规定,将长期股权投资的余额与其对应的子公司或母公司所有者权益中所享有的份额相互抵销。

(1)初次编制合并财务报表进行长期股权投资的抵销分录

在初次编制合并工作底稿中编制抵销分录前首先应对子公司的长期股权的成本法核算调整为权益法核算,借记或贷记"长期股权投资",贷记或借记"投资收益";其次,本期末对子公司的所有者权益项目与母公司按照上述调整后的长期股权投资编制抵销分录,借记"股本(实收资本)"、"资本公积"、"盈余公积"和"未分配利润"项目,贷记"长期股权投资"项目和"少数股东权益"项目。

例1:甲公司与乙公司为丙公司的控股子公司,20＊7年6月30日甲公司以货币资金2,000,000元支付对乙公司的投资款取得乙公司60%的股权,乙公司20＊7年6月30日的所有者权益的账面价值是3,000,000元。20＊7年9月30日乙公司宣告并支付20＊6年现金股利200,000元。12月31日乙公司本年实现的净利润为500,000元,按10%计提盈余公积,其中1—6月实现250,000元的净利润。年末乙公司的所有者权益为3,050,000元。其中股本为1,500,000元,资本公积500,000元,盈余公积550,000元,未分配利润为500,000元。

①对长期股权投资按权益法进行调整

调整前长期股权投资—乙公司的账面余额为:

1,800,000－120,000＝1,680,000

借:长期股权投资—乙公司	1,830,000
贷:长期股权投资	1,680,000
投资收益	150,000

②编制抵销分录

借:股本	1,500,000
资本公积	500,000
盈余公积	550,000
未分配利润	500,000
贷:长期股权投资	1,830,000
少数股东权益	1,220,000

(2)连续编制合并财务报表进行长期股权投资的抵销分录

对于连续编制合并财务报表中,本期抵销的是本期末按照权益法调整后的母公司的长期股权投资及子公司的所有者权益,这里的长期股权投资按照权益法调整不仅包括对本期的长期股权投资的权益法调整,而且包括对以前会计期间的按照权益法调整的影响数额。为此,编制合并财务报表时必须将前期按照长期股权投资的权益法调整数额对本期未分配利润的年初数的影响予以调整,调整本期未分配利润年初数。公司设置长期股权投资权益法核算辅助账,进行辅助核算,以确保在编制合并报表时不会出现差错。

在连续编制合并财务报表进行抵销处理时,首先,将本期对子公司的长期股权投资的成本法核算调整为权益法核算,借记或贷记"长期股权投资",贷记或借记"投资收益";如当期子公司宣布派发红利,应借记"投资收益",贷记"利润分配";如子公司发生其他股益变动,应借记或贷记"长期股权投资",贷记或借记"资本公积—其他资本公积";

其次,将以前年度对长期股权投资的累积数额进行调整,借记或贷记"长期股权投资",贷记或借记"年初未分配利润";

再次,将本期末对子公司的所有者权益项目与母公司按照上述调整后的长期股权投资项目编制抵销分录,借记"股本(实收资本)"、"资本公积"、"盈余公积"和"未分配利润"项目,贷记"长期股权投资"项目和"少数股东权益"项目。

借:长期股权投资

贷:投资收益　　（＝当期享有的收益减已确认的收益计算）

　　资本公积－其他资本公积(按比例计算)

　　年初未分配利润(根据被投资单位年初未分配利润和年初盈余公积计算)

　　外币报表折算差额(合并时也可以不做该分录)

借:股本(实收资本)

　　资本公积

　　盈余公积

　　未分配利润

　　外币报表折算差额

贷:长期股权投资

　　少数股东权益

例2：接例1,20＊8年12月31日乙公司全年实现净利润500,000元。乙公司按照净利润的10％计提盈余公积。

抵销分录如下：

借:长期股权投资	150,000
贷:年初未分配利润	150,000
借:长期股权投资	300,000
贷:投资收益	300,000
借:股本	1,500,000
资本公积	500,000
盈余公积	600,000
未分配利润	950,000
贷:长期股权投资	2,130,000
少数股东权益	1,420,000

2.集团内部债权与债务项目的抵销

集团内部母公司与子公司、子公司相互之间的债权与债务项目应当相互抵销,同时抵销应收款项的坏账准备和债券投资的减值准备。集团内部中母公司与子公司、子公司之间相互之间的债权和债务项目,是指母公司与子公司、子公司之间的应收账款与应付账款、预收账款和预付账款、应付债券与债券投资等项目。发生在母公司与子公司、子公司相互之间的这些项目,集团内部公司的一方在其个别资产负债表中反映为资产,而另一方则在其个别资产负债表中反映为负债。但是从集团整体来看,既不能增加集团整体资产,也不会导致集团整体的负债增加。因此在编制合并财务报表时,母公司与子公司、子公司相互之间的债权与债务项目应当相互抵销,同时应抵销应收款项的坏账准备与债券投资的减值准备,其中,母公司与子公司、子公司相互之间的债券投资与应付债券相互抵销后,产生的差额应当记入"投资收益"或"财务费用"项目。

(1)初次编制合并财务报表时应收账款与应付账款的抵销

初次编制合并财务报表时应对公司集团中纳入合并财务报表范围内的母公司与子公司、子公司之间的个别报表中所包含的应收账款与应付账款及其坏账准备予以抵销。抵销分录为:首先,按照期末余额中所包含的内部应收账款与应付账款借记"应付账款"项目,贷记"应收账款"项目;其次,由于内部的应收账款的抵销,其相应的坏账准备也应当抵销,但是合并财务报表的抵销是在报表层面所进行的,坏账准备作为应收款项的备抵科目在编制个别资产负债表中已经作为应收账款的抵减项目,应收账款以净额列示所以抵销分录中应借记"坏账准备"项目,贷记"资产减值损失"项目。

例1:乙公司为甲公司的控股子公司,20*7年12月31日甲公司的应收账款期末余额为50万元,其中应收乙公司为20万元,甲公司的个别资产负债表中甲公司按照期末余额的6%计提坏账准备。

抵销分录如下:

借:应付账款	200,000
贷:应收账款	200,000
借:坏账准备	12,000
贷:资产减值损失	12,000

(2)连续编制合并财务报表时应收账款与应付账款的抵销

对于连续编制合并财务报表中,本期抵销的是本期应收账款及相应的坏账准备,但是上期所抵销的坏账准备的数额,即是上期资产减值损失抵减的数额,最终将影响到本期合并所有者权益(股东权益)变动表中的期末未分配利润数额。编制合并财务报表时,必须将上期因内部应收账款计提的坏账准备抵销而抵销的资产减值损失对本期未分配利润的年初数的影响予以抵销,调整本期未分配利润年初数。

在连续编制合并财务报表进行抵销处理时,首先,将本期末的内部应收账款与应付账款予以抵销,即按内部应收账款的数额,借记"应付账款"项目,贷记"应收账款"项目;其次,应将上期资产减值损失中抵销的内部应收账款计提的坏账准备对本期未分配利润的年初数的影响予以抵销,即按上期资产减值损失项目中抵销的内部应收账款计提的坏账准备的数额,借记"坏账准备",贷记"期初未分配利润"项目;再次,对于本期内部应收账款在个别财务报表中补提或者冲销的坏账准备的数额应予以抵销,即按照本期期末内部应收账款在个别资产负债表中补提/冲销的坏账准备的数额,借记或贷记"坏账准备"项目,贷记或借记"资产减值损失"项目。

①内部应收账款本期余额等于上期余额时的抵销处理

例2:20*8年12月31日,乙公司为甲公司的控股子公司,公司上期内部应收账款、内部应收账款计提的坏账准备抵销情况与例(1)情况相同,即甲公司上期个别资产负债表中应收账款中应收乙公司内部账款,其数额200,000元,按6%的比例计提坏账准备12,000元。公司本期个别资产负债表中对乙公司内部应收账款余额仍为200,000元,坏账准备余额为12,000元,本期未计提坏账准备。

抵销分录为:

借:应付账款	200,000
贷:应收账款	200,000
借:坏账准备	12,000
贷:期初未分配利润	12,000

②内部应收账款本期余额大于上期余额时的抵销处理

例3:20*8年12月31日母公司甲上期内部应收账款、内部应收账款计提的坏账准备抵销情况与例1情况相同。甲公司本期个别资产负债表中对子公司乙内部应收账款为500,000元,坏账准备余额为30,000元,本期对乙公司内部应收账款净增加300,000元,本期内部应收账款提取坏账准备为18,000元。

抵销分录为:

借:应付账款	500,000
贷:应收账款	500,000
借:坏账准备	12,000
贷:期初未分配利润	12,000

中国交通建设股份有限公司会计核算办法

```
    借:坏账准备                              18,000
        贷:资产减值损失                           18,000
```

③内部应收账款本期余额小于上期余额时的抵销处理

例4:20＊8年12月31日母公司甲前期内部应收账款、内部应收账款计提的坏账准备抵销情况与例1情况相同。甲公司本期个别资产负债表中对子公司乙内部应收账款为100,000元,坏账准备余额为6,000元。内部应收账款比上期净减少100,000元,本期冲销内部应收账款计提的坏账准备6,000元。

抵销分录为:

```
    借:应付账款                             100,000
        贷:应收账款                              100,000
    借:坏账准备                              12,000
        贷:期初未分配利润                         12,000
    借:资产减值损失                            6,000
        贷:坏账准备                               6,000
```

3.集团内部购销业务未实现利润的抵销

集团内部母公司与子公司、子公司相互之间销售商品(或提供劳务,下同)或其他方式形成的存货所包含的未实现内部销售利润应当抵销。对存货计提的跌价准备与未实现内部销售利润相关的部分应当抵销。集团内部的存货交易是指母公司与子公司或子公司与子公司之间所发生的购销业务,例如母公司将所生产的产品销售给子公司成为子公司的存货,作为母公司按规定确认的销售收入,结转销售成本,确认销售利润。作为子公司按购入母公司产品所支付的价款作为存货的实际成本,由于购入存货的实际成本中不仅包括母公司销售该产品的成本,还包括母公司的销售毛利,但从整个集团来看,母公司所实现的销售毛利并未真正实现,从某种意义上也可理解为集团内部的物资调拨,因此应将存货中包含的未实现利润予以抵销。

根据购入公司的存货销售的不同情况,分别以下三种情况进行处理:

①内部销售商品全部未实现对外销售而形成存货时,应当在合并销售收入项目中抵销内部销售收入的数额,在存货项目中抵销内部销售商品中所包含的未实现内部销售利润的数额,在合并销售成本项目中抵销内部销售商品的成本数额(销售商品公司销售收入减去未实现内部销售利润的数额)。在合并工作底稿中编制抵销分录时,借记"主营业务收入"项目,贷记"主营业务成本"项目,同时借记"主营业务成本"项目,贷记"存货"项目。

例1:乙公司为甲公司的控股子公司,20＊7年12月31日甲公司本期向乙公司销售商品500,000元,其销售成本为400,000元;乙公司购进的该商品当期全部未实现对外销售而形成期末存货。

抵销分录为:

```
    借:主营业务收入                          500,000
        贷:主营业务成本                          500,000
    借:主营业务成本                          100,000
        贷:存货                                 100,000
```

②内部销售商品、提供劳务全部实现对外销售时,应当在合并销售收入项目中抵销内部销售收入的数额,在合并销售成本项目中抵销从内部购进该货物所发生的购进成本的数额(即出售公司内部销售收入的数额)。在合并工作底稿中编制抵销分录时,借记"主营业务收入"项目,贷记"主营业务成本"项目。

例2:乙公司为甲公司的控股子公司,甲公司将某工程分包给乙公司承建,20＊7年12月乙公司确认收入500,000元,甲公司按完工百分比法确认营业收入600,000元,营业成本的分包成本为500,000元。

```
    借:主营业务收入                          500,000
```

贷:主营业务成本　　　　　　　　　　　　　　　　　　　　　　　　500,000

　　③内部销售商品部分售出的情况下,应当分别对已实现销售的数额和未实现内部销售的数额进行处理。在合并工作底稿中编制抵销分录时,按照内部销售收入的数额,借记"主营业务收入"项目,贷记"主营业务成本"项目;同时按照期末存货价值中包含的未实现内部销售利润的数额,借记"主营业务成本"项目,贷记"存货"项目。

　　例3:乙公司为甲公司的控股子公司,20﹡7年12月31日甲公司本期向其乙公司销售商品500,000元,其销售成本为400,000元;乙公司购进的该商品当期未全部实现对外销售,对外销售数量为50%,销售价格为300,000元,销售成本为250,000元。

　　抵销分录为:

　　借:主营业务收入　　　　　　　　　　　　　　　　　　　　　　　　500,000
　　　贷:主营业务成本　　　　　　　　　　　　　　　　　　　　　　　　500,000
　　借:主营业务成本　　　　　　　　　　　　　　　　　　　　　　　　 50,000
　　　贷:存货　　　　　　　　　　　　　　　　　　　　　　　　　　　　 50,000

　　若期末的存货按规定计提了跌价准备的,也应对该存货计提的跌价准备进行抵销。

　　在编制合并报表时,计提存货跌价准备应当是将该商品的可变现净值与从公司集团而言的取得成本进行比较确定的计提金额。具体分两种情况:①集团内部购买成本＞可变现净值＞集团外部购买成本,计提的存货跌价准备冲回;②可变现净值＜集团外部购买成本,只就可变现净值小于集团外部购买成本的部分计提存货跌价准备,其他冲回。举例如下:

项　　目	A公司外购W产品的成本	B公司向A公司购买W产品的成本	计提的存货跌价准备	
			B计提	集团合并层面
(1)B公司购买W产品的可变现净值为5	4	6	1	0
(2)B公司购买W产品的可变现净值为3	4	6	3	1

注:A公司、B公司均属于集团内公司。

　　(1)初次编制合并会计报表时的抵销处理

　　①购买公司本期期末内部购进存货的可变现净值低于其取得成本,但高于销售公司销售成本。合并财务报表的抵销分录:按照内部销售收入的数额,借记"主营业务收入"项目,贷记"主营业务成本"项目;同时按照期末存货价值中包含的未实现内部销售利润的数额,借记"主营业务成本"项目,贷记"存货"项目;按照购买公司本期计提存货跌价准备的数额,借记"存货跌价准备"项目,贷记"资产减值损失"。

　　例4:乙公司为甲公司的控股子公司,20﹡7年12月31日甲公司本期向乙公司销售商品500,000元,其销售成本为400,000元;乙公司购进的该商品当期全部未实现对外销售而形成期末存货。乙公司期末对存货进行检查时,发现该存货已经部分陈旧,其可变现净值降至420,000元。为此,乙公司期末对该存货计提存货跌价准备80,000元。

　　抵销分录为:

　　借:主营业务收入　　　　　　　　　　　　　　　　　　　　　　　　500,000
　　　贷:主营业务成本　　　　　　　　　　　　　　　　　　　　　　　　500,000
　　借:主营业务成本　　　　　　　　　　　　　　　　　　　　　　　　100,000
　　　贷:存货　　　　　　　　　　　　　　　　　　　　　　　　　　　　100,000

　　本期期末乙公司计提存货跌价准备80,000元,但是从集团公司内部看该批存货的账面价值为400,000元,仍低于可变现净值420,000元,所以在合并财务报表时应将乙公司本年提取的存货跌价准备予以抵销

　　抵销分录为:

借：存货跌价准备　　　　　　　　　　　　　　80,000
　　贷：资产减值损失　　　　　　　　　　　　　　80,000

②购买公司本期期末内部购进存货的可变现净值低于销售公司的销售成本。合并财务报表的抵销分录：按照内部销售收入的数额，借记"主营业务收入"项目，贷记"主营业务成本"项目；同时按照期末存货价值中包含的未实现内部销售利润的数额，借记"主营业务成本"项目，贷记"存货"项目；按照购买公司本期计提存货跌价准备中内部购进存货取得成本高于销售公司销售成本的数额，借记"存货跌价准备"项目，贷记"资产减值损失"项目。

例5：乙公司为甲公司的控股子公司，20*7年12月31日甲公司本期向乙公司销售商品500,000元，其销售成本为400,000元；乙公司购进的该商品当期全部未实现对外销售而形成期末存货。乙公司期末对存货进行检查时，发现该存货已经部分陈旧，其可变现净值降至360,000元。为此，乙公司期末对该存货计提存货跌价准备140,000元。

抵销分录为：
借：主营业务收入　　　　　　　　　　　　　　500,000
　　贷：主营业务成本　　　　　　　　　　　　　　500,000
借：主营业务成本　　　　　　　　　　　　　　100,000
　　贷：存货　　　　　　　　　　　　　　　　　　100,000

本期期末乙公司计提存货跌价准备140,000元，但是从集团公司内部看该批存货的账面价值为400,000元，低于可变现净值40,000元，所以在合并财务报表时应将乙公司本年多提取的存货跌价准备100,000元予以抵销

抵销分录为：
借：存货跌价准备　　　　　　　　　　　　　　100,000
　　贷：资产减值损失　　　　　　　　　　　　　　100,000

(2)连续编制合并会计报表时存货跌价准备的抵销处理

对于连续编制合并财务报表中，本期抵销的存货跌价准备是与本期的资产减值损失相对应的，但是上期所抵销存货跌价准备的数额，即是上期资产减值损失抵减的数额，最终将影响到本期合并所有者权益(股东权益)变动表中的期末未分配利润数额。为此，编制合并财务报表时必须将上期因内部购进存货所计提的存货跌价准备抵销而抵销的资产减值损失对本期未分配利润的年初数的影响予以转回，调整本期未分配利润年初数。

在连续编制合并财务报表进行抵销处理时，首先，将上期资产减值损失中抵销的存货跌价准备对本期期初未分配利润的影响予以抵销，即按上期资产减值损失项目中抵销的存货跌价准备的数额，借记"存货跌价准备"项目，贷记"期初未分配利润"项目；其次，对于本期购进内部单位的存货以销售公司销售收入的数额，借记"主营业务收入"项目，贷记"主营业务成本"项目，同时，对于本期购进内部单位的存货视其对外销售情况，借记"主营业务成本"项目，贷记"存货"项目；再次，对于本期对内部购进存货在个别财务报表中补提或者冲销的存货跌价准备的数额也应予以抵销，借记或贷记"存货跌价准备"项目，贷记或借记"资产减值损失"项目。

例6：乙公司为甲公司的控股子公司，20*8年12月31日作为资产负债表日，甲公司上期向乙公司销售商品50万元，其销售成本为40万元；乙公司前期购进的该商品前期全部未实现对外销售。乙公司期末对存货进行检查时，发现该存货已经部分陈旧，其可变现净值降至42万元，乙公司期末对该存货计提存货跌价准备8万元。在编制上期合并会计报表时，已将该存货跌价准备予以抵销(有关抵销处理见例4)。本期乙公司从公司购进存货150万元，公司销售该商品的销售成本为120万元。乙公司上期从公司购进存货本期全部售出，销售价格为55万元；本期从公司购进存货销售40%，销售价格为75万元，另60%形成期末存货(其取得成本为90万元)，本期期末该内部购进存货的可变现净值为80万元。本期计提存货跌价准备10万元。

抵销分录为：
借：存货跌价准备　　　　　　　　　　　　80,000
　　贷：期初未分配利润　　　　　　　　　　　　80,000
借：期初未分配利润　　　　　　　　　　　100,000
　　贷：主营业务成本　　　　　　　　　　　　　100,000
借：主营业务收入　　　　　　　　　　　1,500,000
　　贷：主营业务成本　　　　　　　　　　　　1,500,000
借：主营业务成本　　　　　　　　　　　　180,000
　　贷：存货　　　　　　　　　　　　　　　　　180,000
借：存货跌价准备　　　　　　　　　　　　20,000
　　贷：资产减值损失　　　　　　　　　　　　　20,000

4. 集团内部固定资产交易业务未实现利润的抵销

集团内部母公司与子公司、子公司相互之间销售商品（或提供劳务，下同）或其他方式形成的固定资产所包含的未实现内部销售利润应当抵销。对固定资产计提的跌价准备或减值准备与未实现内部销售利润相关的部分应当抵销。集团内部的母公司与子公司、子公司相互之间发生的固定资产交易，在个别资产负债表中购买公司形成一项固定资产，相应的也要支付一定的资产作为取得该项固定资产的成本，销售公司一方面是资产的减少或劳务成本的增加，另一方面是销售收入的增加。但是，这种固定资产交易，从整个集团公司而言，既没有增加固定资产的价值，也没有增加集团公司的利润，因此在编制合并会计报表时，要将包含在固定资产价值中的未实现内部销售利润予以抵销。

（1）内部固定资产交易发生当期的抵销处理

将内部交易固定资产相关的销售收入、销售成本以及固定资产中包含的未实现内部销售利润予以抵销。抵销分录为：按照销售公司的销售该固定资产的销售收入、销售成本，借记"主营业务收入"项目，贷记"主营业务成本"项目，以两者之间的差额，即未实现内部销售利润贷记"固定资产"项目。

例1：甲公司有乙和丙两个子公司，乙公司将自己生产的产品销售给丙公司，该产品销售价格为1,000,000元，成本为600,000元，丙公司将该产品作为固定资产管理。

此时，应当将乙公司该产品的销售收入1,000,000元和销售成本600,000元及丙公司固定资产价值中包含的400,000元未实现内部销售利润予以抵销。在合并工作底稿中应编制如下抵销分录：

借：主营业务收入　　　　　　　　　　　1,000,000
　　贷：主营业务成本　　　　　　　　　　　　　600,000
　　　　固定资产　　　　　　　　　　　　　　　400,000

（2）计提折旧的内部交易固定资产的抵销处理

在对集团内部母公司与子公司、子公司相互之间销售商品形成的固定资产所包含的未实现销售利润进行抵销的同时，也应当对固定资产的折旧额与未实现内部销售损益相关的部分进行抵销。

①内部固定资产交易发生当期的抵销处理

将内部交易固定资产相关的销售收入、销售成本以及固定资产中包含的未实现内部销售利润予以抵销。抵销分录为：首先，按照销售公司销售该固定资产的销售收入、销售成本，借记"主营业务收入"，贷记"主营业务成本"，以两者之间的差额，即未实现内部销售利润贷记"固定资产"；其次，按当期多计提的累计折旧数额，借记"累计折旧"项目，贷记"管理费用"（为便于理解，本节有关内部交易固定资产多计提的折旧费用的抵销，均假定该固定资产为管理用固定资产，通过"管理费用"项目进行抵销）

例2：乙和丁均为甲公司的子公司，子公司乙以500,000元的价格将其生产的产品销售给子公司丁，其销售成本为300,000元，因该内部固定资产交易实现的销售利润为200,000元。子公司丁购买该产品作为管理用固定资产，按500,000元的原价入账并在其个别资产负债表中列示。假定子公司丁对该固定资产按5年的使用期限计提折旧，预计净残值为零；该固定资产交易时间为本年1月1日，为简化抵销处理,该项固定资产按 12 个月计提折旧。当年计提折旧额为 100,000 元,而按抵销其原价中包含的未实现内部销售利润后的原价计提的折旧额为 60,000 元,当期多计提的折旧额为 40,000 元。

抵销分录为:

借:主营业务收入	500,000
贷:主营业务成本	300,000
固定资产	200,000
借:累计折旧	40,000
贷:管理费用	40,000

②内部交易固定资产使用会计期间的抵销处理

在以后的会计期间,该内部交易固定资产仍然以其原价在购买公司的个别资产负债表中列示,因此,首先必须将其固定资产中包含的未实现内部销售利润的数额予以抵销;相应的,销售公司以前会计期间由于该内部交易固定资产所实现的销售利润,形成销售当期的净利润的一部分并结转到以后的会计期间,在其个别会计报表中反映,因此必须将期初未分配利润中包含的该未实现内部销售利润予以抵销,以调整期初未分配利润的数额。其次对于该固定资产在以前会计期间使用并计提而形成的期初累计折旧,由于以前会计期间按包含有未实现内部销售利润的原价为依据而多计提的折旧额的抵销;一方面必须按照以前会计期间累计多计提的折旧额抵销期初累计折旧;另一方面由于以前会计期间累计折旧抵销而影响到期初未分配利润,必须调整期初未分配利润的数额。通过这一抵销,该内部交易固定资产以前会计期间的累计折旧恢复到以不包含未实现内部销售利润的原价为基础计提的累计折旧的数额。最后,该内部交易固定资产在本期使用并计提折旧,由于多计提折旧导致本期有关费用项目增加并形成累计折旧,为此一方面必须将本期多计提累计折旧而计入当期费用予以抵销。通过这一抵销,该内部交易固定资产本期计提的累计折旧恢复到以不包含未实现内部销售利润的原价为基础计提的累计折旧的数额。其抵销分录为:首先将内部交易中包含的未实现内部销售利润抵销,借记"期初未分配利润"项目,贷记"固定资产"项目;其次,将以前年度会计期间内部交易固定资产多计提的累计折旧抵销,并调整期初未分配利润,借记"累计折旧"项目,贷记"期初未分配利润"项目;再次,将本期由于该内部交易固定资产的使用而多计提的折旧费用予以抵销,借记"固定资产"项目,贷记"管理费用"项目。

例 3:接例 2,第二年编制合并会计报表时,应当编制如下抵销分录进行处理:

抵销分录为:

借:期初未分配利润	200,000
贷:固定资产	200,000
借:累计折旧	40,000
贷:期初未分配利润	40,000
借:累计折旧	40,000
贷:管理费用	40,000

第三年编制合并会计报表时,应当编制如下抵销分录进行处理:

借:期初未分配利润	200,000
贷:固定资产	200,000
借:累计折旧	80,000
贷:期初未分配利润	80,000
借:累计折旧	40,000
贷:管理费用	40,000

第四年编制合并会计报表时,应当编制如下抵销分录进行处理:

借:期初未分配利润	200,000
贷:固定资产	200,000

借:累计折旧　　　　　　　　　　　　　120,000
　　　　贷:期初未分配利润　　　　　　　　　　　　120,000
　　借:累计折旧　　　　　　　　　　　　　40,000
　　　　贷:管理费用　　　　　　　　　　　　　　　40,000

(3)内部交易固定资产清理会计期间的抵销处理

①内部交易固定资产使用期限届满进行清理时的抵销处理

对公司集团来讲,随着该内部交易固定资产的使用期满,其包含的未实现的内部利润也转化为实现利润。由于销售公司因该内部交易固定资产所实现的利润,作为期初未分配利润的一部分已结转到购买公司对该内部交易固定资产进行清理的会计期间。为此,必须调整期初未分配利润。在固定资产进行清理的会计期间,如继续使用则须计提折旧,本期计提折旧中仍然包含有多计提的折旧,因此需要将多提的累计折旧费用予以调整。

例4:接例3,子公司在第五年该固定资产使用期满时对其报废清理,该固定资产报废清理时实现固定资产清理净收益20,000元,在其当期个别利润表中以营业外收入项目列示。此时编制合并会计报表,将本期多计提的折旧费用抵销并调整期初未分配利润时,需要编制如下抵销分录:

　　借:期初未分配利润　　　　　　　　　　40,000
　　　　贷:管理费用　　　　　　　　　　　　　　　40,000

②内部交易固定资产超期使用进行清理时的抵销处理

在这种情况下,在内部交易固定资产清理前的会计期间,该固定资产仍按包含未实现内部销售利润的原价及计提的累计折旧,在购买公司的个别资产负债表中列示;由于销售公司因该内部交易固定资产所实现的利润,作为期初未分配利润的一部分已结转到购买公司对该内部交易固定资产进行清理的会计期间。为此,需要将该固定资产原价中包含的未实现内部销售利润予以抵销,并调整期初未分配利润。在固定资产使用期满的会计期间,如继续使用则须计提折旧,本期计提折旧中仍然包含有多计提的折旧,因此需要将多提的累计折旧费用予以调整。同时对继续使用的以后年度每期对以前年度的未实现内部利润,与提取的超额累计折旧予以抵销。在抵销分录中分固定资产使用期限届满当期与固定资产使用期限届满以后各期两个部分处理:a.固定资产使用期限届满当期,对未实现内部利润的数额,借记"期初未分配利润"贷记"固定资产",对以前会计期间所提取的超额累计折旧的数额,借记"累计折旧",贷记"期初未分配利润",对本期所提取的累计折旧,借记"累计折旧",贷记"管理费用"。b.固定资产使用期限届满以后各期,对未实现内部利润的数额,借记"期初未分配利润",贷记"固定资产",对以前会计期间所提取的超额累计折旧的数额,借记"累计折旧",贷记"期初未分配利润"。

A.固定资产使用期限届满当期

例5:接例4,该内部交易固定资产在第五年后仍继续使用,则第五年编制合并计报表时,则须编制如下抵销分录:

　　借:期初未分配利润　　　　　　　　　　200,000
　　　　贷:固定资产　　　　　　　　　　　　　　　200,000
　　借:累计折旧　　　　　　　　　　　　　160,000
　　　　贷:期初未分配利润　　　　　　　　　　　　160,000
　　借:累计折旧　　　　　　　　　　　　　40,000
　　　　贷:管理费用　　　　　　　　　　　　　　　40,000

B.固定资产使用期限届满以后各期

例6:接例5,假设该内部交易固定资产第六年仍继续使用。此时编制合并会计报表时,应编制如下抵销分录:

　　借:期初未分配利润　　　　　　　　　　200,000
　　　　贷:固定资产　　　　　　　　　　　　　　　200,000

```
借：累计折旧                200,000
    贷：期初未分配利润              200,000
```

对于超期使用的内部交易的固定资产，由于当期对该内部交易的固定资产进行了清理，其实物已不存在，不存在固定资产原值中包含未实现内部销售利润的抵销问题；同时，该固定资产累计折旧也随着固定资产而核销，也不存在固定资产使用多计提折旧的抵销问题。因此，在编制对该内部交易固定资产进行清理的会计期间的合并财务报表时，不需要进行抵销处理。

③内部交易固定资产使用期限未满提前进行清理时的抵销处理

在这种情况下，虽然该固定资产尚未使用至期满，但是该固定资产实体已经不存在，因此不存在未实现内部销售利润抵销问题，但是由于固定资产提前报废，固定资产原价中包含的未实现销售利润随着清理成为实现的损益。对销售公司来说，因该内部交易固定资产所实现的利润作为期初未分配利润的一部分结转到购买公司对该内部交易固定资产清理的会计期间。为此，必须调整期初未分配利润。在固定资产使用期限未满进行清理的会计期间仍须计提折旧，本期计提折旧仍然包含有多计提的折旧，因此需要将多计提的折旧费用予以抵销。

例7：接例2，假设子公司B于第四年对该固定资产进行清理报废，该固定资产清理净收入为250,000元。

抵销分录为：

```
借：期初未分配利润            200,000
    贷：营业外收入                  200,000
借：营业外收入                120,000
    贷：期初未分配利润              120,000
借：营业外收入                 40,000
    贷：管理费用                    40,000
```

母公司在报告期内因同一控制下公司合并增加的子公司，编制合并资产负债表时，应当调整合并资产负债表的期初数。

因非同一控制下公司合并增加的子公司，编制合并资产负债表时，不应当调整合并资产负债表的期初数。

母公司在报告期内处置子公司，编制合并资产负债表时，不应当调整合并资产负债表的期初数。

(二)合并利润表格式及应抵销的项目与抵销分录

合并利润表应当以母公司和子公司的利润表为基础，在抵销母公司与子公司、子公司相互之间发生的内部交易对合并利润表的影响后，由母公司合并编制。母公司在报告期内因同一控制下公司合并增加的子公司，应当将该子公司合并当期期初至报告期末的收入、费用、利润纳入合并利润表；因非同一控制下公司合并增加的子公司，应当将该子公司购买日至报告期末的收入、费用、利润纳入合并利润表；母公司在报告期内处置子公司，应当将该子公司期初至处置日的收入、费用、利润纳入合并利润表。

对于公司集团内部母公司与子公司、子公司相互之间销售商品，期末未实现对外销售而形成存货、固定资产、工程物资、在建工程、无形资产等资产的交易在合并资产负债表中已经详细介绍在本部分不再涉及。合并利润表与利润表的格式相同。

1. 集团内部非股权投资收益和利息费用的抵销

集团内部母公司与子公司、子公司相互之间持有对方债券所产生的投资收益，应当与其相对应的发行方利息费用相互抵销。集团内部母公司与子公司、子公司与子公司相互之间提供的资金信贷或相互持有公司债券，例如母公司发行公司债券，子公司购入母公司发行的部分债券作为债券投资，母公司按照规定的利率计算应付子公司持有的母公司债券应计的利息费用，作为财务费用，而子公司则确认为投资收益。从整个集团来看，母公司的财务费用与子公司的投资收益应相互抵销。

例：母公司甲公司20*7年1月1日发行公司债券,子公司乙购入了母公司发行的部分债券作为债券投资,20*7年母公司甲公司应付给子公司的债券利息收入为200,000元,子公司20*7年则确认为投资收益。

借:投资收益　　　　　　　　　　　　　　　200,000
　　贷:财务费用　　　　　　　　　　　　　　200,000

2.集团内部股权投资收益与子公司利润分配的抵销

集团内部母公司对子公司、子公司相互之间持有对方长期股权投资的投资收益,应当与对方当期净利润相互抵销。子公司当期净损益中属于少数股东权益的份额,应当在合并利润表净利润项目下以"少数股东损益"项目列示集团内部投资收益是指母公司对子公司权益性资本投资收益,它实际上就是子公司净利润中母公司长期股权投资应享有的份额。子公司的利润分配各项目的数额,包括提取的盈余公积、分配利润和期末未分配利润的数额与子公司的期初未分配利润和母公司按持股比例确认的投资收益相抵销,对于非全资子公司,按其差额计入"少数股东收益"项目(即少数股东持有的比例应确认的投资收益)。

例：A公司为公司的非全资子公司,公司拥有其80%的股份。子公司本期净利润为800,000元,公司对子公司本期投资收益为640,000元,子公司少数股东本期收益为160,000元,子公司期初未分配利润300,000元,子公司本期提取盈余公积100,000元、分配利润400,000元、未分配利润600,000元。

抵销分录为:

借:投资收益　　　　　　　　　　　　　　　640,000
　　少数股东损益　　　　　　　　　　　　　160,000
　　期初未分配利润　　　　　　　　　　　　300,000
　　贷:提取盈余公积　　　　　　　　　　　　100,000
　　　　应付利润　　　　　　　　　　　　　　400,000
　　　　未分配利润　　　　　　　　　　　　　600,000

在合并财务报表中,子公司少数股东分担的当期亏损超过了少数股东在该子公司期初所有者权益中所享有的份额的,其余额仍应当冲减少数股东权益。

(三)合并现金流量表格式及应抵销的项目与抵销分录

合并现金流量表应当以母公司和子公司的现金流量表为基础,在抵销母公司与子公司、子公司相互之间发生的内部交易对合并现金流量表的影响后,由母公司合并编制。

对于在报告期内母公司取得、处置子公司的处理:母公司在报告期因同一控制下公司合并增加的子公司,应当将该子公司合并当期期初至报告期末的现金流量纳入合并现金流量表;因非同一控制下公司合并增加的子公司,应当将该子公司购买日至报告期末的现金流量纳入合并现金流量表;母公司在报告期内处置子公司,应当将该公司期初至处置日的现金流量纳入合并现金流量表。

合并现金流量表格式与现金流量表格式相同。

合并现金流量表补充资料可以根据合并资产负债表和合并利润表进行编制。

(1)合并现金流量表的抵销项目

①母公司与子公司、子公司相互之间当期以现金投资或收购股权增加的投资所产生的现金流量应当抵销。

②母公司与子公司、子公司相互之间当期取得投资收益收到的现金,应当与分配股利、利润或偿付利息支付的现金相互抵销。

③母公司与子公司、子公司相互之间以现金结算债权与债务所产生的现金流量应当抵销。

④母公司与子公司、子公司相互之间当期销售商品所产生的现金流量应当抵销。

⑤母公司与子公司、子公司相互之间处置固定资产、无形资产和其他长期资产收回的现金净额,应

当与购建固定资产、无形资产和其他长期资产支付的现金相互抵销。

⑥母公司与子公司、子公司相互之间当期发生的其他交易所产生的现金流量应当抵销。

例：甲公司及其子公司乙20*7年度涉及有关经济业务为：①甲公司以银行存款500,000元增加对乙公司的投资；②乙公司本年度分配20*6年度的现金股利1,000,000元，其中甲公司取得600,000元，该股利已经全部支付；③乙公司以200,000元偿还所欠甲公司20*6年商品款；④本年乙公司向甲公司销售产品共计468,000元，甲公司全部以银行存款结清；⑤甲公司将其不需用汽车一辆销售给乙公司，该汽车售价50,000元。

抵销分录如下：

①借：投资支付的现金　　　　　　　　　　　　500,000
　　贷：吸收投资收到的现金　　　　　　　　　　　　500,000
②借：分配股利、利润或偿付利息支付的现金　　600,000
　　贷：取得投资收益的现金　　　　　　　　　　　　600,000
③借：购买商品、接受劳务支付的现金　　　　　200,000
　　贷：销售商品、提供劳务收到的现金　　　　　　　200,000
④借：购买商品、接受劳务支付的现金　　　　　468,000
　　贷：销售商品、提供劳务收到的现金　　　　　　　468,000
⑤借：购建固定资产、无形资产和其他长期资产支付的现金　50,000
　　贷：处置固定资产、无形资产等的现金净额　　　　　50,000

四、合并所有者权益变动表格式及应抵销的项目与抵销分录

合并所有者权益变动表以母公司和子公司的所有者权益变动表为基础，在抵销母公司与子公司、子公司相互之间发生的内部交易对合并所有者权益变动表的影响后，由母公司合并编制。

（1）母公司对子公司的长期股权投资应当与母公司在子公司所有者权益中所享有的份额相互抵销。

各子公司之间的长期股权投资以及子公司对母公司的长期股权投资，应当比照此规定，将长期股权投资与其对应的子公司或母公司所有者权益中所享有的份额相互抵销。

（2）母公司对子公司、子公司相互之间持有对方长期股权投资的投资收益，应当与对方当期净利润相互抵销。

（3）母公司与子公司、子公司相互之间当期发生的其他交易对所有者权益变动的影响应当抵销。

合并所有者权益变动表也可以根据合并资产负债表和合并利润表进行编制。

合并所有者权益变动表的格式和所有者权益变动表的格式相同。

五、对复杂股权结构下合并抵销的补充说明

在多层控股、交叉持股等复杂股权结构方式形成企业集团的情况下，合并抵销的具体处理举例如下（下表为例1、例2、例3共用数据）：

项　　目	甲　企　业	乙　企　业	丙　企　业
股本（万元）	10,000	2,000	500
资本公积（万元）	60,000		
盈余公积（万元）	1,000	500	100
未分配利润（万元）	2,000	200	100
合计（万元）	73,000	2,700	700

注：例1、例2、例3举例均设定在以下假设下：①股权投资均无差额；②甲、乙、丙间不存在内部交易和往来；③20*7年度甲、乙、丙企业分别实现利润（不包括股权投资收益）4,000万元、600万元和200万元；④三家企业均不做利润分配处理。

1.母子孙企业股权结构下合并财务报表的逐级编制

例1：假设甲、乙、丙三家企业股权关系如下：

甲企业—（70%）—乙企业—（60%）—丙企业

20*7年1月1日，乙企业"长期股权投资—丙企业"账面余额为420万元（700×60%）、甲企业"长期股权投资—乙企业"账面余额为1,890万元（2,700×70%）。因甲企业间接持有丙企业60%的股权，丙企业应纳入甲企业编制的合并财务报表范围。甲企业编制以甲、乙、丙三家企业构成的企业集团为会计主体的合并财务报表可以分下面两个步骤进行：

(1)按照投资层次由下而上逐级确认各个企业的投资收益，完成按权益法对企业个别会计报表的调整。

①在乙企业编制合并报表时，根据丙企业个别报表，乙企业确认对丙企业的投资收益调整乙企业报表

借：长期股权投资—丙企业　　　　　　　　　　1,200,000
　　贷：投资收益　（200×60%万元）　　　　　　　　1,200,000

则乙企业20*7年度实现净利润720万元（600+120）。20*7年12月31日乙企业对丙企业长期股权投资报表余额为540万元（420+120）。

②在甲企业编制合并报表时，根据乙企业（合并）报表，甲企业确认对乙企业的投资收益调整甲企业报表

借：长期股权投资—丙企业　　　　　　　　　　5,040,000
　　贷：投资收益　　（720×70%万元）　　　　　　　5,040,000

则20*7年12月31日甲企业对乙企业长期股权投资报表余额为2,394万元（1,890+504）。

(2)根据合并范围内企业的个别财务报表，完成合并财务报表的逐级编制。

①在乙企业编制合并资产负债表时，首先将乙企业资产负债表（母公司）与丙企业资产负债表简单汇总，然后将乙企业股权投资与丙企业所有者权益项目抵销。

借：股本　　　　　　　　　　　　　　　　　　5,000,000
　　盈余公积　　　　　　　　　　　　　　　　1,000,000
　　未分配利润—期末（年初100万元+本年200万元）　3,000,000
　　贷：长期股权投资（年初420万元+调整120万元）　　5,400,000
　　　　少数股东权益（900×40%万元）　　　　　　　3,600,000

②在乙企业编制合并利润表时，首先将乙企业利润表（母公司）与丙企业利润表简单汇总，然后将乙企业投资收益与丙企业利润表项目抵销。

借：投资收益　　　　　　　　　　　　　　　　1,200,000
　　少数股东损益　　　　　　　　　　　　　　　800,000
　　未分配利润—年初　　　　　　　　　　　　1,000,000
　　贷：未分配利润—期末　　　　　　　　　　　　3,000,000

③在甲企业编制合并资产负债表时，首先将甲企业资产负债表（母公司）与乙企业资产负债表（合并）简单汇总，然后将甲企业股权投资与乙企业所有者权益项目抵销。

借：股本　　　　　　　　　　　　　　　　　　20,000,000
　　盈余公积　　　　　　　　　　　　　　　　5,000,000
　　未分配利润—期末　　　　　　　　　　　　9,200,000
　　贷：长期股权投资　　　　　　　　　　　　　　23,940,000
　　　　少数股东权益　（3,420×30%万元）　　　　　10,260,000

注：未分配利润—期末920万元=年初200万元+本年600万元+调整120万元；长期股权投资2,394万元=年初1,890万元+调整504万元。

④在甲企业编制合并利润表时,首先将甲企业利润表(母公司)与乙企业利润表(合并)简单汇总,然后将甲企业投资收益与乙企业利润表项目抵销

借:投资收益　　　　　　　　　　　　　5,040,000
　　少数股东损益　　　　　　　　　　　2,160,000
　　未分配利润—年初　　　　　　　　　2,000,000
　贷:未分配利润—期末　　　　　　　　　9,200,000

2. 母公司直接和间接合计控股结构

例 2:假设甲、乙、丙三家企业股权关系如下:
甲企业—(70%)—乙企业
甲企业—(40%)—丙企业
乙企业—(30%)—丙企业

则 20＊7 年 1 月 1 日,乙企业"长期股权投资—丙企业"账面余额为 210 万元(700×30%)、甲企业"长期股权投资—乙企业"账面余额为 1,890 万元(2,700×70%)、甲企业"长期股权投资—丙企业"账面余额为 280 万元(700×40%)。在这种股权结构下,对企业集团而言属于少数股东权益和损益的有两部分:一是乙企业权益和损益的 30%(1－70%);二是丙企业权益和损益的 30%(1－40%－30%)。

(1)按照投资层次由下而上确认各个企业的投资收益,按照权益法调整企业个别财务报表。
乙企业对丙企业的投资收益＝200×30%＝60(万元)
借:长期股权投资—丙企业　　　　　　　600,000
　贷:投资收益—丙企业　　　　　　　　　600,000
甲企业对乙企业的投资收益＝(600＋60)×70%＝462(万元)
借:长期股权投资—乙企业　　　　　　4,620,000
　贷:投资收益—乙企业　　　　　　　　4,620,000
甲企业对丙企业的投资收益＝200×40%＝80(万元)
借:长期股权投资—丙企业　　　　　　　800,000
　贷:投资收益—丙企业　　　　　　　　　800,000

(2)根据合并范围内企业的个别财务报表,完成合并财务报表的编制。

确认丙企业少数股东损益和权益数额最便捷的办法是将企业集团内部的投资收益和权益一并抵销。

①借:股本　　　　　　　　　　　　　　5,000,000
　　盈余公积　　　　　　　　　　　　1,000,000
　　未分配利润(年初 100 万元＋本年 200 万元)　3,000,000
　贷:长期股权投资(甲→丙)(900×40%万元)　3,600,000
　　　长期股权投资(乙→丙)(900×30%万元)　2,700,000
　　　少数股东权益　(900×30%万元)　　　　2,700,000

②借:投资收益(甲→丙)　　　　　　　　800,000
　　投资收益(乙→丙)　　　　　　　　600,000
　　少数股东损益　　　　　　　　　　600,000
　　未分配利润—年初　　　　　　　　1,000,000
　贷:未分配利润—期末　　　　　　　　3,000,000

其他合并抵销与母子孙股权结构下的处理相同。

例 3:假设甲、乙、丙三家企业股权关系如下:
甲企业—(70%)—乙企业

甲企业—（40%）—丙企业

乙企业—（15%）—丙企业

在本例中，乙企业对丙企业的持股比例由例2中的30%变为15%，其他条件不变。此时，合并抵销应关注的问题在于乙企业是否已经按照权益法调整了对丙企业的投资。

如果已经按照权益法调整，其合并财务报表的编制思路与例2相同。

如果未按照权益法调整，其合并财务报表的编制可以分为两个步骤进行：

第一步，以甲、乙、丙个别财务报表为基础编制待调整的合并财务报表；

第二步，按乙企业对丙企业的投资比例调整第一步的合并财务报表中的"少数股东权益"和"少数股东损益"项目，完成合并财务报表的编制。

因为合并财务报表以甲、乙、丙三家企业组成的企业集团为会计主体，对这个会计主体而言，少数股东权益和少数股东损益由两部分组成：一是乙企业权益和损益的30%，二是丙企业权益和损益的45%（1-40%-15%）。当按照第一步完成待调整的合并财务报表后，将丙企业60%（1-40%）的权益确认为"少数股东权益"、60%的损益确认为"少数股东损益"。两者的差额为15%，也就是乙企业对丙企业15%股权投资所对应的权益和损益部分，对这部分权益和损益应予转回，即做以下调整抵销分录：

①对丙企业本年度实现的损益做出调整

借：少数股东权益　　　　　300,000　　（200×15%）

　　贷：少数股东损益　　　　300,000　　（200×15%）

②就乙企业以前年度对丙企业未确认的投资收益做出调整

借：少数股东权益　　　　　150,000　　（100×15%）

　　贷：未分配利润—年初　　150,000（调整利润表项目）

多层控股、交叉持股等复杂股权结构中以上举例未予说明的情况，可参照以上步骤和原理进行合并调整与抵销。

3.母公司在报告期内增减子公司的处理

（1）增加子公司

①母公司在报告期内因同一控制下企业合并增加的子公司：

编制合并资产负债表时，应当调整合并资产负债表的期初数；编制合并利润表时，应当将该子公司合并当期期初至报告期末的收入、费用、利润纳入合并利润表；编制合并现金流量表时，应当将该子公司合并当期期初至报告期末的现金流量纳入合并现金流量表。

②母公司在报告期内因非同一控制下企业合并增加的子公司：

编制合并资产负债表时，不应当调整合并资产负债表的期初数；编制合并利润表时，应当将该子公司购买日至报告期末的收入、费用、利润纳入合并利润表；编制合并现金流量表时，应当将该子公司购买日至报告期末的现金流量纳入合并现金流量表。取得子公司支付的现金大于购买日或合并日子公司现金余额的部分，应当在投资支付的现金项目下以"取得子公司支付的现金"项目列示；取得子公司支付的现金小于购买日合并日子公司现金余额的部分，应当在"收到其他与投资活动有关的现金"项目列示。

（2）处置子公司

母公司在报告期内处置子公司，编制合并资产负债表时，不应当调整合并资产负债表的期初数；编制合并利润表时，应当将该子公司期初至处置日的收入、费用、利润纳入合并利润表；编制合并现金流量表时，应当将该子公司期初至处置日的现金流量纳入合并现金流量表。处置子公司收到的现金大于处置日子公司现金余额的部分，应当在收回投资收到的现金项目下以"处置子公司收到的现金"项目列示；处置子公司收到的现金小于处置日子公司现金余额的部分，应当在"支付其他与投资活动有关的现金"项目列示。

第四节 财务报表附注

附注是财务报表的重要组成部分。公司应当按照规定披露附注信息,主要包括下列内容:

一、公司的基本情况

(1)公司注册地、组织形式和总部地址。
(2)公司的业务性质和主要经营活动,如公司所处行业、所提供的主要产品或服务、客户性质、销售策略、监管环境的性质等。
(3)母公司以及集团最终母公司的名称。
(4)财务报告的批准报出者和财务报告批准报出日。

二、财务报表的编制基础

公司以持续经营为基础编制财务报表,根据实际发生的交易和事项,按照财政部于2006年2月15日颁布的《企业会计准则——基本准则》(财政部令第33号)及《财政部关于印发〈企业会计准则第1号——存货〉等38项具体准则的通知》(财会[2006]3号)和2006年10月30日颁布的《财政部关于印发〈企业会计准则——应用指南〉的通知》(财会[2006]18号)(以下简称"新企业会计准则")等有关规定,并基于以下所述重要会计政策、会计估计进行编制。

三、遵循企业会计准则的声明

公司编制的财务报表符合企业会计准则的要求,真实、完整地反映了公司的财务状况、经营成果和现金流量等有关信息。

四、重要会计政策和会计估计

公司应当披露采用的重要会计政策和会计估计,不重要的会计政策和会计估计可以不披露。在披露重要会计政策和会计估计时,应当披露重要会计政策的确定依据和财务报表项目的计量基础,以及会计估计中所采用的关键假设和不确定因素。

五、会计政策和会计估计变更以及差错更正的说明

公司应当按照《企业会计准则第28号——会计政策、会计估计变更和差错更正》及其应用指南的规定,披露会计政策和会计估计变更以及差错更正的有关情况。

六、报表重要项目的说明

公司对报表重要项目的说明,应当按照资产负债表、利润表、现金流量表、所有者权益变动表及其项目列示的顺序,采用文字和数字描述相结合的方式进行披露。报表重要项目的明细金额合计,应当与报表项目金额相衔接。

以下是报告附注披露的基本要求,以后每年根据国资委和证监会的要求,具体披露内容或格式可能会发生变化。

1. 货币资金的披露格式

项 目	年末余额	年初余额
现金		
银行存款		
其他货币资金		
合计		

披露截至本报告日：①银行存款中，含在中交股份结算中心的存款余额；②其他货币资金中包括的内容，如：银行本票存款、银行汇票存款、外埠存款、信用卡存款等；③披露受到限制的存款，受到限制的存款主要包括银行承兑汇票保证金存款、保函保证金存款等。

(1) 货币资金中包括以下外币余额：

项 目	年 末 数			年 初 数		
	外币金额	汇率	折合人民币	外币金额	汇率	折合人民币
美元						
港元						
日元						
欧元						
……						

注：分现金、银行存款、其他货币资金分别披露外币情况。

(2) 货币资金中活期存款与定期存款金额，其中质押金额及内容。

2. 交易性金融资产的披露格式

项 目	年末公允价值	年初公允价值
交易性债券投资		
交易性权益工具投资		
指定为以公允价值计量且其变动计入当期损益的金融资产		
衍生金融资产		
其他		
合计		

注：披露截至本报告日：公允价值的来源；衍生金融资产的具体内容；"其他"具体内容。

3. 应收票据

票据种类	年末余额	年初余额
银行承兑汇票		
商业承兑汇票		
合计		

注：应补充披露年末附追索权的未到期已贴现和未到期已背书的应收票据情况。

4. 应收账款

种 类	年 末 数			
	账面余额		坏账准备	
	金额	比例(%)	金额	比例(%)
单项金额重大并单项计提坏账准备的应收账款				
按组合计提坏账准备的应收账款			—	

续上表

种　　类	年　末　数			
	账　面　余　额		坏　账　准　备	
	金额	比例(%)	金额	比例(%)
[组合1]中交集团内部应收款项				
[组合2]保证金				
[组合3]账龄				
……				
组合小计				
单项金额虽不重大但单项计提坏账准备的应收账款				
合计				

种　　类	年　初　数			
	账　面　余　额		坏　账　准　备	
	金额	比例(%)	金额	比例(%)
单项金额重大并单项计提坏账准备的应收账款				
按组合计提坏账准备的应收账款				
[组合1]中交集团内部应收款项				
[组合2]保证金				
[组合3]账龄				
……				
组合小计				
单项金额虽不重大但单项计提坏账准备的应收账款				
合计				

注:账面余额中的比例按年末该类应收账款除以应收账款合计数计算,坏账准备比例按该类应收账款期末已计提坏账准备除以期末该类应收账款金额计算。

(1)按组合计提坏账准备的应收账款
①采用账龄分析法计提坏账准备的应收账款

账　　龄	年　末　数			年　初　数		
	账面余额		坏账准备	账面余额		坏账准备
	金额	比例(%)		金额	比例(%)	
1年以内(含1年)						
1－2年(含2年)						
2－3年(含3年)						
3－4年(含3年)						
4－5年(含5年)						
5年以上						
合计						

②采用其他方法计提坏账准备的应收账款

组　合　名　称	年　末　数			年　初　数		
	账面余额	比例(%)	坏账准备	账面余额	比例(%)	坏账准备
[组合1]中交集团内部应收款项						
[组合2]保证金						
合计						

注:上述"组合1"、"组合2"……处应填写具体的组合名称。

(2)单项计提坏账准备的应收账款

①年末单项金额重大并单项计提坏账准备的应收账款

债务人名称	账面余额	坏账准备	账龄	计提比例	计提理由
合计			—	—	—

②年末单项金额虽不重大但单项计提坏账准备的应收账款

债务人名称	账面余额	坏账准备	账龄	计提比例	计提理由
合计			—	—	—

(3)本年转回或收回的情况

债务人名称	转回或收回原因	确定坏账准备的依据	转回或收回前累计已计提坏账准备金额	转回或收回金额
合计	—	—		

注:本表列报本报告期前已全额计提坏账准备,或计提减值准备比例较大,但在本年又全额收回或转回,或在本年收回或转回比例较大的应收账款。对本年通过重组等方式收回的金额重大的应收账款,则应逐笔列报,金额不重大的可汇总列报。

(4)本年实际核销的应收账款情况

债务人名称	应收账款性质	核销金额	核销原因	是否因关联交易产生
合计	—		—	—

5. 预付账款

账 龄	年末余额		年初余额	
	金额	比例(%)	金额	比例(%)
1年以内(含1年)				
1—2年(含2年)				
2—3年(含3年)				
3年以上				
合计				

注:账龄1年以上预付账款主要系****(说明账龄超过1年未收回预付款项的原因)。

6. 其他应收款

种 类	年 末 数			
	账面余额		坏账准备	
	金额	比例(%)	金额	比例(%)
单项金额重大并单项计提坏账准备的其他应收款				
按组合计提坏账准备的其他应收款	—	—	—	—
[组合1]中交集团内部应收款项				
[组合2]保证金				
[组合3]员工个人借款、备用金				
[组合4]账龄				
……				
组合小计				
单项金额虽不重大但单项计提坏账准备的其他应收款				
合计				

种 类	年 初 数			
	账面余额		坏账准备	
	金额	比例(%)	金额	比例(%)
单项金额重大并单项计提坏账准备的其他应收款				
按组合计提坏账准备的其他应收款				
[组合1]中交集团内部应收款项				
[组合2]保证金				
[组合3]员工个人借款、备用金				
[组合4]账龄				
……				
组合小计				
单项金额虽不重大但单项计提坏账准备的其他应收款				
合计				

注：账面余额中的比例按年末该类其他应收款除以其他应收款合计数计算，坏账准备比例按该类其他应收款期末已计提坏账准备除以期末该类其他应收款金额计算。

(1) 按组合计提坏账准备的其他应收款

① 采用账龄分析法计提坏账准备的其他应收款

账 龄	年 末 数			年 初 数		
	账面余额		坏账准备	账面余额		坏账准备
	金额	比例(%)		金额	比例(%)	
1年以内(含1年)						
1—2年(含2年)						
2—3年(含3年)						
3—4年(含3年)						
4—5年(含5年)						
5年以上						
合计						

②采用其他方法计提坏账准备的其他应收款

组合名称	年末数			年初数		
	账面余额	比例(%)	坏账准备	账面余额	比例(%)	坏账准备
[组合1]中交集团内部应收款项						
[组合2]保证金						
[组合3]员工个人借款、备用金						
合计						

(2)单项计提坏账准备的其他应收款

①年末单项金额重大并单项计提坏账准备的其他应收款

债务人名称	账面余额	坏账准备	账龄	计提比例	计提理由
合计			—	—	—

②年末单项金额虽不重大但单项计提坏账准备的其他应收款

债务人名称	账面余额	坏账准备	账龄	计提比例	计提理由
合计			—	—	—

(3)本年转回或收回的情况

债务人名称	转回或收回原因	确定坏账准备的依据	转回或收回前累计已计提坏账准备金额	转回或收回金额
合计	—	—		

注:本表列报本报告期前已全额计提坏账准备,或计提减值准备比例较大,但在本年又全额收回或转回,或在本年收回或转回比例较大的其他应收款。对本年通过重组等方式收回的金额重大的其他应收款,则应逐笔列报,金额不重大的可汇总列报。

(4)本年实际核销的其他应收款情况

债务人名称	应收款项性质	核销金额	核销原因	是否因关联交易产生
合计			—	—

7.存货

(1)存货分类

项 目	年 末 数		
	账面余额	跌价准备	账面价值
原材料			
自制半成品及在产品			
库存商品(产成品)			
周转材料(包装物、低值易耗品等)			
消耗性生物资产			
工程施工(已完工未结算款)			
其他			
合计			

项 目	年 初 数		
	账面余额	跌价准备	账面价值
原材料			
自制半成品及在产品			
库存商品(产成品)			
周转材料(包装物、低值易耗品等)			
消耗性生物资产(详见下表)			
工程施工(已完工未结算款)			
其他			
合计			

注：被抵押、质押等所有权受到限制的存货情况。

(2)年末余额中借款费用资本化情况

项 目	年 末 余 额	年 初 余 额
合计		

8.一年内到期的非流动资产

项 目	年 末 余 额	年 初 余 额
一年内到期的长期应收款		
合计		

9.其他流动资产的披露格式

项 目	年末账面价值	年初账面价值
合计		

10. 可供出售金融资产的披露格式

项　　目	年末公允价值	年初公允价值
可供出售债券		
可供出售权益工具		
其他		
合计		

11. 持有至到期投资的披露格式

项　　目	年末账面余额	年初账面余额
合计		

12. 长期应收款的披露格式

项　　目	年　末　数		年　初　数	
	年末余额	坏账准备	年初余额	坏账准备
一年以上的应收工程款				
一年以上的应收工程质量保证金				
BT合同等长期应收款项				
融资租赁				
分期收款销售商品				
其他				
合计				

13. 长期股权投资

(1) 长期股权投资的披露格式如下：

项　　目	年初账面余额	本年增加额	本年减少额	年末账面余额
对子公司投资				
对合营企业投资				
对联营企业投资				
其他企业投资				
小计				
减:长期股权投资减值准备				
合计				

(2) 长期股权投资明细

被投资单位	核算方法	投资成本	年初余额	增减变动	年末余额
合计	—				
其中①					
②					

续上表

被投资单位	核算方法	投资成本	年初余额	增减变动	年末余额
…					

被投资单位	在被投资单位持股比例(%)	年末累计减值准备	本年计提减值准备	本年现金红利
合计				
其中①				
②				
……				

注：若对被投资单位持股比例与其在被投资单位表决权比例不一致，应说明原因。

（3）其中：对合营企业投资和联营企业投资

被投资单位名称	本企业持股比例(%)	年末资产总额	年末负债总额	年末净资产总额	本年营业收入总额	本年净利润
①合营企业						
其中：						
②联营企业						
其中：						

注：披露要求：①合营企业联营企业的重要会计政策、会计估计与公司的会计政策、会计估计存在重大差异的说明；②若对被投资单位持股比例与其在被投资单位表决权比例不一致，应说明原因；③若在权益法核算时未按照被投资单位账面净利润与被投资股权比例确认投资收益，应当说明原因以及影响金额（如股权比例与享有或承担的权益不一致、投资单位与合营单位会计政策和会计估计存在重大差异、取得合营企业时其可辨认净资产与账面价值存在差异等）。

（4）向投资企业转移资金能力受到限制的有关情况

向投资企业转移资金能力受到限制的长期股权投资项目	受限制的原因	当期累计未确认的投资损失金额

14. 投资性房地产

按成本模式进行后续计量的投资性房地产：

项　　目	年初账面余额	本年增加额	本年减少额	年末账面余额
一、原价合计				
1.房屋、建筑物				
2.土地使用权				
二、累计折旧和累计摊销合计				
1.房屋、建筑物				
2.土地使用权				
三、投资性房地产减值准备累计金额合计				
1.房屋、建筑物				
2.土地使用权				
四、投资性房地产账面价值合计				
1.房屋、建筑物		—	—	
2.土地使用权		—	—	

15.固定资产

(1)固定资产类别

项　　目	年初账面余额	本年增加额	本年减少额	年末账面余额
一、原价合计				
其中:房屋及建筑物				
机械设备				
船舶				
运输工具				
办公及电子设备				
临时设施				
二、累计折旧合计				
其中:房屋及建筑物				
机械设备				
船舶				
运输工具				
办公及电子设备				
临时设施				
三、减值准备金额合计				
其中:房屋及建筑物				
机械设备				
船舶				
运输工具				
办公及电子设备				
临时设施				
四、固定资产账面价值合计				
其中:房屋及建筑物		—	—	
机械设备		—	—	
船舶		—	—	
运输工具		—	—	
办公及电子设备		—	—	
临时设施		—	—	

注:被抵押、质押等所有权受到限制的固定资产情况。

(2)年末持有待售的固定资产情况

固定资产名称	预计处置时间	预计处置费用	账　面　价　值	公　允　价　值
合计				

16. 在建工程

工程 名 称	预算数	工程投入占预算比例（%）	年 初 数			本年增加	其中：
			余额	利息资本化金额	减值准备		利息资本化金额
合计							
其中：							
1.							
2.							
……							
10.							

工程 名 称	本年减少	其中：	年 末 数			资金来源
		转入固定资产	余额	利息资本化金额	减值准备	
合计						
其中：						
1.						
2.						
……						
10.						

17. 无形资产

(1) 无形资产分类

项　　　目	年初账面余额	本年增加额	本年减少额	年末账面余额
一、原价合计				
二、累计摊销额合计				
三、无形资产减值准备金额合计				
四、无形资产账面价值合计				

注：被抵押、质押等所有权受到限制的无形资产情况。

(2) 开发支出

项　　　目	年初余额	本年增加	本 年 减 少		年末余额
			计入当期损益	确认为无形资产	
合计					

18. 商誉

项　　目	年初账面余额	本年增加额	本年减少额	年末账面余额
合计				

注：说明商誉的形成来源及减值准备测试情况。

19. 递延所得税资产

(1) 已确认的递延所得税资产及可抵扣暂时性差异

项　　目	年末账面余额		年初账面余额	
	递延所得税资产	应纳税暂时性差异	递延所得税资产	应纳税暂时性差异
内退及离退休人员福利				
资产减值准备				
固定资产折旧				
累计未弥补亏损				
公允价值变动				
折现				
其他				
合计				

(2) 未确认的递延所得税资产

项　　目	金　　额	到　期　日
可抵扣暂时性差异		
可抵扣的经营亏损		
……		
合计		

注：应披露未确认递延所得税资产的可抵扣暂时性差异、可抵扣亏损等的金额(存在到期日的,还应披露到期日)。

20. 长期待摊费用

种　类	原始成本	年初余额	本年增加	本年减少	其中:本年摊销	年末余额	剩余摊销年限
合计							
其中:							
1.							
2.							
……							
10.							

21. 所有权受到限制的资产

所有权受到限制的资产	年初账面价值	本年增加额	本年减少额	年末账面价值
一、用于担保的资产				

续上表

所有权受到限制的资产	年初账面价值	本年增加额	本年减少额	年末账面价值
二、其他原因造成所有权受到限制的资产				
合计				

注：应披露资产所有权受到限制的原因。

22. 其他非流动资产

项目	原始成本	年初余额	本年增加	本年减少	年末余额	累计摊销额

23. 短期借款

(1) 借款分类

借款类别	年末账面余额	年初账面余额
信用借款		
抵押借款		
质押借款		
保证借款		
合计		

注：＊＊借款中＊＊元系中交股份结算中心借款。

(2) 抵押借款

贷款单位	贷款金额	抵押物	抵押物账面价值
合计			

注：一年以内到期的长期抵押借款＊＊万元也用该房屋建筑物担保。

(3) 质押借款

贷款单位	贷款金额	质押物	质押物账面价值
合计			

(4) 保证借款（含公司内部担保）

贷款单位	贷款金额	担保(保证)单位

续上表

贷款单位	贷款金额	担保(保证)单位
合计		

24.交易性金融负债

项目	年末公允价值	年初公允价值
发行的交易性债券		
指定为以公允价值计量且其变动计入当期损益的金融负债		
衍生金融负债		
其他		
合计		

25.应付票据

票据种类	年末余额	年初余额
银行承兑汇票		
商业承兑汇票		
合计		

26.应付账款

(1)账龄分析

账龄	年末余额		年初余额	
	金额	比例(%)	金额	比例(%)
1年以内				
1—2年				
2—3年				
3年以上				
合计				

(2)账龄超过1年的大额应付账款

债权人名称	年末账面余额	账龄	未付原因
其他			
合计			

27.预收账款

(1)账龄分析

账 龄	年 末 余 额		年 初 余 额	
	金额	比例（％）	金额	比例（％）
1年以内				
1－2年				
2－3年				
3年以上				
合计				

（2）一年以上预收账款未结转收入情况

债权人名称	年末账面余额	未结转收入原因
其他		
合计		

28. 其他应付款

（1）账龄分析

账 龄	年 末 余 额		年 初 余 额	
	金额	比例（％）	金额	比例（％）
1年以内				
1－2年				
2－3年				
3年以上				
合计				

（2）账龄在1年以上大额其他应付款情况

债权人名称	年末账面余额	账 龄	未付原因
其他			
合计			

（3）单项金额较大的

单位/项目	所 欠 金 额	性质或内容

29. 应付职工薪酬

项　　目	年初账面余额	本年增加额	本年支付额	年末账面余额
工资、奖金、津贴和补贴				
职工福利费				
社会保险费				
其中:医疗保险费				
基本养老保险费				
年金缴费				
失业保险费				
工伤保险费				
生育保险费				
住房公积金				
工会经费和职工教育经费				
非货币性福利				
因解除劳动关系给予的补偿				
其他				
合计				

注:应说明企业本年为职工提供的各项非货币性福利形式、金额及其计算依据。

30. 应交税费

项　　目	年初账面余额	本年应交	本年已交	年末账面余额
营业税				
……				
合计				

31. 一年内到期的非流动负债

项　　目	年末余额	年初余额	备　　注
一年内到期的长期借款			
其中:信用借款			
保证借款			
抵押借款			
质押借款			
一年内到期的应付债券			
一年内到期的长期应付款			应付职工精算款、应付质保金等
一年内到期的其他长期负债			
合计			

注:①年末是否存在已到期未偿还的款项及其金额;②负债到期但未偿还的原因及预计还款期;③备注披露具体的内容。

32.其他流动负债

项　　目	年末账面余额	年初账面余额
合计		

注：短期融资债券在其他流动负债填列。

33.长期借款

(1)长期借款的分类

借款类别	年末账面余额	年初账面余额
信用借款		
抵押借款		
质押借款		
保证借款		
合计		

注：＊＊借款中＊＊元系中交股份结算中心借款。

(2)抵押借款

贷款单位	贷款金额	抵　押　物	抵押物账面价值
合计			

注：一年以内到期的长期抵押借款＊＊万元也用该房屋建筑物担保。

(3)质押借款

贷款单位	贷款金额	质　押　物	质押物账面价值
合计			

(4)保证借款(含公司内部担保)

贷款单位	贷款金额	担保(保证)单位
合计		

(5)期末逾期借款情况

贷款单位	借款金额	逾期时间	年利率	逾期未偿还的原因	预计还款期
	合计				

注:"逾期未偿还的原因"可在表格下加注释反映。

34. 长期应付款

项 目	年末账面价值	年初账面价值
合计		

注:(1)按长期应付款的应付单位,应列示金额前五名的长期应付款期限、初始金额、利率、应计利息、期末额、借款条件。(2)列示应付融资租赁款期初、期末的外币、人民币金额,并披露由独立第三方为公司融资租赁提供的担保。

35. 专项应付款

项 目	年初余额	本年增加额	本年减少额	年末余额
合计				
其中:				
1.				
2.				
3.				
4.				
5.				

36. 预计负债

项 目	年初余额	本年增加额	本年减少额	年末余额
对外提供担保				
未决诉讼				
产品质量保证				
重组义务				
亏损性合同				
其他				
合计				

注:说明各项预计负债的形成原因、确认的依据等。

37. 递延所得税负债

项 目	年末账面余额		年初账面余额	
	递延所得税负债	应纳税暂时性差异	递延所得税负债	应纳税暂时性差异
长期股权投资				
固定资产折旧				

续上表

项　目	年末账面余额		年初账面余额	
	递延所得税负债	应纳税暂时性差异	递延所得税负债	应纳税暂时性差异
公允价值变动				
其他				
合计				

38. 其他非流动负债

项　目	年末账面余额	年初账面余额
合计		

注：递延收益等需要披露相关的政府文件、原值、摊销年限、本年摊销。

39. 股本

投资者名称	年初余额		本年增加	本年减少	年末余额	
	股本金额	比例(%)			股本金额	比例(%)
合计						

注：如果报告期内有出资或增资行为的，应披露执行验资的会计师事务所名称和验资报告文号。

40. 资本公积

项　目	年初余额	本年增加	本年减少	年末余额	变动原因、依据
资本溢价					
其他资本公积					
其中:原制度资本公积转入					
公允价值变动					
所得税影响					
被投资单位其他权益变动					
未行权的股份支付					
合计					

41. 专项储备

项　　目	年初余额	本年增加	本年减少	年末余额
安全生产费				
维简费				
其他				

42. 盈余公积

项　　目	年初余额	本年增加	本年减少	年末余额	变动原因、依据
法定盈余公积金					
任意盈余公积金					
储备基金					
企业发展基金					
其他					
合计					

43. 未分配利润

项　　目	本年金额	上年金额
本年年初余额		
本年增加额		
其中:本年净利润转入		
其他增加		
本年减少额		
其中:本年提取盈余公积数		
本年分配现金股利数		
转增股本		
其他减少		
本年年末余额		

44. 营业收入及成本

(1) 营业收入及成本分类

项　　目	本年发生额	上年发生额
1.主营业务收入		
2.其他业务收入		
合计		
1.主营业务成本		
2.其他业务成本		
合计		

(2) 主营业务收入与成本

项 目	主营业务收入		主营业务成本	
	本 年 数	上 年 数	本 年 数	上 年 数
港口工程				
铁路工程				
公路工程				
桥梁工程				
隧道工程				
机场建设工程				
成套设备及大型设备建造工程				
房屋建筑工程				
疏浚吹填工程				
勘察设计及咨询				
监理服务				
工业制造				
房地产开发				
贸易类				
物流和运输				
投资物业				
酒店及其他设施类				
BT 或 BOT 项目				
其他				
外币折算差				
小计				
内部抵销				
合计				

(3)其他业务利润

项 目	其他业务收入		其他业务成本		其他业务利润	
	本年数	上年数	本年数	上年数	本年数	上年数
材料销售						
产品销售						
代理销售						
资产出租						
物业管理						
其他						
合计						

(4)建造合同
①本年确认收入金额最大的前十项建造合同情况如下：

合同项目	合同总金额	合同总成本	完工进度（%）	累计确认的合同收入	累计确认的合同成本
①固定造价合同					
其中：					
②成本加成合同					
其中：					

合同项目	累计已确认毛利	已办理结算价款	当期确认的合同收入	当期确认的合同成本	
①固定造价合同					
其中：					
②成本加成合同					
其中：					

②建造合同大额预计损失

建造项目	预计损失金额	预计损失原因	备注

45. 财务费用

项目	本年数	上年数
利息支出		
利息收入		
汇兑净损益		
手续费		
现金折扣		
折现息		
其他		
合计		

注：对企业间拆借资金所涉及的财务费用应单独说明。

46. 资产减值损失

项目	本年发生额	上年发生额
一、坏账损失		
二、存货跌价损失		
三、长期股权投资减值损失		

续上表

项　目	本年发生额	上年发生额
四、固定资产减值损失		
五、工程物资减值损失		
六、在建工程减值损失		
七、无形资产减值损失		
八、商誉减值损失		
九、其他减值损失		
合计		

47.公允价值变动收益

产生公允价值变动收益的来源	本年发生额	上年发生额
交易性金融资产		
交易性金融负债		
投资性房地产		
衍生金融工具		
其他		
合计		

48.投资收益

类　别	本年发生额	上年发生额
交易性金融资产收益		
持有至到期投资收益		
可供出售金融资产收益		
长期股权投资收益		
其中：权益法核算确认的投资收益		
成本法核算单位分回的股利		
股权转让收益		
交易性金融负债收益		
委托贷款收益		
其他投资收益		
合计		

注：按照权益法核算的长期股权投资，直接以被投资单位的账面净损益计算确认投资损益的事实及原因。

49.营业外收入
(1)营业外收入类别

项　目	本年发生额	上年发生额
非流动资产处置利得		
其中：固定资产处置利得		
无形资产处置利得		
在建工程处置利得		
其他		

续上表

项　　目	本年发生额	上年发生额
非货币资产交换利得		
债务重组利得		
政府补助		
资产盘盈		
捐赠利得		
非同一控制下合并利得		
其他		
合计		

(2) 政府补助(补贴收入)

项　　目	金　额		来源和依据	相关批准文件	批准机关	文件时效
	本年数	上年数				
合计						

50. 营业外支出

项　　目	本年发生额	上年发生额
非流动资产处置损失		
其中:固定资产处置损失		
无形资产处置损失		
在建工程处置损失		
其他		
非货币资产交换损失		
债务重组损失		
捐赠支出		
非常损失		
资产盘亏		
罚没及滞纳金支出		
其他		
合计		

51. 所得税费用

项　　目	本年发生额	上年发生额
当期所得税费用		
递延所得税费用		
合计		

52. 其他综合收益

项 目	本年发生额	上年发生额
①可供出售金融资产产生的利得(损失)金额		
减:可供出售金融资产产生的所得税影响		
前期计入其他综合收益当期转入损益的净额		
小计		
②按照权益法核算的在被投资单位其他综合收益中所享有的份额		
减:按照权益法核算的在被投资单位其他综合收益中所享有的份额产生的所得税影响		
前期计入其他综合收益当期转入损益的净额		
小计		
③现金流量套期工具产生的利得(或损失)金额		
减:现金流量套期工具产生的所得税影响		
前期计入其他综合收益当期转入损益的净额		
转为被套期项目初始确认金额的调整额		
小计		
④外币财务报表折算差额		
减:处置境外经营当期转入损益的净额		
小计		
⑤其他		
减:由其他计入其他综合收益产生的所得税影响		
前期其他计入其他综合收益当期转入损益的净额		
小计		
合计		

53. 借款费用

项 目	本 年 数	资本化率
资本化借款费用		
其中:固定资产中资本化借款费用		
在建工程中资本化借款费用		
投资性房地产中资本化借款费用		
无形资产中资本化借款费用		
存货中资本化借款费用		
合计		—

54. 外币折算

项 目	本 年 数
计入当期损益的汇兑差额	
处置境外经营转入当期损益的外币财务报表折算差额	
合计	

55. 租赁

(1) 融资最低租赁收款额

剩余租赁期	最低租赁收款额
1年以内(含1年)	
1年以上2年以内(含2年)	
2年以上3年以内(含3年)	
3年以上	
合计	

注：截至20＊＊年12月31日，公司未实现融资收益余额为＊＊元。

(2) 经营租赁租出资产情况

经营租赁租出资产类别	年末账面余额	年初账面余额
1.房屋、建筑物		
2.施工船舶		
3.运输工具		
4.机器设备		
5.办公及电子设备		
合计		

(3) 融资租赁租入固定资产情况

融资租赁租入固定资产类别	年末数			年初数		
	原价	累计折旧	减值准备	原价	累计折旧	减值准备
1.房屋建筑物						
2.施工船舶						
3.运输工具						
4.机器设备						
5.办公及电子设备						
合计						

(4) 融资最低租赁付款额

剩余租赁期	最低租赁付款额
1年以内(含1年)	
1年以上2年以内(含2年)	
2年以上3年以内(含3年)	
3年以上	
合计	

注：截至20＊＊年12月31日，公司未确认融资费用余额为＊＊元。

(5) 重大经营租赁最低租赁付款额

剩余租赁期	最低租赁付款额
1年以内(含1年)	
1年以上2年以内(含2年)	
2年以上3年以内(含3年)	

续上表

剩余租赁期	最低租赁付款额
3年以上	
合计	

注：可只披露重大的经营租赁的最低租赁付款额。

(6)披露各售后租回交易以及售后租回合同中的重要条款。

七、或有事项

按照《企业会计准则第13号——或有事项》第十四条和第十五条的相关规定进行披露。

八、资产负债表日后事项

(1)每项重要的资产负债表日后非调整事项的性质、内容，及其对财务状况和经营成果的影响。无法做出估计的，应当说明原因。

(2)资产负债表日后，公司利润分配方案中拟分配的以及经审议批准宣告发放的股利或利润。

九、关联方关系及其交易

1.母公司有关信息披露格式

(1)母公司基本情况

母公司名称	业务性质	注册地

母公司不是本公司最终控制方的，说明最终控制方名称。

(2)母公司对本公司的持股比例和表决权比例：

母公司名称	年初		年末	
	持股比例	表决权比例	持股比例	表决权比例

(3)母公司对本公司持股比例及其变化

年初余额		本年增加数	本年减少数	年末余额	
金额	比例(%)			金额	比例(%)

2.本公司的子公司有关信息披露格式

(1)子企业基本情况

子企业名称	业务性质	注册地

(2)子企业的注册资本及其变化

子企业名称	年初余额	本年增加数	本年减少数	年末余额

(3)本公司对子企业持股比例及其变化

子企业名称	年初余额		本年增加数	本年减少数	年末余额	
	金额	比例(%)			金额	比例(%)

3.本公司的合营公司及联营公司

(1)合营公司及联营公司基本情况

序号	公司名称	业务性质	注册地	注册资本	本公司持股比例(%)
1					
2					
3					
4					

(2)合营公司及联营公司的财务状况及经营成果

序号	公司名称	年末资产总额	年末负债总额	权益总额	本年度营业收入	本年度净利润
1						
2						
3						
4						

4.本公司的其他关联方

关联方名称	与本公司的关系

关联方关系:"同一母公司"、"同一控制人"、"子公司的股东"、"股东"等。

本公司与关联方发生交易的,分别说明各关联方关系的性质、交易类型及交易要素。交易要素至少应当包括:

(1)交易的金额。

(2)未结算项目的金额、条款和条件,以及有关提供或取得担保的信息。

(3)未结算应收项目的坏账准备金额。

(4)定价政策。

十、重要资产转让及其出售的说明

报告期内发生资产置换、转让及出售行为的公司,应专项披露资产置换的详细情况,包括资产账面价值、转让金额、转让原因、对公司财务状况及经营成果的影响。

十一、公司合并、分立等事项说明

应披露本年度公司新设、收购、兼并、破产、转让等重大资产重组事项。按《企业会计准则第20号——企业合并》,分别同一控制和非同一控制披露合并公司的有关信息。